Das drittmittelfinanzierte Arbeitsverhältnis

Europäische Hochschulschriften

Publications Universitaires Européennes
European University Studies

Reihe II
Rechtswissenschaft

Série II Series II
Droit
Law

Bd./Vol. 2902

PETER LANG
Frankfurt am Main · Berlin · Bern · Bruxelles · New York · Oxford · Wien

Jörn U. Stiller

Das drittmittelfinanzierte Arbeitsverhältnis

PETER LANG
Europäischer Verlag der Wissenschaften

Die Deutsche Bibliothek - CIP-Einheitsaufnahme

Stiller, Jörn U.:

Das drittmittelfinanzierte Arbeitsverhältnis / Jörn U. Stiller. -
Frankfurt am Main ; Berlin ; Bern ; Bruxelles ; New York ;
Oxford ; Wien : Lang, 2000
(Europäische Hochschulschriften : Reihe 2, Rechts-
wissenschaft ; Bd. 2902)
Zugl.: Berlin, Humboldt-Univ., Diss., 2000
ISBN 3-631-36387-7

Gedruckt auf alterungsbeständigem,
säurefreiem Papier.

ISSN 0531-7312
ISBN 3-631-36387-7

Printed in Germany 1 2 3 4 5 7

Meiner Familie

Vorwort

Die vorliegende Arbeit wurde im Sommersemester 1999 von der Juristischen Fakultät der Humboldt-Universität zu Berlin als Dissertation angenommen.

Das Manuskript wurde im Mai 1999 abgeschlossen.

Mein besonderer Dank gilt Herrn Prof. Dr. Robert Rebhahn, der die Arbeit engagiert betreut hat. Sein wertvoller fachlicher Rat und die Bereitschaft, vorgelegte Teile der Arbeit kritisch zu würdigen, waren von großer Hilfe.

Zu Dank verpflichtet bin ich auch Herrn Prof. Dr. Rainer Schröder für die zügige Erstellung des Zweitgutachtens.

Schließlich danke ich meinem Kollegen Rechtsanwalt Christian Lampe, der den Entwurf des Manuskripts gelesen und mit sachdienlichen Hinweisen versehen hat.

Jörn U. Stiller

Berlin, Februar 2000

Inhaltsübersicht

Inhaltsverzeichnis 11

Abkürzungsverzeichnis 19

Einleitung 24

1.Teil Drittmittelfinanzierung und Zuwendungen von dritter Seite 26
A) Begriff der Drittmittel und des drittmittelfinanzierten Arbeitsverhältnisses 26
B) Sinn und Zweck der Drittmittel und Stellenwert der Drittmittelforschung im Hochschulbereich und in der Privatwirtschaft 39
C) Bedeutung und Umfang von Arbeitsbeschaffungsmaßnahmen 43
D) Zusammenfassung 44

2.Teil Grundsätze der Drittmittelvergabe und Drittmittelverwaltung 45
A) Allgemeine Grundsätze 45
B) Besonderheiten im Hochschulbereich 47
C) Zusammenfassung 58

3.Teil Grundsätze des Arbeitsvertragsrechts und der arbeitsrechtlichen Drittbeziehungen 58
A) Allgemeine Grundsätze des Arbeitsvertragsrechts 59
B) Arbeitsrechtliche Drittbeziehungen 69

4.Teil Rechtsbeziehungen der Beteiligten beim drittmittelfinanzierten Arbeitsverhältnis 98
A) Verhältnis zwischen Drittmittelgeber und Drittmittelempfänger 98
B) Verhältnis zwischen Drittmittelempfänger und Arbeitnehmer 102
C) Verhältnis zwischen Drittmittelgeber und Arbeitnehmer 103
D) Sonderfall: Rechtsbeziehungen bei Zuwendungen an einen Bediensteten einer juristischen oder natürlichen Person 127
E) Vorliegen einer erlaubnispflichtigen Arbeitsvermittlung? 135
F) Bewilligung von Drittmitteln und Bewilligungsbedingungen-Einfluß der Bewilligungsbedingungen auf das Arbeitsverhältnis 137
G) Haftung beim drittmittelfinanzierten Arbeitsverhältnis - Allgemeine Grundsätze 139
H) Ergebnis und Zusammenfassung 144

5.Teil Spezialfälle des drittmittelfinanzierten Arbeitsverhältnisses im Hochschulbereich und bei Arbeitsbeschaffungsmaßnahmen 145
A) Hochschulbereich 145

B) Spezialfall Arbeitsbeschaffungsmaßnahmen 181
C) Folgerungen aus den Spezialfällen für die allgemeinen Grundsätze 198

6. Teil Abschließender Vergleich der Drittmittelfinanzierung mit und Abgrenzung zu den arbeitsrechtlichen Drittbeziehungen 199
A) Vergleich mit und Abgrenzung zu den arbeitsrechtlichen Drittbeziehungen 199
B) Zusammenfassung 202

7.Teil Die Beendigung von drittmittelfinanzierten Arbeitsverhältnissen 203
A) Problemstellung 203
B) Allgemeines/Grundlagen zu der Beendigung von Arbeitsverhältnissen 205
C) Die Beendigung des drittmittelfinanzierten Arbeitsverhältnisses 215

8.Teil Zusammenfassung 279

Literaturverzeichnis 291

Inhaltsverzeichnis

Einleitung 24

1. Teil
Drittmittelfinanzierung und Zuwendungen von dritter Seite 26

A) Begriff der Drittmittel und des drittmittelfinanzierten Arbeitsverhältnisses 26
I) Allgemeiner Begriff 26
1) Beispiele drittmittelabhängiger freier Träger in der Privatwirtschaft und öffentlicher Träger 26
2) Definitionen 32
II) Drittmittelbegriff im Hochschulbereich 34
III) Drittmittelbegriff beim ABM-Arbeitsverhältnis 37
IV) Abgrenzung von ABM-Verträgen und Drittmittelverträgen im Sinne des § 57 b Abs. 2 Nr. 4 HRG 38
V) Mischfinanzierung 39
B) Sinn und Zweck der Drittmittel und Stellenwert der Drittmittelforschung im Hochschulbereich und in der Privatwirtschaft 39
C) Bedeutung und Umfang von Arbeitsbeschaffungsmaßnahmen 43
D) Zusammenfassung 44

2. Teil
Grundsätze der Drittmittelvergabe und Drittmittelverwaltung 45

A) Allgemeine Grundsätze 45
B) Besonderheiten im Hochschulbereich 47
I) Verwaltung durch die Hochschule 50
1) Das Drittmittelverfahren 52
2) Das Verwahrkontenverfahren 53
II) Das Sonderkontenverfahren 56
III) Mittelverwaltung durch Dritte außerhalb der Hochschule 58
C) Zusammenfassung 58

3. Teil
Grundsätze des Arbeitsvertragsrechts und der arbeitsrechtlichen Drittbeziehungen 58

A) Allgemeine Grundsätze des Arbeitsvertragsrechts 59
I) Die Parteien des Arbeitsverhältnisses-Vertragsschluß und Direktionsrecht 59

II) Bedeutung der Frage nach der Arbeitgeberstellung 68
B) Arbeitsrechtliche Drittbeziehungen 69
I) Begriff der arbeitsrechtlichen Drittbeziehung 69
II) Das Gehilfenverhältnis 70
III) Das mittelbare Arbeitsverhältnis 70
1) Grundsätze 70
2) Rechtsfolgen und arbeitsrechtliche Beziehungen 73
3) Die Durchgriffsproblematik - Die Grundsätze der Umgehung arbeitsrechtlicher Normen und des Rechtsformmißbrauchs im mittelbaren Arbeitsverhältnis 79
a) Problematik 79
b) Der Begriff "arbeitsrechtlicher Durchgriff" 80
c) Umgehungsgeschäfte 81
d) Die unzulässige Rechtsausübung-Rechtsmißbrauch 82
e) Lösungsansätze 82
f) Stellungnahme 84
IV) Leiharbeit (echte und unechte) – Arbeitnehmerüberlassung 88
1) Grundsätze 89
2) Rechtliche Beziehungen zwischen Entleiher, Verleiher und Leiharbeitnehmer 91
3) Fazit - Aufspaltung von Arbeitgeberfunktionen 96
4) Abgrenzung zum mittelbaren Arbeitsverhältnis 96
V) Die Aufspaltung von Arbeitgeberfunktionen beim mittelbaren Arbeitsverhältnis und bei der Arbeitnehmerüberlassung 97

4. Teil
Rechtsbeziehungen der Beteiligten beim drittmittelfinanzierten Arbeitsverhältnis 98

A) Verhältnis zwischen Drittmittelgeber und Drittmittelempfänger 98
I) Rechtliche Grundlage der Rechtsbeziehung 98
II) Auswahlfreiheit des Drittmittelgebers bei der Wahl des Vertragspartners? 100
B) Verhältnis zwischen Drittmittelempfänger und Arbeitnehmer 102
I) Arbeitsverhältnis 102
II) Vorgaben des Drittmittelgebers bei der Festlegung des Anforderungsprofils für den Arbeitsplatz 103
C) Verhältnis zwischen Drittmittelgeber und Arbeitnehmer 103
I) Unmittelbare arbeitsvertragliche Beziehungen zwischen Drittmittelgeber und Arbeitnehmer im Allgemeinen? 104
1) Kriterium der persönlichen Abhängigkeit des Arbeitnehmers 105
2) Kriterium der wirtschaftlichen Abhängigkeit 106
3) Kriterium des Einflusses vom Drittmittelgeber auf den Bestand

des Arbeitsverhältnisses 108
4) Kriterium der unternehmerischen Entscheidungsfreiheit 110
5) Kriterium der Vertragsfreiheit 110
6) Kriterium der Erbringung der Arbeitsleistung für den Drittmittelgeber 111
7) Zwischenergebnis 111
II) Durchgriff auf den Drittmittelgeber? 112
1) Bestehen eines mittelbaren Arbeitsverhältnisses zwischen Drittmittelgeber und Arbeitnehmer? 112
2) Arbeitsrechtliche Pflichten des Drittmittelgebers gegenüber dem Arbeitnehmer auf vertraglicher Basis? 114
3) Anwendung der Grundsätze des arbeitsrechtlichen Durchgriffs in besonderen Einzelfällen? 115
a) Kriterium für eine Umgehung/Rechtsmißbrauch: Wirtschaftliche Abhängigkeit des Drittmittelempfängers? 116
b) Kriterium für eine Umgehung/Rechtsmißbrauch: Umfassende Fremdbestimmtheit des Drittmittelempfängers durch Vorgaben des Drittmittelgebers 117
c) Kriterium für eine Umgehung/Rechtsmißbrauch: Verfolgung von eigenen wirtschaftlichen Interessen durch den Drittmittelgeber 118
d) Kriterium für eine Umgehung/Rechtsmißbrauch: Planmäßiger Einsatz des drittmittelfinanzierten Arbeitnehmers im Betrieb des Drittmittelgebers 118
e) Durchgriff auf den Drittmittelgeber bei Vorliegen der vorgenannten Kriterien? - Stellungnahme 119
4) Aufspaltung von Arbeitgeberfunktionen im drittmittelfinanzierten Arbeitsverhältnis 123
III) Gesichtspunkt des Vertrauensschutzes 124
1) Das Institut des Vertrauenhaftung 124
3) Vertrauensschutz im Verhältnis zwischen Drittmittelgeber und dem Arbeitnehmer 125
IV) Unzulässige, verdeckte Arbeitnehmerüberlassung? 126
D) Sonderfall: Rechtsbeziehungen bei Zuwendungen an einen Bediensteten einer juristischen oder natürlichen Person 127
I) Rechtliche Zulässigkeit dieser Konstellation 128
II) Rechtsbeziehungen 128
1) Unmittelbares Arbeitsverhältnis des Arbeitnehmers zur juristischen oder natürlichen Person 129
2) Mittelbare Arbeitgeberstellung der juristischen oder natürlichen Person 129
a) Arbeitsverhältnis zwischen juristischer oder natürlicher Person und ihrem Bediensteten 130

b) Arbeitsverhältnis zwischen Bediensteten und dem Arbeitnehmer 131
c) Erbringung der Arbeitsleistung "für" den Hauptarbeitgeber 131
d) Ergebnis 131
3) Aufspaltung von Arbeitgeberfunktionen 132
4) Arbeitsrechtlicher Durchgriff 132
5) Besonderheiten bei drittmittelfinanzierten Arbeitsverhältnissen 132
a) Allgemeines 133
b) Einfluß der Kürzung oder Einstellung der Drittmittelzahlung auf die Rechtsbeziehungen 134
III) Folgerungen aus dem Sonderfall 135
E) Vorliegen einer erlaubnispflichtigen Arbeitsvermittlung? 135
F) Bewilligung von Drittmitteln und Bewilligungsbedingungen - Einfluß der Bewilligungsbedingungen auf das Arbeitsverhältnis 137
G) Haftung beim drittmittelfinanzierten Arbeitsverhältnis - Allgemeine Grundsätze 139
I) Haftung im Verhältnis zwischen Drittmittelempfänger und Arbeitnehmer 140
II) Haftung im Verhältnis zwischen Drittmittelgeber und Arbeitnehmer 140
III) Haftung im Verhältnis zwischen Drittmittelempfänger und Drittmittelgeber 143
IV) Haftung gegenüber Dritten bei Schädigung durch den drittmittelfinanzierten Arbeitnehmer 144
H) Ergebnis und Zusammenfassung 144

5. Teil
Spezialfälle des drittmittelfinanzierten Arbeitsverhältnisses im Hochschulbereich und bei Arbeitsbeschaffungsmaßnahmen 145

A) Hochschulbereich 145
I) Verhältnis zwischen Hochschule und Hochschullehrer-Rechtsstellung des Hochschullehrers 146
II) Verhältnis zwischen Drittmittelgeber, Hochschule und dem einzelnen Hochschullehrer 149
1) Rechtliche Grundlage der Rechtsbeziehungen und die möglichen Vertragspartner des Drittmittelgebers 149
2) Rechtliche Einbeziehung des einzelnen Hochschullehrers bei Vertragsverhältnis zwischen Drittmittelgeber und Hochschule 150
III) Verhältnis zwischen Drittmittelgeber und Arbeitnehmer im Hochschulbereich 153
1) Urteil des Arbeitsgerichts Ludwigshafen vom 26. Oktober 1976 153
2) Stellungnahme und weitere instanzgerichtliche Urteile 154

IV) Verhältnis zwischen Drittmittelempfänger und Arbeitnehmer im Hochschulbereich - Die Arbeitgeberstellung 156
1) Die Arbeitgeberstellung bei Abschluß eines Arbeitsvertrages zwischen Hochschule und dem Arbeitnehmer -Träger des Weisungsrechts 157
a) Das Weisungsrecht des Hochschullehrers gegenüber dem von der Hochschule angestellten Arbeitnehmer - Vergleich mit dem Leiharbeitsverhältnis 157
b) Unmittelbare oder faktische Arbeitgeberstellung des Hochschullehrers? 159
c) Aufspaltung von Arbeitgeberfunktionen 163
d) Zwischenergebnis 164
2) Die Arbeitgeberstellung bei Abschluß eines Privatdienstvertrages 164
a) Die Rechtsprechung des BAG 164
b) Die Rechtsprechung des Bundesverwaltungsgerichts 166
c) Die instanzgerichtliche Rechtsprechung 167
d) Ansichten in der Literatur 169
e) Stellungnahme 170
V) Die Zweckbestimmung der Drittmittel 175
1) Einsatz entsprechend der Zweckbestimmung der Drittmittel 175
2) Einfluß der Zweckbestimmung der Drittmittel auf das Arbeitsverhälnis 175
VI) Haftung im Hochschulbereich 176
1) Haftung für schuldhaft fehlerhafte Mittelverwaltung 176
2) Haftung der Hochschule für die Verletzung von Schutzpflichten 178
3) Haftung der Hochschule gegenüber dem Drittmittelgeber bei Ablehnung der Erbringung der Forschungsleistung durch den Hochschullehrer 178
VII) Ergebnis und Zusammenfassung der Rechtsbeziehungen im Hochschulbereich 180
B) Spezialfall Arbeitsbeschaffungsmaßnahmen 181
I) Verhältnis zwischen Zuwendungsempfänger und der Bundesanstalt für Arbeit 181
II) Verhältnis zwischen Zuwendungsempfänger und Arbeitnehmer 183
1) Die Arbeitgeberstellung bei den sog. Regiearbeiten 184
2) Die Arbeitgeberstellung bei den sog. Vergabearbeiten 186
3) Die Arbeitgeberstellung bei dem “Verleih” des Arbeitnehmers 188
4) Einfluß von den Arbeitnehmer begünstigenden Nebenbestimmungen im Förderbescheid auf das Arbeitsverhältnis 189
III) Verhältnis zwischen der Bundesanstalt für Arbeit und dem Arbeitnehmer 190
1) Sozialrechtliches Leistungsverhältnis 190
2) Arbeitgeberstellung der Bundesanstalt für Arbeit? 191

IV) Vermittlungstätigkeit der Bundesanstalt für Arbeit 192
V) Haftung im Bereich der Arbeitsbeschaffungsmaßnahmen 193
VI) Ergebnis und Zusammenfassung der Rechtsbeziehungen bei Arbeitsbeschaffungsmaßnahmen 193
VII) Die Rechtsbeziehungen bei weiteren Fördermaßnahmen nach dem SGB III im Überblick 194
1) Leistungen an Arbeitgeber und Träger 194
2) Rechtsbeziehungen 195
a) Der Eingliederungsvertrag 195
b) Weitere Förderinstrumente zusammengefaßt 197
C) Folgerungen aus den Spezialfällen für die allgemeinen Grundsätze 198

6. Teil
Abschließender Vergleich der Drittmittelfinanzierung mit und Abgrenzung zu den arbeitsrechtlichen Drittbeziehungen 199

A) Vergleich mit und Abgrenzung zu den arbeitsrechtlichen Drittbeziehungen 199
I) Allgemeine Grundsätze 199
II) Besonderheiten im Einzelfall 201
B) Zusammenfassung 202

7. Teil
Die Beendigung von drittmittelfinanzierten Arbeitsverhältnissen 203

A) Problemstellung 203
B) Allgemeines/Grundlagen zu der Beendigung von Arbeitsverhältnissen 205
I) Kündigung 206
1) Allgemeine Grundsätze 206
2) Die betriebsbedingte Kündigung 206
3) Soziale Auswahl nach § 1 Abs. 3 Satz 1 KSchG 207
4) Kündigung eines befristeten oder auflösend bedingten Arbeitsverhältnisses 208
II) Befristung 209
1) Ausgangspunkt § 620 BGB 209
2) § 1 BeschFG 212
3) Prozessuale Fragen 212
III) Auflösende Bedingung 213
C) Die Beendigung des drittmittelfinanzierten Arbeitsverhältnisses 215
I) Kündigung im drittmittelfinanzierten Arbeitsverhältnis 215
1) Allgemeine Grundsätze 215

a) Wegfall oder Kürzung von Drittmitteln als betriebsbedingter Kündigungsgrund 215
b) Zeitpunkt der Kündigung 217
c) Weiterbeschäftigungsmöglichkeit auf einem anderen Arbeitsplatz 218
d) Sozialauswahl 219
e) Wiedereinstellungsanspruch nach Wirksamwerden der Kündigung? 220
2) Besonderheiten im Hochschulbereich 222
a) Das Sonderkündigungsrecht bei Drittmittelfinanzierung nach § 57 d HRG 222
b) Kündigung im Anwendungsbereich des KSchG 227
3) Besonderheiten bei den Fördermaßnahmen nach dem SGB III 235
a) Außerordentliche Kündigung nach der Sonderregelung des § 270 SGB III 235
b) Die Rückzahlungsverpflichtung des § 268 SGB III als faktische Kündigungsbeschränkung? 236
4) Zusammenfassung 237
II) Befristung im drittmittelfinanzierten Arbeitsverhältnis 237
1) Die gegenläufigen Interessen von Drittmittelempfänger und Arbeitnehmer 237
2) Möglichkeit der Gesetzesumgehung 238
3) Befristung nach § 1 Abs. 1 BeschFG 238
4) Vorliegen eines sachlichen Grundes für eine Befristung – Allgemeine Grundsätze 239
a) Die Drittmittelfinanzierung allein als Befristungsgrund 239
b) Die Unsicherheit über das Weiterlaufen der Drittmittel als Befristungsgrund 240
c) Voraussehbarkeit des Drittmittelwegfalls für den Arbeitnehmer als Befristungsgrund 241
d) Drittmittelfinanzierung für einen konkreten Arbeitsplatz sowie die sachlich begrenzte Zielsetzung des Drittmittelgebers als Befristungsgrund 242
e) Die Fremdbestimmtheit durch Vorgaben des Drittmittelgebers als Befristungsgrund 248
f) Fehlendes Auftreten des Arbeitgebers am Markt als Befristungsgrund 251
g) Zusammenfassung zu den Befristungsgründen und Fazit 252
5) Befristungsgründe und Vorgaben des Drittmittelgebers 253
6) Zuwendungsfremde Tätigkeiten und Befristung 253
7) Besonderheiten im Hochschulbereich 253
a) Befristung nach § 620 BGB bei Vorliegen eines sachlichen Grundes 254

b) Die Befristung nach § 57 b Abs. 2 Nr. 4 HRG 258
c) Bedeutung der allgemeinen Befristungsgrundsätze neben der gesetzlichen Regelung in § 57 b Abs. 2 Nr. 4 HRG 262
d) Zusammenfassung 263
8) Besonderheiten bei den Fördermaßnahmen nach dem SGB III 263
a) Besonderheiten beim Befristungsgrund bei Arbeits beschaffungsmaßnahmen 263
b) Andere Fördermaßnahmen nach dem SGB III 274
c) Zusammenfassung 275
III) Auflösende Bedingung im drittmittelfinanzierten Arbeitsverhältnis 276
1) Die gegenläufigen Interessen von Drittmittelempfänger und Arbeitnehmer 276
2) Allgemeine Grundsätze 277
3) Besonderheiten im Hochschulbereich und bei den Fördermaßnahmen nach dem SGB III 279
4) Zusammenfassung 279

8. Teil
Zusammenfassung 279

Abkürzungsverzeichnis

a.A.	anderer Ansicht
a.a.O.	am angegebenen Ort
abl.	ablehnend(er)
ABM	Arbeitsbeschaffungsmaßnahme
ABM-AO	Anordnung des Verwaltungsrats der Bundesanstalt für Arbeit über die Förderung von allgemeinen Maßnahmen zur Arbeitsbeschaffung
a.E.	am Ende
a.F.	alte Fassung
AFG	Arbeitsförderungsgesetz
AiB	Arbeitsrecht im Betrieb, Zeitschrift
ANBA	Amtliche Nachrichten der Bundesanstalt für Arbeit
Anm.	Anmerkung
AP	Arbeitsrechtliche Praxis, Nachschlagwerk des Bundesarbeitsgerichts (Sammlung der Entscheidungen des Bundesarbeitsgerichts, der Landesarbeitsgerichte und Arbeitsgerichte)
ArbG	Arbeitsgericht
ArbGG	Arbeitsgerichtsgesetz
ArbPlSchG	Gesetz über den Schutz des Arbeitsplatzes bei Einberufung zum Wehrdienst (Arbeitsplatzschutzgesetz)
AuR	Arbeit und Recht, Zeitschrift für die arbeitsrechtliche Praxis
Art.	Artikel
AuA	Arbeit und Arbeitsrecht, Zeitschrift
AÜG	Gesetz zur Regelung der gewerbsmäßigen Arbeitnehmerüberlassung (Arbeitnehmerüberlassungsgesetz)
AT	Allgemeiner Teil
Aufl.	Auflage
AVAVG	Gesetz über Arbeitsvermittlung und Arbeitslosenversicherung (aufgehoben)
BA	Bundesanstalt für Arbeit
BAG	Bundesarbeitsgericht
BAG GS	Bundesarbeitsgericht Großer Senat
BAGE	Entscheidungen des Bundesarbeitsgerichts, Amtliche Sammlung
BAT	Bundesangestelltentarif
BayHSchG	Bayerisches Hochschulgesetz
BayVBl.	Bayerisches Verwaltungsblatt
BB	Betriebsberater, Zeitschrift
BBG	Bundesbeamtengesetz
Bd.	Band

Beil.	Beilage
BErzGG	Gesetz über die Gewährung von Erziehungsgeld und Erziehungsurlaub (Bundeserziehungsgeldgesetz)
BeschFG	Gesetz über arbeitsrechtliche Vorschriften zur Beschäftigungsförderung (Beschäftigungsförderungsgesetz)
BetrVG	Betriebsverfassungsgesetz
BGB	Bürgerliches Gesetzbuch
BGBl.	Bundesgesetzblatt
BGH	Bundesgerichtshof
BGHZ	Entscheidungen des Bundesgerichtshofs in Zivilsachen
BHO	Bundeshaushaltsordnung
Bl.	Blatt
BlnHG	Gesetz über die Hochschulen im Land Berlin
BreHG	Bremisches Hochschulgesetz
BRRG	Rahmengesetz zur Vereinheitlichung des Beamtenrechts (Beamtenrechtsrahmengesetz)
BSG	Bundessozialgericht
BSHG	Bundessozialhilfegesetz
BT-Drucks.	Bundestagsdrucksache
BVerfG	Bundesverfassungsgericht
BVerfGE	Entscheidungen des Bundesverfassungsgerichts
BVerwG	Bundesverwaltungsgericht
BVerwGE	Entscheidungen des Bundesverwaltungsgerichts
bzw.	beziehungsweise
ca.	circa
DB	Der Betrieb, Zeitschrift
ders.	derselbe
DFG	Deutsche Forschungsgemeinschaft
d.h.	das heißt
dies.	dieselbe(n)
Diss.	Dissertation
DÖD	Der öffentliche Dienst, Zeitschrift
DUZ/HD	Deutsche Universitätszeitung, Hochschuldienst
EG	Europäische Gemeinschaft
Einf.	Einführung
Einl.	Einleitung
etc	et cetera
EzA	Entscheidungen zum Arbeitsrecht
EzAÜG	Entscheidungssammlung zum Arbeitnehmerüberlassungsgesetz

EzBAT	Entscheidungssammlung zum BAT
f.	folgende
ff.	folgende
FU Berlin	Freie Universität Berlin
gem.	gemäß
GG	Grundgesetz
GK	Gemeinschaftskommentar
GS	Großer Senat
Hdb. WissR	Handbuch des Wissenschaftsrechts
HfVG	Gesetz über befristete Arbeitsverträge mit wissenschaftlichem Personal an Hochschulen und Forschungseinrichtungen
HGrG	Gesetz über die Grundsätze des Haushaltsrechts des Bundes und der Länder (Haushaltsgrundsätzegesetz)
h.M.	herrschende Meinung
HRG	Hochschulrahmengesetz
HRK	Hochschulrektorenkonferenz
Hrsg.	Herausgeber
hrsg.	herausgegeben
HS	Halbsatz
HSchG SH	Gesetz über die Hochschulen im Lande Schleswig-Holstein
KMK-HSchR	Veröffentlichungen der Kultusministerkonferenz, Informationen zum Hochschulrecht
KR	Kommentar zum gesamten Kündigungsrecht
KSchG	Kündigungsschutzgesetz
LAG	Landesarbeitsgericht
LAGE	Entscheidungen der Landesarbeitsgerichte
LHO	Landeshaushaltsordnung
LSG	Landessozialgericht
MittHV	Mitteilungen des Hochschulverbandes, Zeitschrift
Mrd.	Milliarden
MuschG	Gesetz zum Schutze der erwerbstätigen Mutter (Mutterschutzgesetz)
m.w.N.	mit weiteren Nachweisen
n.F.	neue Fassung
NHG	Niedersächsisches Hochschulgesetz
NJW	Neue Juristische Wochenschrift, Zeitschrift
Nr.	Nummer

NVwZ	Neue Zeitschrift für Verwaltungsrecht
n.v.	nicht veröffentlicht
NZA	Neue Zeitschrift für Arbeitsrecht
NZS	Neue Zeitschrift für Sozialrecht
o.g.	oben genannt
OVG	Oberverwaltungsgericht
PersR	Der Personalrat, Zeitschrift
PersV	Die Personalvertretung, Zeitschrift
RdA	Recht der Arbeit, Zeitschrift
Reg.begr.	Regierungsbegründung
Rn.	Randnummer
RG	Reichsgericht
RGZ	Entscheidungen des Reichsgerichts in Zivilsachen
RiA	Recht im Amt, Zeitschrift
Rspr.	Rechtsprechung
RVO	Reichsversicherungsordnung
RzK	Rechtsprechung zum Kündigungsrecht
S.	Seite
SaarlUG	Gesetz Nr. 1242 über die Universität des Saarlandes
SAE	Sammlung arbeitsrechtlicher Entscheidungen, Zeitschrift
SächsHG	Gesetz über die Hochschulen im Freistaat Sachsen
SchwbG	Schwerbehindertengesetz
SGB	Sozialgesetzbuch
SGB III	Sozialgesetzbuch, Drittes Buch, Arbeitsförderung
SGB IV	Sozialgesetzbuch, Viertes Buch, Gemeinsame Vorschriften für die Sozialversicherung
SGB V	Sozialgesetzbuch, Fünftes Buch, Gesetzliche Krankenversicherung
SGB VII	Sozialgesetzbuch, Siebtes Buch, Gesetzliche Unfallversicherung
SGB VIII	Sozialgesetzbuch, Achtes Buch, Kinder-und Jugendhilfe
SGB XI	Sozialgesetzbuch, Elftes Buch, Soziale Pflegeversicherung
SGB X	Sozialgesetzbuch, Zehntes Buch, Verwaltungsverfahren
sog.	sogenannt(e)
SR	Sonderregelung zum BAT
st.	ständig
st. Rspr.	ständige Rechtsprechung
str.	streitig

u.a.	und andere
UG BW	Gesetz über die Universitäten im Lande Baden-Württemberg
Univ.	Universität
usw.	und so weiter
v.	vom
Verw.Archiv	Verwaltungsarchiv, Zeitschrift
vgl.	vergleiche
v.H.	von Hundert
Vorbem.	Vorbemerkung
Vorl. VV	Vorläufige Verwaltungsvorschrift
VSSR	Vierteljahresschrift für Sozialrecht, Zeitschrift
VwGO	Verwaltungsgerichtsordnung
VwVfG	Verwaltungsverfahrensgesetz
WissR	Wissenschaftsrecht, Zeitschrift
WRK	Westdeutsche Rektorenkonferenz
z.B.	zum Beispiel
ZfA	Zeitschrift für Arbeitsrecht
ZfS	Zentralblatt für Sozialversicherung Sozialhilfe und Versorgung, Zeitschrift
ZGR	Zeitschrift für Unternehmens- und Gesellschaftsrecht
Ziff.	Ziffer
ZIP	Zeitschrift für Wirtschaftsrecht
ZRP	Zeitschrift für Rechtspolitik
ZSR	Zeitschrift für Sozialreform
zugl.	zugleich
zust.	zustimmend

Einleitung

Ein Arbeitsverhältnis entsteht durch einen privatrechtlichen, personenrechtlichen und gegenseitigen Austauschvertrag, den Arbeitsvertrag. Durch den Arbeitsvertrag verpflichtet sich der Arbeitnehmer zur Arbeitsleistung im Dienst des Arbeitgebers und der Arbeitgeber zur Zahlung einer vereinbarten Vergütung. Das Arbeitsverhältnis ist als zweiseitiges Rechtsverhältnis konzipiert. Diese Rechtsbeziehung zwischen Arbeitgeber und Arbeitnehmer ist der Bezugspunkt des Arbeitsrechts. Auf dieses Zwei-Personen-Verhältnis sind zum ganz überwiegenden Teil die arbeitsrechtlichen Normen zugeschnitten. Dieses Zwei-Personen-Verhältnis wird indessen in zahlreichen Fällen durchbrochen, wenn und indem Dritte in das Arbeitsverhältnis mit einbezogen werden. Es entstehen dann sog. arbeitsrechtliche Drittbeziehungen, die teilweise anerkannt, stellenweise aber auch stark umstritten sind. Die Tätigkeit von Arbeitnehmern in Drittbetrieben kann auf einer Vielzahl von Vertragstypen beruhen. Wegen der Durchbrechung des Zwei-Personen-Verhältnisses im Zusammenhang mit arbeitsrechtlichen Drittbeziehungen wird häufig von einer "aufgespaltenen Arbeitgeberstellung" gesprochen, weil es im Rahmen des Dreiecksverhältnisses regelmäßig zu einer Verteilung der arbeitsrechtlichen Rechte und Pflichten gegenüber dem Arbeitnehmer auf den Vertragsarbeitgeber und auf den Dritten kommt.[1]

Ein privater Arbeitgeber bezahlt die Löhne, Gehälter und sonstigen Bezüge seiner Arbeitnehmer in der Regel aus eigenen erwirtschafteten Mitteln. Juristische Personen des öffentlichen Rechts setzen dafür in der Regel ihnen zufließende Steuer-, Abgaben- oder sonstige Finanzaufkommen ein. Indes bestehen auch zahlreiche Arbeitsverhältnisse, welche Arbeitgeber mit Mitteln finanzieren, die ihnen von anderen natürlichen oder juristischen Personen zur Verfügung gestellt werden.

Zahlreiche Arbeitgeber in der Privatwirtschaft sind zur Finanzierung ihrer Tätigkeit auf Zuwendungen von dritter Seite, insbesondere von öffentlichen Trägern, angewiesen. Auch im Hochschulbereich und in der außeruniversitären Forschung werden von dritter Seite finanzielle Sondermittel zur Durchführung spezieller Forschungsprogramme oder -projekte zur Verfügung gestellt. Die Förderungsmaßnahmen nach dem SGB III, finanziert durch die Bundesanstalt für Arbeit, sind ein weiterer wichtiger Bereich, wo Arbeitgeber finanzielle Zuwendungen von dritter Seite erhalten.

Gegenstand der Untersuchung soll im ersten Teil nach einigen einleitenden Beispielen der Drittmittelfinanzierung zunächst eine Klärung des Drittmittelbegriffs sein. Insbesondere soll neben allgemeinen Grundsätzen auch die Drittmittelproblematik im Hochschulbereich dargestellt werden. Diese ist schon längere Zeit brisant.

---

[1] Vgl. hierzu stellvertretend Weber, Das aufgespaltene Arbeitsverhältnis, S. 35 f.

Im zweiten Teil der Untersuchung werden die Grundsätze der Drittmittelvergabe und Drittmittelverwaltung erörtert. Neben allgemeinen Grundsätzen werden auch hier die Besonderheiten im Hochschulbereich genauer aufgezeigt, denn in diesem Bereich ist die Drittmittelverwaltung in verschiedenen, im einzelnen teilweise umstrittenen Formen möglich.

Anschließend ist im dritten bis fünften Teil der Untersuchung auf die unterschiedlichen Rechtsbeziehungen der Beteiligten im Rahmen der Drittmittelfinanzierung einzugehen, wobei bei der Untersuchung auch ein Vergleich mit und eine Abgrenzung zu den anerkannten Gestaltungsformen arbeitsrechtlicher Drittbeziehungen (mittelbares Arbeitsverhältnis, Arbeitnehmerüberlassung) stattfinden soll. Etwaige Wechselwirkungen sollen erforscht werden. Dazu sind zunächst die wesentlichen Grundsätze des Arbeitsvertragsrechts und der arbeitsrechtlichen Drittbeziehungen darzustellen (dritter Teil), bevor konkret auf die Rechtsbeziehungen im drittmittelfinanzierten Arbeitsverhältnis (vierter Teil) sowie in den Spezialfällen im Hochschulbereich und bei Arbeitsbeschaffungsmaßnahmen (fünfter Teil) eingegangen wird. Möglicherweise können nämlich die dortigen Grundsätze, Begründungsansätze und Argumentationsmuster für die vorliegende Untersuchung fruchtbar gemacht werden. Im fünften Teil werden dann die Spezialfälle des drittmittelfinanzierten Arbeitsverhältnisses im Hochschulbereich und bei den Fördermaßnahmen nach dem SGB III dargestellt.

Es ist außerdem zu klären, ob die drittmittelfinanzierten Arbeitsverträge unter den Begriff der arbeitsrechtlichen Drittbeziehungen gefaßt werden können. Bejahendenfalls wären die zu den arbeitsrechtlichen Drittbeziehungen entwickelten Grundsätze auf drittmittelfinanzierte Arbeitsverhältnisse anzuwenden. Im sechsten Teil wird ein kurzer, abschließender Vergleich der Drittmittelfinanzierung mit und eine Abgrenzung zu den arbeitsrechtlichen Drittbeziehungen vorgenommen.

Werden die Zuwendungen gekürzt oder gestrichen, ist es fraglich, welche Folgen dies für die eingegangenen Beschäftigungsverhältnisse hat. Insbesondere stellt sich die Frage, ob die Abhängigkeit von Zuwendungen Dritter eine Befristung, eine auflösende Bedingung oder eine Kündigung rechtfertigen kann. Arbeitgeber können etwa in Schwierigkeiten geraten, wenn drittmittelfinanzierte Arbeitsverhältnisse nicht wirksam befristet oder mit einer auflösenden Bedingung versehen wurden, und die Arbeitnehmer nach Auslaufen der Drittmittel im Anschluß an Entfristungs- oder Feststellungsklagen weiterbeschäftigt werden müssen. Hierauf soll im siebenten Teil der Untersuchung zunächst allgemein eingegangen werden. Daran hat sich jeweils die Frage anzuschließen, ob diese allgemeinen Grundsätze auch in den Spezialbereichen Hochschule und Förderungsmaßnahmen nach dem SGB III Geltung beanspruchen. Dort bestehen gegebenenfalls Besonderheiten.

Die Probleme der Beendigung von Arbeitsverhältnissen im Bereich der Drittmittelforschung an den Hochschulen sind in der Rechtsprechung und der Literatur teilweise schon längere Zeit bekannt. Eine allgemeine wissenschaftliche Durchdringung der rechtlichen Probleme drittmittelfinanzierter Arbeitsverhältnisse hat indessen bislang nicht stattgefunden.[2]

1. Teil

Drittmittelfinanzierung und Zuwendungen von dritter Seite

A) Begriff der Drittmittel und des drittmittelfinanzierten Arbeitsverhältnisses

I) Allgemeiner Begriff

Bekannt ist der Begriff der Drittmittel und des drittmittelfinanzierten Arbeitsverhältnisses seit längerem im Bereich der sog. Drittmittelforschung im Hochschulbereich. Aber auch im Bereich der Privatwirtschaft gibt es zahlreiche, überwiegend mit Mitteln von dritter Seite finanzierte Arbeitsverhältnisse.

1) Beispiele drittmittelabhängiger freier Träger in der Privatwirtschaft und öffentlicher Träger

Zunächst seien einige Beispiele der Finanzierung von bestimmten Tätigkeitsbereichen durch Zuwendungen von dritter Seite aufgezeigt, um die Problematik zu veranschaulichen und die Grundlagen für eine Entwicklung einer Drittmitteldefinition zu schaffen.

Zu denken ist etwa an den weiten Bereich der Sozialarbeit (Jugendhilfeeinrichtungen, Kinder- und Jugendberatung, Drogenarbeit und -beratung, AIDS-Beratungsstellen, Erziehungsberatungsstellen, Schwangerschaftskonfliktberatung, Telefonseelsorge, Sektentelefon etc.), den Bereich der beruflichen Fortbildung und Umschulung von Arbeitnehmern sowie den Bereich der freien Wohlfahrtspflege. In diesen Bereichen gibt es juristische Personen des Privatrechts, die für die Durchführung ihrer Tätigkeiten auf Zuwendungen von Seiten öffentlicher Träger angewiesen sind.

Die Aufgaben im Bereich der Jugendhilfe[3] etwa werden von den Trägern der öffentlichen Jugendhilfe, den Trägern freier Jugendhilfe und Privatpersonen wahrgenommen. Der Träger der öffentlichen Jugendhilfe soll Träger der freien

---

[2] Hierauf wiesen bereits Plander DB 1982, 1216, 1217 und hinsichtlich der Drittmittelfinanzierung im Forschungsbereich Herschel, Anm. zu BAG, Urteil vom 7.3.1980 - 7 AZR 177/78 -, EzA § 4 KSchG n.F. Nr. 17, Bl. 114 und Anm. zu BAG, Urteil vom 19.4.1979 - 2 AZR 425/77 -, EzA § 1 KSchG Betriebsbedingte Kündigung Nr. 11, Bl. 84 hin.

[3] Der Begriff Jugendhilfe ist ein Sammelbegriff für Hilfs- und Förderungsmaßnahmen in Erziehungsfeldern außerhalb von Familie, Schule und Berufsausbildung sowie innerhalb von Familie, Schule und Ausbildung zu deren Unterstützung, vgl. Oberloskamp/Adams, Jugendhilferechtliche Fälle, Rn. 2.

Jugendhilfe (z.B. Wohlfahrtsverbände, Kirchengemeinden, private Initiativen) unter anderem zur Mitarbeit heranziehen, soweit von diesen geeignete Einrichtungen, Dienste und Veranstaltungen betrieben werden (§§ 4 Abs. 2, 74 Abs. 1 Satz 1, 1. HS SGB VIII) und diese fördern, wenn der Träger freier Jugendhilfe Einrichtungen, Dienste und Veranstaltungen erbracht hat (§§ 4 Abs. 3, 74 Abs. 1 Satz 1, 2. HS SGB VIII). Hierbei ist unter Förderung unter anderem auch finanzielle Unterstützung zu verstehen.[4] Das SGB VIII geht davon aus, daß im Bereich der Jugendhilfe freie gesellschaftliche Kräfte tätig werden dürfen, wobei die Aufgaben der Jugendhilfe zu 2/3 von Trägern freier Jugendhilfe geleistet werden.[5] Der Träger der freien Jugendhilfe nimmt die Aufgaben durch Arbeitnehmer, mit denen er durch arbeitsvertragliche Beziehungen verbunden ist, wahr und erhält vom öffentlichen Träger Fördermittel und finanzielle Unterstützung, insbesondere auch für Personalkosten. Hierauf sind die freien Träger der Jugendhilfe angewiesen, denn sie können die Kosten nur teilweise aus Mitgliederbeiträgen, Spenden oder Erträgen aus ihrem Vermögen aufbringen. Nach § 74 Abs. 3 Satz 1 SGB VIII entscheidet der Träger der öffentlichen Jugendhilfe über die Art und Höhe der Förderung im Rahmen der verfügbaren Haushaltsmittel nach pflichtgemäßen Ermessen. Ein Förderungsanspruch besteht für die Träger der freien Jugendhilfe folglich nur dem Grunde nach, hinsichtlich seiner Realisierung ist nur ein Anspruch auf pflichtgemäße Ausübung des Ermessens seitens des Trägers der öffentlichen Jugendhilfe gegeben.[6] Es besteht ein öffentlich-rechtliches Leistungsverhältnis.

Im Bereich der Drogenarbeit bestehen zahlreiche Hilfsangebote für Drogenabhängige, z.B. Streetwork, Kontaktläden, Teestuben, Beratungsstellen, Übernachtungsstellen, teilstationäre und stationäre therapeutische Wohngemeinschaften u.s.w. Der ganz überwiegende Teil dieser Einrichtungen basiert auf privaten Initiativen und hat einen freien Träger (in der Regel gemeinnützige Vereine, die einem Spitzenverband der freien Wohlfahrtspflege angehören). Die freien Träger werden in der Regel fast ausschließlich durch öffentliche Gelder von Bund, Ländern und Kommunen finanziert, wodurch die für die Aufgabenwahrnehmung erforderlichen Personal- und Sachmittel erstattet werden.[7] Die Zahlungen erfolgen regelmäßig direkt an die Beratungs- und sonstigen Einrichtungen in Form einer Projektförderung.[8] Die Einzelheiten der Förderung etwa von Beratungsstellen freier und öffentlicher Träger sind im Detail sehr unterschiedlich in Verwaltungsvorschriften der Länder geregelt. Festgelegt sind dort insbesondere Zuwendungszweck, -empfänger, -voraussetzungen, -umfang und -verfahren.[9] Auch hier steht

---

[4] Hauck/Haines (-Mainberger), SGB VIII, K § 4 Rn. 15.
[5] Oberloskamp/Adams, Jugendhilferechtliche Fälle, Rn. 11.
[6] Hauck/Haines (-Hauck), SGB VIII, K § 74 Rn. 4.
[7] Menzemer, Die Finanzierung der ambulanten Behandlung aus der Sicht des Trägers, S. 61 ff.; Kreuzer/Wille, Drogen - Kriminologie und Therapie, S. 120 ff. ; Brühl, Drogenrecht, S. 306 ff.
[8] Brühl, a.a.O., S. 307.
[9] Brühl, a.a.O., S. 306 f.

die Förderung im Ermessen von Bund und Ländern, und das Leistungsverhältnis ist öffentlich-rechtlich ausgestaltet.

Auch im Sozialhilferecht begegnet man Finanzierungen freier Träger von dritter Seite. Nach § 93 Abs. 1 Satz 1 BSHG sollen die Träger der Sozialhilfe zur Gewährung von Sozialhilfe eigene Einrichtungen einschließlich Dienste nicht neu schaffen, soweit geeignete Einrichtungen anderer Träger vorhanden sind, ausgebaut oder geschaffen werden können. Heime und Anstalten beispielsweise für geistig Behinderte oder Körperbehinderte werden in der Regel von Verbänden freier Wohlfahrtspflege, also privaten Einrichtungsträgern geführt, welche seitens des Sozialhilfeträgers eine Kostenerstattung im Namen eines Sozialhilfeempfängers erhalten. Die Kostenübernahmevereinbarung beruht hierbei entweder auf einer individuellen Kostenzusage für den Einzelfall oder findet im Wege genereller Rahmenvereinbarungen, sog. Pflegesatzvereinbarungen (§ 93 Abs. 2 BSHG) statt. Den mit weitem Abstand größten Kostenfaktor im Pflegesatz bilden die Personalkosten[10], die damit nicht vom freien Träger, sondern von dritter Seite (mit-) finanziert werden. Die Kostenübernahmevereinbarungen nach § 93 Abs. 2 BSHG werden von der herrschenden Auffassung als öffentlich-rechtliche Verträge angesehen.[11] Der Träger der Sozialhilfe ist zur Übernahme der in der Einrichtung entstehenden Kosten nur verpflichtet, wenn eine Vereinbarung über ihre Höhe besteht.[12]

Für den Bereich der gesetzlichen Krankenversicherung regelt § 132 Abs. 1 SGB V, daß die Krankenkasse zur Gewährung von häuslicher Krankenpflege und von Haushaltshilfe geeignete Personen anstellen kann (Satz 1). Nach Satz 2 kann sie dafür aber auch andere geeignete Personen, Einrichtungen oder Unternehmen durch Vertrag in Anspruch nehmen. Im letzteren Fall bleibt die Einrichtung oder das Unternehmen Arbeitgeber der Pflegekraft[13], welche mittelbar durch die Krankenkasse finanziert wird. Der Leistungserbringer hat allein wegen seiner Eignung zur Leistungserbringung noch keinen Anspruch auf Abschluß eines Vertrages mit den Krankenkassen.[14] Das Zulassungsverfahren ist dem Privatrecht zuzuordnen.[15] Die Verträge der Krankenkassen mit den Leistungserbringern können sowohl öffentlich-rechtlicher als auch privatrechtlicher Natur sein.[16]

Im Bereich der sozialen Pflegeversicherung haben die Pflegekassen im Rahmen ihrer Leistungsverpflichtung eine bedarfsgerechte und gleichmäßige, dem allgemein anerkannten Stand medizinisch-pflegerischer Erkenntnisse entsprechende pflegerische Versorgung der Versicherten zu gewährleisten (§ 69 Satz 1 SGB

---

[10] Neumann, Möglichkeiten und Grenzen der Einflußnahme des Sozialhilfeträgers auf den Einrichtungsträger, S. 69.

[11] Schellhorn/Jirasek/Seipp, BSHG, § 93 Rn. 24 m.w.N.

[12] Schellhorn/Jirasek/Seipp, a.a.O, Rn. 25.

[13] Igl, Leistungen bei Pflegebedürftigkeit, § 132 SGB V, 2., S. 69.

[14] Weiterführend GK-SGB V (-v. Maydell), § 132 Rn. 24 ff.

[15] Weiterführend GK-SGB V (-v. Maydell), § 132 Rn. 19 ff.

[16] Dalichau/Grüner, Gesundheitsstrukturgesetz, § 132 SGB V Erläuterung I.

XI). Dieser sogenannte Sicherstellungsauftrag besagt allerdings nicht, daß die Pflegekassen die Leistungen der Pflegeversicherung stets selbst zu erbringen haben. Die Selbsterbringung durch die Kasse soll vielmehr die Ausnahme darstellen.[17] Dies folgt aus § 69 Satz 2 SGB XI, wonach die Pflegekassen zur Sicherstellung ihrer Leistungsverpflichtung Versorgungsverträge und Vergütungsvereinbarungen mit den Trägern von Pflegeeinrichtungen[18] und sonstigen Leistungserbringern schließen. Gemäß § 72 Abs. 1 SGB XI dürfen die Pflegekassen Pflegeleistungen nur durch Pflegeeinrichtungen gewähren, mit denen ein Versorgungsvertrag besteht. Nach § 72 Abs. 1 Satz 2 SGB XI sind in diesem Versorgungsvertrag Art, Inhalt und Umfang der allgemeinen Pflegeleistungen festzulegen, die von der Pflegeeinrichtung während der Dauer des Vertrages für die Versicherten zu erbringen sind. Der Versorgungsvertrag ist ein öffentlich-rechtlicher Vertrag, auf den die Vorschriften des SGB X ergänzend anzuwenden sind.[19] Nach der Vorstellung des Gesetzgebers begründet der Versorgungsvertrag zugunsten des Leistungserbringers einen besonderen Rechtsstatus, der ihn in das öffentlich-rechtliche Sozialleistungssystem einbezieht.[20] Die Leistungserbringer werden auf der Grundlage von Vergütungsvereinbarungen oder Pflegesätzen (§§ 84 ff., 89 SGB XI) bzw. einer Gebührenordnung (§ 90 SGB XI) unmittelbar durch die Pflegekassen vergütet. Die Pflegesatzvereinbarungen nach den §§ 85 und 86 SGB XI und die Pflegevergütungsvereinbarungen nach § 89 SGB XI sind wie der Versorgungsvertrag öffentlich-rechtliche Verträge.[21] Zwischen dem Sozialleistungsträger und dem Leistungserbringer besteht ein öffentlich-rechtliches Leistungsverhältnis.[22]
Die Leistungserbringer entlohnen mit der Vergütung unter anderem auch ihr Personal, welches damit von dritter Seite (mit-) finanziert wird.

Auch die Zuschüsse der Bundesanstalt für Arbeit stellen einen wesentlichen Bereich der Förderung von dritter Seite dar. Nach § 240 SGB III können Träger von Maßnahmen der beruflichen Ausbildung durch Zuschüsse gefördert werden, wenn sie durch zusätzliche Maßnahmen zur betrieblichen Ausbildung für förderungsbedürftige Auszubildende diesen eine berufliche Ausbildung ermöglichen und ihre Eingliederungsaussichten verbessern. Diese Förderung umfaßt nach § 243 Nr. 2 SGB III auch die Maßnahmekosten, zu welchen nach § 245 SGB III unter anderem auch die angemessenen Aufwendungen für das zur Durchführung der Maßnahme eingesetzte erforderliche Ausbildungs- und Betreuungspersonal sowie das erforderliche Leitungs- und Verwaltungspersonal gehören.

Desweiteren bestehen Arbeitsverträge, die aus Mitteln der Bundesanstalt für Arbeit gefördert werden, z.B. die ABM-Arbeitsverhältnisse. Nach §§ 260 Abs. 1,

---

[17] Vgl. Marschner, PflegeVG, § 69 SGB XI Rn. 4.
[18] Die Pflegeeinrichtungen sind in § 71 SGB XI definiert.
[19] Vgl. Udsching, SGB XI, § 72 Rn.4 m.w.N.
[20] Begr. des RegE zu § 81 Abs. 4, S. 137.
[21] Udsching, SGB XI, Vorbem. zu §§ 82 ff. Rn. 1.
[22] Igl, Das neue Pflegeversicherungsrecht, S. 87.

261 SGB III[23] kann die Bundesanstalt für Arbeit die Schaffung von Arbeitsplätzen für Arbeiten, die im öffentlichen Interesse liegen, durch Gewährung von Zuschüssen und Darlehen an die Träger der Maßnahme fördern, soweit die Arbeiten sonst nicht oder erst zu einem späteren Zeitpunkt durchgeführt würden und die Träger oder durchführenden Unternehmen Arbeitsverhältnisse mit den zugewiesenen Arbeitnehmern begründen. Die regelmäßige Förderungsart ist der an den ABM-Träger gezahlte Zuschuß zum Arbeitsentgelt (vgl. § 264 Abs. 1 SGB III).[24] Zwischen dem Maßnahmeträger und der Bundesanstalt für Arbeit besteht ein öffentlich-rechtliches Leistungsverhältnis. Die gegenüber dem Maßnahmeträger erbrachten Förderleistungen stellen Ermessensleistungen dar. Auch wenn die gesetzlichen Voraussetzungen vorliegen, besteht kein Rechtsanspruch des Maßnahmeträgers.[25]

In einem vom BAG entschiedenen Fall wurden von dem Träger einer Volkshochschule Hauptschulabschlußkurse durchgeführt, welche von der Bundesanstalt für Arbeit finanziert wurden.[26] Erhielt die Volkshochschule nach einer Ausschreibung den Zuschlag, so schloß sie mit der BA einen Vertrag, in dem sich die BA zur Zahlung von Lehrgangsgebühren und zur Übernahme der Kosten für die sozialpädagogische Betreuung der Kursteilnehmer verpflichtete. Für die Durchführung der von der BA finanzierten Hauptschulabschlußkurse wies die Volkshochschule überplanmäßige Stellen aus und entnahm die dafür erforderlichen Mittel der ausschließlich aus Drittmitteln bestehenden Haushaltsstelle "Vergütung für Angestellte in Vollzeitmaßnahmen". In einem weiteren Urteil des BAG wurde der Betrieb eines eine Volkshochschule betreibenden Vereins unter anderem durch Barzuschüsse des Landes, des Kreises und der Stadt finanziert.[27]

Desweiteren taucht die Drittmittelfinanzierung im Hochschulbereich, bei der außeruniversitären Forschung und bei der Forschung an sog. Forschungsvorhaben "an der Hochschule" auf.

Die Freie Universität Berlin etwa ist zur Erfüllung ihrer Aufgaben nur zum Teil auf eigene Einnahmen, wie z.B. Gebühren angewiesen. Sie erhält vor allem Zuschüsse des Landes Berlin, die nach Maßgabe ihres Haushaltsplans auch zur Entrichtung der Bezüge ihrer Beamten und Arbeitnehmer verwendet werden. Die eigenen Einnahmen und die Zuschüsse sichern die finanzielle Grundausstattung der Universität und ermöglichen es, die "Stammbelegschaft" zu besolden. Die Grundausstattung über die Hochschulhaushalte wird weitgehend unabhängig von Leistung und Erfolg zugewiesen, und soll Wissenschaftler in die Lage versetzen,

---

[23] Vormals § 91 Abs. 1, 2 Satz 1 AFG.

[24] GK-SGB III (-Feckler), § 260 Rn. 27 und § 264 Rn. 2. Neben dem Zuschuß kann dem Maßnahmeträger unter besonderen Voraussetzungen auch ein Darlehen gewährt werden.

[25] Niesel (-Düe), SGB III, § 260 Rn. 4 m.w.N.

[26] BAG, Urteil vom 8.4.1992 - 7 AZR 135/91 -, AP Nr. 146 zu § 620 BGB Befristeter Arbeitsvertrag.

[27] BAG, Urteil vom 20.2.1986 - 2 AZR 212/85 -, NZA 1986, 823.

den Standard ihres Fachs zu halten.[28]
Im übrigen schließen aber juristische Personen des öffentlichen Rechts nicht selten Arbeitsverträge, für die ihnen ein Dritter finanzielle Mittel zur Verfügung stellt, um es ihnen zu ermöglichen oder zu veranlassen, Arbeitnehmer über diese "Stammbelegschaft" hinaus zu beschäftigen[29], sog. Ergänzungsausstattung.[30] Auch die FU Berlin schließt derartige drittfinanzierte Arbeitsverhältnisse ab. Bei der Drittmittelfinanzierung im Hochschulbereich stellt der Drittmittelgeber einer Hochschule finanzielle Sondermittel zur Verfügung, mit deren Hilfe spezielle Forschungsprogramme oder -projekte durchgeführt werden sollen. Die Hochschule verwendet diese Mittel unter anderem zur Anstellung zusätzlichen wissenschaftlichen und/oder nichtwissenschaftlichen Personals und schließt entsprechende Arbeitsverträge. Dies gilt entsprechend für die Forschung im außeruniversitären Bereich und der Forschung in den sog. "An-Instituten".[31]

Ein weiteres aktuelles Beispiel im Hochschulbereich ist die beabsichtigte freiwillige Zahlung von Geldern durch Studenten an eine Hochschule, um diese zu veranlassen, einen Tutor weiter in einer ungekürzten Anzahl von Semesterwochenstunden für die Schulung von Studenten zu beschäftigen.

Schließlich gibt es auch private Drittmittelgeber, die ein privates Interesse an der Förderung und Beschäftigung zusätzlichen Personals durch den Zuwendungsempfänger haben, etwa weil sie aus steuerlichen oder sonstigen Gründen die zusätzlichen Arbeitnehmer nicht selbst anstellen wollen oder können.[32] Ein Beispiel sind private Spenden aus karitativen Gründen für Einrichtungen der Seelsorge.

Abschließend sollen weitere Beispiele von Drittzuwendungen kurz aufgeführt werden. Film und Theater sowie andere kulturelle und sportliche Veranstaltungen bzw. Einrichtungen etwa erhalten staatliche Zuschüsse. Gleiches gilt für soziale und karitative Einrichtungen. Kindertagesstätten in freier Trägerschaft erhalten finanzielle Mittel vom Land. Zu erwägen sind auch Zahlungen von Eltern an das Land, um dringend benötigte Lehrer zur Unterrichtung ihrer Kinder zu bezahlen, wenn an den Schulen der Fachunterricht infolge von Krankheit von Lehrern ausfällt und es wegen der knappen Personallage keinen Ersatz gibt. In einem Berliner Fall wollten Eltern wegen der Personalnot Geld zusammenlegen, um das Gehalt einer dringend benötigten Latein-Lehrerin selbst zu bezahlen, was allerdings vom Landesschulamt untersagt wurde.[33]
Die Länder gewähren öffentliche Finanzhilfe für Schulen in freier Trägerschaft. Die Finanzhilfe für die Ersatzschulen wird in der Regel nach zwei Grundsystemen berechnet, dem Bedarfsdeckungs- oder dem Pauschalverfahren.[34]

---

[28] Der Senator für Wissenschaft und Forschung, Hochschulen und Forschung in Berlin, S. 118.
[29] Vgl. zum Vorstehenden Plander DB 1982, 1214 ff.
[30] Der Senator für Wissenschaft und Forschung, Hochschulen und Forschung in Berlin, S. 118.
[31] Zum Begriff vgl. unten, Fußnote 119.
[32] Plander DB 1982, 1216 f.
[33] Der Tagesspiegel vom 3.12.1997, S. 9 ("Lehrer-Notstand: Kein Bio, kein Latein").
[34] Weiterführend: Vogel/Knudsen, Das Recht der Privatschulen, Kindergärten und Heime, Ziff.

Die vorstehenden Beispiele zeigen, daß drittfinanzierte Arbeitsverhältnisse häufig die Konsequenz einer Politik staatlichen Förderns oder sonstigen Subventionierens sind, die zum Zweck hat, im öffentlichen Interesse liegende Aufgaben und Aktivitäten des Zuwendungsempfängers zu unterstützen und zu fördern.[35] Außerdem wurde deutlich, daß die Geldzuwendungen der öffentlichen Hand nicht primär aus beschäftigungsfördernden Gründen, etwa Arbeitsbeschaffungsmaßnahmen, erfolgen. Vielmehr werden auch aus zahlreichen anderen Gründen Geldmittel verteilt, die sich mittelbar beschäftigungsfördernd auswirken können. Abzugrenzen sind daher Leistungen zur Bekämpfung des globalen Problems der Beschäftigungskrise von den Subventionen. Dieser Abgrenzung kommt allerdings für die Drittmitteldefinition und für die vorliegende Untersuchung keine Bedeutung zu. Sie soll daher nicht weiter vertieft werden. Im übrigen widersprechen sich Subventionierung und die Bekämpfung der Beschäftigungskrise nicht.

Abschließend ist festzuhalten, daß die Erscheinungsformen der Drittmittelfinanzierung vielfältig sind. Ein drittmittelfinanziertes Arbeitsverhältnis kann praktisch in jedem Wirtschaftsbereich auftreten.

2) Definitionen

Die den juristischen Personen des Privatrechts, den freien oder öffentlichen Einrichtungsträgern (Zuwendungs- bzw. Drittmittelempfänger) für die Durchführung ihrer Tätigkeiten seitens der öffentlichen Träger oder Privatpersonen (Zuwendungs- bzw. Drittmittelgeber) zur Verfügung gestellten Zuwendungen und Förderungen können als Drittmittel bezeichnet werden. Denn diese werden von einer vom Drittmittelempfänger verschiedenen (juristischen) Person, also von dritter Seite gezahlt, um dem Drittmittelempfänger zu ermöglichen, die für seine Aufgabenwahrnehmung erforderlichen Einstellungen von Mitarbeitern autonom vorzunehmen und die erforderlichen sächlichen Mittel anzuschaffen. Hierbei spielt es keine Rolle, wie die Zuwendungen in den einzelnen Bereichen, in denen Mittel von dritter Seite zu Verfügung gestellt werden, bezeichnet werden, wer diese Mittel zur Verfügung stellt und in welcher Art und Weise das Zuwendungsverhältnis ausgestaltet ist. Maßgebend ist nur, daß überhaupt von dritter Seite finanzielle Zuwendungen erfolgen. Das Zuwendungsverhältnis kann öffentlich-rechtlich oder privatrechtlich ausgestaltet sein. Die Drittmittelzuwendung seitens der öffentlichen Hand kann auch aufgrund eines begünstigenden Verwaltungsaktes erfolgen. Der Drittmittelempfänger entscheidet weitgehend autonom über die Verwendung der Drittmittel zur Verfolgung des von ihm erstrebten arbeitstechnischen Zwecks. Allerdings kann der Drittmittelgeber die Gewährung von Drittmitteln von der Erfüllung bestimmter Bedingungen abhängig machen, um einen etwaig verfolgten Förderungszweck sicherzustellen. Der Förderungszweck muß

28.0.3.

[35] Plander DB 1982, 1216.

nicht zwingend auf den Abschluß eines Arbeitsvertrages durch den Drittmittelempfänger gerichtet sein.

Die zwischen dem Drittmittelgeber und dem Drittmittelempfänger zum Zwecke der Drittmittelfinanzierung abgeschlossenen Verträge werden als Drittmittelverträge bezeichnet.

Drittmittel können beschäftigungsrelevante Auswirkungen haben. Hinsichtlich der von den Drittmittelempfängern zur Durchführung ihrer Aufgaben begründeten Arbeitsverhältnisse kann man von drittmittelfinanzierten Arbeitsverhältnissen sprechen.[36] Drittmittelfinanzierte Arbeitsverträge liegen damit dann vor, wenn ein Drittmittelgeber als Kostenträger anderen Personen die Eingehung von Arbeitsverträgen ermöglicht.[37] Der Drittmittelempfänger ist frei in seiner Entscheidung, ob er ein Arbeitsverhältnis auch tatsächlich abschließt. Das bedeutet aber nicht, daß er auch stets frei in seiner Entscheidung ist, welcher Arbeitnehmer konkret eingestellt wird. Die Definition des drittmittelfinanzierten Arbeitsverhältnisses setzt ferner nicht voraus, daß der Drittmittelgeber die Eingehung eines Arbeitsverhältnisses durch den Drittmittelempfänger von vornherein bezweckt hat. Entscheidend ist allein die arbeitgeberseitige Verwendung der Drittmittel zur Finanzierung von Arbeitsverhältnissen.

Auf dieser Definition des drittmittelfinanzierten Arbeitsverhältnisses aufbauend kann man als Drittmittel daher allgemein solche Mittel bezeichnen, die von dritter Seite durch einen Drittmittelgeber einem personenverschiedenen Drittmittelempfänger zur Förderung bestimmter Aufgaben und eines bestimmten Zwecks gegebenenfalls zusätzlich zu eigenen Mitteln des Drittmittelempfängers von öffentlichen oder privaten Stellen zur Verfügung gestellt werden. Für den Drittmittelbegriff spielt es keine Rolle, von wem, auf welche Art und Weise und auf welcher Grundlage die Geldzuwendungen zur Verfügung gestellt werden. Maßgebend ist nur, daß ein Arbeitgeber von einem Dritten Geldmittel unter anderem zur Finanzierung von Arbeitsplätzen erhält. Die Drittmittel stehen einem Arbeitgeber nicht ständig und ohne weiteres zur Verfügung. Die Drittmittel müssen regelmäßig eingeworben oder beantragt werden.

Dieser Drittmittelbegriff ist den Ausführungen zu den allgemeinen Problemen bei drittmittelfinanzierten Arbeitsverhältnissen zugrunde zu legen. Klarstellend ist darauf hinzuweisen, daß auch Sachzuwendungen, nicht lediglich Geldzuwendungen Zuwendungen Dritter im Sinne des Drittmittelbegriffs darstellen. Diese sind jedoch im Rahmen der vorliegenden Untersuchung auszublenden. Die Sachzuwendungen sind arbeitsrechtlich bedeutungslos, da sie weder unmittelbar noch mittelbar beschäftigungsrelevante Auswirkungen haben.

---

[36] Lakies NZA 1995, 296.

[37] LAG Berlin, Urteil vom 21.4.1997 - 9 Sa 6/97 und 8/97 -, ZTR 1997, 523 ; Schaub, Arbeitsrechtshandbuch, § 184, III, 1.

II) Drittmittelbegriff im Hochschulbereich

Die Bezeichnung Drittmittel wird hier in vielfältiger Bedeutung benutzt.[38] Einen Ansatzpunkt für eine Definition des Drittmittelbegriffs im Hochschulbereich bietet § 25 Abs. 1, Satz 1, 1. HS HRG[39], wonach die in der Forschung tätigen Hochschulmitglieder dazu berechtigt sind, im Rahmen ihrer dienstlichen Aufgaben auch solche Forschungsvorhaben durchzuführen, die nicht aus den der Hochschule zur Verfügung stehenden Haushaltsmitteln, sondern aus Mitteln Dritter finanziert werden.[40] § 25 Abs. 1, Satz 1 HRG nimmt insoweit lediglich eine Ausgrenzung derart vor, daß die nicht haushaltsmäßig bereitstehenden Mittel als Drittmittel anzusehen sind.[41] Durch die Formulierung "den der Hochschule zur Verfügung stehenden Haushaltsmitteln" wird klargestellt, daß es insoweit nur auf die regulären Haushaltsmittel ankommt.[42] Im Gegensatz dazu stehen solche Gelder, die nicht vom Träger der Hochschule, sondern von anderer Seite zur Finanzierung eines Projekts zur Verfügung gestellt werden.

Zur Bestimmung des Drittmittelbegriffs kann außerdem die Drittmitteldefinition des § 2 des Gesetzes über befristete Arbeitsverträge mit wissenschaftlichem Personal an Forschungseinrichtungen vom 14.6.1985, welches zugleich mit den §§ 57 a bis 57 f HRG erlassen wurde, herangezogen werden. Dieses Gesetz regelt in § 1, daß die §§ 57 a ff. HRG auf befristete Arbeitsverträge mit wissenschaftlichem Personal an staatlichen oder überwiegend staatlich finanzierten Forschungseinrichtungen entsprechend anzuwenden sind. Nach § 2 dieses Gesetzes sind Mittel Dritter nach § 1 des genannten Gesetzes in Verbindung mit § 57 b Abs. 2 Nr.4, §§ 57 d und § 57 e HRG diejenigen finanziellen Mittel, die den Forschungseinrichtungen oder einzelnen Wissenschaftlern in diesen Einrichtungen über die von den Unterhaltsträgern zur Verfügung gestellten laufenden Haushaltsmittel und Investitionen hinaus zufließen. Diese Definition muß entsprechend auch für die Hochschulen gelten.[43] Nach einer Definition des BAG liegt eine

---

[38] Schuster, Finanzen, Hdb. WissR 1996, 1061, 1067.

[39] HRG in der durch Gesetz vom 28.8.1998 geänderten Fassung. Die §§ 25 und 57 a ff. HRG a.F. wurden in der neuen Fassung in den hier entscheidenden Punkten der Drittmittelfinanzierung nicht geändert. § 25 Abs. 7 a.F. (Nebentätigkeit) wurde aufgehoben.

[40] Vgl. die Abweichungen in § 8 UG BW ; Art. 10 BayHSchG ; § 40 BlnHG ; §§ 73ff. BreHG; § 81 SaarlUG ; § 71b HSchG SH ; § 31 NHG ; § 44 SächsHG

[41] Rollmann, Die Universität als Wirtschaftsunternehmen, S. 67 ; Karpen, Wissenschaftsfreiheit und Hochschulfinanzierung, S. 39 ; Behrens, Globalisierung der Hochschulhaushalte, S. 14 ; Hailbronner (-Hailbronner), HRG, § 25 Rn. 1

[42] BAG, Urteil vom 31.1.1990 - 7 AZR 125/89 -, AP Nr. 1 zu § 57 b HRG ; BAG, Urteil vom 22.11.1995 - 7 AZR 248/95 -, NZA 1996, 1092, 1094 ; Reich, HRG, § 25 Rn. 2 ; KR (-Lipke), § 57 b HRG Rn. 25 ; Friauf, Probleme des Drittmitteleinsatzes in der Hochschule, S. 65

[43] BAG, Urteil vom 31.1.1990 – 7 AZR 125/89 -, AP Nr. 1 zu § 57 b HRG ; Der Wissenschaftsrat, Drittmittel der Hochschulen 1970 bis 1990, S. 8 ; hierauf Bezug nehmend: FU Berlin, 6. Forschungsbericht 1988-1991, S. 30. HRK, Zur Forschung in den Hochschulen, S. 81

Drittmittelfinanzierung vor, wenn ein Forschungsvorhaben nicht aus den der Hochschule zur Verfügung stehenden regulären Haushaltsmitteln, sondern anderweitig finanziert wird.[44]

Als Drittmittel sind nicht nur Mittel von privater Seite und der Industrie aufzufassen, sondern alle zusätzlichen Zuwendungen, d.h. auch von öffentlicher Seite. Mit der Bezugnahme auf den Hochschulhaushalt wird deutlich, daß Mittel anderer Ressorts des gleichen Bundeslandes ebenso als Drittmittel zu bezeichnen sind, wie Mittel des Bundes und der Forschungsorganisationen.[45] Auch der Hochschule vom Unterhaltsträger (Land) für bestimmte Forschungsprojekte zugewiesene Sondermittel stellen somit Drittmittel dar, sofern es sich dabei nicht um der Hochschule laufend zur Verfügung gestellte Haushaltsmittel handelt.[46] Die Drittmittel müssen folglich nicht zwingend von einer dritten juristischen oder natürlichen Person herrühren. Das BAG hat daher auch Lottomittel - Konzessionsabgaben nach dem niedersächsischen Gesetz über das Zahlenlotto - , welche Einnahmen des Landes darstellten und auch im Haushalt des für die wissenschaftlichen Hochschulen zuständigen Niedersächsischen Ministeriums für Wissenschaft und Kunst geführt und von diesem einer Universität zur Förderung eines bestimmten Forschungsprojektes zugewiesen wurden, als Mittel Dritter im Sinne von § 57 b Abs. 2 Nr. 4 HRG anerkannt.[47] Durch diese Entscheidung hat das BAG zur Klärung des Drittmittelbegriffs im HRG beigetragen und die in der Literatur streitige Frage entschieden.[48] Damit setzt der Drittmittelbegriff im HRG entgegen dem Wortlaut der §§ 25 Abs. 1 Satz 1 und § 57 b Abs. 2 Nr. 4 HRG nicht zwingend voraus, daß die Mitarbeiter "aus Mitteln Dritter" finanziert werden.

---

schlägt folgende Definition vor: „Drittmittel der Hochschulen sind solche Mittel, die zur Förderung der Forschung und Entwicklung sowie des wissenschaftlichen Nachwuches zusätzlich zum regulären Hochschulhaushalt (Grundausstattung) von öffentlichen oder privaten Stellen eingeworben werden, und zwar unabhängig davon, ob sie einzelnen Wissenschaftlern oder der Hochschule selbst oder einer ihrer Einrichtungen (Fakultäten, Fachbereiche, Institute, Seminare, Klinika) zur Verfügung gestellt werden und in welcher Weise gegebenenfalls die Verwaltung der Hochschule an ihrer Bewirtschaftung beteiligt wird".

[44] BAG, Urteil vom 15.1.1997 - 7 AZR 158/96 -, NZA 1998, 29, 30.

[45] Sandberger, Drittmittelverwaltung, Hdb. WissR 1996, 1089, 1093 ; Reich, HRG, § 25 Rn. 2 und § 57 b HRG Rn. 6 ; Rollmann, Die Universität als Wirtschaftsunternehmen, S. 67 ; Krämer/Schmidt, Zuwendungsrecht Zuwendungspraxis, F VI 2 ; Schuster, Finanzen, Hdb. WissR 1996, 1061, 1067 ; Karpen, Wissenschaftsfreiheit und Hochschulfinanzierung, S. 39.

[46] BAG, Urteil vom 31.1.1990 - 7 AZR 125/89 -, AP Nr. 1 zu § 57 b HRG-mit zust. Anm. Wegener ; BAG, Urteil vom 15.1.1997 - 7 AZR 158/96 -, NZA 1998, 29, 30 ; BAG, Urteil vom 22.11.1995 - 7 AZR 248/95 -, NZA 1996, 1092, 1094 ; KR (-Lipke), § 57 b HRG Rn. 25 - a.A. noch Weller, in KR, 3. Aufl., § 57 b HRG -; Kittner/Trittin (-Trittin), KSchR, § 57 b HRG Rn. 2 ; Plander WissR 1982, 3, 4 ; Staudinger (-Preis), BGB, § 620 Rn. 216 ; a.A. Reich, HRG, § 57 b Rn. 6 ; Weller, a.a.O., die einen engeren Drittmittelbegriff vertreten und die die vom Träger der Hochschule zur Verfügung gestellten Gelder nicht als Drittmittel ansehen.

[47] BAG, Urteil vom 31.1.1990 - 7 AZR 125/89 -, AP Nr. 1 zu § 57 b HRG .

[48] KR (-Lipke), a.a.O., vertritt jetzt aufgrund der angeführten Entscheidung des BAG ebenfalls den weiteren Drittmittelbegriff.

Mit der neugeschaffenen Regelung in § 57 b Abs. 2 Nr. 4 HRG wurde Hochschulen und Forschungseinrichtungen ermöglicht, drittfinanzierte Stellen wirksam zu befristen. Die Befristung von drittfinanzierten Arbeitsverträgen ist in der SR 2 y BAT nicht geregelt. Vor der Neuregelung waren Hochschulen und Forschungseinrichtungen in Schwierigkeiten geraten, da sie bisher drittfinanzierte Stellen nicht wirksam befristen konnten und daher Mitarbeiter nach Auslaufen der Drittmittel weiterbeschäftigen mußten. Die Befristungsregelung in § 57 b Abs. 2 Nr. 4 HRG hat diese Schwierigkeiten beseitigt. Werden Mitarbeiter entsprechend der vorstehend dargelegten Drittmitteldefinition "aus Mitteln Dritter" vergütet, können Hochschulen und Forschungseinrichtungen nunmehr diese drittfinanzierten Arbeitsverträge entsprechend der Befristungsregelung wirksam befristen. Voraussetzung für die Geltung der Befristungsregelung ist stets, daß die Mitarbeiter aus Drittmittel finanziert werden.

Bei den Drittmitteln im Hochschulbereich handelt es sich überwiegend[49] um staatliche Gelder. Die staatlichen Mittel nehmen mit den Zuwendungen der Deutschen Forschungsgemeinschaft[50], des Bundes, der Länder und der Wissenschaftsstiftungen den Hauptteil der insgesamt zur Verfügung gestellten Drittmittel ein[51], wobei die Deutsche Forschungsgemeinschaft eine herausragende Rolle einnimmt.[52] Heute fließen mehr als 95 % der Mittel für die DFG aus öffentlichen

---

[49] KR (-Lipke), § 57 b HRG Rn. 25 a und Grellert WissR 1988, 112, 113 sowie Friauf, Probleme des Drittmitteleinsatzes in der Hochschule, S. 66: ca. 90 v.H. ; Püttjer WissR 1990, 154, 155: fast 80 % ; Dickert, Naturwissenschaften und Forschungsfreiheit, S. 90: 70%.

[50] Die DFG ist eine zentrale, unabhängige Organisation der Förschungsförderung in der Bundesrepublik Deutschland. Diese ist organisiert als eingetragener Verein, dessen wichtigste Mitglieder der Bund, die Länder und die Hochschulen sind. Sie ist eine zentrale Finanzierungs- und teilweise auch Planungsorganisation für die Forschung, welche in ihren Entscheidungen als Geldgeber vom Staat unabhängig ist, wobei diese Unabhängigkeit allerdings eine Mitwirkung des Staates und der Wirtschaft nicht ausschließt.

Neben der DFG gibt es weitere zahlreiche, unabhängige Institutionen, die Forschungsmittel vergeben und folglich in gewissem Umfang auch Forschungspolitik betreiben. Genannt sei etwa die sachlich unabhängige Stiftung Volkswagenwerk, welche allerdings durch Beteiligung von Vertretern des Bundes und des Landes Niedersachsen in ihren Entscheidungsgremien einem beschränkten staatlichen Einfluß unterliegt. Vgl. zum Vorstehenden: Deiseroth, Berufsethische Verantwortung in der Forschung, S. 117 ff. ; Thieme, Deutsches Hochschulrecht, Rn. 153 ff. ; ders., Staatliche Einwirkung auf Wissenschaft und technischen Fortschritt, S. 44.

[51] BAG, Urteil vom 22.11.1995 - 7 AZR 248/95 -, NZA 1996, 1092, 1095 ; Hailbronner (-Hailbronner), HRG, § 25 Rn. 1 ; Rollmann, Die Universität als Wirtschaftsunternehmen, S. 67 ; KR (-Lipke), § 57 b HRG Rn. 25 a ; Heckmann, Drittmittelforschung, Hdb. WissR 1982, 966, 968 ; RGRK (-Dörner), BGB, § 620 Rn. 222 ; Behrens, Globalisierung der Hochschulhaushalte, S. 15 ; Püttner/Mittag, Rechtliche Hemmnisse der Kooperation zwischen Hochschulen und Wirtschaft, S. 75 ; Püttner, Grundsatzfragen zur Drittmittelforschung, S. 121; Böckels, Vertragsforschung im Forschungsverbund, S. 212 ; Janson, Langfristige Kooperationsverträge, S. 168; BT-Dr. 10/225.

[52] BAG, Urteil vom 22.11.1995 - 7 AZR 248/95 -, NZA 1996, 1092, 1095 ; Lübbert, Befristete Arbeitsverhältnisse im Hochschulbereich und in außeruniversitären Forschungseinrichtungen, S. 183 ; KR (-Lipke), § 57 b HRG Rn. 25a ; Behrens, a.a.O. ; Heckmann, a.a.O. ; Nett-

Quellen.[53]

§ 25 Abs. 1 Satz 1 HRG regelt im übrigen lediglich die äußeren Grenzen einer Drittmittelforschung , denn das Drittmittelprojekt wird jedenfalls durch die Zahlung des Gehalts des Hochschullehrers seitens der Hochschule auch aus den der Hochschule zur Verfügung stehenden Haushaltsmitteln mitfinanziert.[54]

In haushaltsrechtlicher Hinsicht handelt es sich bei den Drittmitteln um Zuwendungen im Sinne von § 23 BHO, also um Mittel, die von einem außerhalb der eigenen Verwaltung stehenden Dritten bereitgestellt werden, wobei diese in der Regel als sog. Projektmittel im Sinne von Nr. 2.1 Vorl.VV zu § 23 BHO für einzelne, konkrete Vorhaben gegeben werden.[55] Die Mittel können indes auch als nicht projektbezogene Mittel im Rahmen der institutionellen Förderung im Sinne von Nr. 2.2 Vorl. VV zu § 23 BHO vergeben werden.[56]

III) Drittmittelbegriff beim ABM-Arbeitsverhältnis

Die Finanzmittel der Bundesanstalt für Arbeit dienen der Förderung zusätzlicher Arbeitsplätze und damit der Wiedereingliederung von Arbeitslosen in den Arbeitsmarkt. Sie zielen nicht auf die Förderung eines bestimmten Projekts, sondern einzelner arbeitsloser Arbeitnehmer. Die ABM-Förderung stellt keine Form einer Subventionierung des Arbeitgebers dar.[57] Dies ergibt sich aus der Gesamtsystematik des SGB III.[58] Denn die ABM-Förderung dient dem Zweck, Arbeitslosigkeit zu beenden. Sie stellt eine individuelle Personenförderung an den einzelnen Arbeitssuchenden und keine Leistung an den Arbeitgeber dar.[59] Die Fördermittel werden lediglich über den Arbeitgeber als auszahlender Stelle an den Arbeitnehmer, der ansonsten Arbeitslosengeld oder Arbeitslosenhilfe erhielte, weitergereicht. Folglich steht bei der ABM-Förderung nicht die staatliche Hilfe, sondern das beschäftigungsbezogene Darreichen einer Leistung aus der Arbeitslosenversicherung im Vordergrund.[60]

Dennoch können auch die Zuwendungen von Seiten öffentlicher Träger bei Arbeitsbeschaffungsmaßnahmen als Drittmittel bezeichnet werden. Da die an die ABM-Beschäftigten gezahlten Löhne überwiegend aus solchen Mitteln finanziert werden, die dem Arbeitgeber zu diesem Zweck von der Arbeitsverwaltung aus-

---

elbeck, Forschung an Hochschulen, S. 226 ; Böckels, a.a.O. ; Thieme, Deutsches Hochschulrecht Rn. 371 ; Dickert, Naturwissenschaften und Forschungsfreiheit, S. 72 f.

[53] Letzelter, Die DFG, Hdb. WissR 1996, 1381, 1393.

[54] Reich, HRG, § 25 Rn. 2.

[55] Friauf, Probleme des Drittmitteleinsatzes in der Hochschule, S. 66 ; Heckmann, Drittmittelforschung, Hdb.WissR 1982, 966, 968 f.

[56] Friauf, a.a.O. ; Heckmann, a.a.O.

[57] Daher kann die ABM-Förderung innerhalb der Europäischen Gemeinschaft nicht zu einer regionalen oder branchenspezifischen Wettbewerbsverzerrung führen.

[58] GK-SGB III (-Feckler), § 260 Rn. 27.

[59] GK-SGB III (-Feckler), § 260 Rn. 2 und 27.

[60] GK-SGB III (-Feckler), § 260 Rn. 27.

gezahlt werden, kann das ABM-Arbeitsverhältnis den drittmittelfinanzierten Arbeitsverhältnissen zugeordnet werden.[61] Zwar liegt der von der Bundesanstalt für Arbeit verfolgte Zweck in der Förderung Arbeitsloser. Die Fördermittel werden aber an den Arbeitgeber ausgezahlt.[62] Vom Tatsächlichen her ist folglich der Arbeitgeber der Zuwendungsempfänger. Abweichend vom normalen Arbeitsverhältnis, in dem der Arbeitgeber die Löhne aus Eigenmitteln finanziert, werden beim ABM-Arbeitsverhältnis die Löhne vor allem mit Lohnkostenzuschüssen finanziert, die dem Arbeitgeber zu diesem Zweck von der Arbeitsverwaltung ausgezahlt werden. Dem Arbeitnehmer wird lediglich eine mittelbare Leistung gewährt, da ihm die Mittel nicht von der Bundesanstalt ausgezahlt werden.[63] Es muß folglich zwischen dem Leistungszweck, der Förderung Arbeitsloser, und der tatsächlichen Leistungsgewährung differenziert werden. Die im Vordergrund stehende tatsächliche Leistung, die Auszahlung der Fördermittel, erbringt die Bundesanstalt für Arbeit gegenüber dem Arbeitgeber. Der Aspekt der sozialen Motivation der Förderung muß daher bei der Frage, ob die Fördermittel Drittmittel im Sinne des Drittmittelbegriffs darstellen, in den Hintergrund treten.

Hinsichtlich des Drittmittelbegriffs kann an dieser Stelle auf die allgemeine Drittmitteldefinition verwiesen werden.[64]

IV) Abgrenzung von ABM-Verträgen und Drittmittelverträgen im Sinne des § 57 b Abs. 2 Nr. 4 HRG

ABM-Arbeitsverträge sind keine Drittmittelverträge im Sinne des § 57 b Abs. 2 Nr. 4 HRG, denn von der Förderung eines Forschungsprojektes durch Drittmittel sind die Förderungen einzelner Arbeitsverhältnisse seitens der Bundesanstalt für Arbeit nach den §§ 260 ff. SGB III[65] zu unterscheiden.[66] Die Förderung zusätzlicher Arbeitsplätze und die Eröffnung wenigstens vorübergehender Beschäftigungsmöglichkeiten im Rahmen einer Arbeitsbeschaffungsmaßnahme nach den §§ 260 ff. SGB III zielt nicht auf die Finanzierung eines Forschungsprojektes, sondern auf die Förderung einzelner arbeitsloser Arbeitnehmer. Bei drittmittelfinanzierten Forschungsprojekten bleibt es der Hochschule oder dem Hochschullehrer grundsätzlich selbst überlassen, welche erforderlichen wissenschaftlichen

---

[61] Blechmann, ABM, S. 54. Nagel, Fristverträge, § 57 b HRG Rn. 18 sieht die Finanzierung von ABM-Stellen durch die BA als einen besonderen Fall einer Drittmittelfinanzierung an und bezeichnet die BA als Drittmittelgeber. Auch Berger-Delhey in Anm. zu BAG EzBAT Nr. 2 zu SR 2 y BAT spricht in diesem Zusammenhang von "finanziellen (Dritt-) Mitteln" und vom "Drittmittelgeber Arbeitsverwaltung".

[62] Vgl. Zuleeg, GewArch 1986, S. 314.

[63] Vgl. Zulegg, a.a.O.

[64] Vgl. oben, 1. Teil, I, 1, b.

[65] Vormals §§ 91 ff. AFG.

[66] BAG, Urteil vom 13.4.1994 - 7 AZR 551/93 -, NZA 1995, 67, 69 ; KR (-Lipke), § 57 b HRG Rn. 23 und § 57c HRG Rn. 8 ; Staudinger (-Preis), BGB, § 620 Rn. 216 ; Kittner/Trittin (-Trittin), KSchR, § 57 b HRG Rn. 2.

Mitarbeiter eingestellt werden. Im Gegensatz dazu wird bei den Arbeitsbeschaffungsmaßnahmen eine Förderung nur für solche arbeitssuchenden Arbeitnehmer gewährt, die dem Arbeitgeber vom Arbeitsamt zugewiesen sind, d.h. die Auswahl der zu beschäftigenden Arbeitnehmer obliegt hier dem Arbeitsamt und nicht dem Arbeitgeber.[67]

V) Mischfinanzierung

Eine sog. Mischfinanzierung liegt vor, wenn mehrere verschiedene Drittmittelgeber einen Finanzierungsbeitrag leisten oder etwa im Hochschulbereich aus regulären Haushaltsmitteln einerseits und Drittmitteln andererseits Forschungsprojekte finanziert werden. Auch in letzterem Fall findet § 57 b Abs. 2 Nr. 4 HRG Anwendung, eine Mischfinanzierung ist nicht ausgeschlossen.[68] Dies folgt bereits ohne weiteres aus dem Wort "überwiegend" in der genannten Vorschrift.

B) Sinn und Zweck der Drittmittel und Stellenwert der Drittmittelforschung im Hochschulbereich und in der Privatwirtschaft

Der Anteil der Nettoausgaben der westlichen Bundesländer und des Bundes für die Hochschulen und deren Mitglieder am Bruttosozialprodukt ist von 1,32 % Mitte der 70er Jahre auf 0,93 % im Jahre 1992 gesunken. Der Haushalt des Bundesministeriums für Forschung und Technologie ist von 1980 bis 1992 nominal von 5,72 auf 9,25 Mrd. DM und damit um 61,7 % gestiegen, sein Anteil am Bundeshaushalt indes ist von 2,65 auf 2,19 % gesunken. Die Grundausstattung für Lehre und Forschung betrug im Jahre 1980 etwa das Sechsfache, im Jahre 1990 nur noch das Viereinhalbfache der eingeworbenen Drittmittel. Die Summe der Drittmittel ist zwischen 1980 und 1990 nominal um etwa 90 % auf 2,964 Mrd. DM und real um 43,5 % gestiegen. Von 1970 bis 1990 hat sich das Drittmittelaufkommen der Hochschulen nahezu verfünffacht. Dagegen nahm die den Hochschulen im Haushalt zur Verfügung gestellte Grundausstattung für Lehre und Forschung im gleichen Zeitraum nominal nur um 37 % und real nur um 4 % zu. Die Zahl der aus Drittmitteln finanzierten Wissenschaftler hat sich von 9.300 im Jahre 1980 auf 19.262 im Jahre 1988 mehr als verdoppelt. Die Deutsche Forschungsgemeinschaft muß seit Jahren wegen Mangels an Fördermitteln positiv begutachtete Förderanträge ablehnen. Die Bewilligungsquote der DFG im Normalverfahren ist von 59,5 % im Jahr 1986 auf 40 % im Jahr 1992 und im Schwerpunktverfahren im gleichen Zeitraum von 68,9 auf 48,7 % gesunken, wobei sich auch die Fälle mehren, in denen DFG-Anträge daran scheitern, daß die erforderliche Grundausstattung, die die DFG nicht finanzieren darf, in den Hoch-

---

[67] BAG, Urteil vom 13.4.1994, a.a.O. ; KR (-Lipke), a.a.O.

[68] BAG, Urteil vom 22.11.1995 - 7 AZR 248/95 -, NZA 1996, 1092, 1094 ; KR (-Lipke), § 57 b HRG Rn. 25a ; Reich, HRG, § 25 Rn. 2 ; Wahlers RdA 1982, 214, 217.

schulen nicht zur Verfügung steht.[69] Im Zeitraum von 1991 bis 1995 bewilligte die DFG für Wissenschaftler an 89 Hochschulen insgesamt 7,2 Mrd. DM, wobei die Hälfte aller deutschen Hochschulen 90 % der Fördermittel der DFG erhält, während sich die restlichen Hochschulen die verbleibenden 10% teilen.[70]

Die Drittmittelfinanzierung im Hochschulbereich zur Forschungsfinanzierung ist, wie aus den vorstehenden Daten ersichtlich wird, von erheblicher Bedeutung. Sie ist mittlerweile erforderlich, um die Forschung als Grundlage einer Universität, die im wesentlichen der Wissenschaft und der davon getragenen wissenschaftlichen Ausbildung und Nachwuchsförderung dient[71], sicherzustellen.

Die sog. Grundfinanzierung von Universitäten stagniert seit Jahren. Dies hat zur Folge, daß die Drittmittelfinanzierung ein immer größeres Gewicht für die Finanzierung von universitären Forschungsprojekten gewonnen hat.[72] In vielen Fächern deckt die Grundausstattung der Universitäten nicht einmal den Grundbedarf der Forschung, so daß ohne die ergänzende Drittmittelfinanzierung die Forschung, insbesondere in den naturwissenschaftlichen und ingenieurwissenschaftlichen Fä-

---

[69] Alle Angaben nach HRK, Zur Forschung in den Hochschulen, S. 80 ff.

[70] Der Tagesspiegel vom 29.10.1997, S. 32 ("DFG-Mittel ungleich verteilt"). Diese Verteilung geht aus einer Statistik der Bewilligungen der DFG hervor. Die 20 Hochschulen mit den höchsten Bewilligungssummen teilen sich 60 % aller Bewilligungen. Die DFG weise jedoch darauf hin, daß der spezifische Mittelbedarf je nach Fachgebiet unterschiedlich sei.

[71] Freie Universität Berlin, Forschung 1993/94, S. 5.

[72] Sandberger, Drittmittelverwaltung, Hdb. WissR 1996, 1089, 1090 ; ders., Drittmittelbewilligungsbedingungen, S. 79 ; ders., Rechtliche Hemmnisse und Schranken für den Technologietransfer in Deutschland, S. 147 ; Blum, Hochschulmanagement, S. 46 ; Behrens, Globalisierung der Hochschulhaushalte, S. 13 ff. ; Hailbronner (-Hailbronner), HRG, § 25 Rn. 1 ; Plander WissR 1982, 3, 4 ; Matthiessen-Kreuder WissR 1991, 221 ; Friauf, Probleme des Drittmitteleinsatzes in der Hochschule, S. 63 ; Neyses, Personalfragen in der Drittmittelforschung, S. 61 ; ders. DÖD 1993, 225 ; Dallinger/Bode (-Dallinger), HRG, § 25 Rn. 1 ; Lecheler PersV 1990, 299, 305 ; Shils, Die doppelte Last der Universitäten, S. 81 ; Dickert, Naturwissenschaften und Forschungsfreiheit, S. 89 ; Wissenschaftsrat, Eckdaten und Kennzahlen zur Lage der Hochschulen, S. 5, 24 ff., 48 f. ; ders., Empfehlungen zur Forschung und zum Mitteleinsatz in den Hochschulen, S. 13 ff. ; ders. Empfehlungen zu den Perspektiven der Hochschulen in den 90er Jahren, S. 75 ff. ; ders. Empfehlungen zu Organisation, Planung und Förderung der Forschung, S. 100 . Von 1975 bis 1985 stieg die Grundausstattung der Universitäten - ohne Medizin - von 7,5 Mrd. auf 10,8 Mrd. (44 %), die der Drittmittel von 1,15 Mrd. auf 2,4 Mrd. (109 %) ; Freie Universität Berlin, a.a.O., S. 41 ff. - Drittmittelbilanz- : Die FU Berlin verzeichnete etwa im Haushaltsjahr 1993 einen weiteren Anstieg der Drittmittel um 6 % gegenüber dem Vorjahr. Insgesamt wurden 111,4 Mio. DM an Drittmitteln eingenommen, womit sich die Einwerbungen der FU Berlin im Zeitraum der letzten zehn Jahre mehr als verdoppelt haben - 1994: 53,4 Mio. DM -. Der Anstieg der Drittmittel ist vor allem auf die Deutsche Forschungsgemeinschaft und auf das Bundesministerium für Forschung und Technologie zurückzuführen, denn der Anteil der DFG am Drittmitteletat der FU Berlin stieg auf 40 % der gesamten Drittmittel. Der Stellenwert der Drittmittel für die Forschung an der FU Berlin läßt sich auch daran ablesen, daß die Zahl des in Drittmittelprojekten beschäftigten wissenschaftlichen und nichtwissenschaftlichen Personals kontinuierlich steigt. Die Zahl der wissenschaftlichen Mitarbeiter ist von etwa 600 Mitarbeitern zu Beginn der neunziger Jahre auf 737 im Wintersemester 1993/94 gestiegen.

chern, zum Erliegen käme.[73] Die Forschung und insbesondere die Spitzenforschung in der Universität ist derzeit beeinträchtigt, denn die seit Jahren bestehende und in letzter Zeit noch verschärfte Unterfinanzierung der Universität wird durch aufgelegte Sonderprogramme - mit zudem immer größerer Konkurrenz um die unzureichenden Mittel - nicht entfernt ausgeglichen und betrifft die Forschung wie die Lehre, zumal eine zunehmende Verlagerung von Forschungsprojekten und -mitteln in außeruniversitäre Einrichtungen zu verzeichnen ist.[74] Die Grundausstattung - hierzu gehören neben der personellen und apparativen Grundausstattung auch die Bereitstellung von Räumen, Möbeln, Büro- und Laborausstattungen und die zentralen Service-Einrichtungen einer Universität, wie Bibliotheken, Rechenzentrum und Verwaltung - deckt in der Regel lediglich die routinemäßig anfallenden wissenschaftlichen Arbeiten ab.[75] Die Drittmittelforschung hat daher seit längerer Zeit ihren festen Platz im deutschen Forschungsförderungssystem gefunden und ist für die Hochschulforschung inzwischen zu einer Existenzfrage geworden.[76] Die Drittmittelforschung ist als Bestandteil der allgemeinen Forschung anzusehen.[77]

Spitzenforschung ist in weiten Bereichen der Wissenschaft ohne Drittmittel nicht mehr zu realisieren.[78] Drittmittel werden folglich vor allem deshalb beantragt, weil die Haushaltsmittel der Hochschulen für die Durchführung bestimmter Forschungprojekte nicht ausreichen.[79] Die Drittmittel eröffnen für die Hochschulen

---

[73] Sandberger, Drittmittelverwaltung, Hdb. WissR 1996, 1089 ; ders., Drittmittelbewilligungsbedingungen, S. 79 ; Hailbronner (-Hailbronner), HRG, § 25 Rn. 1.

[74] Freie Universität Berlin, a.a.O., S. 5 ; Der Tagesspiegel vom 18.11.1997, S.18 ("Das schwierige Geschäft mit der Politikberatung") ; Krüger, Forschung, Hdb. WissR 1996, 261, 308 ; Letzelter, Die DFG, Hdb. WissR 1996, 1381, 1392 ; Neuweiler, Masse und Elite-zur Rolle der Universitäten, S. 40 f. ; Janson, Langfristige Kooperationsverträge, S. 167 ; Nettelbeck, Forschung an Hochschulen, S. 233 ; HRK, Zur Forschung in den Hochschulen, S. 85. In der außeruniversitären Forschung hat der einzelne Wissenschaftler in der Regel den Vorteil, daß er großzügigere Unterstützung und Freiheitsgrade erhält. Außeruniversitäre Forschungseinrichtungen können aufgrund ihrer Grundausstattung den Wissenschaftlern vielfach attraktivere Arbeitsbedingungen für die Forschung anbieten, was dazu führt, daß zahlreiche hochqualifizierte Nachwuchswissenschaftler aus den Hochschulen abwandern.

[75] Wahlers RdA 1982, 214, 215 ; Friauf, a.a.O. Der einzelne Hochschullehrer hat zwar kein Recht auf eine bestimmte Ausstattung, aber einen Anspruch auf ermessensfehlerfreie Verteilung der durch den Haushaltsgeber zur Verfügung gestellten Mittel, d.h. jeder Hochschullehrer kann an den vorhandenen laufenden Mitteln für die Forschung teilhaben, vgl. Avenarius, S. 37 ; BVerwG, Urteil vom 22.4.1977 - VII, C 49/74 - NJW 1978, 842, 843 f. ; Karpen, Das Spannungsverhältnis zwischen Wissenschaftsfreiheit und Wissenschaftsverwertung, S. 78 f.

[76] Wahlers RdA 1982, 214, 215 ; Lübbert, Befristete Arbeitsverträge im Hochschulbereich, S. 187 ; Schiffer/Linke, Die Zusammenarbeit Hochschule/Wirtschaft: Analyse und Ausblick, S. 10.

[77] Matthiessen-Kreuder WissR 1991, 221 ; Friauf, a.a.O., S. 64 ; Hailbronner (-Hailbronner), HRG, § 25 Rn. 3 ; Schiffer/Linke, a.a.O. ; Behrens, Globalisierung der Hochschulhaushalte, S. 15.

[78] Freie Universität Berlin, a.a.O., S. 41.

[79] Wissenschaftsrat, Empfehlungen zur Organisation, Planung und Förderung der Forschung,

bzw. die einzelnen Wissenschaftler die Möglichkeit, nach einem aufwendigen und anspruchsvollen Prüfungsverfahren die für ein bestimmtes Forschungsprojekt zusätzlich erforderlichen Geldmittel einzuwerben.[80]

Die Drittmittelfinanzierung dient vor allem dazu, über das in Hochschulen und Forschungsstätten vorhandene Personal hinaus zusätzliches wissenschaftliches Personal, Techniker, Schreibkräfte etc. einzustellen.[81] Dieses zusätzliche Personal wird entweder eingestellt, um an einem geförderten Forschungsprojekt selbst mitzuwirken oder eine andere Person von Lehr-, Prüfungs-, Verwaltungs- oder sonstigen Aufgaben zu entlasten, damit diese sich ihrerseits für eine gewisse Zeit auf ein bestimmtes Forschungsvorhaben konzentrieren kann.[82] Die wissenschaftlichen Mitarbeiter arbeiten an den Forschungsprojekten mit und sind für die erforderliche Zuarbeit verantwortlich. Auch Doktoranden kommen als Drittmittelbedienstete in Betracht, deren Doktorarbeit einen Teil des Projektes darstellen soll.

Da die Drittmittelforschung im Hochschulbereich einen großen Stellenwert hat, ist eine steigende Abhängigkeit der Hochschulen von Drittmitteln zu verzeichnen. In der Literatur wird daher zum Teil darauf hingewiesen, daß diese Abhängigkeit die in Art. 5 Abs. 3 Satz 1 GG grundrechtlich geschützte Wissenschaftsfreiheit gefährde.[83] Auf die Bedenken gegen die Drittmittelforschung im Hochschulbereich und im außeruniversitären Bereich kann im Rahmen der vorliegenden Untersuchung allerdings nicht näher eingegangen werden.

Der Staat stellt auch Privaten bzw. der Industrie finanzielle Mittel zur Verfügung, um diese zur Durchführung von bestimmten Forschungs- und/oder Entwicklungsvorhaben zu veranlassen. Die Vorhaben werden dann von der Industrie in den Abteilungen einzelner Unternehmen oder in den Einrichtungen der industriellen Gemeinschaftsforschung selbst oder durch von den Drittmittelempfängern vertraglich beauftragte Dritte durchgeführt.[84] Im Gegensatz zu der hochschulin-

---

S. 101 ; Lübbert, Befristete Arbeitsverträge im Hochschulbereich, S. 188 ; Wahlers, a.a.O.

[80] Lübbert, Befristete Arbeitsverträge im Hochschulbereich, S. 188 ; Wahlers, a.a.O.

[81] Plander WissR 1982, 3, 4 f. ; Lübbert, a.a.O., S. 188 ; ders., WissR 1985, 141, 143 ; Lohfeld, Die Befristung von Arbeitsverträgen, S. 313 ; Deiseroth, Berufsethische Verantwortung in der Forschung, S. 85 ; König, Der Bestandsschutz befristeter Arbeitsverhältnisse im Hochschulbereich, S. 74 ; Püttjer WissR 1990, 154, 155.

[82] Plander, a.a.O.

[83] Dickert, Naturwissenschaften und Forschungsfreiheit, S. 69, 91 f. ; Blum, Hochschulmanagement, S. 45 ff. ; Deiseroth, Berufsethische Verantwortung in der Forschung, S. 85 f. ; Raiser, Die Universität im Staat, S. 12 ff. und S. 27 ; v. Heppe DUZ 1956, XI/22, 6 ; Thieme, Deutsches Hochschulrecht, Rn. 77 und 371 a.E. ; Lenel, Die Rolle des Staates bei der Auswahl und Finanzierung von Forschungsprojekten der Industrie, S. 207 ; Lecheler PersV 1990, 299, 305 ; Sandberger, Drittmittelverwaltung, Hdb. WissR 1996, 1089, 1090 ; ders., Drittmittelbewilligungsbedingungen, S. 80 ; Krüger, Forschung, Hdb. WissR 1996, 261, 296 ff. ; Krebs, Grundrechtsschutz und staatliche Inpflichtnahme von Forschung und Lehre, S. 71 ; Zacher, Forschung, Gesellschaft und Gemeinwesen, S. 14 f. ; Knemeyer BayVBl.1982, 513, 517.

[84] Grellert WissR 1988, 112, 114.

ternen und der außeruniversitären Forschung wird die industrielle Forschung von dem Prinzip der Gewinnerzielung und der praktischen Umsetzbarkeit beherrscht, denn die Aufgabe industrieller Forschung kann nicht die zweckfreie Grundlagenforschung[85] sein.[86] Art, Inhalt, Umfang und Kosten der Forschung werden ausschließlich von angestrebten Verwertungsmöglichkeiten bestimmt.[87] Die Industrieforschung ist demgemäß mit allen Konsequenzen dem "Diktat der Rentabilität" unterworfen.[88] Auch die industrielle Forschung hat einen hohen Stellenwert. Dies wird durch die Tatsache belegt, daß ungefähr die Hälfte aller Aufwendungen für Forschung und Entwicklung von der Industrie getragen wird[89] und in der Industrieforschung ebensoviele Mittel verbraucht werden wie in staatlichen Wissenschaftseinrichtungen.[90]

C) Bedeutung und Umfang von Arbeitsbeschaffungsmaßnahmen

Die Bedeutung der Arbeitsbeschaffungsmaßnahmen ist im Laufe der Jahre in Anbetracht der andauernden und steigenden Massenarbeitslosigkeit ständig gewachsen. Die Arbeitslosenzahlen erreichten in der Bundesrepublik Deutschland Anfang 1998 eine neue negative Rekordmarke von 4,82 Millionen Arbeitslosen. Die Langzeitarbeitslosigkeit ist schon lange ein arbeitsmarktpolitisches Problem.

---

85 Unter Grundlagenforschung ist die Forschung zu verstehen, die eine Erweiterung der wissenschaftlichen Erkenntnisse zum Ziele hat, ohne an der praktischen Anwendbarkeit orientiert zu sein. Vgl. Bundesbericht Forschung VI, BT-Drucks. 8/3024, S. 244 ; Krüger, Forschung, Hdb. WissR 1996, 261, 263 ; Damkowski, Hochschulverwaltung unter dem HRG, S. 154 f. ; Meusel, Außeruniversitäre Forschung im Wissenschaftsrecht, S. 2 unterscheidet zwischen der "anwendungsorientierten Grundlagenforschung", die die wissenschaftliche Basis für spezielle weiterführende Forschung sein soll, und der "reinen Grundlagenforschung", welche nur die wissenschaftlichen Erkenntnisse erweitern soll. Nach HRK, Zur Forschung in den Hochschulen, S. 93 ist der Begriff Grundlagenforschung als alleiniges Spezifikum der Hochschulforschung schon seit langem problematisch geworden, weil auch die Grundlagenforschung in den Hochschulen auch immer Anwendungsbezüge umfaßt habe und die Übergänge von Grundlagenforschung zu anwendungsorientierter und produktbezogener Forschung in vielen Bereichen so fließend seien, daß eine scharfe Abgrenzung kaum möglich , zumindest wenig sinnvoll erscheine. Weiterführend Krüger, a.a.O., 263 f. m.w.N. Die Forschung an den Universitäten ist zu einem großen Anteil auf Grundlagenforschung ausgerichtet, vgl. Dorn MittHV 1993, 54, 56; Karpen, Das Spannungsverhältnis zwischen Wissenschaftsfreiheit und Wissenschaftsverwertung, S. 74.

86 Grellert WissR 1988, 112 , 113 ; ders., Industrielle Forschung, Hdb. WissR 1982, 1235, 1236 ; Dickert, Naturwissenschaften und Forschungsfreiheit, S. 85 und 299 ; Puck, Kriterien der Zusammenarbeit zwischen Wissenschaft und Industrie, S. 43.

87 Grellert WissR 1988, 112, 114 ; Blum/Kaufmann WissR 1985, 1, 2 ff.

88 Dickert, Naturwissenschaften und Forschungsfreiheit, S. 85 f.

89 Grellert WissR 1988, 112, 114 ; ders., Industrielle Forschung, Hdb. WissR 1982, a.a.O. ; Nettelbeck, Forschung an Hochschulen, S. 213 ; Damkowski, Hochschulverwaltung unter dem HRG, S. 155 f.

90 Karpen, Das Spannungsverhältnis zwischen Wissenschaftsfreiheit und Wissenschaftsverwertung, S. 74.

Während die Ausgaben für ABM Anfang der 80er Jahre bei ca. 40000 ABM-Beschäftigten etwa 1 Mrd. DM und damit ca. 5 % des Haushalts der Bundesanstalt für Arbeit ausmachten, waren es 1987 bei ca. 114699 Beschäftigten bereits 3,34 Mrd. DM und damit 9,3 % der Gesamtausgaben der Bundesanstalt für Arbeit.[91] In der Jahresmitte 1993 waren etwa 283000 ABM-Beschäftigte zu verzeichnen, davon etwa 237000 im Beitrittsgebiet. Die Ausgaben bis zu diesem Zeitpunkt betrugen etwa 7 Mrd. DM und damit 12,5 % der Gesamtausgaben der Bundesanstalt für Arbeit.[92] Im September 1996 waren es etwa 280000 ABM-Beschäftigte, davon 210000 im Beitrittsgebiet. Die Ausgaben im Zeitraum von Januar bis Oktober 1996 betrugen 7,2 Mrd. DM.[93]
Nach Angaben des Deutschen Gewerkschaftbundes (DGB) ist die Zahl der Stellen für Arbeitsbeschaffungs- und Weiterbildungsmaßnahmen in den neuen Bundesländern seit 1996 indes um rund ein Drittel gesunken. Seit Juli 1996 ist die Zahl der ABM-Stellen um 52000 auf 155700 zurückgegangen. Die arbeitsmarktpolitischen Maßnahmen wurden deutlich eingeschränkt.[94]
Unter anderem wegen der strengen Förderungsvoraussetzungen wurden im Jahr 1997 rund 2 Milliarden DM für die aktive Arbeitsmarktpolitik nicht in Anspruch genommen.[95]

D) Zusammenfassung

Drittmittel sind Zuwendungen, die von dritter Seite durch einen Drittmittelgeber einem personenverschiedenen Drittmittelempfänger zur Förderung bestimmter Aufgaben und Tätigkeiten gegebenenfalls zusätzlich zu Eigenmitteln des Drittmittelempfängers zur Verfügung gestellt werden. Drittmittel sind damit Mittel, die dem Arbeitgeber als Drittmittelempfänger nicht ständig zur Verfügung stehen und von ihm regelmäßig eingeworben werden müssen.

Ein drittmittelfinanziertes Arbeitsverhältnis liegt vor, wenn ein Drittmittelgeber als Kostenträger einer anderen Person die Eingehung des Arbeitsvertrages ermöglicht. Die Eingehung eines Arbeitsvertrages durch den Drittmittelempfänger muß vom Drittmittelgeber nicht von vornherein mit der Förderung bezweckt sein.

---

[91] Angaben nach Gagel (-Bieback), AFG, Vor § 91 Rn. 30 ; Niesel (-Düe), AFG, Vor § 91 Rn. 2 ; historischer Überblick bei Karasch ZfS 1995, 225 ff.

[92] ANBA 1993, 1579.

[93] ANBA 1996, 1842.

[94] Der Tagesspiegel vom 7.8.1997, S.15 ("Noch mehr Berliner ohne Arbeit") ; Der Tagesspiegel vom 6.11.1997, S.25 ("Mehr Arbeitsplätze erst 1999") ; Der Tagesspiegel vom 19.12.1997, S.17 ("Bonn kürzt ABM-Gelder").

[95] Der Tagesspiegel vom 19.2.1998, S.22 ("Bonn lockert Regeln für Arbeitsbeschaffung"). Der DGB forderte daher, diese Mittel im Jahr 1998 wieder dem Arbeitsmarkt zuzuführen, vgl. Der Tagesspiegel vom 19.2.1998, a.a.O. Heiner Geißler schlug vor, diese Mittel, die aus nicht abgerufenen Mitteln der Nürnberger Anstalt für 1997 stammen, zu verwenden, um Langzeitarbeitslose und Jugendliche in Jobs zu bringen, vgl. Der Spiegel vom 9.2.1998, 7/1998, 86, 87 ("Jetzt müssen wir klotzen").

Die Bedeutung von Drittmittelfinanzierung kann nicht unterschätzt werden. Sie kann nahezu in jedem Wirtschaftsbereich auftreten.

2. Teil

Grundsätze der Drittmittelvergabe und Drittmittelverwaltung

A) Allgemeine Grundsätze

Die Darstellung von allgemeinen Grundsätzen der Drittmittelvergabe und Drittmittelverwaltung stößt auf Schwierigkeiten, denn diesbezüglich bestehen keine gefestigten Regeln oder Grundsätze. Maßgebend ist jeweils der Einzelfall.

Subventionen[96] und Zuwendungen[97] durch die öffentliche Hand können ohne

---

[96] Es besteht bislang kein die Rechts- und Wirtschaftswissenschaften übergreifender einheitlicher Subventionsbegriff. Der Begriff ist ebenso wie die Reichweite einer Subvention umstritten. Maurer definiert Subventionen als vermögenswerte Zuwendungen des Staates oder eines anderen Verwaltungsträgers an Privatpersonen zur Förderung eines im öffentlichen Interesse liegenden Zwecks. Vgl. hierzu Krämer/Schmidt, Zuwendungsrecht Zuwendungspraxis, Bd. 2, B, II, 1. ; Maurer, Allgemeines Verwaltungsrecht, § 17 Rn. 3 ff.
Rechtsgrundlagen für eine staatliche Subventionierung können einzelne Subventionsgesetze des Bundes und der Länder sein, welche vielfach nur allgemeine Bestimmungen über Zweck und Art der Leistungen in Verbindung mit dem Haushaltsrecht sowie dem jährlichen Haushaltsgesetz und der parlamentarischen Haushaltsbewilligung regeln. Förderrichtlinien enthalten Gestaltungs- und Verfahrensregeln für die einzelnen Förderprogramme und übernehmen damit die "Funktion gesetzesvertretender Verordnungen". Die regelmäßige und gleichförmige Anwendung dieser Richtlinien sichert zugleich die Einhaltung des Gleichbehandlungsgrundsatzes. Die Bewilligung von Subventionen steht allerdings im staaatlichen Ermessen. Dem Bürger erwächst aus den Rechtsgrundlagen sowie den Förderrichtlinien kein Anspruch auf Subventionierung. Auf eine Veranschlagung von bestimmten Mitteln im Haushaltsplan kann sich der Bürger folglich nicht berufen. Ein Rechtsanspruch auf Gewährung einer Subvention besteht nicht. Es kann jedoch nicht die Rede davon sein, daß für alle Subventionsfälle ein Subventionsgesetz besteht. Eine Kodifikation des Subventionsrechts steht bislang aus. Nach h.M. bedürfen Subventionen grundsätzlich keiner eigenständigen gesetzlichen Rechtsgrundlage. Erforderlich aber auch ausreichend ist die Bereitstellung der Mittel im Haushaltsplan und eine ausreichende Umreißung der Zweckbestimmung dieser Mittel, ohne daß es einer weiteren gesetzlichen Grundlage bedarf, solange nicht zugleich eine Belastung des Subventionsempfängers bewirkt wird. Neben einem förmlichen Gesetz, einem Gesetz im materiellen Sinne, reicht damit auch jede andere parlamentarische Willensäußerung als gesetzliche Legitimation. Im Bereich der Leistungsverwaltung, zu der die Subventionsgewährung zählt, gilt nach zutreffender Ansicht der Grundsatz vom Vorbehalt des Gesetzes nur dann, wenn es um wesentliche Entscheidungen, insbesondere im grundrechtsrelevanten Bereich (sog. Wesentlichkeitstheorie), geht. Vgl. zum Vorstehenden Krämer/Schmidt, a.a.O., B, I, 1 ; Handbuch Staatsrecht III (-Ossenbühl), §§ 62 Rn. 41 ff., 65 Rn. 28 ; BVerwG, Urteil vom 26.4.1979 - 3 C 111.79 -, E 58, 45, 48 ; BVerwG, Urteil vom 21.3.1958 - VII C 6.57 -, E 6, 282, 287 ff.

[97] Der Subventionsbegriff ist nicht deckungsgleich mit dem Zuwendungsbegriff. Die Bewilli-

weiteres unter die Drittmitteldefinition[98] subsumiert werden. Sie stellen daher Drittmittel in diesem Sinne dar und sind ein Mittel einer arbeitgeberseitigen Förderung.

Die Gründe für eine Subventionierung sind zahlreich. Zu denken ist an die Schaffung und Erhaltung von Arbeitsplätzen in bestimmten Branchen oder Regionen. Gerade seit dem Ansteigen der Arbeitslosigkeit in den siebziger Jahren gab und gibt es häufig auch Subventionen, die nicht die Versorgung mit Gütern oder Leistungen, sondern Arbeitsplätze sichern sollten und sollen.[99] In diesem Zusammenhang wird zwischen mittelbaren und unmittelbaren Beschäftigungssubventionen differenziert.[100] Verbreitet ist auch die Förderung von Maßnahmen oder Projekten, die sonst die öffentliche Hand selbst durchführen müßte (z.B. Bildung, Sport, Kultur). Insbesondere in den Bereichen Kultur, Bildung, Erziehung, soziale und karitative Einrichtungen und Leistungen werden Subventionen von erheblicher Bedeutung bleiben, wenn nicht die private Tätigkeit in diesen Bereichen zum Erliegen kommen soll.[101] Hier stellt die Subventionierung von privaten Einrichtungen eine Alternative zu staatlichen Einrichtungen dar.[102]

Festzuhalten ist, daß die öffentliche Hand durch Subventionen und Zuwendungen Privatpersonen unter anderem die Beschäftigung von Arbeitnehmern ermöglichen kann. Bei der Vergabe von Subventionen und Zuwendungen sind Gesetze, Verwaltungsvorschriften und Richtlinien zu beachten.

Die Gründe für finanzielle Zuwendungen durch Privatpersonen an andere Personen sind zahlreich. Diese Gründe überschneiden sich weitgehend mit den Gründen einer staatlichen Drittmittelfinanzierung. Die Zurverfügungstellung von Zuwendungen ist jedoch bei Privatpersonen regelmäßig nicht so umfassend geregelt wie bei Subventionen und Zuwendungen der öffentlichen Hand. Ebenso wie die öffentliche Hand verfolgen auch private Drittmittelgeber bestimmte Zwecke mit der Drittmittelfinanzierung. Der Leistungszweck kann entweder ausdrücklich in Bewilligungsbedingungen geregelt oder durch die Finanzierung einer bestimmten Maßnahme, Veranstaltung oder Einrichtung konkludent zum Ausdruck gebracht werden. Hierdurch wird die Zweckerfüllung sichergestellt. Das Finanzierungsverfahren ist bei privaten Drittmittelgebern in der Regel unkomplizierter

---

gungsvoraussetzungen für Zuwendungen ergeben sich zunächst aus § 44 Abs. 1 i.V.m. § 23 BHO/LHO sowie gegebenenfalls aus besonderen Gesetzen ergänzt durch Förderrichtlinien. Finanzierungsarten sind die Teilfinanzierung, die Anteilfinanzierung, die Fehlbedarfsfinanzierung, die Festbetragsfinanzierung sowie die Vollfinanzierung. Vgl. zum Vorstehenden: VV Nr. 2 zu § 44 BHO/LHO.

[98] Vgl. oben, 1. Teil, A, I, 2.

[99] Handbuch Staatsrecht III (-Rüfner), § 80 Rn. 15.

[100] Eine unmittelbare Förderung soll vorliegen, wenn der Arbeitgeber eine finanzielle Förderung erhält, um einen Arbeitnehmer beschäftigen zu können. Die mittelbaren Beschäftigungssubventionen sollen durch die Stärkung der Wirtschaftskraft des Unternehmens ihr Ziel der Schaffung zusätzlicher Arbeitsplätze erreichen. Vgl. Zuleeg, GewArch 1986, S. 313.

[101] Handbuch Staatsrecht III (-Rüfner), § 80 Rn. 14.

[102] Handbuch Staatsrecht III (-Rüfner), a.a.O.

und weniger formalisiert ausgestaltet als bei staatlicher Drittmittelfinanzierung. Eine Ausnahme von dieser Regel kann bei großen Organisationen und Unternehmen bestehen, welche regelmäßig Geldmittel für bestimmte Maßnahmen und Einrichtungen zur Verfügung stellen. Dies gilt insbesondere dann, wenn mehrere Interessenten um die Drittmittel werben. In diesem Fall wird der Drittmittelfinanzierung ganz überwiegend ein Antrags- und Auswahlverfahren vorgeschaltet.

Für die vorliegende Untersuchung ist es allerdings bedeutungslos, ob die Drittmittel durch die öffentliche Hand oder durch Privatpersonen vergeben werden. Bei der Begründung drittfinanzierter Arbeitsverhältnisse macht es keinen Unterschied, ob die Mittel zur Finanzierung des Arbeitsverhältnisses von der öffentlichen Hand oder Privatpersonen gewährt werden.

Überwiegend werden die nach Einigung mit dem Drittmittelgeber zur Verfügung gestellten Drittmittel wohl wie Eigenmittel verwaltet. Besondere Formen der Drittmittelverwaltung bestehen im Grundsatz nicht.

B) Besonderheiten im Hochschulbereich

Die Drittmittelverwaltung ist im Hochschulbereich ausdrücklich geregelt.
Das HRG bietet die Verwaltung der Drittmittel durch die Hochschule (§ 25 Abs. 4 Satz 1 HRG) oder durch den Hochschullehrer über ein privates Konto (§ 25 Abs. 4 Satz 4 HRG) als Alternativen an. Daher kann die Drittmittelforschung auch nach der Neuregelung des HRG wie bisher entweder durch die Hochschule nach dem Drittmittelverfahren bzw. dem Verwahrkontenverfahren oder durch den Hochschullehrer nach dem Sonderkontenverfahren durchgeführt werden. Die Frage, von wem die Drittmittel verwaltet werden, d.h. ob von dem einzelnen Forscher selbst oder von der Hochschule, ist entscheidend für die Flexibilität und Effizienz des Drittmitteleinsatzes.

Die verschiedenen hiernach möglichen Verwaltungsverfahren können aber durch die einzelnen Bundesländer eingeschränkt werden, wobei es teilweise auch zu Typenvermischungen kommt. Zwar dürfen die Ländergesetze wegen der Neufassung des § 25 Abs. 4 Satz 4 HRG das Sonderkontenverfahren nicht mehr grundsätzlich ausschließen.[103] Dennoch lassen die Regelungen in den Bundesländern bereits neue Ansätze einer auseinandertreibenden Rechtsentwicklung erkennen.[104]

Zu differenzieren ist zwischen der in § 25 Abs. 4 HRG geregelten Mittelverwaltung und der in Abs. 5 geregelten Einstellung von Drittmittelbediensteten. Die Mittelverwaltung ist nicht notwendig parallel zur Einstellung von Drittmittelbe-

---

[103] BT-Drucks. 10/2883, 23 ; Hailbronner (-Hailbronner), HRG, § 25 Rn. 18 ; Sandberger, Drittmittelverwaltung, Hdb. WissR 1996, 1089, 1097.

[104] Sandberger, Drittmittelverwaltung, Hdb. WissR 1996, a.a.O. ; ders., Drittmittelbewilligungsbedingungen, S. 87.

diensteten. Dies folgt aus der Systematik der Vorschrift, die beide Fragen getrennt in verschiedenen Absätzen normiert. Nach der gesetzlichen Regelung sollen die Mittelverwaltung durch die Hochschule und die Einstellung der aus Mitteln Dritter bezahlter Mitarbeiter an Forschungssvorhaben als Personal der Hochschule den Regelfall darstellen. Indes sind weitere Konstellationen in Betracht zu ziehen: Drittmittelverwaltung durch die Hochschule und hochschulfremde Drittmittelbedienstete[105], Drittmittelverwaltung durch Hochschulfremde[106] und Drittmittelpersonal als Hochschulpersonal sowie Drittmittelverwaltung durch Hochschulfremde und hochschulfremde Drittmittelbedienstete.[107] Folglich kommen unterschiedliche Verfahrensweisen hinsichtlich der Regelungen über die Einstellung des aus Drittmitteln finanzierten Personals in Betracht.[108]

Bei der Anwendung des Drittmittelverfahrens ist die Hochschule regelmäßig Vertragsarbeitgeber des Arbeitnehmers sowie Vertragspartner des Drittmittelgebers. Im Rahmen des Verwahrkontenverfahrens ist der Hochschullehrer Vertragsarbeitgeber des Arbeitnehmers sowie Vertragspartner des Drittmittelgebers. Das Arbeitsverhältnis wird durch einen Privatarbeitsvertrag zwischen Hochschullehrer und Arbeitnehmer begründet. Die Hochschule wird mit der Verwaltung der Drittmittel betraut. Beim Sonderkontenverfahren ist ebenfalls der Hochschullehrer regelmäßig Vertragspartner des Arbeitnehmers und des Drittmittelgebers. Nach § 25 Abs. 5 Satz 1 HRG soll zwar das Drittmittelpersonal als Personal der Hochschule eingestellt werden. In begründeten Ausnahmefällen kann der Hochschullehrer indessen nach § 25 Abs. 5 Satz 3 HRG die Arbeitsverträge mit den Mitarbeitern selbst abschließen, sofern dies mit den Bedingungen des Geldgebers vereinbar ist.

Die Systematik des § 25 Abs. 4 Satz 4 und Abs. 5 Satz 3 HRG hat zu unterschiedlicher Ausfüllung dieser Rahmenregelung in den Ländergesetzen geführt.[109] So soll das vom Drittmittelempfänger etwaig gewählte Sonderkontenverfahren auf die Sachmittelverwaltung beschränkt werden können, während es bei der Einstellung des Drittmittelpersonals als Landesbedienstete bleibt, sog. Splitting.[110] Andererseits soll bei einer Option des Drittmittelempfängers für einen Privatdienstvertrag die gesamte Drittmittelverwaltung nur noch durch den Drittmittelempfänger erfolgen können, wobei in einzelnen Bundesländern das Verwahrkon-

---

[105] Erfolgt die Drittmittelverwaltung nach dem Verwahrkontenverfahren, so ist der Abschluß eines Privatarbeitsvertrages grundsätzlich möglich, vgl. Püttner/Mittag, Rechtliche Hemmnisse der Kooperation zwischen Hochschulen und Wirtschaft, S. 107. Allerdings kann ein sog. Splitting-Verbot bestehen.

[106] Hierzu unten, 2. Teil, B, III.

[107] Reich, HRG, § 25 Rn. 10 ; Püttner/Mittag, a.a.O., S. 85 ff. Vgl. zur Zulässigkeit unten, 2. Teil, B, III.

[108] Vgl. König, Der Bestandsschutz befristeter Arbeitsverhältnisse im Hochschulbereich, S. 75.

[109] Sandberger, Drittmittelverwaltung, Hdb. WissR 1996, 1089, 1097.

[110] Sandberger, Drittmittelverwaltung, Hdb. WissR 1996, 1089, 1097 ; vgl. §§ 8 Abs. 1 Satz 2, 59 UG BW ; Püttner/Mittag, Rechtliche Hemmnisse der Kooperation zwischen Hochschulen und Wirtschaft, S. 85 f.

tenverfahren ausgeschlossen und teilweise ausdrücklich klargestellt wird, daß das Land durch den zwischen Hochschulmitglied und Drittmittelbeschäftigten abgeschlossenen Arbeitsvertrag nicht verpflichtet wird, sog. Splitting-Verbot.[111]

Sandberger[112] leuchtet die Logik unterschiedlicher Rechtsfolgen von Wahlrechten nach § 25 Abs. 4 (Verwaltung) und Abs. 5 Satz 3 HRG (Privatdienstverträge) nicht ein. Er vertritt die Ansicht, daß die praktische Abwicklung ein Splitting-Verbot gebiete. Dem ist zu folgen. Dies begegnet zwar Zweifeln im Hinblick auf die Sollvorschrift des § 25 Abs. 4 Satz 1 HRG, dennoch ist grundsätzlich davon auszugehen, daß im Sonderkontenverfahren das Hochschulmitglied als Vertragspartner der Drittmittelgeber die Mittel selbst verwaltet. Gerade die Mittelverwaltung in eigener Verantwortlichkeit für die Zwecke des Forschungsvorhabens stellt nämlich das wesentliche Merkmal des Sonderkontenverfahrens dar.[113] Darüber hinaus ist es sinnvoll, dem Hochschullehrer bei Abschluß eines Privatdienstvertrages auch die gesamte Drittmittelverwaltung aufzuerlegen und damit eine Verwaltung durch die Hochschule auszuschließen. Für die Versagung der Zulassung des Verwahrkontenverfahrens spricht, daß bei einer Verwaltung der Sachmittel als auch der Personalmittel durch die Hochschule nach außen der Eindruck entsteht, die Hochschule sei Arbeitgeber des Arbeitnehmers. Für Dritte ist nicht ohne weiteres erkennbar, daß trotz der Drittmittelverwaltung durch die Hochschule der den Arbeitsvertrag abschließende Hochschullehrer alleiniger Arbeitgeber des Arbeitnehmers ist. Außerdem wird in der Rechtsprechung und der Literatur bei Abschluß eines Privatdienstvertrages durch den Hochschullehrer und der Drittmittelverwaltung durch die Hochschule vereinzelt die Ansicht vertreten, der Hochschullehrer nehme lediglich eine formale Arbeitgeberstellung ein. Auf diese Ansichten wird später noch eingegangen.[114] Durch die Annahme eines Splitting-Verbots wird der Eindruck vermieden, sowohl Hochschule als auch Hochschullehrer würden eine Arbeitgeberstellung einnehmen. Wenn der einen Privatdienstvertrag abschließende Hochschullehrer die Drittmittelverwaltung selbst übernehmen muß, dann wird eine Arbeitgeberstellung der Hochschule kaum zu begründen sein. Zudem wird ausgeschlossen, daß die Hochschule wegen der Übernahme der Drittmittelverwaltung trotz Abschluß eines Privatdienstvertrages seitens des Hochschullehrers für von diesem als Arbeitgeber gemachte Zusagen haftet. Das BAG hat etwa eine Haftung des Universitätsträgers für eine

---

[111] Sandberger, Drittmittelverwaltung, Hdb. WissR 1996, 1089, 1097 ; Püttner/Mittag, Rechtliche Hemmnisse der Kooperation zwischen Hochschulen und Wirtschaft, S. 86, die vermuten, daß hierdurch der Hochschullehrer, der zur im Lande unerwünschten Eigenverwaltung greift, offenbar durch Versagung von Verwaltungshilfen bestraft werden solle. Vgl. § 59 Abs. 3 Sätze 3 und 4 UG BW: "..., kann das Mitglied der Universität in begründeten Fällen die Arbeitsverträge mit den Mitarbeitern abschließen. In diesem Fall verbleibt die Verwaltung der gesamten Mittel für das Forschungsvorhaben bei dem Mitglied der Universität; das Land wird aus dem Arbeitsverhältnis nicht verpflichtet".

[112] Sandberger, a.a.O.

[113] So auch Püttner/Mittag, a.a.O., S. 105.

[114] Vgl. unten, 5. Teil, A, IV, 2.

vom Hochschullehrer im Arbeitsvertrag gegenüber dem Mitarbeiter zugesagte Zusatzversorgung nach dem Grundsatz der Vertrauenshaftung neben dem Hochschullehrer angenommen, weil die Universitätsverwaltung die Durchführung und Abwicklung des Privatarbeitsvertrages übernommen hatte.[115] Eine Haftung der Hochschule für Zusagen des Hochschullehrers aufgrund eines Vertrauenstatbestandes scheidet aus, wenn dem Verwahrkontenverfahren die Anerkennung versagt wird.

Abzugrenzen von der Drittmittelverwaltung sind die einzelnen Förderverfahren der Deutschen Forschungsgemeinschaft. Hinsichtlich der Förderverfahren der DFG sind das Normalverfahren, das Schwerpunktverfahren und die Förderung einzelner Sonderforschungsbereiche[116] zu unterscheiden.[117]

I) Verwaltung durch die Hochschule

Nach § 25 Abs. 4 Satz 1 HRG sollen die Mittel für Forschungsvorhaben, die in der Hochschule durchgeführt werden, von der Hochschule verwaltet werden. Nach Satz 3 dieser Vorschrift soll auf Antrag des Hochschulmitglieds, welches das Vorhaben durchführt, von der Verwaltung der Mittel durch die Hochschule abgesehen werden, sofern dies mit den Bedingungen des Geldgebers vereinbar ist. Hochschule im Sinne des § 25 Abs. 4 ist die Institution im Sinne des § 58 Abs. 1 HRG, deren Mitglied der drittmittelfinanzierte Hochschullehrer ist.[118]
Die Verwaltung der Drittmittel durch die Hochschule wird vielfach als Regeltypus bezeichnet, was allerdings nur gilt, wenn das Drittmittelprojekt innerhalb der Hochschule, insbesondere unter Inanspruchnahme von Ressourcen der Hochschule, durchgeführt wird.[119] Außerhalb der Hochschule , d.h. ohne Inanspruchnahme von Einrichtungen, Personal und Sachmitteln der Hochschule, durchgeführte Drittmittelprojekte sind insbesondere auch Kooperationen mit privatrecht-

---

[115] BAG, Urteil vom 29.11.1979 - 3 AZR 404/78 -, PersV 1981, 252 ; hierzu unten, 4. Teil, C, III.

[116] Die Sonderforschungsbereiche gelten als ein herausragendes Kriterium für die Forschungsleistungen der Universitäten, da sie nur nach einem umfangreichen Begutachtungsverfahren vergeben werden. Die Auswahl trifft die DFG. Insgesamt fördert die DFG seit dem Juli 1997 256 Sonderforschungsbereiche mit rund 556 Millionen DM. Vgl. Der Tagesspiegel vom 8.8.1997, S.25 ("Nach harter Auslese") ; Der Tagesspiegel vom 2.2.1998, S.25 ("Ein Markenzeichen der Universitäten").

[117] Vgl. zu den einzelnen Förderverfahren: Lübbert, Befristete Arbeitsverhältnisse im Hochschulbereich, S. 184 ff. ; Nettelbeck, Forschung an Hochschulen, S. 226 f. ; Meusel, Die Grundrechtsfähigkeit von Forschungsförderungsorganisationen, S. 101 f. ; Letzelter, Die DFG, Hdb.WissR 1996, 1381, 1396 ; HRK, Zur Forschung in den Hochschulen, S. 91 f. ; Deiseroth, Berufsethische Verantwortung in der Forschung, S. 126 ff. ; Karpen, Wissenschaftsfreiheit und Hochschulfinanzierung, S. 47 f. ; DFG, Tätigkeitsbericht 1990, S. 142 ff., 152 ff., 167 ff. ; dies., Jahresbericht 1994, S. 179 ff., 189 ff., 208 ff.

[118] Reich, HRG, § 25 Rn. 10.

[119] Sandberger, Drittmittelverwaltung, Hdb. WissR 1996, 1089, 1097 m.w.N. ; Püttner/Mittag, Rechtliche Hemmnisse der Kooperation zwischen Hochschulen und Wirtschaft, S. 79 f.

lich organisierten Forschungsinstituten. Diese nehmen im Hochschulbereich als sog. "An-Institute"[120] oder hiervon getrennt Aufgaben innerhalb des Aufgabenbereichs der Hochschule wahr. An ihnen sind Hochschulmitglieder beteiligt.[121] Führen diese Hochschulmitglieder diese Vorhaben mit Drittmitteln gemäß § 43 Abs. 1 Satz 3 HRG als Dienstaufgabe und nicht in Nebentätigkeit an diesem Institut durch, so ist nur die Vorschrift des § 25 Abs. 1 HRG, nicht jedoch die folgenden Absätze dieser Vorschrift anzuwenden, denn insoweit findet das Vorhaben nicht "in der Hochschule" im Sinne von § 25 Abs. 2 bis 5 HRG statt.[122]
Das Landesrecht bestimmt, wer innerhalb der Hochschule die Drittmittelverwaltung übernimmt. Die Übernahme der Drittmittelverwaltung durch die Hochschule soll der Entlastung des Forschers dienen, ohne daß ihm hierdurch die Entscheidungsbefugnisse über den Einsatz der Mittel entzogen werden.[123]

Die Verwaltung durch die Hochschule umfaßt das Drittmittel- und das Verwahrkontenverfahren. Diese beiden Verfahren unterscheiden sich durch die haushalts- und kassenrechtliche Behandlung sowie durch die Vertragsarbeitgeberstellung. Bei beiden Verfahren bestehen Zweifel hinsichtlich der haushaltsrechtlichen Zulässigkeit.[124]

---

[120] Unter dieser Bezeichnung agiert eine beachtliche Zahl wissenschaftlicher Institute, die sich vor allem konkret formulierten Forschungszwecken widmen, deren Gründer und Finanziers selbständige juristische Personen sind und die nach Maßgabe entsprechender Entscheidungen der zuständigen Hochschulorgane und gegebenenfalls einer ministeriellen Anerkennung - vgl. z.B. § 36 WissHG NW - im Einvernehmen mit ihrem Träger einer Hochschule angegliedert wurden ; vgl. hierzu weiterführend: Tettinger, Forschungseinrichtungen, Hdb. WissR 1996, 991 ; ders. WissR 1993, 1 ff. ; ders., Zur Rechtsstellung von "Instituten an der Universität" ; ders., Das Forschungsinstitut an der Universität, Organisationseinheit, S. 21 ff. ; Janson, Langfristige Kooperationsverträge, S. 169 ff. ; Deiseroth, Berufsethische Verantwortung in der Forschung, S. 115 ; HRK, Zur Forschung in den Hochschulen, S. 94 ; Krüger, Die Förderung des wissenschaftlich-technischen Fortschritts, S. 63 ff.

[121] Püttner/Mittag, a.a.O.

[122] Püttner/Mittag, a.a.O.

[123] Reich, HRG, § 25 Rn. 10.

[124] Zur haushaltsrechtlichen Zulässigkeit des Drittmittelverfahrens: kritisch: Matthiessen-Kreuder WissR 1991, 221 ff. ; dies., Haushaltsrechtliche Veranschlagung von Drittmitteln, S. 41 ff. Nach ihrer Auffassung müsse wegen des nicht ausräumbaren Widerspruchs der Drittmittelverwaltung durch die Hochschulen zu den haushaltsrechtlichen Vorschriften die hochschulinterne Verwaltung der Drittmittel als unzulässig angesehen werden. Rollmann, Die Universität als Wirtschaftsunternehmen, S. 82 f. ; WRK, Empfehlungen des 313. Präsidiums der WRK vom 2.2.1981, S. 273 ; Püttner/Mittag, Rechtliche Hemmnisse der Kooperation zwischen Hochschulen und Wirtschaft, S. 93 f. ; Reich, HRG, § 25 Rn. 17 ; Sandberger, Rechtliche Hemmnisse und Schranken für den Technologietransfer in Deutschland, S. 148 f. ; Becker/Kluge, S. 110 ff. ; Oppermann, Zur Finanzkontrolle der Stiftung Volkswagenwerk, S. 63 und 94 ff. ; Zeh, Finanzverfassung und Autonomie der Hochschule, S. 26 ff. ; Karpen, Wissenschaftsfreiheit und Hochschulfinanzierung, S. 45 ; Karpen Verw.Archiv 1982, 405, 419 ff. Der Bundesminister für Bildung und Wissenschaft (Hrsg.), Bericht der Expertenkommission zur Untersuchung der Auswirkungen des Hochschulrahmengesetzes (HRG) , 1984, S. 35 ff.: Die Forschung sei "einer Reglementierung oder Verwaltung grundsätzlich unzugänglich". Übermä-

1) Das Drittmittelverfahren

Bei dem Drittmittelverfahren ist nicht der einzelne Wissenschaftler Bewilligungsempfänger oder Vertragspartner, sondern seine Hochschule. Dies führt zu der Konsequenz, daß die Hochschule die Drittmittel als eigene Haushaltsmittel vereinnahmt. Die Hochschule ist verantwortlich für die korrekte Verwendung und Abrechnung der Mittel.[125] Die Drittmittel werden durch die Hochschule derart verwaltet, daß die Mittel aufgrund der Einstellung in den Haushaltsplan wie Haushaltsmittel behandelt werden.[126] Dies hat zur Folge, daß das Haushaltsrecht, Tarifrecht und weitere staatliche Vorschriften volle Geltung entfalten und die Einstellung des Drittmittelpersonals als Bedienstete der Hochschule erfolgt.[127] Werden der Hochschule die Drittmittel vom Drittmittelgeber zur Verfügung gestellt und werden die Drittmittel daher über das Drittmittelverfahren verwaltet, wird die Hochschule in Einklang mit § 25 Abs. 5 Satz 1 HRG regelmäßig als Vertragsarbeitgeber das Drittmittelpersonal im Arbeitsverhältnis einstellen.

Dieses Verfahren hat für den Drittmittelgeber den Vorteil, daß er Schutz durch die Anwendung der haushaltsrechtlichen Grundsätze erlangt, insbesondere durch die Haushaltsgrundsätze der Wirtschaftlichkeit und Sparsamkeit sowie durch die Kontrollmöglichkeit des Rechnungshofes.[128] Eine mißbräuchliche Drittmittelverwendung kann hierdurch verhindert werden.[129] Der Rechnungshof prüft nach Art. 114 Abs. 2 GG die Rechnung sowie die Wirtschaftlichkeit und Ordnungsmäßigkeit der öffentlichen Haushalts- und Wirtschaftsführung. Damit ist Prüfungsgegenstand des Bundesrechnungshofes nicht nur die unmittelbare Bundesverwaltung, sondern auch außenstehende Verwaltungen, wenn sie, wie beispielsweise Forschungseinrichtungen, Zuwendungen vom Bund erhalten. Die Prüfung umfaßt allerdings im wesentlichen nur deren bestimmungsgemäße und wirtschaftliche Mittelanwendung.[130] Entsprechendes gilt für die Landesrechnungshöfe im Hin-

---

ßiger Administration müsse entgegengewirkt werden. In "zahlreichen Detailreglementierungen " wirken sich die "bürokratischen Maximen der Normierung, Kalkulierbarkeit und Kontrollierbarkeit" spürbar und nachhaltig negativ aus; aus Sauer DÖV 87, 634 Anm. 9. Die Zulässigkeit befürwortend und gegen die Ansicht von Matthiessen-Kreuder: Sandberger, Drittmittelverwaltung, Hdb. WissR 1996, 1089, 1098 f.

Zur haushaltsrechtlichen und hochschulrechtlichen Zulässigkeit des Verwahrkontenverfahrens: Sandberger, Drittmittelverwaltung, Hdb. WissR 1996, 1089, 1099.

[125] Heckmann, a.a.O., 981.

[126] Sandberger, Drittmittelverwaltung, Hdb. WissR 1996, 1089, 1097 m.w.N.

[127] Sandberger, Drittmittelverwaltung, Hdb. WissR 1996, a.a.O ; Friauf, Probleme des Drittmitteleinsatzes in der Hochschule, S. 81 f. ; Reich, HRG, § 25 Rn. 10 ; Rollmann, Die Universität als Wirtschaftsunternehmen, S. 81 ; Heckmann, Drittmittelforschung, Hdb. WissR 1982, 966, 980 f. ; Püttner/Mittag, Rechtliche Hemmnisse der Kooperation zwischen Hochschulen und Wirtschaft, S. 80.

[128] Denninger, HRG, § 25 Rn. 14 ; Heckmann, a.a.O., 981 ; Karpen Verw.Archiv 1982, 405, 420.

[129] Hailbronner (-Hailbronner), HRG, § 25 Rn. 18.

[130] Frischmann WissR 1990, 25, 29 ; Thieme, Deutsches Hochschulrecht, Rn. 524 ff.

blick auf die Landeszuwendungen.[131]

Weitgehend unbestritten ist hinsichtlich der Kontrollmöglichkeit, daß die Garantie der Wissenschaftsfreiheit des Art. 5 Abs. 3 GG dem Bundesrechnungshof bei der Prüfung von Forschungseinrichtungen Grenzen setzt. Das Ausmaß dieser Grenzen ist indes umstritten.[132] Maßgebend ist insoweit, daß die Wissenschaftsfreiheit den Wissenschaftlern in Forschungseinrichtungen garantiert, die Forschungsprojekte nach ihren eigenen Vorstellungen zu planen und durchzuführen. In den Kernbereich der Wissenschafts- und Forschungsfreiheit darf durch eine Rechnungsprüfung nicht eingegriffen werden.[133]
Im einzelnen kann an dieser Stelle auf die Streitpunkte nicht eingegangen werden, zumal diese Problematik nicht speziell den Drittmittelbereich, sondern allgemein die Nutzung öffentlicher Mittel im Bereich der Wissenschafts- und Forschungsfreiheit betrifft.[134] Hinsichtlich der Haushaltsgrundsätze der Wirtschaftlichkeit und der Sparsamkeit ist nur soviel anzumerken, daß Forschung bzw. ein Forschungsprojekt nur sehr bedingt einer Bewertung an den Prinzipien der Wirtschaftlichkeit und Sparsamkeit zugänglich sind, denn für eine Kosten- Nutzenabwägung gibt es in diesem Bereich keine Meßzahlen.[135] Die Beurteilung der "Wirtschaftlichkeit" von Forschungsprojekten können letztlich nicht der Rechnungshof, sondern nur der einzelne Forscher und die Gemeinschaft der Wissenschaftler treffen.

Der die Drittmittel empfangende Hochschullehrer wird im Rahmen des Drittmittelverfahrens von zeitraubender, seinen eigentlichen Dienstaufgaben fremder Verwaltungsarbeit entlastet.[136] Weiterhin ermöglicht die Bewirtschaftung der Drittmittel zusammen mit den ordentlichen Haushaltsmitteln durch das dafür geschulte Verwaltungspersonal eine rationelle administrative Abwicklung des Forschungsprojektes.[137] Die Bewirtschaftung der Drittmittel wird hierdurch professionalisiert.[138]

2) Das Verwahrkontenverfahren

Bei dem Verwahrkontenverfahren ist der Hochschullehrer Vertragspartner des Drittmittelgebers und Vertragsarbeitgeber des drittfinanzierten Arbeitnehmers.

---

[131] Frischmann, a.a.O.

[132] Frischmann, a.a.O., S. 31 ; Tiemann, Die staatsrechtliche Stellung der Finanzkontrolle des Bundes, S. 115 ; Grundlegend: Becker/Kluge, Kulturpolitik und Ausgabenkontrolle, S. 146.

[133] Frischmann, a.a.O., S. 32.

[134] Weiterführend: Frischmann, a.a.O., S. 31 ff. m.w.N.

[135] Frischmann, a.a.O., S. 39 ; Tiemann, a.a.O., S. 115 ; Karpen Verw.Archiv 1982, 405, 421 ; Vogel DVBl. 1970, 193, 198 ; Sauer/Blasius Verwaltungsrundschau 1988, 153, 158 ; Cassens, Effizienzmessung im Hochschulbereich, S. 70.

[136] BAG, Urteil vom 29.6.1988 - 7 AZR 552/86 -, AP Nr. 1 zu § 25 HRG ; Denninger, HRG, § 25 Rn. 14 ; Dallinger/Bode/Dellian, HRG, § 25 Rn. 13 ; Reich, HRG, § 25 Rn. 15.

[137] Denninger, a.a.O., § 25 Rn. 14.

[138] Heckmann, a.a.O., 979.

Die Verwaltung der Drittmittel wird von den Hochschulen für den allein verfügungsberechtigten Hochschullehrer übernommen. Die Mittel werden kassentechnisch als Verwahrung im Auftrag und der Verantwortung des Drittmittelempfängers abgewickelt.[139] Das Drittmittelprojekt wird folglich nicht über entsprechende Einnahme- und Ausgabetitel des Hochschulhaushalts abgewickelt. Die Hochschule wird als bloße Zahlstelle tätig und wird damit zum Verwaltungshelfer des Zuwendungsempfängers.[140] Sie wickelt beim Verwahrkontenverfahren die gesamten Verwaltungsgeschäfte für den Drittmittelempfänger ab. Die Universität übernimmt neben der rein kassenmäßigen Betreuung auch die gesamte administrative Abwicklung der Drittmittel. Dazu gehören insbesondere die Erledigung der Personalangelegenheiten von der tarifgerechten Einstufung der Mitarbeiter bis zur Berechnung und Zahlbarmachung der Bezüge, die Abführung der Steuern und Sozialabgaben sowie die Abrechnung gegenüber dem Drittmittelgeber.[141]
Außerdem unterliegen die von der Universität verwahrten Drittmittel nicht automatisch der Rechnungsprüfung durch die Prüfungsinstanzen der Länder; es bestehen indes keine rechtlichen Bedenken gegen die Vereinbarung der Miteinbeziehung in die Prüfung der Universitätsmittel.[142]

Das Verwahrkontenverfahren stellt einen Kompromiß zwischen einer uneingeschränkten Autonomie des einzelnen Hochschullehrers und einer uneingeschränkten Einbindung der Drittmittel in die staatliche Mittelbewirtschaftung dar. Auf der einen Seite bietet die Verwaltungshilfe seitens der Universität Gewähr für eine formal korrekte Abwicklung der Drittmittel. Auf der anderen Seite bleibt die alleinige Verfügungsberechtigung über die Drittmittel bei dem Drittmittelforscher, was diesem ein schnelles, flexibles und selbständiges Handeln erlaubt, etwa durch die Eigenbeschaffung eilig benötigter technischer Mittel oder die zügige und unkomplizierte Einstellung des notwendigen Personals durch Abschluß von Privatdienstverträgen.[143]

Angewendet wird dieses Verfahren vor allem auf die Bewilligungen der DFG, ausgenommen die Sonderforschungsbereiche, und auf die Bewilligungen einiger privater Drittmittelgeber. Dies gilt aber nur, soweit nicht einzelne Länder für ihre Hochschulangehörigen das Drittmittelverfahren vorgeschrieben[144] und das in den

---

[139] Sandberger, Drittmittelverwaltung, Hdb. WissR 1996, 1089, 1098 ; KR (-Lipke), § 57 e HRG Rn. 7 ; Lübbert, Befristete Arbeitsverhältnisse im Hochschulbereich, S. 190 ; Heckmann, Drittmittelforschung, Hdb. WissR 1982, 966, 980 ; Friauf, Probleme des Drittmitteleinsatzes in der Hochschule, S. 80 ; Püttner/Mittag, Rechtliche Hemmnisse der Kooperation zwischen Hochschulen und Wirtschaft, S. 80 ; Hailbronner (-Hailbronner), HRG, § 25 Rn. 18 ; Püttjer WissR 1990, 154, 157 f.

[140] Rollmann, Die Universität als Wirtschaftsunternehmen, S. 81 ; Matthiessen-Kreuder WissR 1991, 221, 224 ; Heckmann, a.a.O. ; Püttjer WissR 1990, 154, 158.

[141] Heckmann, a.a.O., 980 ; Nagel, Fristverträge, § 57 e HRG Rn. 12.

[142] Heckmann, a.a.O. ; vgl. auch Püttner/Mittag, Rechtliche Hemmnisse der Kooperation zwischen Hochschulen und Wirtschaft, S. 83 f.

[143] Heckmann, a.a.O., 980 ; Friauf, a.a.O., S. 80 f.

[144] Heckmann, a.a.O. ; Friauf, a.a.O., S. 81.

novellierten Ländergesetzen nicht explizit vorgesehene Verwahrkontenverfahren ausdrücklich ausgeschlossen haben.

Es ist fraglich, ob § 25 Abs. 4 Satz 1 HRG derart zu verstehen ist, daß das Verwahrkontenverfahren Bestand hat oder derart, daß generell das Drittmittelverfahren anzuwenden ist, d.h., ob nur das Drittmittelverfahren Verwaltung "durch die Hochschule" darstellt, mit der Folge, daß der Ausschluß des Verwahrkontenverfahrens in einigen Ländergesetzen lediglich deklaratorische Bedeutung hat.

Einige Drittmittelrichtlinien gehen insoweit lediglich von der Anwendbarkeit des Drittmittelverfahrens aus, was ein Indiz dafür begründen könnte, daß das Verwahrkontenverfahren nicht mehr unter die Drittmittelverwaltung im Sinne des § 25 Abs. 4 Satz 1 HRG fallen soll und allenfalls als Ausnahme der Regelverwaltung durch die Hochschule in Betracht zu ziehen wäre.[145]

§ 25 Abs. 4 Satz 1 HRG schreibt lediglich die Verwaltung der Drittmittel durch die Hochschulen durch eine Sollvorschrift vor. Indes trifft das Gesetz keine Regelung, wie dies zu geschehen hat. Es findet in Satz 3 lediglich eine Verweisung auf das Landesrecht statt. Dies allein trägt zur Klärung obiger Frage nicht bei, denn viele Landeshochschulgesetze wiederholen lediglich weitgehend die Formulierung des HRG. Zu berücksichtigen ist insoweit, daß im Rahmen des Verwahrkontenverfahrens die Drittmittel durch die Hochschule verwaltet werden. Dieses ist eigens dazu eingeführt worden, um die Hochschulen an der Verwaltung der Drittmittel zu beteiligen und stellt daher eine Art der vom Gesetz geforderten Verwaltung durch die Hochschulen dar.[146] Auch das Verwahrkontenverfahren stellt ebenso wie das Drittmittelverfahren die Transparenz für die Drittmittelforschung und die Entlastung der Drittmittelforscher von administrativen Aufgaben sicher. Daher stehen die Bestimmungen des Hochschulrechts grundsätzlich der weiteren Praktizierung des Verwahrkontenverfahrens nicht entgegen, eine Einschränkung der schon nach dem bisherigen Rahmenrecht möglichen Verwaltungsverfahren (Drittmittel-, Verwahrkonten- und Sonderkontenverfahren) hat nicht stattgefunden und kann vielmehr nur auf Entscheidungen der Bundesländer zurückgehen.[147] Schließlich geht auch der Gesetzgeber in der Begründung des

---

[145] Püttner/Mittag, Rechtliche Hemmnisse der Kooperation zwischen Hochschulen und Wirtschaft, S. 81.

[146] Hailbronner (-Hailbronner), HRG, § 25 Rn. 17 ; Heckmann, a.a.O., 982, der sogar die weitergehende Auffassung vertritt, daß der Wortlaut der Gesetze dafür spreche, daß sie von dem Verwahrkontenverfahren als Norm ausgingen. Denn bei dem alternativ möglichen Drittmittelverfahren, mit seiner Einstellung der Mittel in den Landeshaushalt, würden die Drittmittelbediensteten bereits automatisch Hochschul- bzw. Landesbedienstete. Die gesonderte Forderung der Gesetze, die Drittmittelbediensteten als Hochschulpersonal einzustellen, wäre dann überflüssig und hätte als solche keinen Sinn mehr.

[147] Heckmann, a.a.O. ; Hailbronner (-Hailbronner), HRG, § 25 Rn. 18 ; Sandberger, Drittmittelverwaltung, Hdb. WissR 1996, 1089, 1096 f. ; ders., Rechtliche Hemmnisse und Schranken für den Technologietransfer in Deutschland, S. 148. Die Mittelverwaltung durch die Hoch-

Gesetzesentwurfes des dritten Gesetzes zur Änderung des Hochschulrahmengesetzes[148] davon aus, daß unter Verwaltung der Mittel durch die Hochschule beide Verfahren zu verstehen sind.

Nach der hier vertretenen Auffassung ist aber im Ergebnis ein Splitting-Verbot anzunehmen. Dies hat zur Folge, daß der Hochschullehrer bei Abschluß eines Privatdienstvertrages die Drittmittelverwaltung selbst zu übernehmen hat. Trotz der Vorteile, die eine Drittmittelverwaltung über das Verwahrkontenverfahren bietet, ist dieses Verfahren aus Gründen der Praktikabilität abzulehnen. Die praktische Abwicklung spricht für eine Parallelität von Mittelverwaltung und Einstellung der Drittmittelbediensteten.

II) Das Sonderkontenverfahren

Bei dem Sonderkontenverfahren[149] verwaltet der Hochschullehrer die Drittmittel selbst. Der Hochschullehrer ist der Vertragspartner des Drittmittelgebers und der alleinige Verfügungsberechtigte über das von ihm einzurichtende Sonderkonto. Das Sonderkontenverfahren ist damit am stärksten auf die Person des einzelnen Hochschullehrers ausgerichtet. Der Hochschullehrer stellt hier die Mitarbeiter durch Abschluß eines Privatarbeitsvertrages selbst ein und vergütet sie, er muß eigenständig die erforderlichen Beschaffungen vornehmen und die Verwendung der Drittmittel dem Drittmittelgeber gegenüber abrechnen. Zudem trägt er die Verantwortung für die sachgerechte und korrekte Verwendung der Drittmittel, und zwar in inhaltlicher wie formaler Hinsicht.[150] Die Bezahlung, die An- und Abmeldung bei der zuständigen Krankenkasse, die Abführung von Steuern und Sozialversicherungsbeiträgen, die An-und Abmeldung bei der zuständigen Berufsgenossenschaft, die Einhaltung von Arbeitsschutzvorschriften und dergleichen fallen in den Pflichtenkreis des Hochschullehrers.

Das Sonderkontenverfahren hat den Vorteil größtmöglicher Flexibilität und individueller Dispositionsfreiheit des Hochschullehrers. Nachteilig ist es indes insofern, als es für den die Zuwendungen empfangenden Hochschullehrer erhebli-

---

schule schreiben etwa vor: §§ 8 Abs. 1 Satz 2, 59 UG BW - die Drittmittel sind in den Staatshaushaltsplan einzustellen - ; § 31 Abs. 3 Satz 1 NHG ; Art. 12 BayHSchG.

[148] BT-Drucks. 10/2883, S. 23.

[149] Zur Zulässigkeit des Sonderkontenverfahrens: Nach Heckmann, a.a.O., 982 ist das Sonderkontenverfahren abgesehen von allgemeinen Ausnahmen nach dem eindeutigen Wortlaut des Gesetzes nicht mehr zulässig. Nach § 25 Abs. 4 Satz 3 HRG ist indes die Möglichkeit geschaffen worden, in begründeten Fällen von der Regelung des Satzes 1 abzuweichen und mit den Mitarbeitern Privatdienstverträge abzuschließen, vgl. Fichter MittHV 1985, 154, 155. Hierdurch ist die Frage der Zulässigkeit solcher Privatdienstverträge geklärt, vgl. Hailbronner (-Hailbronner), HRG, § 25 Rn. 19 ; Sandberger, Drittmittelverwaltung, Hdb. WissR 1996, 1089, 1097 ; Püttner/Mittag, Rechtliche Hemmnisse der Kooperation zwischen Hochschulen und Wirtschaft, S. 106.

[150] Heckmann, Drittmittelforschung, Hdb. WissR 1982, 966, 979 ; Friauf, Probleme des Drittmitteleinsatzes in der Hochschule, S. 79 f. ; Hailbronner (-Hailbronner), HRG, § 25 Rn. 18.

che finanzielle Risiken begründet, denn er ist im Rahmen des Sonderkontenverfahrens gegenüber dem Drittmittelgeber für die Abwicklung zivilrechtlich verantwortlich und er ist als Vertragsarbeitgeber des Drittmittelpersonals - ohne Vorgriff auf Einzelheiten zur Arbeitgeberstellung bei drittmittelfinanzierten Arbeitsverhältnissen - diesem gegenüber in arbeitsrechtlicher Hinsicht verantwortlich.[151] Auch trägt er die persönliche Verantwortung für die Verwaltung und zweckentsprechende Verwendung der Mittel.[152]

Außerdem ist zu berücksichtigen, daß der Hochschullehrer auch gegenüber seinem Dienstherren eine dienstliche Pflicht für eine sorgfältige Drittmittelverwaltung trägt, welche teilweise als treuhandsähnliche Rechtsstellung bezeichnet wird.[153] Auch im Rahmen des Sonderkontenverfahrens bleibt die Forschung mit Drittmitteln Dienstaufgabe des Hochschullehrers[154], denn der Forscher erhält die Drittmittel in seiner amtlichen Eigenschaft als Hochschullehrer.

Das Sonderkontenverfahren, welches historisch den Beginn der Drittmittelverwaltung für den überwiegenden Teil der Drittmittelzuwendungen darstellte[155], wird heute nur noch in einer geringen Anzahl von Fällen in Anspruch genommen. In den meisten Fällen werden die Drittmittelzuwendungen an die Hochschule über den staatlichen Haushalt abgewickelt.[156] Die Zuwendungen des Bundes und der Länder sowie der DFG zur Förderung von Sonderforschungsbereichen sind in aller Regel Zuwendungen an die Hochschule als staatliche Einrichtung.[157]

---

[151] Sandberger, Drittmittelverwaltung, Hdb. WissR 1996, 1089, 1102 ; Neyses, Personalfragen in der Drittmittelforschung, S. 69 ; ders. DÖD 1993, 225, 228 ; Hailbronner (-Walter), HRG, § 57 e Rn. 6 ; Wahlers, Anmerkung zu BVerwG, Beschluß vom 30.Juni 1980 - 6 P 9.80 -, DUZ/HD 1980, 634.

[152] Friauf, a.a.O. ; Sandberger, Drittmittelverwaltung, Hdb. WissR 1996, 1089, 1103.

[153] Sandberger, Drittmittelverwaltung, Hdb. WissR 1996, 1089, 1103 ; Püttjer WissR 1990, 154 ff. ; Lüthje NVwZ 1986, 343, 346.

[154] Lüthje, a.a.O. ; Sandberger, Drittmittelverwaltung, Hdb. WissR 1996, 1089, 1103 ; BAG, Urteil vom 29.6.1988 - 7 AZR 552/86 -, AP Nr. 1 zu § 25 HRG ; Hailbronner (-Hailbronner), HRG, § 25 Rn. 22 ; Püttjer WissR 1990, 154, 159 ; a.A: Dieterich, Das Nebentätigkeitsrecht für das wissenschaftliche und künstlerische Hochschulpersonal in Baden-Württemberg, S. 25: Es komme ein Wahlrecht zum Zuge. Ist die Hochschule Vertragspartner des Drittmittelgebers und wirkt der Hochschullehrer an der Erfüllung der Aufträge Dritter mit, so erfolgt diese Tätigkeit immer im Hauptamt und kann nicht Gegenstand einer Nebentätigkeit sein, vgl. Dieterich, a.a.O., S. 24; VGH Baden-Württemberg, Urteil vom 27.10.1981 - IV 2858/78 -, MittHV 1982, 41 ; LAG Berlin, Urteil vom 21.4.1997 - 9 Sa 6/97 und 8/97 -, ZTR 1997, 523.

[155] Sandberger, Drittmittelverwaltung, Hdb. WissR 1996, 1089, 1102 ; Friauf, Probleme des Drittmitteleinsatzes in der Hochschule, S. 79. Das Sonderkontenverfahren hatte seinen Ursprung in einem Reicherlaß von 1939, wonach die Drittmittel der DFG nicht mehr über die Hochschulkassen abzuwickeln waren.

[156] Schuster, Finanzen, Hdb. WissR. 1996, 1061, 1077 ; Karpen, Wissenschaftsfreiheit und Hochschulfinanzierung, S. 62 ; Wahlers PersV 1981, 177, 182.

[157] Wahlers PersV 1981, 177, 182.

III) Mittelverwaltung durch Dritte außerhalb der Hochschule

Die Mittelverwaltung durch Dritte außerhalb der Hochschule begegnet im Ergebnis keinen Bedenken. Hierbei handelt es sich um Fälle, in denen das Hochschulmitglied die alleinige Verfügungsberechtigung über die Mittel behält und ihm zur Verwaltung hochschulfremdes Personal oder eine hochschulfremde Einrichtung zur Verfügung steht. Eine Drittmittelverwaltung in eigener Verantwortung eines Dritten, der nicht Geldgeber ist, wird dagegen in der Praxis kaum in Betracht kommen und auch den Interessen des Hochschulmitglieds widersprechen.[158] Aus dem Rahmenrecht folgt jedenfalls kein Ausschluß einer solchen Drittmittelverwaltung.[159]

C) Zusammenfassung

Staatliche Subventionen und Zuwendungen können Privatpersonen und privaten Trägern die Finanzierung von Arbeitsplätzen ermöglichen. Bei der Vergabe durch die öffentliche Hand sind vor allem Gesetze, Verwaltungsvorschriften und Richtlinien zu beachten. Bei Zuwendungen durch Privatpersonen sind die Finanzierungsverfahren unterschiedlich formalisiert ausgestaltet. Die Drittmittel werden vom Drittmittelempfänger wie Eigenmittel verwaltet.

Die Drittmittelverwaltung im Hochschulbereich ist ausdrücklich geregelt. Alternativ möglich sind grundsätzlich die Drittmittelverwaltung durch die Hochschule (Drittmittel- und Verwahrkontenverfahren) oder durch einen einzelnen Hochschullehrer (Sonderkontenverfahren). Die Zulässigkeit der Verwaltungsverfahren ist im einzelnen streitig. Zwischen der Mittelverwaltung und der Einstellung von Drittmittelbediensteten ist nach der Systematik des § 25 Abs. 4 HRG zu differenzieren. Nach der hier vertretenen Auffassung ist ein Splitting-Verbot anzunehmen. Dies bedeutet, daß der Hochschullehrer bei Abschluß eines Privatdienstvertrages mit dem Mitarbeiter und eines Drittmittelvertrages mit dem Drittmittelgeber für die Drittmittelverwaltung selbst verantwortlich ist. Dem Verwahrkontenverfahren ist damit die Anerkennung zu versagen.

3. Teil

Grundsätze des Arbeitsvertragsrechts und der arbeitsrechtlichen Drittbeziehungen

Die im vierten Teil der Arbeit vorzunehmende Untersuchung der Rechtsbezie-

[158] Püttner/Mittag, a.a.O., S. 106.

[159] Lüthje NVwZ 1986, 343, 346. Weiterführend: Püttner/Mittag, a.a.O., S. 106, die eine solche Mittelverwaltung im Interesse der Entlastung des Hochschullehrers von Verwaltungsaufwand für empfehlenswert halten, sofern das Vorhaben eine bestimmte finanzielle Größe erreicht ; Reich, HRG, § 25 Rn. 13.

hungen der Beteiligten im Bereich der Drittmittelfinanzierung und die Klärung der Frage, wer Arbeitgeber bei einer drittmittelfinanzierten Tätigkeit ist, und ob gegebenenfalls die arbeitsrechtlichen Beziehungen auf einen am Vertragsschluß nicht beteiligten Dritten ausgedehnt werden können, erfordert zunächst eine grundsätzliche Darstellung der Rechtsbeziehungen der Parteien eines Arbeitsverhältnisses (Zwei-Parteien-Verhältnis) und eine Bestimmung der durch die Vertragspartnerstellung festgelegten Grenzen eines Arbeitsverhältnisses. Bei der Darstellung des Direktionsrechts soll auch auf dessen Rechtsnatur und dessen Übertragbarkeit eingegangen werden. Die Frage nach der Rechtsnatur und der Übertragbarkeit des Direktionsrecht ist sowohl beim Zwei-Personen-Arbeitsverhältnis als auch bei arbeitsrechtlichen Drittbeziehungen für die Feststellung bedeutsam, wer Träger des Weisungsrechts ist. Hieraus können gegebenenfalls Schlüsse auf die Arbeitgeberstellung beim Mehr-Parteien-Arbeitsverhältnis gezogen werden. Diese Grundsätze können zur Erkenntnisgewinnung im Rahmen der vorliegenden Untersuchung beitragen. Sie werden unter A) dargestellt.

Die einführenden Beispiele drittfinanzierter Arbeitsverhältnisse bei der Entwicklung eines Drittmittelbegriffs haben gezeigt, daß im Rahmen der Drittmittelfinanzierung mehrere Personen beteiligt sind. Neben dem Drittmittelgeber, dem Drittmittelempfänger und dem aus Drittmitteln finanzierten Arbeitnehmer ist möglicherweise noch eine weitere Person, nämlich ein Bediensteter einer natürlichen oder juristischen Person als Drittmittelempfänger eingeschaltet. Im vierten Teil sind im einzelnen die Rechtsbeziehungen zwischen Drittmittelgeber, Drittmittelempfänger und Arbeitnehmer zu untersuchen. Außerdem sind die Rechtsbeziehungen zwischen einer natürlichen oder juristischen Person, dessen die Drittmittel empfangenden Bediensteten und dem durch den Bediensteten eingestellten Arbeitnehmer darzustellen.

Die Aufführung der Beteiligten zeigt bereits, daß bei der Drittmittelfinanzierung möglicherweise arbeitsrechtliche Drittbeziehungen festgestellt werden können. Die Grundsätze der arbeitsrechtlichen Drittbeziehungen werden unter B) erörtert.

A) Allgemeine Grundsätze des Arbeitsvertragsrechts

I) Die Parteien des Arbeitsverhältnisses-Vertragsschluß und Direktionsrecht

Arbeitsverhältnisse werden grundsätzlich durch einen Arbeitsvertrag zwischen Arbeitgeber und Arbeitnehmer begründet. Rechtsgrund für die Erbringung der Arbeitsleistung und die Zahlung der Vergütung ist damit im Rahmen eines Arbeitverhältnisses ein individueller Vertrag zwischen dem Arbeitgeber und dem einzelnen Arbeitnehmer.[160] Es gilt der Grundsatz der Vertragsfreiheit, welcher

[160] Vertragstheorie ; Die früher vielfach vertretene Eingliederungstheorie, wonach für die Entstehung eines Arbeitsverhältnisses nicht der Abschluß eines Vertrages, sondern die Eingliede-

seine verfassungsrechtliche Grundlage in Art. 12 Abs. 1 GG hat.[161] Daher entscheiden die Beteiligten grundsätzlich autonom, ob zwischen ihnen eine arbeitsvertragliche Bindung eingegangen werden soll (sog. Grundsatz der Abschlußfreiheit) und mit wem der Vertrag abgeschlossen wird (sog. Grundsatz der Auswahlfreiheit). Indessen bestehen von diesen Grundsätzen gerade im Bereich des Arbeitsrechts zahlreiche Ausnahmen. Zwar bleibt die Funktion des Vertrages auch im Arbeitsrecht erhalten.[162] Hinsichtlich des Vertragsinhalts besteht für die Arbeitsvertragsparteien aber längst nicht mehr der gleiche Spielraum wie im allgemeinen Zivilrecht. Seine Gestaltungsfunktion hat der Arbeitsvertrag weitgehend eingebüßt.[163] Die Auswahlfreiheit des Arbeitgebers kann beschränkt sein durch etwaige Mitbestimmungsrechte eines Betriebs- oder Personalrats (vgl. §§ 99, 100 BetrVG ; §§ 75 Abs. 1 Nr. 1, 77 Abs. 2 BPersVG). Es besteht für einen Arbeitgeber grundsätzlich kein Abschlußzwang.[164] Ausnahmen kommen etwa nach § 78 a Abs. 2 BetrVG, §§ 99, 107 BPersVG und Art. 1 § 10 AÜG in Betracht.

Einen allgemein anerkannten Begriff des Arbeitnehmers gibt es nicht.[165] Bei dem Arbeitnehmerbegriff handelt es sich um einen unbestimmten Rechtsbegriff.[166] Dieser muß nicht notwendigerweise für alle Gesetze und Fallgruppen einheitlich gelten und ausgelegt werden.[167] Arbeitnehmer sind nach der Rechtsprechung des BAG aufgrund privatrechtlichen Vertrages oder eines ihm gleichge-

---

rung des Arbeitnehmers in den Betrieb des Arbeitgebers entscheidend sein sollte, ist weitgehend überholt. Die Eingliederung wird nach nahezu allgemeiner Ansicht nicht mehr als Grundlage oder Voraussetzung für die Entstehung eines Arbeitsverhältnisses angesehen, vgl. Zöllner/Loritz (-Zöllner), Arbeitsrecht, § 11, I, 3, a ; Schaub, Arbeitsrechtshandbuch, § 29, II, 1.; Konzen ZfA 1982, 259, 275 ; MüKo (-Söllner), BGB, § 611 Rn. 125 ; Windbichler, Arbeitsrecht im Konzern, S. 88. Die Eingliederung hat nur noch indiziellen Charakter für das Vorliegen eines Arbeitsvertrages.

[161] Art. 2 Abs.1 GG, der mit der allgemeinen Handlungsfreiheit auch die Vertragsfreiheit garantiert, tritt als subsidiär hinter dem insoweit spezielleren Grundrecht der Berufsfreiheit des Art. 12 Abs. 1 GG zurück, denn die Vertragsfreiheit der Parteien des Arbeitsvertrages ist Ausfluß ihrer Berufsfreiheit ; MünchArbR (-Buchner), § 36 Rn.10 ; Scholz ZfA 1981, 265, 277 ff. ; Kasseler Hdb. ArbR (-Leinemann), Bd. 1, 1.1 Rn. 446 ; MüKo (-Söllner), BGB, § 611 Rn. 272 ; MüKo (-Müller-Glöge), BGB, § 611 Rn. 302 ff. ; a.A. Schaub, Arbeitsrechtshandbuch, § 31, II, 1.

[162] Weber, Das aufgespaltene Arbeitsverhältnis, S. 267 ; Hanau/Adomeit, Arbeitsrecht, S. 30 f.

[163] Weber, Das aufgespaltene Arbeitsverhältnis, S. 267 ; MüKo (-Söllner), BGB, § 611 Rn. 121 ; Ramm ZfA 1973, 263, 273 ; Nach Hanau/Adomeit, Arbeitsrecht, S. 31 mißtraut das Arbeitsrecht dem Einzelvertrag. Das Arbeitsrecht ließe sich begreifen als ein einziges großes Kontrollsystem gegenüber der Vertragsfreiheit. Weiterführend Weber, a.a.O., S. 266 ff., nach dem das Arbeitsrecht von einem Mißtrauen gegenüber den Ergebnissen unkontrollierter Vertragsfreiheit geprägt ist.

[164] Zur Begrenzung und Beschränkung der Abschlußfreiheit des Arbeitgebers durch die Regelung in § 611 a BGB, vgl. Herrmann ZfA 1996, 19 ff.

[165] Schaub, Arbeitsrechtshandbuch, § 8, I, 1.

[166] BAG, Beschluß vom 29.1.1992, AP Nr. 1 zu § 7 BetrVG 1972.

[167] Wank, Arbeitnehmer und Selbständige, S. 37.

stellten Rechtsverhältnisses im Dienste eines anderen stehende zur Arbeit verpflichtete Personen.[168] Im Rahmen der vorliegenden Untersuchung kann die ständige Rechtsprechung des BAG zur Abgrenzung eines Arbeitsverhältnisses von dem Rechtsverhältnis eines freien Mitarbeiters herangezogen werden. Maßgebend und entscheidendes Merkmal ist hiernach der Grad der persönlichen Abhängigkeit des Mitarbeiters. Arbeitnehmer ist derjenige Mitarbeiter, der seine Dienstleistung im Rahmen einer von Dritten bestimmten Arbeitsorganisation erbringt und hinsichtlich Zeit, Dauer und Ort der Ausführung der versprochenen Dienste sowie fachlich einem umfassenden Weisungsrecht unterliegt.[169] § 84 Abs. 1 Satz 2 HGB enthält nach der Rechtsprechung des BAG ein typisches Abgrenzungsmerkmal. Nach dieser Vorschrift ist selbständig, wer im wesentlichen frei seine Tätigkeit gestalten und seine Arbeitszeit bestimmen kann. Unselbständig und deshalb persönlich abhängig ist dagegen der Mitarbeiter, dem dies nicht möglich ist. Zwar gilt diese Regelung unmittelbar nur für die Abgrenzung des selbständigen Handelsvertreters vom abhängig beschäftigten Handlungsgehilfen.

---

[168] Vgl. auch LAG Berlin, Urteil vom 29.12.1989 - 9 Sa 83/89 -, AP Nr. 50 zu § 611 BGB Abhängigkeit ; Schaub, Arbeitsrechtshandbuch, § 8 m.w.N.

[169] BAG, Urteil vom 16.7.1997 - 5 AZR 312/96 -, AP Nr. 4 zu § 611 BGB Zeitungsausträger m.w.N. ; BAG, Urteil vom 12.9.1996 - 5 AZR 1066/94 -, AP Nr. 1 zu § 611 BGB Freier Mitarbeiter m.w.N. ; BAG, Urteil vom 9.5.1996 - 2 AZR 438/95 -, EzA § 1 KSchG Betriebsbedingte Kündigung Nr. 85 m.w.N. ; BAG, Urteil vom 9.4.1957 - 3 AZR 435/54 -, BAGE 4, 93, 96 ; BAG, Urteil vom 21.2.1990 - 5 AZR 162/89 -, EzA § 611 BGB Arbeitnehmerbegriff Nr. 32 ; LAG Berlin, Urteil vom 29.12.1989, a.a.O. Dem folgen beispielsweise aus der Literatur: KR (-Etzel), § 1 KSchG Rn. 35 ff. ; Erman (-Hanau), BGB, § 611 Rn. 108 ; Palandt (-Putzo), BGB, Einf. v § 611 Rn. 7 ; MüKo (-Müller-Glöge), BGB, § 611 Rn. 135 ff. ; Hromadka NZA 1998, 1, 5 ; Schliemann RdA 1997, 322, 326 ; Hanau DB 1998, 69, 73. Teilweise wird in der Literatur vertreten, daß entscheidende Merkmale des Arbeitnehmerbegriffs der Verzicht des Mitarbeiters auf die eigene Daseinsvorsorge und die Fremdnützigkeit der Tätigkeit seien, vgl. Lieb, Arbeitsrecht, Rn. 11 ff. ; ders. RdA 1977, 210, 215 f. ; Wiedemann, Das Arbeitsverhältnis als Austausch- und Gemeinschaftsverhältnis, S. 14 ff. ; Weber, Das aufgespaltene Arbeitsverhältnis, S. 293 und 433. Wank, Arbeitnehmer und Selbständige, kritisiert die Schwäche der herkömmlichen Abgrenzung und weist darauf hin, daß zwischen Weisungsgebundenheit und Eingliederung einerseits und der Anwendung des Arbeitsrechts andererseits kein Sinnzusammenhang bestehe (S. 34 ff.). Der Arbeitnehmerbegriff sei vielmehr dem Selbständigenbegriff gegenüberzustellen (S. 82 ff.). Bei der Bestimmung der Tatbestandsvoraussetungen nach der Rechtsfolge der Risikoverteilung biete es sich an, den Beschäftigten als Unternehmer zu bezeichnen, der freiwillig ein Unternehmerrisiko übernehme, und als Arbeitnehmer denjenigen, der der es entweder nicht oder nicht freiwillig übernehme (S. 122 ff.). Bei der Abgrenzung zwischen Arbeitnehmer und Selbständigem komme es außer auf die Freiwilligkeit der Rechtsformwahl weder auf die tatsächliche wirtschaftliche Abhängigkeit oder soziale Schutzbedürftigkeit noch auf das Unternehmerrisiko oder auf die unternehmerische Chance an, sondern darauf, in welchem Verhältnis Unternehmerrisiko und Unternehmerchance zueinander stünden (S. 129 ff.). Mittlerweile räumt allerdings auch Wank DB 1992, 90, 91 f. ein, daß zwischen Weisungsgebundenheit und Arbeitnehmereigenschaft ein mittelbarer Zusammenhang besteht. Kritisch zur h.M. auch Streicher, Rechtsformzwang, S. 42 ff. . Zusammenfassend: Hromadka NZA 1997, 569, 570 ff. ; ders. DB 1998, 195 ff. ; Mohr, Der Arbeitnehmerbegriff im Arbeits- und Steuerrecht, S. 50 ff.

Über ihren unmittelbaren Anwendungsbereich hinaus enthält diese Bestimmung jedoch eine allgemeine gesetzliche Wertung, die bei der Abgrenzung des Dienstvertrages vom Arbeitsvertrag zu beachten ist.
Die wirtschaftliche Abhängigkeit ist nicht notwendiges Merkmal für den Arbeitnehmerbegriff, denn auch wer wegen seiner wirtschaftlichen Verhältnisse für die Sicherung seines Lebensunterhalts nicht auf ein Arbeitseinkommen angewiesen ist, kann ein Arbeitsverhältnis eingehen.

Unabhängig von den verschiedenen Definitionen des Arbeitnehmerbegriffs, auf die im Rahmen der vorliegenden Untersuchung nicht im einzelnen eingegangen werden kann, besteht jedenfalls Einigkeit darüber, daß der Arbeitnehmer im Gegensatz zum Selbständigen abhängige, fremdbestimmte Arbeit leistet.[170] Hierbei sind die das Rechtsverhältnis prägenden charakteristischen Merkmale so zu beurteilen, wie sie sich aus dem Vertragsinhalt, der praktischen Durchführung und der Gestaltung der Vertragsbeziehungen ergeben.[171] Die Abgrenzung eines Arbeitsvertrages von einem anderen Dienstvertrag (freies Mitarbeiterverhältnis) richtet sich demnach nach der tatsächlichen Vertragsdurchführung, nicht nach der Vertragsbezeichnung.

Der Arbeitnehmerbegriff ist nach wie vor heftig umstritten.[172] Dies ist nicht verwunderlich, da die Beantwortung der Frage, ob eine Person Arbeitnehmer ist oder nicht, maßgebend für die Anwendung des Arbeitsrechts, sämtlicher arbeitsrechtlicher Schutznormen und Rechtsinstitute ist. An den Begriff des Arbeitnehmers knüpft das gesamte Arbeitsrecht an.[173] Die Zuordnung zu den Arbeitnehmern oder Unternehmern ist folglich nicht nur von akademischem Interesse, sondern hat erhebliche praktische Auswirkungen.[174] Bei einer Tätigkeit auf der Grundlage eines (echten) freien Mitarbeiterverhältnisses entfallen für den freien Mitarbeiter alle arbeitsrechtlichen Schutznormen (z.B. Kündigungsschutz, Entgeltfortzahlung im Krankheitsfall, Haftungsbeschränkung bei betrieblich veran-

---

[170] Schaub, Arbeitsrechtshandbuch, § 8, I, 1.

[171] BAG, Urteil vom 9.5.1984 - 5 AZR 195/82 -, AP Nr. 45 zu § 611 BGB Abhängigkeit ; Schaub, Arbeitsrechtshandbuch, § 8, I, 1 ; KR (-Etzel), § 1 KSchG Rn. 41 ; MüKo (-Müller-Glöge), BGB, § 611 Rn. 134.

[172] Ob die Neuregelung des § 7 Abs. 4 SGB IV den Streit um den Arbeitnehmerbegriff neu belebt, bleibt abzuwarten. Zum 1.1.1999 ist das "Gesetz zu Korrekturen in der Sozialversicherung und zur Sicherung der Arbeitnehmerrechte" in Kraft getreten. Gesetz vom 19.12.1998, BGBl. I, S. 3843 ff. ; vgl. auch den Entwurf zu diesem Gesetz, BT-Drucks. 14/45 vom 17.11.1998. Der neue Abs. 4 wurde § 7 SGB IV angefügt. Nach § 7 Abs. 4 Satz 1 SGB IV besteht bei Vorliegen von mindestens zwei der dort genannten vier Kriterien eine widerlegbare Vermutung für die Annahme eines Beschäftigungsverhältnisses. Sinn und Zweck der Neuregelung war eine Bekämpfung der Scheinselbständigkeit und damit eine Erweiterung des Kreises der in der Sozialversicherung versicherungspflichtigen Personen. Vgl. hierzu BT-Drucks. 14/45 ; Buchner DB 1999, 146 ff. Im vorgenannten Gesetz wird die arbeitsrechtliche Qualifizierung von Beschäftigten nicht angesprochen. Buchner, a.a.O. sieht daher keine entscheidenden Konsequenzen für den arbeitsrechtlichen Arbeitnehmerbegriff durch die Neuregelung.

[173] Hromadka NZA 1997, 569.

[174] Wank DB 1992, 90.

laßter Tätigkeit), es werden für diesen keine Beiträge zur Sozialversicherung abgeführt[175] und er ist im Krankheitsfalle nicht abgesichert, weil er weder Entgeltfortzahlung noch Leistungen der Krankenkasse erhält.
Die Abgrenzung zwischen einem Arbeitsverhältnis und einem (echten) freien Mitarbeiterverhältnis soll hier nicht weiter vertieft werden, da auch die Beschäftigung von freien Mitarbeitern durch Drittmittel finanziert werden kann. Im Rahmen der vorliegenden Untersuchung sollen allerdings nur die drittmittelfinanzierten Arbeitsverhältnisse betrachtet werden.

Arbeitgeber ist , wer einen anderen in einem Arbeitsverhältnis als Arbeitnehmer beschäftigt und berechtigt ist, die Arbeitskraft des Arbeitnehmers für seine Zwecke zu verwerten. Der Begriff des Arbeitgebers ergibt sich aus dem Arbeitnehmerbegriff, d.h. Arbeitgeber ist, wer einen Arbeitnehmer beschäftigt.[176] Arbeitgeber kann eine natürliche oder juristische Person sein, für die ihre gesetzlichen Vertreter die Arbeitgeberfunktionen ausüben. Bei einem einheitlichen Arbeitsverhältnis kommen auch mehrere natürliche oder juristische Personen als Arbeitgeber in Betracht.[177] In Fällen, in denen an einem Arbeitsverhältnis mehrere Arbeitgeber beteiligt sind, wird indes kein einheitliches Arbeitsverhältnis im obigen Sinne vorliegen, sondern die Arbeitgeberfunktion aufgespalten sein. Bestimmte Formen der aufgespaltenen Arbeitgeberstellung sind von Rechtsprechung und Lehre definiert worden. Für die definierten Typen der aufgespaltenen Arbeitgeberstellung wurden bestimmte Rechtsanwendungs- und Auslegungsregeln aufgestellt, beispielsweise für die Rechtsfigur des mittelbaren Arbeitsverhältnisses, das Rechtsinstitut des nicht gewerbsmäßigen Leiharbeitsverhältnisses und die gesetzlich geregelte gewerbsmäßige Arbeitnehmerüberlassung.[178]

Kraft seines Direktionsrechts bestimmt der Arbeitgeber die näheren Einzelheiten der Erbringung der geschuldeten Arbeitsleistung, insbesondere deren Ort, Zeit und näheren Inhalt. Das Direktionsrecht kann durch Gesetz, Tarifvertrag, Betriebsvereinbarung oder Einzelarbeitsvertrag eingeschränkt sein. Aufgrund des auf dem Arbeitsvertrag beruhenden Direktionsrechts kann der Arbeitgeber die im Arbeitsvertrag nur rahmenmäßig umschriebene Leistungspflicht im einzelnen bestimmen, wobei dem Direktionsrecht allerdings nur eine Konkretisierungsfunktion zukommt. Der Umfang der beiderseitigen Hauptleistungspflichten unterliegt nicht dem allgemeinen Direktionsrecht des Arbeitgebers. Nach ständiger Rechtsprechung des BAG müssen bei der Ausübung des Direktionsrechts die Grenzen billigen Ermessens berücksichtigt werden.[179] Werden die Grenzen des Direktions-

---

[175] Bei einer freien Mitarbeitertätigkeit handelt es sich nicht um eine abhängige Tätigkeit im Sinne des § 7 SGB IV.
[176] Coen RdA 1983, 348, 349 m.w.N.
[177] Palandt (-Putzo), BGB, Einf. v. § 611 Rn. 6 ; Schaub, Arbeitsrechtshandbuch, § 17, 1, a ; MünchArbR (-Marschall), § 165 Rn. 1.
[178] MünchArbR (-Marschall), § 165 Rn. 10 ; hierzu im einzelnen unten, 3. Teil, B, III und IV.
[179] Vgl. zum Vorstehenden: BAG, Urteile vom 24.4.1996 - 5 AZR 1031/94 -, 11.10.1995 - 5

rechts durch die Weisungen des Arbeitgebers überschritten, so steht dem betroffenen Arbeitnehmer ein Leistungsverweigerungsrecht zu. Dieses Leistungsverweigerungsrecht kann der Arbeitnehmer ausüben, ohne rechtliche Nachteile befürchten zu müssen. Denn ist der Arbeitnehmer arbeitsvertraglich nicht zur Leistung einer bestimmten Tätigkeit verpflichtet, kann ihn der Arbeitgeber hierzu nicht durch eine Weisung heranziehen.

Das Direktionsrecht wird nicht stets vom Vertragsarbeitgeber ausgeübt. Denn nicht jeder Arbeitgeber kann die ihm zustehenden Weisungsrechte gegenüber allen Arbeitnehmern selbst ausüben, was insbesondere in größeren Betrieben gilt, aber auch bei kleineren Betrieben durchaus üblich ist, etwa wenn der Arbeitgeber sich zeitweise nicht im Betrieb aufhält. Eine "Verlagerung" des Direktionsrechts wird dann nötig. Dieses kann nach Hierarchieebenen abgestuft werden. Es besteht die Möglichkeit, daß Träger des Anspruchs auf Arbeitsleistung und Träger der obersten Direktionsbefugnis zwei verschiedene Personen sind, was bei allen juristischen Personen des privaten und öffentlichen Rechts stets der Fall ist.[180] Fraglich sind die Rechtsnatur und die Übertragbarkeit des Direktionsrechts. Hinsichtlich der Rechtsnatur ist das Vorliegen eines Gestaltungsrechts zu erwägen.

Ein Gestaltungsrecht[181] ist allgemein das einer Person zustehende Recht, durch einen einseitigen Gestaltungsakt, meist eine empfangsbedürftige Willenserklärung, ein Rechtsverhältnis meist mit einer anderen Person zustandezubringen, inhaltlich näher zu bestimmen, es zu ändern oder aufzuheben.[182] Gestaltungsrechte können auf Vertrag oder Gesetz beruhen.[183] Inhaltlich begründen Gestaltungsrechte verschiedene Gestaltungsmöglichkeiten.[184] Überwiegend werden die Gestaltungsrechte in selbständige und unselbständige Gestaltungsrechte unterteilt. Die selbständigen Gestaltungsrechte sind nicht an eine schon bestehende andere Rechtsposition des Gestaltungsberechtigten und damit an das Bestehen eines Schuldverhältnisses gebunden.[185] Selbständige Gestaltungsrechte sind beispielsweise das Aneignungsrecht, das Wiederkaufsrecht und das Vorkaufsrecht. Bei den unselbständigen Gestaltungsrechten wird noch einmal zwischen forderungs- oder verpflichtungsbezogenen und vertragsbezogenen Rechten differenziert.[186] Die forderungs- oder verpflichtungsbezogenen Gestaltungsrechte sind Hilfsrechte,

---

AZR 1009/94 -, 23.1.1992 - 6 AZR 87/90 -, 29.8.1991 - 6 AZR 593/88 -, 20.12.1984 - 2 AZR 436/83, AP Nrn. 48, 45, 39, 38, 27 zu § 611 BGB Direktionsrecht ; BAG, Urteil vom 12.12.1984 - 7 AZR 509/83 - NZA 1985, 321 ; jeweils m.w.N.

180 Schaub, Arbeitsrechtshandbuch, § 17, 2, a.

181 Die Kategorie des Gestaltungsrechts ist durch Seckel in der Festgabe für Koch, S. 205 ff. geprägt worden.

182 Larenz/Wolf, BGB AT, § 15 Rn. 78 ; Steinbeck, Die Übertragbarkeit von Gestaltungsrechten, S. 20.

183 Köhler, BGB AT, § 5 Rn. 12.

184 Vgl. die Zusammenstellung bei Larenz/Wolf, a.a.O., § 15 Rn. 81 ff.

185 Steinbeck, a.a.O., S. 44 f.

186 Vgl. Steinbeck, a.a.O., S. 45 ; Bydlinski, Die Übertragung von Gestaltungsrechten, S. 9 ff. und S. 266.

die der Ausübung und Durchsetzung der Forderung dienen und damit dem Gläubiger als solchem zustehen.[187] Beispiele sind die Wahl- und Leistungsbestimmungsrechte nach §§ 262 und 315 BGB und das Recht auf Fälligkeitskündigung bei einem Darlehen nach § 609 a BGB. Vertragsbezogene Gestaltungsrechte schließlich beziehen sich auf ein Schuldverhältnis im weiteren Sinne und dienen der Umgestaltung des gesamten Schuldverhältnisses.[188] Beispiele sind das Kündigungs- und das Rücktrittsrecht. Die Ausübung des Gestaltungsrechts erfolgt regelmäßig durch eine empfangsbedürftige Willenserklärung.[189] Die Gestaltungserklärung ist grundsätzlich bedingungsfeindlich und grundsätzlich auch unwiderruflich.[190] Darüber hinaus werden Gestaltungsrechte grundsätzlich durch ihre Ausübung verbraucht und erlöschen mit ihrer Ausübung.[191]

Nach herrschender Lehre stellt das Direktionsrecht des Arbeitgebers ein einseitiges Leistungsbestimmungsrecht des Arbeitgebers nach § 315 BGB dar. Das Leistungsbestimmungsrecht ist das Recht einer Vertragspartei, eine Leistung zu bestimmen (§ 315 BGB). Das Leistungsbestimmungsrecht des Arbeitgebers ist danach ein Gestaltungsrecht, welches durch empfangsbedürftige Willenserklärung ausgeübt wird.[192] Auch das BAG ordnet das Direktionsrecht den Gestaltungsrechten zu.[193] Der herrschenden Lehre und der Rechtsprechung des BAG ist beizupflichten. Denn das Direktionsrecht stellt kein Forderungsrecht des Arbeitgebers dar. Mit dem Direktionsrecht werden vielmehr seitens des Arbeitgebers die Arbeitspflichten des Arbeitnehmers aufgrund eines rechtsgeschäftlichen Verhaltens konkretisiert. In der Ausübung des Direktionsrechts liegt nicht nur eine faktische Machtausübung, sondern die durch Abgabe einer empfangsbedürftigen Willenserklärung erfolgende Rechtsausübung.[194] In der Konkretisierung der Arbeitspflichten liegt eine Leistungsbestimmung im Sinne des § 315 BGB. Das Leistungsbestimmungsrecht wird einhellig als Gestaltungsrecht angesehen.[195] Zwar

---

[187] Palandt (-Heinrichs), BGB, § 413 Rn. 6 ; Steinbeck, a.a.O., S. 45.

[188] Palandt (-Heinrichs), a.a.O., § 413 Rn. 7 ; Steinbeck, a.a.O., S. 46.

[189] Larenz/Wolf, a.a.O., § 5 Rn. 89 ; Köhler, a.a.O., § 5 Rn. 12.

[190] Medicus, AT des BGB, § 13 Rn. 90 ; Larenz/Wolf, a.a.O., § 15 Rn. 100 ; Köhler, a.a.O., § 15 Rn. 12.

[191] Larenz/Wolf, a.a.O., § 15 Rn. 102 ; Steinbeck, a.a.O., S. 23 m.w.N. ; Böker, Das Weisungsrecht des Arbeitgebers, S. 13.

[192] Zöller/Loritz, Arbeitsrecht, S. 74 und 179 ; Hromadka DB 1995, 1609, 1610 ; MüKo (-Müller-Glöge), BGB, § 611 Rn. 244 ; MüKo (-Gottwald), BGB, § 315 Rn. 21 ff. ; Bydlinski, Die Übertragung von Gestaltungsrechten, S. 270. Kritisch: Böker, Das Weisungsrecht des Arbeitgebers, S. 11 ff. ; Birk, Die arbeitsrechtliche Leitungsmacht, S. 81 ff. und 198 f.

[193] Das BAG konstatierte in zahlreichen Entscheidungen, daß dem Arbeitgeber bei Ausübung des Weisungsrechts regelmäßig ein weiter Raum zur einseitigen Gestaltung der Arbeitsbedingungen zusteht, vgl. BAG, Urteil vom 23.6.1993 - 5 AZR 337/92 -, AP Nr. 42 zu § 611 BGB Direktionsrecht ; BAG, Urteil vom 29.8.1991 - 6 AZR 593/88 -, AP Nr. 38 zu § 611 BGB Direktionsrecht ; BAG, Urteil vom 27.3.1980 - 2 AZR 506/78 -, AP Nr. 26 zu § 611 BGB Direktionsrecht.

[194] So zutreffend Bydlinski, a.a.O., S. 270 m.w.N. auch zu der Gegenansicht.

[195] Vgl. Bydlinski, Die Übertragung von Gestaltungsrechten, S. 263 ; Hromadka DB 1995,

unterscheidet sich das Direktionsrecht von den üblichen Erscheinungsformen der Gestaltungsrechte dadurch, daß eine Rechtslage nicht nur einmal gestaltet wird. Die Weisung ist wiederholbar, kann mehrfach ausgeübt werden und bewirkt eine Verpflichtung des Arbeitnehmers.[196] Dies steht aber der Qualifizierung des Direktionsrechts als Gestaltungsrecht nicht entgegen. Der Grundsatz, daß ein Gestaltungsrecht mit seiner Ausübung verbraucht wird und erlischt, ist Ausnahmen zugänglich. Der vorgenannte Grundsatz gilt nur für bestimmte Arten von Gestaltungsrechten.[197] Er gilt nicht bei einer besonderen Gruppe der Gestaltungsrechte, den sogenannten Regelungsrechten. Bei den Regelungsrechten kann der Gestaltungsberechtigte die Einzelheiten einer Leistungspflicht festlegen.[198] Dieses Recht kann dauerhaft bestehen und mehrfach oder auch nur einmal ausgeübt werden.[199] Das Direktionsrecht des Arbeitgebers stellt ein Regelungsrecht in diesem Sinne dar. Söllner[200] spricht in diesem Zusammenhang von "Muttergestaltungsrechten", die sukzessive ausgeübt werden können und dadurch eine fortlaufende Regelung zu tragen vermag.[201] Die sukzessive Ausübung des Gestaltungsrechts wird von Söllner mit dem Begriff "Anpassungsrecht" umschrieben. Die einzelne Anpassungserklärung sei zwar unwiderruflich, hindere aber eine spätere modifizierende Anpassungserklärung nicht. Dies bedeutet, daß bei Dauerleistungen eine Beschränkung der Bindung an die einmal getroffene Leistungsbestimmung auf die Zeit des Andauerns der tatsächlichen Voraussetzungen zur Zeit der Leistungsbestimmung besteht.[202] Dieser Grundsatz findet auf alle Dauerrechtsverhältnisse Anwendung.[203]

Bei der Übertragung von Gestaltungsrechten ist im allgemeinen zu differenzieren. Die selbständige Übertragbarkeit jedes Gestaltungsrechts folgt nicht bereits aus § 413 BGB, wonach die Vorschriften über die Übertragung von Forderungen auf die Übertragung anderer Rechte entsprechende Anwendung finden, soweit nicht das Gesetz ein anderes vorschreibt. Die Übertragbarkeit von Gestaltungsrechten ist für die verschiedenen Arten von Gestaltungsrechten vielmehr einzeln zu beantworten.[204] Die selbständigen Gestaltungsrechte sind wegen ihrer Unabhängigkeit von einer schon bestehenden anderen Rechtsposition des Gestaltungsberechtigten grundsätzlich ohne weiteres übertragbar.[205] Die forderungs- oder

---

1609, 1610.

196 Vgl. Konzen, ZfA 1982, 259, 281.

197 So zutreffend Bydlinski, a.a.O., S. 270.

198 Medicus, AT des BGB, § 12 Rn. 88 ; Bydlinski, a.a.O., S. 8.

199 Medicus, a.a.O.

200 Söllner, Einseitige Leistungsbestimmung im Arbeitsverhältnis, S. 28 ff.

201 Dieser Ansicht schließen sich MüKo (-Gottwald), BGB, § 315 Rn. 42 und Bydlinski, a.a.O., S. 270 an. Kritisch: Böker, Das Weisungsrecht des Arbeitgebers, S. 13 ff.

202 BAG, Urteil vom 21.6.1971 - 3 AZR 24/71 -, AP Nr. 13 zu § 315 BGB m.w.N. ; Staudinger (-Mader), BGB, § 315 Rn. 54 m.w.N.

203 Staudinger (-Mader), a.a.O.

204 MüKo (-Roth), BGB, § 413 Rn. 10.

205 Palandt (-Heinrichs), BGB, § 413 Rn. 5 ; MüKo (-Roth), BGB, § 413 Rn. 10 ; Steinbeck,

verpflichtungsbezogenen Gestaltungsrechte (Hilfsrechte) stehen dem Gläubiger zu und gehen daher notwendig mit der Forderung auf den neuen Gläubiger über und sind nicht selbständig abtretbar.[206] Die Hilfsrechte sind folglich streng akzessorisch zu dem Hauptrecht. Die vertragsbezogenen Gestaltungsrechte sind zu dem Hauptrecht nicht akzessorisch und können zusammen mit der Forderung abgetreten werden, ohne daß auf den Zessionar sämtliche Rechte und Pflichten aus dem Vertragsverhältnis übergehen müssen.[207] Eine isolierte Übertragung eines vertragsbezogenen Gestaltungsrechts ist wenig sinnvoll und wird folglich einhellig abgelehnt.[208]

Das Direktionsrecht als Leistungsbestimmungsrecht ist den akzessorischen, unselbständigen (Hilfs-) Gestaltungsrechten zuzuordnen. Das Direktionsrecht steht allein dem Arbeitgeber zu. Damit stellt sich die Frage, auf welcher Grundlage vom Vertragspartner des Arbeitnehmers verschiedene Dritte Weisungen gegenüber dem Arbeitnehmer erteilen. Die Einbeziehung Dritter in die Ausübung rechtlicher Befugnisse kommt in unterschiedlicher Weise in Betracht. Zu nennen sind etwa die Ermächtigung/Bevollmächtigung und die Übertragung von Rechten zur Ausübung.

Eine selbständige Übertragung oder Abtretung des Direktionsrechts als Leistungsbestimmungsrecht vom Arbeitgeber auf eine Nichtvertragspartei scheidet nach den vorstehend dargestellten allgemeinen Grundsätzen einer Gestaltungsrechtsübertragung aus.[209] Eine Übertragung oder Abtretung des Direktionsrechts kann nur dann erwogen werden, wenn auch der Anspruch auf die Dienstleistung abtretbar ist. Dies ist grundsätzlich nicht möglich. Nach § 613 Satz 2 BGB ist der Anspruch auf die Dienste im Zweifel nicht übertragbar. § 613 Satz 2 BGB regelt daher eine Ausnahme von § 398 BGB, wonach grundsätzlich alle Forderungen ohne Mitwirkung des Schuldners vom Gläubiger auf einen Dritten übertragen werden können. Eine Übertragbarkeit des Dienstleistungsanspruchs muß vereinbart sein oder sich aus den Umständen ergeben.[210] Wird der Dienstleistungsanspruch zulässigerweise auf einen Dritten übertragen, führt dies grundsätzlich auch zum Übergang des Weisungsrechts als bloßem "Hilfsrecht".[211]

Daher kann die Ausübung des Direktionsrechts durch eine Nichtvertragspartei nur durch eine (ausdrückliche oder konkludente) Ermächtigung/Bevollmächtigung zur Ausübung erklärt werden.[212] Durch die Ermächtigung Dritter zur Ausübung

---

a.a.O., S. 45. Ausnahmen vom Grundsatz bestehen, wenn die Übertragbarkeit vertraglich oder durch gesetzliche Regelung, z.B. § 514 BGB, eingeschränkt oder ausgeschlossen wird.

[206] Palandt (-Heinrichs), a.a.O., § 413 Rn. 6 ; Steinbeck, a.a.O., S. 45.

[207] Palandt (-Heinrichs), a.a.O., § 413 Rn. 7 ; Steinbeck, a.a.O., S. 46.

[208] Steinbeck, a.a.O., S. 46 m.w.N.

[209] Vgl. Ulber, AÜG, Einleitung C Rn. 62 ff.

[210] Palandt (-Putzo), a.a.O., § 613 Rn. 5 ; Bydlinski, a.a.O., S. 272 f.

[211] Bydlinski, a.a.O., S. 273.

[212] Weiterführend: Birk, Die arbeitsrechtliche Leitungsmacht, S. 159 ff. ; Söllner, Einseitige Leistungsbestimmung im Arbeitsverhältnis, S. 114 f. ; Konzen ZfA 1982, 259, 281 f.

des Direktionsrechts verliert der Arbeitgeber nicht sein Direktionsrecht. Der Arbeitgeber gibt bei der Ermächtigung sein Direktionsrecht nicht vollständig aus der Hand und verliert es damit nicht an den das Direktionsrecht ausübenden Dritten. Er behält sich immer vor, die Ermächtigung wieder zurückzunehmen oder steuernd einzugreifen bzw. den Umfang und den Inhalt der Ausübungsermächtigung zu modifizieren. Die Letztzuständigkeit verbleibt damit beim Arbeitgeber. Hierin liegt der wesentliche Unterschied zur Abtretung oder Übertragung des Direktionsrechts, bei welchen der Übertragende sein Recht verliert. Letzteres entspricht nicht den Interessen des Arbeitgebers, der nach der typischen Interessenlage sein Direktionsrecht nicht durch Übertragung auf Dritte aufgeben will. Eine "Abtretung" oder "Übertragung" von Weisungsrechten kann aber jedenfalls nach § 140 BGB in eine Ausübungsermächtigung umgedeutet werden.[213]

II) Bedeutung der Frage nach der Arbeitgeberstellung

Der Arbeitgeber ist gegenüber dem Arbeitnehmer grundsätzlich zur Erfüllung sämtlicher Pflichten aus dem Arbeitsverhältnis verpflichtet. Die Bezahlung, die An- und Abmeldung bei der Krankenkasse, die Abführung von Steuern und Sozialversicherungsbeiträgen, die Einhaltung der Arbeitsschutzvorschriften und dergleichen gehören zu den Pflichten des Arbeitgebers. Die Frage nach der Arbeitgeberstellung ist hier bedeutsam, da der Schuldner hinsichtlich der vorstehend genannten Pflichten feststehen muß.

Die Frage, wer Arbeitgeber im Rahmen eines Arbeitsverhältnisses ist, kann ferner allgemein von Bedeutung dafür sein, ob der Arbeitnehmer den Kündigungsschutz nach dem Kündigungsschutzgesetz genießt. Zum einen spielt dies eine Rolle, weil es für die Bejahung des Kündigungsschutzes auf die Zahl der Beschäftigten ankommt (§ 23 Abs. 1 Satz 2 KSchG). Zum anderen, weil außerdem die Dauer der Beschäftigung von Bedeutung ist (§ 1 Abs. 1 KSchG) und diesbezüglich fraglich sein kann, ob darauf gegebenenfalls Zeiten anzurechnen sind, die der gekündigte Arbeitnehmer vorher im Dienste einer vom Arbeitgeber verschiedenen (natürlichen oder juristischen) Person verbracht hatte.

Zudem kann die Klärung der Arbeitgeberstellung für die Frage bedeutsam sein, ob gegebenenfalls ein Betriebsrat zu bilden ist (§ 1 BetrVG) oder ob die für Mitbestimmungsrechte des Betriebsrats erforderliche Mindestbeschäftigtenzahl vorliegt.

Im normalen Arbeitsverhältnis wird die Feststellung des Arbeitgebers kaum Schwierigkeiten bereiten. Derjenige, der sich vertraglich zur Arbeitsleistung verpflichtet, ist Arbeitnehmer, sein Vertragspartner Arbeitgeber. Ein solches Zwei-Personen-Arbeitsverhältnis ist heute jedoch nicht immer typisch. Im Bereich der Drittmittelfinanzierung sind mehrere Personen vertraglich verbunden. Hier kann

---

[213] So für den Fall einer unwirksamen "Abtretung" des Wandlungsrechts BGH, Urteil vom 23.2.1977 - VIII ZR 124/75 -, BGHZ 68, 118, 124.

sich die Beantwortung der bedeutsamen Frage nach der Arbeitgeberstellung als problematisch erweisen.

B) Arbeitsrechtliche Drittbeziehungen

Arbeitsrechtliche Drittbeziehungen sind dem Arbeitsrecht nicht fremd. Bekannt sind diese seit längerem bei dem Gehilfenverhältnis, bei dem mittelbaren Arbeitsverhältnis und bei der Leiharbeit. Auch im Konzernrecht sind Drittbeziehungen zu verzeichnen. Die enge Verbindung von Konzernarbeitgeber und anderen Unternehmen führt zu arbeitsrechtlichen Drittbeziehungen "in Form vertraglich begründeter Arbeitnehmermobilität".[214]

Hier bietet sich ein Vergleich der Drittmittelfinanzierung mit dem sog. Gehilfenverhältnis, der Gestaltungsform des mittelbaren Arbeitsverhältnisses und mit der Arbeitnehmerüberlassung an, bei denen es sich um arbeitsrechtliche Dreiecksbeziehungen handelt. Die wesentlichen Grundsätze dieser arbeitsrechtlichen Drittbeziehungen sollen an dieser Stelle, bevor im vierten Teil detailliert auf die Rechtsbeziehungen bei der Drittmittelfinanzierung eingegangen wird, dargestellt werden. Denn gegebenenfalls sind die dortigen Begründungsansätze auf die Problematik der Rechtsbeziehungen im Bereich der Drittmittelfinanzierung teilweise übertragbar. Es soll ein Ansatz zur Klärung der Rechtsbeziehungen bei drittfinanzierten Arbeitsverhältnissen gefunden und die Übertragung einzelner Denkansätze bei den Formen arbeitsrechtlicher Drittbeziehungen auf die hier vorliegende Problematik überprüft werden. Dies kann dazu beitragen, bei der Ergebnisfindung Wertungswidersprüche zu vermeiden.

I) Begriff der arbeitsrechtlichen Drittbeziehung

Arbeitsrechtliche Drittbeziehungen bezeichnen eine (Auf-) Spaltung oder Teilung der Arbeitgeberstellung, d.h. neben einen Vertragsarbeitgeber eines Arbeitnehmers tritt ein Dritter, der gegenüber dem Arbeitnehmer auch arbeitsrechtliche Rechte und Pflichten hat.[215] Die wesentlichsten und bekanntesten Gestaltungsformen arbeitsrechtlicher Drittbeziehungen sind die mittelbaren Arbeitsverhältnisse und die Leiharbeitsverhältnisse. Bei den unterschiedlichen Gestaltungstypen sind die arbeitsrechtlichen Drittbeziehungen von unterschiedlichem Inhalt.[216] Der Dritte nimmt aber regelmäßig nur eine partielle Arbeitgeberstellung ein[217], denn andernfalls käme es zu einer nicht gerechtfertigten Verdoppelung der Arbeitgeberstellung, die auch durch arbeitsrechtliche Schutznormen nicht legitimiert wäre.[218]

---

[214] Windbichler, Arbeitsrecht im Konzern, S. 168.
[215] Konzen ZfA 1982, 259, 264 ff., 308.
[216] Konzen ZfA 1982, 259, 308.
[217] Konzen ZfA 1982, 259, 308.
[218] Vgl. Konzen ZfA 1982, 259, 296.

II) Das Gehilfenverhältnis

Ein Gehilfenverhältnis liegt vor, wenn ein Arbeitnehmer sich zur Erfüllung seiner Arbeitsleistung eines Gehilfen bedient und dieser vom Arbeitnehmer eingestellt wird.[219]
Kein echtes Gehilfenverhältnis liegt vor, wenn der Hauptarbeitnehmer (Mittelsmann) den Gehilfen im Namen des Arbeitgebers eingestellt hat, denn in diesem Fall bestehen unmittelbare arbeitsvertragliche Beziehungen zwischen dem Arbeitgeber und dem Gehilfen.[220] Letzteres ist dann nicht der Fall, wenn der Hauptarbeitnehmer den Gehilfen in eigenem Namen einstellt. Hier besteht ein Arbeitsverhältnis zwischen Hauptarbeitnehmer und Gehilfen. Allerdings entsteht zwischen Arbeitgeber und Gehilfen in der Regel ein mittelbares Arbeitsverhältnis.[221]
Nach Schaub[222] können sich Rechtsfragen des Gehilfenverhältnisses in drittmittelfinanzierten Arbeitsverträgen ergeben, wobei die Beurteilung der Rechtsbeziehungen in jedem Fall von der Auslegung der vertraglichen Gestaltung im Einzelfall abhänge.

Im Hinblick auf den Umstand, daß bei einem Gehilfenverhältnis regelmäßig ein mittelbares Arbeitsverhältnis entsteht, soll im Fortgang der Untersuchung auf das Gehilfenverhältnis nicht mehr gesondert eingegangen und dieses als Anwendungsfall des mittelbaren Arbeitsverhältnisses behandelt werden. Im folgenden wird daher auf eine weitere Differenzierung zwischen Gehilfen- und mittelbaren Arbeitsverhältnis verzichtet.

III) Das mittelbare Arbeitsverhältnis

Die Darstellung der Grundsätze des mittelbaren Arbeitsverhältnisses muß auf das notwendige Maß beschränkt werden, um den Rahmen dieser Untersuchung nicht zu sprengen.

1) Grundsätze

Das mittelbare Arbeitsverhältnis, dessen Begriff vom Gesetzgeber nicht verwendet wird und das als Rechtsinstitut im Sozialversicherungsrecht entstanden

---

[219] Schaub, Arbeitsrechtshandbuch, § 184, I ; Streicher, Rechtsformzwang, S. 104 ; Staudinger (-Richardi), BGB, Vorbem. vor § 611 Rn. 528.

[220] Schaub, a.a.O. und II, 1, a ; Hueck/Nipperdey, Lehrbuch des Arbeitsrechts, S. 797 f.

[221] Schaub, Arbeitsrechtshandbuch, § 184, II, b ; MüKo (-Schaub), BGB, § 613 Rn. 20 ; hierzu unten. Die Ausdrücke "Gehilfenverhältnis" und "mittelbares Arbeitsverhältnis" werden teilweise synonym verwendet, teilweise wird das mittelbare Arbeitsverhältnis als ein Unterfall des Gehilfenverhältnisses oder umgekehrt das Gehilfenverhältnis als Unterfall des mittelbaren Arbeitsverhältnisses angesehen, andere setzen zwischen beiden Ausdrücken einen begrifflichen Gegensatz. Vgl. hierzu im einzelnen Streicher, Rechtsformzwang, S. 105.

[222] Schaub, a.a.O.

ist[223], stellt eine richterliche Konstruktion dar. Ein mittelbares Arbeitsverhältnis liegt vor, wenn ein Arbeitnehmer in einem Arbeitsverhältnis zu einem anderen, sog. Mittelsmann - bzw. Hauptarbeitnehmer oder Zwischenmeister[224] - steht, der seinerseits Arbeitnehmer des sog. Hauptarbeitgebers - bzw. Hintermannes oder Dritten[225] - ist und der Arbeitnehmer die Dienste unmittelbar für den Hauptarbeitgeber mit dessen Wissen leistet.[226] Teilweise wird klarstellend festgestellt, daß kein unmittelbarer Arbeitsvertrag zwischen Hauptarbeitgeber und (mittelbarem) Arbeitnehmer zustande kommt[227], sondern vielmehr der Mittelsmann den (mittelbaren) Arbeitnehmer in eigenem Namen einstellt.[228] Auf diese Weise entstehen zwei hintereinandergeschaltete Arbeitsverhältnisse. Das mittelbare Arbeitverhältnis stellt damit eine rechtliche Dreiecksbeziehung dar.

Die Definition des mittelbaren Arbeitsverhältnisses macht deutlich, daß die ganz überwiegende Auffassung die Frage, ob der Mittelsmann im Rahmen eines mittelbaren Arbeitsverhältnisses Arbeitnehmer sein muß oder auch Unternehmer sein kann, im ersteren Sinne beantwortet.[229] Dies hat zur Folge, daß der Mittelsmann zwingend eine natürliche Person sein muß. Begründet wird die herrschende Auffassung mit der mangelnden Schutzbedürftigkeit von Beschäftigten gegenüber

---

[223] Vorbild war der im Sozialversicherungsrecht herrschende Begriff des "mittelbaren Beschäftigungsverhältnisses". Weiterführend stellvertretend: Weber, Das aufgespaltene Arbeitsverhältnis, S. 87 f. ; Streicher, Rechtsformzwang, S. 4, jeweils m.w.N.

[224] Vgl. zu den unterschiedlich verwendeten Begriffen Streicher, Rechtsformzwang, S. 9 ; Weber, Das aufgespaltene Arbeitsverhältnis, S. 85 f., jeweils m.w.N.

[225] Vgl. Streicher, a.a.O. ; Weber, a.a.O.

[226] BAG, Urteil vom 8.8.1958 - 4 AZR 173/55 -, SAE 1959, 150 ; BAG, Urteil vom 9.4.1957 - 3 AZR 435/54 -, BAGE 4, 93, 98 ; BAG, Urteil vom 21.2.1990 - 5 AZR 162/89 -, EzA § 611 BGB Arbeitnehmerbegriff Nr. 32; BAG, Urteil vom 22.7.1982 - 2 AZR 57/81 -, EzAÜG Nr. 116 ; Koller, Anm. zu BAG, Urteil vom 20.7.1982 - 3 AZR 446/80 -, AP Nr. 5 zu § 611 BGB Mittelbares Arbeitsverhältnis ; KR (-Etzel), § 1 KSchG Rn. 69 ; Palandt (-Putzo), BGB, Einf. v § 611 Rn. 30 ; Hueck/Nipperdey, Lehrbuch des Arbeitsrechts, S. 798 ; Schaub, Arbeitsrechtshandbuch, § 185, 2 ; Erman (- Hanau), BGB, § 611 Rn. 105 ; MüKo (-Söllner), BGB, § 611 Rn.471 ; Söllner, Arbeitsrecht, § 38, VII, S. 319 ; Waas RdA 1993, 153 f. ; MünchArbR (-Marschall), § 165 Rn. 12 ; Weber, Das aufgespaltene Arbeitsverhältnis, S. 84 ; Trieschmann, Anmerkung zu BAG, Urteil vom 8.8.1958 - 4 AZR 173/55 -, AuR 1960, 125, 126. Nach Heinze NJW 1985, 2112, 2120 kommt ein mittelbares Arbeitsverhältnis nur dann in Betracht, wenn der Mittelsmann als Arbeitgeber eine eigene unternehmerische Funktion wahrzunehmen hat und damit seinerseits alle unternehmerischen Risiken eines Arbeitgebers trägt. Zu anderen Definitionsversuchen vgl. Streicher, Rechtsformzwang, S. 3 ff.

[227] Schaub, Arbeitsrechtshandbuch, a.a.O. ; Hueck/Nipperdey, a..a.O. ; Trieschmann, a.a.O.

[228] Weber, a.a.O.

[229] Nach einer Minderansicht ist der Status des Mittelmannes ohne Bedeutung und kann ein mittelbares Arbeitsverhältnis auch dann vorliegen, wenn der Mittelsmann hinsichtlich der wirtschaftlichen Verwertung der Arbeit des Beschäftigten unselbständiger Unternehmer ist. Unselbständiger Unternehmer in diesem Sinne ist derjenige, der das Arbeitsergebnis des Beschäftigten nicht für eigene wirtschaftliche Zwecke verwerten kann, da dieses dem Hauptarbeitgeber gebührt. Diese Ansicht ist vereinzelt geblieben. Weiterführend Streicher, Rechtsformzwang, S. 13 f. und S. 52 ff.

dem Hauptarbeitgeber, die Arbeitnehmer selbständiger Unternehmer sind. Ein besonderer Schutz für den Arbeitnehmer gegenüber dem Hauptarbeitgeber sei dann entbehrlich.[230] Diese Auffassung hat zur Konsequenz, daß der Mittelsmann zugleich Unternehmer und Arbeitnehmer ist.[231] Als Arbeitnehmer ist der Mittelsmann persönlich und häufig auch wirtschaftlich abhängig.
Gleichzustellen sind den Arbeitnehmern Beamte[232], welche nach herrschender Ansicht keine Arbeitnehmer sind, weil bei diesen die Arbeitspflicht nicht auf einem privaten Arbeitsvertrag, sondern auf einem ein öffentlich-rechtliches Dienst- und Treueverhältnis begründenden öffentlich-rechtlichen Anstellungsverhältnis beruht.[233] Da Beamte nicht Arbeitnehmer, sondern staatlich Bedienstete des öffentlichen Dienstes sind, wird, wenn ein Beamter Mittelsmann ist, statt von einem mittelbaren Arbeitsverhältnis synonym auch von einem mittelbaren Dienstverhältnis gesprochen.[234]
Voraussetzung des mittelbaren Arbeitsverhältnisses ist außerdem, daß der (mittelbare) Arbeitnehmer seine Arbeitsleistung "für" den Hauptarbeitgeber mit dessen Einverständnis erbringt, der Hauptarbeitgeber also unmittelbar oder mittelbar einen wirtschaftlichen Vorteil erhält.[235]
Außerdem muß nach einer Ansicht in der Literatur zwischen dem Hauptarbeitgeber und dem Mittelsmann hinsichtlich der vom (mittelbaren) Arbeitnehmer "für" den Hauptarbeitgeber erbrachten Arbeitsleistung ein Schuldverhältnis bestehen, welches den Mittelsmann verpflichtet, dem Hauptarbeitgeber die Arbeitsleistung des (mittelbaren) Arbeitnehmers zu "vermitteln".[236]

Das mittelbare Arbeitsverhältnis ist als Erscheinungsform des Arbeitslebens schon seit längerer Zeit bekannt. Der Arbeitsrechtsausschuß der Akademie für deutsches Recht definierte es im Jahre 1938 in § 120 seines Entwurfs eines Ge-

---

[230] Vgl. Hueck/Nipperdey, Lehrbuch des Arbeitsrechts, S. 797 ; BAG, Urteil vom 9.4.1957 - 3 AZR 435/54 -, BAGE 4, 93, 98.

[231] Konzen ZfA 1982, 1982, 259, 268 ; Hueck/Nipperdey, a.a.O., S. 91.

[232] Streicher, Rechtsformzwang, S. 52.

[233] Hueck/Nipperdey, Lehrbuch des Arbeitsrechts, S. 51 ; KR (-Etzel), § 1 KSchG Rn. 89.

[234] BVerwG, Beschluß vom 3.9.1990 - 6 P 20.88 -, EzAÜG Nr. 377 ; OVG Lüneburg, Beschluß vom 21.3.1990 -18 L 36/89 -, EzAÜG Nr. 376 ; Streicher, Rechtsformzwang, S. 33.

[235] Streicher, Rechtsformzwang, S. 36 ff. m.w.N. ; MünchArbR (-Marschall), § 165 Rn. 15 ; Weber, Das aufgespaltene Arbeitsverhältnis, S. 84 ; BAG, Urteil vom 9.4.1957 - 3 AZR 435/54 -, BAGE 4, 93, 98 ; Staudinger (-Richardi), BGB, Vorbem zu §§ 611 ff. Rn. 510 ; kritisch hierzu: Waas RdA 1993, 153, 154, der in der Forderung, daß die Arbeitsleistung des Dritten wirtschaftlich dem Unternehmer zugute kommen müsse, keine Erweiterung der Voraussetzungen des mittelbaren Arbeitsverhältnisses sieht, weil dabei übersehen würde, daß der Dritte voraussetzungsgemäß als Gehilfe in die Erfüllung einer fremden Hauptpflicht eingeschaltet sei, was die Annahme einer Leistung zum Nutzen des Unternehmers bei wirtschaftlicher Betrachtungsweise zwangsläufig mache.

[236] Streicher, Rechtsformzwang, S. 39 ; str. Ausführlich zum sog. Mittlungsvertrag Streicher, Rechtsformzwang, S. 72 ff. MünchArbR (-Marschall), § 165 Rn. 17 lehnt es als rein formalistisch ab, wenn trotz des in Lehre und Rechtsprechung feststehenden Begriffs des mittelbaren Arbeitsverhältnisses zusätzlich ein Dienstverschaffungsvertrag gefordert werde.

setzes über das Arbeitsverhältnis wie folgt: "Hat ein Gefolgsmann eine Arbeit unter Heranziehung anderer Gefolgsmänner zu leisten oder muß dem Unternehmer bekannt sein, daß er die Arbeit nur unter Heranziehung anderer leisten kann, so besteht ohne Rücksicht auf entgegenstehende Vereinbarungen auch zwischen diesem Dritten und dem Unternehmer ein Arbeitsverhältnis (mittelbares Arbeitsverhältnis)".[237] Diese Vorschrift ist zwar nie Gesetz geworden, jedoch hat der Begriff des mittelbaren Arbeitsverhältnisses in dieser Ausprägung allgemein Eingang in die Rechtsprechung und Literatur gefunden.[238] Die Rechtsfolgen und Rechtsgrundlagen des mittelbaren Arbeitsverhältnisses sind aber nach wie vor streitig. Zu gefestigten Auffassungen ist es bislang nicht gekommen.

Nunmehr sind die wesentlichen Auffassungen kurz darzustellen, soweit sie für die hier vorliegende Untersuchung von Bedeutung sind bzw. werden können.

2) Rechtsfolgen und arbeitsrechtliche Beziehungen

Weitgehende Einigkeit besteht darüber, daß das arbeitsrechtliche Direktionsrecht - zumindest primär - dem Mittelsmann als Arbeitgeber bzw. Vertragspartner des (mittelbaren) Arbeitnehmers zusteht[239] und der Mittelsmann als Arbeitgeber bzw. Vertragspartner Schuldner der Vergütung des (mittelbaren) Arbeitnehmers ist.[240] Ferner ist eine Kündigung des Arbeitsverhältnisses des (mittelbaren) Arbeitnehmers nur durch und gegenüber dem Mittelsmann zulässig und damit eine etwaige Kündigungsschutzklage gegen den Mittelsmann zu richten.[241] Allerdings

---

237 Arbeitsberichte der Akademie für Deutsches Recht, Nr.8, S. 37.

238 Koller, Anmerkung zu BAG, Urteil vom 20.7.1982 - 3 AZR 446/80 - AP Nr. 5 zu § 611 BGB Mittelbares Arbeitsverhältnis, Bl. 328 ; BAG, Urteil vom 9.4.1957 - 3 AZR 435/54 -, BAGE 4, 93, 98 ; Hueck/Nipperdey, Lehrbuch des Arbeitsrechts, S. 799 ; Schaub, Arbeitsrechtshandbuch, § 184, II, 1, c ; kritisch: Staudinger (-Richardi), BGB, Vorbem zu §§ 611 ff. Rn. 513 ; Waas RdA 1993, 153, 155 ff. , der für die Aufgabe des mittelbaren Arbeitsverhältnisses plädiert.

239 MünchArbR (-Marschall), § 165 Rn. 19 ; Weber, Das aufgespaltene Arbeitsverhältnis, S. 86 ; Hueck/Nipperdey, Lehrbuch des Arbeitsrechts, S. 801 ; Konzen ZfA 1982, 259, 281 ; a.A. Hofrichter, Das mittelbare Arbeitsverhältnis, S. 171 ff.

240 BAG, Urteil vom 9.4.1957 - 3 AZR 435/54 -, BAGE 4, 93, 99 ; BAG, Urteil vom 8.8.1958 - 4 AZR 173/55-, SAE 1959, 150, 151 ; Palandt (-Putzo), BGB, Einf. v § 611 Rn. 30; MünchArbR (-Marschall), § 165 Rn. 21 ; Weber, a.a.O., S. 86 ; Hueck/Nipperdey, Lehrbuch des Arbeitsrechts, S. 800 ; Söllner, Arbeitsrecht, S. 319 ; MüKo (-Müller-Glöge), BGB, § 611 Rn. 512.

241 BAG, Urteil vom 9.4.1957 - 3 AZR 435/54 -, BAGE 4, 93, 99 ; Schaub, Arbeitsrechtshandbuch, § 185, 2 ; KR (-Etzel), § 1 KSchG Rn. 69 ; KR (-Friedrich), § 4 KSchG Rn. 88 ; Palandt (-Putzo), a.a.O. ; Söllner, Arbeitsrecht, S. 319 ; MünchArbR (-Marschall), § 165 Rn. 22 ; Küttner (-Bauer), Personalhandbuch, 311 Rn. 14 ; Stahlhacke/Preis, Kündigung und Kündigungsschutz im Arbeitsverhältnis, Rn. 1096 ; Weber, a.a.O., S. 86 ; MüKo (-Söllner), BGB, § 611 Rn. 472 ; MüKo (-Müller-Glöge), BGB, § 611 Rn. 512. Hueck/Nipperdey, Lehrbuch des Arbeitsrechts, S. 801 f. , vertreten die Ansicht, daß der Unternehmer aber jedenfalls vom Zwischenmeister die fristlose Entlassung des Gehilfen verlangen könne. Nach Waas RdA 1993,

besteht weitgehend Einigkeit, daß mit der Beendigung des Arbeitsvertrages zwischen Mittelsmann und Hauptarbeitgeber auch das Arbeitsverhältnis zwischen Mittelsmann und (mittelbaren) Arbeitnehmer endet.[242] Letzteres wird entweder mit der auflösenden Bedingtheit des Arbeitsvertrages durch das Ausscheiden des Mittelmanns aus dem Betrieb erklärt [243] oder zumindest dem Mittelsmann in diesem Fall ein Recht zur außerordentlichen Kündigung eingeräumt.[244] Außerdem besteht dem Mittelsmann gegenüber die Arbeitspflicht des (mittelbaren) Arbeitnehmers.[245] Auch die Treuepflicht des (mittelbaren) Arbeitnehmers ist vor allem auf den Mittelsmann bezogen.[246]

Obwohl der Mittelsmann damit eine umfassende Arbeitgeberstellung gegenüber dem (mittelbaren) Arbeitnehmer einnimmt und ihm die wesentlichen Rechte und Pflichten aus einem Arbeitsverhältnis zufallen, ist es unbestritten, daß sich die arbeitsrechtlichen Beziehungen nicht lediglich im Rahmen der jeweiligen Arbeitsverträge abspielen, sondern auch arbeitsrechtliche Beziehungen zwischen (mittelbarem) Arbeitnehmer und dem Hauptarbeitgeber begründet werden. Hier weichen die Auffassungen voneinander ab.
Bereits die Rechtsprechung ist uneinheitlich. Der 3. Senat des BAG[247] entnahm im Jahr 1957 dem § 120 des Entwurfes eines Gesetzes über das Arbeitsverhältnis den allgemeinen Rechtsgrundsatz, daß auch der mittelbare Arbeitgeber Arbeitgeber im Rechtssinne sei. Die Annahme eines mittelbaren Arbeitsverhältnisses führe zwangsläufig zu einer Teilung der Arbeitgeberfunktion[248] und da dem Dritten der Nutzen aus den geleisteten Arbeiten unmittelbar zugute komme, solle er auch - wenigstens subsidiär - für die Erfüllung der Ansprüche des Arbeitnehmers einste-

153, 159 bleibt die Möglichkeit einer Ermächtigung des Unternehmers zur selbständigen Kündigung gem. § 185 Abs. 1 BGB unberührt, eine derartige Befugnis könne jedoch nicht schon dann angenommen werden, wenn dem Unternehmer nur ein Weisungsrecht gegenüber dem Arbeitnehmer zustehe, denn die Wahrnehmung bestimmter Arbeitgeberrechte eröffne noch keine Dispositionsbefugnis über das Arbeitsverhältnis im ganzen. Auch nach KR (-Etzel), § 1 KSchG Rn. 69 ist eine derartige Ermächtigung nach § 185 BGB denkbar. Nikisch, Arbeitsrecht I, S. 236 dagegen gesteht auch dem Hauptarbeitgeber zumindest das Recht zur fristlosen Kündigung zu, wenn ihm nicht zugemutet werden könne, den Arbeiter länger in seinem Betriebe zu dulden.

[242] Weber, Das aufgespaltene Arbeitsverhältnis, S. 92 ; Hueck/Nipperdey, a.a.O., S. 802 ; Nikisch, Arbeitsrecht I, S. 235. Einschränkend Konzen ZfA 1982, 259, 302 f., der, wenn es nicht um betriebliche Gründe des Hintermanns geht, eine Fortsetzung des mittelbaren Arbeitsverhältnisses durch eine Ersetzung des Vertragsarbeitgebers in Erwägung zieht.

[243] Nikisch, Arbeitsrecht I, S. 235.

[244] Hueck/Nipperdey, Lehrbuch des Arbeitsrechts, S. 802.

[245] Weber, Das aufgespaltene Arbeitsverhältnis, S. 86 ; Hueck/Nipperdey, Lehrbuch des Arbeitsrechts, S. 801.

[246] Weber, a.a.O., S. 86.

[247] BAG, Urteil vom 9.4.1957 - 3 AZR 435/54 -, BAGE 4, 93, 98 f.

[248] So auch Nikisch, Arbeitsrecht I, S. 233 m.w.N.

hen[249], zumal dem Mittelsmann regelmäßig die materiellen Grundlagen fehlten, um das Arbeitgeberrisiko tragen zu können. Der 5. Senat[250] erkennt ebenfalls eine subsidiäre Haftung des mittelbaren Arbeitgebers an, wenn sich Ansprüche gegen den Mittelsmann nicht durchsetzen ließen. Darüber hinaus komme allerdings eine unmittelbare Inanspruchnahme des mittelbaren Arbeitgebers allein dann in Betracht, wenn die Begründung eines mittelbaren Arbeitsverhältnisses sich als Rechtsmißbrauch darstelle. Der 4. Senat[251] tritt der Auffassung einer subsidiären Haftung des mittelbaren Arbeitgebers für die gegen den Mittelsmann bestehenden Ansprüche des Arbeitnehmers zu Recht entgegen. Er vertritt die Ansicht, daß eine derartige subsidiäre Haftung nicht schon daraus hergeleitet werden könne, daß die Arbeitsleistung der Hilfskraft des Mittelmannes dem sog. mittelbaren Arbeitgeber unmittelbar zugute komme, dem Mittelsmann, wenn er selbst Arbeitnehmer ist, regelmäßig die materiellen Grundlagen fehlen würden, um das Arbeitgeberrisiko tragen zu können, und ein vom Mittelsmann abgeleitetes Weisungsrecht des mittelbaren Arbeitgebers bestehe. Für eine subsidiäre Haftung müsse vielmehr noch ein besonderer Rechtsgrund hinzukommen, also ein Vertrag oder ein gesetzliches Schuldverhältnis wie Geschäftsführung ohne Auftrag oder ungerechtfertigte Bereicherung. Dieser Auffassung, für eine subsidiäre Haftung müsse ein besonderer Rechtsgrund hinzukommen, stimmt zutreffend auch Seiter[252] zu, denn die Freiheit in der Wahl des Vertragspartners gehöre zum Kernbestand einer an der Privatautonomie orientierten Rechtsordnung. Ausnahmen bedürften nicht nur einer gesetzlichen Grundlage, sondern auch einer besonderen verfassungsrechtlichen Legitimation. Der Arbeitnehmerschutzgedanke allein reiche nicht aus, einen Dritten mit Arbeitgeberpflichten zu belasten, nur weil der Vertragspartner des Arbeitnehmers nicht finanzkräftig sei. Der 3. Senat des BAG geht in einem jüngeren Urteil[253] wiederum als selbstverständlich davon aus, daß der mittelbare Arbeitgeber Arbeitgeber im Rechtssinne sei und daß die Beziehungen zwischen dem mittelbaren Arbeitgeber und dem Arbeitnehmer arbeitsvertraglicher Natur seien, denn er wertet die arbeitsvertraglichen Bindungen als "locker".

Aus den Grundsätzen des mittelbaren Arbeitsverhältnisses wird in der Literatur überwiegend die allgemeine Fürsorgepflicht des Hauptarbeitgebers gegenüber dem (mittelbaren) Arbeitnehmer abgeleitet, wonach der Hauptarbeitgeber vor al-

---

[249] Auch nach KR (-Friedrich), § 4 KSchG Rn. 88 kann ausnahmsweise eine Leistungsklage gegen den mittelbaren Arbeitgeber gerichtet werden, wenn der unmittelbare Arbeitgeber seine Verpflichtungen nicht erfüllt.

[250] BAG, Urteil vom 21.2.1990 - 5 AZR 162/89 -, EzA § 611 BGB Arbeitnehmerbegriff Nr. 32.

[251] BAG, Urteil vom 8.8.1958 - 4 AZR 173/55 -, SAE 1959, 150, 151 ; vgl. hierzu die Anmerkungen in Hueck/Nipperdey, S. 800, Fußnote 47 ; Nikisch, Arbeitsrecht I, S. 235 ; ders., Anmerkung zu vorstehender Entscheidung SAE 1959, 152, 153.

[252] Seiter VSSR 1976, 179, 204. Ebenfalls zustimmend: MüKo (-Müller-Glöge), BGB, § 611 Rn. 512.

[253] BAG, Urteil vom 20.7.1982 - 3 AZR 446/80 -, AP Nr. 5 zu § 611 BGB Mittelbares Arbeitsverhältnis.

lem die notwendigen Maßnahmen zum Schutz von Leben und Gesundheit (§ 618 BGB) des in den Betrieb eingegliederten (mittelbaren) Arbeitnehmers treffen und die Pflichten aus dem öffentlichen Arbeitsschutzrecht erfüllen muß. Teilweise wird aus der Fürsorgepflicht zudem abgeleitet, daß der Hauptarbeitgeber dafür sorgen muß, daß der (mittelbare) Arbeitnehmer seinen Lohn erhält.[254] Einige vertreten die Ansicht, daß der Hauptarbeitgeber sogar subsidiär für das Arbeitsentgelt hafte.[255] Zur Begründung einer subsidiären Haftung des Hauptarbeitgebers für das Arbeitsentgelt, wenn eine solche überhaupt vorgenommen wird, werden das Bestehen eines Vertrages zwischen Mittelsmann und Hauptarbeitgeber mit Schutzwirkung für den (mittelbaren) Arbeitnehmer erwogen[256], oder das Bestehen eines vertragsähnlichen Schutzverhältnisses angenommen.[257]

Ramm[258] wendet sich gegen die teilweise vom BAG vertretene Auffassung, der Hauptarbeitgeber könne ohne Legitimation durch einen Arbeitsvertrag zum faktischen Arbeitgeber werden. Er hält aber eine analoge Anwendung des § 21 Abs. 2 HAG zu Lasten des Hauptarbeitgebers für angebracht[259] und kommt nach einer "sozialstaatsgebotenen Sachverhaltsinterpretation", wonach als Regelfall davon ausgegangen werden könne, daß der Bürger die "Zwischenpersonen" nicht als Arbeitgeber, sondern als Bevollmächtigte der Arbeitnehmer ansehe, zu dem Ergebnis, daß ein unmittelbares Arbeitsverhältnis - über die rechtsgeschäftliche Stellvertretung hinaus - zwischen Unternehmer und Drittem bewirkt werde. Diese Auffassung ist indes dogmatisch nicht haltbar, denn der Eintritt solcher vertraglicher Drittwirkungen setzt zwingend voraus, daß der Mittelsmann vom Hauptarbeitgeber zur Abgabe derartiger Erklärungen wirksam bevollmächtigt wurde. Vom Vorliegen einer derartigen Vollmachtserteilung kann ohne besondere Anhaltspunkte nicht ohne weiteres ausgegangen werden, so daß die von Ramm vorgenommene sozialstaatsgebotene Sachverhaltsinterpretation zu einer reinen Fikti-

---

[254] Schaub, Arbeitsrechtshandbuch, § 185, 2 ; Hueck/Nipperdey, Lehrbuch des Arbeitsrechts, S. 799 f. ; MüKo (-Söllner), BGB, § 611 Rn. 472 ; MüKo (-Müller-Glöge), BGB, § 611 Rn. 512.

[255] Zöllner/Loritz (-Zöllner), Arbeitsrecht, § 27, II, 2 ; Nikisch, Arbeitsrecht I, S. 234 f. ; Söllner, Arbeitsrecht, S. 319 ; Küttner (-Bauer), Personalhandbuch, 311 Rn. 12 f. Kritisch: Waas RdA 1993, 153, 155 und 157 ff., der meint, daß der öffentlich-rechtliche Arbeitnehmerschutz ganz überwiegend an die tatsächliche Beschäftigung anknüpfe, nicht aber an die vertragliche Arbeitgeberstellung und daß die sonstigen Schutzpflichten ohne weiteres auf ein gesetzliches Schuldverhältnis zurückgeführt werden könnten, dessen Geltung vom Bestehen unmittelbarer vertraglicher Beziehungen zwischen den Parteien völlig unabhängig sei, zumal die Voraussetzungen eines sog. Vertrages mit Schutzwirkung zugunsten Dritter in Fällen eines mittelbaren Arbeitsverhältnisses durchweg erfüllt seien. Zudem hält er eine subsidiäre Lohnzahlungspflicht des Hauptarbeitgebers allein unter den Voraussetzungen eines mittelbaren Arbeitsverhältnisses nicht für begründbar. Eine primäre Einstandspflicht zieht Herschel, Anmerkung zu BAG Urteil vom 9.4.1957 - 3 AZR 435/54 -, AuR 1957, 382 in Betracht.

[256] Zöllner/Loritz, a.a.O. ; Konzen ZfA 1982, 259, 283 f.

[257] Zöllner/Loritz, a.a.O. ; Konzen ZfA 1982, 259, 285 ff.

[258] Ramm ZfA 1973, 263, 273 f. und 294.

[259] So auch Konzen ZfA 1982, 259, 302.

on einer Willenserklärung führt und der Hauptarbeitgeber gegen seinen Willen in die Rolle eines Arbeitgebers gedrängt wird.[260] Dies widerspricht der durch Art. 12 Abs. 1 GG geschützten vertraglichen Abschlußfreiheit.
Das Zustandekommen eines unmittelbaren Arbeitsverhältnisses zwischen Hauptarbeitgeber und Arbeitnehmer läßt sich auch nicht über das Vorliegen einer Anscheinsvollmacht seitens des Hauptarbeitgebers zum Abschluß eines Arbeitsvertrages durch den Mittelsmann mit Wirkung für ihn begründen. Das Vorliegen einer Anscheinsvollmacht, die auf dem Gedanken des Vertrauensschutzes beruht[261], wird in der Regel abzulehnen sein. Einerseits soll beim mittelbaren Arbeitsverhältnis ein unmittelbares Arbeitsverhältnis zwischen Hauptarbeitgeber und (mittelbarem) Arbeitnehmer nicht begründet, sondern gerade vermieden werden. Der Mittelsmann wird dies bei dem Vertragsabschluß mit dem Arbeitnehmer ausdrücklich oder konkludent klarstellen. Andererseits liegen der Tatbestand und die Voraussetzungen einer Anscheinsvollmacht regelmäßig nicht vor. Eine Anscheinsvollmacht ist gegeben, wenn der Vertretene das Handeln des Scheinvertreters nicht kennt, er es bei pflichtgemäßer Sorgfalt aber hätte erkennen und verhindern können und der andere Teil annehmen durfte, der Vertretene dulde und billige das Handeln des Vertreters.[262] Voraussetzungen einer Anscheinsvollmacht sind unter anderem, daß das den Rechtsschein einer Bevollmächtigung erzeugende Verhalten von einer gewissen Dauer und Häufigkeit ist und der Vertretene seine Sorgfaltspflichten verletzt hat, er also die Möglichkeit hatte, daß vollmachtlose Handeln vorauszusehen und zu verhindern.[263] Die vorgenannten Voraussetzungen liegen hier regelmäßig nicht vor. Denn dem Hauptarbeitgeber ist beim Zustandekommen eines mittelbaren Arbeitsverhältnisses durchaus bekannt, daß der Mittelsmann ein Arbeitsverhältnis mit dem Arbeitnehmer mit Wirkung für und gegen ihn, den Mittelsmann, selbst abschließt, da beim mittelbaren Arbeitsverhältnis der Arbeitnehmer die Dienste für den Hauptarbeitgeber mit dessen Wissen leistet. Das Verhalten des Mittelsmannes ist ferner nicht von einer gewissen Dauer und Häufigkeit, da es sich zunächst im Abschluß eines Arbeitsvertrages zwischen ihm und dem Arbeitnehmer erschöpft. Darüber hinaus ist hier eine Verletzung der Sorgfaltspflichten durch den Hauptarbeitgeber nicht ersichtlich. Ihm entgeht nicht ein vollmachtloses Handeln des Mittelmanns, vielmehr schließt der Mittelsmann mit seinem Wissen einen eigenen Arbeitsvertrag mit dem Arbeitnehmer. Allein durch die Tatsache, daß der Mittelsmann selbst Arbeitnehmer des Hauptarbeitgebers ist, wird noch kein dem Hauptarbeitgeber zurechenbarer Vertrauenstatbestand dahingehend gesetzt, zwischen Hauptarbeitgeber und Arbeitnehmer werde ein unmittelbares Arbeitsverhältnis zustandekommen.

Uneinheitlich sind auch die Ansichten zu der Frage, ob und gegebenenfalls inwieweit der Hauptarbeitgeber gegenüber dem (mittelbaren) Arbeitnehmer das

[260] So auch Waas RdA 1993, 153, 154 in Fußnote 10.
[261] Vgl. nur Palandt (-Heinrichs), BGB, § 173 Rn. 9.
[262] Vgl. nur Palandt (-Heinrichs), a.a.O., Rn. 14. m.w.N.
[263] Vgl. nur Palandt (-Heinrichs), a.a.O., Rn. 15 f. m.w.N.

Direktionsrecht ausüben kann. Unstreitig ist, daß der Hauptarbeitgeber im Rahmen eines mittelbaren Arbeitsverhältnisses in irgendeiner Weise Einfluß auf den (mittelbaren) Arbeitnehmer nehmen kann.
Einerseits kann ein (bloß) mittelbares Direktionsrecht des Hauptarbeitgebers gegenüber dem (mittelbaren) Arbeitnehmer dergestalt angenommen werden, daß der Hauptarbeitgeber Einfluß nur mittelbar über sein arbeitsvertragliches Direktionsrecht gegenüber dem Mittelsmann ausübt, der Mittelsmann also seine Weisungen an den (mittelbaren) Arbeitnehmer weitergibt.[264] Ein solches mittelbares Direktionsrecht begegnet keinen Bedenken.
Andererseits wird auch zusätzlich ein unmittelbares Weisungsrecht des Hauptarbeitgebers gegenüber dem (mittelbaren) Arbeitnehmer angenommen. Dies wird begründet mit einer möglichen Abtretung bzw. Übertragung des Weisungsrechts[265] oder zumindest mit einer entsprechenden Ausübungsermächtigung seitens des Mittelmannes.[266] Teilweise wird für das Vorliegen eines mittelbaren Arbeitsverhältnisses eine unmittelbare Weisungsbefugnis des Hauptarbeitgebers verlangt.[267]
Im Ergebnis ist der Ansicht zu folgen, die lediglich ein mittelbares Direktionsrecht des Hauptarbeitgebers annimmt, es sei denn, die Parteien vereinbaren ein - dann durch den Parteiwillen legitimiertes - unmittelbares Weisungsrecht. Nicht näher einzugehen ist auf die Ansicht, die ein unmittelbares Weisungsrecht des Hauparbeitgebers aufgrund einer Abtretung bzw. Übertragung des Weisungsrechts in Erwägung zieht. Bereits oben[268] wurde herausgearbeitet, daß das Weisungsrecht als Gestaltungsrecht nicht selbständig abtretbar bzw. übertragbar ist. Im übrigen besteht für die Begründung eines unmittelbaren Weisungsrechts des Hauptarbeitgebers gegenüber dem Arbeitnehmer, etwa durch eine Ausübungsermächtigung seitens des Mittelmanns, kein rechtliches Bedürfnis.[269] Zu berücksichtigen ist, daß der Hauptarbeitgeber im Normalfall eben nicht Vorgesetzter des (mittelbaren) Arbeitnehmers ist und daher in der Regel kein bzw. kein nennens-

---

[264] Hueck/Nipperdey, Lehrbuch des Arbeitsrechts, S. 801 ; BAG, Urteil vom 8.8.1958 - 4 AZR 173/55 -, SAE 1959, 150, 151.

[265] Hueck/Nipperdey, a.a.O. ; Trieschmann, Anmerkung zu BAG, Urteil vom 8.8.1958 - 4 AZR 173/55 -, AuR 1960, 125. Kritisch Konzen ZfA 1982, 259, 281 f., da gegen eine selbständige Abtretung des Weisungsrechts die einseitige Widerrufbarkeit der Weisungsbefugnis spreche.

[266] Konzen ZfA 1982, 259, 281 f. ; BAG, Urteil vom 8.8.1958, a.a.O., welches außerdem das Einverständnis der Hilfskraft fordert. Dieser Ansicht ist auch Waas RdA 1993, 153, 157, der annimmt, daß vom Vorliegen einer derartigen (konkludenten) Einwilligung auch regelmäßig auszugehen sein werde.

[267] Müllner, Aufgespaltene Arbeitgeberstellung, S. 31 f. ; Staudinger (-Richardi), Vorbem. §§ 611 ff. BGB Rn. 514 f. ; Wulfhorst ZSR 1964, 549, 713 f.

[268] 3. Teil, A, I.

[269] So auch Waas RdA 1993, 153, 156 ; Streicher, Rechtsformzwang, S. 46 f. Vgl. auch Birk, Die arbeitsrechtliche Leitungsmacht, S. 187 ff.

wertes unmittelbares Weisungsrecht hat[270], es sei denn, man nimmt eine unmittelbare Weisungsbefugnis bereits bei der Weitergabe von Weisungen des Hauptarbeitgebers durch die Zwischenperson an den (mittelbaren) Arbeitnehmer an.[271] Außerdem ist eine unmittelbare Weisungsbefugnis zu einer umfassenden Ausübung der Leitungsmacht im Betrieb bzw. Unternehmen seitens des Hauptarbeitgebers nicht erforderlich, weil der (mittelbare) Arbeitnehmer beim mittelbaren Arbeitsverhältnis stets in die Erfüllung einer gegenüber dem Hauptarbeitgeber bestehenden Verbindlichkeit eingeschaltet ist, so daß das dem Mittelsmann gegenüber bestehende Weisungsrecht des Hauptarbeitgebers ohnehin auch gegenüber dem (mittelbaren) Arbeitnehmer durchgreift. Der (mittelbare) Arbeitnehmer ist aufgrund seines Arbeitsverhältnisses zum Mittelsmann verpflichtet, seine Arbeitspflicht in der jeweiligen konkreten Ausprägung zu erfüllen, die sie durch "weitergereichte" Weisungen des Hauptarbeitgebers gegenüber dem Mittelsmann erhalten hat.[272] Praktisch setzt sich damit im Streitfall das Weisungsrecht des Hauptarbeitgebers durch.[273] Soweit der (mittelbare) Arbeitnehmer im Betrieb des Hauptarbeitgebers arbeitet, muß er sich zudem ohnehin an die allgemeinen Ordnungsvorschriften des Betriebes halten.[274]

3) Die Durchgriffsproblematik - Die Grundsätze der Umgehung arbeitsrechtlicher Normen und des Rechtsformmißbrauchs im mittelbaren Arbeitsverhältnis

Einzugehen ist auch auf die sog. Durchgriffsproblematik und die Grundsätze der Umgehung arbeitsrechtlicher Normen und des Rechtsformmißbrauchs im mittelbaren Arbeitsverhältnis, um gegebenenfalls Rückschlüsse auf einen möglichen Durchgriff bei drittmittelfinanzierten Arbeitsverhältnissen ziehen zu können.

a) Problematik

Zwar besteht, wie erörtert, weitgehend Einigkeit darüber, daß im Falle einer Kündigung des (mittelbaren) Arbeitnehmers die Kündigungsschutzklage gegen den Mittelsmann, also den Vertragspartner zu richten ist. Kündigungsschutz gegenüber dem Hauptarbeitgeber bestehen nicht.[275] Die Begründung eines mittelba-

---

[270] Streicher, Rechtsformzwang, S. 45 f. ; a.A. Müllner, Aufgespaltene Arbeitgeberstellung, S. 32.

[271] So Wulfhorst ZSR 1964 , 549, 713.

[272] Waas RdA 1993, 153, 156 , der die Ansicht vertritt, daß der (mittelbare) Arbeitnehmer daher zwanglos als Empfangsbote des Mittelmanns gelten könne ; Birk, Die arbeitsrechtliche Leitungsmacht, S.146.

[273] Hueck/Nipperdey, Lehrbuch des Arbeitsrechts, S. 801 m.w.N.

[274] Hueck/Nipperdey, S. 801 ; Nikisch, Arbeitsrecht I, S. 234 ; Birk, Die arbeitsrechtliche Leitungsmacht, S. 187.

[275] Konzen ZfA 1982, 259, 263.

ren Arbeitsverhältnisses kann für den Arbeitnehmer jedoch Nachteile in kündigungsrechtlicher und tarifrechtlicher Hinsicht zur Folge haben. So ist zum einen die Frage der Sozialwidrigkeit einer Kündigung im Anwendungsbereich des Kündigungsschutzgesetzes nach den Verhältnissen des Mittelmannes zu beurteilen, so daß etwa bei einer Kündigung des Hauptarbeitgebers gegenüber dem Mittelsmann letzterer, der für den Arbeitnehmer keine Beschäftigungsmöglichkeit mehr hat, den Arbeitnehmer aus betriebsbedingten Gründen entlassen kann. Besonders schwach ausgeprägt ist der Kündigungsschutz des Arbeitnehmers bei der Gestaltungsform des mittelbaren Arbeitsverhältnisses, wenn der Mittelsmann nicht ständig mehr als fünf Arbeitnehmer beschäftigt, weil in diesem Fall das Kündigungsschutzgesetz nach § 23 Abs. 1 Satz 2 KSchG keine Anwendung findet und der Mittelsmann folglich dem Arbeitnehmer ohne sozial rechtfertigende Gründe fristgerecht kündigen kann. Zum anderen kommt eine Schlechterstellung des Arbeitnehmers in tarifrechtlicher Hinsicht in Betracht, etwa wenn der Hauptarbeitgeber besondere Versorgungszusagen (z.B. eine betriebliche Altersversorgung) gewährt oder ein durch tarifliche Regelungen erweiterter Kündigungsschutz besteht. Der Mittelsmann wird in der Regel nicht als Arbeitgeber tarifgebunden sein. Die arbeitsrechtliche Stellung des (mittelbaren) Arbeitnehmers bei einem mittelbaren Arbeitsverhältnis ist somit in einer Vielzahl von Fällen schwächer, als sie gewesen wäre, wenn die arbeitsvertraglichen Beziehungen nicht zum Mittelsmann, sondern unmittelbar zu dem Hauptarbeitgeber bestanden hätten.

Daher ist das Vorliegen einer Umgehung arbeitsrechtlicher Normen und ein Rechtsformmißbrauch zu erwägen.

b) Der Begriff "arbeitsrechtlicher Durchgriff"

Unter dem Begriff "arbeitsrechtlicher Durchgriff" werden Lösungsansätze vertreten, die im Einzelfall eine Inpflichtnahme eines Hintermannes auf verschiedenen Grundlagen, etwa wegen Rechts- und Rechtsformmißbrauch, Umgehung von Schutzvorschriften und durch analoge Anwendung von arbeitsrechtlichen Schutzvorschriften zu begründen versuchen.[276] Ein gefestigtes Rechtsinstitut stellt der Begriff des arbeitsrechtlichen Durchgriffs allerdings nicht dar.[277] Ein arbeitsrechtlicher Durchgriff wird dann in Erwägung gezogen, wenn der Hintermann in keiner vertraglichen Beziehung zum Arbeitnehmer steht.

Die Durchgriffshaftung enthält ein die arbeitsrechtlichen Drittbeziehungen ergänzendes Regelungsstück.[278]

---

[276] Windbichler, Arbeitsrecht im Konzern, S. 170.

[277] Stellvertretend Windbichler, Arbeitsrecht im Konzern, S. 170 f. m.w.N. mit Erörterungen zur gesellschaftsrechtlichen Durchgriffslehre und dem Hinweis, daß der Begriff des "arbeitsrechtlichen Durchgriffs" zunächst nur problembeschreibenden Charakter habe.

[278] Konzen ZfA 1982, 259, 299.

c) Umgehungsgeschäfte

Umgehungsgeschäfte liegen grundsätzlich dann vor, wenn mit Rechtsgeschäften unter Ausnutzung der rechtsgeschäftlichen Gestaltungsfreiheit der vom Verbotsgesetz mißbilligte Erfolg auf einem Weg erreicht werden soll, den der Wortlaut der Verbotsnorm nicht erfaßt.[279] Bei der Beurteilung einer Gesetzesumgehung ist davon auszugehen, daß die Parteien alle Rechtsnormen zu allen mit ihnen erreichbaren wirtschaftlichen Zwecken verwenden können. Lassen sich also die von ihnen verfolgten Ziele auf anderem Weg erreichen, so ist es ihnen grundsätzlich nicht verwehrt, einer ungünstigen durch die Wahl einer günstigen Rechtsnorm auszuweichen.[280] Einem derartigen Rechtsgeschäft ist nur dann die Wirksamkeit zu versagen, wenn die Verbotsnorm den mit dem Rechtsgeschäft erstrebten Erfolg schlechthin, unabhängig von der Rechtsformwahl verhindern will.[281] Bei der Gesetzesumgehung handelt es sich um Gesetzesauslegung im Einzelfall, ein selbständiger Begründungswert kommt dem Argument der Gesetzesumgehung nicht zu.[282]

Im Arbeitsrecht wird die Gesetzesumgehung teilweise abweichend von den vorstehenden Grundsätzen gehandhabt.[283] Preis[284] hat den Eindruck, daß das Institut der Gesetzesumgehung in der Arbeitsrechtsprechung offenbar als Ersatz für die fehlende gesetzliche Ermächtigung zur Inhaltskontrolle extensiv angewendet wird. In Wahrheit würden zumeist Fälle bloßer Angemessenheitskontrolle behandelt. Auch Fastrich[285] sieht es als naheliegend an, daß etwa die Rechtsprechung des BAG zur Befristungskontrolle, bei welcher das Umgehungsargument ver-

---

[279] Erman (-Brox), BGB, § 134 Rn. 18 ; Soergel (-Hefermehl), BGB, § 134 Rn. 37 ; BAG, Beschluß vom 12.10.1960 - GS 1/59 -, EzA Nr. 2 zu § 620 BGB.

[280] Erman (-Brox), BGB, § 134 Rn. 18 ; Soergel (-Hefermehl), BGB, § 134 Rn. 37 ; RGZ 100, 212.

[281] Preis, Grundfragen der Vertragsgestaltung im Arbeitsrecht, S. 164 ; Erman (-Brox), BGB, § 134 Rn. 18 ; Soergel (-Hefermehl), BGB, § 134 Rn. 37.

[282] Erman (-Brox), BGB, § 134 Rn. 18 ; Medicus, BGB AT, Rn. 661 ; Flume, BGB AT II, § 17, 5. ; Soergel (-Hefermehl), BGB, § 134 Rn. 37 ; Staudinger (-Schmidt), BGB, § 242 Rn. 276 ; MüKo (-Kramer), BGB, 117 Rn. 15 ; Streicher, Rechtsformzwang, S. 258 ; Jauernig (-Jauernig), BGB, § 134 Anm. 5 ; Teichmann, Gesetzesumgehung, S. 67 ff. ; Zeiss, Anmerkung zu BAG, Urteil vom 20.7.1982 - 3 AZR 446/80 -, SAE 1983, 49 ; Bickel, Anmerkung zu BAG, Urteil vom 13.12.1984 - 2 AZR 294/83 -, AP Nr. 8 zu § 620 BGB Bedingung, Bl. 909 m.w.N. ; Söllner, Anmerkung zu BAG, Urteil vom 15.3.1966 - 2 AZR 211/65 -, SAE 1966, 255 ; Lübbert, Befristete Arbeitsverhältnisse im Hochschulbereich und in außeruniversitären Forschungseinrichtungen, S. 12 f.; Herschel, Anmerkung zu BAG, Urteil vom 9.7.1981 - 2 AZR 788/78 -, AP Nr. 4 zu § 620 BGB Bedingung, Bl. 247 ; Richardi, Anmerkung zu BAG, Urteil vom 17.2.1983 - 2 AZR 208/81 -, AP Nr. 74 zu § 620 BGB Befristeter Arbeitsvertrag, Bl. 705 ; a.A. MüKo (-Mayer-Maly), BGB, § 134 Rn. 17 ff. ; kritisch auch Preis, Grundfragen der Vertragsgestaltung im Arbeitsrecht, S. 163.

[283] Preis, Grundfragen der Vertragsgestaltung im Arbeitsrecht, S. 164 ff.

[284] Preis, a.a.O.

[285] Fastrich, Richterliche Inhaltskontrolle im Privatrecht, S. 170 f.

wendet wird, einen Fall einer verkappten Inhaltskontrolle darstellt. Diese Kritik ist nicht ganz unberechtigt, was die folgenden Ausführungen verdeutlichen werden.

d) Die unzulässige Rechtsausübung-Rechtsmißbrauch

Der Grundsatz von Treu und Glauben (§ 242 BGB) bildet eine allen Rechten, Rechtslagen und Rechtsnormen immanente Inhaltsbegrenzung. Der Bereich des Arbeitsrechts wird wegen seines starken personen- und gemeinschaftsgebundenen Charakters in besonderem Maße von Treu und Glauben beherrscht.[286] Die gegen Treu und Glauben verstoßende Rechtsausübung oder die Ausnutzung einer Rechtslage ist als Rechtsüberschreitung mißbräuchlich und unzulässig.[287] Nicht nur alle subjektiven Rechte, sondern auch alle durch Gesetz oder Rechtsgeschäft eingeräumten formellen Rechtsstellungen und Freiheiten können in unzulässiger Weise ausgenutzt werden, z.B. Rechtsnormen oder die Vertragsfreiheit, welche ebenso wie zwingende Normen ihre Grenze in § 242 BGB findet.[288]

Gesetzesumgehung und Rechtsmißbrauch unterscheiden sich darin, daß es sich bei der Gesetzesumgehung um eine funktionswidrige Vertragsgestaltung durch Umgehung einer Verbotsnorm, bei dem Rechtsmißbrauch hingegen um die Ausnutzung einer bestehenden Rechtslage im Einzelfall handelt. Beim Rechtsmißbrauch wird die Geltendmachung eines an sich wirksamen Rechts im Einzelfall als rechtsmißbräuchlich angesehen. Bei der Gesetzesumgehung wird folglich eine Vertragsgestaltung als solche in Frage gestellt, während es bei der unzulässigen Rechtsausübung um die Zulässigkeit der Berufung auf ein Recht im Einzelfall geht.[289]

e) Lösungsansätze

Der 3. Senat des BAG fordert für die rechtliche Anerkennung der Gestaltungsform des mittelbaren Arbeitsverhältnisses wegen der darin liegenden Gefahr eines Rechtsformmißbrauchs und der Umgehung zwingender arbeitsrechtlicher Grundsätze in Anlehnung an die Rechtsprechung zum befristeten Arbeitsvertrag einen sachlich rechtfertigenden Grund, da bei der Wahl zwischen einem mittelbaren und einem unmittelbaren Arbeitsverhältnis grundsätzlich nichts anderes gelten könne als bei den zur Befristung von Arbeitsverträgen entwickelten Grundsät-

---

[286] Erman (-Werner), BGB, § 242 Rn. 26.
[287] BGH, Urteil vom 27.1.1954 - VI ZR 16/53 -, BGHZ 12, 154, 157 ; Palandt (-Heinrichs), BGB, § 242 Rn. 38.
[288] Erman (-Werner), BGB, § 242 Rn. 75 m.w.N.
[289] Vgl. Preis, Grundfragen der Vertragsgestaltung im Arbeitsrecht, S. 156 ff. Weiterführend: Fastrich, Richterliche Inhaltskontrolle im Privatrecht, S. 24 ff.

zen.[290] Hierbei komme es nicht darauf an, ob einer oder beide Vertragspartner eine Gesetzesumgehung beabsichtigen oder die umgangenen Vorschriften kannten, sondern allein darauf, ob der Zweck einer Rechtsnorm objektiv vereitelt werde, indem ausweichende Formen der Vertragsgestaltung gewählt werden, für die kein sachlich rechtfertigender Grund vorliegt.[291] Würden sich dem Arbeitgeber verschiedene arbeitsvertragliche Gestaltungsformen anbieten, die für den Arbeitnehmer zu einem unterschiedlichen arbeitsrechtlichen Schutz führen, dürfe er nicht willkürlich die ihm günstigere wählen. Ein sachlicher Grund müsse die Wahl der Vertragsform rechtfertigen, weil sonst Schutzvorschriften umgangen werden könnten.[292] Ein Mißbrauch der Gestaltungsform des mittelbaren Arbeitsverhältnisses liegt nach der Rechtsprechung des BAG insbesondere dann vor, wenn der Mittelsmann keine unternehmerischen Entscheidungen treffen und keinen Gewinn erzielen kann.[293]

Der 4. Senat des BAG erwähnt in einer älteren Entscheidung ebenfalls beiläufig die Möglichkeit des Zustandekommens eines unmittelbaren Arbeitsverhältnisses zwischen dem Gehilfen und dem Arbeitgeber des Mittelmanns.[294]

Ist ein derartiger Mißbrauch der Gestaltungsform gegeben, so richten sich die Rechtsbeziehungen danach, wie sich die Rechtslage bei unmittelbaren Vertragsbeziehungen zwischen dem Arbeitnehmer und dem Hauptarbeitgeber darstellt.[295]

Auch in der Literatur wird auf die Gefahr der Verkürzung des Arbeitnehmerschutzes beim mittelbaren Arbeitsverhältnis hingewiesen[296] und eine Durchgriffsmöglichkeit auf den mittelbaren Arbeitgeber erwogen[297], wobei mit der Lehre von der Gesetzesumgehung, mit Rechtsmißbrauch, mit Analogie und mit dem

---

290 BAG, Urteil vom 20.7.1982 - 3 AZR 446/80 -, AP Nr. 5 zu § 611 BGB Mittelbares Arbeitsverhältnis. Das BAG geht in dieser Entscheidung nicht näher auf das Verhältnis zwischen Rechtsmißbrauch und Gesetzesumgehung ein.

291 BAG, Urteil vom 20.7.1982, a.a.O., m.w.N. ; Zeiss, Anmerkung zu BAG, Urteil vom 20.7.1982 - 3 AZR 446/80 -, SAE 1983, 49.

292 BAG, Urteil vom 20.7.1982, a.a.O.

293 BAG, Urteil vom 20.7.1982, a.a.O.

294 BAG, Urteil vom 8.8.1958 - 4 AZR 173/55 -, SAE 1959, 150, 152.

295 BAG, Urteil vom 8.8.1958, a.a.O. ; KR (-Etzel), § 1 KSchG Rn. 70 ; Streicher, Rechtsformzwang, S. 257.

296 KR (-Etzel), § 1 KSchG Rn. 70 ; Zeiss, Anmerkung zu BAG, Urteil vom 20.7.1982 - 3 AZR 446/80 -, SAE 1983, 49 ; Schaub, Arbeitsrechtshandbuch, § 185, 2 unter Hinweis auf einen möglichen Mißbrauch der Rechtsform eines mittelbaren Arbeitsverhältnisses ; MüKo (-Müller-Glöge), BGB, § 611 Rn. 511 ; Heinze NJW 1985, 2112, 2120 ; Konzen ZfA 1982, 259, 292 f. ; Koller, Anmerkung zu BAG, Urteil vom 20.7.1982 - 3 AZR 446/80 -, AP Nr. 5 zu § 611 BGB Mittelbares Arbeitsverhältnis, Bl. 330 ; Weber, Das aufgespaltene Arbeitsverhältnis, S. 93 ff.

297 KR (-Friedrich), § 4 KSchG Rn. 88 ; Zeiss, Anmerkung zu BAG, Urteil vom 20.7.1982 - 3 AZR 446/80 -, SAE 1983, 49 ; Heinze NJW 1985, 2112, 2120 ; Koller, Anmerkung zu BAG, Urteil vom 20.7.1982 - 3 AZR 446/80 -, AP Nr. 5 zu § 611 BGB Mittelbares Arbeitsverhältnis ; Konzen ZfA 1982, 259, 287 ff. ; ders. RdA 1984, 65, 82 ; KR (-Weigand), § 23 KSchG Rn. 51.

arbeitsrechtlichen Rechtsformzwang argumentiert wird. Der "Durchgriff" soll einerseits durch eine Überwindung der Aufspaltung von Arbeitgeberfunktionen durch die Begründung eines unmittelbaren Arbeitsverhältnisses zwischen dem (mittelbaren) Arbeitnehmer und dem Hauptarbeitgeber[298] oder andererseits durch eine Analogie zu einzelnen arbeitsrechtlichen Schutzbestimmungen, insbesondere zum Kündigungsschutzgesetz[299] stattfinden. Teilweise wird es als zweckmäßig angesehen, eine Kündigungsschutzklage sowohl gegen den unmittelbaren als auch den mittelbaren Arbeitgeber zu richten, wenn ein Durchgriff wegen der tatsächlichen Umstände denkbar ist.[300]

Gegen den "Umgehungs- und Rechtsmißbrauchtopos" des BAG hat Koller[301] gravierende Bedenken, da dieser eine unscharfe Leerformel darstelle, die dazu genutzt werden könne, zwingendes Arbeitsrecht überall dort anzuwenden, wo dies nach dem Vorverständnis des Gerichts als angemessen erscheine. Koller betrachtet die Umgehungsrechtsprechung also ebenso wie Preis und Fastrich[302] sehr kritisch. Er schlägt eine analoge Anwendung arbeitsrechtlicher Schutznormen gegenüber solchen Personen vor, die mit dem schutzbedürftigen Arbeitnehmer keinen Arbeitsvertrag abgeschlossen haben, wenn nicht nur eine wirtschaftliche Abhängigkeit des Vertragsarbeitgebers von seinem Hintermann gegeben ist, sondern der Hintermann auch den gesamten Arbeitsablauf und die Arbeitskonditionen beim Vertragsarbeitgeber plant, steuert und auf diese Weise bewußt die wesentlichen Arbeitgeberfunktionen an sich gezogen hat.

f) Stellungnahme

Bevor zu den unterschiedlichen Lösungsansätzen Stellung genommen wird, ist zunächst nochmals darauf hinzuweisen, daß der (mittelbare) Arbeitnehmer zum Mittelsmann in einem Arbeitsverhältnis steht. Den Vertragsarbeitgeber des (mittelbaren) Arbeitnehmers treffen prinzipiell alle arbeitsrechtlichen Pflichten. Dies bedeutet, daß der (mittelbare) Arbeitnehmer in seinem Arbeitsverhältnis zum Mittelsmann den Kündigungsschutz nach den gesetzlichen Bestimmungen voll in Anspruch nehmen kann. Er hat die Möglichkeit, eine ausgesprochene Kündigung auf ihre Berechtigung überprüfen lassen. Durch die gewählte Vertragsform wird der vom Gesetzgeber im Kündigungsschutzgesetz verwirklichte Bestandsschutz grundsätzlich weder objektiv noch subjektiv umgangen. Der Umstand, daß der Bestandsschutz des (mittelbaren) Arbeitnehmers gegebenenfalls schwächer ausgestaltet ist als bei einem Arbeitsverhältnis zum Hauptarbeitgeber, vermag an dieser Beurteilung im Grundsatz nichts zu ändern. Gleiches gilt für die übrigen ar-

---

[298] Heinze, a.a.O. ; Zeiss, a.a.O.
[299] Koller, a.a.O. ; Konzen, a.a.O.
[300] KR (-Friedrich), § 4 KSchG Rn. 88 m.w.N.
[301] Koller, Anmerkung zu BAG, Urteil vom 20.7.1982 - 3 AZR 446/80 -, AP Nr. 5 zu § 611 BGB Mittelbares Arbeitsverhältnis, Bl. 329 ff.
[302] Vgl. oben, 3. Teil, B, III, 3, c.

beitsrechtlichen Schutzvorschriften, die im Arbeitsverhältnis zwischen Mittelsmann und Arbeitnehmer volle Geltung beanspruchen, so daß schon aus diesem Grunde in zahlreichen Fällen nicht von einer Umgehung des Kündigungsschutzgesetzes oder von Tarifvorschriften die Rede sein kann. Die Feststellung allein, daß der Arbeitnehmer bei einem Dritten als Arbeitgeber besser stünde, kann nicht ausreichen, eine Arbeitgeberstellung und Arbeitgeberverantwortung des Dritten zu begründen. In einem normalen Zwei-Personen-Arbeitsverhältnis ist der Arbeitnehmer dem unternehmerischen Risiko seines Arbeitgebers schutzlos ausgesetzt. Der Arbeitnehmer in einem mittelbaren Arbeitsverhältnis soll aber nicht besser stehen, sondern nur keinen zusätzlichen Risiken ausgesetzt sein.
Die vorstehenden Ausführungen verdeutlichen, daß der (mittelbare) Arbeitnehmer im Grundsatz seine Arbeitnehmerschutzrechte aus seinem Vertragsverhältnis zum Mittelsmann ableiten kann.

Ein Rechtsformmißbrauch und eine Umgehung zwingender arbeitsrechtlicher Grundsätze sowie eine analoge Anwendung von arbeitsrechtlichen Schutzvorschriften ist folglich nur dann zu erwägen, wenn eine Verkürzung des Arbeitnehmerschutzes durch die Verweisung auf den Vertragsarbeitgeber überhaupt in Betracht kommt.[303] Die Abhängigkeit des Mittelsmannes vom Hauptarbeitgeber spielt etwa in Fällen keine Rolle, in denen der Arbeitnehmerschutz greift und eine Kündigung seitens des Vertragsarbeitgebers auf Gründe gestützt wird - sofern solche überhaupt vorliegen müssen - , die in der Person oder dem Verhalten des Arbeitnehmers liegen. Hier werden Rechte des Arbeitnehmers nicht verkürzt. In diesen Fällen ist ein Durchgriff entbehrlich. Anders können die Dinge bei einer betriebsbedingten Kündigung liegen, denn hier kann sich die wirtschaftliche Abhängigkeit des Mittelmannes vom Hauptarbeitgeber auf den Bestand des Arbeitsverhältnisses auswirken.
Außerdem ist es verfehlt, ausschließlich die wirtschaftliche Abhängigkeit des Mittelsmannes vom Hauptarbeitgeber zur Umgehungs- und Analogiebasis zu erheben, da, wie Koller[304] zutreffend konstatiert, in der Wirtschaftsordnung zahlreiche wirtschaftliche Abhängigkeiten zwischen Unternehmen in vielfältigster Form auftreten, deren Folgen durch das allgemeine Bürgerliche Recht und das Konzern- und Wirtschaftsrecht unter Kontrolle zu halten sind. Dies ist indessen nicht Sache des Arbeitsrechts. Auch das BAG stellte in einem Urteil vom 26.11.1975[305] fest, daß wirtschaftliche Abhängigkeiten bekannte Erscheinungen des Wirtschafts- und Arbeitslebens sind. Allein der pauschale Hinweis auf die Arbeitnehmereigenschaft des Mittelsmannes und dessen fehlende wirtschaftliche Potenz kann somit nicht geeignet sein, die Vertragsfreiheit einzuschränken.

Schließlich können eine Umgehungskontrolle wegen Umgehung zwingender

---

[303] Koller, Anmerkung zu BAG, Urteil vom 20.7.1982 - 3 AZR 446/80 -, AP Nr. 5 zu § 611 BGB Mittelbares Arbeitsverhältnis, Bl. 330 ; Konzen ZfA 1982, 259, 296 ff.

[304] Koller, a.a.O.

[305] BAG, Urteil vom 26.11.1975 - 5 AZR 337/74 -, EzA § 611 BGB Arbeitnehmerbegriff Nr. 5.

arbeitsrechtlicher Grundsätze sowie eine Analogie nicht damit gerechtfertigt werden, daß der (mittelbare) Arbeitnehmer in einem Arbeitsverhältnis zum Hauptarbeitgeber gegebenenfalls einen durch tarifliche Regelungen erweiterten Kündigungsschutz oder andere tarifliche Vorteile in Anspruch nehmen könnte. Zum einen kann eine Umgehung des Bestandsschutzes nur dort in Betracht kommen, wo der allgemeine gesetzliche Bestandsschutz umgangen wird.[306] Zum anderen werden dem (mittelbaren) Arbeitnehmer im Arbeitsverhältnis zum Mittelsmann jedenfalls nicht die zwingenden gesetzlichen Mindestarbeitsbedingungen vorenthalten. Zwar mögen die Arbeitsbedingungen der Mitarbeiter des Hauptarbeitgebers insgesamt besser ausgestaltet sein als die des (mittelbaren) Arbeitnehmers, etwa wenn sie vorteilhaftere tarifliche Regelungen in Anspruch nehmen können. Dies beruht aber schlicht darauf, daß den Mitarbeitern des Hauptarbeitgebers gegebenenfalls tarifliche Rechte zustehen, die über die gesetzlichen Mindestarbeitsbedingungen hinausgehen. Durch den Umstand, daß dem (mittelbaren) Arbeitnehmer möglicherweise nur die gesetzlichen Mindestarbeitsbedingungen zustehen, werden indessen zwingende arbeitsrechtliche Grundsätze nicht umgangen.

Die Annahme eines Rechtsformmißbrauchs und eine Umgehung zwingender arbeitsrechtlicher Grundsätze sowie eine analoge Anwendung arbeitsrechtlicher Schutzvorschriften setzt daher mehr voraus als die bloße Feststellung, der Mittelsmann sei selbst Arbeitnehmer und wirtschaftlich schwächer als der Hauptarbeitgeber. Hinzukommen muß, daß der Hauptarbeitgeber wesentliche Arbeitgeberfunktionen wahrnimmt und damit faktisch in die Rolle des Vertragsarbeitgebers eingetreten ist. Denn es darf bei arbeitsrechtlichen Drittbeziehungen nicht der Zweck der möglicherweise "umgangenen" Schutznormen verkannt werden. Zweck der arbeitsrechtlichen Schutznormen ist die Belastung desjenigen mit arbeitsrechtlichen Pflichten, der die wirtschaftliche und organisatorische Dispositionsmöglichkeit über die fremde Arbeitskraft und den Nutzen daraus hat.[307] Die arbeitsrechtlichen Schutznormen bezwecken hingegen nicht, für den Arbeitnehmer einen zweiten Arbeitgeber zu finden oder einen finanzschwachen durch einen anderen zu ersetzen.[308] Insoweit ist jeder Arbeitnehmer am Wettbewerbsrisiko seines Arbeitgebers beteiligt. Die arbeitsrechtlichen Schutznormen fordern nicht, dem Arbeitnehmer dieses Vertragsrisiko stets zu nehmen, wenn ein Dritter über seine Arbeitskraft disponiert.[309] Maßgebendes Kriterium muß also die Dispositionsmöglichkeit über die Arbeitskraft sein. Es ist stets festzustellen, bei wem diese liegt. Liegt diese beim Hauptarbeitgeber, ist es gerechtfertigt, diesen mit der Einhaltung der arbeitsrechtlichen Schutznormen zu belasten, wenn die Verkürzung des Arbeitnehmerschutzes gerade durch die Abhängigkeit des Vertragsarbeitgebers herbeigeführt wird.

---

[306] BAG, Urteil vom 26.11.1975 - 5 AZR 337/74 -, EzA § 611 BGB Arbeitnehmerbegriff Nr. 5.

[307] Konzen ZfA 1982, 259, 295 ff. ; Koller, a.a.O.

[308] Konzen ZfA 1982, 259, 297 ; Seiter, VSSR 1976, 179, 204.

[309] Konzen ZfA 1982, 259, 310.

Nach der Darstellung der Grundvoraussetzungen für einen Durchgriff auf den Hauptarbeitgeber stellt sich nunmehr die Frage, wie dieser Durchgriff dogmatisch zu begründen ist.
Ein Unterschied zwischen der insbesondere vom BAG vertretenen "Umgehungsrechtsprechung" und der Analogie zu arbeitsrechtlichen Schutznormen liegt darin, daß es nach der Umgehungsrechtsprechung zu einem unmittelbaren Arbeitsverhältnis zwischen Hauptarbeitgeber und (mittelbarem) Arbeitnehmer kommt, während es bei der Annahme einer Analogie bei der Aufspaltung von Arbeitgeberfunktionen verbleibt und der Mittelsmann Arbeitgeber des Arbeitnehmers bleibt.

Die die Umgehungsrechtsprechung ablehnende Minderansicht hat einiges für sich. Der Vorwurf der Gesetzesumgehung stellt sich tatsächlich als eine Leerformel dar, zumal nicht die Rede davon sein kann, daß der Begriff der Gesetzesumgehung ein Rechtsinstitut mit präzise faßbaren und subsumtionsfähigen Tatbestandsvoraussetzungen ist.[310] Die Anwendung ist im Einzelfall umstritten. Außerdem ist der Vorwurf der Gesetzesumgehung überflüssig, da über Analogien zu arbeitsrechtlichen Schutzvorschriften sachgerechte Ergebnisse erzielt werden können. Hierdurch werden reine Angemessenheitserwägungen und die Anwendung unscharfer Formeln vermieden. Einer ungerechtfertigten Ausweitung oder Begründung arbeitsrechtlichen Pflichten des Hauptarbeitgebers gegenüber dem (mittelbaren) Arbeitnehmer wird dadurch vorgebeugt, daß auch im Arbeitsrecht stets die Grenzen einer Analogie zu beachten sind. Eine Analogie besteht darin, daß die für einen ähnlichen Sachverhalt vorliegende gesetzliche Regel auf den nicht geregelten Sachverhalt entsprechend angewandt wird oder aus mehreren, im Gesetz für ähnliche Sachverhalte übereinstimmend gegebenen Regeln ein allgemeiner Grundsatz abgeleitet wird, der auch auf den nicht geregelten Sachverhalt angewandt werden kann.[311] Werden die Grenzen der Analogie überschritten, was der Fall ist, wenn das Gesetz nicht lückenhaft ist und das Gesetz eine Fortbildung nicht erforderte oder ihr entgegenstand, liegt eine (gesetzesübersteigende) Rechtsfortbildung vor.[312]
Bei einer Analogie sind im übrigen die allgemeinen gesetzlichen Wertungen zu beachten. Insoweit ist zu berücksichtigen, daß nach der gesetzlichen Wertung Abhängigkeiten in der Regel durch Vertrag begründet werden, d.h. im Rahmen arbeitsvertraglicher Beziehungen obliegen regelmäßig demjenigen die arbeitsvertraglichen Pflichten, der den Anspruch auf die Arbeitsleistung seines Vertragspartners hat.[313] Hierdurch wird sichergestellt, daß niemand gegen seinen Willen die Rolle eines Arbeitgebers übernehmen muß, nur weil andere vom ihm wirt-

---

[310] Windbichler, Arbeitsrecht im Konzern, S. 192.
[311] Larenz/Wolf, BGB AT, § 4 Rn. 69 ; Sauer, Juristische Methodenlehre, S. 305 ff. ; Larenz, Methodenlehre der Rechtswissenschaft, S. 381 ff. ; Bydlinski, Juristische Methodenlehre und Rechtsbegriff, S. 475 ff. ; Pawlowski, Methodenlehre für Juristen, Rn. 453 ff.
[312] Larenz/Wolf, a.a.O., § 4 Rn. 71 f. ; Larenz, a.a.O., S. 413 ff. ; Streicher, Rechtsformzwang, S. 258.
[313] Koller, a.a.O. ; Konzen ZfA 1982, 259, 298.

schaftlich abhängig sind.[314]

Hier bietet sich gerade ein Durchgriff durch analoge Anwendung bestimmter Schutzvorschriften im Einzelfall an. Gegebenenfalls reicht eine den Vertragsbedingungen gerecht werdende Einbeziehung des Dritten zum Ausgleich der schwächeren Stellung des (mittelbaren) Arbeitnehmers aus, zumal aus dem Schutzzweck des Arbeitsrechts im allgemeinen kein Verbot des Einsatzes unselbständiger Mittelspersonen durch einen Hauptarbeitgeber hergeleitet werden kann.[315]

Damit ist im Ergebnis der Rechtsformmißbrauchs -und Umgehungsgedanke, der zu einem unmittelbaren Arbeitsverhältnis zwischen (mittelbaren) Arbeitnehmer und Hauptarbeitgeber und damit zu einer Beseitigung der Aufspaltung von Arbeitgeberfunktionen führt, abzulehnen. Vielmehr ist an einer grundsätzlichen Aufspaltung der Arbeitgeberfunktionen festzuhalten und lediglich im Einzelfall ein partieller Durchgriff von arbeitsrechtlichen Pflichten auf den Hauptarbeitgeber bei Vorliegen der dargestellten Voraussetzungen zu erwägen. Hierdurch wird verhindert, daß der Arbeitnehmer eines Arbeitgebers einen weiteren Arbeitgeber erhält und es damit gegebenenfalls zu einer Verdoppelung der Arbeitgeberstellung kommt. Eine solche Verdoppelung der Arbeitgeberstellung zum Schutz des Arbeitnehmers wäre weder systemgerecht noch rechtspolitisch wünschenswert.[316] Zudem wird weitgehend vermieden, daß jemandem gegen seinen Willen Arbeitsleistungen eines Arbeitnehmers aufgedrängt werden, mit der Folge, daß dieser die Rolle des Arbeitgebers übernehmen muß.

IV) Leiharbeit (echte und unechte) - Arbeitnehmerüberlassung

Leiharbeit ist zur Zeit recht beliebt. Fast jede zweite Firma in Deutschland hat schon einmal Leiharbeitnehmer beschäftigt, wobei laut einer Infas-Umfrage 44% der Unternehmen positive Erfahrungen mit der Leiharbeit gemacht haben.[317] Der Rat der Europäischen Gemeinschaft hat im Jahre 1991 festgestellt, daß Arbeitsformen wie befristete Arbeit oder Leiharbeit erheblich zugenommen haben.[318] Am 25.6.1991 hat der Rat der Europäischen Gemeinschaften die Richtlinie des Rates zur Ergänzung der Maßnahmen zur Verbesserung der Sicherheit und des Gesundheitsschutzes von Arbeitnehmern mit befristetem Arbeitsverhältnis oder Leiharbeitsverhältnis verabschiedet.[319] Vorausgegangen waren die Richtlinien-

---

[314] Koller, a.a.O.

[315] So auch Streicher, Rechtsformzwang, S. 258.

[316] Vgl. Windbichler, Arbeitsrecht im Konzern, S. 203 zur Vermehrung der Arbeitgeberstellung bei Arbeitsverhältnissen mit Konzernbezug.

[317] Vgl. Der Tagesspiegel vom 5.11.1997, S.18 ("Leiharbeit stark gefragt").

[318] Vgl. EWG-Richtlinie 91/383 zur Ergänzung der Maßnahmen zur Verbesserung der Sicherheit und des Gesundheitsschutzes von Arbeitnehmern mit befristetem Arbeitsverhältnis oder Leiharbeitsverhältnis, ABlEG Nr. L 206/19 vom 25.6.1991, S. 19.

[319] Wie zuvor. Weiterführend: Ulber, AÜG, Einl. F, Rn. 38 ff.

vorschläge der Kommission zu den atypischen Arbeitsverhältnissen vom 29.6.1990.[320]

1) Grundsätze

Zu unterscheiden sind die gewerbliche und die nicht gewerbliche Arbeitnehmerüberlassung. Die gewerbliche Arbeitnehmerüberlassung wird auch als unechte Leiharbeit, die hiervon abzugrenzende nicht gewerbsmäßige Arbeitnehmerüberlassung hingegen als echte Leiharbeit bezeichnet.[321] Bei der echten Leiharbeit wird der Arbeitnehmer durch den Verleiher nur vorübergehend ausgeliehen. Das echte und das unechte Leiharbeitsverhältnis unterscheiden sich folglich dadurch, daß bei ersterem der Arbeitnehmer nicht zur Ausleihe angestellt, sondern allein vorübergehend ausgeliehen wird, während bei letzterem der Arbeitnehmer von vornherein zur Ausleihe angestellt und gewerbsmäßig ausgeliehen wird.[322] Die echte Leiharbeit ist also dadurch gekennzeichnet, daß der Arbeitnehmer regelmäßig im Betrieb seines Arbeitgebers arbeitet, aber in Ausnahmefällen mit seiner Zustimmung (vgl. § 613 Satz 2 BGB) auch einem Dritten zur Arbeitsleistung gegen Entgelt überlassen wird.[323]

Bei der im Arbeitnehmerüberlassungsgesetz geregelten gewerbsmäßigen Arbeitnehmerüberlassung [324] überläßt ein selbständiger Unternehmer seinen Arbeitnehmer zum Zwecke der Arbeitsleistung einem Dritten. Hier besteht grundsätz-

---

[320] Vgl. ABlEG Nr. C 224 vom 8.9.1990, S. 4 ff. Weiterführend: Schüren, AÜG, Einl. Rn. 474 ff.

[321] Der Begriff "Leiharbeit" ist kritisiert worden, weil sich der "Verleiher" die Arbeitnehmerüberlassung zum einen bezahlen läßt und zum anderen unglücklich gewählt ist, da "Verleihobjekt" Menschen sind, vgl. Weber, Das aufgespaltene Arbeitsverhältnis, S. 39 m.w.N. Die gewerbsmäßige Arbeitnehmerüberlassung wird verbreitet auch als Zeitarbeit bezeichnet, vgl. nur Staudinger (-Richardi), BGB, Vorbem. zu §§ 611 ff. Rn. 496 ; Becker/Kreikebaum, Zeitarbeit, S. 39 ff.

[322] Schaub NZA 1985, Beil. Nr. 3, 1, 2 ; Becker/Wulfgramm, AÜG, Einl. Rn. 24 ; Heinze ZfA 1976, 183 ; KR (-Etzel), § 1 KSchG Rn. 66 ; Schnorr RdA 1972, 193, 195.

[323] BVerwG, Beschluß vom 3.9.1990 - 6 P 20.88 -, EzAÜG Nr. 377 ; Becker/Wulfgramm, AÜG, Einl. Rn. 22 und 24 ; Schaub, a.a.O. ; Niebler/Biebl/Ulrich, AÜG, Rn. 113 ; Weber, Das aufgespaltene Arbeitsverhältnis, S. 42 ; Erdlenbruch, Die betriebsverfassungsrechtliche Stellung gewerbsmäßig überlassener Arbeitnehmer, S. 10 ; Staudinger (-Richardi), BGB, Vorbem. zu §§ 611 ff. Rn. 493 und 504 ; Schnorr RdA 1972, 193, 195.

[324] Diese war zunächst durch das Gesetz über Arbeitsvermittlung und Arbeitslosenversicherung in die Reichweite des staatlichen Arbeitsvermittlungsmonopols einbezogen und damit verboten, §§ 35, 37 Abs. 1, 3 AVAVG. Mit Urteil vom 4.4.1967 - 1 BvR 84/65 - erklärte das Bundesverfassungsgericht - BVerfGE 21, 261 ff. - indes den § 37 Abs. 3 AVAVG wegen Verstoßes gegen Art. 12 GG für verfassungswidrig. 1972 wurde dann das Arbeitnehmerüberlassungsgesetz verabschiedet, welches ein Schwergewicht auf die Einführung eines gewerberechtlichen Erlaubnis- und Kontrollsystems - Art. 1 §§ 1-8 AÜG - für die gewerbliche Arbeitnehmerüberlassung legte. Weiterführend zur Entwicklung der gesetzlichen Regelung: Schüren, AÜG, Einl. Rn. 20 ff. ; Sandmann/Marschall, AÜG, Einl. II und III ; Becker/Wulfgramm, AÜG, Einl. Rn. 111 ff. ; Konzen ZfA 1982, 259, 272 ff..

lich eine feste arbeitsvertragliche Beziehung zwischen dem Arbeitgeber und dem zum Zwecke der Ausleihe angestellten Arbeitnehmer. Letzterer wird aber für eine fest begrenzte Zeit an einen Dritten "ausgeliehen", der ihn in seinem Betrieb bzw. Unternehmen einsetzt. Die Arbeitnehmerüberlassung wird damit zwischen Arbeitgeber, Arbeitnehmer und einem Dritten abgewickelt, wobei vertragliche Beziehungen nur zwischen dem Verleiher[325] und dem Leiharbeitnehmer (Leiharbeitsvertrag) sowie zwischen Verleiher und Entleiher[326] bestehen. Es entsteht folglich eine arbeitsrechtliche Drittbeziehung.[327]

Aufgrund des Arbeitnehmerüberlassungsvertrages verpflichtet sich der Verleiher gegenüber dem Drittunternehmer, diesem vorübergehend die Arbeitsleistung eines Arbeitnehmers zu verschaffen. Die Zahlung der vereinbarten Vergütung an den in der Regel unbefristet (vgl. Art. 1 § 9 Nr. 2 AÜG) beschäftigten Leiharbeitnehmer erfolgt durch den Verleiher, welcher sich die Arbeitnehmerüberlassung in Form der vereinbarten Überlassungsvergütung von den Entleihern bezahlen läßt. Der Leiharbeitnehmer wird aufgrund eines Leiharbeitsvertrages nach Bedarf, abweichend von § 613 Satz 1 BGB, auf Zeit bei verschiedenen Entleihern nacheinander eingesetzt. Der Verleiher hat gegenüber dem Arbeitnehmer während seines Arbeitseinsatzes beim Entleiher lediglich einen Anspruch auf Leistung der Arbeit beim Entleiher nach dessen Weisungen. Der Entleiher beschäftigt die Leiharbeitnehmer wie das bereits im Betrieb tätige Stammpersonal im eigenen Betrieb. Er übt das arbeitsbezogene Weisungsrecht gegenüber dem Leiharbeitnehmer nach Bedarf während der Überlassungsdauer aus und erfüllt die korrespondierenden Fürsorgepflichten.[328] Außerdem haftet der Entleiher bei der erlaubten gewerbsmäßigen Arbeitnehmerüberlassung nach § 28 e Abs. 2 SGB IV beschränkt auf die Überlassungsdauer wie ein selbstschuldnerischer Bürge für die rückständigen Gesamtsozialversicherungsbeiträge.[329] Eine subsidiäre Haftung des Entleihers für das vom Verleiher zu zahlende Arbeitsentgelt besteht bei der er-

---

[325] Der Verleiher ist Arbeitgeber im arbeitsrechtlichen Sinn, so daß als Arbeitgeber jede natürliche oder juristische Person in Betracht kommt, allerdings ist zu beachten, daß Verleiher im Sinne des AÜG nur derjenige Arbeitgeber sein kann, der beabsichtigt, aus einer fortgesetzt ausgeübten Überlassung von Arbeitnehmern einen wirtschaftlichen Gewinn zu erzielen.

[326] Zwischen Verleiher und Entleiher besteht ein Arbeitnehmerüberlassungsvertrag. Ein Entleiher kann jede natürliche oder juristische Person außer dem Verleiher selbst sein, wobei der Entleiher die Möglichkeit haben muß, den Arbeitseinsatz des Arbeitnehmers selbständig in seinem Betrieb zu organisieren.

[327] BAG, Urteil vom 26.4.1995 - 7 AZR 850/94 -, NZA 1996, 92, 93 ; Schüren, AÜG, Einl. Rn. 76 ; Sandmann/Marschall, AÜG, Einl. I 1. ; Weber, Das aufgespaltene Arbeitsverhältnis, S. 28 ; Niebler/Biebl/Ulrich, AÜG, Rn. 11 ; Becker/Wulfgramm, AÜG, Einl. Rn. 5 und 10 ; Becker, Zeit-Arbeit, S. 25.

[328] Schüren, AÜG, Einl. Rn. 74 ; Niebler/Biebl/Ulrich, AÜG, Rn. 16 ; Becker, Zeit-Arbeit, S. 94 f.

[329] Die subsidiäre Haftung des Entleihers für die Sozialversicherungsbeiträge gilt grundsätzlich auch für den Bereich der nichtgewerbsmäßigen Arbeitnehmerüberlassung. Vgl. Becker, Zeit-Arbeit, S. 97 f. Mit Ausnahme der in Art. 1 § 1 Abs. 3 AÜG geregelten Tatbestände.

laubten gewerbsmäßigen Arbeitnehmerüberlassung nicht.[330]

Die echte Leiharbeit fällt grundsätzlich nicht unter den Anwendungsbereich des Arbeitnehmerüberlassungsgesetzes, denn Gewerbsmäßigkeit im Sinne des Art. 1 § 1 AÜG setzt eine auf Dauer und auf die Erzielung wirtschaftlicher Vorteile gerichtete Tätigkeit voraus. Die nur gelegentlich vorgenommene Arbeitnehmerüberlassung stellt daher kein gewerbsmäßiges Handeln dar.[331]

Allerdings finden die Vorschriften des AÜG teilweise unmittelbar auch für die nicht gewerbsmäßige Arbeitnehmerüberlassung (z.B. Art.1 § 1 Abs. 2 AÜG) Anwendung.[332] Stellenweise kann man der gesetzlichen Regelung überdies Vorgaben entnehmen, deren Regelungsgehalt sowohl auf die gewerbsmäßige als auch auf die nicht gewerbsmäßige Arbeitnehmerüberlassung paßt. Einige Vorschriften des AÜG werden daher wegen der Vergleichbarkeit der Interessenlage analog auch auf die nicht gewerbsmäßige Arbeitnehmerüberlassung angewendet, so z.B. Art. 1 § 14 AÜG[333] und Art. 1 § 11 Abs. 5 bis 7 AÜG.[334]

Bei der sich nun anschließenden genaueren Darstellung der rechtlichen Beziehungen der Beteiligten bei der Arbeitnehmerüberlassung soll nicht im einzelnen zwischen gewerbsmäßiger und nicht gewerbsmäßiger Arbeitnehmerüberlassung differenziert werden, da sich die Problemstellungen bezüglich der nicht unmittelbar auf dem AÜG beruhenden Grundsätze weitgehend decken.

2) Rechtliche Beziehungen zwischen Entleiher, Verleiher und Leiharbeitnehmer

Zwischen Entleiher und Leiharbeitnehmer besteht kein Arbeitsverhältnis. Der

---

330 Schüren, AÜG, Einl. Rn. 74 ; kritisch dazu: Becker ZIP 1984, 782, 789, der das Fehlen einer gesamtschuldnerischen Haftung für die Arbeitsvergütung für bedenklich hält.

331 BAG Urteil vom 8.11.1978 - 5 AZR 261/77 -, EzAÜG Nr. 50 ; Becker/Wulfgramm, AÜG, Einl. Rn. 25 ; Sandmann/Marschall, AÜG, Art. 1 § 1 Rn. 35 ; Niebler/Biebl/Ulrich, AÜG, Rn. 113.

332 Sandmann/Marschall, AÜG, Art. 1 § 1 Rn. 55 ; Becker/Wulfgramm, AÜG, Art. 1 § 1 Rn. 4 a ; Weber, Das aufgespaltene Arbeitsverhältnis, S. 47 ; a.A. Schubel/Engelbrecht, AÜG, Art. 1 § 1 Rn. 24, die verkennen, daß der eindeutige Wortlaut des Art. 1 § 1 Abs. 2 AÜG den Begriff des Überlassenden als Oberbegriff für den gewerbsmäßig und den nicht gewerbsmäßig handelnden Unternehmer versteht.

333 BAG, Beschluß vom 18.1.1989 - 7 ABR 62/87 -, EzA § 14 AÜG Nr. 1 ; BAG, Beschluß vom 18.1.1989 - 7 ABR 21/88 -, EzA § 9 BetrVG 1972 Nr. 4 ; Becker/Wulfgramm, AÜG, Art. 1 § 14 Rn. 13 ; Becker/Kreikebaum, Zeitarbeit, S. 45 ; Becker AuR 1982, 369, 378 ; Stege/Weinspach, BetrVG, § 7 Rn. 5 ; Hess/Schlochauer/Glaubitz (-Schlochauer), BetrVG, § 7 Rn. 24 ; Fabricius/Kraft/Wiese/Kreutz (-Kraft), BetrVG, § 5 Rn. 17 ff. ; a.A: Fitting/Kaiser/Heither/Engels, BetrVG, § 5 Rn. 72 ; Ziemann, Anmerkung zu BAG, Beschluß vom 18.1.1989 - 7 ABR 21/88 -, AuR 1990, 58, 63.

334 Becker/Wulfgramm, AÜG, Art. 1 § 11 Rn. 5 ; Weber, Das aufgespaltene Arbeitsverhältnis, S. 47 ; a.A Sandmann/Marschall, AÜG, Art. 1 § 11 Rn. 3, die lediglich eine entsprechende Anwendung des Abs. 6 für vertretbar halten.

Gesetzgeber hat arbeitsrechtliche Beziehungen zwischen diesen beiden nur punktuell geregelt.[335] Der Gesetzgeber hat den Leiharbeitnehmer in arbeitsrechtlicher Hinsicht dem Verleiher zugeordnet, so daß nur zwischen diesen beiden ein Arbeitsverhältnis besteht, nicht jedoch zwischen Entleiher und Leiharbeitnehmer.[336] Dies ergibt sich im Umkehrschluß aus Art. 1 § 9 AÜG.[337] Eine Ausnahme besteht nur dann, wenn das Arbeitsverhältnis mit dem Verleiher nach Art. 1 § 9 Nr. 1 AÜG unwirksam ist, denn in diesem Fall fingiert Art. 1 § 10 Abs. 1 Satz 1 AÜG ein Arbeitsverhältnis zum Entleiher. Hieraus kann gefolgert werden, daß das AÜG zugleich grundsätzlich ein Arbeitsverhältnis zwischen Entleiher und Leiharbeitnehmer ausschließt.[338]

Da der Leiharbeitnehmer jedoch seine Arbeitsleistung im Betrieb des Entleihers erbringt, ist es erforderlich, daß dem Entleiher ein Weisungsrecht hinsichtlich der Art und Weise der Arbeitsleistung zusteht, wobei der Umfang des inhaltlichen Weisungsrechts in der Regel im Arbeitnehmerüberlassungsvertrag im einzelnen festgelegt wird.[339] Das Weisungsrecht des Entleihers ist allerdings begrenzt durch den Arbeitnehmerüberlassungsvertrag und durch den Arbeitsvertrag zwischen Leiharbeitnehmer und Verleiher, so daß der Leiharbeitnehmer nicht mit solchen Arbeitsleistungen betraut werden darf, die die Grenzen der vertraglichen Vereinbarungen überschreiten. Der Entleiher wird vom Verleiher entsprechend den allgemeinen Grundsätzen zur Übertragung des Direktionsrechts zur Ausübung des Weisungsrechts ermächtigt.[340]

Wegen der Eingliederung des Leiharbeitnehmers in den Betrieb des Entleihers trifft diesen auch die Fürsorgepflicht des Arbeitgebers.[341] Diese tritt neben die

---

[335] Vgl. z.B. Art. 1 § 11 Abs. 6 AÜG.

[336] BAG, Urteil vom 8.12.1988 - 2 AZR 308/88 -, NZA 1989, 459, 460 f. ; Schüren, AÜG, Einl. Rn. 81 ; Becker/Wulfgramm, AÜG, Art. 1 § 11 Rn. 58 ; Becker NJW 1971, 691, 692 ; Gick, Gewerbsmäßige Arbeitnehmerüberlassung, S. 85 ff. ; Niebler/Biebl/Ulrich, AÜG, Rn. 546 ; Weber, Das aufgespaltene Arbeitsverhältnis, S. 41 ; Bley/Kreikebohm, Sozialrecht, Rn. 337.

[337] BAG, Urteil vom 8.12.1988, a.a.O.

[338] Schüren, AÜG, Einl. Rn. 81 ; Ramm ZfA 1973, 263, 281 ff. ; a.A. Mayer-Maly ZfA 1972, 1, 23 ff.

[339] Becker/Wulfgramm, AÜG, Art. 1 § 11 Rn. 59 a ; Becker, Zeit-Arbeit, S. 94 ff. ; Niebler/Biebl/Ulrich, AÜG, Rn. 548 ; MüKo (-Müller-Glöge), BGB, § 611 Rn. 506 ; Stege/Weinspach, BetrVG, § 7 Rn. 5 ; Heinze ZfA 1976, 183, 207 ; Sturn BB 1969, 1436, 1438 ; Schirdewahn AuA 1998, 15, 16 ; Hueck/Nipperdey, Lehrbuch des Arbeitsrechts, S. 524 ; Nikisch, Arbeitsrecht I, S. 242 ; Wierlemann, Zeitarbeit, S. 41 ; Zöllner/Loritz, Arbeitsrecht, § 27, III, 2 ; BAG, Beschluß vom 18.1.1989 - 7 ABR 62/87 -, EzA Nr. 1 zu § 14 AÜG m.w.N. ; BAG, Urteil vom 5.5.1988 - 8 AZR 484/85 -, EzA Nr. 1 zu § 831 BGB ; BAG, Urteil vom 15.2.1974 - 2 AZR 57/73 -, EzA Nr. 4 zu § 637 RVO ; BAG, Urteil vom 23.2.1978 - 3 AZR 695/76 -, EzA Nr. 8 zu § 637 RVO.

[340] Vgl. oben, 3. Teil, A, I. Vgl. Birk, Die arbeitsrechtliche Leitungsmacht, S. 187. A.A. Bydlinski, Die Übertragung von Gestaltungsrechten, S. 271 ff., der eine Übertragung des Weisungsrechts vom Verleiher auf den Entleiher annimmt.

[341] Vgl. die Angaben in Fußnote 326.

den Verleiher als Arbeitgeber treffende Fürsorgepflicht. Hinsichtlich der Fürsorgepflicht kommt es damit zu einer sektoralen Aufspaltung der Verantwortungsbereiche zwischen Verleiher und Entleiher.[342] Der Fürsorgepflicht des Entleihers korrespondiert die Treuepflicht des Leiharbeitnehmers.[343] Zudem untersteht der Leiharbeitnehmer der Betriebsordnung des Entleiherbetriebes.[344]

Ob durch die Eingliederung des Leiharbeitnehmers in den Betrieb des Entleihers und durch das Weisungsrecht des Entleihers ein vertragliches oder gesetzliches Schuldverhältnis begründet wird, ist in der Literatur im einzelnen streitig.[345] In Betracht kommen ein Schuldverhältnis mit und ein Schuldverhältnis ohne primäre Leistungspflicht. Einerseits wird vertreten, daß zwischen Entleiher und Leiharbeitnehmer ein arbeitsrechtliches Schuldverhältnis besteht, welches dem Entleiher ein eigenes Forderungsrecht auf die Arbeitsleistung gibt und aus dem Schadensersatzansprüche bei Pflichtverletzungen abgeleitet werden können.[346] Teilweise wird als Grundlage eines eigenen Forderungsrechts eine eigene Arbeitgeberstellung des Entleihers angenommen.[347] Hiergegen wendet Schüren [348] zu Recht ein, daß die Annahme einer Arbeitgeberstellung des Entleihers mit der gesetzlichen Regelung unvereinbar ist. Die überwiegende Auffassung lehnt daher ein eigenes Forderungsrecht des Entleihers ab, mit der Folge, daß keine primären Leistungspflichten entstehen. Innerhalb dieser Auffassung wird der Arbeitsvertrag mit dem Verleiher teilweise als unechter Vertrag zugunsten Dritter eingeordnet, ein der culpa in contrahendo vergleichbares gesetzliches Schuldverhältnis konstruiert und die gegenseitigen Treue- und Fürsorgepflichten werden aus der bloßen Eingliederung und teilweise bereits aus den verstärkten Einwirkungsmöglichkeiten der Beteiligten auf die Rechtsgüter des jeweils anderen abgeleitet.[349] Eine andere Auffassung [350] nimmt als Rechtsgrundlage für die Schutzpflichten des Entleihers gegenüber dem Arbeitnehmer, die mit der unmittelbaren Betriebsorganisation zusammenhängen, ein arbeitsrechtliches Schutzverhältnis an. Die Ergebnisse der unterschiedlichen theoretischen Konzeptionen sind weitgehend identisch.

---

[342] Weiterführend: Becker/Wulfgramm, AÜG, Art. 1 § 11 Rn. 60 ; Becker, Zeit-Arbeit, S. 94 f. ; Niebler/Biebl/Ulrich, AÜG, Rn. 550 ff.

[343] Becker/Wulfgramm, AÜG, Art. 1 § 11 Rn. 36 ; Hueck/Nipperdey, Lehrbuch des Arbeitsrechts, S. 524 ; LAG Berlin, Urteil vom 9.2.1981 - 9 Sa 83/80 -, DB 1981, 1095 ; Windbichler, Arbeitsrecht im Konzern, S. 88 f.

[344] Wierlemann, Zeitarbeit, S. 41.

[345] Vgl. zu den unterschiedlichen Konzeptionen im einzelnen Schüren, AÜG, Einl. Rn. 83 ff. m.w.N.

[346] Vgl. Schüren, a.a.O.

[347] Vgl. Schüren, a.a.O. ; Mayer-Maly ZfA 1972, 1, 22 ff., der von einem "Doppelarbeitsverhältnis" spricht.

[348] Schüren, a.a.O., Rn. 84.

[349] Vgl. stellvertretend Schüren, AÜG, Einleitung Rn. 85 ff.

[350] Windbichler, Arbeitsrecht im Konzern, S. 88.

Zwischen Verleiher und Leiharbeitnehmer besteht ein Arbeitsverhältnis [351], welches den Leiharbeitnehmer zur Arbeitsleistung einem Dritten, dem Entleiher, gegenüber verpflichtet. Abzugrenzen ist die Arbeitnehmerüberlassung von anderen Vertragsformen des drittbezogenen Personaleinsatzes, aufgrund derer ein Arbeitnehmer im Betrieb eines Dritten für diesen tätig wird, ohne daß dem Dritten ein Anspruch auf die Arbeitsleistung zusteht, etwa bei der Tätigkeit eines Arbeitnehmers im Betrieb eines Dritten aufgrund eines Werk- oder Dienstvertrages zwischen seinem Arbeitgeber und dem Dritten.[352] Die zur Ausführung der Dienst- oder Werkvertragsleistung eingesetzten Arbeitnehmer unterliegen weiterhin den Weisungen ihres Arbeitgebers und sind dessen Erfüllungsgehilfen im Sinne des § 278 BGB.[353] Eine Arbeitnehmerüberlassung liegt nicht allein deshalb vor, weil der Arbeitnehmer aufgrund seines Arbeitsvertrages auch Weisungen eines Dritten zu befolgen hat.[354]

Der Vertragsinhalt bestimmt sich in erster Linie nach den vertraglichen Vereinbarungen der Parteien und im übrigen nach den zwingenden gesetzlichen Vorschriften und gegebenenfalls nach geltenden Tarifverträgen oder Betriebsvereinbarungen. Insoweit bestehen keine Besonderheiten gegenüber einem normalen Arbeitsverhältnis. Der Verleiher hat die arbeits-, steuer- und sozialversicherungsrechtlichen Verpflichtungen wahrzunehmen, insbesondere trifft ihn die Vergütungspflicht, d.h. er hat den vereinbarten Lohn, Lohnfortzahlung im Krankheitsfall sowie grundsätzlich nach § 615 Satz 1 BGB die Vergütung für Zeiten zu zahlen, in denen der Leiharbeitnehmer wegen fehlender Aufträge nicht in Entleiherbetrieben eingesetzt werden kann. Da der Leiharbeitnehmer in einem Arbeitsverhältnis zum Verleiher steht, ist der entliehene Arbeitnehmer auch von den Weisungen des Verleihers, insbesondere hinsichtlich der Zuweisung an den Entleiher und der Regelung des Arbeitsleistungsumfangs, in gewissem Umfang abhängig.[355] Dieses Weisungsrecht beschränkt sich indes auf grundlegende Weisungen, weil der Leiharbeitnehmer die Arbeitsleistung beim Entleiher erbringt.[356] Für die gewerbsmäßige Arbeitnehmerüberlassung enthält das AÜG in Art. 1 §§ 9 bis 11 einen gewissen Mindestschutz für die Leiharbeitnehmer.

---

[351] Vgl. die Angaben in Fußnote 334.

[352] Vgl. zur Abgrenzung von Arbeitnehmerüberlassung zum Werkvertrag, zum selbständigen Dienstvertrag, zum Dienstverschaffungsvertrag und zum Geschäftsbesorgungsvertrag: Durchführungsanweisung zur Abgrenzung zwischen Arbeitnehmerüberlassung und Entsendung von Arbeitnehmern im Rahmen von Werk- und selbständigen Dienstverträgen sowie anderen Formen drittbezogenen Personaleinsatzes der Bundesanstalt für Arbeit, Dienstblatt-Runderlaß 13/95 vom 31.1.1995.

[353] BAG, Urteil vom 30.1.1991 - 7 AZR 497/89 -, EzAÜG Nr. 381 ; LAG Baden-Württemberg, Urteil vom 25.1.1991 - 15 Sa 104/90 -, EzAÜG Nr. 380.

[354] BAG, Urteil vom 22.6.1994 - 7 AZR 286/93 -, NZA 1995, 462, 464 ; BAG, Urteil vom 26.4.1995 - 7 AZR 850/94 -, NZA 1996, 92, 93 ; Niebler/Biebl/Ulrich, AÜG, Rn. 412.

[355] Stellvertretend seien genannt: BAG, Urteil vom 15.2.1974 - 2 AZR 57/73 -, EzA § 637 RVO Nr. 4 ; Sturn BB 1969, 1436, 1438.

[356] Wierlemann, Zeitarbeit, S. 39.

Bei der Arbeitnehmerüberlassung ist allein der Verleiher gegenüber dem Leiharbeitnehmer kündigungsberechtigt. Der Kündigungsschutz nach dem KSchG findet grundsätzlich auch auf Leiharbeitsverhältnisse Anwendung.[357]

Rechtliche Grundlage der Arbeitnehmerüberlassung ist der Arbeitnehmerüberlassungsvertrag zwischen Entleiher und Verleiher. Das AÜG regelt den Inhalt des Arbeitnehmerüberlassungsvertrages nur unvollständig (vgl. Art. 1 §§ 1 Abs. 1, 12). Der Arbeitnehmerüberlassungsvertrag stellt einen gegenseitigen Vertrag eigener Art dar, wonach der Verleiher die Arbeitnehmerüberlassung schuldet und der Entleiher die vereinbarte Überlassungsvergütung.[358]
Dementsprechend schuldet der Verleiher die Zurverfügungstellung geeigneter Arbeitskräfte während des Vertragszeitraumes, während die Erbringung der Arbeitsleistung nicht geschuldet ist, denn diese obliegt dem Leiharbeitnehmer aus dem Arbeitsvertrag. Zudem ist der Leiharbeitnehmer auch nicht Erfüllungsgehilfe des Verleihers im Sinne des § 278 BGB, so daß letzterer nicht für die bloße Schlechtleistung des Leiharbeitnehmers haftet.[359] Nach der Rechtsprechung des BAG[360] endet die Vertragspflicht des Verleihers gegenüber dem Entleiher, wenn er den Arbeitnehmer ausgewählt und dem Entleiher zur Verfügung gestellt hat. Er haftet nur für ein Auswahlverschulden hinsichtlich der Leiharbeitnehmer.[361] Im übrigen unterliegt die Verteilung der Haftungsrisiken grundsätzlich der autonomen Gestaltung der Vertragsparteien.[362]

Die Arbeitskräfte werden aufgrund der Vereinbarung voll in den Betrieb des Entleihers eingegliedert und führen die Arbeit allein nach dessen Weisungen aus.[363] Der Entleiher ist aus dem Arbeitnehmerüberlassungsvertrag verpflichtet,

---

[357] Becker ZIP 1984, 782, 787 ; Wierlemann, Zeitarbeit, S. 39 ; KR (-Friedrich), § 4 KSchG Rn. 89. Eine kündigungsrechtliche Sonderregelung enthält Art. 1 § 9 Nr. 3 AÜG.

[358] Schüren, AÜG, Einl. Rn. 271 ; Niebler/Biebl/Ulrich, AÜG, Rn. 384 ff. ; BAG, Urteil vom 26.4.1995 - 7 AZR 850/94 -, NZA 1996, 92, 93 ; Rüthers/Bakker ZfA 1990, 245, 274 ; Sandmann/Marschall, AÜG, Art. 1 § 12 Rn. 3 ; Becker/Wulfgramm, AÜG, Art. 1 § 12 Rn. 18 f. ; Becker, Zeit-Arbeit, S. 53 ; Wierlemann, Zeitarbeit, S. 40.

[359] Schüren, AÜG, Einl. Rn. 276 ; Niebler/Biebl/Ulrich, AÜG, Rn. 385 ff. ; Becker/Wulfgramm, AÜG, Art. 1 § 12 Rn. 44 ; Wierlemann, Zeitarbeit, S. 40.

[360] BAG, Beschluß vom 5.5.1992 - 1 ABR 78/91 -, AP Nr. 97 zu § 99 BetrVG 1972 ; BAG, Beschluß vom 18.1.1989 - 7 ABR 21/88 -, EzA § 9 BetrVG 1972 Nr. 4 ; BAG, Urteil vom 22.6.1994 - 7 AZR 286/93 -, NZA 1995, 462, 464 ; BAG, Urteil vom 30.1.1991 - 7 AZR 497/89 -, EzAÜG Nr. 381.

[361] Dieser Auffassung steht die Literatur sehr kritisch gegenüber: Nach Niebler/Biebl/Ulrich, AÜG, Rn. 385 ff. ist die Ansicht des BAG in der o.g. Entscheidung zu eng. Da es sich um ein Dauerschuldverhältnis handele, sei der Verleiher vielmehr verpflichtet, dem Entleiher während des gesamten Vertragszeitraumes einen geeigneten Arbeitnehmer zu überlassen. In dieser Richtung auch Schüren, AÜG, Einl. Rn. 277 ff. Nach Becker/Wulfgramm, AÜG, Art. 1 § 12 Rn. 22 m.w.N. haftet der Verleiher auch für die fristgerechte Arbeitsaufnahme des Leiharbeitnehmers. Der Richtung des BAG folgend dagegen Sandmann/Marschall, AÜG, Art. 1 § 12 Rn. 5 ; Becker, Zeit-Arbeit, S. 56 f. ; Wierlemann, Zeitarbeit, S. 40.

[362] Becker, Zeit-Arbeit, S. 56.

[363] BAG, Beschluß vom 5.5.1992 - 1 ABR 78/91 -, AP Nr. 97 zu § 99 BetrVG 1972 ; Schü-

die für die Überlassung des Arbeitnehmers vereinbarte Vergütung an den Verleiher zu zahlen und die Arbeitsleistung des Leiharbeitnehmers anzunehmen.[364]

Die gewerbliche Arbeitnehmerüberlassung ist in den Grenzen von Art. 1 § 1 Abs. 2 AÜG zulässig. Sie ist stets befristet oder auflösend bedingt. Ein Recht zur ordentlichen Kündigung bedarf folglich einer besonderen vertraglichen Vereinbarung.[365] Eine außerordentliche Kündigung bleibt nach allgemeinen Grundsätzen stets zulässig. Die Befristung unterliegt nicht den Beschränkungen für die Befristung von Arbeitsverhältnissen, denn die Rechtsbeziehungen zwischen Verleiher und Entleiher sind nicht arbeitsrechtlicher, sondern bürgerlich- rechtlicher Natur.[366]

Die regelmäßige Arbeitszeit des Leiharbeitnehmers während der Überlassungsdauer ist wesentlicher Regelungsbestandteil des Arbeitnehmerüberlassungsvertrages, auch eine etwaige Verpflichtung des Leiharbeitnehmers zur Leistung von Mehrarbeit bedarf einer entsprechenden Ermächtigung im Überlassungsvertrag.[367]

3) Fazit - Aufspaltung von Arbeitgeberfunktionen

Aus den vorstehenden Erörterungen wird deutlich, daß es im Rahmen des Leiharbeitsverhältnisses zu einer sektoralen Aufspaltung der Arbeitgeberfunktionen auf Verleiher und Entleiher kommt, was ebenso auch für die nicht gewerbsmäßige Arbeitnehmerüberlassung gilt.[368]

4) Abgrenzung zum mittelbaren Arbeitsverhältnis

Der Hauptunterschied zwischen der gewerbsmäßigen Arbeitnehmerüberlassung und dem mittelbaren Arbeitsverhältnis besteht darin, daß der Verleiher im Rahmen der gewerbsmäßigen Arbeitnehmerüberlassung selbständiger Unternehmer ist, der Mittelsmann im mittelbaren Arbeitsverhältnis hingegen seinerseits Arbeit-

---

ren, AÜG, Einl. Rn. 272.

364 Vgl. Becker/Wulfgramm, AÜG, Art. 1 § 12 Rn. 27.

365 Schüren, AÜG, Einl. Rn. 298 ; Becker/Wulfgramm, AÜG, Art. 1 § 12 Rn. 60.

366 Schüren, AÜG, Einl. Rn. 295 ; Becker/Wulfgramm, AÜG, Art. 1 § 12 Rn. 56.

367 Schüren, AÜG, Einl. Rn. 296 f.

368 BAG, Beschluß vom 18.1.1989 - 7 ABR 21/88 -, EzA § 9 BetrVG 1972 Nr. 4 ; BAG, Urteil vom 8.3.1972 - 5 AZR 378/70 -, AP Nr. 3 zu § 611 BGB Leiharbeitsverhältnis ; Becker/Wulfgramm, AÜG, Art. 1 § 1 Rn. 5 ; Becker ZIP 1984, 782, 784 ; MüKo (-Müller-Glöge), BGB, § 611 Rn. 506 ; Ramm ZfA 1973, 263, 275 ff. ; Konzen ZfA 1982, 259, 271 ff. ; Gick, Gewerbsmäßige Arbeitnehmerüberlassung zwischen Verbot und Neugestaltung, S. 88 ff.; Staudinger (-Richardi), BGB, Vorbem. zu §§ 611 ff. Rn. 501 ; Müllner, Aufgespaltene Arbeitgeberstellung, S. 37 ff.; Weber, Das aufgespaltene Arbeitsverhältnis, S. 50 ff. ; Rüthers/Bakker ZfA 1990, 245, 276 f. ; Küttner (-Bauer), Personalhandbuch, 311 Rn. 4 ; Hueck/Nipperdey, Lehrbuch des Arbeitsrechts, S. 523 ; Nikisch, Arbeitsrecht I, S. 241 f ; Kindereit AuR 1971, 327, 330.

nehmer des Hauptarbeitgebers ist.[369] Nichts anderes gilt bei der nicht gewerbsmäßigen Arbeitnehmerüberlassung. Das mittelbare Arbeitsverhältnis ist entgegen einer früher im Schrifttum vertretenen Ansicht[370] keine besondere Erscheinungsform der gewerbsmäßigen Arbeitnehmerüberlassung, denn der Mittelsmann stellt den (mittelbaren) Arbeitnehmer nicht zum Zwecke der gewerbsmäßigen Arbeitnehmerüberlassung an andere Betriebe bzw. Unternehmen ein, zumal auch die unterschiedliche Rechtstellung von Mittelsmann und Verleiher eine differenzierte rechtliche Beurteilung erfordert.[371]

V) Die Aufspaltung von Arbeitgeberfunktionen beim mittelbaren Arbeitsverhältnis und bei der Arbeitnehmerüberlassung

Die Ausführungen zur Gestaltungsform des mittelbaren Arbeitsverhältnisses und zur Arbeitnehmerüberlassung haben gezeigt, daß diesen eine Aufspaltung von Arbeitgeberfunktionen wesenseigen ist. Die Arbeitgeberstellung des Dritten ist hierbei allerdings in der Regel nur partiell und beim mittelbaren Arbeitsverhältnis und der Arbeitnehmerüberlassung wegen der unterschiedlichen Gestaltungsformen von verschiedenem Inhalt. So hat der Dritte bei der Arbeitnehmerüberlassung, der Entleiher, regelmäßig ein arbeitsrechtliches Weisungsrecht, der Hauptarbeitgeber beim mittelbaren Arbeitsverhältnis kann ein solches haben. Nach der hier vertretenen Auffassung hat er regelmäßig nur ein bloß mittelbares Weisungsrecht. Den Dritten treffen gegenüber dem Arbeitnehmer die allgemeinen Fürsorgepflichten. Denn die abgeleitete Rechtsstellung des Dritten kann nicht ohne die entsprechenden Pflichten ausgeübt werden.[372]

Der Dritte wird trotz der Aufspaltung von Arbeitgeberfunktionen nicht selbst Vertragspartner und Arbeitgeber des jeweiligen Arbeitnehmers. Dies hat allerdings nicht zur Folge, daß die Rechte des Dritten ihren arbeitsvertraglichen Charakter verlieren. Denn die Ausübung von arbeitsrechtlichen Rechten kann grundsätzlich nur in arbeitsrechtlicher Weise erfolgen, so daß diese nicht inhaltlich verändert werden.[373]

Bei dem Begriff der "aufgespaltenen Arbeitgeberstellung" handelt es sich um eine Beschreibung eines rechtlich einzuordnenden tatsächlichen Sachverhalts, eine anerkannte Rechtsfigur wird durch diesen Begriff nicht bezeichnet.[374]

---

[369] Becker/Wulfgramm, AÜG, Einl. Rn. 31 ; Niebler/Biebl/Ulrich, AÜG, Rn. 94 ; Konzen ZfA 1982, 259, 265.

[370] Hofrichter, Das mittelbare Arbeitsverhältnis, 1939, S. 28 ff.

[371] Becker /Wulfgramm, AÜG, Einl. Rn. 31 , wonach dieser Standpunkt der gegenwärtigen Rechtslage in den EG-Staaten entspreche ; Niebler/Biebl/Ulrich, AÜG, Rn. 94.

[372] Vgl. Windbichler, Arbeitsrecht im Konzern, S. 86.

[373] Weiterführend: Windbichler, Arbeitsrecht im Konzern, S. 83.

[374] Windbichler, Arbeitsrechtliche Vertragsgestaltung im Konzern, S. 6 ; dies., Arbeitsrecht im Konzern, S. 67.

4. Teil

Rechtsbeziehungen der Beteiligten beim drittmittelfinanzierten Arbeitsverhältnis

Im folgenden ist auf die Rechtsbeziehungen der einzelnen an drittmittelfinanzierten Arbeitsverhältnissen Beteiligten einzugehen.
Hier sind zunächst allgemeine Grundsätze darzustellen und zu entwickeln. Anschließend ist im fünften Teil auf die jeweiligen Besonderheiten der Rechtsbeziehungen im Hochschulbereich und bei den Arbeitsbeschaffungsmaßnahmen sowie weiteren Förderinstrumenten nach dem SGB III einzugehen und zu untersuchen, ob sich dort in Rechtsprechung und Literatur von den zu entwickelnden allgemeinen Grundsätzen abweichende Rechtsauffassungen gebildet haben.

Auf der einen Seite bestehen Rechtsbeziehungen zwischen dem Drittmittelempfänger und dem Drittmittelgeber, auf der anderen Seite zwischen Drittmittelempfänger und dem Arbeitnehmer. Darüberhinaus sind auch Rechtsbeziehungen zwischen dem Drittmittelgeber und dem Arbeitnehmer in Erwägung zu ziehen. Schließlich ist es denkbar, daß die Drittmittel mit bestimmten Auflagen Bediensteten einer juristischen oder natürlichen Person mit deren Einverständnis zur Verfügung gestellt werden, denen es "betriebsintern" obliegen soll, bestimmte Aufgaben mit Hilfe zusätzlich einzustellenden Personals zu erledigen.[375]

A) Verhältnis zwischen Drittmittelgeber und Drittmittelempfänger

Der Drittmittelgeber gewährt dem Drittmittelempfänger zur Erfüllung bestimmter Aufgaben oder zur Durchführung bestimmter Tätigkeiten finanzielle Zuwendungen. Hierbei kann es sich um regelmäßige Zuwendungen, um nicht regelmäßige Zuwendungen oder um bloße Zuschüsse handeln. Nicht regelmäßige Zuwendungen sind projektbezogene Zuwendungen, die der Durchführung eines bestimmten Projektes oder der Erfüllung einer konkreten Aufgabe dienen sollen. Bei diesen ist die Zuwendungsdauer auf einen bestimmten Zeitraum begrenzt.

I) Rechtliche Grundlage der Rechtsbeziehung

Hinsichtlich der rechtlichen Grundlage der Beziehungen zwischen Drittmittelgeber und Drittmittelempfänger ist danach zu unterscheiden, wer Drittmittelgeber ist und in welcher Art und Weise das Zuwendungsverhältnis ausgestaltet ist. In Betracht kommen ein privatrechtliches und ein öffentlich-rechtliches Leistungsverhältnis.

Ein öffentlich-rechtliches Leistungsverhältnis (Verwaltungsrechtsverhältnis) liegt dann vor, wenn die Drittmittel vom Drittmittelgeber aufgrund eines Förde-

---

[375] Vgl. Plander DB 1982, 1216, 1217.

rungsbescheides, also eines Verwaltungsaktes, gewährt werden. Dies gilt etwa für die Förderung von Arbeitsbeschaffungsmaßnahmen durch die Bundesanstalt für Arbeit. Durch den Förderbescheid für die Arbeitsbeschaffungsmaßnahme kommt zwischen dem Maßnahmeträger und der Bundesanstalt für Arbeit ein sozialrechtliches Leistungsverhältnis zustande[376], welches durch den Zuweisungsbescheid konkretisiert wird.
In diesem Fall richtet sich die weitere Ausgestaltung nach öffentlichem Recht.

Ein privatrechtliches Leistungsverhältnis ist dagegen gegeben, wenn eine private natürliche oder juristische Person oder ein öffentlicher Träger, ohne durch Verwaltungsakt zu handeln, die Drittmittel zur Verfügung stellt. Rechtliche Grundlage der entsprechenden Beziehungen sind in diesem Fall Verträge, die dem Zivilrecht angehören und nach dem Grundsatz der Vertragsfreiheit im Rahmen des allgemeinen Rechts frei ausgehandelt werden (können). Ist der Vertragspartner des Drittmittelempfängers ein öffentlicher Träger, können allerdings erhebliche, die Vertragsfreiheit einschränkende Bindungen durch Rechts- und Verwaltungsvorschriften bestehen. Insbesondere findet seitens des öffentlichen Trägers hinsichtlich der zu fördernden Träger in aller Regel eine umfassende Eignungsprüfung im Vorfeld der Vertragsverhandlungen statt. Im Rahmen dieser Eignungsprüfung und der sich anschließenden Ermessensentscheidung sind regelmäßig Rechts- und Verwaltungsvorschriften, Dienstanordnungen, Ermessensrichtlinien und dergleichen zu beachten.
Es besteht eine Vielzahl von verschiedenen Vertragsgestaltungen, die eine generalisierende Betrachtungsweise und verallgemeinerungsfähige Aussagen unmöglich machen und eine Beantwortung der Frage, welcher Rechtsnatur derartige Drittmittelverträge sind, erschweren. In Anbetracht der Tatsache, daß eine Vielzahl von Vertragsgestaltungen besteht, ist dementsprechend im Hinblick auf die Vertragstypisierung stets eine Untersuchung des Einzelfalles erforderlich.
Als Vertragsarten kommen etwa der Dienstvertrag nach § 611 BGB und der Werkvertrag nach § 631 BGB in Betracht. Oftmals wird eine genaue Zuordnung zu einem der beiden Vertragstypen schwierig sein, so daß dann von einem Vertrag sui generis nach § 305 BGB auszugehen sein wird, der Elemente verschiedener Vertragstypen enthält. Die Qualifizierung eines privatrechtlichen Vertrages über die Gewährung einer Subvention (individuell-konkrete Subventionierung) hängt ebenfalls vom Einzelfall ab. Entscheidend ist, welche Art der Subvention vorliegt. In Betracht kommen als Vertragsarten etwa der Darlehensvertrag nach § 607 BGB (Subventionsdarlehen) und der Schenkungsvertrag nach § 516 BGB (verlorene Zuschüsse)[377], sofern die Gewährung der Subvention nicht allein auf-

---

[376] BAG, Urteil vom 26.4.1995 - 7 AZR 936/94 -, NZA 1996, 87, 88 ; BSG, Urteil vom 12.12.1985 - 7 Rar 24/84-, NZA 1986, 268, 269 ; LSG Rheinland-Pfalz, Urteil vom 26.11.1993 - L 6 Ar 18/92 -, Breithaupt, Sammlung von Entscheidungen aus dem Sozialrecht, Nr. 178, 772, 775 ; GK-SGB III (-Feckler), § 262 Rn. 17 ; Gagel (-Bieback), AFG, § 93 Rn. 35.

[377] Vgl. Maurer, Allgemeines Verwaltungsrecht, § 17 Rn. 5 ff. ; Wolff/Bachof/Stober, Ver-

grund eines Verwaltungsaktes erfolgt.

Jedenfalls ist im allgemeinen bei der Vertragsformulierung stets dafür Sorge zu tragen, daß die Leistungsbeschreibung möglichst präzise erfolgt sowie die Grundfragen der Drittmittelfinanzierung und die gegenseitigen Leistungsbeziehungen klar und eindeutig geregelt werden. Regelmäßig werden die einzelnen Bewilligungsbedingungen ausführlich geregelt.

Im übrigen werden von Drittmittelgeber und Drittmittelempfänger teilweise auch solche Verträge geschlossen, die nur die allgemeinen Grundsätze einer Förderung regeln, denen aber noch keine abschließende Rechtswirkung zukommt und die durch weitere Verträge konkretisiert werden müssen. Zu denken ist etwa an Rahmen- und Vertragsvereinbarungen über eine grundsätzliche Zusammenarbeit.

II) Auswahlfreiheit des Drittmittelgebers bei der Wahl des Vertragspartners?

Nicht erörtert wurde bislang die Frage, ob der Drittmittelgeber bei der Auswahl seines Vertragspartners, dem er die Geldmittel zur Verfügung stellen und der die Arbeitgeberrolle einnehmen soll, frei ist, soweit dem nicht bereits gesetzliche Regelungen, Verwaltungsvorschriften oder dergleichen entgegenstehen. Öffentliche Träger sind an Gesetz und Verwaltungsvorschriften gebunden und müssen bei der Vergabe von Drittmitteln ihr Ermessen pflichtgemäß ausüben. Der Staat ist beispielsweise auch an den Gleichbehandlungsgrundsatz des Art. 3 GG gebunden, der nicht nur natürliche, sondern nach Art. 19 Abs. 3 GG auch juristische Personen des Privatrechts schützt. Der Staat als Drittmittelgeber kann bei der Auswahl des Drittmittelempfängers nicht nach Belieben verfahren.

Es stellt sich die Frage, ob auch private Drittmittelgeber an den Gleichbehandlungsgrundsatz des Art. 3 GG gebunden sind.

Zwar ist Art. 3 GG als Grundrecht auf Gleichbehandlung in erster Linie ein Abwehrrecht gegen den Staat, er hat gleichwohl erhebliche Auswirkungen im Privatrecht.[378] Das Bundesverfassungsgericht und die ganz überwiegende Auffassung in der Literatur gehen von einer mittelbaren Drittwirkung der Grundrechte im Rechtsverkehr zwischen Privaten aus.[379] Die Grundrechte enthalten eine objektive Wertordnung, ein Wertsystem. Gesetzgebung, Verwaltung und Rechtsprechung empfangen von ihm Richtlinien und Impulse, so daß es auch das bürgerliche Recht beeinflußt. Keine bürgerlich rechtliche Vorschrift darf in Widerspruch zu ihm stehen.[380] Medium für die Ausstrahlung der Grundrechte auf das bürgerli-

---

waltungsrecht I, § 22 Rn. 69 ; Jarass JuS 1980, 115, 116.

378 Von Münch/Kunig (-Gubelt), GG, Art. 3 Rn. 2.

379 BVerfG, Urteil vom 15.1.1958 - 1 BvR 400/51 -, BVerfGE 7, 198, 205 ff. ; Urteil vom 14.2.1973 - 1 BvR 112/65 -, BVerfGE 34, 269, 280 ; von Münch/Kunig (von Münch), GG, Vorb. Art. 1-19 Rn. 31.

380 BVerfG, Urteil vom 15.1.1958 - 1 BvR 400/51 -, BVerfGE 7, 198, 206.

che Recht sind vor allem die Generalklauseln, die daher als "Einbruchstellen" der Grundrechte in das bürgerliche Recht bezeichnet werden.[381] Bürgerlich-rechtliche Generalklauseln in diesem Sinne sind etwa die §§ 138, 242 BGB.

Für eine grundsätzliche Auswahlfreiheit könnte indes der Grundsatz der Vertragsfreiheit streiten, zumal die privatrechtliche Gestaltungsfreiheit ohnehin durch zahlreiche gesetzliche Regelungen eingeengt ist.[382]
In der vorliegenden Konstellation kommt eine Anwendung des Gleichheitsgrundsatzes über die bürgerlich-rechtlichen Generalklauseln im Ergebnis nicht in Betracht. Vielmehr ist bei der Drittmittelfinanzierung zu berücksichtigen, daß den Drittmittelgeber regelmäßig keine Verpflichtung zur Zuwendung von Geldmitteln an andere trifft und er sich auf seine eigenen Freiheitsrechte, insbesondere die Handlungsfreiheit aus Art. 2 Abs. 1 GG berufen kann. Es muß bedacht werden, daß der Gleichheitssatz bei Anwendung privatrechtlicher Vorschriften nur eine begrenzte Ausstrahlungswirkung entfaltet.[383] Anders als die speziell benannten Grundrechte enthält der Gleichheitssatz kaum Wertungen, die im Zivilrecht zu Problemen führen, zumal eine allgemeine Bindung der Bürger an Gleichbehandlungsgebote für ihr Verhalten untereinander dem Grundgesetz ersichtlich nicht zugrundeliegt, denn eine solche würde die grundrechtlichen Freiheiten aufheben.[384] Insbesondere hat der Grundsatz der Vertragsfreiheit grundsätzlich Vorrang vor dem Gleichheitssatz.[385] Der Gleichbehandlungsgrundsatz ist daher nicht geeignet, die Auswahlfreiheit des privaten Drittmittelgebers bei der Wahl des künftigen Drittmittelempfängers einzuschränken.

Etwas anderes läßt sich auch nicht aus der Regelung des § 25 Abs. 5 Satz 1 HRG ableiten, wonach aus Mitteln Dritter bezahlte hauptberufliche Mitarbeiter an Forschungsvorhaben, die an der Hochschule durchgeführt werden, als Personal der Hochschule im Arbeitsvertragsverhältnis eingestellt werden sollen. Dieser Vorschrift kann nicht entnommen werden, daß die Mitarbeiter zwingend von der Hochschule angestellt werden müssen und dementsprechend als mittelbare Folge dieser Regelung von einem Drittmittelgeber ein Drittmittelvertrag nur mit der Hochschule und nicht mit einem Hochschullehrer abzuschließen ist. Der Drittmittelgeber ist somit auch im Hochschulbereich frei in seiner Entscheidung, ob er die Drittmittel der Hochschule als Institution oder einem Hochschullehrer zur Verfügung stellt. Es handelt sich bei dieser Norm zum einen um eine spezielle Regelung im Hochschulrecht, die die Praxis an Hochschulen, daß Hochschullehrer Privatdienstverträge abschließen und das Personal selbst einstellen, ein-

---

[381] BVerfG, Urteil vom 15.1.1958 - 1 BvR 400/51 -, BVerfGE 7, 198, 206 ; Pieroth/Schlink, Grundrechte, Rn. 181 ; von Münch/Kunig (-von Münch), GG, Vorb. Art. 1-19 Rn. 31 ; Jarass/Pieroth (-Jarass), GG, Vorbem. vor Art. 1 Rn. 9.
[382] Von Münch/Kunig (-Gubelt), GG, Art. 3 Rn. 2.
[383] Jarass/Pieroth (-Jarass), GG, Art. 3 Rn. 10 m.w.N.
[384] Bonner Kommentar (-Rüfner), GG, Art. 3 Rn. 193.
[385] BAG, Urteil vom 4.5.1962 - 1 AZR 250/61 -, BAGE 13, 103, 105 ; Jarass/Pieroth (-Jarass), GG, Art. 3 Rn. 10.

schränken sollte, eine Gleichstellung des wissenschaftlichen Personals an der Hochschule bezweckte und das Drittmittelprojekt im Verwaltungsbereich entlasten sollte. Die Regelung sollte hingegen nicht alle denkbaren Formen der Drittmittelfinanzierung erfassen und insoweit die Auswahlfreiheit des Drittmittelgebers beschränken sowie die Ergebnisse präjudizieren. Dies gilt umso mehr, als die Norm tatbestandlich ausdrücklich auf Mitarbeiter an Forschungsvorhaben, die in der Hochschule durchgeführt werden, beschränkt ist. Zum anderen handelt es sich lediglich um eine Sollvorschrift, von der in begründeten Ausnahmefällen Ausnahmen zulässig sind. Der Abschluß von Privatdienstverträgen durch einzelne Hochschullehrer bleibt möglich. Aus der Regelung des § 25 Abs. 5 Satz 1 HRG kann damit nicht der Schluß gezogen werden, daß die Drittmittel bei der Drittmittelfinanzierung im Hochschulbereich zwingend der Hochschule zur Verfügung zu stellen sind. Der Drittmittelgeber kann sich auch zur Förderung eines Hochschullehrers entschließen. § 25 Abs. 5 Satz 1 HRG schränkt folglich die Auswahlfreiheit des Drittmittelgebers (auch nicht mittelbar) ein. Aus dieser Norm können somit auch für die allgemeinen Fälle der Drittmittelfinanzierung keine zwingenden Schlüsse und Folgen hinsichtlich der Auswahlfreiheit des Drittmittelgebers abgeleitet werden. Dies bestätigt ein Vergleich zu dem besonderen Kündigungsrecht des § 57 d HRG, welches als hochschulrahmenrechtliche Sonderregelung ebenfalls nicht verallgemeinerungsfähig ist.[386] Dies ist bislang in Rechtsprechung und Literatur nicht einmal ansatzweise in Frage gestellt worden.
Der private Drittmittelgeber ist folglich in seiner Auswahlfreiheit hinsichtlich seines Vertragspartners nicht durch gesetzliche Bestimmungen eingeschränkt.

Festzuhalten bleibt, daß der private Drittmittelgeber anders als ein staatlicher Drittmittelgeber bei der Auswahl seines Vertragspartners grundsätzlich nach Belieben verfahren kann.

B) Verhältnis zwischen Drittmittelempfänger und Arbeitnehmer

I) Arbeitsverhältnis

Der Drittmittelempfänger und der Arbeitnehmer begründen rechtliche Beziehungen durch den Abschluß eines Arbeitsvertrages. Es gilt der Grundsatz der Vertragsfreiheit mit den oben [387] bereits dargelegten Ausnahmen. Die Rechte und Pflichten zwischen Drittmittelempfänger und Arbeitnehmer aus dem begründeten Arbeitsverhältnis richten sich nach den allgemeinen Vorschriften des Arbeitsrechts, also insbesondere nach den Vereinbarungen im Arbeitsvertrag, nach etwaig geltenden Tarifverträgen und Betriebsvereinbarungen, den Normen der arbeitsrechtlichen Gesetze und dem Grundgesetz. Der Drittmittelempfänger wird

---

[386] Hailbronner (-Walter), HRG, § 57 d Rn. 2 ; Reich, HRG, § 57 d Rn. 2.
[387] Vgl. oben, 3. Teil, A, I.

Arbeitgeber und sein Vertragspartner wird Arbeitnehmer im Sinne des Arbeitsrechts. Die für das Zwei-Parteien-Verhältnis dargestellten Grundsätze [388] finden in diesem Verhältnis Anwendung.

II) Vorgaben des Drittmittelgebers bei der Festlegung des Anforderungsprofils für den Arbeitsplatz

Grundsätzlich ist es Sache des Arbeitgebers, das Anforderungsprofil für einen Arbeitsplatz festzulegen, d.h. es unterliegt grundsätzlich der freien unternehmerischen Entscheidung, das Anforderungsprofil für einen eingerichteten Arbeitsplatz festzulegen.[389] Es unterliegt also dem Bestimmungsrecht des Arbeitgebers, welcher Arbeitnehmer die Fähigkeiten, Qualifikationen und Kenntnisse für einen einzurichtenden oder eingerichteten Arbeitsplatz aufweist und welcher Arbeitnehmer daher eingestellt werden soll.

Bei drittfinanzierten Arbeitsverhältnissen wird jedoch das Anforderungsprofil oft bereits durch den Drittmittelgeber festgelegt, der versucht, auf die Besetzung der von ihm finanzierten Arbeitsplätze im Betrieb des Drittmittelempfängers Einfluß zu nehmen und dabei insbesondere eine bestimmte Mindestqualifikation der einzustellenden Arbeitnehmer durchzusetzen.[390] Die unternehmerischen Entscheidungen des Drittmittelempfängers im Hinblick auf die Einstellung eines aus Drittmitteln finanzierten Arbeitnehmers haben sich daher in dessen eigenem Interesse nach den Vorstellungen des Drittmittelgebers zu richten und an dem Recht des Drittmittelgebers zu orientieren, die Förderung zu streichen und gegebenenfalls Andere zu fördern, die vergleichbare Arbeiten mit qualifizierteren Arbeitnehmern durchzuführen bereit sind.[391] Der Drittmittelgeber kann somit auf den Drittmittelempfänger einen gewissen Druck hinsichtlich der Auswahl des einzustellenden Arbeitnehmers ausüben. Dies ändert indessen nichts an der grundsätzlich bestehenden Vertrags- und insbesondere Auswahlfreiheit des Drittmittelempfängers, der insoweit nur einem finanziellen und faktischen Druck ausgesetzt sein kann.

C) Verhältnis zwischen Drittmittelgeber und Arbeitnehmer

Zunächst ist zwischen dem Verhältnis zwischen Drittmittelgeber und Drittmittelempfänger sowie zwischen Drittmittelempfänger und Arbeitnehmer zu differenzieren. Diese Rechtsbeziehungen stellen zwei selbständige Rechtsverhältnisse dar. Dennoch stellt sich die Frage, ob auch zwischen Drittmittelgeber und Arbeitnehmer Rechtsbeziehungen bestehen und welcher Art diese gegebenenfalls sind. Zu untersuchen ist, ob bei der Drittmittelfinanzierung ein weiteres, drittes

---

[388] Vgl. oben, 3. Teil, A, I.
[389] BAG, Urteil vom 7.11.1996 - 2 AZR 811/95 -, NZA 1997, 253, 254.
[390] BAG, Urteil vom 7.11.1996 - 2 AZR 811/95 -, NZA 1997, 253, 254 f.
[391] BAG, Urteil vom 7.11.1996 - 2 AZR 811/95 -, NZA 1997, 253, 255.

Rechtsverhältnis besteht. Zu erwägen sind unmittelbare, mittelbare oder partielle arbeitsvertragliche Beziehungen zwischen Drittmittelgeber und dem Arbeitnehmer.

Die Frage nach einer Arbeitgeberstellung des Drittmittelgebers und einem arbeitsrechtlichen Durchgriff auf den Drittmittelgeber ist von nicht zu unterschätzender (praktischer) Bedeutung. Denn Drittmittelgeber würden bei der Annahme arbeitsvertraglicher Rechtsbeziehungen zum drittmittelfinanzierten Arbeitnehmer gegen ihren Willen in eine unmittelbare oder zumindest partielle Arbeitgeberstellung gedrängt werden. Möglicherweise können sich Drittmittelgeber, die mit der Begründung einer eigenen Arbeitgeberstellung nicht gerechnet haben und die die Begründung einer eigenen Arbeitgeberstellung im Vertrag mit dem Drittmittelempfänger gerade ausschließen wollten, nicht ohne weiteres von ihrer Arbeitgeberstellung durch Kündigung des Arbeitsverhältnisses lösen. Dies wäre beispielsweise dann der Fall, wenn der Arbeitnehmer mittlerweile Bestandsschutz nach dem Kündigungsschutzgesetz genießt und kein Kündigungsgrund vorliegt. Wirtschaftliche Konsequenzen würden für einzelne Drittmittelgeber nicht ausbleiben. Außerdem müßten Drittmittelgeber bei der Begründung einer Arbeitgeberstellung für die Erledigung der Personalangelegenheiten (z.B. Abführung der Steuern und Sozialabgaben, Lohnzahlung) sorgen. Es würden dann gegebenenfalls weitreichende organisatorische Maßnahmen erforderlich werden.

I) Unmittelbare arbeitsvertragliche Beziehungen zwischen Drittmittelgeber und Arbeitnehmer im Allgemeinen?

Unmittelbare arbeitsvertragliche Beziehungen zwischen Drittmittelgeber und Arbeitnehmer kommen dann in Betracht, wenn der Drittmittelempfänger bei Abschluß des Arbeitvertrages mit dem Arbeitnehmer als Vertreter des Drittmittelgebers nach § 164 Abs. 1 BGB mit entsprechender Vollmacht handelt. Allerdings verzichten Drittmittelgeber durchweg auf einen unmittelbaren Vertragsschluß und überlassen es dem Drittmittelempfänger, die geeigneten Mitarbeiter auszuwählen und mit ihnen Arbeitsverträge abzuschließen.

Fraglich ist, ob in anderen Fällen im Grundsatz unmittelbare arbeitsvertragliche Beziehungen zwischen Drittmittelgeber und Arbeitnehmer und damit eine unmittelbare Arbeitgeberstellung des Drittmittelgebers dogmatisch begründet werden können. Als Begründung für eine unmittelbare Arbeitgeberstellung des Drittmittelgebers könnte beispielsweise angeführt werden, daß der Drittmittelgeber das Arbeitsverhältnis gegebenenfalls durch bestimmte Bewilligungsbedingungen mitgestaltet, er es durch die Einstellung oder Kürzung der Zuwendungen in der Hand hat, auf den Bestand des Arbeitsverhältnisses Einfluß zu nehmen und Art und Umfang der vom Drittmittelempfänger mit seinen Mitarbeitern durchgeführten Aufgaben von ihm vorgegeben sind und damit der Zweck des Betriebes des

Drittmittelempfängers von diesem fremdbestimmt ist.[392]

1) Kriterium der persönlichen Abhängigkeit des Arbeitnehmers

In Betracht kommt eine zumindest entsprechende Anwendung oder Heranziehung der von der Rechtsprechung entwickelten Grundsätze bezüglich der rechtlichen Einordnung eines Vertrages als Arbeitsvertrag oder freier Mitarbeitervertrag, wonach es nicht auf die Bezeichnung des Vertragsverhältnisses durch die Parteien ankommt, sondern darauf, wie die Vertragsbeziehung nach ihren Geschäftsinhalt objektiv einzuordnen ist.[393] Auf die vorliegende Frage übertragen könnte man erwägen, daß die Parteien des Arbeitsverhältnisses nicht ausschließlich nach den formal getroffenen Vereinbarungen, sondern danach zu bestimmen sind, zwischen welchen Personen nach dem praktischen, wirtschaftlichen und soziologischen Hintergrund und Schwergewicht der Rechtsbeziehungen die das Arbeitsverhältnis kennzeichnende persönliche Abhängigkeit besteht.[394]

Eine das Arbeitsverhältnis kennzeichnende persönliche Abhängigkeit des Arbeitnehmers vom Drittmittelgeber im Bereich der Drittmittelfinanzierung liegt aber regelmäßig nicht vor. Sie kann auch nicht mit der Mitgestaltung des Arbeitsverhältnisses durch den Drittmittelgeber über seine Bewilligungsbedingungen sowie seinem Einfluß auf den Bestand und die Abwicklung des Arbeitsverhältnisses begründet werden.

Der Umstand, daß der Drittmittelgeber durch die Bewilligungsbedingungen gewissen Einfluß auf die Arbeitsvertragsgestaltung nimmt, führt noch nicht zu einer umfassenden Fremdbestimmung der Tätigkeit des Drittmittelempfängers. Die Einflußmöglichkeit des Drittmittelgebers hat ihren Grund schlicht darin, daß dieser aufgrund seiner Freiheitsrechte nicht zur bedingungslosen Zurverfügungstellung von Geldmitteln verpflichtet sein kann, wenn die durchzuführenden Tätigkeiten nicht seinen Vorstellungen entsprechen. Ihm muß die Möglichkeit verbleiben, durch gewisse Bewilligungsbedingungen die Verwendung seiner Geldmittel für einen bestimmten, konkreten, auch seinen Interessen entsprechenden Zweck sicherzustellen. Durch die Vorgaben des Drittmittelgebers werden lediglich gewisse Rahmenbedingungen geschaffen, um die zweckentsprechende Verwendung der Drittmittel zu sichern. Es wird indes kein unmittelbarer Einfluß auf das zwischen Drittmittelempfänger und dem Arbeitnehmer bestehende Vertragsverhältnis oder gar ein Weisungsrecht des Drittmittelgebers gegenüber dem Arbeitnehmer geschaffen. Der Betriebszweck des Drittmittelempfängers ist daher in der Regel nicht fremdbestimmt.

---

[392] So für den Bereich der Drittmittelforschung im Hinblick auf die Zuwendungen der DFG Arbeitsgericht Ludwigshafen, Urteil vom 26.10.1976, a.a.O., 298, 299.

[393] Vgl. BAG, Urteil vom 20.7.1994 - 5 AZR 627/93 -, AP Nr. 73 zu § 611 BGB Abhängigkeit m.w.N.

[394] Dies sieht das Arbeitsgericht Ludwigshafen, Urteil vom 26.10.1976 - 5 Ca 1602/76 -, KMK-HSchR 1982, 298, 300 im Bereich der Drittmittelforschung als nicht fernliegend an.

Das arbeitsvertragliche Weisungsrecht verbleibt stets beim Drittmittelempfänger als dem Vertragspartner des Arbeitnehmers. Das Direktionsrecht als Gestaltungsrecht kann, wie oben bereits dargestellt[395], nicht vom Arbeitgeber auf einen Dritten übertragen werden. Der Drittmittelempfänger wird den Drittmittelgeber auch regelmäßig nicht zur Ausübung des Direktionsrechts ermächtigen. Aber auch dann, wenn im Einzelfall eine solche Ermächtigung zur Ausübung des Direktionsrecht seitens des Vertragsarbeitgebers an den Drittmittelgeber vorliegen sollte, würde der Vertragsarbeitgeber dadurch nicht seine Arbeitgeberstellung verlieren. Er könnte die Ermächtigung jederzeit widerrufen.
Die umfassende Weisungsabhängigkeit des Arbeitnehmers ist aber das wesentliches Merkmal für das Vorliegen einer persönliche Abhängigkeit des Arbeitnehmers. Das Direktionsrecht wird vom Drittmittelempfänger und nicht vom Drittmittelgeber ausgeübt, so daß die das Arbeitsverhältnis kennzeichnende persönliche Abhängigkeit des Arbeitnehmers gegenüber ersterem besteht.
In Ermangelung einer Weisungsbefugnis des Drittmittelgebers und damit der fehlenden persönlichen Abhängigkeit des Arbeitnehmers vom Drittmittelgeber kann der Drittmittelgeber jedenfalls nicht im Hinblick auf das Kriterium der persönlichen Abhängigkeit des Arbeitnehmers als unmittelbarer Arbeitgeber des Arbeitnehmers angesehen werden. Dies verkennt das Arbeitsgericht Ludwigshafen in seiner Entscheidung vom 26.10.1976.[396]

2) Kriterium der wirtschaftlichen Abhängigkeit

Nachdem eine persönliche Abhängigkeit des Arbeitnehmers vom Drittmittelgeber abgelehnt wurde, stellt sich nunmehr die Frage, ob eine wirtschaftliche Abhängigkeit des Drittmittelempfängers und damit die mittelbare wirtschaftliche Abhängigkeit des Arbeitnehmers vom Drittmittelgeber grundsätzlich eine unmittelbare Arbeitgeberstellung des Drittmittelgebers zu begründen vermag.
Die Zurverfügungstellung der Mittel, aus denen der Arbeitnehmer vergütet wird, vermag allenfalls eine mittelbare wirtschaftliche Abhängigkeit des aus Drittmitteln finanzierten Arbeitnehmers gegenüber dem Drittmittelgeber zu begründen. Eine wirtschaftliche Abhängigkeit des Arbeitnehmers ist aber zur Begründung eines Arbeitsverhältnisses nach ganz herrschender Auffassung weder erforderlich noch ausreichend.[397] Eine wirtschaftliche Abhängigkeit führt zwar zu Einflußmöglichkeiten auf Seiten des Drittmittelgebers. Gewisse Einwirkungen sind indes für die arbeitsrechtlichen Beziehungen zwischen Drittmittelempfänger und Arbeitnehmer ohne Bedeutung. Wirtschaftliche Abhängigkeiten sind bekannte Erscheinungen des Wirtschafts- und Arbeitslebens.[398] Außerdem werden Abhängig-

---

395 Vgl oben, 3. Teil, A, I.
396 Arbeitsgericht Ludwigshafen, Urteil vom 26.10.1976, a.a.O.
397 Vgl. oben, 3. Teil, A, I.
398 BAG, Urteil vom 26.11.1975 - 5 AZR 337/74 -, EzA § 611 BGB Arbeitnehmerbegriff Nr. 5.

keiten regelmäßig durch einen Vertrag begründet, welcher denjenigen mit vertraglichen Pflichten belastet, der sich die vertraglichen Ansprüche auf Arbeitsleistung gesichert hat. Dadurch wird zugleich sichergestellt, daß niemandem gegen seinen Willen arbeitnehmerische Leistungen aufgedrängt werden und niemand gegen seinen Willen die Rolle des Arbeitgebers übernehmen muß, nur weil andere von ihm wirtschaftlich abhängig sind.[399]

Auch der Blick auf die unterschiedlichen Möglichkeiten der Drittmittelfinanzierung verdeutlicht, daß die Arbeitgeberstellung nicht allein von (wirtschaftlichen) Abhängigkeiten bestimmt werden kann. Zu denken ist an Zuwendungen durch private Drittmittelgeber auf der einen und staatliche Subventionen auf der anderen Seite. Diese Zuwendungen unterscheiden sich regelmäßig durch die Höhe der Zuwendung und die Dichte der Zuwendungsbedingungen. Finanzielle Drittmittel werden Arbeitgebern außerdem in unterschiedlicher Höhe zur Verfügung gestellt. Ein weiterer Unterschied kann darin liegen, daß Drittmittelempfänger von einem einzigen Drittmittelgeber Drittmittel erhalten, andere Drittmittelempfänger jedoch Zuwendungen von mehreren verschiedenen Drittmittelgebern erhalten. Der von einem einzigen Drittmittelgeber abhängige Arbeitgeber ist natürlich einem erheblich größeren Einfluß des Drittmittelgebers ausgesetzt, als der von mehreren Seiten Drittmittel erhaltende Arbeitgeber. Er ist auf die Förderungswilligkeit des einzigen Drittmittelgebers angewiesen, so daß seine wirtschaftliche Abhängigkeit vom Drittmittelgeber größer ist, als bei einem Arbeitgeber, der von mehreren Drittmittelgebern Drittmittel erhält. Die wirtschaftliche Abhängigkeit des Arbeitnehmers hängt in Folge dessen auch davon ab, in welcher Höhe und von wievielen Drittmittelgebern sein Arbeitgeber Drittmittel erhält. Dies bedeutet, daß der Grad der wirtschaftlichen Abhängigkeit des Drittmittelempfängers und damit einhergehend die mittelbare wirtschaftliche Abhängigkeit des Arbeitnehmers vom Drittmittelgeber sowie der Einfluß des Drittmittelgebers auf das Arbeitsverhältnis vom Einzelfall abhängt. Kann dann aber die wirtschaftliche Abhängigkeit von Drittmittelempfänger und Arbeitnehmer vom Drittmittelgeber generell ein Kriterium zur Begründung einer unmittelbaren Arbeitgeberstellung des Drittmittelgebers sein? In vielen Fällen wird aufgrund der geringen Höhe der Drittmittel, wenn überhaupt, kaum von einer bedeutsamen wirtschaftlichen Abhängigkeit des Arbeitgebers/Arbeitnehmers von Mitteln Dritter die Rede sein können. Eine wirtschaftliche Abhängigkeit ist darüber hinaus keine meßbare Größe, die allein am Dotierungsrahmen der Drittmittel festgemacht werden kann.
Im Ergebnis ist folglich daran festzuhalten, daß das Kriterium der wirtschaftlichen Abhängigkeit grundsätzlich nicht geeignet ist, eine Arbeitgeberstellung des Drittmittelgebers zu begründen. Zwar mag es einen Unterschied machen, ob ein Drittmittelgeber, möglicherweise als alleiniger Drittmittelgeber des Arbeitgebers,

[399] Koller, Anmerkung zu BAG, Urteil vom 20.7.1982 - 3 AZR 446/80 -, AP Nr. 5 zu § 611 BGB Mittelbares Arbeitsverhältnis, Bl. 330. ; Seiter VSSR 1976, 179, 204.

eine der Höhe nach bedeutsame Zuwendung gewährt und durch umfassende Bewilligungsbedingungen regelt oder sich ein Drittmittelgeber mit einer weniger bedeutsamen Zuwendung ohne umfassende Regelung von Bewilligungsbedingungen an einem Projekt beteiligt. Die Begründung der Arbeitgeberstellung kann aber nicht am finanziellen Dotierungsrahmen, der Dichte der Bewilligungsbedingungen oder den Einflußmöglichkeiten des Drittmittelgebers festgemacht werden. Denn zum einen sind dies Gesichtspunkte, die für die Klärung der Arbeitgeberstellung ohne Belang sind. Zum anderen würde eine Abgrenzung von Zuwendungen, die wegen ihrer wirtschaftlichen Bedeutung eine Arbeitgeberstellung begründen, und von wirtschaftlich unbedeutenden Zuwendungen, die hierzu nicht geeignet sind, auf kaum überbrückbare Schwierigkeiten stoßen. Es kann daher nicht eine Arbeitgeberstellung des Drittmittelgebers bei einer erheblichen wirtschaftlichen Abhängigkeit des Drittmittelempfänger angenommen werde, während eine Arbeitgeberstellung des Drittmittelgebers bei geringem wirtschaftlichen Einfluß zu verneinen wäre. In Ermangelung einer meßbaren Größe "wirtschaftliche Abhängigkeit" würde eine derartige Differenzierung zu unvermeidbaren Abgrenzungsschwierigkeiten und damit zugleich zu vermeidbaren Rechtsunsicherheiten führen.

Die wirtschaftliche Abhängigkeit des Drittmittelempfängers sowie die damit einhergehende mittelbare wirtschaftliche Abhängigkeit des Arbeitnehmers vom Drittmittelgeber kann daher grundsätzlich nicht als ein die unmittelbare Arbeitgeberstellung des Drittmittelgebers begründendes Kriterium anerkannt werden.

3) Kriterium des Einflusses vom Drittmittelgeber auf den Bestand des Arbeitsverhältnisses

Der die Drittmittel zur Verfügung stellende Drittmittelgeber ist grundsätzlich frei in seiner Entscheidung, ob er dem Drittmittelempfänger Drittmittel gewährt und auch in Zukunft gewährt. Er kann die Zuwendungen einstellen oder kürzen. Ob die Einstellung oder Kürzung der Zuwendungen ohne weiteres und jederzeit möglich ist, richtet sich allerdings nach den Vereinbarungen zwischen Drittmittelgeber und Drittmittelempfänger oder der Art des Zuwendungsverhältnisses. Liegt ein öffentlich-rechtliches Leistungsverhältnis vor, bei dem die Drittmittel aufgrund eines Verwaltungsaktes gewährt werden, können die Fördermittel nicht ohne weiteres willkürlich eingestellt oder gekürzt werden. Der Förderbescheid kann hier nur unter Beachtung der im Einzelfall einschlägigen öffentlich-rechtlichen Normen aufgehoben oder geändert werden. Bei Vorliegen eines privatrechtlichen Leistungsverhältnisses können die Vertragsparteien des Drittmittelvertrages bei Vereinbarung von regelmäßigen Zuwendungen Regelungen hinsichtlich der Laufzeit der Drittmittelgewährung treffen. Hierdurch kann die Entscheidungsfreiheit des Drittmittelgebers, die Drittmittel einzustellen oder zu kürzen, eingeschränkt sein. Nach Ablauf der Vertragszeit steht es dem Drittmittelgebers allerdings frei, ob er weiterhin Mittel zur Verfügung stellt.

Wenn der Drittmittelgeber die Zuwendungen unter Berücksichtigung der vorstehenden Ausführungen einstellen oder kürzen kann, kommt ihm ein nicht zu vernachlässigender Einfluß auf den Bestand der drittmittelfinanzierten Arbeitsverhältnisse zu. Gegebenenfalls kann der Drittmittelempfänger in Folge der Einstellung oder Kürzung der Zuwendungen die drittfinanzierten Arbeitsplätze nicht mehr finanzieren. Zweifelhaft ist jedoch, ob bereits der mögliche Einfluß des Drittmittelgebers auf den Bestand des Arbeitsverhältnisses generell dessen unmittelbare Arbeitgebereigenschaft zu begünden vermag.

Zu berücksichtigen ist, daß dem Drittmittelempfänger unterschiedliche Möglichkeiten zur Verfügung stehen, auf einen Drittmittelfortfall oder auf eine Drittmittelkürzung zu reagieren. Neben der Möglichkeit einer Kündigung kann der Drittmittelempfänger den Arbeitnehmer auch weiter beschäftigen und den Mittelfortfall oder die Kürzung der Drittmittel durch den Einsatz von Eigenmitteln, durch die Aufnahme von Krediten oder durch Einwerben anderweitiger Drittmittel auffangen. Durch die Annahme, der Drittmittelgeber habe entscheidenden Einfluß auf den Bestand des Arbeitsverhältnisses, würde verkannt werden, daß eine Drittmitteleinstellung oder -kürzung nicht zwingend eine Beendigung des Arbeitsverhältnisses seitens des Drittmittelempfängers durch eine (Änderungs-) Kündigung zur Folge hat. Diesem Argument könnte entgegengehalten werden, daß Vereine und Einrichtungen, die sich vollständig über Drittmittel finanzieren, faktisch kaum die Möglichkeit haben, auf den Drittmittelfortfall zu reagieren. Für diese stellt sich die Bandbreite der Reaktionsmöglichkeiten als Illusion dar. Zu bedenken sind in diesem Zusammenhang allerdings die zu erwartenden Reaktionen von Drittmittelgebern. Kaum ein Drittmittelgeber wird sich in die Gefahr begeben wollen, anstatt eines vollständig von Drittmitteln abhängigen Drittmittelempfängers in eine Arbeitgeberrolle gedrängt zu werden. Zahlreiche Drittmittelgeber werden bei einer derartigen Gefahr die Zurverfügungstellung von Drittmitteln sehr kritisch überprüfen und gegebenenfalls von einer Drittmittelfinanzierung ganz absehen. Die Konsequenz hieraus wäre eine Bedrohung der staatlichen und privaten Drittmittelfinanzierung insgesamt. Ein Rücklauf der Drittmittelfinanzierung und drittmittelfinanzierter Arbeitsverhältnisse stünde zu befürchten. Dies hätte wiederum erhebliche Auswirkungen auf den Arbeitsmarkt, weil zahlreiche auf Drittmittel angewiesene Arbeitgeber die anfallenden Arbeiten mit weniger Arbeitnehmern verrichten müßten. Die fehlende Möglichkeit einiger Drittmittelempfänger, auf den Drittmittelfortfall reagieren zu können, muß daher im Interesse der Drittmittelfinanzierung als solcher hingenommen werden. Eine generalisierende Betrachtungsweise muß folglich in Ermangelung der Feststellung eines generellen Einflusses von Drittmittelgebern auf den Bestand von drittfinanzierten Arbeitsverhältnissen sowie im Hinblick auf die möglichen Folgen für die Drittmittelfinanzierung ausscheiden.

Im übrigen verbietet sich hier aber auch eine differenzierende Betrachtungsweise, weil eine Abgrenzung von Drittmittelgebern, die Einfluß auf den Bestand von Arbeitsverhältnissen haben, von solchen, denen in Folge vorhandener Reaktionsmöglichkeiten des Arbeitgebers kein entscheidender Einfluß auf den Bestand von

Arbeitsverhältnissen zukommt, nur schwer möglich ist. Daher kann nicht im Einzelfall eine Arbeitgeberstellung des Drittmittelgebers bejaht, in anderen Fällen verneint werden. Neben den Abgrenzungsschwierigkeiten kommt hinzu, daß hier die Annahme einer Arbeitgeberstellung des Drittmittelgebers vom Zufall abhängen würde, je nachdem, ob dem Drittmittelempfänger weitere Reaktionsmöglichkeiten zukommen oder nicht.
Der Einfluß des Drittmittelgebers auf den Bestand von Arbeitsverhältnissen ist somit kein geeignetes Kriterium, welches generell oder im Einzelfall eine Arbeitgebereigenschaft des Drittmittelgebers begründen kann.

4) Kriterium der unternehmerischen Entscheidungsfreiheit

Ferner kann aus dem Kriterium der unternehmerischen Entscheidungsfreiheit im Grundsatz keine unmittelbare Arbeitgeberstellung des Drittmittelgebers abgeleitet werden. Dem Drittmittelgeber kommt eine unternehmerische Entscheidungsfreiheit regelmäßig nicht zu. Er stellt zwar finanzielle Zuwendungen für die Förderung des wirtschaftlichen Zwecks des Drittmittelempfängers zur Verfügung. Die den wirtschaftlichen oder ideellen Zweck des Unternehmens fördernden Entscheidungen liegen aber beim Drittmittelempfänger als Unternehmer. Auf diese Leitungs- und Organisationsmacht des Unternehmers kann der Drittmittelgeber grundsätzlich keinen Einfluß nehmen. Die Planungsautonomie des Unternehmers wird durch etwaige Bewilligungsbedingungen des Drittmittelgebers grundsätzlich nicht eingeschränkt. Mit seinen Bewilligungsbedingungen kann der Drittmittelgeber nur Einfluß auf die zweckentsprechende Verwendung der Drittmittel nehmen, nicht aber die arbeitstechnische Zwecksetzung im Betrieb oder die wirtschaftliche Zwecksetzung im Unternehmen beeinflussen.

5) Kriterium der Vertragsfreiheit

Im übrigen würde die Begründung eines Arbeitsverhältnisses zum Drittmittelgeber, der in der Regel eben keine arbeitsvertraglichen Beziehungen zu Arbeitnehmern schaffen, sondern vielmehr andere zur Beschäftigung von Arbeitnehmern veranlassen will, einen Widerspruch zum Grundsatz der Vertragsfreiheit darstellen. Eine Einschränkung der Vertragsfreiheit ist hier nicht angezeigt. Die Schutzbedürftigkeit des aus Drittmitteln finanzierten Arbeitnehmers kann grundsätzlich nicht zur Begründung einer Einschränkung der Vertragsfreiheit herangezogen werden. Denn der Vertragspartner des Arbeitnehmers ist ein selbständiger Arbeitgeber mit allen arbeitsrechtlichen Rechten und Pflichten. Anders als beim mittelbaren Arbeitsverhältnis ist der Vertragsarbeitgeber des Arbeitnehmers nicht einmal selbst Arbeitnehmer eines Dritten. Der Arbeitnehmer ist daher nicht schutzbedürftig. Darüber hinaus wird eine Umgehung des Grundsatzes der Unzulässigkeit von Verträgen zu Lasten Dritter vermieden.

6) Kriterium der Erbringung der Arbeitsleistung für den Drittmittelgeber

Schließlich ist eine unmittelbare Arbeitgeberstellung des Drittmittelgebers dann zu erwägen, wenn der Arbeitnehmer die Arbeitsleistung für den Drittmittelgeber erbringt. Voraussetzung wäre allerdings zunächst, daß das Arbeitsergebnis unmittelbar dem Drittmittelgeber zu Gute kommt.

Der Arbeitnehmer erbringt in der Regel aber keine Dienste gegenüber dem Drittmittelgeber, wobei unerheblich ist, daß der Arbeitnehmer letztlich meist an der Erfüllung einer im Interesse des Drittmittelgebers liegenden Aufgabe mitwirkt. Seine Dienste erbringt der Arbeitnehmer gegenüber seinem Vertragspartner. Das Recht zur wirtschaftlichen Verwertung der Arbeit des Arbeitnehmers liegt beim Drittmittelempfänger als Unternehmer. Es kann folglich nicht darauf verwiesen werden, daß der Wert der Arbeitsleistung letztendlich dem Drittmittelgeber zukommt, dieser also auch in die Arbeitgeberpflichten eingebunden werden muß. Denn der Drittmittelgeber verfolgt und erzielt mit der Zurverfügungstellung der Drittmittel in der Regel keinen unmittelbaren wirtschaftlichen Vorteil. Dies liegt bei der Drittmittelfinanzierung im öffentlich-rechtlichen Bereich auf der Hand. Mit der Schaffung und Erhaltung von Arbeitsplätzen oder mit der Förderung von Maßnahmen oder Projekten, die die öffentliche Hand ohne Förderung selbst durchführen müßte (z.B. Bildung, Sport, Kultur), werden durch die öffentliche Hand keine wirtschaftlichen Zwecke, sondern soziale, karitative und gesellschaftliche Zwecke verfolgt. Aber auch im privaten Bereich wird regelmäßig allenfalls ein mittelbarer wirtschaftlicher Vorteil verfolgt, da das unmittelbare Arbeitsergebnis den wirtschaftlichen Zwecken des Arbeitgebers dient.

Es soll allerdings nicht verkannt werden, daß vor allem private Drittmittelgeber im Einzelfall mit der Drittmittelfinanzierung nicht nur soziale Ziele, sondern auch mittelbare wirtschaftliche Interessen verfolgen. Der Umstand, daß der drittfinanzierte Arbeitnehmer häufig auch im Interesse des Drittmittelgebers liegende Aufgaben wahrnimmt, die sowohl ideeller als auch (mittelbar) wirtschaftlicher Natur sein können, kann für einen etwaigen Mißbrauch der Gestaltungsform des drittmittelfinanzierten Arbeitsverhältnisses von Bedeutung sein. Hierauf wird unten[400] bei der Erörterung der Grundsätze des arbeitsrechtlichen Durchgriffs näher eingegangen.

7) Zwischenergebnis

Die vorstehenden Ausführungen haben verdeutlich, daß im Grundsatz unmittelbare arbeitsvertragliche Beziehungen zwischen Drittmittelgeber und Arbeitnehmer mit allgemeinen (arbeits-) vertraglichen Grundsätzen dogmatisch nicht begründet werden können. Es bleibt jedoch zu prüfen, ob in besonders gelagerten

---

[400] Vgl. unten, 4. Teil, C, II, 3.

Einzelfällen unter bestimmten Voraussetzungen ein arbeitsrechtlicher Durchgriff auf den Drittmittelgeber in Betracht kommt. Hierauf wird im folgenden eingegangen.

II) Durchgriff auf den Drittmittelgeber?

Es ist ein arbeitsrechtlicher Durchgriff auf den Drittmittelgeber in Betracht zu ziehen. Die im Grundsatz aufgrund der Vertragsfreiheit bestehende Freiheit des Drittmittelgebers, Arbeitnehmer nicht selbst einzustellen, sondern lediglich einem anderen die dafür erforderlichen finanziellen Mittel mit entsprechender Zweckbindung zur Verfügung zu stellen, könnte aus rechtlichen Gründen begrenzt sein und zwar unter der Beachtung der Grundsätze zum mittelbaren Arbeitsverhältnis dergestalt, daß dem Drittmittelgeber eine mittelbare Arbeitgeberstellung zukommt oder diesem gegenüber den vom Drittmittelempfänger eingestellten Arbeitnehmern auch selbst arbeitsrechtliche Plichten obliegen.[401]
Außerdem sind im Einzelfall eine Umgehung von arbeitsrechtlichen Schutznormen sowie unter bestimmten Voraussetzungen ein Mißbrauch der Gestaltungsform des drittmittelfinanzierten Arbeitsverhältnisses in Betracht zu ziehen. Zu prüfen ist ferner, ob im drittmittelfinanzierten Arbeitsverhältnis eine Aufspaltung von Arbeitgeberfunktionen auf den Vertragsarbeitgeber und den Drittmittelgeber angenommen werden kann.

1) Bestehen eines mittelbaren Arbeitsverhältnisses zwischen Drittmittelgeber und Arbeitnehmer?

Fraglich ist, ob zwischen dem Drittmittelgeber und dem Arbeitnehmer ein mittelbares Arbeitsverhältnis vorliegt. Bei Annahme eines mittelbaren Arbeitsverhältnisses zwischen Drittmittelgeber und Arbeitnehmer würden arbeitsrechtliche Beziehungen zwischen ihnen begründet werden. In diesem Fall würden die Grundsätze der Gestaltungsform des mittelbaren Arbeitsverhältnisses zwischen Drittmittelgeber und drittfinanzierten Arbeitnehmer Anwendung finden.

Das Vorliegen eines mittelbaren Arbeitsverhältnisses zwischen Drittmittelgeber und Arbeitnehmer setzt zunächst voraus, daß der Drittmittelempfänger als Arbeitnehmer bzw. Mittelsmann für den Drittmittelgeber tätig geworden ist. Im Rahmen der Darstellung der Rechtsbeziehungen zwischen Drittmittelgeber und Drittmittelempfänger wurde oben bereits festgestellt, daß das Verhältnis zwischen diesen beiden öffentlich-rechtlicher oder privatrechtlicher Natur ist.
Ist ein öffentlich-rechtliches Verhältnis zwischen Drittmittelgeber und Drittmittelempfänger gegeben, so scheidet ein Arbeitsverhältnis zwischen beiden unzwei-

---

[401] Dies erwägt auch - ohne Auseinandersetzung mit der Problematik - Plander DB 1982, 1216, 1217.

felhaft aus. Bei Vorliegen eines privatrechtlichen Leistungsverhältnisses wird jedenfalls kein Arbeitsverhältnis begründet. Denn andernfalls könnte zwischen beiden kein Drittmittelvertrag, der im Zweifel ein Vertrag sui generis ist, vorliegen. Außerdem hat der Drittmittelgeber regelmäßig kein unmittelbares wirtschaftliches Interesse an der Durchführung der drittfinanzierten Tätigkeiten. Aber auch wenn der Drittmittelgeber ein eigenes wirtschaftliches Interesse verfolgt, ändert sich an der Beurteilung nichts. Er erteilt jedenfalls keine Weisungen hinsichtlich Zeit, Dauer und Ort der Tätigkeit des Drittmittelempfängers, sondern sichert lediglich die Einhaltung der zweckentsprechenden Verwendung der Drittmittel durch die Vereinbarung besonderer Bewilligungsbedingungen im Drittmittelvertrag mit dem Drittmittelempfänger. Art und Dauer seiner Tätigkeit bestimmt der Drittmittelempfänger als selbständiger Unternehmer eigenverantwortlich. Seine Handlungsfreiheit wird nur durch die vertraglichen Bindungen im Drittmittelvertrag eingeschränkt. Eine Dienst- bzw. Arbeitsleistung erbringt der Drittmittelempfänger gegenüber dem Drittmittelgeber keinesfalls. Festzuhalten bleibt, daß der Drittmittelempfänger kein Arbeitnehmer im Sinne des oben[402] dargestellten Arbeitnehmerbegriffs ist.

Das Vorliegen eines mittelbaren Arbeitsverhältnisses scheitert darüberhinaus an weiteren Voraussetzungen. Denn der Arbeitnehmer erbringt seine Arbeitsleistung regelmäßig im Rahmen seiner arbeitsvertraglichen Beziehungen mit dem Drittmittelempfänger für diesen und nicht unmittelbar "für" den Drittmittelgeber als seinen "Hauptarbeitgeber". Das Recht zur wirtschaftlichen Verwertung der Arbeit des Arbeitnehmers liegt beim Vertragsarbeitgeber. Der Drittmittelgeber erlangt durch die Arbeitsleistung des Arbeitnehmers grundsätzlich keinen unmittelbaren wirtschaftlichen Vorteil, auch wenn die Tätigkeit des aus Drittmitteln finanzierten Arbeitnehmers im Interesse des Drittmittelgebers liegt, der andernfalls eine Drittmittelvergabe nicht vorgenommen hätte.

Ein fachliches Weisungsrecht des Drittmittelgebers gegenüber dem Arbeitnehmer und ein Weisungsrecht hinsichtlich Zeit, Ort und Dauer der Ausführung der versprochenen Arbeitsleistung bestehen nicht. Das Direktionsrecht ist als Hilfsrecht an die Vertragsarbeitgeberstellung gebunden.[403] Vertragsarbeitgeber ist aber der Drittmittelempfänger. Der Drittmittelgeber kann nicht einmal mittelbar Weisungen gegenüber dem Arbeitnehmer erteilen, zumal der Arbeitnehmer nicht in den Betrieb des Drittmittelgebers eingegliedert ist, sondern vielmehr in den des Drittmittelempfängers. Der Drittmittelgeber kann damit keinen Einfluß auf den Arbeitnehmer dergestalt ausüben, als durch den Drittmittelempfänger Weisungen an den Arbeitnehmer weitergereicht werden. Der Drittmittelgeber ist darauf beschränkt, die Einhaltung der Bewilligungsbedingungen gegenüber seinem Vertragspartner, dem Drittmittelempfänger, durchzusetzen, was jedoch nur das zwischen den Vertragspartnern bestehende Vertragsverhältnis betrifft. Der Drittmit-

---

[402] Vgl. oben, 3. Teil, A, I.
[403] Vgl. oben, 3. Teil, A, I.

telgeber nimmt auch nicht faktisch die Funktion eines Arbeitgebers ein, denn ihm steht keine Entscheidungsbefugnis in den wichtigen Fragen des Personalrechts des Arbeitnehmers zu. Ihm kommen keine Sanktionsmaßnahmen gegenüber dem Arbeitnehmer zu. Der Arbeitnehmer ist mangels Eingliederung in den Betrieb des Drittmittelgebers ferner nicht dessen Betriebsordnung unterstellt.
Für ein mittelbares Arbeitsverhältnis ist es aber charakteristisch, daß der Inhaber des Betriebes (Hauptarbeitgeber), in dem der vom Mittelsmann angestellte (mittelbare) Arbeitnehmer beschäftigt wird, kein beliebiger Dritter ist, sondern vielmehr zwischen ihm und dem (mittelbaren) Arbeitnehmer eine Rechtsbeziehung entweder schon durch die mit seinem Wissen und Willen vollzogene Einordnung in seinen Betrieb oder durch die Erbringung der Arbeitsleistung mit dessen Wissen hergestellt ist. Der (mittelbare) Arbeitnehmer erbringt seine Arbeitsleistung nicht für den Mittelsmann, sondern unmittelbar für den Hauptarbeitgeber, der Mittelsmann ist lediglich aus Gründen der Betriebsorganisation zwischengeschaltet und mit der Einstellung der für seine Arbeitsverrichtung erforderlichen Arbeitnehmer betraut. Dies ist jedoch, wie gesagt, bei der Beziehung zwischen Drittmittelgeber, Drittmittelempfänger und Arbeitnehmer nicht der Fall.

Auch die Frage, ob der Mittelsmann im Rahmen eines mittelbaren Arbeitsverhältnisses zwingend ein Arbeitnehmer sein muß oder ob der Mittelmann auch Unternehmer und damit auch eine juristische Person sein kann, wird hier nicht von Bedeutung. Denn auch nach der Minderansicht muß der Mittelsmann hinsichtlich der wirtschaftlichen Verwertung der Arbeit des Beschäftigten unselbständiger Unternehmer sein und ein mittelbares Arbeitsverhältnis scheidet jedenfalls dann aus, wenn der Mittelsmann in einem materiellen Sinn selbständiger Unternehmer ist.[404] Der Drittmittelempfänger ist aber gerade hinsichtlich der wirtschaftlichen Verwertung der Arbeit des Arbeitnehmers und auch im übrigen in aller Regel selbständiger Unternehmer. Soweit die Arbeit wirtschaftlich verwertet werden kann und eine Gewinnerzielung beabsichtigt ist, was etwa bei ausschließlich karitativen Tätigkeiten ausscheidet, steht die Verwertung dem Drittmittelempfänger als Unternehmer und Träger des Unternehmerrisikos zu.

Festzuhalten bleibt, daß die hier vorliegende Konstellation des drittmittelfinanzierten Arbeitsverhältnisses im Grundsatz mit der Gestaltungsform des mittelbaren Arbeitsverhältnisses nichts gemein hat.

2) Arbeitsrechtliche Pflichten des Drittmittelgebers gegenüber dem Arbeitnehmer auf vertraglicher Basis?

Ob dem Drittmittelgeber gegenüber dem Arbeitnehmer seines Vertragspartners im Grundsatz auch gewisse arbeitsrechtliche Pflichten obliegen, hängt davon ab, ob eine dementsprechende rechtliche Grundlage besteht. Denn bereits bei der

[404] Vgl. Streicher, Rechtsformzwang, S. 14 und S. 312.

Klärung der Frage, ob unmittelbare arbeitsvertragliche Beziehungen zwischen Drittmittelgeber und Arbeitnehmer bestehen, wurde festgestellt, daß Abhängigkeiten regelmäßig durch Vertrag begründet werden und grundsätzlich niemand gegen seinen Willen die Rolle eines Arbeitgebers mit den entsprechenden arbeitsvertraglichen Pflichten übernehmen muß.[405]

Eine solche vertragliche Grundlage ist jedoch zwischen Drittmittelgeber und dem Arbeitnehmer nicht festzustellen.

Es fehlt im Ergebnis auch an einer Schutzbedürftigkeit des Arbeitnehmers an einer Begründung von Pflichten des Drittmittelgebers, weil dem Arbeitnehmer gegenüber seinem Vertragspartner alle arbeitsvertraglichen Schutznormen und Schutzvorschriften zu Gute kommen. Eine denkbare Argumentation, daß der eigene Vertragspartner gegebenenfalls nicht so solvent wie der Drittmittelgeber ist oder, daß die Voraussetzungen des Kündigungsschutzes nach dem Kündigungsschutzgesetz mangels Erreichen der Arbeitnehmerzahl des § 23 Abs. 1 Satz 2 KSchG auf Seiten des Drittmittelnehmers nicht gegeben sind, aber beim Drittmittelgeber unter Umständen vorliegen, vermag die Annahme irgendwie gearteter Pflichten des Drittmittelgebers nicht zu begründen. Denn andernfalls würden die Rechte des Arbeitnehmers und dessen Bestandsschutz verglichen mit anderen Arbeitnehmern erweitert. Das Risiko der Insolvenz seines Arbeitgebers hat jeder Arbeitnehmer zu tragen. Eine Erweiterung des Bestandsschutzes würde aus Drittmitteln finanzierte Arbeitnehmer gegenüber anderen Arbeitnehmern von Kleinunternehmern im Sinne des § 23 Abs. 1 Satz 2 KSchG bevorteilen.

3) Anwendung der Grundsätze des arbeitsrechtlichen Durchgriffs in besonderen Einzelfällen?

Nachdem festgestellt wurde, daß allein aufgrund der Drittmittelfinanzierung eines Arbeitsverhältnisses und etwaiger Abhängigkeiten des Drittmittelempfängers vom Drittmittelgeber im Grundsatz nicht von einer unmittelbaren oder mittelbaren Arbeitgeberstellung des Drittmittelgebers ausgegangen werden kann, stellt sich nun die Frage, ob und unter welchen Voraussetzungen gegebenenfalls im Einzelfall ein Durchgriff auf den Drittmittelgeber in Betracht kommt.

Möglicherweise ist die beim mittelbaren Arbeitsverhältnis entwickelte Umgehungs-, Rechtsmißbrauchs- und Analogieargumentation[406] auf die Gestaltungsform des drittmittelfinanzierten Arbeitsverhältnisses übertragbar. Gegebenenfalls ist auch unabhängig hiervon unter bestimmten Voraussetzungen ein Mißbrauch der Gestaltungsform des drittmittelfinanzierten Arbeitsverhältnisses anzunehmen.

Eine unmittelbare Übertragung der Umgehungs-Rechtsprechung beim mittelba-

[405] Vgl. oben, 4. Teil, C, I, 2.

[406] Vgl. oben, 3. Teil, B, III, 3.

ren Arbeitsverhältnis scheidet aus, da beim drittmittelfinanzierten Arbeitsverhältnis kein mittelbares Arbeitsverhältnis zwischen dem Drittmittelgeber und dem Arbeitnehmer begründet wird und es somit bei der Drittmittelfinanzierung nicht um die willkürliche Wahl eines mittelbaren statt eines unmittelbaren Arbeitsverhältnisses geht.

Ein Umgehung arbeitsrechtlicher Schutzvorschriften und ein Rechtsmißbrauch könnten aber in Anlehnung an diese Rechtsprechung und die dazu entwickelten Lösungsansätze in der Literatur dann in Erwägung gezogen werden, wenn der Drittmittelgeber sich durch Einschaltung eines Vormannes den arbeitsrechtlichen Bindungen zu entziehen und damit durch die Ausnutzung der im Grundsatz gegebenen Vertragsfreiheit eine Aushebelung der arbeitsrechtlichen Schutzmechnismen versucht. Zu erwägen ist z.B. das Streben nach einer Umgehung des Bestandsschutzes nach dem Kündigungsschutzgesetz. Dies wurde in Rechtsprechung und Literatur bislang nicht in Erwägung gezogen.

Im folgenden werden unter a-d) zunächst Kriterien (wirtschaftliche Abhängigkeit, Fremdbestimmtheit, wirtschaftliches Interesse des Drittmittelgebers, planmäßiger Einsatz des Arbeitnehmers im Betrieb des Drittmittelgebers) herausgearbeitet, die bei einer Drittmittelfinanzierung für eine Umgehung von arbeitsrechtlichen Schutznormen oder für einen Mißbrauch von Rechten sprechen könnten. Nach dieser Darstellung wird unter e) in der Stellungnahme geprüft, ob diese besonderen Kriterien beim drittmittelfinanzierten Arbeitsverhältnis geeignet sind, einen arbeitsrechtlichen Durchgriff auf den Drittmittelgeber zu begründen. Gegebenenfalls können jedenfalls besonderen Umstände im Einzelfall für einen arbeitsrechtlichen Durchgriff auf den Drittmittelgeber sprechen.

a) Kriterium für eine Umgehung/Rechtsmißbrauch: Wirtschaftliche Abhängigkeit des Drittmittelempfängers?

Oben[407] wurde bereits dargestellt, daß der Drittmittelempfänger vom Drittmittelgeber wirtschaftlich abhängig sein kann. Die wirtschaftliche Abhängigkeit des Drittmittelempfängers sowie der Einfluß des Drittmittelgebers auf das Arbeitsverhältnis wurden jedoch im Grundsatz nicht als geeignete Kriterien für die Begründung einer Arbeitgeberstellung des Drittmittelgebers angesehen. Nunmehr stellt sich die Frage, ob trotzdem in besonders gelagerten Einzelfällen allein die erhebliche wirtschaftliche Abhängigkeit des Drittmittelempfängers einen arbeitsrechtlichen Durchgriff auf den Drittmittelgeber zu begründen vermag. Da eine wirtschaftliche Abhängigkeit nicht meßbar ist, könnten, wenn ein Durchgriff zumindest in besonderen Einzelfällen bejaht würde, als Anhaltspunkte für eine wirtschaftliche Abhängigkeit etwa die Höhe der Zuwendung und die vorhandenen finanziellen Eigenmittel des Drittmittelempfängers dienen. Diese könnten zuein-

---

[407] Vgl. oben, 4. Teil, C, I.

ander in Verhältnis gesetzt werden. Daß eine Bestimmung des Begriffs "wirtschaftliche Abhängigkeit" nur schwer möglich ist und Abgrenzungsschwierigkeiten nicht zu vermeiden wären, wurde bereits verdeutlicht.[408] Dieser Ansatzpunkt der Meßbarkeit der wirtschaftlichen Abhängigkeit soll indessen nur weiterverfolgt werden, wenn ein Durchgriff überhaupt allein wegen erheblicher wirtschaftlicher Abhängigkeiten in Betracht kommt. Eine erhebliche wirtschaftliche Abhängigkeit ist aber jedenfalls dann ohne Schwierigkeiten anzunehmen, wenn der Drittmittelempfänger sich ausschließlich über Drittmittel finanziert. Zu denken ist diesbezüglich an voll subventionierte private Theater[409] und soziale Dienste, für die die Drittmittelfinanzierung eine Existenzfrage darstellt.

b) Kriterium für eine Umgehung/Rechtsmißbrauch: Umfassende Fremdbestimmtheit des Drittmittelempfängers durch Vorgaben des Drittmittelgebers

Als Kriterium für eine Umgehung arbeitsrechtlicher Schutznormen oder einen Rechtsmißbrauch der Gestaltungsform des drittmittelfinanzierten Arbeitsverhältnisses kommt ferner die Fremdbestimmtheit des Drittmittelempfängers durch Vorgaben des Drittmittelgebers in Betracht. Durch eine Fremdbestimmung könnte die unternehmerische Entscheidungsfreiheit des Drittmittelempfängers stark eingeschränkt sein. Es wurde bereits festgestellt, daß der Drittmittelgeber durch die Drittmittelfinanzierung und seine Bewilligungsbedingungen Einfluß auf die Arbeitsvertragsgestaltung nehmen kann und der Drittmittelempfänger aufgrund der Drittmittelfinanzierung vom Drittmittelgeber wirtschaftlich abhängig sein kann. Allein diese Umstände sind nach der hier vertretenen Auffassung im Grundsatz nicht geeignet, eine Arbeitgeberstellung des Drittmittelgebers zu begründen.[410] Das Kriterum der Fremdbestimmtheit geht jedoch weiter als das Kriterium der wirtschaftlichen Abhängigkeit.

Eine Fremdbestimmtheit ist dann anzunehmen, wenn die Aufgaben, Ziele, Organisationsstrukturen, die Entwicklung und der Inhalt der geförderten Tätigkeiten umfassend durch den Drittmittelgeber vorgegeben sind. Die Fremdbestimmtheit kann so weit gehen, daß dem Arbeitgeber die Art der Unternehmensführung einschließlich bestimmter Arbeitsstrukturen bis ins Detail vorgeschrieben wird. Liegen fremdbestimmte Vorgaben des Drittmittelgebers vor, können Arbeitgeber ihren Betriebszweck nur bedingt nach ihren Vorstellungen und Betriebskonzepten verfolgen. Die Planungskompetenz des Drittmittelempfängers kann in diesen

---

[408] Vgl. oben, 4. Teil, C, I, 2.

[409] Die Off-Bühne des Theaters Fürst Oblomov in Berlin wird beispielsweise ausschließlich über Arbeitsbeschaffungsmaßnahmen und Lohnsubventionen seitens des Arbeitsamtes und des Jugendsenats finanziert. Von dritter Seite wird das gesamte Ensemble (40 Schauspieler, Techniker, Bühnenbildner und Büropersonal) bezahlt. Vgl. Der Tagesspiegel vom 23.9.1998, S. 12 ("Das Arbeitsamt hält den Fürsten am Leben"). Privattheater werden häufig von der öffentlichen Hand subventioniert, vgl. MünchArbR (-Richardi/Pallasch), § 192 Rn. 27.

[410] Vgl. oben, 3. Teil, C, I.

Fällen eingeschränkt sein oder entfallen. Die Frendbestimmung kann dauerhaft sein und sich über lange Zeiträume erstrecken. Das Kriterium der Fremdbestimmtheit ist nicht nur auf den Bereich der Drittmittelfinanzierung zugeschnitten. Der Betrieb eines Unternehmers kann auch außerhalb der Drittmittelfinanzierung bei der Zusammenarbeit mit einem anderen Unternehmen oder bei einer dauernden Geschäftsbeziehung, bei der der Unternehmer vollständig mit Aufträgen für den Geschäftspartner ausgelastet ist, umfassend fremdbestimmt sein. Hier kann dem Unternehmer als abhängigen Partner die Art der Unternehmensführung ebenfalls inclusive bestimmter Arbeitsstrukturen bis ins Detail vorgeschrieben sein.[411] Zu denken ist etwa an Zulieferbetriebe, die ausschließlich Auftragsfertigung für ein anderes Unternehmen verrichten. Für den Arbeitnehmer des abhängigen Unternehmens bedeutet die Bindung ihres Unternehmens gegenüber einem anderen Unternehmen, daß dieser Einfluß auch Auswirkungen auf ihr Arbeitsverhältnis hat oder haben kann und insoweit auf dieses "durchschlägt".[412] Diese Fremdbestimmtheit und Abhängigkeit des Arbeitgebers von einem Vertragspartner kann eine Bedrohung der Arbeitsplätze mit sich bringen.

Liegt eine derartige Fremdbestimmtheit des Drittmittelempfängers vor, einhergehend mit der Einschränkung der Planungsautonomie sowie der unternehmerischen Entscheidungsfreiheit des Drittmittelempfängers, so könnte im Einzelfall ein arbeitsrechtlicher Durchgriff auf den Drittmittelgeber in Erwägung gezogen werden.

c) Kriterium für eine Umgehung/Rechtsmißbrauch: Verfolgung von eigenen wirtschaftlichen Interessen durch den Drittmittelgeber

Als weiteres Kriterium für eine Umgehung von arbeitsrechtlichen Schutznormen und für einen Rechtsmißbrauch ist die Verfolgung eigener wirtschaftlicher Interessen durch den Drittmittelgeber zu erwägen. Dies kommt etwa dann in Betracht, wenn der Drittmittelgeber im Einzelfall dieselben wirtschaftlichen Zwecke wie der Drittmittelempfänger verfolgt und dem Drittmittelempfänger gezielt Geldmittel zur Beschäftigung von Arbeitnehmern zur Verfügung stellt. Zu denken ist hier an die Förderung eines Tochterunternehmens durch die Konzernobergesellschaft.

d) Kriterium für eine Umgehung/Rechtsmißbrauch: Planmäßiger Einsatz des drittmittelfinanzierten Arbeitnehmers im Betrieb des Drittmittelgebers

Schließlich kommt als Kriterium für eine Umgehung oder einen Rechtsmißbrauch die folgende Fallgestaltung in Betracht: Der Drittmittelgeber stellt dem

[411] Kittner AuR 1990, 98, 100 ff.
[412] Vgl. Kittner AuR 1990, 98, 100.

Drittmittelempfänger gezielt Drittmittel zur Begründung eines Arbeitsverhältnisses mit dem Arbeitnehmer zur Verfügung, der Arbeitnehmer wird aber nach Begründung des Arbeitsverhältnisses mit dem Drittmittelempfänger unter dem Deckmantel von Dienst- oder Werkverträgen planmäßig zur Arbeitsleistung in den Betrieb des Drittmittelgebers abgeordnet und das Arbeitsergebnis steht dem Drittmittelgeber zu. Hier finanziert der Drittmittelgeber das Arbeitsverhältnis und die Arbeitsleistung wird in seinem wirtschaftlichen Interesse vom Arbeitnehmer in seinem Betrieb erbracht. Nur das Arbeitsverhältnis wird von einem Dritten begründet, dem das Arbeitsergebnis nicht zusteht. In dieser Fallkonstellation ist der Vertragsarbeitgeber lediglich als den Arbeitsvertrag schließende Zwischenperson zwischengeschaltet.

e) Durchgriff auf den Drittmittelgeber bei Vorliegen der vorgenannten Kriterien? - Stellungnahme

Nunmehr ist zu erörtern, ob die vorgenannten Kriterien bei deren Vorliegen im Einzelfall geeignet sind, einen Durchgriff auf den Drittmittelgeber zu begründen.

Die Schlüsselfragen lauten: Werden rechtlich geschützte Interessen der Arbeitnehmer bei Vorliegen der oben genannten Kriterien nicht gewahrt, wie es der gesetzlichen und richterrechtlichen Intention entspricht, und welche Interessen sind dies gegebenenfalls? Wird der drittfinanzierte Arbeitnehmer benachteiligt, weil und wenn keine arbeitsvertraglichen Beziehungen zum Drittmittelgeber bestehen?

Zunächst soll auf die unter a-c) herausgearbeiteten Kriterien (wirtschaftliche Abhängigkeit, Fremdbestimmtheit, wirtschaftliches Interesse des Drittmittelgebers) eingegangen werden.

Ein willkürlicher Rechtsform- bzw. Vertragsformmißbrauch in Anlehnung an die Umgehungsrechtsprechung des BAG beim mittelbaren Arbeitsverhältnis würde jedenfalls voraussetzen, daß sich dem Drittmittelgeber und dem Drittmittelempfänger verschiedene arbeitsvertragliche Gestaltungsformen anbieten, die für den aus Mitteln Dritter finanzierten Arbeitnehmer zu einem unterschiedlichen arbeitsrechtlichen Schutz führen. Dies kann bei drittmittelfinanzierten Arbeitsverhältnissen aber im allgemeinen nicht angenommen werden. Insoweit sind die zwei verschiedenen Vertragsformen deutlich voneinander abzugrenzen. Denn bei der Gestaltungsform des mittelbaren Arbeitsverhältnisses bestehen zwischen dem Hauptarbeitgeber und dem (mittelbaren) Arbeitnehmer, aber auch zwischen dem Hauptarbeitgeber und dem Mittelsmann erheblich intensivere arbeitsrechtlich relevante Beziehungen als bei drittmittelfinanzierten Arbeitsverhältnissen. Bei letzteren stellt sich regelmäßig nicht die Frage, ob die Vertragsform eines mittelbaren Arbeitsverhältnisses oder eines unmittelbaren Arbeitsverhältnisses zum Drittmittelgeber gewählt wird. Hier kann die Wahl nur zwischen einem unmittelbaren Arbeitsverhältnis zum Drittmittelempfänger oder einem unmittelbaren Arbeitsverhältnis zum Drittmittelgeber getroffen werden. Folge eines unmittelbaren Arbeitsverhältnis zum Drittmittelgeber wäre, daß dann keine Drittmittelfinanzierung mehr vorläge.

Bei beiden Vertragsformen würden den Vertragsarbeitgeber alle arbeitsrechtlichen Pflichten treffen. Ein unterschiedlicher arbeitsrechtlicher Schutz, der bei einem mittelbaren Arbeitsverhältnis wohl die Regel ist, kann im allgemeinen bei den drittmittelfinanzierten Arbeitsverhältnissen nicht festgestellt werden. In einer Vielzahl von Fällen ist der Drittmittelempfänger Arbeitgeber von zahlreichen Arbeitnehmern und die rechtliche Stellung des Drittmittelempfängers gegenüber dem Drittmittelgeber ist stärker als die rechtliche Stellung des Mittelmannes gegenüber dem Hauptarbeitgeber. Das liegt daran, daß dem Drittmittelgeber gegenüber dem Drittmittelempfänger keine arbeitsrechtlichen Befugnisse aus einer Arbeitgeberstellung zukommen. Bei drittmittelfinanzierten Arbeitsverhältnissen ist der Drittmittelempfänger ein selbständiger Unternehmer, der grundsätzlich eigene unternehmerische Entscheidungen trifft, mögen diese auch fremdbestimmt sein. Daher ist die Abhängigkeit des Drittmittelempfängers von den Geldmitteln des Drittmittelgebers mit der Abhängigkeit des Mittelmannes vom Hauptarbeitgeber bei dem mittelbaren Arbeitsverhältnis nicht vergleichbar und wesentlich geringer, wenn auch der Drittmittelempfänger nicht stets einen materiellen Gewinn aus der Zurverfügungstellung der Mittel erzielen kann. Der Mittelsmann ist vom Hauptarbeitgeber nicht nur wirtschaftlich, sondern eben auch persönlich abhängig. Angesichts dessen kann nicht die Rede von einer grundsätzlichen Gefahr einer Verkürzung des Arbeitnehmerschutzes bei drittmittelfinanzierten Arbeitverhältnissen sein. Dies muß auch dann gelten, wenn der Betrieb des Vertragsarbeitgebers durch Dritte vollständig subventioniert wird sowie fremdbestimmt ist und der Drittmittelgeber mit der Drittmittelfinanzierung (auch) eigene wirtschaftliche Interessen verfolgt. Diese besonderen Umstände ändern nichts daran, daß der Vertragsarbeitgeber des Arbeitnehmers ein selbständiger Unternehmer ist, dem alle Arbeitgeberrechte und -pflichten zukommen. Auch wenn der Drittmittelgeber mit der Förderung eigene wirtschaftliche Interessen verfolgt und der Betrieb des Vertragsarbeitgebers fremdbestimmt ist, wird die Anwendung der Arbeitnehmerschutznormen im Verhältnis zwischen Vertragsarbeitgeber und Arbeitnehmer nicht tangiert. Für die wesentlichen Fragen des Personalrechts (Kündigung, Abführung der Sozialversicherungsbeiträge, Urlaub, Nebentätigkeiten, Ausübung des Direktionsrechts) sowie die Beachtung der arbeitsrechtlichen Schutznormen bleibt der Vertragsarbeitgeber verantwortlich.
Es ist daher nicht erkennbar, daß bei der Drittmittelfinanzierung der Zweck von Rechtsnormen objektiv vereitelt wird. Es besteht somit kein Anlaß, den drittmittelfinanzierten Arbeitsverhältnissen die Anerkennung wegen Umgehung von arbeitsrechtlichen Schutzvorschriften oder wegen eines Rechtsformmißbrauchs zu versagen.

Im Ergebnis ist folglich eine Anlehnung an und eine Anwendung der Umgehungs- und Rechtsformmißbrauchsargumentation des BAG und Teilen der Literatur bei dem mittelbaren Arbeitsverhältnis auf das drittmittelfinanzierte Arbeitsverhältnis abzulehnen.

Aber auch ein partieller Durchgriff durch eine Analogie zu einzelnen arbeitsrechtlichen Schutznormen auf den Drittmittelgeber und die Annahme eines Rechtsmißbrauchs begegnen bei drittmittelfinanzierten Arbeitsverhältnissen beim Vorliegen der unter a-c) dargestellten Kriterien im Ergebnis erhebliche Bedenken. Denn der Drittmittelgeber übernimmt grundsätzlich keine wesentlichen Arbeitgeberfunktionen und er tritt nicht faktisch in die Rolle des Arbeitgebers ein. Eine irgendwie geartete Dispositionsmöglichkeit über die Arbeitskraft kommt ihm in der Regel nicht zu. Der Drittmittelgeber nimmt eben nicht auf den gesamten Arbeitsablauf und die Arbeitskonditionen beim Drittmittelempfänger, dem Vertragsarbeitgeber, wesentlichen Einfluß. Er hat regelmäßig keine bewußte Planungs- und Steuerungsfunktion und damit Arbeitgeberfunktionen inne. Der Drittmittelgeber hat, wie erörtert[413], keinerlei irgendwie geartetes Weisungsrecht gegenüber dem Arbeitnehmer. An dieser Beurteilung ändert sich Nichts, wenn dem Arbeitgeber im Einzelfall die Art der Unternehmensführung und die Arbeitsstrukturen vom Drittmittelgeber, der möglicherweise auch eigene wirtschaftliche Interessen verfolgt, vorgeschrieben werden und damit die Planungskompetenz dem Arbeitgeber faktisch genommen wird. Dies beruht auf folgenden Erwägungen: Zwischen der arbeitsrechtlichen Frage des Personalrechts und der Frage der unternehmerischen Entscheidungsfreiheit des Drittmittelempfängers muß streng unterschieden werden. Die vorgenannten Kriterien haben keinen Einfluß auf die Dispositionsmöglichkeit des Arbeitgebers gegenüber dem Arbeitnehmer. Die Kriterien haben Einfluß auf das Verhältnis zwischen Drittmittelgeber und Drittmittelempfänger, nicht jedoch unmittelbar auf das Arbeitsvertragsverhältnis zwischen Arbeitgeber und Arbeitnehmer. Zwar mag der Drittmittelgeber die Art und Weise der Arbeitsleistung bestimmen. Für die tatsächliche Zuweisung der Arbeit an seine Arbeitnehmer und die Fragen des Personalrechts bleibt aber der Arbeitgeber uneingeschränkt zuständig. Die wesentlichen Arbeitgeberfunktionen nimmt der Vertragsarbeitgeber wahr. Die Rechtsstellung des Arbeitnehmers wird durch den erheblichen Einfluß des Drittmittelgebers auf den Vertragsarbeitgeber nicht unmittelbar betroffen. Außerdem sind die Kriterien der Fremdbestimmung, der wirtschaftlichen Abhängigkeit und der Verfolgung eigener Interessen durch den Drittmittelgeber nur schwer greifbar. Es müßte im Einzelfall eine Auslegung stattfinden. Rechtsunsicherheit wäre die Folge, die wiederum einen Rücklauf der Drittmittelfinanzierung gerade in Bereichen, wo Drittmittel für Arbeitgeber eine Existenzfrage sind, zur Folge haben könnte. Ein Drittmittelgeber, der damit rechnen muß, in eine Arbeitgeberstellung gedrängt zu werden, wird gerade hier die Förderung kritisch überprüfen.[414] Damit könnte die Drittmittelfinanzierung gerade von Betrieben und Unternehmen, die dringend auf die Zurverfügungstellung von Drittmittel angewiesen sind, in Frage gestellt sein. Die öffentliche Hand würde

---

413 Vgl. oben, 4. Teil, C, I, 1.

414 Vgl. oben, 4. Teil, C, I, 3.

beispielsweise eine Subventionierung privater Theater überdenken, wenn sie sich der Gefahr einer Arbeitgeberstellung hinsichtlich der Arbeitnehmer des Theaters ausgesetzt sieht. Darüber hinaus sind die Kriterien der Fremdbestimmtheit, der wirtschaftlichen Abhängigkeit sowie des Vorliegens von eigenen wirtschaftlichen Interessen des Drittmittelgebers, die in der Wirtschaftsordnung häufig kumulativ auftreten, dem Wirtschaftrecht, und nicht dem Arbeitsrecht zuzuordnen. Deren Folgen sind dementsprechend auch über das Konzern- und Wirtschaftsrecht unter Kontrolle zu halten. Dies ist nicht Sache des Arbeitsrechts. Maßgebendes Kriterium für die Annahme eines Durchgriffs oder eines Rechtsmißbrauchs muß sein, daß der Drittmittelgeber wesentliche Arbeitgeberfunktionen wahrnimmt und damit faktisch in die Vertragsarbeitgeberstellung eintritt. Nur bei Vorliegen dieser Voraussetzungen kann angenommen werden, daß sich der Drittmittelgeber durch die Einschaltung des Drittmittelempfängers den arbeitsrechtlichen Bindungen zu entziehen und damit unter Ausnutzung der Vertragsfreiheit eine Aushebelung von arbeitsrechtlichen Schutznormen versucht. Dies ist nach den vorstehenden Erwägungen aber nicht der Fall.
Ferner dürfen hier, wie bei einem Durchgriff im mittelbaren Arbeitsverhältnis[415], nicht die allgemeinen gesetzlichen Wertungen unberücksichtigt bleiben, wonach Abhängigkeiten in der Regel durch Vertrag begründet werden.[416]
Durch die Kürzung oder Einstellung der Mittel wird schließlich die Stellung des Arbeitnehmers zwar durch den Drittmittelgeber möglicherweise mittelbar beeinträchtigt, da der Drittmittelempfänger auf den Drittmittelwegfall oder auf die Drittmittelkürzung, gegebenenfalls zum Nachteil des Arbeitnehmers, reagieren muß. Dies begründet indessen noch keine Dispositionsmöglichkeit des Drittmittelgebers im obigen Sinne. Denn dies berührt regelmäßig nicht unmittelbar die arbeitsrechtliche Dispositionsmöglichkeit des Vertragsarbeitgebers.

Im Ergebnis sind daher auch ein partieller Durchgriff durch eine Analogie zu einzelnen arbeitsrechtlichen Schutznormen sowie eine Rechtsmißbrauch bei Vorliegen der unter a-c) dargestellten Kriterien abzulehnen.

Festzuhalten bleibt damit als Zwischenergebnis, daß bei drittmittelfinanzierten Arbeitsverhältnissen ein Bedürfnis für einen arbeitsrechtlichen Durchgriff auf den Drittmittelgeber im Grundsatz nicht vorliegt.[417] Insbesondere eine kündigungsrechtliche Durchgriffshaftung des Drittmittelgebers kann nicht überzeugend begründet werden. Das Interesse des Arbeitnehmers an der Wahrung der arbeitsrechtlichen Schutzvorschriften wird nicht beeinträchtigt. Ein Bedürfnis für einen Durchgriff besteht darüber hinaus nicht, weil der Arbeitgeber ein selbständiger Unternehmer ist. Der Arbeitnehmer genießt im Grundsatz den vollen Bestandsschutz, wenn er die Voraussetzung des § 1 Abs. 1 KSchG erfüllt und der Arbeitgeber kein Kleinunternehmer ist. Es kann daher nicht festgestellt werden, daß die

[415] Vgl. hierzu oben, 3. Teil, B, III, 3, f.

[416] Vgl. oben, 4. Teil, C, I, 2.

[417] So im Ergebnis ohne Begründung auch Herschel, Anmerkung zu BAG, Urteil vom 19.4.1979 - 2 AZR 425/77-, EzA zu § 1 KSchG Betriebsbedingte Kündigung Nr. 11.

Schutzmechanismen des Arbeitsrechts ins Leere laufen. Damit kann eine unmittelbare oder eine zumindest partielle Arbeitgeberstellung des Drittmittelgebers nicht konstatiert werden.

Abweichend hiervon könnte aber bei Vorliegen des unter d) dargestellten Kriteriums (Planmäßiger Einsatz des drittmittelfinanzierten Arbeitnehmers im Betrieb des Drittmittelgebers) entschieden werden. Es könnte jedenfalls eine nach § 242 BGB unzulässige Rechtsausübung darstellen, wenn der Drittmittelgeber den Abschluß eines Arbeitsverhältnisses durch einen Dritten gezielt finanziert, der Arbeitnehmer aber tatsächlich allein im wirtschaftlichen Interesse des Drittmittelgebers in seinem Betrieb aufgrund vertraglicher Vereinbarung mit dem Vertragsarbeitgeber tätig wird und dem Drittmittelgeber das Arbeitsergebnis zusteht. In dieser Konstellation muß im Ergebnis von einer faktischen Arbeitgeberstellung des Drittmittelgebers ausgegangen werden. Hier nimmt der Drittmittelgeber wesentliche Arbeitgeberfunktionen war, da er die Art und Weise der Arbeitsleistung des Arbeitnehmers bestimmt und diesem die Arbeit zuweist. Ein Mißbrauch der Vertragsfreiheit liegt schon deshalb nahe, weil der Vertragsarbeitgeber hier als bloße Zwischenperson keine unternehmerischen Entscheidungen treffen und keinen Gewinn erzielen kann. Bei Vorliegen dieser Konstellation muß davon ausgegangen werden, daß das Arbeitsverhältnis zwischen Drittmittelempfänger und Arbeitnehmer lediglich fingiert ist, damit sich der Drittmittelgeber den arbeitsrechtlichen Bindungen entziehen kann. Unter rechtsmißbräuchlicher Ausnutzung der Vertragsfreiheit wird versucht, dem Arbeitnehmer die arbeitsrechtlichen Schutzmechanismen gegenüber dem Drittmittelgeber zu entziehen. Hier kann der Arbeitnehmer nicht auf die arbeitsrechtlichen Schutzmechanismen gegenüber seinem Vertragsarbeitgeber verwiesen werden. In der vorliegenden Konstellation liegt folglich eine gegen Treu und Glauben (§ 242 BGB) verstoßende Rechtsausübung vor. Als Folge hiervon richten sich die Rechtsbeziehungen zwischen Drittmittelgeber und Arbeitnehmer danach, wie sich die Rechtslage bei unmittelbaren Arbeitsvertragsbeziehungen zwischen Drittmittelgeber und Arbeitnehmer gestalten würde. Im Wege des Durchgriffs wird daher ein unmittelbares Arbeitsverhältnis zwischen Drittmittelgeber und dem drittmittelfinanzierten Arbeitnehmer begründet.

Festzuhalten bleibt, daß in der vorliegenden Konstellation ein arbeitsrechtlicher Durchgriff anzunehmen ist. Die Anerkennung eines arbeitsrechtlichen Durchgriffs beim drittmittelfinanzierten Arbeitsverhältnis stellt aber eine Ausnahme dar, die auf die unter d) erörterte Fallkonstellation (planmäßiger Einsatz des Arbeitnehmers im Betrieb des Drittmittelgebers) begrenzt ist.

4) Aufspaltung von Arbeitgeberfunktionen im drittmittelfinanzierten Arbeitsverhältnis

Die Beantwortung der Frage, ob bei dem drittmittelfinanzierten Arbeitsverhältnis wie bei der Leiharbeit und der klassischen Gestaltungsform des mittelbaren Arbeitsverhältnisses eine Aufspaltung von Arbeitgeberfunktionen gegeben ist, ist durch die vorstehenden Ausführungen bereits vorweggenommen worden. Nur dann, wenn im Verhältnis zwischen Arbeitnehmer und Drittem Elemente eines Arbeitsverhältnisses vorliegen, besteht Anlaß zur Einbeziehung des Dritten in das Arbeitsverhältnis und damit zu einer Aufspaltung der Arbeitgeberfunktionen.[418] Diese Voraussetzungen liegen bei drittmittelfinanzierten Arbeitsverhältnissen regelmäßig nicht vor, weil den Drittmittelgeber gegenüber dem Arbeitnehmer eben keinerlei arbeitsvertragliche Pflichten treffen und dieser - auch faktisch - keine Arbeitgeberfunktionen innehat. Dies wurde bereits näher ausgeführt. Nur dann, wenn der drittmittelfinanzierte Arbeitnehmer planmäßig im Betrieb des Drittmittelempfängers zur Arbeitsleistung eingesetzt wird und dem Drittmittelgeber das Arbeitsergebnis zusteht, kann von einer Aufspaltung der Arbeitgeberfunktionen auf den Drittmittelgeber und den Drittmittelempfänger ausgegangen werden.

Die drittmittelfinanzierten Arbeitsverhältnisse können deswegen in der Regel nicht den Typen der aufgespaltenen Arbeitsverhältnisse zugeordnet werden.

III) Gesichtspunkt des Vertrauensschutzes

Zu erwägen ist schließlich eine Vertrauenshaftung des Drittmittelgebers gegenüber dem Arbeitnehmer.

1) Das Institut des Vertrauenhaftung

Der Gesichtspunkt des Vertrauensschutzes, der dem allgemeinen Zivilrecht zuzuordnen ist, beruht nicht auf einer einheitlichen Lehre. Die dogmatische Einordnung der Vertrauenshaftung, deren Voraussetzungen und Rechtsfolgen sind umstritten.[419] In dogmatischer Hinsicht wird die Vertrauenshaftung teilweise als selbständiges Rechtsinstitut angesehen.[420] Nach anderer Ansicht ist diese in die Rechtsgeschäftslehre zu integrieren.[421] Im Arbeitsrecht ist der Gesichtspunkt des Vertrauensschutzes vor allem im Bereich des Konzernarbeitsrechts erörtert worden, wobei es im wesentlichen um die Sicherung von Versorgungsansprüchen und um die Bestandsschutzinteressen des Arbeitnehmers innerhalb des Konzernverbunds ging.[422]

Voraussetzungen einer Vertrauenshaftung sind verkürzt zusammengefaßt ein

---

[418] Vgl. Weber, Das aufgespaltene Arbeitsverhältnis, S. 433.
[419] Weber, Das aufgespaltene Arbeitsverhältnis, S. 330 ff. ; Windbichler, Arbeitsrecht im Konzern, S. 172 ff. jeweils m.w.N.
[420] Canaris, Vertrauenshaftung, S. 428 ff. ; Larenz/Wolf, AT, § 2 Rn. 36 und § 28 Rn. 59.
[421] Flume, BGB AT, S. 132 ; Bydlinski JZ 1975, 1, 4 f.
[422] Vgl. hierzu weiterführend Weber, Das aufgespaltene Arbeitsverhältnis, S. 330 ff. ; Windbichler, Arbeitsrecht im Konzern, S. 172 ff. jeweils m.w.N.

vom in Anspruch Genommenen zurechenbar gesetzter Vertrauenstatbestand, der nicht wieder zerstört worden sein darf, der zu einem berechtigten Vertrauen geführt und den Vertrauenden deshalb zu einer objektiv sichtbaren Disposition veranlaßt haben muß.[423] Als Rechtsfolgen kommen etwa ein Anspruch des Vertrauenden auf Ersatz des Vertrauensschadens oder ein Anspruch auf positive Vertrauensentsprechung in Betracht.[424]

Im Bereich der Drittmittelfinanzierung hat das BAG[425] entschieden, daß ein Hochschullehrer bei Abschluß eines Privatdienstvertrages persönlich für eine im Arbeitsvertrag zugesagte Zusatzversorgung durch die Versorgungsanstalt des Bundes und der Länder hafte. Weiterhin hafte aber auch der Universitätsträger nach dem Grundsatz der Vertrauenshaftung für diese Verbindlichkeit des Hochschullehrers mit, wenn die Universitätsverwaltung die Durchführung und Abwicklung des Arbeitsvertrages auf Antrag des Hochschullehrers übernommen habe. Nach dieser Entscheidung sei eine Vertrauenshaftung eines nicht am Vertrage beteiligten Dritten dann gegeben, wenn die Vertragspartner diesem Dritten besonderes Vertrauen entgegenbringen und der Dritte die Gewährleistung für die Vertragsdurchführung übernimmt. Denn derjenige, der seine persönlichen und technischen Hilfsmittel zur Verfügung stellt, dürfe das in ihn gesetzte Vertrauen nicht enttäuschen und sei deshalb genauso zu behandeln wie derjenige, der sich entsprechend rechtsgeschäftlich verpflichtet habe.

2) Vertrauensschutz im Verhältnis zwischen Drittmittelgeber und dem Arbeitnehmer

Das Vorliegen der Voraussetzungen einer Vertrauenshaftung im Verhältnis zwischen Drittmittelgeber und Arbeitnehmer ist zweifelhaft.

Bereits ein dem Drittmittelgeber zurechenbarer Vertrauenstatbestand, der berechtigte Erwartungen des Arbeitnehmers auch ohne rechtsgeschäftlichen Anspruch begründen könnte, ist im Grundsatz nicht ersichtlich. Bei der Arbeitsvertragsanbahnung, bei dem Abschluß des Arbeitsvertrages und bei der Personalverwaltung ist der Drittmittelgeber wie erörtert regelmäßig nicht beteiligt. Er bleibt im Hintergrund und überläßt dies dem Drittmittelempfänger, zumal in einer Vielzahl von Fällen in Drittmittelverträgen und Drittmittelrichtlinien eine Arbeitgeberstellung des Drittmittelgebers ausdrücklich ausgeschlossen wird. Ein Vertrauen des Arbeitnehmers auf Erfüllung von Ansprüchen aus dem Arbeitsverhältnis durch den Drittmittelgeber oder gar auf Begründung eines Arbeitsverhältnisses zum Drittmittelgeber entsteht damit in der Regel nicht. Eine Gewährleistung

---

[423] Windbichler, Arbeitsrecht im Konzern, S. 174 ; Canaris, Vertrauenshaftung, S. 491 ff. ; Weber, Das aufgespaltene Arbeitsverhältnis, S. 334.

[424] Windbichler, Arbeitsrecht im Konzern, S. 180 ; Canaris, Vertrauenshaftung, S. 521 ff. ; Weber, Das aufgespaltene Arbeitsverhältnis, S. 334 f.

[425] BAG, Urteil vom 29.11.1979 - 3 AZR 404/78 -, PersV 1981, 252 f.

für die Vertragsdurchführung übernimmt der Drittmittelgeber nicht. Außerdem hat der Drittmittelgeber wie bereits ausgeführt keinen unmittelbaren Einfluß auf das Arbeitsverhältnis zwischen Drittmittelempfänger und Arbeitnehmer. Die Rechtsbeziehungen sind nicht vergleichbar mit der praktischen Durchführung von Arbeitsverhältnissen mit Konzernbezug. Hier ist etwa eine Versetzung dergestalt möglich, daß Arbeitgeberunternehmen wiederholt Arbeitnehmer zu anderen Konzernunternehmen entsenden oder endgültig dorthin abordnen, während die jeweiligen Empfängerunternehmen dieses mitvollziehen.[426] Letztere fallen in erster Linie in den Anwendungsbereich des Vertrauensschutzes.[427] Eine solche Praxis ist in der vorliegenden Konstellation nicht denkbar.
Liegt ein zurechenbarer Vertrauenstatbestand nicht vor, so scheidet auch das Entstehen eines berechtigten Vertrauens seitens des Arbeitnehmers aus, welches zu entsprechenden Dispositionen führen könnte.

Der Gesichtspunkt des Vertrauensschutzes vermag somit im Regelfall ebenfalls keine Einstandspflicht des Drittmittelgebers oder dessen Haftung zu begründen.

IV) Unzulässige, verdeckte Arbeitnehmerüberlassung?

Fraglich ist, ob in dem Abschluß eines drittmittelfinanzierten Arbeitsverhältnisses eine unzulässige, verdeckte Arbeitnehmerüberlassung erblickt werden kann.
Die Arbeitnehmerüberlassung ist dadurch gekennzeichnet, daß der Vertragsarbeitgeber als Verleiher dem Entleiher vorübergehend (echte Leiharbeit) oder dauerhaft (unechte Leiharbeit) den Arbeitnehmer gegen Entgelt überläßt.[428] Das drittmittelfinanzierte Arbeitsverhältnis ist hingegen dadurch gekennzeichnet, daß der Drittmittelgeber dem Drittmittelempfänger Geldmittel zur Verfügung stellt und ihn damit in die Lage setzt, selbst ein Arbeitsverhältnis mit dem Arbeitnehmer zu begründen.
Die Zurverfügungstellung von Drittmitteln durch den Drittmittelgeber an den Drittmittelempfänger weist somit grundsätzlich keine Ähnlichkeiten mit der Überlassung von Leiharbeitnehmern auf. Denn zum einen stehen die Arbeitnehmer, wie gesagt, nicht in einem Arbeitsverhältnis zum Drittmittelgeber, zum anderen erhält der Drittmittelgeber kein Entgelt vom Drittmittelempfänger. Vielmehr stellt dieser Geldzuwendungen zur Begründung von Arbeitsverhältnissen durch den Drittmittelempfänger nach dessen Auswahl zur Verfügung.

Festzuhalten ist, daß die Gestaltungsform des drittmittelfinanzierten Arbeitsver-

---

[426] Vgl. Windbichler, Arbeitsrecht im Konzern, S. 176. Wird der Arbeitnehmer wiederholt außerhalb des Arbeitgeberunternehmens in einem anderen Konzernunternehmen beschäftigt, so kann er zu Recht darauf vertrauen, daß sich aufgrund dieser Mobilität auch sein Arbeitsplatzschutz entsprechend erweitert, vgl. Martens ZGR 1984, 417, 446 ; Rehbinder, Konzernaußenrecht und allgemeines Privatrecht, S. 472.
[427] Windbichler, a.a.O.
[428] Vgl. oben, 3. Teil, B, 4.

hältnisses im Grundsatz mit der Arbeitnehmerüberlassung nichts gemein hat.

Abweichend von diesem Grundsatz ist in Ausnahmefällen eine unzulässige, verdeckte Arbeitnehmerüberlassung in Erwägung zu ziehen. Zu denken ist an die oben[429] dargestellte Fallgestaltung, bei der der Drittmittelgeber dem Drittmittelempfänger gezielt Drittmittel zur Begründung von Arbeitsverhältnissen zur Verfügung stellt, die Arbeitnehmer aber tatsächlich unter dem Deckmantel von Dienst- oder Werkverträgen (Scheinverträge) im wirtschaftlichen Interesse des Drittmittelgebers in dessen Betrieb beschäftigt werden. Wird von Drittmittelgeber und Drittmittelempfänger derart verfahren, so liegt eine verdeckte Arbeitnehmerüberlassung vor. Diese illegale Arbeitnehmerüberlassung wird in aller Regel ohne Erlaubnis vorgenommen. Wird der Arbeitnehmer bei dem Drittmittelgeber auf Dauer eingesetzt, kann zwischen dem Drittmittelgeber und dem Arbeitnehmer unter den Voraussetzungen der §§ 10 Abs. 1 i.V.m. 9 Nr. 1 AÜG ein Arbeitsverhältnis fingiert werden. Dieses fingierte Arbeitsverhältnis steht einem vertraglich vereinbarten Arbeitsverhältnis gleich.[430]

In der vorliegenden Konstellation werden zudem bereits im Wege des arbeitsrechtlichen Durchgriffs unmittelbare arbeitsvertragliche Beziehungen zwischen Drittmittelgeber und Arbeitnehmer begründet.[431]

D) Sonderfall: Rechtsbeziehungen bei Zuwendungen an einen Bediensteten einer juristischen oder natürlichen Person

Ein Sonderfall bei den allgemeinen Grundsätzen des drittmittelfinanzierten Arbeitsverhältnisses ist anzunehmen, wenn über den Normalfall der Drittmittelfinanzierung, bei dem ein Drittmittelgeber, ein Drittmittelempfänger und ein aus Mitteln des Drittmittelgebers finanzierter Arbeitnehmer beteiligt sind, eine weitere juristische oder natürliche Person in dem Rechtsbeziehungsgeflecht auftritt. Eine solche von dem für die Drittmittelfinanzierung charakteristischen Drei-Personen-Verhältnis abweichende Konstellation ist gegeben, wenn ein Drittmittelgeber die Geldmittel einem Bediensteten einer juristischen oder natürlichen Person zur Verfügung stellt, welchem es betriebsintern obliegen soll, seine Aufgaben im Betrieb unter Hinzuziehung zusätzlichen, aus Drittmitteln finanzierten Personals zu erledigen.

Es stellt sich zunächst die Frage, ob diese Konstellation im Grundsatz zulässig ist. Anzuschließen hat sich bejahendenfalls die Frage, wie die Rechtsbeziehungen der Beteiligten ausgestaltet sind. Insbesondere ist klärungsbedürftig, welche Rolle die juristische oder natürliche Person, die Arbeitgeberin des Drittmittelempfängers ist, in dem Beziehungsgeflecht einnimmt und wie diese gegebenenfalls arbeitsrechtlich in das Verhältnis zwischen Drittmittelgeber, Drittmittelempfänger

---

[429] Vgl. oben, 4. Teil, C, II, 3, d.
[430] Schüren, AÜG, § 10 Rn. 23.
[431] Vgl. oben, 4. Teil, C, II, 3, e.

und Arbeitnehmer mit einbezogen ist. Von Interesse ist vor allem, ob auch der juristischen oder natürlichen Person arbeitsrechtliche Pflichten gegenüber dem von ihrem Bediensteten eingestellten Arbeitnehmer zukommen.

I) Rechtliche Zulässigkeit dieser Konstellation

Bezüglich der hier beschriebenen Konstellation stellt sich zunächst die Frage der rechtlichen Zulässigkeit, denn diese kann unter Umständen zu einer Verkürzung der Arbeitnehmerschutzrechte führen. Einen Ansatzpunkt für die diesbezügliche Prüfung bietet der schon oben[432] angeführte § 25 Abs. 5 Satz 1 HRG. Fraglich ist, ob arbeitsrechtliche Gesichtspunkte es außerhalb des unmittelbaren Anwendungsbereichs des § 25 Abs. 5 Satz 1 HRG gebieten können, Drittmittel ausschließlich den juristischen oder natürlichen Personen und nicht deren Bediensteten zur Aufgabenwahrnehmung zur Verfügung zu stellen.
Es wurde bereits festgestellt, daß es sich bei dieser Norm um eine Spezialregelung im Hochschulbereich handelt, der keine verallgemeinerungsfähigen Aussagen entnommen werden können, zumal es sich lediglich um eine Ausnahmen zulassende Sollvorschrift handelt.[433] Außerdem begegnet eine solche Konstellation im Grundsatz keinen Bedenken, wenn Bedienstete nach der Betriebsorganisation zur selbständigen Einstellung und Entlassung im eigenen Namen und unter Begründung einer eigenen Vertragsarbeitgeberstellung befugt sind. Es besteht darüberhinaus kein Bedürfnis, die Zulässigkeit einer solchen Praxis bereits grundsätzlich in Frage zu stellen, da bei Umgehung arbeitsrechtlicher Schutznormen und bei einem möglicherweise vorliegenden Rechtsformmißbrauch eine Korrektur über das Arbeitsrecht und die in der Rechtsprechung und der Literatur entwickelten Grundsätze möglich und gegebenenfalls geboten ist. Diesbezüglich kann auf die Ausführungen zum Durchgriff im mittelbaren Arbeitsverhältnis verwiesen werden.[434]

Im Ergebnis ist die vorliegende Konstellation grundsätzlich als zulässig anzusehen und die Annahme eines "Partnerzwanges" entgegen dem Grundsatz der Vertragsfreiheit abzulehnen. Eine Inpflichtnahme der juristischen oder natürlichen Person kann bei Mißbrauch der vorliegenden Konstellation im Einzelfall gegebenenfalls über die Grundsätze des arbeitsrechtlichen Durchgriffs erfolgen.

II) Rechtsbeziehungen

Im Hinblick auf die Beziehungen zwischen Drittmittelgeber, Drittmittelempfänger und Arbeitnehmer bestehen bei dieser Konstellation keine Abweichungen gegenüber den allgemeinen Grundsätzen. Insbesondere ist der den aus Drittmitteln

---

432 Vgl. oben, 4. Teil, A, II.
433 Vgl. oben, 4. Teil, A, II.
434 Vgl. oben, 3. Teil, B, III, 3.

finanzierten Arbeitnehmer einstellende Bedienstete regelmäßig dessen Vertragsarbeitgeber und damit Arbeitgeber im Sinne des Arbeitsrechts, während zwischen Drittmittelgeber und Arbeitnehmer keine Rechtsbeziehungen bestehen.
Es besteht jedoch ein Anlaß zu der Untersuchung, ob hier nicht gegebenenfalls unmittelbare vertragliche Beziehungen des Arbeitnehmers zu dem Arbeitgeber des Bediensteten bestehen, oder ob dieser eine mittelbare Arbeitgeberstellung einnimmt und es dadurch zu einer Aufspaltung von Arbeitgeberfunktionen zwischen diesem und seinem Bediensteten kommt. Auch die Aspekte der Gesetzesumgehung und des Rechtsformmißbrauchs können hier abweichend vom Normalfall der Drittmittelfinanzierung von Bedeutung werden und hinsichtlich der allgemeinen Grundsätze beim drittmittelfinanzierten Arbeitsverhältnis eine differenzierte Betrachtungsweise erforderlich machen.

1) Unmittelbares Arbeitsverhältnis des Arbeitnehmers zur juristischen oder natürlichen Person

Zunächst stellt sich die Frage, ob zwischen dem Arbeitnehmer und der juristischen oder natürlichen Person, welche Arbeitgeberin des Drittmittelempfängers ist, möglicherweise unmittelbare arbeitsvertragliche Beziehungen begründet werden.

Dies ist dann unproblematisch der Fall, wenn der Bedienstete bei Abschluß des Arbeitsvertrages mit dem Arbeitnehmer als bevollmächtigter Vertreter seines Arbeitgebers nach § 164 Abs. 1 BGB handelt und damit rechtliche Beziehungen für und gegen den Vertretenen begründet werden. In diesem Fall besteht indes keine Abweichung vom Normalfall des drittmittelfinanzierten Arbeitsverhältnisses. Denn es entsteht hier die für die Drittmittelfinanzierung charakteristische Drei-Personen-Beziehung, da dem Bediensteten insofern keine eigene selbständige Stellung in dem Rechtsbeziehungsgeflecht zukommt.

Von Interesse ist die vorliegende Konstellation in Anbetracht dieser Tatsache nur dann, wenn der Bedienstete nicht als Stellvertreter auftritt, sondern zur selbständigen Begründung von Arbeitsverhältnissen befugt ist und bei Abschluß eines Arbeitsvertrages Vertragsarbeitgeber des Arbeitnehmers wird. Wird der Bedienstete Vertragsarbeitgeber, so treffen diesen grundsätzlich alle arbeitsrechtlichen Pflichten gegenüber seinem Arbeitnehmer. Unmittelbare arbeitsvertragliche Beziehungen werden damit zum Arbeitgeber des Bediensteten nicht begründet.

2) Mittelbare Arbeitgeberstellung der juristischen oder natürlichen Person

Bei der vorliegenden Konstellation kommt aber in Abweichung vom Normalfall drittmittelfinanzierter Arbeitsverhältnisse das Vorliegen der Voraussetzungen der Gestaltungsform eines mittelbaren Arbeitsverhältnisses in Betracht. Im vorliegenden Spezialfall könnten sich folglich Rechtsfragen des mittelbaren Arbeitsverhältnisses im drittmittelfinanzierten Arbeitsverhältnis ergeben.

Es ist daher zu untersuchen, ob der juristischen oder natürlichen Person als Arbeitgeberin des Drittmittelempfängers gegebenenfalls auch eine mittelbare Arbeitgeberstellung gegenüber dem drittmittelfinanzierten Arbeitnehmer zukommt. Hinzuweisen ist an dieser Stelle aber vorweg, daß sich die nachfolgenden Erörterungen nur auf allgemeine Grundsätze beschränken können, da die Beurteilung der Rechtsbeziehungen in jedem Fall wegen der Verschiedenheit der Vertragsgestaltungsmöglichkeiten von der Auslegung der vertraglichen Grundlagen im Einzelfall abhängt. Insoweit können hier lediglich allgemeine Lösungsansätze aufgezeigt werden, die stets einer Überprüfung im Einzelfall unterzogen werden müssen und daher keine Allgemeinverbindlichkeit beanspruchen.

Im folgenden sind nunmehr die Beziehungen zwischen dem Bediensteten, dessen Arbeitgeber und dem Arbeitnehmer daraufhin zu untersuchen, ob sich diese unter die Voraussetzungen der Gestaltungsform des mittelbaren Arbeitsverhältnisses subsumieren lassen und ob die hier vorliegenden Beziehungen mit denen der am mittelbaren Arbeitsverhältnis Beteiligten übereinstimmen.
Auszugehen ist von der oben[435] angeführten Definition des klassischen mittelbaren Arbeitsverhältnisses, welches gegeben ist, wenn ein Arbeitnehmer in einem Arbeitsverhältnis zu einem anderen (Mittelsmann) steht, der seinerseits Arbeitnehmer des Hauptarbeitgebers ist und der Arbeitnehmer die Dienste unmittelbar für den Hauptarbeitgeber mit dessen Wissen leistet, ohne daß ein unmittelbares Arbeitsverhältnis zwischen Hauptarbeitgeber und (mittelbaren) Arbeitnehmer zustande kommt.

a) Arbeitsverhältnis zwischen juristischer oder natürlicher Person und ihrem Bediensteten

Zwischen der juristischen oder natürlichen Person und ihrem Bediensteten besteht regelmäßig ein Arbeitsverhältnis, welches den Bediensteten verpflichtet, eingegliedert in die Betriebsorganisation seines Arbeitgebers die geschuldete Arbeitsleistung weisungsgebunden zu erbringen. In der vorliegenden Konstellation ist dessen Arbeitgeber damit einverstanden, daß er sich zur Erfüllung seiner Arbeitsleistung eines Gehilfen bedient und diesen einstellt, wobei die Geldmittel zur Finanzierung des Gehilfen von einem Dritten zur Verfügung gestellt werden.
In Anbetracht dieser Umstände ist es naheliegend und angebracht, die juristische oder natürliche Person wie beim mittelbaren Arbeitsverhältnis als "Hauptarbeitgeber" und dessen Arbeitnehmer als "Mittelsmann" zu bezeichnen. Letzterer kann auch ein Beamter sein.[436]

[435] Vgl. oben, 3. Teil, B, III, 1.
[436] Vgl. oben, 3. Teil, B, III, 1.

b) Arbeitsverhältnis zwischen Bediensteten und dem Arbeitnehmer

Zwischen dem Mittelsmann und dem Arbeitnehmer wird bei der vorliegenden Konstellation ebenfalls ein Arbeitsverhältnis begründet. Auf diese Weise entstehen wie beim mittelbaren Arbeitsverhältnis zwei hintereinandergeschaltete Arbeitsverhältnisse.

c) Erbringung der Arbeitsleistung "für" den Hauptarbeitgeber

Der Arbeitnehmer müßte die von ihm geschuldete Arbeitsleistung "für" den Hauptarbeitgeber mit dessen Einverständnis erbringen und der Hauptarbeitgeber hierdurch einen unmittelbaren oder mittelbaren wirtschaftlichen Vorteil erhalten. Dies ist letztendlich eine vom Einzelfall abhängige Frage. Im Rahmen der vorliegenden Untersuchung soll davon ausgegangen werden, daß der Hauptarbeitgeber einen wirtschaftlichen Vorteil erhält, zumal ein Gehilfe des Bediensteten regelmäßig die vom Hauptarbeitgeber verfolgten betrieblichen, arbeitstechnischen Zwecke fördert. Damit dient er den wirtschaftlichen Zwecken des Betriebes und der Hauptarbeitgeber zieht einen wirtschaftlichen Nutzen aus der Arbeitsleistung des Gehilfen. Dies ist aber, wie schon angeführt, nicht zwingend.[437]

d) Ergebnis

Die vorstehenden Ausführungen haben gezeigt, daß in der vorliegenden Konstellation die typischen Voraussetzungen der Gestaltungsform des mittelbaren Arbeitsverhältnisses vorliegen und damit eine Überschneidung eines drittmittelfinanzierten Arbeitsverhältnisses mit der Gestaltungsform des mittelbaren Arbeitsverhältnisses zu konstatieren ist. Die juristische oder natürliche Person wird grundsätzlich mittelbare Arbeitgeberin des von ihrem Bediensteten mit Drittmitteln eingestellten Arbeitnehmers.
Weiterhin sind die zwischen den Beteiligten beim mittelbaren Arbeitsverhältnis bestehenden Rechtsbeziehungen mit denen bei der vorliegenden Konstellation identisch, was hier das Vorliegen eines mittelbaren Arbeitsverhältnisses bestätigt. Denn der Bedienstete hat hier als Mittelsmann die primären arbeitsrechtlichen Rechte und Pflichten, wie z.B. das Direktionsrecht, die Fürsorgepflicht, das Kündigungsrecht, und die Lohnzahlungspflicht inne, da er Vertragsarbeitgeber des Arbeitnehmers wird.

Es besteht grundsätzlich zumindest ein mittelbares Direktionsrecht der natürlichen oder juristischen Person gegenüber dem Arbeitnehmer. Denn diese kann als

---

[437] Vgl. etwa zu der Frage, ob zwischen einer Hochschule und einem aufgrund eines Privatdienstvertrages mit dem Hochschullehrer beschäftigten Arbeitnehmer ein mittelbares Arbeitsverhältnis zustandekommt, und ob die Hochschule durch die Arbeitsleistung des Arbeitnehmers einen wirtschaftlichen Vorteil erhält, unten, 5. Teil, A, IV, 2, e.

Hauptarbeitgeber über das Direktionsrecht gegenüber dem Mittelsmann auf den Arbeitnehmer Einfluß nehmen, indem der Mittelsmann die Weisungen an den von ihm eingestellten Arbeitnehmer weitergibt.

Festzuhalten bleibt, daß sämtliche Grundsätze des mittelbaren Arbeitsverhältnisses im hier erörterten Sonderfall der Drittmittelfinanzierung grundsätzlich Anwendung finden.

3) Aufspaltung von Arbeitgeberfunktionen

Da hier eine mittelbare Arbeitgeberstellung der natürlichen oder juristischen Person gegeben ist, kommt es zwischen dieser und ihrem Bediensteten zu einer Aufspaltung von Arbeitgeberfunktionen, welche vor allem das Direktionsrecht und die Fürsorgepflicht betrifft. Der Hauptarbeitgeber kann sich in der vorliegenden Konstellation nicht mit Erfolg darauf berufen, daß er gegen seinen Willen ohne Begründung eines unmittelbaren Arbeitsverhältnisses zum Arbeitnehmer neben dem Vertragsarbeitgeber faktisch mit Arbeitgeberfunktionen belastet wird. Denn auch bei drittmittelfinanzierten Arbeitsverhältnissen finden die allgemeinen Grundsätze des Arbeitsrechts in vollem Umfang Anwendung. Es besteht kein Anlaß, allein wegen der Drittmittelfinanzierung von diesen Ausnahmen zuzulassen. Folglich kommen auch der juristischen oder natürlichen Person Arbeitgeberfunktionen gegenüber dem drittmittelfinanzierten Arbeitnehmer zu.

4) Arbeitsrechtlicher Durchgriff

Da hier ein mittelbares Arbeitsverhältnis gegeben ist, finden die Grundsätze zur Durchgriffsproblematik und die Grundsätze des Rechtsformmißbrauchs im mittelbaren Arbeitsverhältnis hier ohne weiteres Anwendung. Diese beanspruchen unabhängig davon Geltung, ob der (mittelbare) Arbeitnehmer aus Eigenmitteln oder aus Drittmitteln finanziert wird. Auf sie kann verwiesen werden.[438]

5) Besonderheiten bei drittmittelfinanzierten Arbeitsverhältnissen

Fraglich ist, ob sich hinsichtlich der Aufspaltung von Arbeitgeberfunktionen beim mittelbaren Arbeitsverhältnis Besonderheiten bei drittmittelfinanzierten Arbeitsverhältnissen ergeben.

Hier könnte es in arbeitsrechtlicher Hinsicht von Bedeutung werden, daß eine mittelbare wirtschaftliche Abhängigkeit des Arbeitnehmers vom Drittmittelgeber, nicht jedoch vom Hauptarbeitgeber besteht, welcher die Personalkosten nicht selbst bestreitet. Zu beachten ist insoweit ferner, daß die Drittmittel nicht dem Hauptarbeitgeber zur Verfügung gestellt werden, sondern dem Mittelsmann, der damit die Personalkosten finanziert. Es stellt sich weiterhin die Frage, wer bei

---

[438] Vgl. oben, 3. Teil, B, III, 2.

Ausbleiben oder Kürzung der Drittmittel für die entsprechenden Reaktionsmöglichkeiten verantwortlich ist, und ob den Hauptarbeitgeber eine subsidiäre Haftung trifft.

a) Allgemeines

Ein Einfluß der Drittmittelfinanzierung auf die arbeitsrechtliche Ebene der Beziehungen besteht nicht. Die arbeitsrechtliche Ebene und die Frage der Finanzierung eines Arbeitnehmers müssen klar voneinander abgegrenzt werden. Zwar finanziert der mittelbare Arbeitgeber, anders als bei der vorliegenden Konstellation, bei der klassischen Form des mittelbaren Arbeitsverhältnisses durch die entsprechende Bezahlung des Mittelmanns den (mittelbaren) Arbeitnehmer, während hier der Drittmittelgeber gerade dem Bediensteten (Mittelsmann) die Geldzuwendungen für die Bestreitung der Personalkosten zur Verfügung stellt. Der Hauptarbeitgeber ist hier also an der Finanzierung des Arbeitnehmers nicht beteiligt. Dies vermag indessen an der Qualifizierung eines Rechtsverhältnisses als mittelbares Arbeitsverhältnis nichts zu ändern. Denn die Frage der Finanzierung des Gehilfen ist nicht Tatbestandsmerkmal des mittelbaren Arbeitsverhältnisses, d.h. der Gehilfe muß nicht zwingend vom Hauptarbeitgeber selbst bezahlt werden. Entscheidend ist, daß der Arbeitnehmer die geschuldete Arbeitsleistung für den Hauptarbeitgeber mit dessen Wissen erbringt und in dessen Betriebsorganisation zur Arbeitsleistung eingegliedert wird. Der Hauptarbeitgeber kann sich durch die Wahl bzw. Duldung der Drittmittelfinanzierung in der vorliegenden Konstellation nicht dem Anwendungsbereich der Gestaltungsform des mittelbaren Arbeitsverhältnisses entziehen.
Maßgebend ist in arbeitsrechtlicher Hinsicht die persönliche Abhängigkeit des Arbeitnehmers und wer vom Tatsächlichen her Arbeitgeberfunktionen innehat, nicht wer die Finanzierung des Arbeitnehmers übernimmt. Denn die Entwicklung und die richterliche Konstruktion der Gestaltungsform des mittelbaren Arbeitsverhältnisses basiert auf dem Arbeitnehmerschutzgedanken. Dies muß um so mehr gelten, als eine Verkürzung des Arbeitnehmerschutzes durch die Wahl der vorliegenden Konstellation verhindert werden muß. Würde der juristischen oder natürlichen Person ein Wahlrecht zwischen einer eigenen Annahme der Drittmittel verbunden mit der Begründung eines unmittelbaren Arbeitsverhältnisses zum Arbeitnehmer einerseits und der völligen Ausschaltung einer Arbeitgeberstellung andererseits zugestanden, so wäre die arbeitsrechtliche Stellung des Arbeitnehmers noch schlechter als diejenige eines (mittelbaren) Arbeitnehmers beim mittelbaren Arbeitsverhältnisses, der zumindest einen "weiteren" mittelbaren Arbeitgeber erhält. Im Ergebnis bestehen gegen die Annahme eines mittelbaren Arbeitsverhältnisses zu der natürlichen oder juristischen Person und einer Aufspaltung der Arbeitgeberfunktionen zwischen dieser und ihrem Bediensteten keine Bedenken.

b) Einfluß der Kürzung oder Einstellung der Drittmittelzahlung auf die Rechtsbeziehungen

Nunmehr ist der Frage nachzugehen, welchen Einfluß eine Kürzung oder Einstellung der Drittmittelzahlung seitens des Drittmittelgebers auf die arbeitsrechtlichen Beziehungen der Beteiligten hat. Unzweifelhaft ist, daß irgendwie auf die Entscheidung des Drittmittelgebers reagiert werden muß.

Zunächst einmal ist es Sache des Drittmittelempfängers, auf die Kürzung oder Einstellung der Drittmittelzahlung zu reagieren. Er ist der unmittelbare Empfänger der Drittmittel und Arbeitsvertragspartner des aus Mitteln Dritter finanzierten Arbeitnehmers. Der Drittmittelempfänger kann dem Arbeitnehmer kündigen oder den Mittelfortfall bzw. die Drittmittelkürzung durch den Einsatz von Eigenmitteln, durch die Aufnahme von Krediten oder durch Einwerben anderweitiger Drittmittel auffangen. Die Möglichkeiten des Eigenmitteleinsatzes und der Kreditaufnahme werden in der Praxis allerdings regelmäßig am fehlenden Interesse des Drittmittelempfängers, der selbst nur Arbeitnehmer des Hauptarbeitgebers ist, scheitern.

Daher wird der Arbeitnehmer ein erhebliches Interesse daran haben, daß der juristischen oder natürlichen Person als Hauptarbeitgeber ebenfalls eine Verantwortung hinsichtlich der Kompensation des Mittelfortfalls oder der Drittmittelkürzung auferlegt wird, zumal diese in aller Regel wirtschaftlich stärker als ihr Bediensteter ist. Insbesondere kann eine beim mittelbaren Arbeitsverhältnis zum Teil vertretene subsidiäre Haftung des Hauptarbeitgebers in Erwägung gezogen werden, wenn der Drittmittelempfänger als Mittelsmann die Ansprüche des Arbeitnehmers infolge des Mittelfortfalls oder der Drittmittelkürzung nicht bzw. nicht mehr vollständig erfüllen kann.
Eine solche subsidiäre Verantwortung und Haftung des Hauptarbeitgebers in dem vorliegenden Sonderfall eines drittmittelfinanzierten Arbeitsverhältnisses bei Vorliegen der Voraussetzungen eines mittelbaren Arbeitsverhältnisses würde voraussetzen, daß der Drittmittelempfänger als Mittelsmann Lohnansprüche des Arbeitnehmers bei Mittelfortfall oder -kürzung zwingend zu erfüllen hat, der Arbeitnehmer also mit (fort-) bestehenden Lohnansprüchen gegenüber seinem Vertragsarbeitgeber ausfällt.

Dies kann bei dem hier vorliegenden Sonderfall im Ergebnis indessen nicht angenommen werden. Der Drittmittelempfänger muß nach den allgemeinen Grundsätzen bei einem Mittelfortfall oder einer Mittelkürzung seitens des Drittmittelgebers nicht zwingend das Arbeitsverhältnis zum Arbeitnehmer fortführen und das Arbeitsentgelt fortzahlen, denn er kann dem durch Ausspruch einer (Änderungs-) Kündigung begegnen und somit einer weiteren Lohnzahlungspflicht entgegentreten. Deswegen muß als Kehrseite auch eine subsidiäre Lohnzahlungspflicht des Hauptarbeitgebers entfallen. Denn eine subsidiäre Haftung für das Ar-

beitsentgelt kann bei Anerkennung einer solchen nur dann eintreten, wenn der primär Verpflichtete einer zwingenden Lohnzahlungspflicht nicht nachzukommen vermag. Dies kann nur dann der Fall sein, wenn diesen eine zwingende, nicht zu beseitigende Lohnzahlungspflicht überhaupt trifft. Dies ist wegen des Kündigungsrechts des Drittmittelempfängers bei Drittmittelfortfall eben nicht der Fall. Im übrigen setzt eine subsidiäre Haftung des Hauptarbeitgebers nach zutreffender Ansicht einen besonderen Rechtsgrund voraus.[439]
Andererseits kann der Hauptarbeitgeber natürlich den Arbeitnehmer selbst anstellen und aus Eigenmitteln vergüten, wenn ihm an einer weiteren Arbeitsleistung des Arbeitnehmers gelegen ist. Er hat also die Möglichkeit, ein unmittelbares Arbeitsverhältnis zu diesem zu begründen oder aber dem Bediensteten Geldmittel zur Verfügung stellen, aus denen dieser seinen Arbeitnehmer weiter vergüten kann.

Darüber hinausgehend ist kein Raum für Billigkeitserwägungen und den Verweis auf die fehlenden materiellen Grundlagen des Drittmittelempfängers. Eindeutig im Vordergrund haben hier arbeitsrechtliche Aspekte zu stehen. Diese gebieten jedenfalls keine über die Verantwortlichkeit des Vertragsarbeitgebers hinausgehende Verpflichtung des Hauptarbeitgebers zur Sicherung des status quo des Arbeitnehmers, wenn der Drittmittelgeber die Geldzuwendungen einstellt oder kürzt. Eine derartige Verpflichtung würde das Haftungsrisiko des Hauptarbeitgebers in nicht zu rechtfertigender Weise ausdehnen.

III) Folgerungen aus dem Sonderfall

Aus diesem Sonderfall können keine die allgemeinen Grundsätze der Rechtsbeziehungen beim drittmittelfinanzierten Arbeitsverhältnis beeinflussenden Folgerungen gezogen werden, da in dem Sonderfall keine Abweichungen von den allgemeinen Grundsätzen hinsichtlich der Rechtsbeziehungen zwischen Drittmittelgeber, Drittmittelempfänger und Arbeitnehmer festgestellt werden konnten. In dem Sonderfall treten nur weitere, zusätzliche Probleme neben die Drittmittelproblematik. Charakteristisch für den Sonderfall ist damit, daß neben den Grundsätzen des drittmittelfinanzierten Arbeitsverhältnisses auch die Grundsätze des mittelbaren Arbeitsverhältnisses Geltung beanspruchen.

E) Vorliegen einer erlaubnispflichtigen Arbeitsvermittlung?

Es könnte bei der Drittmittelfinanzierung schließlich der Tatbestand einer erlaubnispflichtigen Arbeitsvermittlung vorliegen. Allerdings hätte eine ohne Erlaubnis betriebene, verbotene Arbeitsvermittlung keinen Einfluß auf die Wirksamkeit des zwischen Arbeitgeber und Arbeitnehmer begründeten Arbeitsverhältnisses. Die arbeitsrechtliche Wirksamkeit eines durch unerlaubte Vermittlung zu-

---

[439] Vgl. oben, 3. Teil, B, III, 2.

stande gekommenen Arbeitsverhältnisses wird nicht beeinträchtigt.[440] Das Verbot der nicht zuvor erlaubten Arbeitsvermittlung richtet sich ausschließlich an den Vermittler, nicht an die Parteien des Arbeitsvertrages, denn nicht das Zustandekommen von Arbeitsverträgen wird mißbilligt, sondern deren Vermittlung durch unbefugte Personen oder Stellen.[441]

Eine Legaldefinition des Begriffs der Arbeitsvermittlung enthält § 35 SGB III. Nach § 35 Abs. 1 Satz 2 SGB III umfaßt die Arbeitsvermittlung unter anderem alle Tätigkeiten des Arbeitsamtes, die darauf gerichtet sind, Arbeitssuchende mit Arbeitgebern zur Begründung eines Beschäftigungsverhältnisses zusammenzuführen.

Die Bundesanstalt für Arbeit ist nach der Aufhebung des Vermittlungsmonopols der Bundesanstalt für Arbeit durch das Beschäftigungsförderungsgesetz 1994 mit Wirkung vom 1. August 1994 nicht mehr alleinige Trägerin der Arbeitsvermittlung, vielmehr dürfen auch Dritte in der Bundesrepublik Deutschland Arbeitsvermittlung betreiben. Allerdings ist eine Arbeitsvermittlung durch eine natürliche oder juristische Person oder eine Personengesellschaft bzw. Dritte nach § 291 Abs. 1 SGB III nur mit Erlaubnis der Bundesanstalt zulässig.

Fraglich ist damit, ob ein Drittmittelgeber durch die Zurverfügungstellung von Geldmitteln an einen Drittmittelempfänger zur Begründung von drittfinanzierten Arbeitsverhältnissen, die stets ohne vorherige Einholung einer Erlaubnis erfolgt, eine verbotene Arbeitsvermittlung darstellt. Der Drittmittelgeber verfolgt mit der Drittmittelfinanzierung unter anderem auch den Zweck, daß durch den Drittmittelgeber Arbeitnehmer zur Durchführung bestimmter Aufgaben und Tätigkeiten eingestellt werden. Zweifelhaft ist, ob dies ausreichend ist, um eine Zusammenführung von Arbeitgeber und Arbeitssuchenden im Sinne obiger Legaldefinitionen anzunehmen.

Ein Kriterium ist die Zielrichtung der Tätigkeit. Es kommt darauf an, daß der Vermittler zielgerichtet durch ein aktives Tun die Begründung von Arbeitsverhältnissen anstrebt.[442]

Dies reicht für die Feststellung und Konkretisierung des Begriffs des Zusammenführens indes allein nicht aus, denn auch der Drittmittelgeber strebt im Ergebnis zumindest mittelbar die Begründung von Arbeitsverhältnissen zwischen Drittmittelempfängern und den Arbeitnehmern an.

Entscheidend für ein zielgerichtetes Zusammenführen ist, daß die Vermittlungstätigkeit auf eine Kontaktaufnahme zwischen Arbeitgeber und Arbeitssuchenden gerichtet ist.[443] Arbeitsvermittlung erfordert eine eigene, irgendwie geartete Be-

---

[440] BAG, Urteil vom 30.5.1969 - 5 AZR 256/68 -, AP Nr. 4 zu § 35 AVAVG ; BAG, Urteil vom 8.3.1972 - 5 AZR 378/70 -, AP Nr. 3 zu § 611 BGB Leiharbeitsverhältnis ; Niesel (-Kärcher), AFG, § 5 Rn. 5.

[441] BAG, Urteil vom 30.5.1969 - 5 AZR 256/68 -, AP Nr. 4 zu § 35 AVAVG mit zust. Anmerkung von Krebs.

[442] Niebler/Biebl/Ulrich, AÜG, Rn. 119.

[443] Niesel (-Brand), SGB III, § 35 Rn. 17.

tätigung des Vermittlers, die auf die Zusammenführung beider Teile gerichtet ist.[444] Die Arbeitsvermittlung ist - vergleichbar der Tätigkeit eines Maklers - letztlich darauf gerichtet, daß zwischen einem Arbeitssuchenden und einem Arbeitgeber ein Arbeitsverhältnis zustandekommt. Dementsprechend liegt das maßgebende Kriterium darin, daß der Vermittler einen Arbeitssuchenden einem Arbeitgeber mit dem Ziele der Begründung eines Arbeitsverhältnisses zuführt.[445]
Dies kann für den ganz überwiegenden Bereich der drittmittelfinanzierten Arbeitsverhältnisse im Ergebnis nicht angenommen werden. Denn der Drittmittelgeber stellt regelmäßig keinen Kontakt zwischen dem Drittmittelempfänger und dem Arbeitnehmer her und führt diese beiden auch nicht zusammen. Er beschränkt sich in der Regel vielmehr auf die Zuwendung von Geldmitteln, die der Drittmittelempfänger dann zur selbständigen Auswahl und Einstellung von Arbeitnehmern nutzt. Er ermöglicht damit lediglich die Begründung von Arbeitsverhältnissen. Eine konkrete, auf die Zusammenführung von Drittmittelempfänger und Arbeitnehmer gerichtete Betätigung des Drittmittelgebers ist nicht erkennbar. Es liegt bei den drittfinanzierten Arbeitsverhältnissen also im Regelfall eine sog. Selbstsuche vor. Bei der sog. Selbstsuche fehlt es an einem Dazwischentreten eines Dritten, des Vermittlers.[446]
Anders liegt es jedoch, wenn die Bundesanstalt für Arbeit als Drittmittelgeber im Rahmen von Arbeitsbeschaffungsmaßnahmen einen Arbeitslosen an den Drittmittelempfänger zuweist. Hier liegt eine ohne weiteres erlaubte Vermittlungstätigkeit seitens der Bundesanstalt vor.[447]

F) Bewilligung von Drittmitteln und Bewilligungsbedingungen - Einfluß der Bewilligungsbedingungen auf das Arbeitsverhältnis

Die vom Drittmittelgeber festgelegten Bedingungen und Auflagen sind Bestandteil des Rechtsgeschäfts bzw. Leistungsverhältnisses, mit dem die Drittmittel gewährt wurden.[448] Hieran ist der Drittmittelempfänger grundsätzlich gebunden, soweit dem nicht gesetzliche Regelungen entgegenstehen. Sofern den Bewilligungsbedingungen keine zwingenden Rechtsvorschriften entgegenstehen, sind sie im Hochschulbereich nach § 25 Abs. 4 Satz 2 HRG auch für die Hochschulorgane bei der Mittelverwaltung bindend. Teilweise wird die Ansicht vertreten, daß die Bewilligungsbedingungen des Drittmittelgebers stets maßgeblich sein sollten, nicht nur für den Fall, daß gesetzliche Bestimmungen nicht entgegenstehen.[449]

---

444 GK-AFG (-Rademacher), § 13 Rn. 19.
445 BVerfG, Urteil vom 4.4.1967 - 1 BvR 84/65 -, EzAÜG Nr. 1 ; GK-AFG (- Rademacher), § 13 Rn. 16.
446 GK-AFG (-Rademacher), § 13 Rn. 19.
447 Vgl. hierzu im einzelnen unten, 5. Teil, B, IV.
448 Hailbronner (-Hailbronner), HRG, § 25 Rn. 18.
449 Karpen ZRP 1985, 177, 181.

Bei Kenntnis des Arbeitnehmers von den Bewilligungsbedingungen des Drittmittelgebers und entsprechender Vereinbarung mit dem Drittmittelempfänger im Arbeitsvertrag ist eine Zuweisung von Tätigkeiten entsprechend den Bewilligungsbedingungen ohne weiteres zulässig. Bei fehlender arbeitsvertraglicher Vereinbarung der Anwendung der Bewilligungsbedingungen des Drittmittelgebers und bei Unkenntnis des Arbeitnehmers von diesen ist andererseits eine Zuweisung von den Bewilligungsbedingungen entsprechenden Tätigkeiten, die arbeitsvertraglich nicht vereinbart sind, nicht möglich. Denn der Arbeitgeber würde die Grenzen seines Direktionsrechts überschreiten. Die Zulässigkeit der Zuweisung von Arbeiten und damit die Möglichkeit der Leistungsverweigerung seitens des Arbeitnehmers beurteilen sich ausschließlich nach dem Inhalt des Arbeitsvertrages.

Zweifelhaft ist, was bei Kenntnis des Arbeitnehmers von den Bewilligungsbedingungen aber fehlender Vereinbarung derselben im Arbeitsvertrag gilt. Einerseits könnte man von einer stillschweigenden Einbeziehung der Bewilligungsbedingungen ausgehen, andererseits könnte man dem Inhalt der tatsächlichen Vereinbarung den Vorrang einräumen. Für letzteres spricht, daß grundsätzlich die vertraglichen Vereinbarungen für den Inhalt des Arbeitsvertrages und die Dienstleistungspflicht des Arbeitnehmers entscheidend sind. Ein Vertrag ist die von zwei oder mehreren Personen erklärte Willensübereinstimmung über die Herbeiführung eines bestimmten rechtlichen Erfolges.[450] Voraussetzung eines Vertrages ist damit unter anderem eine Willenseinigung.[451] Eine stillschweigende Einbeziehung würde eine bloße Fiktion von Willenserklärungen ohne tatsächliche Einigung durch zwei einander entsprechende rechtsgeschäftliche Erklärungen beider Parteien darstellen. Gegebenenfalls kann für eine Einigung zwar auch ein schlüssiges, konkludentes Verhalten beider Parteien genügen. Willenserklärungen können nämlich auch durch schlüssiges Verhalten abgegeben werden.[452] Dieses kann allerdings nicht ohne weiteres unterstellt werden. Der Inhalt eines Arbeitsverhältnisses wird vielmehr durch die vom Arbeitgeber und vom Arbeitnehmer vereinbarten Bedingungen sowie durch auf das Arbeitsverhältnis bezogene gesetzliche und gegebenenfalls tarifliche Regelungen bestimmt, nicht indes durch Bedingungen eines am Arbeitsvertragsschluß selbst unbeteiligten Dritten. Dies gilt auch, wenn der Arbeitnehmer Kenntnis von den Bedingungen des Dritten hat und dieser den Abschluß des Arbeitsvertrages durch die Zurverfügungstellung von Geldmitteln erst ermöglicht. Äußert sich der Arbeitnehmer beim Arbeitsvertragsschluß nicht zu den Bewilligungsbedingungen des Drittmittelgebers trotz Kenntnis derselben, so kann aus seinem Schweigen keine Zustimmung zur Einbeziehung der Bewilligungsbedingungen in das Arbeitsverhältnis entnommen werden. Denn

---

[450] Palandt (-Heinrichs), BGB, Einf. v. § 145 Rn. 1 ; Larenz/Wolf, BGB AT, § 23 Rn. 9 ; Flume, BGB AT, S. 601 ff.

[451] Palandt, a.a.O., Rn. 3 ; Larenz/Wolf, a.a.O.

[452] Palandt, a.a.O., Einf. v. § 116 Rn. 6 ; Larenz/Wolf, a.a.O., § 24 Rn. 16 ; Flume, a.a.O., S. 69 ff.

Schweigen kann grundsätzlich nicht als Willenserklärung angesehen werden.[453] Zwar kann das Schweigen in Ausnahmefällen auch Erklärungswirkung haben, etwa wenn der Schweigende nach Treu und Glauben (§ 242 BGB) verpflichtet gewesen wäre, seinen gegenteiligen Willen zu äußern.[454] Der Arbeitnehmer ist indessen nicht als verpflichtet anzusehen, bei Arbeitsvertragsabschluß darauf hinzuweisen, daß er ein Arbeitsverhältnis unter Geltung der Bewilligungsbedingungen des Drittmittelgebers nicht abzuschließen bereit ist. Vielmehr ist es Sache des Arbeitgebers, eine Einbeziehung der Bewilligungsbedingungen zu vereinbaren und anzusprechen. Folglich werden die Bewilligungsbedingungen bei fehlender Vereinbarung nicht Vertragsinhalt.
Eine Zuweisung von Tätigkeiten entsprechend den Bewilligungsbedingungen scheidet hier also aus, wenn der Arbeitgeber bei der Zuweisung der Tätigkeiten die Grenzen seines Direktionsrechts überschreiten würde.
Anders kann es hingegen liegen, wenn der jeweilige Arbeitnehmer trotz fehlender Bezugnahme auf die Bewilligungsbedingungen im Arbeitsvertrag Tätigkeiten entsprechend diesen Bewilligungsbedingungen bei einer Zuweisung widerspruchslos verrichtet. Denn hierin kann eine konkludente Zustimmung zu einer nachträglichen Änderung des Vertragsinhalts zu erblicken sein. Eine konkludente Zustimmung zu einer nachträglichen Änderung des Vertragsinhalts ist auch dann nicht ausgeschlossen, wenn in einem schriftlichen Arbeitsvertrag geregelt ist, daß Vertragsänderungen der Schriftform bedürfen, weil das Schriftformerfordernis jederzeit ausdrücklich oder konkludent formfrei aufgehoben werden kann.[455] Dies gilt nach herrschender Auffassung auch dann, wenn die Parteien an das Schriftformerfordernis nicht gedacht haben.[456] Für diese Auffassung sprechen die Parteiautonomie sowie die Praktikabilität.

G) Haftung beim drittmittelfinanzierten Arbeitsverhältnis - Allgemeine Grundsätze

Nachdem die Rechtsbeziehungen zwischen den bei einer Drittmittelfinanzierung Beteiligten abgehandelt wurden, stellt sich noch die Frage, wie und ob die Beteiligten untereinander haften. Sofern zwischen den Beteiligten das Vorliegen

[453] Palandt, a.a.O., § 148 Rn. 3 und Einf. v. § 116 Rn. 7 ; Larenz/Wolf, a.a.O., § 24 Rn. 21 ; Flume, a.a.O., S. 64 f.
[454] Palandt, a.a.O., Einf. v. § 116 Rn. 8 und § 148 Rn. 3 ; Larenz/Wolf, a.a.O., § 28 Rn. 51.
[455] BAG, Urteil vom 4.6.1963 - 5 AZR 16/63 -, AP Nr. 1 zu § 127 BGB ; BGH, Urteil vom 5.2.1968 - II ZR 85/67 -, BB 1968, 607 f. mit ablehnender Anmerkung von Tiefenbacher ; Schaub, Arbeitsrechtshandbuch, § 32, III, 5, b.
[456] BAG, Urteil vom 10.1.1989 - 3 AZR 460/87 -, NZA 1989, 797, 798 ; BGH, Urteil vom 20.6.1962 - V ZR 157/60 -, NJW 1962, 1908 ; BGH, Urteil vom 26.11.1964 -VII ZR 111/63-, NJW 1965, 293 ; BGH, Urteil vom 2.7.1975 - VIII ZR 223/73 -, NJW 1975, 1653, 1654 ; a.A. BGH, Urteil vom 11.10.1967 - VIII ZR 76/65 , NJW 1968, 32, 33 ; OLG Köln, Urteil vom 29.10.1975 - 2 U 33/75 -, WM 1976, 362, 363, wonach die Schriftformklausel mit dem ausdrücklichen Willen beider Parteien außer Kraft gesetzt werden muß.

von Rechtsbeziehungen konstatiert wurde[457], dürften sich keine Abweichungen gegenüber den allgemeinen Haftungsregeln ergeben. Die Haftung zwischen Drittmittelgeber und Drittmittelempfänger sowie zwischen Drittmittelempfänger und dem Arbeitnehmer wird sich nach den allgemeinen Haftungsregeln im jeweiligen Vertragsverhältnis beurteilen. Zu prüfen ist jedoch insbesondere, ob auch im Verhältnis zwischen Drittmittelgeber und Arbeitnehmer eine Haftung anzunehmen ist.

I) Haftung im Verhältnis zwischen Drittmittelempfänger und Arbeitnehmer

Der Drittmittelempfänger und der Arbeitnehmer sind Parteien eines Arbeitsverhältnisses. Alle im normalen Zwei-Personen-Arbeitsverhältnis denkbaren Haftungsfälle sind daher auch im drittmittelfinanzierten Arbeitsverhältnis möglich. Der Arbeitgeber haftet dem Arbeitnehmer für die Erfüllung seiner Ansprüche aus dem Arbeitsverhältnis. Der Arbeitnehmer haftet seinerseits nach allgemeinen Grundsätzen für die Verletzung seiner Arbeitspflicht, also für Nicht- und Schlechtleistung und für die Verletzung von arbeitsvertraglichen Nebenpflichten, etwa für die Verletzung von Treuepflichten. Im übrigen gelten die allgemeinen Haftungsregeln, die auch in einem Zwei-Personen-Verhältnis Anwendung finden (z.B. Haftungsbeschränkungen zugunsten des Arbeitnehmers bei Schadensfall anläßlich einer betrieblich veranlaßten Tätigkeit[458] ; Beschränkung der Unternehmerhaftung für Arbeitsunfälle nach § 104 SGB VII[459]).

II) Haftung im Verhältnis zwischen Drittmittelgeber und Arbeitnehmer

Den Drittmittelgeber trifft keine Haftung als Arbeitgeber, weil er - wie erörtert - in das Arbeitsvertragsverhältnis nicht mit einbezogen ist. Daher ist im Grundsatz keine vertragliche Haftungsgrundlage ersichtlich. Der Drittmittelgeber haftet weder für die Verursachung von Schäden des Arbeitnehmers, noch für die Verletzung von Arbeitgeberpflichten. Den Arbeitnehmer seinerseits trifft gegenüber dem Drittmittelgeber keine Haftung für die Verletzung seiner arbeitsvertraglichen Pflichten.

Die vorstehenden Grundsätze schließen im Verhältnis zwischen Drittmittelgeber und Arbeitnehmer allerdings nicht die allgemeinen Haftungstatbestände des Zivilrechts aus.

---

[457] Rechtsbeziehungen liegen im Grundsatz nur zwischen Drittmittelgeber und Drittmittelempfänger sowie zwischen Drittmittelempfänger und dem Arbeitnehmer vor, vgl. oben, 4. Teil, A-D.

[458] Vgl. hierzu BAG, Beschluß vom 27.9.1994 - GS 1/89 (A) -, NZA 1994, 1083 ff. ; BAG, Urteil vom 23.1.1997 - 8 AZR 893/95 -, NZA 1998, 140 f. Zur Entwicklung der Haftungsbeschränkung wegen gefahrgeneigter Arbeit zur Haftungsbeschränkung bei betrieblich veranlaßter Tätigkeit Schaub, Arbeitsrechtshandbuch, § 52, VI, m.w.N.

[459] Vormals § 636 RVO.

Eine Haftung des Drittmittelgebers gegenüber dem Arbeitnehmer ist zu erwägen, wenn er diesen durch ein schuldhaftes Verhalten, unabhängig vom Bestehen vertraglicher Rechtsbeziehungen, einen Schaden zufügt. Zu denken ist etwa an unerlaubte Handlungen nach §§ 823 ff. BGB. Grundsätzlich finden auch im Verhältnis zwischen Drittmittelgeber und drittfinanzierten Arbeitnehmer die allgemeinen zivilrechtlichen Haftungsgrundsätze Anwendung. Fraglich ist allerdings, ob § 104 SGB VII zugunsten des Drittmittelgebers Anwendung findet, wenn der Arbeitnehmer durch ein Verhalten des Drittmittelgebers einen Personenschaden erleidet. § 104 SGB VII stellt den Unternehmer unter bestimmten Voraussetzungen von der Haftung für von ihm verursachte Schäden/Versicherungsfälle frei. § 104 SGB VII privilegiert also den Unternehmer. Zweifelhaft ist, ob der Drittmittelgeber Unternehmer in diesem Sinne ist. Eine Legaldefinition des Unternehmers im Sinne des SGB VII enthält § 136 Abs. 3 Nr. 1 SGB VII.[460] Unternehmer ist nach § 136 Abs. 3 Nr. 1 SGB VII derjenige, dem das Ergebnis des Unternehmens unmittelbar zum Vor- oder Nachteil gereicht. Die Vor- und Nachteile kommen demjenigen unmittelbar zugute im Sinne dieser Legaldefinition, der das Unternehmerrisiko trägt.[461] Das Unternehmerrisiko trägt bei der Drittmittelfinanzierung stets der Arbeitgeber, nicht indessen der Drittmittelgeber. Es spielt keine Rolle, daß der Drittmittelgeber Geldmittel zur Verfügung stellt und möglicherweise Einfluß auf die Unternehmensleitung hat. Denn zum einen nimmt der Drittmittelempfänger in aller Regel keine unmittelbare oder faktische Arbeitgeberstellung ein.[462] Damit trägt er auch nicht das Unternehmerrisiko. Zum anderen reicht zur Annahme eines Unternehmerrisikos nicht aus, daß ein Dritter maßgeblichen Einfluß auf die Leitung des Unternehmens ausübt.[463] Ein Geldgeber als solcher ist Unternehmer nur dann, wenn er an den Erträgnissen des Unternehmens unmittelbar beteiligt ist.[464] Dies ist bei der Drittmittelfinanzierung aber grundsätzlich nicht der Fall. Im Grundsatz kann der Drittmittelgeber daher nicht als Unternehmer im Sinne der §§ 104, 136 Abs. 3 Nr. 1 SGB VII angesehen werden. Bei einer Schädigung des Arbeitnehmers findet damit § 104 SGB VII nicht zugunsten des Drittmittelgebers Anwendung. Für dieses Ergebnis spricht im übrigen auch der Zweck der in § 104 SGB VII geregelten Haftungsfreistellung. Die Haftungsfreistellung erfolgt einerseits, weil die gesetzliche Unfallversicherung allein durch Unternehmerbeiträge finanziert wird, wodurch die Unternehmerhaftpflicht abgelöst wird, zum anderen sollen den Betriebsfrieden belastende Prozesse zwischen Arbeitnehmern und Arbeitgebern vermieden werden.[465] Dieser Zweck läßt sich nicht für eine Privilegierung des Drittmittelgebers anführen, da die drittmittelfinanzierten Arbeitnehmer jedenfalls nicht in den Betrieb des Drittmittelgebers ein-

---

[460] Vgl. Schmitt, SGB VII, § 136 Rn. 15.
[461] Schmitt, a.a.O., § 136 Rn. 18 ; Kater/Leube (-Leube), SGB VII, § 136 Rn. 8.
[462] Vgl oben, 4. Teil, C.
[463] Kater/Leube (-Leube), a.a.O.; Schmitt, a.a.O.
[464] Kater/Leube (-Leube), a.a.O., § 136 Rn. 9 m.w.N.
[465] Schmitt, a.a.O., § 104 Rn. 2 ; Kater/Leube (-Kater), a.a.O., Vor §§ 104-113 Rn. 4.

gegliedert sind. Eine Störung des Betriebsfriedens bei Prozessen zwischen Drittmittelgebern und Arbeitnehmern ist daher nicht zu befürchten.

Wird in Ausnahmefällen im Wege des arbeitsrechtlichen Durchgriffs eine Arbeitgeberstellung des Drittmittelgebers begründet, dann findet § 104 SGB VII im Verhältnis zwischen Drittmittelgeber und Arbeitnehmer ohne weiteres Anwendung. Dies ist allerdings die Konsequenz aus der Arbeitgeberstellung des Drittmittelgebers.

Auch eine Haftung des Arbeitnehmers gegenüber dem Drittmittelgeber findet nach den allgemeinen zivilrechtlichen Haftungsgrundsätzen statt. Es stellt sich aber die Frage, ob dem Arbeitnehmer auch gegenüber dem Drittmittelgeber die Haftungsbeschränkungen wegen Schadensfällen anläßlich einer betrieblich veranlaßten Tätigkeit zugute kommen, wenn er dem Drittmittelgeber einen Schaden zufügt. Diese Frage kann nur mit einem Blick auf den Sinn und Zweck der Haftungsbeschränkung beantwortet werden. Es entspricht der allgemeinen Rechtsüberzeugung, daß die Haftung des Arbeitnehmers für durch betriebliche Tätigkeiten verursachte Schäden nicht unbeschränkt sein darf.[466] Die Haftungsbeschränkung wird vom BAG mit einer entsprechenden Anwendung von § 254 BGB begründet.[467] Bei der Entstehung des Schadens müsse ein mitwirkendes Verschulden des geschädigten Arbeitgebers berücksichtigt werden. Auf seiten des Arbeitgebers sei dessen Betriebsrisiko zu berücksichtigen. Er müsse sich auch seine Verantwortung für die Organisation des Betriebes und die Gestaltung der Arbeitsbedingungen in rechtlicher und tatsächlicher Hinsicht zurechnen lassen. Mit der Eingliederung des Arbeitnehmers in die Betriebsorganisation nach den Plänen und Bedürfnissen des Arbeitgebers und den faktischen Gegebenheiten des Arbeitsprozesses werde die Berufsausübung des Arbeitnehmers gesteuert. Der Arbeitnehmer, dem die geschuldete Tätigkeit durch den Arbeitsvertrag und durch die Weisungen des Arbeitgebers vorgegeben werde, könne den vorgegebenen Arbeitsbedingungen in der Regel weder tatsächlich noch rechtlich ausweichen. Daher sei eine Haftungsbeschränkung geboten.

Die vorstehenden Ausführungen verdeutlichen, daß die Haftungsbeschränkung des Arbeitnehmers im Zusammenhang mit dessen persönlicher Abhängigkeit vom Arbeitgeber steht. Die Haftungsbeschränkung ist damit auf das Rechtsverhältnis zwischen Arbeitgeber und Arbeitnehmer zugeschnitten. Der Drittmittelgeber ist hingegen grundsätzlich ein am Arbeitsvertragsverhältnis unbeteiligter Dritter, in dessen Betrieb der Arbeitnehmer nicht eingegliedert ist und der gegenüber dem Arbeitnehmer auch keine Organisations- und Direktionsrechte hat. Der Arbeitnehmer ist vom Drittmittelgeber nicht persönlich abhängig.[468] Eine Beschränkung der Haftung des Arbeitnehmers gegenüber dem Drittmittelgeber ist daher nicht angezeigt. Im Verhältnis zwischen Drittmittelgeber und Arbeitnehmer finden so-

---

[466] Vgl. nur BAG GS, Beschluß vom 27.9.1994 - GS 1/89 (A) -, NZA 1994, 1083, 1084 m.w.N.

[467] BAG, a.a.O.

[468] Vgl. oben, 4. Teil, C, I, 1.

mit grundsätzlich die allgemeinen Haftungsregeln Anwendung.[469]
Ist der Drittmittelgeber in Ausnahmefällen im Wege des arbeitsrechtlichen Durchgriffs als Arbeitgeber des Arbeitnehmers anzusehen, dann findet die Haftungsbeschränkung in dem zwischen Drittmittelgeber und Arbeitnehmer begründeten Arbeitsverhältnis Anwendung.

Festzuhalten bleibt, daß im Verhältnis zwischen Drittmittelgeber und drittfinanzierten Arbeitnehmer grundsätzlich die allgemeinen Haftungsregeln gelten. Eine arbeitsvertragliche Haftung findet zwischen Drittmittelgeber und Arbeitnehmer indessen nicht statt.

III) Haftung im Verhältnis zwischen Drittmittelempfänger und Drittmittelgeber

Die Haftung im Verhältnis zwischen Drittmittelempfänger und Drittmittelgeber richtet sich nach dem zwischen ihnen bestehenden Rechts- bzw. Leistungsverhältnis.

Der Drittmittelempfänger haftet dem Drittmittelgeber für die zweckentsprechende Verwendung der Drittmittel, die Einhaltung der vertraglich vereinbarten Pflichten und die Erfüllung von etwaigen Auflagen und Bedingungen. Haftungsgrundlage ist entweder ein Drittmittelvertrag oder ein Zuwendungsbescheid, soweit daß Rechtsverhältnis öffentlich-rechtlich ausgestaltet ist. Der Drittmittelgeber seinerseits haftet für seine Zusagen im Drittmittelvertrag oder im Zuwendungsbescheid. Bei Abschluß eines Drittmittelvertrages finden die Grundsätze des Schuldrechts im BGB Anwendung. Ist Grundlage des Rechtsverhältnisses ein Zuwendungsbescheid, so richtet sich die "Haftung" nach öffentlich-rechtlichen Grundsätzen. Zu denken ist etwa an die Aufhebung des Zuwendungsbescheides verbunden mit einer Rückforderung der geleisteten Zahlungen durch den Drittmittelgeber, wenn die Drittmittel nicht zweckentsprechend verwendet werden, sowie an die zwangsweise Durchsetzung von Auflagen[470] im Zuwendungsbescheid. Werden Drittmittel durch Verwaltungsakt seitens der öffentlichen Hand zur Verfügung gestellt, so kann die gewährte Leistung unter den gesetzlichen Voraussetzungen (Aufhebung von Verwaltungsakten) wieder auf gleichem Wege per Verwaltungsakt zurückgefordert werden. Den Umweg über eine gerichtliche Durchsetzung im Wege der Leistungsklage muß die öffentliche Hand nicht beschreiten.[471]

---

[469] Vgl. hierzu unten, 4. Teil, G, IV.
[470] Eine Auflage beinhaltet eine zusätzliche Verpflichtung zum Verwaltungsakt. Sie ist daher selbst ein Verwaltungsakt, der im Wege der Verwaltungsvollstreckung durchgesetzt werden kann. Vgl. Kopp, VwVfG, § 36 Rn. 29 f. ; Maurer, Allgemeines Verwaltungsrecht, § 12 Rn. 9; Eyermann (-Happ), VwGO, § 42 Rn. 47 m.w.N.
[471] Vgl. zur Erstattung von zu Unrecht bezogenen Leistungen BSG, Urteil vom 3.9.1986 - 9a RV 10/85 -, BSGE 60, 209, 211 ff.

Sofern ein Drittmittelempfänger an ihn ausgezahlte Drittmittel nicht zweckentsprechend verwendet, kommt es somit zu einer Abwicklung im jeweiligen Rechtsverhältnis. Zahlt der Drittmittelempfänger etwa den Lohn an die drittfinanzierten Arbeitnehmer nicht aus, haben die Arbeitnehmer einen Vergütungsanspruch gegen ihren Arbeitgeber. Der Drittmittelgeber kann die Rückzahlung der Drittmittel verlangen, wenn der Drittmittelempfänger die Mittel nicht zweckentsprechend verwendet.

IV) Haftung gegenüber Dritten bei Schädigung durch den drittmittelfinanzierten Arbeitnehmer

Der Arbeitnehmer kann neben seinem Arbeitgeber auch Arbeitskollegen oder sonstigen Dritten Schäden zufügen. Auch in diesen Fällen finden die allgemeinen Haftungsregeln Anwendung.

Für die Haftung des Arbeitnehmers, der Arbeitskollegen verletzt, ist die Haftungsbeschränkung nach § 105 SGB VII[472] einschlägig.

Bei der Schädigung Dritter haftet der Arbeitnehmer nach den deliktischen Normen des BGB ohne besondere Haftungsbeschränkungen (Außenhaftung).[473] Im Außenverhältnis haften Arbeitgeber und Arbeitnehmer hierbei als Gesamtschuldner und der Arbeitnehmer erlangt einen Freistellungsanspruch von der Haftung im Innenverhältnis zum Arbeitgeber, und zwar in der Höhe, wie letzterer verpflichtet ist, den Schaden zu tragen.[474] Die Freistellungshöhe beurteilt sich nach der Risikoverteilung im Arbeitsverhältnis entsprechend den Grundsätzen über die betrieblich veranlaßte Tätigkeit.

Setzt der Drittmittelempfänger den Arbeitnehmer zur Erfüllung seiner Verbindlichkeiten bei der Erfüllung von Ansprüchen seiner Vertragspartner ein, so haftet er für diesen als seinen Erfüllungsgehilfen nach § 278 BGB.

H) Ergebnis und Zusammenfassung

Zwischen dem Drittmittelgeber und dem Drittmittelempfänger wird bei einer Einigung über die Modalitäten hinsichtlich der Zurverfügungstellung der Drittmittel ein Drittmittelvertrag geschlossen, wenn ein privatrechtliches Leistungsverhältnis gegeben ist. Der Drittmittelfinanzierung kann auch ein öffentlich-rechtliches Leistungsverhältnis (Verwaltungsrechtsverhältnis) zugrundeliegen.

Arbeitsrechtliche Rechtsbeziehungen erwachsen bei der Drittmittelfinanzierung regelmäßig zwischen dem Arbeitnehmer und dem Drittmittelempfänger. Dem

---

472 Vormals § 637 RVO.

473 Schaub, Arbeitsrechtshandbuch, § 52, VII.

474 Schaub, a.a.O.

Drittmittelempfänger steht gegenüber dem Arbeitnehmer das arbeitsrechtliche Direktionsrecht zu und er haftet für die Erfüllung der Arbeitnehmeransprüche.

Zwischen Drittmittelgeber und Arbeitnehmer können im Grundsatz keine arbeitsrechtlichen Rechtsbeziehungen festgestellt werden. Der Drittmittelgeber wird weder unmittelbarer noch mittelbarer Arbeitgeber des Arbeitnehmers. Auch ein arbeitsrechtlicher Durchgriff auf den Drittmittelgeber, der bei der Gestaltungsform des mittelbaren Arbeitsverhältnisses erwogen wird, findet grundsätzlich nicht statt, so daß diesen keinerlei arbeitsvertragliche Pflichten treffen. Desweiteren liegt auch regelmäßig kein Fall der Aufspaltung von Arbeitgeberfunktionen vor. Ausnahmsweise sind ein arbeitsrechtlicher Durchgriff auf den Drittmittelgeber und eine Aufspaltung von Arbeitgeberfunktionen anzunehmen, wenn der Arbeitnehmer entsprechend einer Vereinbarung zwischen Drittmittelgeber und Drittmittelempfänger nach der Zurverfügungstellung der Drittmittel planmäßig im Betrieb des Drittmittelgebers eingesetzt wird. In diesem Fall liegt darüber hinaus regelmäßig eine unzulässige, verdeckte Arbeitnehmerüberlassung vor.

In einem Sonderfall des drittmittelfinanzierten Arbeitsverhältnisses kann es zu Überschneidungen mit der Gestaltungsform des mittelbaren Arbeitsverhältnisses kommen, was allerdings nicht die Rechtsstellung des Drittmittelgebers betrifft. Dieser Sonderfall ist gegeben, wenn der Bedienstete einer juristischen oder natürlichen Person Empfänger der Drittmittel und Vertragsarbeitgeber ist. Hier nimmt die juristische oder natürliche Person regelmäßig eine mittelbare Arbeitgeberstellung ein. Außerdem liegen die Voraussetzungen einer Aufspaltung von Arbeitgeberfunktionen vor und es finden die zum arbeitsrechtlichen Durchgriff vertretenen Grundsätze Anwendung. Insoweit ist eine Abweichung von dem Normalfall einer Drei-Personen-Beziehung bei dem drittmittelfinanzierten Arbeitsverhältnis gegeben.

Durch den Sonderfall werden die allgemeinen Grundsätze in ihrem grundsätzlichen Aussagegehalt nicht betroffen.

Die Bewilligungsbedingungen des Drittmittelgebers werden grundsätzlich nur bei einer entsprechenden Vereinbarung zwischen Arbeitgeber und Arbeitnehmer zum Arbeitsvertragsinhalt.

Die Haftung zwischen den an der Drittmittelfinanzierung Beteiligten richtet sich grundsätzlich nach den allgemeinen Haftungsregeln.

5. Teil

Spezialfälle des drittmittelfinanzierten Arbeitsverhältnisses im Hochschulbereich und bei Arbeitsbeschaffungsmaßnahmen

A) Hochschulbereich

Im Gegensatz zu den verschiedenen allgemeinen Bereichen drittmittelfinan-

zierter Arbeitsverhältnisse, in denen eine dogmatische Untersuchung oder eine verallgemeinernde Darstellung der Rechtsbeziehungen der Beteiligten bislang nicht zu verzeichnen war, ist die Problematik hinsichtlich der Rechtsbeziehungen der einzelnen Personen untereinander im Bereich der Drittmittelforschung im Hochschulbereich seit längerem bekannt. Es werden zahlreiche differenzierte Auffassungen vertreten, die anhand der vorstehenden Erörterung der allgemeinen Grundsätze auf ihre Stichhaltigkeit überprüft werden sollen. Im Rahmen der Darstellung des Arbeitgeberbegriffs treten hier besondere Probleme gegenüber den allgemeinen Grundsätzen auf, wenn der Arbeitsvertrag zwischen dem Hochschullehrer und dem Arbeitnehmer begründet wird, weil dann zusätzlich untersucht werden muß, welche Rolle die Hochschule in dem Rechtsbeziehungsgeflecht einnimmt oder wie diese an den Rechtsbeziehungen zwischen Drittmittelgeber und Drittmittelempfänger sowie dem Arbeitnehmer beteiligt ist.
Eine klärungsbedürftige Besonderheit gegenüber den allgemeinen Grundsätzen, insbesondere dem Sonderfall der Drittmittelfinanzierung gegenüber einem "Bediensteten" einer natürlichen oder juristischen Person, besteht darin, daß der einzelne Hochschullehrer Träger des Grundrechts der Wissenschafts- und Forschungsfreiheit des Art. 5 Abs. 3 GG ist. Insoweit sind Abweichungen von den allgemeinen Regeln denkbar.

I) Verhältnis zwischen Hochschule und Hochschullehrer-Rechtsstellung des Hochschullehrers

Vorab ist die Rechtsstellung des Hochschullehrers zu klären, da dessen dienstrechtliche Stellung in der Hochschule für alle denkbaren Rechtsbeziehungen von Bedeutung werden kann. Dessen Rechtsstellung könnte Abweichungen von den allgemeinen Grundsätzen des drittmittelfinanzierten Arbeitsverhältnisses rechtfertigen.

Ein Hochschullehrer ist nach einer Definition des Bundesverfassungsgerichts[475] der Akademiker, der aufgrund Habilitation oder eines sonstigen Qualifikationsbeweises mit der selbständigen Vertretung eines wissenschaftlichen Faches in Forschung und Lehre betraut ist.
Die hauptberuflichen Hochschullehrer haben an den staatlichen Hochschulen regelmäßig die dienstrechtliche Stellung von Beamten, da sie nach § 46 HRG in Verbindung mit den jeweiligen Landeshochschulgesetzen grundsätzlich in das Beamtenverhältnis berufen werden.[476] Gleiches gilt z.B. auch für wissenschaftliche Assistenten und Hochschuldozenten (vgl. §§ 48, 48 c HRG). In Ausnahmefällen können Hochschullehrer nach den Landeshochschulgesetzen auch im An-

---

475 BVerfG, Urteil vom 29.5.1973 - 1 BvR 424/71 und 325/72 -, BVerfGE 35, 79, 126 f.
476 Als Folge der Finanznot der öffentlichen Hand wird inzwischen allerdings der Beamtenstatus der Professoren kritisch betrachtet, vgl. Der Spiegel 4/1998, 44, 49 ("Wir wollen uns nicht weh tun").

gestelltenverhältnis tätig werden, diese Ausnahmefälle sollen in der vorliegenden Untersuchung jedoch ausgeblendet werden. Sind Professoren zu Beamten ernannt worden, so findet auf sie grundsätzlich das allgemeine Beamtenrecht Anwendung, soweit nicht ausdrücklich Ausnahmen geregelt worden sind (vgl. §§ 49 HRG, 105 BRRG).

Nach §§ 55 Satz 2 BBG, 37 Satz 2 BRRG und den entsprechenden Vorschriften der Landesbeamtengesetze ist der Beamte verpflichtet, die von seinen Vorgesetzten erlassenen Anordnungen auszuführen und ihre allgemeinen Richtlinien zu befolgen, sofern es sich nicht um Fälle handelt, in denen er nach besonderer gesetzlicher Vorschrift an Weisungen nicht gebunden und nur dem Gesetz unterworfen ist.

Diese Gehorsamspflicht bzw. Weisungsgebundenheit des Beamten gegenüber dem Dienstherrn ist eine Hauptpflicht[477] des Beamten, welche einige Grundrechte einschränkt, aber selbst durch die Wissenschaftsfreiheit bei Professoren an Hochschulen, Hochschulassistenten, wissenschaftlichen Mitarbeitern und Lehrkräften für besondere Aufgaben erheblich eingeschränkt wird.[478] Denn die Tätigkeit der Professoren vollzieht sich im Bereich der Wissenschaftsfreiheit, die Universitäten sind gegenüber ihren wissenschaftlichen Mitarbeitern an Art. 5 Abs. 3 GG gebunden.[479] Art. 5 Abs. 3 GG läßt allerdings die allgemeine beamtenrechtliche Stellung des Hochschullehrers unberührt.[480] Nach dem BVerfG[481] schützt das in Art. 5 Abs. 3 GG enthaltene Freiheitsrecht als Abwehrrecht die wissenschaftliche Betätigung gegen staatliche Eingriffe und steht jedem zu, der wissenschaftlich tätig ist oder tätig werden will. Außerdem gilt das BBG für Professoren und Hochschulassistenten im Dienst des Bundes nur, soweit das HRG nichts anderes bestimmt (§ 176 a BBG). Auch daraus folgt, daß Professoren an Universitäten im Bereich des öffentlichen Dienstes eine Sonderstellung einnehmen, welche Ausdruck der grundrechtlich geschützten Wissenschaftsfreiheit des Art. 5 Abs. 3 GG ist.[482] Der Professor nimmt eine dienstrechtliche Amtspflicht vor, wenn er For-

---

477 Sie ist eine Dienstpflicht, die einem hervorgebrachten Grundsatz des Berufsbeamtentums entspricht, vgl. Battis, BBG, § 2 Rn. 9 und § 55 Rn. 3 ; BVerfG, Urteil vom 27.4.1959 - 2 BvF 2/58 -, BVerfGE 9, 268, 286.

478 Schütz, Beamtenrecht des Bundes und der Länder, § 58 NW LBG Rn. 3.

479 Schütz, a.a.O., § 199 Rn. 4 a m.w.N. ; Dickert, Naturwissenschaften und Forschungsfreiheit, S. 321 ; Knemeyer, BayVBl. 1982, 513, 515 ; Bettermann NJW 1969, 1321, 1323 ; Maunz/Dürig (-Scholz), GG, Art. 5 Abs. 3 Rn. 172 ; Thieme, Deutsches Hochschulrecht, Rn. 59 ; LAG Berlin, Urteil vom 15.7.1985 - 9 Sa 34/85 , LAGE § 611 BGB Arbeitgeberbegriff Nr. 1.

480 BVerfG, Urteil vom 17.12.1953 - 1 BvR 147 -, BVerfGE 3, 58, 151 ; BVerwG, Urteil vom 22.4.1977 - VII C 17.74 -, BVerwGE 52, 313, 330 f. ; Hailbronner (-Hailbronner), HRG, § 3 Rn. 9.

481 BVerfG, Urteil vom 29.5.1973 - 1 BvR 424/71 und 325/72 -, BVerfGE 35, 79, 112 ; Beschluß vom 1.3.1978 - 1 BvR 333/75 und 174, 178, 191/71 -, BVerfGE 47, 327, 367.

482 BVerfG, Urteil vom 17.12.1953 - 1 BvR 147 -, BVerfGE 3, 58, 151; Schatzschneider RiA 1989, 1 ; Mußgnug, Der Professor im Recht, S. 125 ; Reich, Das Amt des Hochschullehrers als

schungs- und Lehraufgaben erfüllt, er tut dies allerdings in Wahrnehmung grundrechtlicher Freiheiten und damit in einem staatsfreien Raum.[483] Er ist bei der Planung, Durchführung und Verwertung seiner Forschungen frei.[484] Zu konkreten Forschungsleistungen kann er grundsätzlich nicht verpflichtet werden.[485]
Professoren unterliegen bei ihrer wissenschaftlichen Betätigung keiner Gehorsamspflicht, sie werden durch Art. 5 Abs. 3 GG von Weisungen hinsichtlich ihrer dienstlichen Tätigkeit freigestellt.[486] Nach Laubinger[487] dürfte es zudem einen hergebrachten Grundsatz des Hochschullehrerbeamtenrechts geben, wonach die Professoren im Bereich von Forschung und Lehre der Gehorsamspflicht nicht unterliegen.[488] In Übereinstimmung damit regelt § 43 Abs. 1 Satz 1 HRG, daß Professoren ihre Aufgaben selbständig wahrnehmen. Selbständigkeit in diesem Sinne bedeutet Weisungsfreiheit und damit der Ausschluß jeder Fremdbestimmung des Hochschullehrers in der die Forschung und Lehre betreffenden Fragen.
Der Professor hat als solchen keinen Vorgesetzten, der ihm Aufgaben zuweisen und deren ordnungsgemäße Erledigung überwachen könnte.[489] Allerdings haben Professoren selbstverständlich wie alle Beamten einen Dienstvorgesetzten, der für sämtliche dienstrechtlichen Maßnahmen zuständig ist.[490]
Abzugrenzen sind insoweit der beamtenrechtliche und der korporationsrechtliche Status des Professors.[491] Die Rechtsstellung des Hochschullehrers wird sowohl durch das Beamtenrecht als auch durch das Korporationsrecht bestimmt, dem Hochschullehrer kommt damit ein Doppelstatus zu.[492]

Vertrauensstellung, S. 12.

[483] Lecheler PersV 1990, 299, 300 ; Maunz/Dürig, GG, Art. 5 Abs. 3 Rn. 172.

[484] Vgl. § 3 Abs. 2 HRG ; Denninger (-Lüthje), HRG, § 3 Rn. 11 ; Hailbronner, HRG, § 3 Rn. 45 ; Deiseroth, Berufsethische Verantwortung in der Forschung, S. 328 und 380 ; Thieme, Deutsches Hochschulrecht, Rn. 71 und 365 ; Moellering ZRP 1977, 7, 8 ; Meusel WissR 1985, 107, 113 ff.

[485] Hufen WissR 1989, 17, 27.

[486] Laubinger, Beamten- und korporationsrechtlicher Status der Professoren, Hdb.WissR 1982, 401, 407 und 415; Püttjer WissR 1990, 154, 165 ; Scheven, Professoren und andere Hochschullehrer, Hdb. WissR 1996, 325, 361 ; Battis, BBG, § 55 Rn. 5 ; Schatzschneider RiA 1989,1 ; Hufen WissR 1989, 17, 26 ; Thieme, Deutsches Hochschulrecht, Rn. 462 ; LAG Berlin, Urteil vom 15.7.1985 - 9 Sa 34/85 -, LAGE § 611 BGB Arbeitgeberbegriff Nr. 1.

[487] Laubinger, a.a.O., 415 m.w.N.

[488] So auch Thieme, Deutsches Hochschulrecht, Rn. 461. Das BVerfG hat offengelassen, ob es für Hochschullehrer besondere hergebrachte Grundsätze des Berufsbeamtentums im Sinne des Art. 33 Abs. 5 GG gibt, BVerfG, Urteil vom 29.5.1973 - 1 BvR 424/71 und 325/72 -, BVerfGE 35, 79, 146 ; BVerfG, Urteil vom 8.2.1977 - 1 BvR 79, 278, 282/70 -, BVerfGE 43, 242, 276 ff.

[489] Lecheler, PersV 1990, 299, 302 ; Thieme, Deutsches Hochschulrecht, Rn. 462 und 485 ; Mußgnug, Der Professor im Recht, S. 138 f. ; Scheven, a.a.O., 361.

[490] Thieme, Deutsches Hochschulrecht, Rn. 462 ; Hailbronner (-Hailbronner), HRG, § 3 Rn. 9 ; Mußgnug, Der Professor im Recht, S. 138.

[491] Laubinger, Beamten- und korporationsrechtlicher Status der Professoren, Hdb.WissR 1982, 401, 406 f. ; Thieme, Deutsches Hochschulrecht, Rn. 459.

[492] Scheven, a.a.O., 334 ff. ; Thieme, Deutsches Hochschulrecht, Rn. 473 ; Denninger

Die Wissenschaftsfreiheit ist zusätzlich in § 4 HRG n.F. einfachgesetzlich gewährleistet. Nach § 4 Abs. 2 Satz 1 HRG n.F.[493] umfaßt die Freiheit der Forschung insbesondere die Fragestellung, die Grundsätze der Methodik sowie die Bewertung des Forschungsergebnisses und seiner Verbreitung. Nach Satz 2 sind Entscheidungen der zuständigen Hochschulorgane in Fragen der Forschung insoweit zulässig, als sie sich auf die Organisation des Forschungsbetriebes, die Förderung und Abstimmung von Forschungsvorhaben und auf die Bildung von Forschungsschwerpunkten beziehen; sie dürfen aber die Forschungsfreiheit nicht beeinträchtigen.

Die Professoren bestimmen in den Hochschulgremien die wesentlichen Fragen von Forschung und Lehre selbst, es sei denn, diese zählen zum inhaltlichen Kernbereich wissenschaftlicher Betätigung, mit der Folge, daß diese überhaupt jeder Regelung entzogen sind.[494]

Abschließend läßt sich festhalten, daß Hochschullehrer wegen Art. 5 Abs. 3 GG hinsichtlich ihrer Forschungstätigkeit keinen Weisungen unterliegen.

II) Verhältnis zwischen Drittmittelgeber, Hochschule und dem einzelnen Hochschullehrer

1) Rechtliche Grundlage der Rechtsbeziehungen und die möglichen Vertragspartner des Drittmittelgebers

Das Verhältnis zwischen Hochschule und Hochschullehrer zum Drittmittelgeber ist regelmäßig vertraglich geregelt. In den zivilrechtlichen Verträgen werden Leistung und Gegenleistung sowie verschiedene Bedingungen geregelt. Häufig sind auch weitere Kooperationspartner (z.B. Bund, Länder, DFG) beteiligt.

Als Vertragspartner des Drittmittelgebers kommen neben der Hochschule selbst auch die Fakultäten, die wissenschaftlichen Einrichtungen und die einzelnen Hochschullehrer oder die einzelnen in der Forschung tätigen Hochschulmitglieder (§ 25 Abs. 1 Satz 1 HRG) in Betracht. Ist die Hochschule Vertragspartner, so ist regelmäßig ein Hochschullehrer, der die Forschungsleistungen erbringen soll, als "ausführende Stelle" in das Vertragsverhältnis mit einbezogen.[495] Die Fakultäten können indes nicht selbständige Vertragspartner des Drittmittelgebers sein, denn

---

(-Kehler), HRG, § 43 Rn. 1 ; Maunz/Dürig (-Scholz), GG, Art. 5 Abs. 3 Rn. 172 ; Albach, Der Einfluß des Beamtenrechts auf die Rechtsstellung des Privatdozenten, S. 116. In Österreich kommt dem ordentlichen Hochschullehrer kein Doppelstatus zu, vgl. hierzu weiterführend: Rebhahn, Weisungen im Universitätsbereich, S. 50.

[493] Die Regelung von § 4 Abs. 2 und 3 HRG n.F. stellt eine bloß deklaratorische Hervorhebung der "allgemein anerkannten durch die Rechtsprechung des Bundesverfassungsgerichts bestätigten Aspekte dieser Grundrechte" dar, vgl. zu § 3 Abs. 2 und 3 HRG a.F. Reg.begr. BT-Drucks. 7/1328, S. 32 ; Hailbronner (-Hailbronner), HRG, § 3 Rn. 2.

[494] BVerfG, Urteil vom 29.5.1973 - 1 BvR 424/71 und 325/72 -, BVerfGE, 35, 79, 112 f.

[495] Püttner/Mittag, a.a.O., S. 242 ff.

sie sind als institutionelle Untereinheiten der Körperschaft Hochschule keine juristischen Personen und folglich nicht rechtsfähig im zivilrechtlichen Sinne.[496] Gleiches gilt für die wissenschaftlichen Einrichtungen der Hochschule.[497] Der einzelne Hochschullehrer indes kann Vertragspartner des Drittmittelgebers sein, auch wenn die Forschungstätigkeit im Hauptamt ausgeführt wird.[498] Eine andere Auffassung würde der Regelung des § 25 Abs. 3 Satz 1 HRG widersprechen, denn die dort geregelte Anzeigepflicht wäre überflüssig, wenn der Gesetzgeber ohnehin davon ausginge, daß Vertragspartner eines Drittmittelgebers nur die Hochschule sein kann. Außerdem ist in § 25 Abs. 5 Satz 3 HRG gesetzlich ausdrücklich geregelt, daß das Hochschulmitglied in begründeten Fällen die Arbeitsverträge mit den Mitarbeitern selbst abschließen kann.

Im Regelfall ist erster Ansprechpartner des Drittmittelgebers der Hochschullehrer, sei es, daß ein Hochschullehrer bei einem Drittmittelgeber für ein bestimmtes Forschungsprojekt Drittmittel beantragt, sei es, daß Drittmittelgeber an einen Hochschullehrer herantreten und diesem Drittmittel für die Durchführung eines konkreten Forschungsvorhabens in Aussicht stellen. Der Hochschullehrer ist nämlich fachlich kompetenter als ein Ansprechpartner der Hochschulverwaltung, so daß Drittmittelgeber vorrangig mit diesem in Kontakt treten und mit diesem die Finanzierungsmodalitäten klären. Die Hochschule als Institution wird meist erst bei dem Abschluß des Drittmittelvertrages zwischen Hochschullehrer und Drittmittelgeber vom Hochschullehrer eingeschaltet.[499]

Nach Hufen[500] fußt die Vorstellung, Forschungsaufgaben des Professors seien im Grunde solche der Hochschule, letztere also die eigentliche Partnerin im Drittmittelspiel, in der monistischen Konzeption vom Staat und von der Körperschaft als mit nur einem Munde redender und mit dem Beamten als Organ handelnder juristischer Person.

2) Rechtliche Einbeziehung des einzelnen Hochschullehrers bei Vertragsverhältnis zwischen Drittmittelgeber und Hochschule

Fraglich ist, ob bei einem Vertragsschluß der Hochschule mit dem Drittmittelgeber auch der "ausführende" Hochschullehrer als "Vertragspartner" mit in das Vertragsverhältnis mit einbezogen ist, mit der Folge, daß er Gesamtschuldner im Sinne der §§ 420 ff. BGB wird, oder ob er als ausführende Stelle nur Erfüllungsgehilfe der Hochschule im Sinne des § 278 Satz 1 BGB[501] ist.

Ein Gesamtschuldverhältnis im Sinne der §§ 420 ff. BGB kommt nur dann in Betracht, wenn im Vertrag mit dem Drittmittelgeber hinreichend deutlich zum

---

[496] Püttner/Mittag, a.a.O., S. 248 f.
[497] Püttner/Mittag, a.a.O., S. 249 f.
[498] Püttner/Mittag, a.a.O., S. 250 f.
[499] Püttner/Mittag, a.a.O., S. 243 und 250.
[500] Hufen WissR 1989, 17, 28.
[501] So die am häufigsten vertretene Ansicht, vgl. Püttner/Mittag, a.a.O., S. 255.

Ausdruck kommt, daß Hochschule und Hochschullehrer gemeinsam eine komplexe Leistung schulden, etwa durch eine Mitzeichnung des Hochschullehrers.[502] Allein die bloße Mitzeichnung kann indes nicht genügen, wenn der Hochschullehrer nicht auch in der Vertragseinleitung als Vertragspartei aufgeführt wird. Bei einer Gegenzeichnung von Hochschule und Hochschullehrer wird nur derjenige Vertragspartner, der in der Vertragseinleitung als Vertragsschließender benannt ist.[503] Andernfalls wird nicht hinreichend deutlich, daß von beiden gemeinsam eine komplexe Leistung geschuldet wird.
Unabhängig von der Erfüllung dieser Voraussetzung ist im Ergebnis die Annahme eines Gesamtschuldverhältnisses abzulehnen. Läge ein solches vor, wäre der Drittmittelgeber als Gläubiger der Forschungsleistung nach § 421 BGB berechtigt, von jedem Vertragspartner die ganze Leistung zu fordern.[504] Dies ist indessen bei Forschungsvorhaben an der Hochschule nicht durchführbar, weil der Drittmittelgeber regelmäßig von der Hochschule keine Forschungsleistung und von dem einzelnen Hochschullehrer keine Unterstützungs- und Verwaltungsleistungen fordern kann.[505]

Erfüllungsgehilfe nach § 278 Satz 1 BGB ist, wer nach den tatsächlichen Gegebenheiten des Falles mit dem Willen des Schuldners bei der Erfüllung einer diesem obliegenden Verbindlichkeit als seine Hilfsperson tätig wird.[506]
Nach Dieterich[507] liegt, wenn Forschungsaufträge an die Hochschule gerichtet werden und die Hochschule solche Aufträge annimmt, ein Vertragsverhältnis vor, innerhalb dessen die Mitglieder der Hochschule nicht selbständig als Vertragspartner, sondern lediglich als unselbständige, weisungsgebundene Erfüllungsgehilfen ihrer Hochschule tätig werden könnten, was auch für Professoren gelte.
Diese Auffassung begegnet im Hinblick auf die Wissenschafts- und Forschungsfreiheit des Hochschullehrers aus Art. 5 Abs. 3 GG und der daraus folgenden Weisungsfreiheit nicht unerheblichen Bedenken. Zu Recht weisen Püttner/Mittag[508] insoweit darauf hin, daß die Durchführbarkeit dieser Verträge entscheidend von dem Hochschullehrer abhängt, während eine solch bedeutende Funktion dem Erfüllungsgehilfen im Sinne des § 278 Satz 1 BGB im Vertrags-

---

502 Püttner/Mittag, a.a.O., S. 255.
503 Reich, HRG, § 57 e Rn. 3.
504 Püttner/Mittag, a.a.O.
505 Püttner/Mittag, a.a.O.
506 BGH, Urteil vom 21.4.1954 - IV ZR 55/53 -, BGHZ 13, 111, 113 ; BGH, Urteil vom 27.3.1968 - VIII ZR 10/66 -, BGHZ 50, 32, 35 ; BGH, Urteil vom 8.2.1974 - V ZR 21/72 -, BGHZ 62, 119, 124 ; BGH, Urteil vom 9.10.1986 - I ZR 138/84 -, BGHZ 98, 330, 334 ; BGH, Urteil vom 24.11.1995 - V ZR 40/94 -, NJW 1996, 451 ; Palandt (-Heinrichs), BGB, § 278 Rn. 7.
507 Dieterich, Das Nebentätigkeitsrecht für das wissenschaftliche und künstlerische Hochschulpersonal in Baden-Württemberg, S. 24. Offengelassen wird von Dieterich die Frage, inwieweit ein bestimmter Hochschullehrer zu einer derartigen Mitwirkung verpflichtet sein soll.
508 Püttner/Mittag, Rechtliche Hemmnisse der Kooperation zwischen Hochschulen und Wirtschaft, S. 246 in Fußnote 24.

gefüge nicht zukommt. Andererseits ist für die Annahme einer Erfüllungsgehilfeneigenschaft die Art der zwischen dem Schuldner und der Hilfsperson bestehenden rechtlichen Beziehung gleichgültig. Ausreichend ist, wenn die Hilfsperson nach den rein tatsächlichen Vorgängen des gegebenen Falles mit dem Willen des Schuldners bei der Erfüllung der diesem obliegenden Verbindlichkeit als seine Hilfsperson tätig wird.[509] Ist diese im Willen des Schuldners liegende gegenständliche Beziehung zur Vertragserfüllung gegebenen, so ist auch derjenige Erfüllungsgehilfe, der seine Tätigkeit zwecks Erfüllung einer eigenen Verbindlichkeit entfaltet.[510] Die rechtliche Beziehung zwischen Schuldner und Hilfsperson kann auch öffentlich-rechtlich ausgestaltet sein.[511] Erfüllungsgehilfe kann auch derjenige sein, der in seinem Verhalten keinem Weisungsrecht des Schuldners unterliegt, auch sonst hindert die Selbständigkeit nicht die Anwendung des § 278 BGB.[512] Unerheblich ist auch, ob der Schuldner zu einer Kontrolle und Überwachung des Erfüllungsgehilfen in der Lage ist.[513] Gleichgültig ist weiterhin, ob der Schuldner überhaupt imstande wäre, die Leistung in eigener Person auszuführen.[514]

Diese Ausführungen verdeutlichen, daß die Annahme, der Hochschullehrer sei Erfüllungsgehilfe, auf den zweiten Blick nicht fernliegend ist. Zwar übt der Hochschullehrer sein Grundrecht der Wissenschafts- und Forschungsfreiheit aus und ist regelmäßig nicht weisungsgebunden. Die selbständige Stellung des Hochschullehrers steht indes einer Einschätzung als Erfüllungsgehilfe nach vorstehenden Ausführungen nicht entgegen.[515] Übernimmt der Hochschullehrer mit Wissen und Wollen der Hochschule Forschungsleistungen, die vertraglich der Hochschule obliegen, so wird er in deren Pflichtenkreis tätig, auch wenn, wie Püttner/Mittag[516] anmerken, die Ausführung der Forschungsarbeit in die originäre Zuständigkeit des Hochschullehrers und nicht der Hochschule fällt. Der Hochschul-

---

[509] BGH, Urteil vom 21.4.1954 - VI ZR 55/53 -, BGHZ 13, 111, 113 ; BGH, Urteil vom 27.3.1968 -, BGHZ 50, 32, 35 ; BGH, Urteil vom 8.2.1974 - V ZR 21/72 -, BGHZ 62, 119, 124 f. ; BGH, Urteil vom 13.1.1984 - V ZR 205/82, NJW 1984, 1748, 1749 ; Palandt (-Heinrichs), BGB, § 278 Rn. 7 ; Erman (-Battes), BGB, § 278 Rn. 16.

[510] BGH, Urteil vom 21.4.1954- VI ZR 55/53 -, BGHZ 13,111, 114.

[511] BGH, Urteil vom 8.2.1974 - V ZR 21/72 -, BGHZ 62, 119, 124 ; BGH, Urteil vom 13.1.1984 - V ZR 205/82-, NJW 1984, 1748, 1749 ; Palandt (-Heinrichs), BGB, § 278 Rn. 7.

[512] BGH, Urteil vom 8.2.1972 - V ZR 21/72 -, BGHZ 62, 119, 124 ; BGH, Urteil vom 24.11.1995 - V ZR 40/94-, NJW 1996, 451 ; BGH, Urteil vom 13.1.1984 - V ZR 205/82 -, NJW 1984, 1748, 1749 ; Palandt (-Heinrichs), BGB, § 278 Rn. 7 ; Erman (-Battes), BGB, § 278 Rn. 24.

[513] BGH, Urteil vom 8.2.1972 - V ZR 21/72 -, BGHZ 62, 119, 124 ; Palandt (-Heinrichs), BGB, § 278 Rn. 7 ; Erman (-Battes), BGB, § 278 Rn. 24.

[514] RGZ, Urteil vom 30.10.1906 - Rep. III 89/06 -, 64, 231, 234 ; RGZ, Urteil vom 9.5.1939 - VII 251/38 -, 160, 310, 314 ; Palandt (-Heinrichs), BGB, § 278 Rn. 7.

[515] Ähnlich BGH, Urteil vom 24.11.1995 - V ZR 40/94 -, NJW 1996, 451 im Hinblick auf die selbständige Stellung eines Maklers.

[516] Püttner/Mittag, Rechtliche Hemmnisse der Kooperation zwischen Hochschulen und Wirtschaft, S. 255.

lehrer ist dann nicht mehr allein Träger des Grundrechts aus Art. 5 Abs. 3 GG, sondern kann zugleich Hilfsperson der Hochschule sein. Unerheblich ist auch, daß die Hochschule Forschungsleistungen nicht selbst erbringen kann, und ob diese auf die Forschungstätigkeit des Hochschullehrers Einfluß nehmen kann. Entscheidend ist, ob die Tätigkeit des Hochschullehrers objektiv dem Pflichtenkreis der Hochschule zugeordnet werden kann. Dies ist der Fall, wenn sich die Hochschule selbst zur Durchführung eines Forschungsvorhabens gegenüber dem Drittmittelgeber verpflichtet. Keine Rolle spielt zudem, daß sich die Hochschule zur Erfüllung ihrer Pflichten gegenüber dem Drittmittelgeber zwingend eines Hochschullehrers als ausführende Stelle bedienen muß, denn dies ändert an der Einschätzung des Hochschullehrers als Erfüllungsgehilfen nichts.
Letztendlich ist die Frage der Anwendung des § 278 BGB stets anhand des jeweiligen Einzelfalles zu beurteilen, bei der eine Gesamtwürdigung der gesamten vertraglichen Vereinbarungen und der Durchführung des Forschungsvorhabens maßgebend ist. Im Ergebnis ist der Ansicht Dieterichs, nicht aber dessen Begründung, zu folgen, daß der Hochschullehrer bei einem Abschluß eines Drittmittelvertrages zwischen Hochschule und Drittmittelgeber grundsätzlich als Erfüllungsgehilfe der Hochschule anzusehen ist.

III) Verhältnis zwischen Drittmittelgeber und Arbeitnehmer im Hochschulbereich

Der Drittmittelgeber kann mit Drittmittelbeschäftigten selbst einen Vertrag schließen oder sich auf eine Finanzierung eines von einem Hochschullehrer oder einer Hochschule betriebenen Forschungsprojekts beschränken. Auf die Wahl der ersten Alternative verzichten Drittmittelgeber im Hochschulbereich durchweg und überlassen es dem einzelnen Hochschullehrer oder der Hochschule, die geeigneten Mitarbeiter auszuwählen und mit ihnen die Arbeitsverträge abzuschließen. Im Drittmittelvertrag ist regelmäßig ausdrücklich geregelt, daß eine Arbeitgeberstellung des Drittmittelgebers nicht begründet wird.

Die verallgemeinernden Ausführungen zu den Rechtsbeziehungen zwischen Drittmittelgeber und dem Arbeitnehmer haben verdeutlicht, daß zwischen diesen beiden im Grundsatz keine arbeitsrechtlich relevanten Rechtsbeziehungen bestehen.[517] Fraglich ist, ob sich diesbezüglich Abweichungen im Hochschulbereich ergeben.

1) Urteil des Arbeitsgerichts Ludwigshafen vom 26. Oktober 1976

Eine von diesen allgemeinen Grundsätzen abweichende Auffassung hat das Arbeitsgericht Ludwigshafen in einem rechtskräftigen Urteil vom 26. Oktober

[517] Vgl. oben, 4. Teil, C.

1976[518] vertreten. Es neigt dazu, den Drittmittelgeber und nicht, wie vereinbart, den Projektleiter als Arbeitgeber zu behandeln, läßt die Klärung dieser Frage aber letztlich offen. Das Arbeitsgericht führt aus: Dem Gericht erscheine es schon zweifelhaft, ob überhaupt die Parteien - Mitarbeiterin und Projektleiter - ein Arbeitsverhältnis verbinde. Es spreche einiges dafür, daß die das Arbeitsverhältnis kennzeichnende persönliche Abhängigkeit nicht zwischen den Parteien, sondern zwischen der Klägerin und der Deutschen Forschungsgemeinschaft bestehe. Die DFG stelle die Aufgabe, an deren Erfüllung die Klägerin mitwirke. Sie würde die erforderlichen Mittel geben und - zumindest im Ergebnis - die Klägerin vergüten. Sie bestimme die Vertragsgestaltung und es liege auch in ihrer Hand, durch Kürzung oder Einstellung der Zahlungen auf den Bestand des Arbeitsverhältnisses Einfluß zu nehmen. Demgegenüber habe der Beklagte, der Projektleiter, auf das Entstehen und Bestehen des Arbeitsverhältnisses nur untergeordneten, wenn auch nicht unerheblichen Einfluß. Arbeitsverhältnisse begründen könne er nur im Rahmen der ihm eigens dafür zur Verfügung gestellten Mittel. Art und Umfang der von ihm zusammen mit seinen Untergebenen zu verrichtenden Aufgaben würden ihm vorgegeben; der Zweck seines Betriebs sei von der Deutschen Forschungsgemeinschaft und damit fremd bestimmt. Die Stellung des Beklagten dürfte eher der eines Vorgesetzten, eines leitenden Angestellten im Sinne des § 5 Abs. 3 Nr. 1 und Nr. 3 BetrVG entsprechen, der wesentliche Arbeitgeberfunktionen ausübe, jedoch seinerseits wieder in Abhängigkeit vom Arbeitgeber stehe. Die Gebundenheit des Beklagten in der Vertragsgestaltung gehe auch daraus hervor, daß die Leistungen der die DFG berührenden Vertragsabreden der Zustimmung der DFG bedürfen. Da es Verträge zu Lasten Dritter grundsätzlich nicht gebe, deute dies darauf hin, daß sich die DFG eben nicht als am Vertragsverhältnis unbeteiligter Dritter ansieht. Der Tatsache, daß ausdrücklich klargestellt worden sei, daß die DFG nicht Arbeitgeber und damit Vertragspartner sein solle, komme u.U. keine rechtliche Bedeutung zu. Es liege nicht fern, die Parteien des Arbeitsverhältnisses nicht ausschließlich nach den formal getroffenen Vereinbarungen, sondern danach zu bestimmen, zwischen welchen Personen nach dem praktischen, wirtschaftlichen und soziologischen Hintergrund und Schwergewicht der Rechtsbeziehung die das Arbeitsverhältnis kennzeichnende persönliche Abhängigkeit bestehe.

2) Stellungnahme und weitere instanzgerichtliche Urteile

Das Arbeitsgericht Ludwigshafen hat bei der Bewertung der Rechtsbeziehungen zwischen der Deutschen Forschungsgemeinschaft und der Arbeitnehmerin einige entscheidende Aspekte zu kurz beleuchtet und zu wenig hinterfragt. Das betrifft vor allem und gerade die Frage der ein Arbeitsverhältnis kennzeichnenden

---

[518] Arbeitsgericht Ludwigshafen, Urteil vom 26.10.1976 - 5 Ca 1062/76 -, KMK HSchR 1982, 298 ff.

persönlichen Abhängigkeit des Arbeitnehmers im Arbeitsverhältnis.
Entgegen der Ansicht des Arbeitsgerichts Ludwigshafen bestimmt die DFG nicht die Vertragsgestaltung. Zwar kann diese auf die Arbeitsvertragsgestaltung durch besondere Bewilligungsbedingungen gewissen Einfluß nehmen. Durch die Zweckbindung der Drittmittel der DFG sind die Zweckerfüllungshandlungen des Drittmittelempfängers in umfassender Weise reglementiert. In der Vertragsgestaltung selbst ist der Drittmittelempfänger indessen frei. Entspricht die Vertragsgestaltung nicht den Bewilligungsbedingungen im Drittmittelvertrag zwischen der DFG und dem Hochschullehrer, so können sich entsprechende Rechtsfolgen nur im Verhältnis zwischen den Vertragsparteien des Drittmittelvertrages ergeben, nicht jedoch im Verhältnis zum Arbeitnehmer. Der Einfluß auf das Arbeitsverhältnis durch Kürzung oder Streichung der Mittel und durch etwaige Rückforderungsrechte begründet keine faktische Arbeitgeberstellung der DFG, da dem Drittmittelempfänger mehrere Reaktionsmöglichkeiten zur Verfügung stehen. Das Arbeitsgericht Ludwigshafen verkennt insoweit, daß zwischen dem Verhältnis zwischen Drittmittelgeber und Drittmittelempfänger sowie zwischen Drittmittelempfänger und Arbeitnehmer streng zu differenzieren ist. Es verwischt die Trennungslinien zwischen den unterschiedlichen Rechtsverhältnissen.
Wie schon bei den allgemeinen Grundsätzen erörtert, vermag eine bloße (mittelbare) wirtschaftliche Abhängigkeit des Arbeitnehmers vom Drittmittelgeber eine ein Arbeitsverhältnis kennzeichnende persönliche Abhängigkeit nicht zu begründen. Im übrigen versteht es sich von selbst, daß die DFG die Zurverfügungstellung der Geldmittel von der Einhaltung eines konkreten Förderungszwecks abhängig macht und damit Art und Umfang der Förderung in Grenzen vorgibt. Dies ist erforderlich, um die wissenschaftliche Zielsetzung des Forschungsvorhabens zu umreißen und sicherzustellen. Schon der Umstand, daß sich zahlreiche Interessenten in einem sich ständig verschärfenden Wettbewerb um die knapper werdenden Drittmittel befinden, macht es erforderlich, die eingeworbenen Drittmittel einem konkreten Zweck zuzuführen, um die Zurverfügungstellung der Geldmittel entsprechend dem Antrag auf Förderung zu rechtfertigen und letztendlich eine Förderung nach dem "Gießkannenprinzip", die vorläge, wenn die DFG die wissenschaftliche Zielsetzung des Projekts nicht festlegen könnte, zu verhindern. Dies hat umso mehr zu gelten, als eine Förderung nach dem "Gießkannenprinzip" nicht sinnvoll wäre[519] und demnach eine zweckorientierte Mittelvergabe wünschenswert ist.
Deshalb kommt das Arbeitsgericht Ludwigshafen zu schnell zu dem Ergebnis, daß die Arbeitnehmerin von der DFG persönlich abhängig ist. Unter Zugrundelegung der allgemeinen Grundsätze hinsichtlich der Rechtsbeziehungen zwischen Drittmittelgeber und Arbeitnehmer ist dieser Ansicht somit entgegenzutreten.

Die Rechtsbeziehungen zwischen der DFG und einer aus deren Mitteln finanzierten Arbeitnehmerin erörtert auch das Arbeitsgericht Mainz. Es lehnt in einer

---

[519] Dickert, Naturwissenschaften und Forschungsfreiheit, S. 73.

rechtskräftigen Entscheidung vom 12. Juni 1978[520] zu Recht das Bestehen eines Arbeitsverhältnisses zwischen der beklagten DFG und der klagenden Arbeitnehmerin ab. Das Arbeitsgericht stellt zunächst fest, daß der mitverklagte Hochschullehrer bei Abschluß des Arbeitsvertrages nicht als Vertreter der DFG gehandelt habe. Davon abgesehen habe die Klägerin für die DFG keine Dienste erbracht. Zwar möge die Klägerin von der DFG mittelbar wirtschaftlich abhängig gewesen sein. Sie wäre jedoch nicht persönlich abhängig gewesen. Auch das Bestehen eines mittelbaren Arbeitsverhältnisses der Klägerin zur DFG lehnt das Arbeitsgericht Mainz ab. Es sei nicht ersichtlich, daß der Professor als Arbeitnehmer der DFG tätig geworden sei.

Auch das LAG Berlin konstatiert in einer Entscheidung vom 15. Juli 1985[521] , daß die DFG zu den Mitarbeitern des Wissenschaftlers keine rechtlichen Beziehungen habe.

Diesen Entscheidungen kann ohne weiteres zugestimmt werden. Sie stimmen mit den oben entwickelten allgemeinen Grundsätzen im Ergebnis überein.

IV) Verhältnis zwischen Drittmittelempfänger und Arbeitnehmer im Hochschulbereich-Die Arbeitgeberstellung

Hier ist zunächst maßgebend, wer unmittelbarer Vertragspartner des Arbeitnehmers geworden ist. In Betracht kommen für die Begründung von drittmittelfinanzierten Beschäftigungsverhältnissen im Forschungsbereich verschiedene Alternativen. Zum einen kann ein Arbeitsvertrag zwischen der Hochschule und dem Arbeitnehmer geschlossen werden. Zum anderen ist der Abschluß eines Privatdienstvertrages zwischen dem Arbeitnehmer und einem Hochschulmitglied möglich. Aus § 25 Abs. 1 Satz 1 HRG kann entnommen werden, daß außer der Hochschule auch Hochschulmitglieder als Drittmittelempfänger und damit als Vertragspartner drittfinanzierter Privatdienstverträge in Betracht kommen. Nach dieser Vorschrift kann Drittmittelforschung im Sinne von § 25 HRG von den in der Forschung tätigen Hochschulmitgliedern im Rahmen ihrer dienstlichen Tätigkeiten betrieben werden.

Neben dem Vertragsarbeitgeber könnten aber auch Dritte möglicherweise eine Arbeitgeberstellung einnehmen. Möglich sind Verträge, die Beziehungen des Arbeitnehmers zu einem Dritten begründen, so daß der Vertragsschluß seitens des Arbeitnehmers mit einer natürlichen oder juristischen Person noch nicht zwingend Aufschluß über den tatsächlichen Arbeitgeber gibt.

---

[520] ArbG Mainz, Urteil vom 12.6.1978 - 3 Ca 332/78 -, KMK-HSchR 1982, 309 ff.

[521] LAG Berlin, Urteil vom 15.7.1985 - 9 Sa 34/85 -, LAGE Nr. 1 zu § 611 Arbeitgeberbegriff.

1) Die Arbeitgeberstellung bei Abschluß eines Arbeitsvertrages zwischen Hochschule und dem Arbeitnehmer - Träger des Weisungsrechts

Wird das Forschungsvorhaben seitens der Hochschule angenommen und schließt diese mit dem Arbeitnehmer einen Arbeitsvertrag, so liegt der Schluß nahe, daß diese ohne weiteres Arbeitgeber des Arbeitnehmers im Sinne des Arbeitsrechts mit allen Rechten und Pflichten wird.
Hierbei kann sie sich hinsichtlich der Ausführung des Forschungsvorhabens eines Hochschullehrers als ausführende Stelle, als Erfüllungsgehilfen[522] bedienen, welcher an inhaltliche Weisungen nicht gebunden ist.[523] In Rechtsprechung und Literatur wird soweit ersichtlich nahezu übereinstimmend davon ausgegangen, daß bei Abschluß eines aus Drittmitteln finanzierten Arbeitsvertrages zwischen der Hochschule als Institution und dem Arbeitnehmer die Hochschule als Vertragspartner auch Arbeitgeber im Sinne des Arbeitsrechts wird. Allein Koch erwägt unter besonderen Voraussetzungen das Nichtvorliegen einer Arbeitgeberstellung der Hochschule trotz der ihr zukommenden Stellung als Vertragspartner des Arbeitnehmers.[524] Hierauf wird einzugehen sein.
Da der Hochschullehrer selbst nicht weisungsgebunden ist, hinsichtlich der Durchführung des Forschungsprojektes frei ist und insoweit keiner Fremdbestimmung unterliegen darf, ist es erforderlich, daß diesem seinerseits möglich und gestattet ist, die das Forschungsprojekt betreffenden Weisungen gegenüber den Mitarbeitern zu erteilen. Dieser Umstand könnte dazu führen, daß dem Hochschullehrer eine unmittelbare oder faktische Arbeitgeberstellung gegenüber dem Arbeitnehmer aufgrund seines Weisungsrechts zukommt. Es ist auch das Vorliegen einer gespaltenen Arbeitgeberstellung in Erwägung zu ziehen.

a) Das Weisungsrecht des Hochschullehrers gegenüber dem von der Hochschule angestellten Arbeitnehmer - Vergleich mit dem Leiharbeitsverhältnis

Da der Hochschullehrer bei der Planung, Durchführung und Verwertung seiner Forschungen frei ist, muß diesem gegenüber seinen Mitarbeitern ein auf das konkrete Forschungsvorhaben bezogenes fachliches Weisungsrecht zustehen. Wäre dies nicht der Fall und würde etwa der Hochschule als Institution das entsprechende Weisungsrecht, was allerdings kaum praktikabel wäre, oder ein "Rahmenweisungsrecht" zugestanden, so würde dies jedenfalls auf eine nach Art. 5 Abs. 3 GG unzulässige Fremdbestimmung des Hochschullehrers bei der Forschungsarbeit hinauslaufen. Ein Weisungsrecht hinsichtlich Zeit, Dauer und Ort der Arbeitsleistung muß dem Hochschullehrer hingegen nicht zustehen.[525]

---

[522] Vgl. oben, 5. Teil, A, II, 2.
[523] Vgl. oben, 5. Teil, A, 1.
[524] Koch AuA 1994, 317, 318 ff.
[525] Vgl. zu der Abgrenzung von persönlichen (dienstlichen) und fachlichen (amtlichen und sachlichen) Weisungen Rebhahn, Weisungen im Universitätsbereich, S. 5 f.

Im Hinblick auf dieses Weisungsrecht sind gewisse Ähnlichkeiten mit dem Weisungsrecht des Entleihers gegenüber dem Leiharbeitnehmer bei der Leiharbeit zu konstatieren. Auch bei der Leiharbeit muß dem Entleiher gegenüber dem in seinen Betrieb eingegliederten Leiharbeitnehmer ein Weisungsrecht zukommen.[526] Bei der Leiharbeit kommt auch dem Verleiher als Vertragsarbeitgeber ein (begrenztes) Weisungsrecht gegenüber dem Leiharbeitnehmer zu, welches sich insbesondere auf die Aufnahme der Tätigkeit bei einem bestimmten Entleiher bezieht.[527] Dies führt zu einer Aufspaltung des Weisungsrechts zwischen Verleiher und Entleiher.
Im Ergebnis kann hinsichtlich der Weisungsbefugnis des Hochschullehrers gegenüber dem von der Hochschule angestellten Arbeitnehmer nichts anderes gelten als bei der Leiharbeit. Lediglich die Begründung der Weisungsbefugnis ist bei der vorliegenden Konstellation eine andere als bei dem Leiharbeitsverhältnis. Tragendes Argument im Hinblick auf das Weisungsrecht des Entleihers bei der Leiharbeit ist die Verrichtung der Arbeitsleistung durch den Leiharbeitnehmer in dem Betrieb des Entleihers. Dieses Argument kann natürlich nicht auf den Hochschulbereich übertragen werden, denn der Arbeitnehmer ist in der Hochschule tätig. Die Hochschule als Institution kann aber nicht gegenüber allen Mitarbeitern das Direktionsrecht ausüben und kann daher den Hochschullehrer zur Ausübung des Direktionsrechts ermächtigen. Insoweit bestehen keine Unterschiede zur allgemeinen Lage bei Arbeitsverhältnissen, bei denen der Arbeitgeber Mitarbeiter zur Ausübung des Direktionsrechts ermächtigt.[528] Außerdem muß dem Hochschullehrer ein fachliches Weisungsrecht zustehen. Alles andere würde Art. 5 Abs. 3 GG und der Stellung des Hochschullehrers widersprechen. Andererseits ist auch die Hochschule als Vertragsarbeitgeber, wie auch der Verleiher bei der Leiharbeit, weisungsbefugt. Die Hochschule ist für grundlegende personalrechtliche Weisungen zuständig, etwa für Weisungen hinsichtlich Zeit, Dauer und Ort der Arbeitsleistung, für die Zuweisung des Arbeitnehmers zu einem ein bestimmtes Forschungsvorhaben durchführenden Hochschullehrer oder eine Umsetzung in ein anderes Forschungsvorhaben. Vergleichbar mit dem Leiharbeitsverhältnis läßt sich damit auch hier eine Aufspaltung der Weisungsbefugnis feststellen.

Keine Besonderheit liegt darin, daß das Weisungsrecht des Hochschullehrers gegenüber dem Arbeitnehmer durch die Vorgaben des mit der Hochschule geschlossenen Arbeitsvertrages begrenzt ist. Dem Arbeitnehmer dürfen folglich keine Tätigkeiten zugewiesen werden, die die Grenzen der arbeitsvertraglichen Vereinbarungen mit der Hochschule überschreiten.

---

[526] Vgl. oben, 3. Teil, B, IV, 2.
[527] Vgl. oben, 3. Teil, B, IV, 2.
[528] Vgl. hierzu die Ausführungen oben, 3. Teil, A, I.

b) Unmittelbare oder faktische Arbeitgeberstellung des Hochschullehrers?

Die vorstehenden Ausführungen haben gezeigt, daß auch bei Abschluß des Arbeitsvertrages zwischen Hochschule und dem Arbeitnehmer dem Hochschullehrer eine wesentliche Arbeitgeberfunktion, nämlich die Ausübung des arbeitsvertraglichen Weisungsrechts zukommt. Zu erwägen ist daher entgegen der Praxis und der nahezu einhelligen Auffassung, daß der Hochschullehrer eine unmittelbare oder faktische Arbeitgeberstellung einnimmt.

Fraglich ist zunächst, ob die Erwägung einer unmittelbaren oder faktischen Arbeitgeberstellung des Hochschullehrers bei Abschluß des Arbeitsvertrages durch die Hochschule nicht bereits gegen § 25 Abs. 5 Satz 1 HRG verstößt, wonach aus Mitteln Dritter bezahlte hauptberufliche Mitarbeiter an in der Hochschule durchgeführten Forschungsvorhaben grundsätzlich als Personal der Hochschule eingestellt werden sollen. Dies ist im Ergebnis zu verneinen, denn § 25 Abs. 5 Satz 1 HRG besagt nichts darüber, wer Arbeitgeber des aus Drittmitteln finanzierten Arbeitnehmers ist.[529] Diese Vorschrift begründet für den Arbeitnehmer keine individualrechtliche Position, vielmehr wird hier ausschließlich ein Teilaspekt des öffentlich-rechtlich gestalteten Rechtsverhältnisses zwischen Hochschule und ihren mit Drittmitteln forschenden Mitgliedern geregelt.[530] Sinn und Zweck der Bestimmung ist, den Hochschullehrer von den Lasten der Drittmittelverwaltung sowie einer Arbeitgeberstellung zu befreien.[531] Der Regelung läßt sich indessen nicht entnehmen, daß der aus Mitteln Dritter finanzierte Arbeitnehmer in einem Arbeitsverhältnis gegenüber der Hochschule oder dem Land stehen soll oder steht.[532] Auch aus der systematischen Stellung des § 25 HRG im Gesamttext des Gesetzes wird deutlich, daß die Arbeitgeberstellung hier nicht geregelt ist. Denn § 25 HRG ist überschrieben mit "Forschung mit Mitteln Dritter" und steht im 3. Abschnitt "Forschung" des 1. Kapitels "Aufgaben der Hochschule", während die personalrechtlichen und arbeitsrechtlichen Rahmenregelungen im 2. Abschnitt "Wissenschaftliches und künstlerisches Personal" des 3. Kapitels "Mitglieder der Hochschule" enthalten sind.[533] Folglich bedeutet § 25 Abs. 5 Satz 1 HRG nicht, daß Arbeitgeber des Drittmittelpersonals zwingend die Hochschule sein muß, zumal das HRG auch im übrigen die Arbeitgeberstellung offen läßt.[534]

Eine unmittelbare oder faktische Arbeitgeberstellung des Hochschullehrers scheitert somit nicht bereits an der Regelung des § 25 HRG.

Die unmittelbare oder faktische Arbeitgeberstellung des Hochschullehrers

---

[529] Vgl. oben, 4. Teil, A, II.

[530] Vgl. BAG, Urteil vom 29.6.1988 - 7 AZR 522/86 -, AP Nr. 1 zu § 25 HRG zu dem § 25 Abs. 4, 5 HRG in den Grundzügen entsprechenden § 98 WissHG NW.

[531] BAG, Urteil vom 29.6.1988, a.a.O.

[532] BAG, Urteil vom 29.6.1988, a.a.O. ; KR (-Lipke), § 57 e HRG Rn. 8 a.

[533] Vgl. BAG, Urteil vom 29.6.1988, a.a.O.

[534] Reich, HRG, § 25 Rn. 15.

könnte aus seiner Weisungsbefugnis gegenüber dem am Forschungsvorhaben mitarbeitenden Arbeitnehmer hergeleitet werden.
Hiergegen läßt sich jedoch anführen, daß die Ausübung von Weisungsrechten noch nichts über eine Arbeitgeberstellung aussagt, da der Arbeitgeber andere Personen zu der Ausübung von Weisungsrechten gegenüber seinen Mitarbeitern ermächtigen kann.[535] Der zur Ausübung des Weisungsrechts Ermächtigte wird dadurch nicht Arbeitgeber derjenigen Personen, welche die Weisungen empfangen und diesen Folge zu leisten haben.[536] Diejenigen Personen, die ihre Weisungsbefugnis von einer anderen Stelle ableiten (z.B. Betriebs-, Abteilungs- und Filialleiter), werden nicht zu den Arbeitgebern gerechnet.[537] Auch hieraus läßt sich schließen, daß die Ausübung von Weisungsrechten noch keine Arbeitgeberstellung zu begründen vermag. Übt ein Dritter Rechte des Vertragsarbeitgebers aus, so wird er dadurch nicht selbst Vertragspartner und Arbeitgeber, wenn auch die arbeitsvertraglich begründeten Befugnisse hierdurch nicht ihren arbeitsvertraglichen Charakter verlieren.[538] Dies gilt auch für das Weisungsrecht.
Aus der Ausübung des Direktionsrechts durch den Hochschullehrer kann somit eine Arbeitgeberstellung des Hochschullehrers nicht abgeleitet werden.
Die Arbeitgeberstellung liegt vielmehr bei der den Arbeitsvertrag abschließenden Hochschule. Diese ist als Arbeitgeber zuständig für die Zuweisung und Zuordnung des Arbeitnehmers zu einem bestimmten Forschungsprojekt sowie für alle sonstigen arbeitsrechtlichen Fragen (z.B. Nebentätigkeiten, Abführung der Sozialversicherungsbeträge, Kündigung). Die Einbeziehung des Hochschullehrers in dieser Konstellation in die Hauptpflichten aus dem Arbeitsverhältnis oder sogar die Begründung einer Arbeitgeberstellung ohne vertraglich begründete oder vermittelte Arbeitgeberstellung nur deshalb, weil diesem das inhaltliche Weisungsrecht hinsichtlich der Durchführung des Forschungsvorhabens zusteht, würde zu weit führen. Dies würde im übrigen ständiger Praxis und Rechtsprechung sowie allgemeinen zivilrechtlichen Wertungen widersprechen. Wollte man allein das Weisungsrecht als das für die Arbeitgeberstellung maßgebende Merkmal ansehen, so würden ungerechtfertigte und anerkannten Rechtsauffassungen in anderen Bereichen des Arbeitsrechts widersprechende Ergebnisse die Folge sein.
Dies muß um so mehr gelten, als es Wertungswidersprüche mit der vergleichbaren Fallkonstellation des Leiharbeitsverhältnisses zu vermeiden gilt. Auch der Verleiher bleibt Arbeitgeber des Leiharbeitnehmers, es kommt lediglich zu einer Aufspaltung von Arbeitgeberfunktionen.
Gegen eine Arbeitgeberstellung des Hochschullehrers sprechen schließlich auch die Vertragsfreiheit sowie der Arbeitnehmerschutz, den der Arbeitnehmer vollständig durch seinen Vertragsarbeitgeber, die Hochschule, erhält. Auch besteht bei der hier vorliegenden Konstellation nicht die Gefahr oder die naheliegende

---

535 Vgl. hierzu oben, 3. Teil, A, I.
536 Vgl. hierzu oben, 3. Teil, A, I.
537 Schaub, Arbeitsrechtshandbuch, § 17, 2, a.
538 Windbichler, Arbeitsrecht im Konzern, S. 83.

Vermutung, daß die Hochschule durch den Vertragsabschluß zwischen Hochschule und dem Arbeitnehmer zum Nachteil des Arbeitnehmers aus der Arbeitgeberstellung "fliehen" will. Denn die Arbeitgeberstellung der Hochschule ist für den Arbeitnehmer wesentlich vorteilhafter. Zu nennen seien nur der erheblich vorteilhaftere Bestandsschutz des Arbeitnehmers nach dem Kündigungsschutzgesetz durch die (unproblematische) Erfüllung der Voraussetzungen des § 23 Abs. 1 KSchG, welche bei einer Arbeitgeberstellung des Hochschullehrers nicht sichergestellt wäre, und die zwingende Anwendung des BAT bei einem Vertragsverhältnis zur Hochschule.

Fraglich ist, ob eine Ableitung einer unmittelbaren oder faktischen Arbeitgeberstellung des Hochschullehrers aus der Weisungsfreiheit des Hochschullehrers gegenüber der Hochschule in Betracht kommt.
Koch[539] vertritt die Ansicht, daß es für die Beurteilung der Arbeitgeberstellung eines Projektleiters oder der Hochschule unabhängig von der Vertragsgestaltung nur darauf ankomme, inwieweit der Projektleiter die Aufgaben selbständig, also weisungsfrei, wahrnimmt. Entscheidendes Beurteilungskriterium sei unter Zugrundelegung der sich im Bereich des Konzernarbeitsrechts entwickelnden Rechtsansichten die Weisungsfreiheit der Projektleiter gegenüber der Hochschule. Dies könne sogar dazu führen, daß die Hochschule, selbst wenn sie Vertragspartner des Mitarbeiters ist, gleichwohl nicht als dessen Arbeitgeber angesehen werden kann.
Diese Auffassung und deren Begründung vermag nicht zu überzeugen und ist abzulehnen. Sie ist zu Recht ohne weitere Beachtung geblieben. Koch hat bei der Beurteilung der Arbeitgeberstellung im Hochschulbereich wesentliche Aspekte nicht angesprochen und seine Ergebnisse und Begründungen zu wenig hinterfragt. Eine Abstimmung mit den in anderen Bereichen des Arbeitsrechts vertretenen Ansichten im Hinblick auf die Arbeitgeberstellung bei der Beteiligung von mehr als zwei Personen hat nicht stattgefunden.
Das Kriterium der Weisungsfreiheit allein ist nicht geeignet, eine Arbeitgeberstellung zu begründen oder eine solche trotz Abschluß eines Arbeitsvertrages zu verneinen. Zu berücksichtigen ist insoweit, daß Hochschullehrer gegenüber der Hochschule bei ihrer wissenschaftlichen Betätigung keiner Gehorsamspflicht unterliegen und stets durch Art. 5 Abs. 3 GG von Weisungen hinsichtlich ihrer dienstlichen Tätigkeit freigestellt sind.[540] Hochschullehrer sind daher gegenüber der Hochschule in allen das Forschungsvorhaben betreffenden Angelegenheiten stets weisungsfrei. Eine intensive Abhängigkeit der Hochschullehrer von der Hochschule derart, daß sie weder organisatorisch noch ökonomisch selbst über den Einsatz des Arbeitnehmers und die Verwendung der Fördermittel disponieren

[539] Koch AuA 1994, 317, 319 f.
[540] Vgl. oben, 5. Teil, A, I.

können, was Koch wohl als Indiz für eine fehlende Weisungsfreiheit ansieht[541], liegt fern. Eine derartige Abhängigkeit ist in Anbetracht der Stellung des Hochschullehrers gegenüber der Hochschule und unter Beachtung der Aussagen des Art. 5 Abs. 3 GG, der jegliche Fremdbestimmung des Hochschullehrers bei seinen Forschungen untersagt, ausgeschlossen oder muß ausgeschlossen werden. § 3 Abs. 2 Satz 2 HRG regelt ausdrücklich, daß Entscheidungen der zuständigen Hochschulorgane in Fragen der Forschung soweit zulässig sind, als sie sich auf die Organisation des Forschungsbetriebes, die Förderung und Abstimmung von Forschungsvorhaben und auf die Bildung von Forschungsschwerpunkten beziehen und, dies ist entscheidend, die durch Art. 5 Abs. 3 GG geschützte Forschungsfreiheit nicht beeinträchtigen. Koch´s Ausführungen lassen insoweit eine Darstellung des Begriffs der Weisungsfreiheit und eine Auseinandersetzung mit der Wissenschafts- und Forschungsfreiheit des Hochschullehrers, welche die Hochschule bindet, vermissen.

Weil die Weisungsfreiheit des Hochschullehrers gegenüber der Hochschule regelmäßig gegeben ist, müßte Koch konsequenterweise bei Zugrundelegung seiner Ansicht in der überwiegenden Zahl der Fälle zu dem Ergebnis kommen, daß nicht der Hochschule die Arbeitgeberstellung zukommt, obwohl sie bzw. auch wenn sie den Arbeitsvertrag mit dem Arbeitnehmer geschlossen hat, sondern dem Hochschullehrer. Dies widerspricht der Praxis und der ganz herrschenden Auffassung in der Rechtsprechung und Literatur.

Gegen diese Ansicht sprechen auch die bereits dargestellten Argumente der Vertragsfreiheit und des Arbeitnehmerschutzes, der hier gewahrt ist und sich bei der Annahme einer unmittelbaren Arbeitgeberstellung des Hochschullehrers offensichtlich verschlechtern würde. Hierfür besteht weder ein Anlaß noch ein rechtlicher Grund. Die Vertragsfreiheit ist im Arbeitsrecht vielfach beschränkt und aus Gründen des Arbeitnehmerschutzes mit Ausnahmen versehen.[542] Solche Gründe können bei der vorliegenden Fallkonstellation nicht festgestellt werden, so daß eine Einschränkung der Vertragsfreiheit nicht geboten ist.

Außerdem müssen Wertungswidersprüche zum Leiharbeitsverhältnis verhindert werden. Desweiteren gilt es Widersprüche zu der hier und wohl auch von der herrschenden Ansicht vertretenen Auffassung, daß dem Hochschullehrer bei Abschluß des Drittmittelvertrages durch die Hochschule als ausführende Stelle eine Erfüllungsgehilfeneigenschaft zukommt[543], zu vermeiden. Wird der Hochschullehrer als Erfüllungsgehilfe tätig, was auch durch seine Weisungsfreiheit nicht ausgeschlossen ist, so scheidet ohne weiteres eine gleichzeitige Arbeitgeberstellung aus. Wird der Drittmittelvertrag durch die Hochschule geschlossen, so schließt sie regelmäßig auch den Arbeitsvertrag mit dem Mitarbeiter ab und wird daher auch dessen Arbeitgeber im Sinne des Arbeitsrechts. Auf die aufgezeigten

[541] Koch AuA 1994, 317, 319.
[542] Vgl. oben, 3. Teil, A, I.
[543] Vgl. oben, 5. Teil, A, II, 2.

Wertungswidersprüche geht Koch nicht ein.
Darüberhinaus ist Koch's Verweis auf die sich im Konzernarbeitsrecht entwickelnden Ansichten zu pauschal und nicht geeignet, seine Auffassung zu tragen oder zu begründen. Welche Ansichten vertreten werden, bleibt offen.
Die Diskussion hinsichtlich der Arbeitgeberstellung im Konzernbereich ist noch nicht abgeschlossen. Insoweit kann ein Verweis auf diese die Begründung einer Arbeitgeberstellung eines am Abschluß des Arbeitsvertrages nicht Beteiligten bei dem vorliegenden Problemkreis nicht tragen. Anzumerken ist zudem, daß der vorliegende Fall von den Konzernsachverhalten zu unterscheiden ist. Die hier vorliegende Konstellation ist mit den Einflußmöglichkeiten Dritter bei Arbeitsverhältnissen mit Konzernbezug grundsätzlich nicht vergleichbar. Die Problematik der Arbeitgeberstellung und etwaiger Durchgriffshaftung ist hier erheblich vielschichtiger. Die Frage, wer überhaupt Arbeitgeber ist, ist im Konzernbereich nicht immer leicht zu beantworten.[544] Vielfach sind unternehmensübergreifende Rechtsbeziehungen festzustellen. Der Konzern ist grundsätzlich nicht Arbeitgeber. Hinsichtlich der Rechtsgestaltung und der Arbeitsvertragsgestaltung haben sich verschiedene Grundformen herausgebildet.[545] Auf diese kann im einzelnen in der vorliegenden Untersuchung nicht eingegangen werden[546], da eine Übertragbarkeit auf die vorliegende Problematik nicht in Betracht kommt.

Aus der Weisungsfreiheit des Hochschullehrers gegenüber der Hochschule kann bei einem Arbeitsvertragsabschluß zwischen Hochschule und Arbeitnehmer somit keine Arbeitgeberstellung des Hochschullehrers abgeleitet werden.

c) Aufspaltung von Arbeitgeberfunktionen

Es wurde bereits festgestellt, daß es bei einem Abschluß des Arbeitsvertrages zwischen Hochschule und Arbeitnehmer zu einer Aufspaltung von Arbeitgeberfunktionen zwischen Hochschule und Hochschullehrer kommt, da der Hochschullehrer das fachliche Direktionsrecht ausübt.[547] Ferner kommt dem Hochschullehrer neben der Hochschule auch eine Schutz- und Fürsorgepflicht gegenüber seinen Mitarbeitern zu. Er hat die Rechte und Rechtsgüter seiner Mitarbeiter zu achten und zu schützen. Auch hinsichtlich der Fürsorgepflicht kommt es daher zu einer Aufspaltung der Verantwortungsbereiche auf die Hochschule und den

[544] Windbichler, Arbeitsrecht im Konzern, S. 67.
[545] Schaub, Arbeitsrechtshandbuch, § 17, 1, b und § 32, I, 1, g ; Windbichler, Arbeitsrecht im Konzern, S. 68 ff. ; MünchArbR (-Löwisch), § 248 Rn. 39.
[546] Schaub, Arbeitsrechtshandbuch, § 17,1 ,b, nennt als häufiger aufzufindendes Modell, daß ein Arbeitnehmer von einer Konzernobergesellschaft eingestellt wird und nach Versetzung zu einem Tochterunternehmen mit diesem ein Arbeitsvertrag abgeschlossen wird. Hier komme es hinsichtlich der arbeitsrechtlichen Stellung darauf an, ob der Arbeitsvertrag zu der Konzernobergesellschaft vollständig gelöst werde. Im allgemeinen blieben arbeitsrechtliche Restbeziehungen bestehen, da es nur im Interesse der Konzernobergesellschaft liege, die Verfügung über den Arbeitseinsatz des Arbeitnehmers zu behalten.
[547] Vgl. oben, 5. Teil, A, IV, 1, a und b.

Hochschullehrer.

Aber auch aus der Aufspaltung von Arbeitgeberfunktionen folgt keine unmittelbare oder faktische Arbeitgeberstellung des Hochschullehrers. Zum einen kann hier nichts anderes gelten als bei der Aufspaltung von Arbeitgeberfunktionen bei dem Leiharbeitsverhältnis, bei welchem eine Arbeitgeberstellung des Entleihers nicht begründet wird.[548] Zum anderen wird der Hochschullehrer in der Regel als Erfüllungsgehilfe der Hochschule tätig, wenn die Hochschule Vertragsarbeitgeber des Mitarbeiters ist.[549] Das Direktionsrecht des Hochschullehrers gegenüber den Hochschulangestellten unterscheidet sich im übrigen nicht von der Ausübung von Weisungsbefugnissen durch weisungsbefugte Personen in der Privatwirtschaft. Die Ausübung des Direktionsrechts durch am Arbeitsvertragsschluß nicht beteiligte Dritte begründet, wie erörtert[550], keine Arbeitgeberstellung des Dritten.

Festzuhalten bleibt, daß es hier zwar zu einer Aufspaltung von Arbeitgeberfunktionen auf die Hochschule und den Hochschullehrer kommt, eine Arbeitgeberstellung des Hochschullehrers gegenüber dem Arbeitnehmer wird hierdurch indessen nicht begründet.

d) Zwischenergebnis

Schließt die Hochschule mit dem drittmittelfinanzierten Arbeitnehmer einen Arbeitsvertrag, wird diese Arbeitgeber des Arbeitnehmers im Sinne des Arbeitsrechts mit allen Rechten und Pflichten. Eine unmittelbare oder faktische Arbeitgeberstellung des Hochschullehrers liegt nicht vor.

2) Die Arbeitgeberstellung bei Abschluß eines Privatdienstvertrages

An dieser Stelle sollen zunächst die konkret auf die Rechtsbeziehungen beim drittmittelfinanzierten Arbeitsverhältnis im Rahmen eines Privatdienstvertrages bezogenen Ansichten in der Rechtsprechung und Literatur angeführt werden, um sich anschließend mit diesen unter Berücksichtigung der oben entwickelten allgemeinen Grundsätze auseinanderzusetzen.

a) Die Rechtsprechung des BAG

Der 7. Senat des BAG hat am 29.6.1988 einen Fall entschieden, in dem ein Hochschullehrer mit einem Arbeitnehmer mehrere befristete Arbeitsverhältnisse abgeschlossen hatte und zwischen dem Arbeitnehmer und dem beklagten Land ein Arbeitsverhältnis nicht unmittelbar durch Vertragsschluß zustandegekommen ist.[551] Das BAG führt aus, daß die auf der Arbeitgeberseite seitens des Professors

---

[548] Vgl. oben, 3. Teil, B, IV.
[549] Vgl. oben, 5. Teil, A, II, 2.
[550] Vgl. oben, 5. Teil, A, IV, 1, b ; 3. Teil, A, I.
[551] BAG, Urteil vom 29.6.1988 - 7 AZR 552/86 -, AP Nr. 1 zu § 25 HRG.

abgeschlossenen Verträge nur dann zu einem unmittelbaren, vertraglich begründeten Arbeitsverhältnis zwischen dem Kläger und dem beklagten Land geführt hätten, wenn der Professor beim Abschluß der Verträge mindestens zugleich oder gar ausschließlich als rechtsgeschäftlicher Vertreter des Landes gehandelt hätte. Das Bestehen eines unmittelbaren Arbeitsverhältnisses mit dem beklagten Land lasse sich auch nicht aus § 98 Abs. 5 Satz 2 WissHG NW[552] herleiten, wonach aus Drittmitteln bezahlte hauptberufliche Mitarbeiter als Personal der Hochschule auf Vorschlag des Leiters des Drittmittelprojekts eingestellt werden sollen, denn die genannte Bestimmung gebe dem Mitarbeiter in einem drittmittelfinanzierten Forschungsprojekt keine individualrechtliche Position des Inhalts, daß mit dem Abschluß des Arbeitsvertrages mit dem Forschungsleiter zugleich ein Arbeitsverhältnis zu dem beklagten Land bestehe oder daß er vom Land die Begründung eines solchen Arbeitsverhältnisses verlangen könne. Der Gesamtinhalt der Regelung in § 98 WissHG NW sowie deren Sinn und Zweck würden deutlich machen, daß der Gesetzgeber mit dieser Bestimmung allein das öffentlich-rechtliche Verhältnis zwischen den Mitgliedern der Hochschule einerseits und der Hochschule selbst andererseits für die Drittmittelforschung geregelt habe. Die in § 98 Abs. 2 WissHG NW geforderte angemessene Berücksichtigung der Folgekosten verdeutliche, daß der zur Drittmittelforschung Berechtigte - ebenso wie die Hochschule - auch darauf zu achten habe, daß etwa an Drittmittelprojekten beschäftigte Mitarbeiter nicht nach Beendigung des Drittmittelprojekts der Hochschule selbst zur Last fallen und ihr als Arbeitnehmer aufgedrängt werden. Die in § 98 Abs. 5 WissHG NW normierte Rechtsfolge, daß die Einstellung "als Personal der Hochschule" erfolgen soll, heiße aber nicht zugleich, daß Arbeitgeber dieses Drittmittelpersonals stets die Hochschule bzw. das beklagte Land sein müsse, denn die Frage der Arbeitgeberstellung bliebe auch in der genannten Bestimmung ungeregelt. Weiterhin spreche gegen eine Arbeitgeberstellung des beklagten Landes auch die Systematik des WissHG NW. Schließlich liege keine objektive Gesetzesumgehung oder eine Verletzung eines Schutzgesetzes im Sinne von § 823 Abs. 2 BGB vor, auch das Kündigungsschutzgesetz begründe keinen Anspruch auf Eingehung eines Arbeitsverhältnisses zum beklagten Land.

Partei von aus Drittmittel finanzierten Privatarbeitsverträgen ist der Universitätsprofessor. Dies hat der 3. Senat mit Urteil vom 29. November 1979[553] entschieden. Er geht davon aus, daß es sich bei der Hochschule um einen am Vertrage nicht beteiligten Dritten handele.[554]

In einer Entscheidung vom 26. Mai 1983[555], die einen Fall betraf, in dem ein Arbeitnehmer zunächst aufgrund eines befristeten Arbeitsvertrages mit dem Land als wissenschaftliche Hilfskraft tätig war, darauf im Rahmen zahlreicher befristeter Privatdienstverträge mit einem Professor, welche in personalverwaltungs-

---

[552] Diese Bestimmung entspricht in ihren Grundzügen der Regelung des § 25 Abs. 4, 5 HRG.

[553] BAG, Urteil vom 29.11.1979 - 3 AZR 404/78 -, BAGE 32, 200.

[554] BAG, Urteil vom 29.11.1979, a.a.O.

[555] BAG, Urteil vom 26.5.1983 -2 AZR 439/81-, BAGE 44, 49.

rechtlicher Hinsicht von der Universität durchgeführt wurden, und schließlich wiederum aufgrund eines Vertrages mit dem Land als wissenschaftlicher Mitarbeiter tätig war, konstatiert der 2. Senat des BAG: Den sog. Privatdienstverträgen im Hochschulbereich sei eine aufgespaltene Arbeitgeberstellung wesenseigen. Auch der Professor habe nur eine formelle Arbeitgeberstellung eingenommen. Da die Abwicklung der Privatdienstverträge ausschließlich über die Universitätsverwaltung abgelaufen sei und es sich nicht um ein privates Forschungsvorhaben des Professors, sondern um ein von dritter Seite finanziertes, zu den Dienstaufgaben des Professors gehörendes Forschungsvorhaben gehandelt habe, seien die Privat-Dienstverträge befristungsrechtlich dem beklagten Land zuzurechnen.[556] Mit dem Begriff der befristungsrechtlichen Zurechnung wird ausgedrückt, daß bei der Berechnung der Gesamtdauer der Beschäftigung des Arbeitnehmers bei der Hochschule auch vorangegangene Privatdienstverträge zu berücksichtigen sind.

Nach Auffassung des BAG ist der Hochschullehrer bei Abschluß eines Privatdienstvertrages mit dem Arbeitnehmer somit grundsätzlich als Arbeitgeber anzusehen, während der Hochschule keine Arbeitgeberstellung zukommt. Bei der Feststellung der Gesamtdauer der Beschäftigung des Arbeitnehmers in der Hochschule können aber vorangegangene Privatdienstverträge (im Ergebnis) zu Lasten der Hochschule Berücksichtigung finden.

b) Die Rechtsprechung des Bundesverwaltungsgerichts

Nach einem Beschluß des 6. Senats des BVerwG vom 30. Juni 1980[557] sind Personen, die auf Grund eines Privatdienstvertrages mit einem Hochschullehrer an einem Forschungsvorhaben arbeiten, das nicht aus den der Hochschule zur Verfügung stehenden Haushaltsmitteln finanziert wird, keine Angestellten im Sinne des § 4 Abs. 3 HmbPersVG, weil sie nicht in einem - auch nicht mittelbaren - Arbeitsverhältnis zur Universität stehen würden. Das Forschungsvorhaben sei keine dem Hochschullehrer auf Grund seiner Stellung in der Universität obliegende Aufgabe, es sei ihm lediglich gestattet, im Rahmen seiner allgemeinen Forschungstätigkeit derartige Forschungsvorhaben durchzuführen. Er sei für die Erledigung des Vorhabens allein dem Drittmittelgeber gegenüber verantwortlich. Demgemäß habe der Hochschullehrer allein die Funktionen des Arbeitgebers gegenüber diesen wissenschaftlichen Mitarbeitern wahrzunehmen; diese seien nur seinen Weisungen unterworfen. Auch aus dem Umstand, daß die Universität die Drittmittel verwaltet und aus ihnen die vom Hochschullehrer angestellten Kräfte bezahlt, könne nicht auf dienstrechtliche Beziehungen zur Hochschule geschlossen werden. Insoweit handele es sich lediglich um eine kassentechnische Rege-

---

[556] Bestätigt in der Entscheidung BAG, Urteil vom 21.1.1987 - 7 AZR 265/85 -, EzA § 620 BGB Nr. 89.

[557] BVerwG, Beschluß vom 30.6.1980 - 6 P 9.80 -, AP Nr. 1 zu § 4 LPVG Hamburg.

lung, die den Hochschullehrer entlasten soll. Ein "mittelbares" Arbeitsverhältnis liege nicht vor. Ein Weisungsrecht stehe der Universität nicht zu. Auch komme das Arbeitsergebnis, nämlich die Durchführung des Forschungsvorhabens, der Universität nicht unmittelbar zugute, möge es auch mittelbar im Rahmen der allgemeinen Forschungsaufgaben von Nutzen sein.

Nach Auffassung des BVerwG ist somit der Hochschullehrer bei Abschluß eines Privatdienstvertrages als alleiniger Arbeitgeber des Arbeitnehmers anzusehen.

c) Die instanzgerichtliche Rechtsprechung

Nach einer Entscheidung des LAG Berlin vom 15. Juli 1985[558] stehen im Rahmen eines Privatarbeitsvertrages allein dem Hochschullehrer die Arbeitgeberfunktionen gegenüber seinem aus Drittmitteln finanzierten wissenschaftlichen Mitarbeiter zu, nicht hingegen der Universität. Weisungen in bezug auf die geschuldeten Leistungen habe allein der Hochschullehrer gegenüber seinem Mitarbeiter zu erteilen. Auch die für das Arbeitsverhältnis typische persönliche Abhängigkeit werde nur gegenüber dem Hochschullehrer begründet. Aus dem Umstand, daß die Universität der Arbeitnehmerin die Vergütung ausgezahlt, sie bei der Sozialversicherung angemeldet und die entsprechenden Beträge sowie die Lohnsteuer für sie abgeführt hat, könne bei dieser Vertragsgestaltung nichts dafür hergeleitet werden, daß diese Arbeitgeberin der Arbeitnehmerin sei. Weiterhin stehe die Arbeitnehmerin auch nicht in einem mittelbaren Arbeitsverhältnis zur Universität. Diese Rechtsprechung wurde vom LAG Berlin mit Urteil vom 21.4.1997[559] bestätigt.

Auch nach einem Beschluß des OVG Berlin[560] ist der Hochschullehrer im Rahmen eines Privatarbeitsvertrages alleiniger Arbeitgeber des aus Drittmitteln finanzierten Mitarbeiters, nicht indes die Universität, welche die Drittmittel verwaltet hat, oder der Drittmittelgeber. Durch die Verwaltung der Drittmittel sei der Beteiligte nicht in den Arbeitsvertrag eingetreten, vielmehr habe das Arbeitsverhältnis ausschließlich zwischen dem Professor und der Mitarbeiterin bestanden. Zwar sei diese nach § 43 Abs. 1 Nr. 2 Berliner Hochschulgesetz Mitglied der Hochschule geworden. Dies habe jedoch lediglich mitgliedschaftsrechtliche Wirkungen, nicht aber zu einem Arbeitsverhältnis zwischen der Mitarbeiterin und der Hochschule geführt.

Das LAG Frankfurt geht in einem Urteil vom 25. Juni 1981[561] davon aus, daß Privatdienstverträge befristungsrechtlich dem Land zuzurechnen sind.[562] Den sog. "Privatdienstverträgen" im Hochschulbereich sei eine aufgespaltene Arbeitgeberstellung wesenseigen. Die Finanzierung erfolge durch den Drittmittelgeber. Die

---

[558] LAG Berlin, Urteil vom 15.7.1985 - 9 Sa 34/85 -, LAGE Nr. 1 zu § 611 Arbeitgeberbegriff.
[559] LAG Berlin, Urteil vom 21.4.1997 - 9 Sa 6/97 und 8/97 - ZTR 1997, 523.
[560] OVG Berlin, Beschluß vom 12.8.1992 - OVG PV Bln 17.90 -, OVGE BE 20, 197.
[561] LAG Frankfurt, Urteil vom 25.6.1981 - 12 Sa 38/81 -, KMK-HSchR 1982, 341 ff.
[562] Zum Begriff der befristungsrechtlichen Zurechnung vgl. oben, 5. Teil, A, IV, 2, a.

Verwaltung der Mittel und die personalverwaltungsmäßige Durchführung des Vertrages würden der Hochschule obliegen. Die vertraglich ausgewiesene, formelle Arbeitgeberstellung habe der zugleich die konkrete Dienstaufsicht ausübende und mit Anweisungsbefugnis ausgestattete Hochschullehrer inne. Befristungsrechtlich seien derartige Privatdienstverträge unter Risikozurechnungsgesichtspunkten regelmäßig dem betreffenden Hochschulträger zuzurechnen. Die von ihm getragene Hochschule sei formell der Empfänger der Drittmittel. Sie verwalte sie haushaltstechnisch. Sie wickele die Privatdienstverträge personalverwaltungsmäßig ab.

Weiter geht das Arbeitsgericht Hamburg in einem Urteil vom 2. März 1978[563], in dem es trotz des Abschlusses von Privatarbeitsverträgen die beklagte Universität Hamburg als Arbeitgeberin angesehen hat. Aufschluß über den wirklichen Inhalt der Rechtsbeziehungen der Parteien würden vorliegendenfalls trotz entgegenstehender Erklärungen die Umstände geben, die das Beschäftigungsverhältnis der Klägerin prägen, wobei diese Betrachtungsweise dem Grundsatz der Vertragsfreiheit Rechnung trage, der seine Grenze dort finde, wo die Parteien ein Beschäftigungsverhältnis rechtlich unzutreffend einordnen würden. Dementsprechend sei es der Universität verwehrt, sich auf den Sachbeihilfeempfänger als Arbeitgeber der Klägerin zu berufen und dieser auf diese Weise den Schutz zwingender arbeitsrechtlicher Vorschriften vorzuenthalten. Die Klägerin hätte in persönlicher Abhängigkeit wissenschaftliche Arbeit für die Universität geleistet. Der Annahme eines Arbeitsverhältnisses der Klägerin mit der Universität stünden auch die mit dem Sachbeihilfeempfänger der DFG geschlossenen Privatarbeitsverträge nicht entgegen. Ihr Abschluß sei Voraussetzung für die Gewährung der Sachbeihilfe durch die DFG gewesen. Normativen Einfluß auf das Beschäftigungsverhältnis der Klägerin unter dem hier maßgeblichen Aspekt hätten sie ersichtlich nicht gehabt. Die Ausgestaltung dieser Verträge erkläre sich aus den Bewilligungsrichtlinien der DFG, wonach der Sachbeihilfeempfänger Arbeitgeber der wissenschaftlichen Mitarbeiter sein solle. Diese Richtlinien würden aber nur im Verhältnis zwischen dem Sachbeihilfeempfänger und der DFG gelten. Sie könnten im konkreten Einzelfall die Entstehung eines Arbeitsverhältnisses zwischen dem Dienstherren des Sachbeihilfeempfängers und dem aus diesen Mitteln vergüteten Wissenschaftler nicht verhindern.

Überwiegend geht somit auch die instanzgerichtliche Rechtsprechung davon aus, daß der Hochschullehrer bei Abschluß eines Privatdienstvertrages alleiniger Arbeitgeber des Arbeitnehmers wird. Allerdings wird auch die Begründung einer unmittelbaren Arbeitgeberstellung der Hochschule bei Abschluß eines Privatdienstvertrages durch den Hochschullehrer vertreten. Teilweise wird entsprechend der Rechtsprechung des BAG eine befristungsrechtliche Zurechnung von Privatdienstverträgen gegenüber der Hochschule angenommen.

---

[563] Arbeitsgericht Hamburg, Urteil vom 2.3.1978 - 18 Ca 295/78 -, KMK-HSchR 1979, 242.

d) Ansichten in der Literatur

Nach Hailbronner, Hanau, Reich, Lipke und Freitag[564] kommt bei Abschluß eines Privatdienstvertrages zwischen dem Hochschullehrer und dem Mitarbeiter nicht zugleich ein unmittelbares oder mittelbares Arbeitsverhältnis zur Hochschule zustande. Dies komme, wie Hailbronner ausführt, auch in der Formulierung "das Land wird aus dem Arbeitsverhältnis nicht verpflichtet" in § 59 Abs. 3 Satz 4 UG BW zum Ausdruck. Dabei gingen allerdings anderslautende Bedingungen des Geldgebers vor. Ähnlich auch Püttner/Mittag[565], nach denen aus dem Umstand, daß die Hochschule die Drittmittel verwaltet, nicht auf dienstrechtliche Beziehungen zur Hochschule geschlossen werden könne. Insofern handele es sich lediglich um eine kassentechnische Regelung.

Koch[566] vertritt, wie schon ausgeführt, die Ansicht, daß es für die Beurteilung der Arbeitgeberstellung eines Projektleiters oder der Hochschule unabhängig von der Vertragsgestaltung nur darauf ankomme, inwieweit der Projektleiter die Aufgaben selbständig, also weisungsfrei wahrnimmt. Zwar sei für die Privatdienstverträge im Sinne von § 57 e HRG Arbeitgeber in der Regel zunächst einmal die vertragsschließende Partei. Entscheidendes Beurteilungskriterium sei aber unter Zugrundelegung der sich im Bereich des Konzernarbeitsrechts entwickelnden Rechtsansichten die Weisungsfreiheit der einzelnen Projektleiter gegenüber der jeweiligen Hochschule. Sofern die Betreffenden im Rahmen des geförderten Projekts in so intensiver Abhängigkeit zur Hochschule stünden, daß sie weder organisatorisch noch ökonomisch selbst über den Einsatz des Arbeitnehmers und die Verwendung der Fördermittel disponieren könnten, werde wohl, ganz unabhängig davon, wer Vertragspartner ist, eine mittelbare Arbeitgeberstellung der Hochschule zu bejahen sein. Dabei sei die Beantwortung dieser Frage ganz unabhängig davon, ob man in diesen Fällen gemäß BAG einen gespaltenen Arbeitgeber annehmen möchte oder nach seiner Ansicht richtigerweise aus diesen intensiven ebenfalls arbeitsrechtlichen Beziehungen konkludent auf einen Vertragsbeitritt schließe oder einen Anspruch des jeweiligen Mitarbeiters auf einen solchen Vertragsabschluß annehme.

Nach Nagel[567] nimmt der jeweilige Projektleiter im Rahmen des Verwahrkontenverfahrens je nach Lage des Falles nur eine formale Arbeitgeberstellung ein. Wirklicher Arbeitgeber sei dann die Hochschule oder das Land als Dienstherr. Das Direktionsrecht sei an den Projektleiter delegiert. Das BAG ginge bisher mit Recht von einer gespaltenen Arbeitgeberstellung aus und rechne diese Privatar-

---

[564] Hailbronner (-Hailbronner), HRG, § 25 Rn. 19 ; Erman (-Hanau), BGB, § 611 Rn. 106 ; Reich, HRG, §§ 25 Rn. 17, 57 e Rn. 3 ; KR (-Lipke), § 57 e HRG Rn. 8 b ; MünchArbR (-Freitag), § 183 Rn. 15.

[565] Püttner/Mittag, Rechtliche Hemmnisse der Kooperation zwischen Hochschulen und Wirtschaft, S. 107.

[566] Koch AuA 1994, 317 ff.

[567] Nagel, Fristverträge, § 57 e HRG Rn. 12.

beitsverträge befristungsrechtlich dem Land zu, für das die Hochschule als Arbeitgeber handelt.

Nach Püttjer[568] werde im Verwahrkontenverfahren grundsätzlich von der Arbeitgeberstellung des Hochschullehrers ausgegangen. Auch im Sonderkontoverfahren sei Zuwendungsempfänger/Vertragspartner und Arbeitgeber das Hochschulmitglied. Im Ergebnis vertritt sie allerdings die Ansicht, daß das Zusammenspiel von privatem (Abschluß eines Privatdienstvertrages) und dienstlichem Handeln des Professors den hergebrachten Grundsätzen des Berufsbeamtentums widerspreche, was konsequenterweise dazu führe, daß durch das Handeln des Professors (Abschluß von Dienstverträgen mit Drittmittelbediensteten) die Hochschule und das Land unmittelbar berechtigt und verpflichtet würden. Die Drittmittelbediensten seien also Personal der Hochschule, auf das alle tarif-, dienst- und hochschulrechtlichen Vorschriften zwingend anzuwenden seien.

Nach Streicher [569] liegt ein mittelbares Arbeitsverhältnis vor, wenn wissenschaftliche Mitarbeiter durch Universitätsprofessoren im Bereich der Drittmittelforschung im eigenen Namen beschäftigt werden.

Zusammenfassend bleibt festzuhalten, daß in der Literatur verschiedene Ansichten und Begründungsansätze zu verzeichnen sind. Überwiegend wird der Hochschullehrer bei Abschluß eines Privatdienstvertrages mit dem Arbeitnehmer als alleiniger Arbeitgeber angesehen. Teilweise wird eine unmittelbare oder mittelbare Arbeitgeberstellung der Hochschule angenommen.

e) Stellungnahme

Bei Abschluß eines Privatdienstvertrages durch den Hochschullehrer im eigenen Namen für ein von ihm betriebenes Forschungsvorhaben ist im Grundsatz davon auszugehen, daß er als Vertragspartner des Arbeitnehmers auch dessen Arbeitgeber im Sinne des Arbeitsrechts wird. Die vorstehende Darstellung der Ansichten in Rechtsprechung und Literatur hat gezeigt, daß dieser Grundsatz überwiegend bestätigt und eine unmittelbare und eine mittelbare Arbeitgeberstellung der Hochschule abgelehnt wird. Einigkeit besteht diesbezüglich allerdings nicht. Die Darstellung hat nämlich auch gezeigt, daß hier teilweise eine gespaltene oder gar eine unmittelbare Arbeitgeberstellung der Hochschule in Betracht gezogen wird. Es gilt nun, sich mit diesen Auffassungen auseinanderzusetzen.

Aus der Regelung des § 25 Abs. 5 Satz 1 HRG, wonach aus Mitteln Dritter bezahlte hauptberufliche Mitarbeiter an Forschungsvorhaben als Personal der Hochschule im Arbeitsverhältnis eingestellt werden sollen, ergibt sich, wie bereits erörtert, keine zwingende Arbeitgeberstellung der Hochschule oder des Landes als Hochschulträger.[570]

---

[568] Püttjer WissR 1990, 154, 157 f.

[569] Streicher, Rechtsformzwang, S. 143.

[570] Vgl. im einzelnen oben, 5. Teil, A, IV, 1.

Verwaltet der Hochschullehrer die Drittmittel selbst im Rahmen eines Sonderkontenverfahrens und schließt er einen Privatarbeitsvertrag, so wird dieser unzweifelhaft Arbeitgeber im Sinne des Arbeitsrechts. Denn ihn treffen sämtliche Arbeitgeberpflichten, ihm kommen auf der anderen Seite aber auch alle Arbeitgeberrechte zu. Die Hochschule ist am Arbeitsverhältnis in keiner Weise beteiligt. Dies ist nahezu unstreitig.[571]

Werden die Drittmittel bei Abschluß eines Privatdienstvertrages über das Verwahrkontenverfahren verwaltet, so besteht keine Einigkeit in Rechtsprechung und Literatur. Die Ansichten, die diesbezüglich eine Arbeitgeberstellung der Hochschule[572] oder eine nicht ins Gewicht fallende bloße formelle Arbeitgeberstellung des Hochschullehrers[573] annehmen, vermögen im Ergebnis allerdings nicht zu überzeugen.

Denn auch im Verwahrkontenverfahren nimmt der Hochschullehrer als Vertragspartner des Arbeitnehmers die Arbeitgeberstellung ein. Er weist, ohne selbst weisungsgebunden zu sein, dem Arbeitnehmer die Arbeit zu, so daß dieser von ihm persönlich abhängig ist. Der Hochschule steht im Grundsatz kein Weisungsrecht zu und sie übernimmt lediglich die Verwaltung der Drittmittel im Wege der Verwaltungshilfe für den Hochschullehrer. Bewilligungs- und Zuwendungsempfänger ist im Verwahrkontenverfahren allein der Hochschullehrer selbst.

Das Urteil des Arbeitsgerichts Hamburg ist offensichlich eine Einzelfallentscheidung, der für die vorliegende Untersuchung keine Bedeutung zukommt. Eine Begründung für die Annahme einer persönlichen Abhängigkeit der Arbeitnehmerin von der Universität und damit für eine Arbeitgeberstellung letzterer trotz Abschluß eines Privatarbeitsvertrages findet nicht statt. Auf die Voraussetzungen für die Begründung einer Arbeitgeberstellung -trotz fehlenden Vertragsschlusses- wird nicht eingegangen.

Die Ansichten, die eine bloße formelle Arbeitgeberstellung des Hochschullehrers erkennen wollen, erscheinen nicht rechtlich fundiert, sondern eher ergebnisorientiert. Die Abwicklung der Verwaltung der Drittmittel über die Hochschulverwaltung wird als Anlaß genommen, eine Arbeitgeberstellung der Hochschule zu begründen[574] oder eine solche wird offengelassen und auf eine Aufspaltung der Arbeitgeberstellung hingewiesen.[575] Darauf, wem die wesentlichen Arbeitgeberfunktionen zustehen, wird nicht oder nicht überzeugend eingegangen.

Der Gedanke, die Hochschule sei bei Abschluß eines Privatdienstvertrages for-

---

[571] A.A. - soweit ersichtlich - nur Püttjer WissR 1990, 154 ff.

[572] Arbeitsgericht Hamburg, Urteil vom 2.3.1978 - 18 Ca 295/78 -, KMK-HSchR 1979, 242 ; unter besonderen Voraussetzungen auch Koch AuA 1994, 317 ff.

[573] BAG, Urteil vom 26.5.1983 - 2 AZR 439/81 -, BAGE 44, 49 ; LAG Frankfurt, Urteil vom 25.6.1981 - 12 Sa 38/81 -, KMK-HSchR 1982, 341 ff. ; Nagel, Fristverträge, § 57 e HRG Rn. 12.

[574] So Nagel, a.a.O.

[575] BAG, Urteil vom 26.5.1983, a.a.O. ; LAG Frankfurt, Urteil vom 25.6.1981, a.a.O.

mell Empfänger der Drittmittel[576], geht fehl, da diese nur mit deren Verwaltung betraut wird. Auch die Behauptung, die Hochschule vermöge den Bereich, in dem die privatvertragliche Tätigkeit konkret erbracht wird, in aller Regel voll zu kontrollieren[577], ist nicht nachvollziehbar. Denn der Hochschule wird zwar die Forschungstätigkeit angezeigt und die Forschungsergebnisse sollen veröffentlicht werden (§ 25 Abs. 2, 3 HRG). In die tatsächlichen Forschungsarbeiten hat die Hochschule aber zunächst keinen Einblick und sie hat auch kaum Einflußmöglichkeiten.

Der Umstand, daß die Hochschule im Verwahrkontenverfahren die Drittmittel haushaltstechnisch verwaltet, ist ebenfalls nicht geeignet, die Arbeitgeberstellung des Hochschullehrers in Frage zu stellen. Es handelt sich hierbei lediglich um eine kassentechnische Regelung. Dies folgt bereits daraus, daß der Drittmittelforscher selbst oder eine andere Person die Drittmittelverwaltung übernehmen kann, wenn nicht die Hochschule die Verwaltung übernimmt. Findet die Mittelverwaltung durch Dritte außerhalb der Hochschule statt, was zulässig ist[578], so wird wohl kaum jemand auf die Idee kommen, diesem lediglich mit der Mittelverwaltung beauftragten Dritten eine unmittelbare oder mittelbare Arbeitgeberstellung zuzuerkennen oder eine aufgespaltene Arbeitgeberstellung anzunehmen. Läßt ein Arbeitgeber in der Privatwirtschaft Verwaltungsaufgaben durch Dritte durchführen, so kann nicht die Rede davon sein, daß der Dritte damit Arbeitgeberfunktionen wahrnimmt. Nichts anderes kann hier gelten, auch wenn der Arbeitnehmer in der Hochschule tätig wird. Der Eingliederungsgedanke hat für die Arbeitgeberstellung keine eigenständige Bedeutung.

Auf den Umstand, daß der Hochschullehrer Vertragsarbeitgeber des Arbeitnehmers ist und dieser, selbst weisungsfrei, das Weisungsrecht gegenüber dem Arbeitnehmer ausübt, wird nicht eingegangen. Argumentativ wird ausschließlich das Ziel verfolgt, die Privatdienstverträge befristungsrechtlich dem Land zuzurechnen.[579] Daher muß davon ausgegangen werden, daß die angesprochenen Auffassungen eine verbindliche Klärung der Arbeitgeberstellung bei Abschluß eines Privatdienstvertrages und einer Verwaltung der Drittmittel über das Verwahrkontenverfahren nicht beabsichtigt haben, zumal nicht ausdrücklich eine unmittelbare Arbeitgeberstellung der Hochschule angesprochen wird. Entscheidungsgegenstand der angesprochenen Urteile war damit nicht, ob sich die Hochschule überhaupt in vertraglichen Beziehungen zum Arbeitnehmer befindet. Dennoch hat sich das BAG und diesem teilweise folgend die instanzgerichtliche Rechtsprechung sowie Teile der Literatur nicht gescheut, die unterschiedlichen Arbeitsvertragsverhältnisse zusammenzuaddieren.

Eine unmittelbare Arbeitgeberstellung der Hochschule ist aufgrund der vorstehenden Ausführungen abzulehnen, eine mittelbare Arbeitgeberstellung der Hoch-

---

[576] LAG Frankfurt, Urteil vom 25.6.1981, a.a.O.

[577] LAG Frankfurt, Urteil vom 25.6.1981, a.a.O.

[578] Vgl. oben, 2. Teil, B, III.

[579] Zum Begriff der befristungsrechtlichen Zurechnung, vgl. oben, 5. Teil, A, IV, 2, a.

schule ist bedenklich. Denn zu berücksichtigen ist, daß in Abweichung von dem allgemeinen Sonderfall der Rechtsbeziehungen, bei dem ein Bediensteter einer juristischen oder natürlichen Person Drittmittelempfänger ist, der Hochschullehrer bei Abschluß eines Privatdienstvertrages gerade nicht weisungsgebunden gegenüber der Hochschule ist, während ein Bediensteter im Normalfall gegenüber seinem Arbeitgeber stets weisungsgebunden und daher ein mittelbares Arbeitsverhältnis des Arbeitnehmers zu dessen Arbeitgeber anzunehmen ist.
Hier scheidet eine mittelbare Arbeitgeberstellung der Hochschule bereits deshalb aus, weil die Hochschule weder gegenüber dem Hochschullehrer noch gegenüber dem Arbeitnehmer weisungsbefugt ist. Insoweit besteht hier bei Abschluß eines Privatdienstvertrages eine hochschulspezifische Besonderheit. Außerdem kommt das Arbeitsergebnis, die Durchführung und Auswertung des Forschungsvorhabens, weder beim Sonderkonten- noch beim Verwahrkontenverfahren der Hochschule unmittelbar zugute, abgesehen davon, daß es mittelbar im Rahmen der allgemeinen Forschungsaufgaben nützlich sein kann.
Die haushaltstechnische Verwaltung der Drittmittel durch die Hochschule im Verwahrkontenverfahren vermag hieran nichts zu ändern. Die Auffassung, daß der Hochschullehrer im Verwahrkontenverfahren gegebenenfalls lediglich eine formale Arbeitgeberstellung einnimmt, kann nicht überzeugen. Denn von der Hochschule wird lediglich eine Verwaltungshilfe geleistet, durch die die Hochschule nicht in den Arbeitsvertrag eintritt. Auf dienstrechtliche Beziehungen zum Arbeitnehmer kann daraus folglich nicht geschlossen werden, zumal es sich beim Verwahrkontenverfahren - wie ausgeführt - lediglich um eine kassentechnische Regelung handelt, welche den Hochschullehrer von überflüssigen Verwaltungsaufgaben freistellen soll. Nichts anderes kann aus der Eingliederung und aus der organisatorischen Einbindung des Arbeitnehmers in den Hochschulbetrieb gefolgert werden, weil der Eingliederungsgedanke für die Arbeitgeberstellung keine eigenständige Bedeutung hat.

Die Auffassung Streicher´s hinsichtlich des Vorliegens eines mittelbaren Arbeitsverhältnisses wird durch keine Argumente belegt. Püttjer berücksichtigt den Aspekt der Freiwilligkeit nicht hinreichend. Auch die Auffassung Koch´s, wonach je nach den Umständen des Einzelfalles auch eine mittelbare Arbeitgeberstellung der Hochschule in Betracht kommt, wobei entscheidend auf die Weisungsfreiheit des Hochschullehrers gegenüber der Hochschule abzustellen sei, kann wie erörtert nicht überzeugen.[580] Auf diese Erörterungen kann verwiesen werden.

Im Rahmen eines Privatdienstvertrages ist somit ausschließlich der Hochschullehrer als Vertragspartner des Arbeitnehmers Arbeitgeber im Sinne des Arbeitsrechts. Eine unmittelbare oder mittelbare Arbeitgeberstellung der Hochschule kann nicht angenommen werden. Die Hochschule ist als am Arbeitsvertrag nicht beteiligte Dritte anzusehen.

---

[580] Vgl. oben, 5. Teil, A, IV, 1, b.

Es stellt sich die Frage, ob im Rahmen eines Privatdienstvertrages eine Aufspaltung von Arbeitgeberfunktionen auf den Hochschullehrer und die Hochschule angenommen werden kann.
Die Annahme einer Aufspaltung der Arbeitgeberfunktionen mit der Begründung, daß die Hochschule bei der Drittmittelverwaltung über das Verwahrkontenverfahren Aufgaben des Hochschullehrers wahrnimmt, nämlich die Drittmittelverwaltung, ist im Ergebnis nicht zu beanstanden. Es darf allerdings nicht übersehen werden, daß diese Wahrnehmung von Arbeitgeberfunktionen seitens der Hochschule für die Arbeitgeberstellung ohne wesentliche Bedeutung ist. Zwar übernimmt die Hochschule beim Verwahrkontenverfahren die Drittmittelverwaltung und ihr wird auch eine gewisse Fürsorgepflicht gegenüber dem Arbeitnehmer obliegen, was schon daraus folgt, daß dieser in den Räumen der Hochschule unter Verwendung von Sachmitteln der Hochschule tätig wird. Aber weitere Arbeitgeberpflichten sowie Arbeitgeberrechte sind nicht zu verzeichnen.
Die Arbeitgeberfunktionen der Hochschule gegenüber den kraft Privatdienstvertrages beschäftigten Arbeitnehmern sind daher verglichen mit den Arbeitgeberfunktionen des Hochschullehrers bei Abschluß eines Arbeitsvertrages zwischen Hochschule und dem Arbeitnehmer, des Entleihers bei der Leiharbeit und des mittelbaren Arbeitgebers bei der Gestaltungsform des mittelbaren Arbeitsverhältnisses sehr schwach ausgeprägt. Noch schwächer ausgeprägt sind die Arbeitgeberfunktionen, wenn die Drittmittel über das Sonderkontenverfahren verwaltet werden. In diesem Fall kommen der Hochschule allenfalls gewisse Fürsorgepflichten (z.B. Schutzpflichten für das Leben und die Gesundheit sowie das Eigentum des Arbeitnehmers) gegenüber dem Drittmittelbeschäftigten zu.

Im Ergebnis sollte man hier daher von einer Aufspaltung von Arbeitgeberfunktionen als von einer Aufspaltung der Arbeitgeberstellung sprechen. Hierdurch wird verdeutlicht, daß die Hochschule eben keinen bedeutsamen Einfluß auf die Ausgestaltung des Arbeitsverhältnisses hat. Der Hochschule kommt bei Abschluß eines Privatdienstvertrages durch den Hochschullehrer eben keine unmittelbare, mittelbare oder faktische Arbeitgeberstellung zu.

Die dem Arbeitnehmerschutzgedanken Rechnung tragende sog. Umgehungsrechtsprechung des BAG sowie die hier vertretene Analogie zu arbeitsrechtlichen Schutznormen bei Verkürzung des Arbeitnehmerschutzes kann hier nicht zum Tragen kommen. Denn zum einen kommt dem Arbeitnehmer bei dem Abschluß eines Privatarbeitsvertrages der volle Schutz des Arbeitsrechts zu, zum anderen ist die Möglichkeit des Abschlusses eines Privatdienstvertrages durch den Hochschullehrer gesetzlich unter besonderen Voraussetzungen in § 25 Abs. 5 Satz 3 HRG vorgesehen. Macht der Hochschullehrer von dieser gesetzlich vorgesehenen Möglichkeit berechtigterweise Gebrauch, so ist es ausgeschlossen, ihm in diesem Fall die Umgehung von Arbeitnehmerschutzrechten oder eine Verkürzung des Arbeitnehmerschutzes vorzuwerfen. Dies würde einen krassen Widerspruch zu der gesetzlichen Regelung bedeuten.

Festzuhalten bleibt, daß der Hochschullehrer bei Abschluß eines Privatdienstvertrages mit dem drittmittelfinanzierten Arbeitnehmer alleiniger Arbeitgeber im Sinne des Arbeitsrechts wird.

V) Die Zweckbestimmung der Drittmittel

1) Einsatz entsprechend der Zweckbestimmung der Drittmittel

Nach der Rechtsprechung des BAG liegt ein Einsatz entsprechend der Zweckbestimmung der Drittmittel vor, wenn der bei Vertragsschluß vorgesehene oder der später von einem zum Vertragsschluß Berechtigten gebilligte Einsatz des wissenschaftlichen Mitarbeiters die Interessen des Drittmittelgebers nicht beeinträchtigt.[581] Durch das Merkmal der zweckentsprechenden Beschäftigung des Arbeitnehmers werden die Interessen des Drittmittelgebers geschützt und zugleich verhindert, daß der drittmittelfinanzierte Arbeitnehmer anderweitig im Hochschulbereich eingesetzt wird und damit der Befristungsgrund der zeitlich begrenzten Projektfinanzierung als Vorwand für die Erfüllung von Daueraufgaben genutzt wird.[582] Hierdurch ist allerdings nicht von vornherein ausgeschlossen, daß der Arbeitnehmer wegen der Besonderheiten eines Forschungsvorhabens in anderen Drittmittelprojekten oder in geringem Umfang auch für allgemeine Hochschulaufgaben eingesetzt wird, soweit dadurch nicht die objektiven Interessen des Drittmittelgebers beeinträchtigt werden.[583] Eine Beeinträchtigung der Interessen des Drittmittelgebers ist bei einem Austausch von Mitarbeitern verschiedener Drittmittelvorhaben und bei einem Einsatz des Arbeitnehmers für allgemeine Hochschulaufgaben, wenn ein Einsatz für Drittmittelvorhaben zeitweise nicht möglich ist, selbst wenn dies bereits bei Abschluß des Arbeitsvertrages vorgesehen war, regelmäßig nicht gegeben, weil ein Drittmittelgeber hiervon regelmäßig selbst ausgeht und dies in Kauf nimmt.[584]

2) Einfluß der Zweckbestimmung der Drittmittel auf das Arbeitsverhältnis

Der Inhalt des Arbeitsverhältnisses und die den Arbeitnehmer treffende Arbeitsleistungspflicht hängen von der Vereinbarung mit dem Arbeitsvertragspartner, also dem Drittmittelempfänger ab. Soll der Arbeitnehmer entsprechend der Zweckbestimmung der Drittmittel eingesetzt werden, so muß diese im Arbeitsvertrag vereinbart sein, denn dem Arbeitnehmer können nur solche Arbeiten zugewiesen werden, die im Arbeitsvertrag vereinbart wurden. Maßgebend ist inso-

---

[581] BAG, Urteil vom 15.1.1997 - 7 AZR 158/96 - , NZA 1998, 29, 30 ; BAG, Urteil vom 22.11.1995 - 7 AZR 248/95 -, NZA 1996, 1092, 1094 f.

[582] BAG, Urteile vom 15.1.1997 und 22.11.1995, a.a.O.

[583] BAG, Urteile vom 15.1.1997 und 22.11.1995, a.a.O. ; KR (-Lipke), § 57 b HRG Rn. 26 b ; Buchner RdA 1985, 258, 269 f. ; Staudinger (-Preis), BGB, § 620 Rn. 216.

[584] BAG, Urteil vom 22.11.1995 - 7 AZR 248/95 -, NZA 1996, 1092, 1095.

weit zunächst die Zweckbestimmung zum Zeitpunkt der Mittelbewilligung.[585] An dieser hat sich die Beschäftigung zu orientieren. Ändert sich die Zweckbestimmung durch eine Modifizierung dieser durch den Drittmittelgeber aufgrund neuer Erkenntnisse des Projektleiters, so muß sich die Beschäftigung nach dieser geänderten Zweckbestimmung richten.[586] In diesem Fall ist der Arbeitnehmer allerdings zur modifizierten Dienstleistung nur dann verpflichtet, wenn die neue Tätigkeit dem im Arbeitsvertrag vereinbarten Tätigkeitskreis unterfällt und dem die geänderte Zweckbestimmung entspricht.[587] Ist dem nicht so, ist der Arbeitnehmer nicht verpflichtet, einer entsprechenden Weisung des Arbeitgebers wegen Überschreitung der Grenzen des Direktionsrechts nachzukommen. Daher ist es für den Drittmittelempfänger ratsam, den Tätigkeitsbereich des Arbeitnehmers im Arbeitsvertrag weit zu fassen.

VI) Haftung im Hochschulbereich

Im Grundsatz finden die allgemeinen Haftungsregeln auch hinsichtlich der einzelnen Rechtsverhältnisse im Hochschulbereich Anwendung.[588] Insbesondere trifft die vertragliche Haftung stets den Arbeitsvertragspartner des Arbeitnehmers. So haftet der Hochschullehrer bei Abschluß eines Privatdienstvertrages dem Arbeitnehmer als Arbeitgeber für alle arbeitsrechtlichen Verpflichtungen auch dann, wenn aus den Drittmitteln dafür keine Deckung besteht.[589] Allerdings bestehen im Hochschulbereich wiederum einige hochschulspezifische Besonderheiten.

1) Haftung für schuldhaft fehlerhafte Mittelverwaltung

Hinsichtlich der Mittelverwaltung kann eine Besonderheit in Betracht kommen, wenn man berücksichtigt, daß es sich bei dieser um eine dienstliche Tätigkeit des einzelnen Hochschullehrers handelt, weil die Durchführung von Drittmittelforschung ein Teil der Dienstaufgaben des Hochschullehrers darstellt. In Anbetracht dieser Tatsache soll nach Lüthje[590] auch das Land neben dem die Drittmittel empfangenden Hochschullehrer für eine schuldhaft fehlerhafte Mittelverwaltung haften. Ob sich die Haftung nach fiskalischen oder den Grundsätzen der Amtshaftung richte, hänge vom Einzelfall ab. Das Land könne zur Sicherstellung einer sachgerechten Mittelverwendung Richtlinien zur persönlichen Verwaltung von Drittmitteln durch den Drittmittelempfänger unter Berücksichtigung der Bewilligungsbedingungen des Drittmittelgebers vorgeben.
Diese Auffassung begegnet im Ergebnis erheblichen Zweifeln. Sie widerspricht

---

585 KR (-Lipke), § 57 b HRG Rn. 26 a.
586 KR (-Lipke), § 57 b HRG Rn. 26 a ; Buchner RdA 1985, 258, 270.
587 KR (-Lipke), a.a.O.
588 Vgl. oben, 4. Teil, G.
589 Neyses, Personalfragen in der Drittmittelforschung, S. 69 m.w.N.
590 Lüthje NVwZ 1986, 343, 346.

der strikten Trennung zwischen einem Drittmittelvertrag zur Hochschule oder zum Hochschullehrer. Sie führt zu einer ungerechtfertigten Haftungserweiterung und Begründung einer Haftung der Hochschule oder des Landes, die oder welches bei Abschluß eines Privatdienstvertrages und einem Empfang der Drittmittel durch den Hochschullehrer in das Vertragsverhältnis zwischen Drittmittelgeber und Hochschullehrer nicht mit einbezogen ist. Allein die Wahrnehmung dienstlicher Aufgaben durch den Hochschullehrer kann zur Haftungsbegründung nicht ausreichen, denn dem Gesetzgeber war bei der Ermöglichung von Privatdienstverträgen und der Drittmittelverwaltung über das Sonderkontenverfahren bewußt, daß die Tätigkeit des Hochschullehrers Dienstaufgabe bleibt. Die Hochschule oder das Land ist in diesem Fall ein am Vertrag nicht beteiligter Dritter. Im übrigen werden nach allgemeinen gesetzlichen Wertungen Abhängigkeiten und vertragliche Pflichten in der Regel durch Vertrag begründet, d.h. die arbeitsvertraglichen Pflichten hat regelmäßig derjenige zu tragen, der den Anspruch auf die Arbeitsleistung seines Vertragspartners hat.[591] Eine Haftung für vertragliche Pflichtverletzungen trifft daher im Grundsatz den Vertragsarbeitgeber. Eine Haftungserweiterung entgegen allgemeinen Vertragsgrundsätzen hätte daher einer ausdrücklichen Regelung bedurft. Daher trifft den Hochschullehrer im Rahmen des Sonderkontenverfahrens für die fehlerhafte Mittelverwaltung eine persönliche und alleinige Haftung.
Nichts anderes kann im Grundsatz bei der Verwaltung der Drittmittel über das Verwahrkontenverfahren gelten. Der Hochschullehrer ist im Verwahrkontenverfahren ebenfalls selbst verantwortlich für die sachgerechte Abwicklung und haftet gegebenenfalls hierfür.[592]

Eine Haftung der Hochschule oder des Landes kann sich allerdings unter besonderen Umständen unter dem Gesichtspunkt des Vertrauensschutzes ergeben.[593] Zu erwägen ist etwa die Erweckung eines Vertrauenstatbestandes gegenüber dem Drittmittelgeber dahingehend, die Hochschule oder das Land werde die ordnungsgemäße Mittelverwaltung sicherstellen und auch tatsächlich die Mittelverwaltung übernehmen. Daher hat das BAG entschieden, daß bei Abschluß eines Privatdienstvertrages neben dem Hochschullehrer auch die Hochschule für eine im Arbeitsvertrag zugesagte Zusatzversorgung durch die Versorgungsanstalt des Bundes und der Länder nach dem Grundsatz der Vertrauenshaftung haften könne.[594] Ob die Voraussetzungen einer Vertrauenshaftung, die oben[595] bereits dargestellt wurden, vorliegen, beurteilt sich nach der Lage im Einzelfall.

---

[591] Vgl. oben, 3. Teil, B, III, 3, f.

[592] So auch Heckmann, Drittmittelforschung, Hdb. WissR 1982, 966, 980.

[593] So auch Heckmann, a.a.O. Vgl. allgemein zum Gesichtspunkt des Vertrauensschutzes die obigen Ausführungen, 4. Teil, C, III.

[594] Vgl. hierzu die Ausführungen oben, 4. Teil, C, III, 1.

[595] Vgl. oben, 4. Teil, C, III, 1.

2) Haftung der Hochschule für die Verletzung von Schutzpflichten

Der Hochschule kommen auch bei Abschluß eines Privatdienstvertrages zwischen Hochschullehrer und Arbeitnehmer gegenüber dem Arbeitnehmer Fürsorgepflichten, insbesondere die Schutzpflichten für Leben und Gesundheit (§§ 617, 618 BGB) sowie das Eigentum des Arbeitnehmers, zu.[596] Werden die Schutzpflichten seitens der Hochschule schuldhaft verletzt und erleidet der Arbeitnehmer einen Schaden, so haftet die Hochschule gegenüber dem Arbeitnehmer nach den allgemeinen Haftungsregeln. Im Fall einer Schadensverursachung infolge der Pflichtverletzung besteht ein Schadensersatzanspruch unter dem Gesichtspunkt der positiven Vertragsverletzung.[597] Die Hochschule trifft in diesem Fall eine quasi-vertragliche Haftung. Darüber hinaus hat die Hochschule für Verschulden von Erfüllungsgehilfen einzustehen.
Liegt zugleich eine unerlaubte Handlung vor, richtet sich die Haftung nach §§ 823 ff. BGB. In diesem Fall haftet die Hochschule auch für das Verschulden von Verrichtungsgehilfen nach § 831 BGB.

Hinsichtlich der Fürsorgepflicht liegt damit eine gemeinsame Verantwortlichkeit von Hochschule und Hochschullehrer vor.

3) Haftung der Hochschule gegenüber dem Drittmittelgeber bei Ablehnung der Erbringung der Forschungsleistung durch den Hochschullehrer

Fraglich ist die Haftung, wenn bei Abschluß eines Drittmittelvertrages zwischen Hochschule und Drittmittelgeber der Hochschullehrer als ausführende Stelle die Erbringung der Forschungsleistung ablehnt und damit der Hochschule die Vertragserfüllung subjektiv unmöglich wird.
Ein Hochschullehrer, der bei dem Abschluß des Drittmittelvertrages nicht hinzugezogen wurde, kann nicht verpflichtet oder gezwungen werden, ein bestimmtes Forschungsvorhaben durchzuführen. Unter dem Schutz der Wissenschafts- und Forschungsfreiheit des Art. 5 Abs. 3 GG hat der verantwortliche Hochschullehrer die Entscheidungsfreiheit, ob er einen Forschungsauftrag übernehmen will oder nicht.[598]
Keine Probleme treten auf, wenn der Hochschullehrer schon von Anfang an zur Erbringung der Forschungsleistung bereit war, an der Einwerbung der Drittmittel mitgewirkt und die Verantwortung für die Durchführung des Forschungsauftrages - freiwillig - übernommen hat. In diesem Fall sind die Hochschule als Institution und im Innenverhältnis der Hochschullehrer zur Erbringung der Forschungsleistung verpflichtet.
War der Hochschullehrer nicht von Anfang an zur Erbringung der Forschungs-

---

596 Vgl. oben, 5. Teil, A, IV, 2, e.
597 Erman (-Hanau), BGB, § 618 Rn. 16 ; MüKo (-Lorenz), BGB, § 618 Rn. 69 ; Palandt (-Putzo), BGB, § 618 Rn. 8.
598 Blum/Kaufmann WissR 1985, 1, 10.

leistung bereit und kann die Hochschule die Forschungsleistung mangels ausführender Stelle nicht erbringen, könnten die Normen des Schuldrechts des BGB Anwendung finden. Unabhängig von der Beantwortung der Frage, was für ein Vertragsverhältnis zwischen Drittmittelgeber und Hochschule vorliegt, liegt hier im Hinblick auf die Erbringung der Forschungsleistung eine anfängliche, subjektive Unmöglichkeit (Unvermögen) seitens der Hochschule vor. Ein anfängliches Unvermögen seitens der Hochschule liegt in diesem Fall vor, da ihr schon bei Abschluß des Drittmittelvertrages die Forschungsleistung mangels ausführender Stelle unmöglich war. § 325 BGB, der eine nachträgliche (objektive oder subjektive) Unmöglichkeit voraussetzt[599], ist folglich nicht anwendbar. Gleiches gilt für § 306, der nur bei einer anfänglichen objektiven Unmöglichkeit anwendbar, hingegen auf ein anfängliches Unvermögen unanwendbar ist.[600] Bei anfänglichem Unvermögen ist der Vertrag nach allgemeiner Ansicht wirksam.[601] Nach ganz h.M. übernimmt der Schuldner durch sein Leistungsversprechen stillschweigend eine Garantie für sein Leistungsvermögen (Garantiehaftung), der Gläubiger kann daher Schadensersatz wegen Nichterfüllung verlangen oder vom Vertrag zurücktreten oder auch auf Erfüllung klagen.[602] Diese Auffassung entspricht dem Willen des Gesetzgebers[603] und ist interessengerecht, weil sich der Schuldner vor dem Leistungsversprechen hätte vergewissern können, ob er zur Leistung bei Vertragsschluß imstande ist. Die Hochschule kann sich dementsprechend vor Abschluß des Drittmittelvertrages vergewissern, ob ein Hochschullehrer zur Erbringung der Forschungsleistung bereit ist.

Eine Einstandspflicht der Hochschule könnte allerdings aufgrund einer durch Auslegung (§§ 133, 157 BGB) zu ermittelnden stillschweigenden Übereinstimmung der Vertragspartner, wonach das Forschungsvorhaben nur durchgeführt werden soll bzw. kann, wenn der verantwortliche Hochschullehrer zur Übernahme des Forschungsauftrages bereit ist, verneint werden. Denn auch für den Drittmittelgeber ist ohne weiteres erkennbar, daß der Forschungsauftrag nur dann verwirklicht werden kann, wenn ein verantwortlicher Hochschullehrer zur Erbringung der Forschungsleistung bereit und imstande ist.

Das Landesrecht kann aber auch ausdrücklich die Übernahme von aus der Annahme eines Forschungsauftrages erwachsenden Folgekosten durch die Hochschule oder das Land gänzlich ausschließen.[604] Eine solche Vorschrift würde nach Blum/Kaufmann im Ergebnis einen Ausschluß der Hochschulhaftung für die geschuldete Forschungsarbeit bedeuten.[605]

---

[599] Palandt (-Heinrichs), BGB, § 325 Rn. 4 ; Erman (-Battes), BGB, § 325 Rn. 3.

[600] Palandt (-Heinrichs), BGB, § 306 Rn. 4 ; Erman (-Battes), BGB, § 306 Rn. 1.

[601] Palandt (-Heinrichs), BGB, § 306 Rn. 9 ; Erman (-Battes), BGB, § 306 Rn. 21.

[602] Palandt (-Heinrichs), BGB, § 306 Rn. 9 m.w.N. ; Erman (-Battes), BGB, § 306 Rn. 21, m.w.N. auch zu den Minderansichten in der Literatur.

[603] Palandt (-Heinrichs), BGB, § 306 Rn. 10, m.w.N. zu den Minderansichten in der Literatur.

[604] Vgl. Blum/Kaufmann WissR 1985, 1, 10 ; Reich, HRG, § 25 Rn. 5.

[605] Blum/Kaufmann WissR 1985, 1, 10.

In der Praxis ist - soweit ersichtlich - ein entsprechendes Haftungsproblem noch nicht aufgetreten. Sei es, weil sich die Hochschule vor Abschluß des Drittmittelvertrages stets der Erbringung der Forschungsleistung durch einen Hochschullehrer versichert hat, sei es, daß sich die Parteien des Drittmittelvertrages bei Eintritt des Unvermögens auf Seiten der Hochschule über eine Beendigung des Vertragsverhältnisses geeinigt haben. Außerdem werben die Hochschullehrer in der ganz überwiegenden Zahl der Fälle die Drittmittel selbst ein und offenbaren damit ihre Bereitschaft zur Forschungsleistung. Im Ergebnis ist daher die Klärung der vorliegenden Haftungsfrage von geringer Bedeutung. Sie soll daher nicht weiter vertieft werden, zumal diese Frage keinen spezifisch die Drittmittelfinanzierung betreffenden Problemkreis anschneidet.

VII) Ergebnis und Zusammenfassung der Rechtsbeziehungen im Hochschulbereich

Bei der Durchführung eines drittmittelfinanzierten Forschungsprojekts auf der Grundlage eines Privatdienstvertrages sind als Beteiligte der einzelne Hochschullehrer, der Mitarbeiter, die Hochschule und der Drittmittelgeber zu verzeichnen, wobei in arbeitsrechtlicher Hinsicht entsprechend den allgemeinen Grundsätzen nicht von einer Beteiligung des Drittmittelgebers ausgegangen werden kann. Im Rahmen des Drittmittelverfahrens kommt eine Beteiligung von Hochschule, Mitarbeiter und Drittmittelgeber in Betracht. Bei der Drittmittelfinanzierung im Hochschulbereich können daher Drei-Personen- und abweichend vom Normalfall Vier-Personen-Beziehungen festgestellt werden.

Der Drittmittelgeber kann grundsätzlich frei wählen, ob er die Zuwendungen der Hochschule als Institution oder dem einzelnen Hochschullehrer zur Verfügung stellt.

Wird der Arbeitsvertrag mit dem Arbeitnehmer durch die Hochschule geschlossen, so wird diese als Vertragspartei dessen Arbeitgeber. Der Hochschullehrer wird dann als ausführende Stelle in aller Regel als Erfüllungsgehilfe der Hochschule eingeschaltet. Wird der Hochschullehrer durch Abschluß eines Privatdienstvertrages Vertragspartner des Arbeitnehmers, so ist er auch dessen Arbeitgeber im arbeitsrechtlichen Sinne. Eine unmittelbare, mittelbare oder faktische Arbeitgeberstellung der Hochschule kann nicht überzeugend begründet werden. Letzteres stellt eine hochschulspezifische Besonderheit gegenüber den allgemeinen Grundsätzen dar, denn bei dem Sonderfall der Vertragsarbeitgeberstellung eines Bediensteten einer juristischen oder natürlichen Person wird diese - im Gegensatz zur Hochschule - mittelbarer Arbeitgeber.

Sowohl bei dem Abschluß des Arbeitsvertrages durch die Hochschule als auch bei Abschluß eines Privatdienstvertrages durch den Hochschullehrer kommt es zu einer Aufspaltung von Arbeitgeberfunktionen mit unterschiedlicher Bedeutung. Die Aufspaltung von Arbeitgeberfunktionen hat aber keinen Einfluß auf die Arbeitgeberstellung des Vertragspartners des Arbeitnehmers. Alleiniger Arbeitgeber im Sinne des Arbeitsrechts ist stets der Vertragsarbeitgeber des Arbeitnehmers.

Die Umgehungsrechtsprechung des BAG und die hier vertretene Analogie zu arbeitsrechtlichen Schutznormen wegen einer Verkürzung des Arbeitnehmerschutzes kann hier nicht herangezogen werden.

Hinsichtlich der Haftung im Hochschulbereich gelten im Grundsatz die allgemeinen Haftungsregeln.

B) Spezialfall Arbeitsbeschaffungsmaßnahmen

Mit dem AFRG wurde die ABM-Förderung wesentlich überarbeitet.[606] Die mittlerweile im SGB III geregelte ABM-Förderung soll stärker als bisher zu einer Verbesserung der Eingliederungsaussichten der Arbeitssuchenden in den ungeförderten 1. Arbeitsmarkt beitragen.[607] Hierbei soll eine Verdrängung von nicht geförderten Arbeitsplätzen des 1. Arbeitsmarktes weitgehend vermieden werden. In das SGB III wurden darüberhinaus wichtige Regelungen aus dem Anordnungsrecht der Bundesanstalt für Arbeit aufgenommen.[608] Einfluß auf die Rechtsbeziehungen der Beteiligten haben diese Änderungen indes nicht.

Wie die meisten Förderverhältnisse im Bereich der Bundesanstalt für Arbeit werden auch die Arbeitsbeschaffungsmaßnahmen über ein Dreiecksverhältnis abgewickelt[609], so daß auch hier arbeitsrechtliche Drei-Personen-Beziehungen zu verzeichnen sind. Beteiligt sind bei dem Rechtsverhältnis im Bereich der Arbeitsbeschaffungsmaßnahmen die Bundesanstalt für Arbeit, der Arbeitnehmer und der Maßnahmeträger oder der Unternehmer als Arbeitgeber.

I) Verhältnis zwischen Zuwendungsempfänger und der Bundesanstalt für Arbeit

Zuwendungsempfänger ist bei den Arbeitsbeschaffungsmaßnahmen der Maßnahmeträger.

Im SGB III wird für alle Maßnahmen der Arbeitsförderung, mithin auch für die Förderung von Arbeitsbeschaffungsmaßnahmen, ein einheitlicher und weiterer Trägerbegriff als im AFG[610] verwandt. Nach § 21 SGB III sind Träger natürliche oder juristische Personen, die Maßnahmen der Arbeitsförderung selbst durchführen oder durch Dritte durchführen lassen.

Die Tätigkeit des Maßnahmeträgers kann auf Gewinnerzielung gerichtet sein (Wirtschaftsunternehmen). Bei zahlreichen Maßnahmeträgern ist die Tätigkeit nicht auf Gewinnerzielung ausgerichtet (z.B. Körperschaften, Anstalten oder Stiftungen des öffentlichen Rechts, Kammern, Kirchen, Gewerkschaften, Wohl-

---

606 Vgl. zu den einzelnen Änderungen Weiland BB 1997, 938, 940 ff.
607 Weiland BB 1997, 938, 940.
608 Weiland, a.a.O.
609 Gagel (-Bieback), AFG Vor § 91 (A) Rn. 99.
610 Vgl. § 92 Abs. 2 AFG.

fahrtsverbände, gemeinnützige Vereine). Gefördert werden die unterschiedlichsten Tätigkeiten (z.B. Kranken- und Behindertenpflege, Reinigung öffentlicher Plätze, Umweltschutz, Garten- und Landschaftsbau, Bewachung von Parkanlagen, Planung und Durchführung von Veranstaltungen, Unterstützung von Obdachlosen) .

Träger von Arbeitsbeschaffungsmaßnahmen im Sinne des § 260 Abs. 1 SGB III ist, wer Arbeiten für eigene Rechnung durchführt (sog. Regiearbeiten) oder durch ein Wirtschaftsunternehmen ausführen läßt (sog. Vergabearbeiten). Dieser Träger ist der unmittelbar Begünstigte der Förderung, auch wenn neben ihm auch der zugewiesene Arbeitslose (mittelbar) begünstigt wird.[611] Er trägt das wirtschaftliche Risiko der geförderten Maßnahme und ist der Bundesanstalt gegenüber für die Durchführung der Arbeitsbeschaffungsmaßnahme entsprechend dem Inhalt des Anerkennungsbescheides verantwortlich[612] und hat die Finanzierung der Maßnahme sicherzustellen.[613]

Durch den Förderbescheid kommt zwischen dem Maßnahmeträger und der Bundesanstalt für Arbeit ein sozialrechtliches Leistungsverhältnis zustande[614], welches durch den Zuweisungsbescheid, der gegenüber dem Maßnahmeträger ein Verwaltungsakt ist[615], konkretisiert wird. Unter der Bedingung, daß ein Arbeitsvertrag mit einem zugewiesenen Arbeitnehmer zustandekommt, legt die Zuweisung Höhe und Dauer der Förderung fest.[616] Als Rechtsfolge der Zuweisung werden die Lohnkosten zuschußfähig.[617] Für die Rechtsbeziehungen zwischen dem Maßnahmeträger und der Bundesanstalt für Arbeit sind insoweit - abgesehen von den Rechtsvorschriften - der Anerkennungsbescheid, ein etwaiger Ergänzungsbescheid, etwaige Bedingungen und Auflagen im Bescheid, etwaige Verpflichtungserklärungen des Maßnahmeträgers gegenüber der Bundesanstalt für Arbeit sowie der Schlußbescheid maßgebend.[618]

Das sozialrechtliche Leistungsverhältnis wird durch die öffentlich-rechtliche Funktion der Bundesanstalt für Arbeit geprägt und richtet sich in seiner weiteren

---

[611] GK-SGB III (-Feckler), § 262 Rn. 7 ; vgl. hierzu die Ausführungen oben, 1. Teil, A, III.

[612] GK-SGB III (-Feckler), § 262 Rn. 7.

[613] GK-SGB III (-Feckler), § 262 Rn. 17.

[614] BAG, Urteil vom 26.4.1995 - 7 AZR 936/94 -, NZA 1996, 87, 88 ; BSG, Urteil vom 12.12.1985 - 7 Rar 24/84-, NZA 1986, 268, 269 ; GK-SGB III (-Feckler), § 262 Rn. 7 und 17; Gagel (-Bieback), AFG, Vor § 91 (A) Rn. 101 ; Niesel (-Düe), SGB III, § 262 Rn. 4.

[615] LSG Rheinland-Pfalz, Urteil vom 26.11.1993, a.a.O. ; GK-SGB III (-Feckler), § 263 Rn. 12; Knigge/Ketelsen/Marschall/Wissing (-Ketelsen), AFG, § 93 Rn. 8 ; Gagel (-Bieback), AFG, § 93 Rn. 35 ; Wollenschläger/Kreßel AuR 1989, 63 ; GK-AFG (-Schmidt), § 93 Rn. 9a ; Blechmann, ABM, S. 56 ; Schieckel, AFG, § 93 Anm. II, 3. ; Niesel (-Düe), SGB III, § 269 Rn. 14 m.w.N.

[616] BAG, Urteil vom 26.4.1995, a.a.O. ; Gagel (-Bieback), AFG, § 93 Rn. 35 ; Blechmann, ABM, S. 36.

[617] BAG, Urteil vom 26.4.1995, a.a.O.; Knigge/Ketelsen/Marschall/Wissing (-Ketelsen), AFG, § 93 Rn. 10 und 12 ; Niesel (- Düe), SGB III, § 269 Rn. 4 m.w.N.

[618] GK-SGB III (-Feckler), § 262 Rn. 17.

Ausgestaltung nach öffentlichem Recht.[619]

II) Verhältnis zwischen Zuwendungsempfänger und Arbeitnehmer

Rechtsbeziehungen zwischen Zuwendungsempfänger und dem Arbeitnehmer werden durch den Abschluß eines Arbeitsvertrages begründet. Deren Rechtsbeziehungen richten sich, abgesehen von den Sonderregeln in §§ 269 Abs. 2, 270 SGB III[620], allein nach den Vorschriften des Arbeitsrechts.[621] Der zugewiesene Arbeitnehmer erbringt die geschuldete Arbeitsleistung demgemäß auf der Grundlage eines privatrechtlichen Vertrages mit dem Maßnahmeträger oder dem beauftragten Unternehmer, nicht hingegen aufgrund einer öffentlich-rechtlichen Verpflichtung gegenüber der Bundesanstalt für Arbeit.[622] Mit Ausnahme der besonderen Kündigungsmöglichkeit in § 270 SGB III sind die Normen des SGB III für die Wirksamkeit und die Ausgestaltung des Arbeitsverhältnisses nicht unmittelbar von Bedeutung.[623] Rechte und Pflichten aus der Durchführung der geförderten Maßnahme können nur gegenüber dem Maßnahmeträger, nicht indes gegenüber der Bundesanstalt für Arbeit geltend gemacht werden.[624]

Die Zuweisung allein begründet kein Rechtsverhältnis zwischen dem zugewiesenen Arbeitnehmer und dem Maßnahmeträger oder dem beauftragten Unternehmer[625], denn dies würde auf einen arbeitsrechtlichen Kontrahierungszwang seitens der Vertragsparteien hinauslaufen.[626] Durch die Förderung entsteht aber auch kein mittelbarer Kontrahierungszwang. Eine Einstellungspflicht zu Lasten privater Arbeitgeber wäre verfassungsrechtlich nicht tragbar.

Der zugewiesene Arbeitnehmer ist folglich grundsätzlich nicht verpflichtet, die Arbeit anzunehmen und mit dem Maßnahmeträger einen Arbeitsvertrag abzuschließen.[627] Lehnt er ohne wichtigen Grund die Beschäftigung bei einer Arbeitsbeschaffungsmaßnahme ab, so droht dem Zugewiesenen eine Sperrzeit nach § 144 SGB III. Auch der Arbeitgeber ist aufgrund der Zuweisung nicht verpflichtet, den Arbeitssuchenden einzustellen.[628] Die Zuweisung in eine Arbeitsbe-

---

[619] Gagel (-Bieback), AFG, Vor § 91 (A) Rn. 101.

[620] Vgl. auch die Regelung in § 93 II 2 und III AFG.

[621] GK-SGB III (-Feckler), § 269 Rn. 16 ; vgl. auch die Regelung des § 93 II 1 AFG.

[622] Blechmann, ABM, S. 54.

[623] Zur alten Regelung im AFG vgl. Niesel (-Düe), AFG, § 93 Rn. 19.

[624] GK-SGB III (-Feckler), § 262 Rn. 17.

[625] Knigge/Ketelsen/Marschall/Wissing (-Ketelsen), AFG, § 93 Rn. 9 ; Hennig/Kühl/Heuer/Henke (-Henke), AFG, § 93 Anm. 2 ; Wollenschläger/Kreßel AuR 1989, 63 ; Binkert/Eylert AuR 1983, 108, 110.

[626] Binkert/Eylert AuR 1983, 108, 110.

[627] Knigge/Ketelsen/Marschall/Wissing (-Ketelsen), AFG, § 93 Rn. 9 ; Hennig/Kühl/Heuer/Henke (-Henke), AFG, § 93 Anm. 2 ; Gagel (-Bieback), AFG, § 93 Rn. 31 ; GK-AFG (-Schmidt), § 93 Rn. 9 und 29 ; Blechmann, ABM, S. 55 ; Niesel (-Düe), SGB III, § 269 Rn. 4 ; Binkert/Eylert AuR 1983, 108, 110 f.

[628] GK-SGB III (-Feckler), § 263 Rn. 11 ; Gagel (-Bieback), AFG, § 93 Rn. 31 ; GK-AFG

schaffungsmaßnahme vermag daher keinen arbeitsrechtlichen Anspruch des Arbeitslosen auf Begründung eines Arbeitsverhältnisses mit dem Träger oder dem von ihm beauftragten Unternehmer zu begründen. Durch die Zuweisung hat daher keine der beiden Parteien einen Anspruch auf Abschluß eines Arbeitsverhältnisses. Insoweit findet auch für das ABM-Arbeitsverhältnis der Grundsatz der Vertrags- bzw. Abschlußfreiheit Anwendung. Die Arbeitsleistung seitens des Arbeitnehmers stellt ferner weder eine Voraussetzung noch eine Gegenleistung für von der Bundesanstalt für Arbeit erbrachte Förderungsleistungen dar[629], d.h. die Erbringung der Arbeitsleistung seitens des Arbeitnehmers stellt keine Erfüllung gegenüber der Bundesanstalt dar.

1) Die Arbeitgeberstellung bei den sog. Regiearbeiten

Sog. Regiearbeiten liegen vor, wenn der Maßnahmeträger die Arbeiten selbst ausführt.[630] Gestattet der Anerkennungsbescheid dem Maßnahmeträger die Arbeiten selbst auszuführen, so wird diesem der Arbeitssuchende zugewiesen. Dieser wird bei einer Einigung mit dem zugewiesenen Arbeitnehmer über den Abschluß eines Arbeitsvertrages dessen Arbeitgeber.

Waren juristische Personen des öffentlichen Rechts oder gemeinnützige Einrichtungen privaten Rechts Maßnahmeträger, so sollten diese nach der ABM-AO grundsätzlich mit der Durchführung der Arbeiten ein Wirtschaftsunternehmen beauftragen.[631] Dieser bislang nur in § 8 Abs. 4 Satz 1 ABM-AO, nicht gesetzlich, festgelegte Vorrang der Vergabe der Arbeiten bei den Arbeitsbeschaffungsmaßnahmen wurde gesetzlich durch Art. 11 des Arbeitsförderungs-Reformgesetzes in § 91 a AFG festgeschrieben und ist mittlerweile in § 262 SGB III normiert. Er bezweckt die Verhinderung wettbewerblicher Benachteiligungen von Handwerk und Mittelstand. Hinter diesem Vorrang der Vergabe der Arbeiten steht die Erwägung, daß hier der größtmögliche arbeitsmarktliche und volkswirtschaftliche Effekt erzielt, die Ausführung der Arbeiten durch ein Wirtschaftsunternehmen in der Regel die wirtschaftlich zweckmäßigere und vorteilhaftere Art der Durchführung sein wird und durch die Förderung in möglichst geringem Umfang von Seiten des Staates in den natürlichen Wirtschaftsablauf eingegriffen werden soll.[632] Nach § 262 Satz 1 SGB III können Arbeiten im gewerblichen Bereich nur gefördert werden, wenn sie an ein Wirtschaftsunternehmen vergeben werden. Kann eine Maßnahme aufgrund von fehlendem Interesse des in Frage kommenden

---

(-Schmidt), § 93 Rn. 9 und 29 ; Niesel (-Düe), SGB III, § 269 Rn. 4 ; Blechmann, ABM, S. 55 ; Weber, Arbeitsförderung, S. 164.

[629] Blechmann, ABM, S. 54.

[630] Hennig/Kühl/Heuer/Henke (-Henke), AFG, § 92 Rn. 13.

[631] Vgl. § 8 Abs. 4 Satz 1 ABM-AO ; Hennig/Kühl/Heuer/Henke, a.a.O. Der hier angeführte Maßnahmeträgerbegriff ist durch das AFRG geändert worden. Es gilt nach § 21 SGB III mittlerweile ein einheitlicher und weiterer Trägerbegriff, vgl. Weiland BB 1997, 938, 943.

[632] GK-SGB III (-Feckler), § 262 Rn. 18 ; Niesel NZA 1997, 580, 581.

Wirtschaftszweiges an der Durchführung der Arbeiten nicht an ein Wirtschaftsunternehmen vergeben werden, so kann der Träger die Maßnahme unter besonderen Voraussetzungen auch selbst durchführen (§ 262 Sätze 2, 3 SGB III).

Führt der Träger die Arbeiten für eigene Rechnung selbst durch und kommt mit dem zugewiesenen Arbeitnehmer ein Arbeitsverhältnis zustande, so ist dieser der unmittelbare Arbeitgeber des Arbeitnehmers im Sinne des Arbeitsrechts. Ihm kommen die Rechte und Pflichten aus dem Arbeitsverhältnis zu. Das arbeitsrechtliche Weisungsrecht unterscheidet sich grundsätzlich nicht von dem Weisungsrecht gegenüber einem Arbeitnehmer, der in einem nicht geförderten Arbeitsverhältnis steht. Eine Abweichung besteht allerdings insofern, als der Lohnkostenzuschuß daran gebunden ist, daß der zugewiesene Arbeitnehmer im Rahmen der bewilligten Maßnahme bestimmungsgemäß eingesetzt wird. Der Träger ist hierdurch praktisch gehindert, dem Arbeitnehmer im Förderungsbescheid nicht anerkannte Tätigkeiten zuzuweisen, zumal der Bundesanstalt für Arbeit die Aufhebungs- und Rückforderungsmöglichkeiten nach § 47 Abs. 2 SGB X eröffnet sind. Diese begrenzen das Weisungsrecht des Trägers faktisch.[633]

Die Regiearbeiten waren im Rahmen der Arbeitsbeschaffungsmaßnahmen die Regel, während die Vergabearbeiten die extreme Ausnahme geworden waren.[634] Ob sich durch die erwähnte Einfügung des § 91 a in das AFG und durch die Regelung des § 262 SGB III insoweit Änderungen und Tendenzen in Richtung der Vergabearbeiten ergeben, bleibt abzuwarten.

Jedenfalls brachte der neu geregelte Vorrang der Vergabearbeiten kurz nach seiner Einführung die Arbeitslosenförderung im Osten Deutschlands ins Stocken.[635] Daher wurden durch einen Erlaß des Arbeitsministeriums vom Februar 1998 die Regeln für Arbeitsbeschaffungsmaßnahmen bereits wieder gelockert.[636] Die gerade erlassenen Beschränkungen von Arbeitsbeschaffungsmaßnahmen wurden praktisch wieder aufgehoben.[637] Die Kommunen sollen hiernach die Mittel in bestimmten Fällen direkt für Arbeitsbeschaffungsmaßnahmen in Eigenregie erhalten.[638] Die Arbeitsämter sollen bestimmte Maßnahmen wieder frei bezuschussen können, ohne den Vergabevorrang beachten zu müssen.[639] Dies gilt etwa für Maßnahmen mit sozialpädagogischem Charakter, für ältere, behinderte und wenig qualifizierte Arbeitslose, Arbeitslose über 50 oder unter 25 Jahre, für Frauen und Projekte für nicht mehr als vier Beschäftigte oder für nicht mehr als

---

[633] BAG, Urteil vom 18.6.1997 - 5 AZR 259/96 -, BB 1997, 2378, 2379 ; Niesel (-Düe), SGB III, § 270 Rn. 6.

[634] Gagel (-Bieback), AFG, Vor § 91 (A) Rn. 100 m.w.N.

[635] Der Spiegel vom 6.4.1998, 15/1998, 76 ("Blechen für Blüm"). In Sachsen beispielsweise stieg in zwölf Monaten ab etwa April 1997 die Zahl der Arbeitslosen um 53.000, während im gleichen Zeitraum 40.000 ABM-Stellen entfielen, vgl. Der Spiegel, a.a.O.

[636] Der Spiegel vom 6.4.1998, 15/1998, 76 ("Blechen für Blüm") ; Der Tagesspiegel vom 19.2.1998, S.22 ("Bonn lockert Regeln für Arbeitsbeschaffung").

[637] Der Spiegel vom 6.4.1998, a.a.O.

[638] Der Tagesspiegel vom 19.2.1998, a.a.O.

[639] Der Spiegel vom 6.4.1998, a.a.O.

vier Monate Dauer.[640] Der Neuerlaß des Arbeitsministeriums bedeutet, daß die Arbeitsämter nicht mehr so intensiv wie bisher zu prüfen brauchen, ob eine Arbeitsbeschaffungsmaßnahme von gewerblichen Unternehmen durchgeführt werden kann.

2) Die Arbeitgeberstellung bei den sog. Vergabearbeiten

Sog. Vergabearbeiten liegen vor, wenn der Maßnahmeträger (z.B. Kirchen, Körperschaften, Wohlfahrtsverbände) die geförderte Maßnahme (z.B. Pflegearbeiten, Umweltschutzmaßnahmen) nicht selber durchführt, sondern damit einen Unternehmer beauftragt.[641]

Bei den Vergabearbeiten tritt der Maßnahmeträger lediglich als Initiator der geförderten Maßnahme und Vermittler von Mitteln der Bundesanstalt für Arbeit zu ihrer Finanzierung auf, und der Arbeitssuchende wird direkt dem Unternehmer zugewiesen, mit dem er bei entsprechender Einigung ein Arbeitsverhältnis begründet.[642] Die Beziehungen zwischen dem Unternehmer, dem Vertragsarbeitgeber des Arbeitnehmers, und dem Arbeitnehmer richten sich nach den Vorschriften des Arbeitsrechts.

Im Rahmen der Vergabearbeiten hat der Unternehmer keinen direkten Kontakt mit der Bundesanstalt für Arbeit, da der Maßnahmeträger als Initiator und Vermittler auftritt und insoweit dazwischengeschaltet ist. Zu berücksichtigen ist jedoch, daß der Unternehmer das geförderte Arbeitsverhältnis mit dem Arbeitnehmer durchführt. Die §§ 269 Abs. 2, 270 SGB III räumen daher der Bundesanstalt für Arbeit die zur Durchführung des Leistungszwecks erforderlichen Kontroll- und Eingriffsrechte ein.[643]

Fraglich ist, ob auch dem Maßnahmeträger aufgrund seiner Rechtsbeziehungen zu dem Unternehmer, dem unmittelbaren Arbeitgeber des Arbeitnehmers, eine Arbeitgeberstellung zukommt. Zu erwägen ist das Zustandekommen eines mittelbaren Arbeitsverhältnisses zwischen Maßnahmeträger und Arbeitnehmer und damit eine gespaltene Arbeitgeberstellung.

Voraussetzung für eine Erörterung einer mittelbaren Arbeitgeberstellung des Maßnahmeträgers ist zunächst die Klärung der rechtlichen Beziehungen zwischen dem Maßnahmeträger und dem von ihm beauftragten Unternehmer. Für die Annahme eines mittelbaren Arbeitsverhältnisses wäre unter anderem erforderlich, daß zwischen Maßnahmeträger und Unternehmer ein Arbeitsverhältnis vorliegt.

Daher sind zunächst die Rechtsbeziehungen zwischen dem ABM-Träger und dem beauftragten Unternehmer zu erörtern.

---

[640] Der Spiegel vom 6.4.1998, a.a.O. ; Der Tagesspiegel vom 19.2.1998, a.a.O.

[641] Vgl. § 262 SGB III ; § 8 Abs. 4 Satz 1 ABM-AO.

[642] Gagel (-Bieback), AFG, Vor § 91 (A) Rn. 105 ; Weiland BB 1997, 938, 943 ; Blechmann, ABM, S. 60.

[643] Gagel (-Bieback), AFG, Vor § 91 (A) Rn. 107.

Bei den Vergabearbeiten beauftragt der Maßnahmeträger einen Unternehmer mit der Durchführung der Arbeitsbeschaffungsmaßnahme. Grundlage dieser Beziehung sind Verträge, die dem Zivilrecht angehören. Eine genaue Zuordnung zu einem bestimmten Vertragstyp und damit eine Feststellung der Rechtsnatur der Verträge ist im Hinblick auf die Vielzahl der Vertragsgestaltungsmöglichkeiten nicht möglich. Es ist dementsprechend hinsichtlich einer Vertragstypisierung stets eine Untersuchung des Einzelfalles erforderlich. Regelmäßig wird zwischen Träger und Unternehmer ein Werkvertrag[644], ausnahmsweise eventuell ein Dienstvertrag[645] und gegebenenfalls ein besonderer Auftragsvertrag[646] geschlossen. Jedenfalls kann dieses Rechtsverhältnis nicht als Arbeitsvertrag qualifiziert werden[647], da der Unternehmer nicht im Dienste des Maßnahmeträgers in persönlicher Abhängigkeit nach dessen Weisungen hinsichtlich Zeit, Dauer und Ort der Arbeitsausführung tätig wird, keinem fachlichen Weisungsrecht unterliegt sowie nicht in eine vom Maßnahmeträger bestimmte Arbeitsorganisation eingegliedert ist. Nach Blechmann[648] würde die Einschaltung eines Dritten im Rahmen eines Arbeitsverhältnisses aber auch den Anforderungen des § 8 Abs. 4 Satz 1 ABM-AO widersprechen, da es bei einer Verpflichtung zur Dienstleistung in persönlicher Abhängigkeit an der danach erforderlichen unternehmerischen Selbständigkeit fehlen würde. Dieser Auffassung ist auch nach der Normierung des Vorrangs der Vergabe der Arbeiten in § 262 SGB III zuzustimmen.

Fraglich ist, ob eine mittelbare Arbeitgeberstellung des ABM-Trägers angenommen werden kann. Die vorstehenden Ausführungen haben bereits verdeutlicht, daß der beauftragte Unternehmer bei den Vergabearbeiten nicht Arbeitnehmer des ABM-Trägers sein kann. Damit fehlt nach der ganz herrschenden Ansicht bereits eine Grundvoraussetzung für das Vorliegen eines mittelbaren Arbeitsverhältnisses. Desweiteren erbringt der Arbeitnehmer bei den Vergabearbeiten seine Arbeitsleistung im Rahmen seiner arbeitsvertraglichen Beziehungen zu dem beauftragten Unternehmer, nicht indessen gegenüber dem ABM-Träger, welcher aus der Arbeitsleistung regelmäßig auch keinen unmittelbaren oder mittelbaren wirtschaftlichen Vorteil erlangt. Darüberhinaus übt der ABM-Träger auch keinerlei Weisungsrecht gegenüber dem bei dem beauftragten Unternehmer beschäftigten Arbeitnehmer aus. Ihm steht keine Entscheidungsbefugnis in den wichtigen Fragen des Personalrechts des Arbeitnehmers zu. Dies würde im übrigen auch der selbständigen Unternehmerstellung des beauftragten Unternehmers widersprechen. Es bleibt also festzuhalten, daß der ABM-Träger keinerlei Arbeitgeberfunktionen übernimmt. Eine mittelbare Arbeitgeberstellung des ABM-Trägers kann folglich nicht angenommen werden. Dies gilt auch bei Zugrundelegung der Minderansicht, die ein mittelbares Arbeitsverhältnis weitergehend an-

---

[644] Gagel (-Bieback), AFG, Vor § 91 (A) Rn. 106 , Blechmann, ABM, S. 60.

[645] Blechmann, ABM, S. 60.

[646] Gagel (-Bieback), AFG, Vor § 91 (A) Rn. 106.

[647] So auch Blechmann, ABM, S. 60.

[648] Blechmann, a.a.O.

nimmt, wenn der Mittelsmann hinsichtlich der wirtschaftlichen Verwertung der Arbeitsleistung des Arbeitnehmers unselbständiger Unternehmer ist, da der beauftragte Unternehmer im materiellen Sinne selbständiger Unternehmer ist.

Zwischen dem Maßnahmeträger und dem geförderten Arbeitnehmer, der in einem unmittelbaren Arbeitsverhältnis zum Unternehmer steht, besteht im Ergebnis kein Arbeitsverhältnis.[649]

Damit scheidet auch die Annahme einer gespaltenen Arbeitgeberstellung bei einem ABM-Arbeitsverhältnis in der Form der Vergabearbeit zwischen ABM-Träger und beauftragtem Unternehmer aus. Denn Anlaß zur Einbeziehung eines Dritten in das Arbeitsverhältnis und damit zu einer Aufspaltung von Arbeitgeberfunktionen besteht nur dann, wenn im Verhältnis zwischen Arbeitnehmer und Dritten Elemente eines Arbeitsvertrages vorliegen.[650] Dies ist hier nicht der Fall.

3) Die Arbeitgeberstellung bei dem "Verleih" des Arbeitnehmers

Kurz einzugehen ist auch auf eine weitere Konstellation der Durchführung von Arbeitsbeschaffungsmaßnahmen, bei der öffentliche Körperschaften als Träger von Arbeitsbeschaffungsmaßnahmen auftreten, die geförderten Arbeitssuchenden tatsächlich aber bei anderen öffentlichen oder privaten Stellen aufgrund einer Abordnung beschäftigt werden.[651]

In diesen Fällen differieren die konkrete Beschäftigungsstelle und der Arbeitsvertragspartner des Arbeitnehmers. Denn ein Arbeitsvertrag wird bei dieser Konstellation stets allein zwischen dem zugewiesenen Arbeitnehmer und dem Maßnahmeträger geschlossen. Folge ist, daß zwischen der Beschäftigungsstelle und dem Arbeitnehmer keine ausdrücklichen arbeitsvertraglichen Beziehungen bestehen. Der zugewiesene Arbeitnehmer ist vielmehr nur aufgrund des mit dem Maßnahmeträgers geschlossenen Arbeitsvertrages verpflichtet, bei der Beschäftigungsstelle wegen der Überstellung zu dieser seine Arbeitsleistung zu erbringen.[652]

Das zwischen Maßnahmeträger und Beschäftigungsstelle bestehende Rechtsverhältnis ist als unentgeltlicher Arbeitnehmerüberlassungsvertrag zu qualifizieren. Das Rechtsverhältnis stellt ein unechtes Leiharbeitsverhältnis dar, weil die Arbeitsleistung des zugewiesenen Arbeitnehmers von vornherein nicht bei dem Maßnahmeträger, sondern bei einer anderen Beschäftigungsstelle erfolgen soll.[653]

---

[649] So auch Gagel (-Bieback), AFG, Vor § 91 (A) Rn. 105 ; Blechmann, ABM, S. 60.

[650] Vgl. nur Weber, Das aufgespaltene Arbeitsverhältnis, S. 433.

[651] Vgl. Binkert/Eylert AuR 1983, 108, 111, wonach in Berlin das Land Berlin in zahlreichen Fällen als Maßnahmeträger auftritt, praktisch jedoch die ABM-Arbeitnehmer selten vom Land selbst beschäftigt werden, sondern Verwaltungen, Behörden und Betrieben zur Verfügung gestellt werden, die teilweise nicht einmal verwaltungsmäßig in das Land Berlin eingegliedert sind und diesem auch nicht unterstehen.

[652] Binkert/Eylert AuR 1983, 108, 111 ; Blechmann, ABM, S. 61.

[653] Binkert/Eylert AuR 1983, 108, 111 ; Blechmann, ABM, S. 61.

Das Arbeitnehmerüberlassungsgesetz findet indes keine Anwendung, weil die öffentliche Körperschaft als Maßnahmeträger nicht gewerbsmäßig im Sinne von Art. 1 § 1 AÜG handelt.[654]
Bei dieser Konstellation kommt es wie bei der Arbeitnehmerüberlassung zu einer Aufspaltung des Direktionsrechts, wobei das konkrete Direktionsrecht hinsichtlich der Art, Zeit, Ort und Dauer der Arbeitsleistung der Beschäftigungsstelle zusteht.[655] Darüberhinaus bestehen zwischen dem Arbeitnehmer und der Beschäftigungsstelle auch die Schutz-, Treue- und Fürsorgepflichten, die bei der Arbeitnehmerüberlassung charakteristisch sind.[656] Die primären arbeitsvertraglichen Rechte und Pflichten wie die Lohnzahlungsverpflichtung, die Beendigung des Arbeitsverhältnisses, die Befristung und dergleichen verbleiben beim Vertragsarbeitgeber, also dem Maßnahmeträger.[657] Art und Umfang der Rechte der Beschäftigungsstelle bestimmen sich nach der Vereinbarung mit dem Maßnahmeträger, wobei auch der Sinn und Zweck der Überstellung sowie die praktische Durchführung von Bedeutung werden können. Die für die Überstellung erforderliche Zustimmung des Arbeitnehmers erfolgt konkludent durch die Arbeitsaufnahme bei der Beschäftigungsstelle, soweit die Zustimmung nicht bereits ausdrücklich im Arbeitsvertrag mit dem Maßnahmeträger erteilt wird.

Festzuhalten bleibt, daß es bei dieser Konstellation zu einer Aufspaltung der Arbeitgeberfunktionen entsprechend den zur Arbeitnehmerüberlassung entwickelten allgemeinen Grundsätzen kommt. Außerdem sind bei dieser Konstellation Überschneidungen der drittfinanzierten Arbeitsverhältnisse mit der Leiharbeit zu konstatieren, wenn auch nicht unmittelbar in dem Beziehungsgeflecht zwischen Drittmittelgeber - der Bundesanstalt -, dem Drittmittelempfänger - dem Maßnahmeträger - und dem Arbeitnehmer.

4) Einfluß von den Arbeitnehmer begünstigenden Nebenbestimmungen im Förderbescheid auf das Arbeitsverhältnis

Nach der Rechtsprechung des BAG begründen Nebenbestimmungen im Förderbescheid in Form einer Auflage oder einer auflösenden Bedingung Pflichten des Trägers nur im Verhältnis zur Bundesanstalt für Arbeit, nicht indes gegenüber dem zugewiesenen Arbeitnehmer.[658]
Auf den Inhalt des Arbeitsvertrages hat die Bundesanstalt für Arbeit grundsätzlich keinen Einfluß.[659] Normen des SGB III sind für die Wirksamkeit und die Ausgestaltung des Arbeitsvertrages nicht unmittelbar von Bedeutung. Dennoch beste-

---

[654] Blechmann, ABM, S. 61.
[655] Binkert/Eylert AuR 1983, 108, 112 ; Blechmann, ABM, S. 61.
[656] Blechmann, ABM, S. 61.
[657] Binkert/Eylert AuR 1983, 108, 112 ; Blechmann, ABM, S. 61.
[658] BAG, Urteil vom 26.4.1995 - 7 AZR 936/94 -, NZA 1996, 87, 89.
[659] Knigge/Ketelsen/Marschall/Wissing (-Ketelsen), AFG, § 93 Rn. 17 ; GK-AFG (-Schmidt), § 93 Rn. 30 ; Schieckel, AFG, § 93 Anm. III, 1 ; Blechmann, ABM, S. 54.

hen gewisse Einwirkungsmöglichkeiten seitens der Bundesanstalt für Arbeit, da diese mittelbar durch den Förderungsbescheid und die ihm - nach § 271 SGB III[660] zulässigen - beigefügten Bedingungen und Auflagen auf die Vertragsgestaltung Einfluß nehmen kann.[661] So legt die Bundesanstalt für Arbeit etwa den Umfang und den Inhalt der geförderten Maßnahme fest, wodurch mittelbar das Weisungsrecht des Maßnahmeträgers gegenüber dem zugewiesenen Arbeitnehmer eingeschränkt wird.[662] Außerdem soll die Bundesanstalt für Arbeit am Zustandekommen von Arbeitsverhältnissen unter Verstoß gegen Mindestarbeitsbedingungen nicht mitwirken.[663] Die zugewiesenen Arbeitnehmer sind ferner auch sozialversicherungsrechtlich wie die übrigen Arbeitnehmer zu behandeln.[664] Dies hat die Bundesanstalt bei der Zuweisung stets zu berücksichtigen und führt zu einer Einschränkung der Vertragsgestaltung seitens des Maßnahmeträgers.

III) Verhältnis zwischen der Bundesanstalt für Arbeit und dem Arbeitnehmer

1) Sozialrechtliches Leistungsverhältnis

Auch der Arbeitnehmer wird durch die Förderung seitens der Bundesanstalt für Arbeit begünstigt, so daß mit der Zuweisung ein sozialrechtliches Leistungsverhältnis entsteht[665], welches dem öffentlichen Recht zuzuordnen ist. Die ABM-Förderung ist als Versicherungsleistung anzusehen, da sie aus Mitteln der Bundesanstalt für Arbeit, also im wesentlichen aus Beiträgen finanziert wird, und weil für die Zuweisung des Arbeitslosen in der Regel Leistungsbezug und damit eine versicherungsrechtlich begründete Anwartschaft vorausgesetzt wird.[666] Die wesentlichen Leistungen erbringt die Bundesanstalt für Arbeit im Verhältnis zum Maßnahmeträger, nicht indes im Verhältnis zum Arbeitnehmer.[667] Dem Arbeitnehmer wird damit von der Bundesanstalt für Arbeit nur eine mittelbare Leistung

---

[660] Vormals § 95 Abs. 3 Satz 1 i.V.m. § 49 Abs. 3 Satz 3 AFG.

[661] Niesel (-Düe), SGB III, § 270 Rn. 5.

[662] Niesel (-Düe), a.a.O.

[663] Nach § 3 Abs. 1 ABM-AO dürfen Arbeitslose nur in Maßnahmen zugewiesen werden mit Beschäftigungen, die den tariflichen oder, soweit eine tarifliche Regelung nicht besteht, den ortsüblichen Bedingungen vergleichbarer nicht-geförderter Beschäftigungen entsprechen. Nach der alten Regelung des § 16 Satz 1 AFG sollte die Bundesanstalt an dem Zustandekommen von Arbeitsverhältnissen zu tarifwidrigen Bedingungen nicht mitwirken.

[664] GK-SGB III (-Feckler), § 269 Rn. 17 ; Schaub, Arbeitsrechtshandbuch, § 22, II, 6.

[665] Niesel (-Düe), AFG, Vor § 91 Rn. 3 ; Gagel (-Bieback), AFG, Vor § 91 (A) Rn. 102.

[666] Niesel (-Düe), a.a.O. ; a.A. Blechmann, ABM, S. 4, nach dem die Zuweisung in eine Arbeitsbeschaffungsmaßnahme aus der Sicht der Arbeitslosen eine nicht auf dem Versicherungsprinzip beruhende Sozialleistung mit Ausgleichsfunktion darstelle, weil der darin liegenden Begünstigung kein Rechtsanspruch gegenüberstehe und die Zuweisung nicht stets an das vorherige Bestehen eines beitragspflichtigen Beschäftigungsverhältnisses geknüpft sei.

[667] Vgl. oben, 1. Teil, A, III.

gewährt.[668]

2) Arbeitgeberstellung der Bundesanstalt für Arbeit?

Unmittelbare arbeitsrechtliche Beziehungen zur Bundesanstalt für Arbeit entstehen durch die Zuweisung nicht. Zwischen der Bundesanstalt für Arbeit und dem Arbeitnehmer kommt weder ausdrücklich noch konkludent ein Arbeitsverhältnis zustande, unabhängig davon, ob die Bundesanstalt im Ergebnis die wesentlichen Lohnkosten des zugewiesenen Arbeitnehmers trägt. Ihr steht gegenüber dem Arbeitnehmer keinerlei Weisungsrecht zu und der Arbeitnehmer ist von ihr jedenfalls nicht persönlich abhängig. Die Zurverfügungstellung der Geldmittel, aus denen der Arbeitnehmer vergütet wird, vermag allenfalls eine mittelbare wirtschaftliche Abhängigkeit des Arbeitnehmers gegenüber der Bundesanstalt für Arbeit zu begründen. Diese ist aber zur Begründung unmittelbarer arbeitsvertraglicher Beziehungen weder erforderlich noch ausreichend. Die Pflicht zur Arbeitsleistung besteht ausschließlich gegenüber dem Maßnahmeträger oder dem Unternehmer, nicht gegenüber der Bundesanstalt. Der für das Arbeitsverhältnis typische persönliche Charakter besteht nur gegenüber dem Vertragsarbeitgeber und nicht gegenüber der Bundesanstalt. Die Pflicht zur Zahlung der vereinbarten Vergütung obliegt allein dem Maßnahmeträger als Vertragspartner des Arbeitnehmers. Die Bundesanstalt für Arbeit trifft daher auch keine subsidiäre Lohnzahlungspflicht und ihr obliegen keine arbeitsrechtlichen Schutz- und Fürsorgepflichten.[669] Insoweit finden hier die allgemeinen Grundsätze im Hinblick auf unmittelbare arbeitsvertragliche Beziehungen zwischen Drittmittelgeber und dem Arbeitnehmer, die oben[670] entwickelt wurden, Anwendung. Eine unmittelbare Arbeitgeberstellung der Bundesanstalt für Arbeit scheidet somit aus.

Fraglich ist, ob eine mittelbare oder gespaltene Arbeitgeberstellung (Durchgriffshaftung) der Bundesanstalt für Arbeit angenommen werden kann.

Eine mittelbare Arbeitgeberstellung scheitert schon daran, daß die Bundesanstalt nicht Arbeitgeberin des Maßnahmeträgers oder des beauftragten Unternehmers ist. Denn beide verbindet ein sozialrechtliches Leistungsverhältnis, welches sich nach öffentlichem Recht richtet und welches jedenfalls kein Arbeitsverhältnis darstellt. Im übrigen kann auf die allgemeinen Ausführungen hinsichtlich eines mittelbaren Arbeitsverhältnisses zwischen Drittmittelgeber und Arbeitnehmer[671] verwiesen werden. Die entwickelten allgemeinen Grundsätze sind übertragbar. Es sind keine Besonderheiten festzustellen. Ergänzend sei nur hinzugefügt, daß der Zuweisungsbescheid der Bundesanstalt eben noch kein Rechtsverhältnis zwischen dem zugewiesenen Arbeitnehmer und dem Maßnahmeträger oder dem beauftragten Unternehmer begründet. Die Bundesanstalt hat daher keinen unmittel-

---

[668] Gagel (-Bieback), AFG, Vor § 91 (A) Rn. 102.

[669] Blechmann, ABM, S. 60.

[670] Vgl. oben, 4. Teil, C, I.

[671] Vgl. oben, 4. Teil, C, II, 1.

barer Einfluß auf den Abschluß des Arbeitsvertrages und die Arbeitsvertragsgestaltung, zumal der Maßnahmeträger oder der beauftragte Unternehmer ein selbständiger Unternehmer ist, den alle arbeitsrechtlichen Rechte und Pflichten treffen. Der Umstand, daß das Weisungsrecht des Maßnahmeträgers oder des beauftragten Unternehmers durch die Aufhebungs- und Rückforderungsmöglichkeiten der Bundesanstalt nach § 47 Abs. 2 SGB X faktisch begrenzt ist und dieser damit den zugewiesenen Arbeitnehmer im Rahmen der bewilligten Maßnahme bestimmungsgemäß einzusetzen hat, vermag hieran nichts zu ändern. Denn dies vermittelt der Bundesanstalt keine faktischen Arbeitgeberfunktionen und ist lediglich Folge der öffentlich-rechtlich ausgestalteten Rechtsbeziehung zwischen Maßnahmeträger und Bundesanstalt.

Auch eine aufgespaltene Arbeitgeberstellung scheidet entsprechend den allgemeinen Grundsätzen[672] aus.

Die Grundsätze des arbeitsrechtlichen Durchgriffs und damit die Umgehungs-, Rechtsmißbrauch- und Analogieargumentation[673] können auf die vorliegenden Sachverhalte bei Förderungsleistungen der Bundesanstalt für Arbeit ebenfalls nicht übertragen werden. Dies ergibt sich bereits ohne weiteres daraus, daß ein sozialrechtliches Leistungsverhältnis vorliegt und bei Leistungen der Bundesanstalt für Arbeit ein Anlaß für obige Arbeitnehmerschutzargumentationen entbehrlich ist. Es ist kein Grund ersichtlich, warum auf die Bundesanstalt arbeitsrechtliche Pflichten abgewälzt werden sollten, da diese aus der Arbeitsleistung keinen unmittelbaren wirtschaftlichen Nutzen zieht und nach außen nicht als Arbeitgeber auftritt.

Festzuhalten bleibt, daß die Bundesanstalt keine Arbeitgeberstellung gegenüber dem geförderten Arbeitnehmer einnimmt.

IV) Vermittlungstätigkeit der Bundesanstalt für Arbeit

Wenn die Bundesanstalt für Arbeit als Drittmittelgeber im Rahmen von Arbeitsbeschaffungsmaßnahmen einen Arbeitslosen an den Arbeitgeber zuweist, dann vermittelt sie den Arbeitnehmer an den Arbeitgeber. Eine derartige Zuweisung ist nach allgemeiner Auffassung sowohl gegenüber dem Arbeitnehmer als auch gegenüber dem Maßnahmeträger eine besondere Form der Arbeitsvermittlung[674], wobei § 4 Abs. 2 SBG III ausdrücklich den Nachrang der Leistungen nach §§ 260 ff. SGB III gegenüber der allgemeinen Vermittlung nach §§ 35 ff. SGB III bestimmt. Da die Zuweisung Arbeitsvermittlung darstellt, unterliegt sie

---

672 Vgl. oben, 4. Teil, C, II, 4.

673 Vgl. oben, 3. Teil, B, III, 3.

674 Gagel (-Bieback), AFG, § 93 Rn. 31 ; GK-SGB III (-Feckler), § 263 Rn. 10 ; Hennig/Kühl/Heuer/Henke (-Henke), AFG, § 93 Anm. 3 ; GK-AFG (-Schmidt), § 93 Rn. 8 ; Knigge/Ketelsen/Marschall/Wissing (-Ketelsen), AFG, § 93 Rn. 7 ; Niesel (-Düe), SGB III, § 269 Rn. 3 ; Blechmann, ABM, S. 55.

deren Grundsätzen.[675]
Die Abgrenzung von Arbeitsvermittlung, die rechtlich nur als schlichtes Verwaltungshandeln angesehen werden kann[676], und Zuweisung nach §§ 260 ff. SGB III ist insofern von Bedeutung, als nur eine formelle Zuweisung nach § 269 Abs. 1 SGB III sowohl die für einen bei einer Arbeitsbeschaffungsmaßnahme beschäftigten Arbeitnehmer entstandenen Lohnkosten zuschußfähig macht, als auch die außerordentlichen Kündigungsrechte des § 270 SGB III begründet.[677]
Weil die Zuweisung durch die Bundesanstalt für Arbeit Arbeitsvermittlung darstellt, scheidet zugleich die Annahme von echter oder unechter Arbeitnehmerüberlassung aus.

V) Haftung im Bereich der Arbeitsbeschaffungsmaßnahmen

Bei den Rechtsverhältnissen im Rahmen von Arbeitsbeschaffungsmaßnahmen ergeben sich hinsichtlich der Haftung der Beteiligten keine Besonderheiten gegenüber den allgemeinen Grundsätzen. Auf die allgemeinen Grundsätze wird Bezug genommen werden.

Ergänzend soll noch darauf hingewiesen werden, daß die Bundesanstalt für Arbeit in Ausübung eines öffentlichen Amtes handelt. Sie haftet daher für Amtspflichtverletzungen nach Art. 34 GG, § 839 BGB. Die Bundesanstalt ist aber deswegen nicht etwa verpflichtet, neben der Gewährung der Leistung und der Prüfung der Anspruchsvoraussetzungen für Arbeitsbeschaffungsmaßnahmen, beispielsweise die Vermögenslage des Drittmittelempfängers zu prüfen.[678]

VI) Ergebnis und Zusammenfassung der Rechtsbeziehungen bei Arbeitsbeschaffungsmaßnahmen

Drittmittelgeber und Drittmittelempfänger sind bei dem Spezialfall der Arbeitsbeschaffungsmaßnahmen nicht durch einen Drittmittelvertrag, sondern durch ein sozialrechtliches Leistungsverhältnis verbunden.

Entsprechend den allgemeinen Grundsätzen wird bei den Regiearbeiten zwischen dem Drittmittelempfänger und dem Arbeitnehmer eine Rechtsbeziehung durch den Abschluß eines Arbeitsvertrages begründet. Bei den Vergabearbeiten tritt der Drittmittelempfänger abweichend von den allgemeinen Grundsätzen lediglich als Initiator und Vermittler auf, während der Arbeitsvertrag zwischen dem personenverschiedenen Unternehmer mit dem Arbeitnehmer abgeschlossen wird.

---

[675] Hennig/Kühl/Heuer/Henke (-Henke), AFG, § 93 Anm. 3 ; Gagel (-Bieback), AFG, § 93 Rn. 33 ; GK-SGB III (-Feckler), § 263 Rn. 10 ; GK-AFG (-Schmidt), § 93 Rn. 8 ; Niesel (-Düe), SGB III, § 269 Rn. 3 ; Schieckel, AFG, § 93 Anm. II, 1 ; Blechmann, ABM, S. 57.
[676] Knigge/Ketelsen/Marschall/Wissing (-Ketelsen), AFG, § 93 Rn. 7 ; Gagel (-Bieback), AFG, § 93 Rn. 32.
[677] Knigge/Ketelsen/Marschall/Wissing (-Ketelsen), AFG, § 93 Rn. 10.
[678] Vgl. GK-SGB III (-Rademacher), § 35 Rn. 14.

In letzterem Fall kommen dem Drittmittelempfänger selbst keinerlei Arbeitgeberfunktionen zu, auch eine aufgespaltene Arbeitgeberstellung scheidet folglich aus.

Bei dem Sonderfall des "Verleihs" des Arbeitnehmers ist der Drittmittelempfänger Arbeitgeber des Arbeitnehmers, es kommt jedoch wie bei der Leiharbeit zu einer Aufspaltung der Arbeitgeberfunktionen.

Hinsichtlich der Rechtsbeziehungen zwischen dem Drittmittelgeber - der Bundesanstalt - und dem Arbeitnehmer finden dann wiederum die allgemeinen Grundsätze Anwendung. Arbeitsrechtliche Beziehungen bestehen nicht, es entsteht lediglich ein sozialrechtliches Leistungsverhältnis. Hinsichtlich der Haftung bei Arbeitsbeschaffungsmaßnahmen gelten die allgemeinen Haftungsregeln.

VII) Die Rechtsbeziehungen bei weiteren Fördermaßnahmen nach dem SGB III im Überblick

Im folgenden soll noch kurz auf die weiteren möglichen Fördermaßnahmen der Bundesanstalt für Arbeit nach dem SGB III sowie die diesbezüglichen Rechtsbeziehungen eingegangen werden.

Das am 27.3.1997 verkündete Gesetz zur Reform der Arbeitsförderung (AFRG) vom 24.3.1997 hat mit Art. 1 das neue Arbeitsförderungsrecht zum 1.1.1998 als SGB III in das Sozialgesetzbuch eingegliedert und dabei rechtssystematisch und sprachlich überarbeitet. Das AFG vom 25.6.1969 wurde durch das SGB III abgelöst. Das SGB III wurde wie die anderen Bücher des Sozialgesetzbuches in Kapitel aufgeteilt. Im 5. Kapitel sind die Leistungen an Arbeitgeber (§§ 217-239) und im 6. Kapitel die Leistungen an Träger (§§ 240-279) geregelt. Die Leistungen an Arbeitnehmer sind im 4. Kapitel (§§ 45-216) normiert.

1) Leistungen an Arbeitgeber und Träger

Leistungen an Arbeitgeber werden nach dem 5. Kapitel des SGB III für die Eingliederung von förderungsbedürftigen Arbeitnehmern sowie für die berufliche Ausbildung von Auszubildenden und zur beruflichen Eingliederung Behinderter unter den Voraussetzungen der §§ 217-239 SGB III gewährt.

Träger von Maßnahmen der beruflichen Ausbildung können nach den §§ 240-247 SGB III durch Zuschüsse gefördert werden, wenn sie durch zusätzliche Maßnahmen zur betrieblichen Ausbildung für förderungsbedürftige Auszubildende diesen eine berufliche Ausbildung ermöglichen und ihre Eingliederungsaussichten verbessern (§ 240 SGB III). Träger von Einrichtungen der beruflichen Aus- oder Weiterbildung oder zur beruflichen Eingliederung Behinderter können nach Maßgabe der §§ 248-251 SGB III durch Darlehen und Zuschüsse gefördert werden. Gleiches gilt nach den §§ 252, 253 SGB III für Träger von Jugendheimen. In den

§§ 254 ff. SGB III geht es um Zuschüsse zu Sozialplanmaßnahmen[679], die Förderung von Arbeitsbeschaffungsmaßnahmen und um die Förderung von Strukturanpassungsmaßnahmen.

2) Rechtsbeziehungen

Nicht bei allen eben angesprochenen Förderungsinstrumenten entstehen unmittelbar arbeitsrechtlich relevante Rechtsbeziehungen. Bei dem Eingliederungsvertrag nach § 231 SGB III wird kein Arbeitsverhältnis zwischen den Vertragsparteien begründet.

a) Der Eingliederungsvertrag

Der Eingliederungsvertrag nach § 231 SGB III stellt ein neues rechtliches Instrument zur Eingliederung von Langzeit- oder sonst schwer vermittelbaren Arbeitslosen in ein reguläres Arbeitsverhältnis dar.[680] Ziel des Eingliederungsvertrages ist nach § 231 Abs. 3 Satz 1 SGB III, den Arbeitslosen in ein Arbeitsverhältnis zu übernehmen. Für Arbeitgeber soll der Anreiz geschaffen werden, sich trotz etwaiger Vorbehalte über die Einstellung von nach § 230 SGB III förderungsbedürftigen Arbeitslosen Gedanken zu machen. Durch die Beseitigung von Arbeitgeberrisiken sollen Hemmschwellen abgebaut werden. Den Arbeitslosen soll die Möglichkeit gegeben werden, ihre Fähigkeiten unter normalen Arbeitsbedingungen zu beweisen.

Die einzelnen Voraussetzungen für den Abschluß eines Eingliederungsvertrages und dessen Inhalt sind in den §§ 229 ff. SGB III im einzelnen geregelt. Das Arbeitsamt erstattet dem Arbeitgeber bei Abschluß eines Eingliederungsvertrages das für Zeiten ohne Arbeitsleistung von ihm zu tragende Entgelt, den darauf entfallenden Arbeitgeberanteil am Gesamtsozialversicherungsbeitrag sowie die Beiträge, die er im Rahmen eines Ausgleichsystems für die Lohnfortzahlung im Krankheitsfalle und für die Zahlung von Urlaubsgeld zu leisten hat (§ 233 Abs. 1 Satz 1 SGB III). Auch ein Eingliederungszuschuß kann erbracht werden (§ 233 Abs. 2 Satz 1 SGB III).

Der Eingliederungsvertrag blieb nicht unkritisiert. Der Eingliederungszuschuß

[679] Das AFG kannte diese Zuschüsse zu Sozialplanleistungen nicht. Mit diesem im SGB III neu geregelten Instrument sollen Sozialpläne beschäftigungswirksam genutzt werden können. Hierdurch wird der Anreiz der Sozialpartner, in Sozialplänen beschäftigungswirksame Maßnahmen anstelle von bloßen Abfindungen zu gewähren, erhöht. Eingliederungsmaßnahmen in Sozialplänen sollen finanziell unterstützt werden. Vgl. zum Vorstehenden GK-SGB III (-Feckler), § 254 Rn. 8 ; Hennig/Henke/Schlegel/Theuerkauf (-Theuerkauf), SGB III, Vor §§ 254-259. Eine Begrenzung der Förderung auf bestimmte Eingliederungselemente hat der Gesetzgeber bewußt nicht vorgenommen, vgl. Rolfs NZA 1998, 17, 20. Beispiele bei Hennig/Henke/Schlegel/Theuerkauf (-Theuerkauf), a.a.O., § 254 Rn. 4.

[680] Scherle/Arians NZS 1997, 212, 213. Bis Ende 1997 wurden 800 Eingliederungsverträge gemäß §§ 54 a-c AFG (nunmehr §§ 229 ff. SGB III) abgeschlossen, vgl. ANBA 1998, S.34.

erweise sich als Sackgasse, da die Förderungshöhe zu gering sei und er daher lediglich als Appendix zur Verlängerung des Eingliederungsvertrages dienen würde.[681] Im Rahmen der vorliegenden Untersuchung kann den Ansatzpunkten für eine Kritik des Eingliederungsvertrages nicht weiter nachgegangen werden.
Mit der Eingliederung von förderungsbedürftigen Arbeitslosen wird nach § 231 Abs. 1 Satz 3 SGB III ein sozialversicherungsrechtliches Beschäftigungsverhältnis im Sinne des § 7 SGB IV begründet. Dieses kann einem Arbeitsverhältnis nicht gleichgesetzt werden.[682] Denn die Begründung eines Arbeitsverhältnisses ist das Ziel des Eingliederungsvertrages, nicht dessen Folge. Dies ergibt sich aus der Gesetzesbegründung und einer Auslegung der Regelungen des SGB III. In der Gesetzesbegründung wird klargestellt, daß der Eingliederungsvertrag zu einem Beschäftigungsverhältnis führt, das kein Arbeitsverhältnis darstellt.[683] Außerdem spricht bereits der Begriff "Eingliederungsvertrag" gegen die Annahme eines Arbeitsverhältnisses zwischen Arbeitgeber und Arbeitssuchenden. Der Arbeitgeber verpflichtet sich nach § 231 Abs. 3 Satz 1 SGB III durch den Eingliederungsvertrag lediglich dazu, dem Arbeitslosen die Gelegenheit zu geben, sich unter betriebsüblichen Arbeitsbedingungen zu qualifizieren und einzuarbeiten mit dem Ziel, ihn nach erfolgreichem Abschluß der Eingliederung in ein Arbeitsverhältnis zu übernehmen. Weiterhin wird im Gesetz die Verwendung der Begriffe "Arbeitsverhältnis" und "Arbeitnehmer" vermieden. Die Verwendung des Begriffs "Arbeitgeber" bezeichnet nicht den Arbeitgeber als Arbeitsvertragspartei, sondern meint die Person, die hinsichtlich eines möglichen künftigen Vertragsschlusses einer anderen Person Arbeit anbietet.[684] Gegen die Begründung eines Arbeitsverhältnisses läßt sich auch ein Umkehrschluß aus §§ 231 Abs. 2 Satz 1, 232 Abs. 3 SGB III anführen. Nach § 231 Abs. 2 Satz 1 SGB III sind auf den Eingliederungsvertrag die Vorschriften und Grundsätze des Arbeitsrechts anzuwenden, soweit sich aus den nachfolgenden Bestimmungen des SGB III nichts anderes ergibt. Nach § 232 Abs. 3 SGB III ist für Rechtsstreitigkeiten aus dem Eingliederungsvertrag der Rechtsweg zu den Gerichten für Arbeitssachen gegeben. Hieraus folgt, daß der Eingliederungsvertrag kein Arbeitsverhältnis zu begründen vermag, weil andernfalls eine Verweisungsklausel auf die Vorschriften und Grundsätze des Arbeitsrechts sowie die Regelung des Rechtsweges zu den Gerichten für Arbeitssachen überflüssig wären. Der Eingliederungsvertrag wird teilweise als Vertrag sui generis bezeichnet.[685]

Der Eingliederungsvertrag stellt folglich zwar kein drittmittelfinanziertes Arbeitsverhältnis dar. Da sich die Rechtsbeziehungen aber an das Arbeitsrecht an-

---

[681] Vgl. Steinke SozSich 1996, S. 167 ff.
[682] Natzel NZA 1997, 806, 807 ; Baur DB 1997, 726, 728 ; Hanau DB 1997, 1278, 1279 ; Rolfs NZA 1998, 17, 19 ; Kopp NZS 1997, 456, 457 ; Wissing/Pitschas/Eicher (-Heinz), SGB III, § 231 Rn. 24 ; Schwalb NZA 1998, 412, 413.
[683] BT-Drucks. 13/4941, S. 194.
[684] Natzel, a.a.O. ; Wissing/Pitschas/Eicher (-Heinz), SGB III, § 231 Rn. 26.
[685] Niesel (-Menhard), SGB III, § 231 Rn. 3 ; Haman DB 1997, 1278, 1279.

lehnen[686], kann in der vorliegenden Untersuchung davon ausgegangen werden, daß die Grundsätze der Drittmittelfinanzierung auch auf den Eingliederungsvertrag übertragbar sind. Wird der geförderte Arbeitlose nach der Eingliederung in ein Arbeitsverhältnis übernommen, so ist das Arbeitsrecht ohne weiteres anwendbar. Es entsteht dann ein normales Zwei-Parteien-Arbeitsverhältnis.

b) Weitere Förderinstrumente zusammengefaßt

Im übrigen finden die allgemeinen Grundsätze sowie die Grundsätze der Rechtsbeziehungen bei Arbeitsbeschaffungsmaßnahmen ohne weiteres Anwendung. Die Träger der Maßnahmen erhalten Zuschüsse, von denen unter anderem die Personalkosten bestritten werden. Nach § 245 SGB III können hinsichtlich der Förderung der Berufsausbildung die angemessenen Aufwendungen für das zur Durchführung der Maßnahme eingesetzte erforderliche Ausbildungs- und Betreuungspersonal sowie das insoweit erforderliche Leitungs- und Verwaltungspersonal als Maßnahmekosten übernommen werden. Über diese Regelung hinaus können nahezu sämtliche geförderten Maßnahmen das Vorhandensein oder die Einstellung besonderen, bezogen auf die einzelne Maßnahme geschulten und qualifizierten (Lehr-) Personals erfordern, sieht man einmal von den Eingliederungszuschüssen ab, welche für den geförderten Arbeitslosen selbst aufgebracht werden. Es entstehen wie bei den Arbeitsbeschaffungsmaßnahmen Drittbeziehungen zwischen Arbeitgeber oder Träger, der Bundesanstalt für Arbeit und dem aus den Zuschüssen bezahlten Arbeitnehmer.

Hinsichtlich der Förderung von Strukturanpassungsmaßnahmen[687] gelten die Grundsätze der Rechtsbeziehungen bei den Arbeitsbeschaffungsmaßnahmen ohnehin entsprechend. Denn diese beiden Förderinstrumente sind sich sehr ähnlich. Nach § 278 SGB III finden zahlreiche Vorschriften zur Förderung von Arbeitsbeschaffungsmaßnahmen entsprechende Anwendung. Wie bei den Arbeitsbeschaffungsmaßnahmen wird auch bei den Strukturanpassungsmaßnahmen der Zuschuß nicht unmittelbar an den einzelnen zugewiesenen Arbeitnehmer ausgezahlt. Vielmehr wird der Maßnahmeträger oder Unternehmer in das Förderverhältnis einbezogen. Dieser schließt auch den Arbeitsvertrag mit dem durch das Arbeitsamt zugewiesenen Arbeitnehmer. Die Zuweisung selbst begründet noch kein Rechtsverhältnis zwischen dem Arbeitgeber und dem Arbeitssuchenden und verpflichtet auch nicht zum Eingehen eines Arbeitsverhältnisses.[688] Wie bei den Arbeitsbeschaffungsmaßnahmen richten sich die Rechtsbeziehungen zwischen Arbeitgeber und zugewiesenem Arbeitnehmer nach den Vorschriften des Arbeits-

---

[686] Zur Anwendung arbeits- und tarifrechtlicher Vorschriften im Eingliederungsverhältnis vgl. Natzel, NZA 1997, 806, 807 f. ; Hanau DB 1997, 1278, 1279 ff. ; Rolfs NZA 1998, 17, 19 f.
[687] Die Förderung von Strukturanpassungsmaßnahmen ist nach § 272 SGB III (zunächst) bis zum 31.12.2002 begrenzt.
[688] GK-SGB III (-Feckler), § 277 Rn. 10.

rechts.[689] Auf die Ausgestaltung des Arbeitsverhältnisses hat die Bundesanstalt für Arbeit keinen unmittelbaren Einfluß.[690]

C) Folgerungen aus den Spezialfällen für die allgemeinen Grundsätze

Die Darstellung der Rechtsbeziehungen der Beteiligten im Hochschulbereich und bei Arbeitsbeschaffungsmaßnahmen hat gezeigt, daß die entwickelten allgemeinen Grundsätze vielfach in den Spezialbereichen Anwendung finden und übertragbar sind. Allerdings mußten auch Abweichungen festgestellt werden. Die Abweichungen im Hochschulbereich haben hierbei ihren Grund in der besonderen Rechtsstellung des Hochschullehrers, der aufgrund Art. 5 Abs. 3 GG gegenüber der Hochschule keinen das Forschungsvorhaben betreffenden fachlichen Weisungen unterworfen ist. Auch im Bereich der Arbeitsbeschaffungsmaßnahmen sowie der übrigen Fördermaßnahmen nach dem SGB III liegen durch zahlreiche gesetzliche Regelungen sowie durch die Anwendung von öffentlichem Recht im Rechtsverhältnis zwischen Bundesanstalt und Maßnahmeträger sowie Bundesanstalt und dem Arbeitssuchenden bedingte Besonderheiten vor.

Diese Besonderheiten der genannten Spezialbereiche stellen indessen die Anwendbarkeit der entwickelten Grundsätze auf drittmittelfinanzierte Arbeitsverhältnisse nicht in Frage. Die Ausführungen zum Hochschulbereich und zu den Fördermaßnahmen nach dem SGB III haben bestätigt, daß zwischen Drittmittelgeber und drittfinanzierten Arbeitnehmer grundsätzlich keine arbeitsvertraglichen Rechtsbeziehungen bestehen. Vielmehr bestehen im Grundsatz zwischen Drittmittelgeber und Arbeitnehmer keine Rechtsbeziehungen. Die Ausführungen zu den Arbeitsbeschaffungsmaßnahmen haben aber verdeutlicht, daß auch zwischen Drittmittelgeber (Bundesanstalt) und Arbeitnehmer Rechtsbeziehungen (sozialrechtliches Leistungsverhältnis) vorliegen können. Als weitere Abweichung von den allgemeinen Grundsätzen ist im Bereich der Arbeitsbeschaffungsmaßnahmen die fehlende Auswahlfreiheit des Drittmittelempfängers hinsichtlich der einzustellenden Arbeitnehmer zu nennen. Es wurde mit den Spezialfällen unter anderem aufgezeigt, daß die Anwendung der allgemeinen Grundsätze stets mit einer Überprüfung etwaiger Besonderheiten des Einzelfalles verbunden werden muß.

---

[689] GK-SGB III (-Feckler), § 277 Rn. 11.
[690] GK-SGB III (-Feckler), a.a.O.

6. Teil

Abschließender Vergleich der Drittmittelfinanzierung mit und Abgrenzung zu den arbeitsrechtlichen Drittbeziehungen

A) Vergleich mit und Abgrenzung zu den arbeitsrechtlichen Drittbeziehungen

In Ergänzung zu den Teilen drei bis fünf der Untersuchung soll nunmehr ein Vergleich der drittmittelfinanzierten Arbeitsverhältnisse mit und eine Abgrenzung zu den einzelnen wichtigsten Konstellationen arbeitsrechtlicher Drittbeziehungen vorgenommen werden, während die Parallelen zwischen den verschiedenen Fallgruppen der arbeitsrechtlichen Drittbeziehungen untereinander, soweit hierauf nicht bereits eingegangen wurde, ausgeblendet werden müssen.

I) Allgemeine Grundsätze

Bei dem drittmittelfinanzierten Arbeitsverhältnis, dem mittelbaren Arbeitsverhältnis sowie der Arbeitnehmerüberlassung handelt es sich, wie bereits festgestellt, um Rechtsbeziehungen, an denen mehr als zwei Personen beteiligt sind.
Allein hieraus folgt aber noch nicht, daß das drittmittelfinanzierte Arbeitsverhältnis einen weiteren eigenständigen Fall einer arbeitsrechtlichen Drittbeziehung darstellt, wenn dies auf den ersten Blick auch naheliegen mag.

Das drittmittelfinanzierte Arbeitsverhältnis stellt grundsätzlich keinen Anwendungsfall bzw. Sonderfall der Gestaltungsform des mittelbaren Arbeitsverhältnisses oder der Leiharbeit und damit keinen Anwendungsfall einer anerkannten arbeitsrechtlichen Drittbeziehung dar. Im Bereich des drittmittelfinanzierten Arbeitsverhältnisses kann es jedoch teilweise zur Überschneidung mit der Gestaltungsform des mittelbaren Arbeitsverhältnisses kommen, wenn Drittmittel Bediensteten einer juristischen oder natürlichen Person zur Verfügung gestellt werden. Anläßlich eines drittmittelfinanzierten Arbeitsverhältnisses können zudem Gesichtspunkte des Leiharbeitsverhältnisses von Bedeutung werden, wenn bei einer Arbeitsbeschaffungsmaßnahme der Träger die Arbeitnehmer "verleiht".
In Anbetracht der Vielzahl von arbeitsrechtlichen Gestaltungsmöglichkeiten sind folglich trotz der grundsätzlichen Unterschiede zwischen drittmittelfinanzierten Arbeitsverhältnissen und den anerkannten arbeitsrechtlichen Drittbeziehungen Überschneidungen möglich.

Trotz der möglichen Überschneidungen ist das drittmittelfinanzierte Arbeitsverhältnis grundsätzlich kein Anwendungsfall der Aufspaltung von Arbeitgeberfunktionen. Hierin liegt ein wesentlicher Unterschied zu der Gestaltungsform des mittelbaren Arbeitsverhältnisses sowie der Arbeitnehmerüberlassung. Bei dem mittelbaren Arbeitsverhältnis und der Arbeitnehmerüberlassung wird der Arbeitnehmer im Gegensatz zum drittmittelfinanzierten Arbeitsverhältnis in den Betrieb des Dritten eingegliedert, der Dritte trägt die Fürsorgepflicht des Arbeitgebers neben dem Vertragsarbeitgeber und der Dritte ist unmittelbar oder im mittelbaren Arbeitsverhältnis jedenfalls mittelbar gegenüber dem jeweiligen Arbeitnehmer weisungsbefugt. Der Dritte ist hier also erheblich "näher dran" am Arbeitnehmer als der Drittmittelgeber bei der Drittmittelfinanzierung. Es ist daher äußerst fraglich, ob man das drittmittelfinanzierte Arbeitsverhältnis unter die Figur der arbeitsrechtlichen Drittbeziehung subsumieren kann.

Wie bereits erörtert[691] setzt der Begriff einer arbeitsrechtlichen Drittbeziehung voraus, daß es zu einer Aufspaltung oder Teilung der Arbeitgeberstellung kommt. Ein neben den Vertragsarbeitgeber tretender Dritter muß gegenüber dem Arbeitnehmer auch arbeitsrechtliche Rechte und Pflichten haben.
Unter Zugrundelegung dieser Definition der arbeitsrechtlichen Drittbeziehung ist nach der in der vorliegenden Untersuchung vertretenen Auffassung, wonach bei dem drittmittelfinanzierten Arbeitsverhältnis eine Aufspaltung von Arbeitgeberfunktionen grundsätzlich abzulehnen ist und dem Drittmittelgeber keinerlei arbeitsvertragliche Rechte und Pflichten zukommen, das drittmittelfinanzierte Arbeitsverhältnis kein weiterer eigenständiger Fall einer arbeitsrechtlichen Drittbeziehung.

Grundsätzlich ist zwischen dem Verhältnis zwischen Drittmittelgeber und Drittmittelempfänger sowie zwischen Drittmittelempfänger und Arbeitnehmer streng zu differenzieren. Zwar wirkt das erste Rechtsverhältnis faktisch auf das zweite ein, etwa wenn die Zuwendungen gekürzt oder ganz eingestellt werden. Rechtlich sind diese aber grundsätzlich voneinander unabhängig.[692] Die faktischen, mittelbaren Auswirkungen des ersten Rechtsverhältnisses auf das zweite begründen noch keine der arbeitsrechtlichen Drittbeziehung wesenseigene Aufspaltung der Arbeitgeberfunktionen. Auch das Argument, daß der Inhalt der Drittbeziehungen bei den verschiedenen Konstellationen arbeitsrechtlicher Drittbeziehungen unterschiedlich ist, kann hier meines Erachtens nicht fruchtbar gemacht werden. Denn unmittelbare Rechtsbeziehungen bestehen zwischen Drittmittelgeber und Arbeitnehmer einerseits nicht. Andererseits sind die bloß faktischen, mittelbaren Einwirkungsmöglichkeiten des Drittmittelgebers auf das Arbeitsverhältnis zwischen Drittmittelempfänger und Arbeitnehmer in arbeitsrechtlicher Hinsicht zu unbedeutend und schwach ausgeprägt, um eine Gleichstellung oder Vergleichbarkeit mit einer Aufspaltung von Arbeitgeberfunktionen oder einer Teilung der Arbeitgeberstellung annehmen zu können. Bei der Drittmittelfinanzierung sind die Rechtsbeziehungen lediglich zwischen den jeweiligen Vertragspartnern ausgeprägt, während dies zwischen den nicht vertraglich verbunde-

---

691 Vgl. oben, 3. Teil, B, I.
692 So zu Recht Lakies NZA 1995, 296, 297.

nen Personen nicht der Fall ist. Die faktischen, mittelbaren Auswirkungen auf das Arbeitsverhältnis haben ihre Grundlage in den jeweiligen Vertragsbeziehungen. Unmittelbar für das Arbeitsverhältnis relevante arbeitsrechtliche Auswirkungen können nicht festgestellt werden. Die Einwirkung des Rechtsverhältnisses zwischen Drittmittelgeber und Drittmittelempfänger findet lediglich von außen statt, ohne unmittelbar auf das Arbeitsverhältnis durchzuschlagen. Wirtschaftliche Abhängigkeiten und damit Risikofaktoren für sowie faktische Einwirkungsmöglichkeiten von außen auf das Arbeitsverhältnis sind dem Wirtschafts- und Arbeitsleben nicht fremd. Dies bedeutet aber noch nicht, daß Dritten, denen ein derartiger Einfluß auf das Arbeitsverhältnis zukommt, damit zugleich Arbeitgeberfunktionen obliegen. Nichts anderes kann beim drittmittelfinanzierten Arbeitsverhältnis gelten. Bei den Fallgruppen der arbeitsrechtlichen Drittbeziehungen ist der Dritte ganz erheblich stärker in das Rechtsbeziehungsgeflecht eingebunden als beim drittmittelfinanzierten Arbeitsverhältnis.

Somit kann das drittmittelfinanzierte Arbeitsverhältnis im Grundsatz nicht zu einer Bereicherung der Fallgruppen arbeitsrechtlicher Drittbeziehungen um eine weitere Fallgruppe herangezogen werden.

Es könnte jedoch eine Ausnahme von diesem Grundsatz in Erwägung zu ziehen sein. Bei den vorstehend angesprochenen Überschneidungen eines drittmittelfinanzierten Arbeitsverhältnisses mit dem mittelbaren Arbeitsverhältnis und dem Leiharbeitsverhältnis treten zwar arbeitsrechtliche Drittbeziehungen auf. Dies hat indes weniger seinen Grund in dem Umstand der Drittmittelfinanzierung. Vielmehr liegt dies an der jeweiligen Vertragsgestaltung, die zur Folge haben kann, daß drittmittelfinanzierte Arbeitsverhältnisse den Gestaltungsformen der anerkannten Fallgruppen einer arbeitsrechtlichen Drittbeziehung unterfallen. Mit anderen Worten: Da im Einzelfall die Grundsätze des mittelbaren Arbeitsverhältnisses sowie des Leiharbeitsverhältnisses auch bei der Drittmittelfinanzierung Anwendung finden, kann es auch im Bereich der Drittmittelfinanzierung zu arbeitsrechtlichen Drittbeziehungen kommen. Überschneidungen sind denkbar. Dies hat aber nicht spezifisch mit der Drittmittelfinanzierung zu tun.

Das drittmittelfinanzierte Arbeitsverhältnis stellt daher im Regelfall keinen weiteren, eigenständigen Fall einer arbeitsrechtlichen Drittbeziehung dar.

Eine anderen Standpunkt werden diejenigen einnehmen, die bei dem drittmittelfinanzierten Arbeitsverhältnis eine Aufspaltung von Arbeitgeberfunktionen vertreten. Konsequenterweise müßten die Vertreter dieser Auffassung das drittmittelfinanzierte Arbeitsverhältnis als Fallgruppe der arbeitsrechtlichen Drittbeziehung anerkennen.

II) Besonderheiten im Einzelfall

Im Einzelfall können allerdings auch bei drittmittelfinanzierten Arbeitsverhältnissen Aufspaltungen von Arbeitgeberfunktionen mit unterschiedlichem Inhalt auftreten. Dies haben die Ausführungen zur Drittmittelfinanzierung im Hochschulbereich gezeigt. Zwischen der Hochschule und dem Hochschullehrer sind die Arbeitgeberfunktionen aufgespalten, unabhängig davon, wer Vertragsarbeitgeber des Arbeitnehmers ist. Die Gestaltungsformen des mittelbaren Arbeitsverhältnisses und der Arbeitnehmerüberlassung sind in diesem Bereich nicht einschlägig. Daher könnte zumindest im Hochschulbereich das Vorliegen von arbeitsrechtlichen Drittbeziehungen in Erwägung gezogen werden.

Wird jedoch im Hochschulbereich ein Privatarbeitsvertrag zwischen Hochschullehrer und dem Arbeitnehmer abgeschlossen, so sind die Arbeitgeberfunktionen der Hochschule - wie erörtert[693] - sehr schwach ausgestaltet. Der Hochschule kommen hier keine bedeutenden Arbeitgeberrechte und -pflichten zu. Von einer gespaltenen Arbeitgeberstellung kann nicht die Rede sein. Hier fehlt es an einer Vergleichbarkeit mit den Fallgruppen der arbeitsrechtlichen Drittbeziehungen. Der Anwendungsbereich der arbeitsrechtlichen Drittbeziehungen würde zu weit ausgedehnt werden.

Anders liegen die Dinge zwar bei einer Vertragsarbeitgeberstellung der Hochschule. Hier nimmt der Hochschullehrer als Dritter mit dem Weisungsrecht und der Fürsorgepflicht wesentliche Arbeitgeberfunktionen wahr. Es wurde dementsprechend eine Aufspaltung der Arbeitgeberstellung zwischen Hochschule und dem Hochschullehrer angenommen.[694] Es wurde allerdings auch festgestellt, daß hieraus keine unmittelbare, mittelbare oder faktische Arbeitgeberstellung des Hochschullehrers folgt. Darüber hinaus wird der Hochschullehrer lediglich als Erfüllungsgehilfe für die Hochschule tätig. Hierin liegt ein Unterschied zum Leiharbeitsverhältnis, da der Leiharbeitnehmer nicht Erfüllungsgehilfe des Verleihers ist.[695] Eine Vergleichbarkeit mit dem Leiharbeitsverhältnis scheidet daher aus. Von einer partiellen Arbeitgeberstellung des Hochschullehrers kann also nicht die Rede sein. Die Voraussetzungen der Definition der arbeitsrechtlichen Drittbeziehung sind somit nicht erfüllt. Eine arbeitsrechtliche Drittbeziehung im Hochschulbereich bei einer Vertragsarbeitgeberstellung der Hochschule ist daher nicht gegeben ist. Außerdem würde hier keine spezifische Besonderheit gerade des drittmittelfinanzierten Arbeitsverhältnisses bestehen. Denn bei den vorstehenden Erörterungen geht es nur um die Rechtsbeziehungen zwischen Hochschule, Hochschullehrer und dem Arbeitnehmer. Ein Drittmittelgeber ist in dieses Rechtsbeziehungsgeflecht nicht mit einbezogen.

B) Zusammenfassung

Es kann damit zusammenfassend festgestellt werden, daß die Grundsätze und dogmatischen Überlegungen zu den arbeitsrechtlichen Drittbeziehungen "mittel-

---

[693] Vgl. oben, 5. Teil, A, IV, 2, e.
[694] Vgl. oben, 5. Teil, A, IV, 1, c.
[695] Vgl. oben, 3. Teil, B, IV, 2.

bares Arbeitsverhältnis" und "Arbeitnehmerüberlassung" sowie die zur "Aufspaltung von Arbeitgeberfunktionen" entwickelten Grundsätze auf das drittmittelfinanzierte Arbeitsverhältnis nicht übertragbar sind.
Das drittmittelfinanzierte Arbeitsverhältnis stellt keine arbeitsrechtliche Drittbeziehung dar. Im Einzelfall können indessen auch bei drittmittelfinanzierten Arbeitsverhältnissen arbeitsrechtliche Drittbeziehungen festgestellt werden.

Aber unabhängig von der Beantwortung der erörterten Frage, ob das drittmittelfinanzierte Arbeitsverhältnis eine arbeitsrechtliche Drittbeziehung darstellt, konnte eine Auseinandersetzung mit den anerkannten Fallgruppen arbeitsrechtlicher Drittbeziehungen entscheidend zur Entwicklung der Rechtbeziehungen bei dem drittmittelfinanzierten Arbeitsverhältnis und damit zu einer Herausarbeitung der Wesensmerkmale des drittmittelfinanzierten Arbeitsverhältnisses beitragen. In der vorliegenden Untersuchung konnten zwar die Grundsätze der arbeitsrechtlichen Drittbeziehungen nicht auf die Rechtsbeziehungen im drittmittelfinanzierten Arbeitsverhältnis übertragen werden. Allerdings konnten die Grundsätze im Bereich des drittmittelfinanzierten Arbeitsverhältnisses in Abgrenzung zu den Fallgruppen der arbeitsrechtlichen Drittbeziehung entwickelt werden.

7. Teil
Die Beendigung von drittmittelfinanzierten Arbeitsverhältnissen

A) Problemstellung

Bevor auf die einzelnen Beendigungstatbestände bei einem Arbeitsverhältnis im allgemeinen und im besonderen beim drittmittelfinanzierten Arbeitsverhältnis eingegangen wird, sollen kurz die diesbezüglichen Probleme bei drittmittelfinanzierten Arbeitsverhältnissen aufgezeigt werden.
Der Fortbestand des drittmittelfinanzierten Arbeitsverhältnisses muß nicht, kann aber von der Finanzierung von Dritter Seite abhängig sein. Einerseits kann der Drittmittelempfänger nach der Kürzung oder dem Wegfall der Drittmittel die Löhne, Gehälter und sonstigen Bezüge seiner Arbeitnehmer aus eigenen erwirtschafteten Mitteln oder durch eine Kreditaufnahme bezahlen. Andererseits kann er, soweit dies mangels eigener Mittel oder wegen einer gescheiterten Kreditaufnahme nicht möglich ist, das Arbeitsverhältnis betriebsbedingt kündigen wollen. Ob und unter welchen Voraussetzungen eine solche Kündigung wirksam ist, ist im weiteren Verlauf der Untersuchung zu klären. Da der Fortfall oder die Kürzung der Drittmittel zu einem bestimmten Zeitpunkt bekannt bzw. gegebenenfalls zu einem unbestimmten Zeitpunkt voraussehbar ist, kann der Ungewißheit der weiteren Drittmittelfinanzierung schon früher, nämlich beim Abschluß des Arbeitsvertrages zwischen Drittmittelempfänger und dem Arbeitnehmer, durch die Vereinbarung einer Befristung oder einer auflösenden Bedingung Rechnung ge-

tragen werden. Weil die Vereinbarung einer Befristung und einer auflösenden Bedingung im Arbeitsvertrag im allgemeinen nicht ohne weiteres zulässig ist, ist zu untersuchen, unter welchen Voraussetzungen ein drittmittelfinanziertes Arbeitsverhältnis befristet oder unter einer auflösenden Bedingung wirksam geschlossen werden kann.
Es stellt sich somit die Frage, ob die Abhängigkeit von Zuwendungen Dritter eine Befristung, eine auflösende Bedingung oder eine Kündigung zu rechtfertigen vermag.

Da das BAG die Drittmittelfinanzierung allein nicht als sachlichen Grund für eine Befristung eines Arbeitsvertrages angesehen hat, sind beispielsweise Hochschulen und Forschungseinrichtungen in Schwierigkeiten geraten, wenn drittmittelfinanzierte Arbeitsplätze nicht wirksam befristet wurden und die Arbeitnehmer nach Auslaufen der Drittmittel im Anschluß an "Entfristungsklagen" weiterbeschäftigt werden mußten. Das Problem der Befristung von drittmittelfinanzierten Arbeitsverhältnissen hat eine besondere Verschärfung dadurch erfahren, daß die Zahl der Arbeitsgerichtsprozesse an den Hochschulen drastisch gestiegen ist, seitdem sich die Arbeitsmarktlage zusehends verschlechtert hat. Zeitlich befristet eingestellte Drittmittelbeschäftigte versuchen, ihren Arbeitsplatz auf dem Gerichtsweg zu erhalten, um auf diese Weise eine größere Sicherheit und einen größeren Bestandsschutz zu erreichen, der ihnen die Möglichkeit eröffnet, ohne Druck eine Stelle außerhalb der Universität zu suchen oder ständig an der Universität zu bleiben[696], weil sie außerhalb der Forschung aufgrund ihrer fachlichen Spezialisierung keinen neuen Arbeitsplatz finden. Zahlreichen Beschäftigten ist es auf diese Weise gelungen, ihren verständlichen Wunsch auf eine unbefristete Dauerstelle zu erfüllen. Unbefristet eingestellte Drittmittelbeschäftigte wehren sich aus den gleichen Gründen gegen Kündigungen mit der Erhebung von Kündigungsschutzklagen. Dieser Konflikt zwischen Bestandsschutz und Personalfluktuation ist besonders präsent in Bereichen, in denen die gestellten Aufgaben ohne ein hohes Maß an Kreativität und Abwechslung nicht durchführbar sind, wozu auch und vor allem der Bereich der Wissenschaft und Forschung gehört.

Bei Arbeitsbeschaffungsmaßnahmen nach den §§ 260 ff. SGB III hat der Abschluß von befristeten Arbeitsverhältnissen ebenfalls eine große Bedeutung. Das Arbeitsamt gewährt dem Arbeitgeber als Drittmittelempfänger nur auf Zeit Mittel zur Finanzierung des Arbeitsplatzes, wobei der Entschluß des Arbeitgebers, den Arbeitnehmer einzustellen, meistens entscheidend von der Kostenzuschußzusage abhängt.
Sinn und Zweck der §§ 260 ff. SGB III ist die zumindest zeitweise Schaffung zusätzlicher Arbeitsplätze und die Eröffnung wenigstens vorübergehender Beschäftigungsmöglichkeiten für zumeist leistungsschwächere Arbeitnehmer.[697] Über die

---

[696] Ossenbühl, Die verfassungsrechtliche Problematik der befristeten Arbeitsverhältnisse im Wissenschaftsbereich, S. 151.

[697] BAG, Urteil vom 18.6.1997 - 5 AZR 259/96 -, BB 1997, 2378, 2379 ; BAG, Urteil vom 26.4.1995 - 7 AZR 936/94 -, NZA 1996, 87, 88 ; Haug AuR 1981, 74, 76 ; Kröger PersR

bloße Arbeitstätigkeit hinaus wird mit einer Arbeitsbeschaffungsmaßnahme zugleich ein psychologischer Effekt erzielt. Der einzelne geförderte Arbeitssuchende erhält die Chance einer Steigerung des Selbstwertgefühls und erlangt gleichzeitig wieder Vertrauen in die eigene Arbeit.[698] Zugleich werden spätere Vermittlungschancen und damit die Wiedereingliederung in das Berufsleben erhöht.[699]

B) Allgemeines/Grundlagen zu der Beendigung von Arbeitsverhältnissen

Das Arbeitsverhältnis ist ein Dauerschuldverhältnis, welches nicht durch einen einmaligen Austausch der Leistungen sein Ende findet. Daher gelten auch bei der Beendigung von Arbeitsverhältnissen grundsätzlich die gleichen Beendigungsgründe wie für alle Dauerschuldverhältnisse. Allerdings bestehen bei Arbeitsverhältnissen Modifizierungen, da dem personenrechtlichen Charakter des Arbeitsverhältnisses Rechnung zu tragen ist.
Die wichtigsten Beendigungsgründe des Arbeitsverhältnisses sind die Befristung und die Kündigung. Als weitere Beendigungsgründe kommen die Bedingung sowie etwa der Aufhebungsvertrag[700], der Wegfall der Geschäftsgrundlage[701], der Tod des Arbeitnehmers[702], der Tod des Arbeitgebers[703], die Anfechtung des Arbeitsvertrages[704] und ein Urteil oder Beschluß des Arbeitsgerichts[705] in Betracht, auf welche indes in der vorliegenden Untersuchung nicht eingegangen werden soll.

1988, 126, 127.

[698] Haug, a.a.O.

[699] Haug, a.a.O.

[700] Die Parteien des Arbeitsvertrages können jederzeit ohne Rücksicht auf etwaige Kündigungsschutzbestimmungen einvernehmlich die Beendigung des Arbeitsverhältnisses vereinbaren. Dies folgt aus dem Grundsatz der Vertragsfreiheit.

[701] Regelmäßig führt der Wegfall der Geschäftsgrundlage nicht zur automatischen Beendigung des Arbeitsverhältnisses, vielmehr bleibt grundsätzlich eine Kündigung erforderlich. Eine automatische Beendigung kommt nur dann in Betracht, wenn die tatsächlichen Grundlagen für eine Beschäftigung des Arbeitnehmers durch äußere Ereignisse sowohl für den Arbeitgeber als auch für den Arbeitnehmer erkennbar dauernd oder doch auf unabsehbare Zeit weggefallen sind und eine an sich zulässige Kündigung unmöglich bzw. unzumutbar ist. Vgl. hierzu Schaub, Arbeitsrechtshandbuch, § 121, II, 3 m.w.N.

[702] Nach § 613 Satz 1 BGB hat der zur Dienstleistung Verpflichtete die Dienste im Zweifel in Person zu leisten, so daß das Arbeitsverhältnis mit seinem Tode endet.

[703] Das Arbeitsverhältnis endet im Zweifel nicht durch den Tod des Arbeitgebers.

[704] Das Arbeitsverhältnis kann nach §§ 119, 123 BGB durch Anfechtung beendet werden. Allerdings bestehen für das Arbeitsverhältnis gegenüber der allgemeinen Rechtsfolge des § 142 BGB Besonderheiten. Vgl. weiterführend Schaub, Arbeitsrechtshandbuch, § 35, III ; MünchArbR (-Richardi), § 44 Rn. 56 ff., jeweils m.w.N.

[705] Vgl. § 9 KSchG; § 100 BetrVG.

I) Kündigung

1) Allgemeine Grundsätze

Im Rahmen des Bestandsschutzes von Arbeitsverhältnissen kann zwischen dem kollektiven Kündigungsschutz, der sich über das Betriebsverfassungsgesetz und über die Personalvertretungsgesetze ereignet, und dem individuellen Kündigungsschutz des Kündigungsschutzgesetzes und der einzelnen Sonderkündigungsschutzbestimmungen unterschieden werden. Der kollektive Kündigungsschutz ist durch ein präventives Schutzelement gekennzeichnet, während das Kündigungsschutzgesetz repressiv wirkt. Auch die Kündigungsschutzvorschriften des Schwerbehindertengesetzes und des Mutterschutzgesetzes sind durch ein präventives Element gekennzeichnet. Hier soll allein der individuelle Kündigungsschutz hinsichtlich drittmittelfinanzierter Arbeitsverhältnisse betrachtet werden.

Nach § 1 Abs. 2 Satz 1 KSchG ist eine Kündigung sozial ungerechtfertigt, wenn sie nicht durch Gründe, die in der Person oder in dem Verhalten des Arbeitnehmers liegen, oder durch dringende betriebliche Erfordernisse , die einer Weiterbeschäftigung des Arbeitnehmers in diesem Betrieb entgegenstehen, bedingt ist.

Ein Bestandsschutz nach dem Kündigungsschutzgesetz kommt allerdings nur dann in Betracht, wenn der betriebliche (§ 23 KSchG) und der persönliche Geltungsbereich (§§ 1 Abs. 1, 14 KSchG) des Kündigungsschutzgesetzes gegeben sind.

2) Die betriebsbedingte Kündigung

Im Vordergrund der Untersuchung soll die betriebsbedingte Kündigung stehen. Dringende betriebliche Erfordernisse für die hier interessierende betriebsbedingte Kündigung können sich aus innerbetrieblichen Umständen (z.B. Rationalisierungsmaßnahmen, Einstellung oder Einschränkung der Produktion, Organisationsveränderungen) und außerbetrieblichen Gründen (z.B. Auftragsmangel, Umsatzrückgang, Rohstoffmangel) ergeben.[706] Von den Arbeitsgerichten kann voll nachgeprüft werden, ob die vom Arbeitgeber behaupteten inner- oder außerbetrieblichen Kündigungsgründe und eine unternehmerische Entscheidung tatsächlich vorliegen und wie sich diese Umstände im betrieblichen Bereich im Hinblick auf die Arbeitsplätze auswirken.[707] Der entsprechende Vortrag des Arbeitgebers

---

[706] BAG, Urteil vom 9.5.1996 - 2 AZR 438/95 -, EzA § 1 KSchG Betriebsbedingte Kündigung Nr. 85 ; BAG, Urteil vom 7.12.1978 - 2 AZR 155/77 -, EzA § 1 KSchG Betriebsbedingte Kündigung Nr. 10 ; BAG, Urteil vom 29.3.1990 - 2 AZR 369/89 -, EzA § 1 KSchG Soziale Auswahl Nr. 29 ; Hueck/v.Hoyningen-Huene, KSchG, § 1 Rn. 366 f. ; kritisch Berkowsky NJW 1983, 1292, 1293.

[707] BAG, Urteil vom 9.5.1996 - 2 AZR 438/95 -, EzA § 1 KSchG Betriebsbedingte Kündigung Nr. 85 m.w.N. ; BAG, Urteil vom 26.9.1996 - 2 AZR 200/96 -, EzA § 1 KSchG Betriebsbe-

muß erkennen lassen, ob durch einen innerbetrieblichen Umstand oder durch einen außerbetrieblichen Grund der Arbeitsplatz des gekündigten Arbeitnehmers weggefallen ist. Die Unternehmerentscheidung selbst ist indessen arbeitsgerichtlich nicht auf ihre sachliche Rechtfertigung oder Zweckmäßigkeit überprüfbar. Nach der Rechtsprechung des BAG kann diesbezüglich nur überprüft werden, ob die Maßnahme offenbar unsachlich, unvernünftig oder willkürlich ist.[708] Hierfür trägt der Arbeitnehmer im Prozeß die Darlegung- und Beweislast, da für eine beschlossene und tatsächlich durchgeführte Unternehmerentscheidung die Vermutung spricht, daß sie aus sachlichen Gründen erfolgt ist.[709]
Dringende betriebliche Erfordernisse geben nur dann einen betriebsbedingten Kündigungsgrund ab, wenn sie einer Weiterbeschäftigung des Arbeitnehmers im Betrieb entgegenstehen. Maßgebend ist damit, ob wegen der Verringerung der Arbeitsmenge kein Bedarf mehr für die Weiterbeschäftigung des Arbeitnehmers besteht. Die dringenden betrieblichen Erfordernisse müssen allerdings nicht zum Wegfall eines bestimmten Arbeitsplatzes führen.[710]
Nur dringende betriebliche Erfordernisse vermögen eine betriebsbedingte Kündigung sozial zu rechtfertigen. Der Arbeitgeber muß dementsprechend vor jeder Beendigungskündigung den Grundsatz der Verhältnismäßigkeit wahren und daher von sich aus dem Arbeitnehmer vor Ausspruch einer Beendigungskündigung einen freien Arbeitsplatz auch zu geänderten Bedingungen anbieten, sofern dies für beide Arbeitsvertragsparteien zumutbar ist.[711]

3) Soziale Auswahl nach § 1 Abs. 3 Satz 1 KSchG

Ist einem Arbeitnehmer aus dringenden betrieblichen Erfordernissen im Sinne des § 1 Abs. 2 KSchG gekündigt worden, so ist diese Kündigung nach § 1 Abs. 3 Satz 1, 1. HS KSchG trotzdem sozial ungerechtfertigt, wenn der Arbeitgeber bei der Auswahl des Arbeitnehmers soziale Gesichtspunkte, insbesondere die Dauer

---

dingte Kündigung Nr. 86 ; Hueck/v.Hoyningen-Huene, KSchG, § 1 Rn. 376 ; KR (-Etzel), § 1 KSchG Rn. 551 ; Stahlhacke/Preis, Kündigung und Kündigungsschutz im Arbeitsverhältnis, Rn. 627.

708 BAG, Urteil vom 9.5.1996 - 2 AZR 438/95 -, EzA § 1 KSchG Betriebsbedingte Kündigung Nr. 85 ; BAG, Urteil vom 26.9.1996 - 2 AZR 200/96 -, EzA § 1 KschG Betriebsbedingte Kündigung Nr. 86 ; BAG, Urteil vom 24.3.1983 - 2 AZR 21/82 -, EzA § 1 KSchG Betriebsbedingte Kündigung Nr. 21 ; BAG, Urteil vom 30.4.1987 - 2 AZR 184/86 -, AP Nr. 42 zu § 1 KSchG 1969 Betriebsbedingte Kündigung ; Hueck/v.Hoyningen-Huene, KSchG, § 1 Rn. 371 ff. und 408 ff. ; Dorndorf/Weller/Hauck (-Weller/Dorndorf), Kündigungsschutzgesetz, § 1 Rn. 877 ; Preis, Prinzipien des Kündigungsrechts bei Arbeitsverhältnissen, S. 411 f. ; Stahlhacke/Preis, a.a.O., Rn. 626.

709 BAG, Urteil vom 9.5.1996 - 2 AZR 438/95 -, EzA § 1 KSchG Betriebsbedingte Kündigung Nr. 85 m.w.N.

710 Hueck/v.Hoyningen-Huene, KSchG, § 1 Rn. 372 a.

711 BAG, Urteil vom 29.3.1990 - 2 AZR 369/89 -, AP Nr. 50 zu § 1 KSchG 1969 Betriebsbedingte Kündigung.

der Betriebszugehörigkeit, das Lebensalter und die Unterhaltsverpflichtungen des Arbeitnehmers, nicht oder nicht ausreichend berücksichtigt hat. In die soziale Auswahl sind nur vergleichbare Arbeitnehmer einzubeziehen. Sie müssen austauschbar sein. Der Kreis der in die soziale Auswahl einzubeziehenden vergleichbaren Arbeitnehmer richtet sich in erster Linie nach arbeitsplatzbezogenen Merkmalen, also zunächst nach der ausgeübten Tätigkeit, wobei die Sozialauswahl betriebsbezogen vorzunehmen ist.[712] Es gilt nach ganz überwiegender Auffassung der sog. Grundsatz der horizontalen Vergleichbarkeit, d.h. der Vergleich der Arbeitnehmer hat allein auf derselben Ebene der Betriebshierarchie stattzufinden.[713] Hierdurch wird ein "Verdrängungswettbewerb nach unten" vermieden.

Die Sozialauswahl hat sich grundsätzlich auf alle vergleichbaren Arbeitnehmer des Betriebes zu erstrecken. Es gilt der Grundsatz der Betriebsbezogenheit der Sozialauswahl. Arbeitnehmer anderer Betriebe eines Unternehmens oder des Konzerns sind folglich in die Sozialauswahl nicht einzubeziehen.[714]

4) Kündigung eines befristeten oder auflösend bedingten Arbeitsverhältnisses

Gehen die Vertragsparteien ein befristetes Arbeitsverhältnis ein, so soll in der Regel während des Laufs der Befristung eine ordentliche Kündigung ausgeschlossen sein. Die Arbeitsvertragsparteien können sich zwar die Möglichkeit einer vorzeitigen Auflösung des Arbeitsverhältnisses durch ordentliche Kündigung offen halten. Dies setzt allerdings voraus, daß eine ordentliche Kündbarkeit ausdrücklich vereinbart wurde oder zumindest ein dahingehender beiderseitiger Wille aus den Umständen eindeutig erkennbar wird.[715] Gleiches gilt bei der Vereinbarung einer auflösenden Bedingung für die Zeit bis zum Bedingungseintritt.[716] Unberührt bleibt das Recht zur außerordentlichen Kündigung nach § 626 BGB.

Eine Sonderregelung ist in § 57 d HRG normiert. Hiernach kann ein befristeter Arbeitsvertrag nach § 57 b Abs. 2 Nr. 4 und Abs. 4 in Verbindung mit Abs. 2 Nr. 4 HRG, ohne daß es einer vertraglichen Kündigungsregelung bedarf, gekün-

---

[712] BAG, Urteil vom 25.4.1985 - 2 AZR 140/84 -, AP Nr. 7 zu § 1 KSchG 1969 Soziale Auswahl ; BAG, Urteil vom 7.2.1985 - 2 AZR 91/84 -, AP Nr. 9 zu § 1 KSchG 1969 Soziale Auswahl ; Hueck/v.Hoyningen-Huene, KSchG, § 1 Rn. 434 ff.

[713] BAG, Urteil vom 29.3.1990 - 2 AZR 369/89 -, AP Nr. 50 zu § 1 KSchG 1969 Betriebsbedingte Kündigung m.w.N. ; Hueck/v.Hoyningen-Huene, KSchG, § 1 Rn. 445 ; KR (-Etzel), § 1 KSchG Rn. 632 ; Stahlhacke/Preis, Kündigung und Kündigungsschutz im Arbeitsverhältnis, Rn. 665 ; Bitter/Kiel RdA 1994, 333, 353 f. ; Färber NZA 1985, 175 ff. ; Ascheid, Kündigungsschutzrecht, Rn. 325.

[714] KR (-Etzel), § 1 KSchG Rn. 625 m.w.N. ; Hueck/v. Hoyningen-Huene, KSchG, § 1 Rn. 434 m.w.N.

[715] BAG, Urteil vom 19.6.1980 - 2 AZR 660/78 -, NJW 1981, 246, 247 m.w.N. ; Palandt (-Putzo), BGB, § 620 Rn. 15 ; Wisskirchen DB 1998, 722, 727 ; Buchner RdA 1985, 258, 276; Gumpert BB 1969, 1278.

[716] BAG, Urteil vom 19.6.1980 - 2 AZR 660/78 -, NJW 1981, 246, 247.

digt werden, wenn feststeht, daß die Drittmittel wegfallen werden, dies dem Mitarbeiter unverzüglich mitgeteilt wird und die Kündigung unter Einhaltung der Kündigungsvorschrift frühestens zum Zeitpunkt des Wegfalls der Drittmittel erfolgt.[717]

II) Befristung

Schon lange gehört die Befristung von Arbeitsverhältnissen zu einem der zahlreich diskutierten Problembereiche des Arbeitsrechts. Bis heute ist das Verhältnis von Vertragsfreiheit und Kündigungsschutz zueinander nicht abschließend geklärt. Dies wird durch die nach wie vor rege Veröffentlichung von Rechtsprechung und Literatur zu diesem Problemfeld belegt.[718] Damit ist eine erhebliche Rechtsunsicherheit in der Praxis verbunden, wenn eine befristete Einstellung von Arbeitnehmern in Frage steht. Zu gewissen Entspannungen konnte das Beschäftigungsförderungsgesetz von 1985 beitragen.

1) Ausgangspunkt § 620 BGB

Nach § 620 BGB kann ein Dienstverhältnis befristet geschlossen werden. Ist ein Dienstverhältnis auf bestimmte Zeit eingegangen, so endet es nach § 620 Abs. 1 BGB mit Zeitablauf ohne Ausspruch einer Kündigung. Hier findet das Prinzip der Vertragsfreiheit eine konkrete Ausprägung. Nach der ganz herrschenden Meinung sowie der ständigen Rechtsprechung des BAG gilt § 620 BGB auch für Arbeitsverhältnisse, mit der Folge, daß befristete Arbeitsverhältnisse grundsätzlich zulässig sind.[719]

Trotz des Gesetzeswortlauts ist eine Befristung nach der Rechtsprechung jedoch nur eingeschränkt zulässig. Nach dem grundlegenden Beschluß des Großen Senats des BAG vom 12.10.1960[720] ist diese Einschränkung erforderlich, um eine Umgehung der Kündigungsschutzbeschränkungen durch befristete Arbeitsverträge zu verhindern.

Das BAG nimmt in ständiger Rechtsprechung eine Gesetzesumgehung an, wenn die Befristung zwingende Kündigungsschutzvorschriften ausschaltet und damit

---

[717] Auf die Einzelheiten wird unten, 7. Teil, C, I, 2, a, eingegangen.

[718] Vgl. etwa die zahlreichen Literaturhinweise in KR (-Lipke), § 620 BGB.

[719] BAG, Beschluß vom 12.10.1960 - GS 1/59 -, EzA § 620 BGB Nr. 2 ; KR (-Lipke), § 620 BGB Rn. 5 und 10 ff. m.w.N. ; Frohner/Pieper AuR 1992, 97 ; Kleveman/Ziemann DB 1989, 2608 ; Hueck RdA 1953, 85 ; Säcker RdA 1976, 91, 92 ; Wiedemann/Palenberg RdA 1977, 85, 86 ff. ; MünchArbR (-Wank), § 113 Rn. 11. ; Kraft, Anmerkung zu BAG, Urteil vom 29.8.1979 - 4 AZR 863/77 -, AP Nr. 50 zu § 620 BGB Befristeter Arbeitsvertrag, Bl. 394 ; Richardi, Anmerkung zu BAG, Urteil vom 17.2.1983 - 2 AZR 208/81 -, AP Nr. 74 zu § 620 BGB Befristeter Arbeitsvertrag, Bl. 705 ; a.A.: Dammann AuR 1978, 65, 70 f. ; Linder DB 1975, 2082, 2084 ff. ; Kempff DB 1976, 1576 f. Die a.A. ist mit der gegenwärtigen Rechtslage indes nicht zu vereinbaren.

[720] BAG, Beschluß vom 12.10.1960 - GS 1/59 -, EzA § 620 BGB Nr. 2.

dem Arbeitnehmer den durch diese Vorschriften vermittelten Bestandsschutz seines Arbeitsverhältnisses entzieht und für die Befristung als solche kein sachlicher Grund vorliegt.[721] Fehle es an einem sachlichen Grund für die Befristung, so liege eine objektiv funktionswidrige und deshalb objektiv mißbräuchliche Vertragsgestaltung vor. Der Arbeitgeber könne sich daher nicht auf die Befristung berufen.[722] Besteht für die Befristung kein sachlicher Grund, so gilt der Arbeitsvertrag auf unbestimmte Zeit geschlossen.[723] Hinsichtlich des sachlichen Grundes komme es auf die Üblichkeit im Arbeitsleben und darauf an, was verständige und verantwortungsbewußte Parteien zu vereinbaren pflegen.[724]

Bei dem Begriff des sachlichen Grundes handelt es sich um einen unbestimmten Rechtsbegriff. Hinsichtlich der Frage, ob ein solcher vorliegt, ist stets eine Einzelfallprüfung erforderlich. Dies hat zu einer erheblichen Rechtsunsicherheit geführt. Bei der Ermittlung des sachlichen Grundes ist zwischen den Interessen der Arbeitsvertragsparteien unter Berücksichtigung der Üblichkeit der Befristung im Arbeitsleben und der Auffassung verständiger, verantwortungsbewußter Parteien abzuwägen.[725] Anhaltspunkte für eine Handhabung der Generalklausel ergeben sich aus den von der Rechtsprechung des BAG entwickelten Fallgruppen einer sachlich gerechtfertigten Befristung. Maßgebender Zeitpunkt für die Beurteilung des sachlichen Grundes ist der Zeitpunkt der Befristungsvereinbarung.[726]

Ein sachlicher Grund für eine Befristung eines Arbeitsverhältnisses ist nach dieser Rechtsprechung entbehrlich, wenn eine Umgehung der Kündigungsschutzbeschränkungen ausscheidet.[727] Dies ist etwa der Fall, wenn das Kündigungsschutz-

---

[721] BAG, Beschluß vom 12.10.1960 - GS 1/59 -, EzA § 620 BGB Nr. 2 ; BAG, Urteil vom 24.4.1996 - 7 AZR 719/95 -, AP Nr. 180 zu § 620 BGB Befristeter Arbeitsvertrag ; BAG, Urteil vom 10.8.1994 - 7 AZR 695/93 -, AP Nr. 162 zu § 620 BGB Befristeter Arbeitsvertrag ; BAG, Urteil vom 4.4.1990 - 7 AZR 259/89 -, AP Nr. 136 zu § 620 BGB Befristeter Arbeitsvertrag ; BAG, Urteil vom 19.6.1980 - 2 AZR 660/78 -, AP Nr. 55 zu § 620 BGB Befristeter Arbeitsvertrag ; vgl. auch MünchArbR (-Wank), § 113 Rn. 9 m.w.N. ; ablehnend etwa: van Gelder, Anmerkung zu BAG, Urteil vom 27.3.1969 - 2 AZR 302/68 -, SAE 1970, 122, 123.

[722] BAG, Beschluß vom 12.10.1960, a.a.O. ; BAG, Urteil vom 24.4.1996, a.a.O. ; BAG, Urteil vom 10.8.1994, a.a.O.

[723] BAG, Beschluß vom 12.10.1960 - GS 1/59 -, EzA § 620 BGB Nr. 2 ; BAG, Urteil vom 19.6.1980 - 2 AZR 660/78 -, AP Nr. 55 zu § 620 BGB Befristeter Arbeitsvertrag ; Wolf, Anmerkung II zu BAG, Urteil vom 4.2.1971 - 2 AZR 144/70 -, AP Nr. 35 zu § 620 BGB Befristeter Arbeitsvertrag, Bl. 875.

[724] BAG, Beschluß vom 12.10.1960 - GS 1/59 -, EzA § 620 BGB Nr. 2.

[725] BAG, Beschluß vom 12.10.1960 - GS 1/59 -, EzA § 620 BGB Nr. 2 ; BAG, Urteil vom 26.8.1988 - 7 AZR 101/88 -, EzA § 620 BGB Nr. 102 ; BAG, Urteil vom 4.4.1990 - 7 AZR 259/89 -, EzA § 620 Nr. 107 ; BAG, Urteil vom 7.3.1980 - 7 AZR 177/78 -, AP Nr. 54 zu § 620 BGB Befristeter Arbeitsvertrag ; KR (-Lipke), § 620 BGB Rn. 126 ; Jobs/Bader DB 1981, Beil. Nr. 21, 1, 2.

[726] BAG, Urteil vom 10.6.1992 - 7 AZR 346/91 -, EzA § 620 BGB Nr. 116 m.w.N. ; st. Rspr.; LAG Düsseldorf, Urteil vom 11.3.1996 - 11 Sa 10/96 -, LAGE § 620 BGB Nr. 44 ; KR (-Lipke), § 620 BGB Rn. 153 ; str.

[727] BAG, Urteil vom 26.4.1985 - 7 AZR 316/84 -, EzA § 620 BGB Nr. 74 m.w.N. ; BAG,

gesetz nach dem persönlichen und dem betrieblichen Geltungsbereich (§§ 1 Abs. 1, 14, 17 Abs. 3, 24 Abs. 5, 23 KSchG) nicht einschlägig ist, der Arbeitnehmer also nicht unter den Schutz des Kündigungsschutzgesetzes fällt und eine Sonderkündigungsvorschrift (z.B. §§ 15 ff. SchwbG, 9 MuSchG, 15 KSchG) als umgangene Rechtsnorm nicht in Betracht kommt. Damit sind befristete Arbeitsverhältnisse von bis zu insgesamt sechs Monaten nach obiger Rechtsprechung ohne weiteres zulässig. Gleiches gilt auch für Kleinbetriebe im Sinne des § 23 Abs. 1 KSchG.[728]

Die Rechtsprechung des BAG ist in der Literatur überwiegend auf Zustimmung gestoßen.

Allerdings wird die Beschränkung der Zulässigkeit von Befristungen teilweise abweichend von der Umgehungsargumentation des BAG begründet. Auf die Vielzahl der hier vertretenen Auffassungen[729] und auf abweichende Lösungsansätze[730] soll in der vorliegenden Untersuchung nicht eingegangen werden, zumal die kritischen Ansichten im Schrifttum überwiegend rechtspolitisch motiviert sind. Eine Bereicherung der diesbezüglichen Diskussion um eine weitere Ansicht oder einen weiteren Begründungsansatz ist nicht erforderlich.

Anzumerken ist jedoch, daß sich die Kritik an dem dogmatischen Ansatz der Rechtsprechung des BAG zur Befristungskontrolle durch die legislativ geschaffenen Befristungseinschränkungen des § 57 b Abs. 1 HRG in Verbindung mit dem HFVG, des Gesetzes über die Gewährung von Erziehungsgeld und Erziehungsurlaub (BErzGG), des Gesetzes über befristete Arbeitsverträge mit Ärzten in der Weiterbildung sowie durch das Gesetz über die arbeitsrechtlichen Vorschriften zur Beschäftigungsförderung (BeschFG 1985) erledigt haben dürfte. Denn der Gesetzgeber hat auf die Rechtsunsicherheiten in der Praxis mit der Normierung der vorgenannten Befristungseinschränkungen reagiert. Nach einer Auffassung in der Literatur hat der Gesetzgeber durch die Übernahme der Rechtsgrundsätze des BAG diese mittelbar bestätigt.[731] Nach anderer Ansicht wurde hierdurch inzidenter § 620 Abs. 1 BGB dahin geändert, daß befristete Arbeitsverträge, abgesehen von § 1 BeschFG, nur bei Vorliegen eines sachlichen Grundes gerechtfertigt sind, es sei denn, die Befristung bedarf nach den "allgemeinen arbeitsrechtlichen Vorschriften und Grundsätzen" keines sachlichen Grundes.[732]

Urteil vom 11.11.1982 - 2 AZR 552/81 -, EzA § 620 BGB Nr. 61 ; KR (-Lipke), § 620 BGB Rn. 124 ; Otto NJW 1985, 1807, 1812.

[728] Koch NZA 1985, 345, 347 ; Otto NJW 1985, 1807, 1812 ; Palandt (-Putzo), BGB, § 620 Rn. 3 m.w.N.

[729] Ausführlich zu den Begründungen in der Literatur: Lohfeld, Die Befristung von Arbeitsverträgen mit wissenschaftlichem Personal an Hochschulen und Forschungseinrichtungen, S. 222 ff. ; König, Der Bestandsschutz befristeter Arbeitsverhältnisse mit wissenschaftlichen Mitarbeitern im Hochschulbereich, S. 35 ff.

[730] Hierzu ausführlich: König, a.a.O., S. 40 f. ; Lohfeld, a.a.O., S. 222 ; KR (-Lipke), § 620 BGB Rn. 6 ff. ; Wiedemann/Palenberg RdA 1977, 85, 87 f.

[731] Kleveman/Ziemann DB 1989, 2608 ; Otto NJW 1985, 1807, 1811.

[732] KR (-Lipke), § 620 BGB Rn. 12 a und § 57 a HRG Rn. 4 ; Bickel, Anmerkung zu BAG,

2) § 1 BeschFG

Erleichterungen bei dem Abschluß befristeter Arbeitsverträge wurden durch das Beschäftigungsförderungsgesetz 1985 geschaffen. § 1 BeschFG wurde durch das arbeitsrechtliche Beschäftigungsförderungsgesetz vom 25. September 1996 neu gefaßt. Nach § 1 Abs. 1 Satz 1 BeschFG ist die Befristung eines Arbeitsvertrages bis zur Dauer von zwei Jahren zulässig.

§ 1 BeschFG verfolgt allein arbeitsmarktpolitische Ziele.[733] Beschäftigungshemmnisse sollen abgebaut werden. Der Arbeitgeber soll bei einer Verbesserung der Auftragslage und dem daraus folgenden Mehrbedarf an Arbeitskräften dazu veranlaßt werden, statt der Einführung von Überstunden dem vorübergehenden Mehrbedarf an Arbeitskräften mit Neueinstellungen zu begegnen, ohne daß in der Praxis von Arbeitgebern vielfach gerügte Hindernisse für Neueinstellungen, wie Kündigungsschutz und die weitgehende Unzulässigkeit von befristeten Arbeitsverhältnissen, entgegenstehen.[734]

3) Prozessuale Fragen

Nach der herrschenden Ansicht in Rechtsprechung und Schrifttum trägt diejenige Partei die Beweislast für eine Befristung des Arbeitsvertrages, die sich auf die Befristung beruft.[735] Dieser Auffassung ist zu folgen, denn unbefristete Arbeitsverhältnisse sind im Arbeitsleben die Regel und in sozialer sowie arbeitsmarktpolitischer Hinsicht erwünscht. Daher spricht eine Vermutung dafür, daß zwischen den Arbeitsvertragsparteien ein unbefristetes Arbeitsverhältnis besteht.
Die Beweislast für Tatsachen, die die Unwirksamkeit der Befristung begründen, liegt beim Arbeitnehmer.[736] Für diesen kann allerdings der Beweis des ersten Anscheins streiten.[737] Will der Arbeitnehmer die Unwirksamkeit der Befristung geltend machen, so muß er innerhalb von drei Wochen nach dem vereinbarten Ende des befristeten Arbeitsvertrages Klage beim Arbeitsgericht erheben, daß das Arbeitsverhältnis auf Grund der Befristung nicht beendet ist (§ 1 Abs. 5 Satz 1 BeschFG). Die Klagefrist für eine "Entfristungsklage" gilt für sämtliche Befristungen auch außerhalb des BeschFG, unabhängig davon, auf welcher Grundlage die Befristung erfolgte.[738]

Urteil vom 13.12.1984 - 2 AZR 294/83 -, AP Nr. 8 zu § 620 BGB Bedingung, Bl. 910 ; Otto NJW 1985, 1807, 1811, der von einer konkludenten Korrektur des § 620 Abs. 1 BGB spricht.

[733] Nach § 1 Abs. 6 BeschFG gelten die Absätze 1 bis 4 bis zum 31. Dezember 2000.

[734] Buchner RdA 1985, 258, 259 ; kritisch bereits zum Entwurf des BeschFG 1985 Peiseler NZA 1985, 238, 241.

[735] KR (-Lipke), § 620 BGB Rn. 239 m.w.N. ; LAG Köln, Urteil vom 23.3.1988 - 7 Sa 1349/87 -, LAGE § 620 BGB Nr. 13 ; LAG Hamm, Urteil vom 5.3.1990 - 19 Sa 1696/89 -, LAGE § 620 BGB Nr. 19 m.w.N.

[736] Str.

[737] Weiterführend KR (-Lipke), § 620 BGB Rn. 240 ff.

[738] Wisskirchen DB 1998, 722, 724.

III) Auflösende Bedingung

Neben der Befristung von Arbeitsverhältnissen ist auch die Vereinbarung einer auflösenden Bedingung zur Beendigung des Arbeitsverhältnisses denkbar.

Bei einem auflösend bedingten Arbeitsverhältnis ist der Bestand des Arbeitsvertrages an eine Bedingung im Sinne des § 158 Abs. 2 BGB gekoppelt. Das Arbeitsverhältnis wird bei Bedingungseintritt automatisch beendet.
Die auflösende Bedingung unterscheidet sich von der Befristung dadurch, daß der Zeitpunkt des Vertragsendes nicht bestimmt oder zumindest bestimmbar, sondern vielmehr ungewiß ist.[739] Im Unterschied zum auflösend bedingten Arbeitsverhältnis kann sich der Arbeitnehmer bei einem befristeten Arbeitsverhältnis von vornherein nicht auf einen dauerhaften Bestand des Arbeitsverhältnisses einrichten.[740] Anders liegt es bei der sog. Zweckbefristung. Bei der Zweckbefristung ergibt sich die Dauer des Arbeitsverhältnisses aus dem Zweck der Arbeitsleistung.[741] Der Zeitpunkt der Beendigung des Arbeitsverhältnisses ist wie bei der auflösenden Bedingung ungewiß. Wegen der Gefahr der Umgehung zwingender Mindestkündigungsfristen ist daher neben dem Vorliegen eines sachlichen Grundes auch die frühzeitige Erkennbarkeit der Zweckerreichung für den Arbeitnehmer oder der Eintritt der Zweckerfüllung in überschaubarer Zeit Wirksamkeitsvoraussetzung der Zweckbefristung.[742] Ist die Zweckbefristung mangels Vorliegens dieser zusätzlichen Voraussetzungen wegen objektiver Umgehung zwingender Mindestkündigungsfristen unwirksam, endet das Arbeitsverhältnis erst nach Ablauf einer der Mindestkündigungsfrist entsprechenden Auslauffrist.[743]

Die Vereinbarung einer auflösenden Bedingung in einem Arbeitsvertrag bedarf nach der jüngsten Rechtsprechung des BAG zu ihrer Wirksamkeit eines sie sachlich rechtfertigenden Grundes, wenn und soweit dem Arbeitnehmer dadurch der Schutz zwingender Kündigungsschutzvorschriften genommen wird.[744] Für Arbeitsverträge, deren Dauer unter einer auflösenden Bedingung steht, gelten somit

---

[739] BAG, Urteil vom 19.6.1980 - 2 AZR 660/78 -, AP Nr. 55 zu § 620 BGB Befristeter Arbeitsvertrag ; BAG, Urteil vom 27.10.1988 - 2 AZR 109/88 -, AP Nr. 16 zu § 620 BGB Bedingung ; Felix NZA 1994, 1111, 1112 ; Sowka DB 1988, 2457 ; Enderlein RdA 1998, 90, 91.
[740] BAG, Urteil vom 27.10.1988 - 2 AZR 109/88 -, AP Nr. 16 zu § 620 BGB Bedingung ; Felix NZA 1994, 1111, 1112.
[741] Schaub, Arbeitsrechtshandbuch, § 39, IV, 2, a.
[742] BAG, Urteil vom 12.6.1987 - 7 AZR 8/86 -, AP Nr. 113 zu § 620 BGB Befristeter Arbeitsvertrag ; BAG, Urteil vom 26.3.1986 - 7 AZR 599/84 -, AP Nr. 103 zu § 620 BGB Befristeter Arbeitsvertrag ; Schaub, Arbeitsrechtshandbuch, § 39, IV, 2, b.
[743]B AG, Urteil vom 12.6.1987, a.a.O. ; BAG, Urteil vom 26.3.1986, a.a.O. ; Schaub, a.a.O.
[744] BAG, Urteil vom 24.9.1997 - 7 AZR 669/96 -, NZA 1998, 419 ; BAG, Urteil vom 26.6.1996 - 7 AZR 674/95-, AP Nr. 23 zu § 620 BGB Bedingung ; BAG, Urteil vom 4.12.1991 -7 AZR 344/90 -, AP Nr. 17 zu § 620 BGB Bedingung ; so auch LAG Frankfurt a.M., Urteil vom 28.11.1980 - 13/12 Sa 389/80 -, BB 1981, 1465.

die vom Großen Senat des BAG zur Zulässigkeit befristeter Arbeitsverträge aufgestellten Grundsätze.[745] Die Erwägung des BAG, wonach das auflösend bedingte Arbeitsverhältnis grundsätzlich unwirksam sei, wenn die auflösende Bedingung nicht vornehmlich dem Interesse des Arbeitnehmers diene oder ihr Eintritt allein von seinem Willen abhänge, wurde nicht weiterverfolgt.[746] Der 2. Senat des BAG hat wohl überholt entschieden, daß an die sachliche Rechtfertigung der auflösenden Bedingung besonders strenge Anforderungen zu stellen sind.[747] Diese Auffassung hat sich in der Rechtsprechung nicht durchgesetzt. Die jüngste Rechtsprechung hat - wie erörtert - die Parallele zu den Befristungsgrundsätzen gezogen.[748] Auf diese Gundsätze kann folglich verwiesen werden. Der höheren Ungewißheit bei der auflösenden Bedingung kann bei der Prüfung des sachlichen Grundes Rechnung getragen werden.[749]

Überwiegend folgt die Literatur der Ansicht des BAG und hält auflösende Bedingungen grundsätzlich für zulässig.[750] Stellenweise werden bei der auflösenden Bedingung in der Literatur wegen des gesteigerten Risikos[751] besonders strenge Anforderungen an den sachlichen Grund gestellt.[752] Teilweise wird gefordert, daß der Zeitraum für den Arbeitnehmer überschaubar und das Ende des Arbeitsverhältnisses vorhersehbar sein muß.[753] Auf die abweichenden Ansichten soll hier nicht näher eingegangen werden.[754]

---

[745] BAG, Urteil vom 4.12.1991 - 7 AZR 344/90 -, AP Nr. 17 zu § 620 BGB Bedingung ; BAG, Urteil vom 20.12.1984 - 2 AZR 3/84 -, AP Nr. 9 zu § 620 BGB Bedingung ; BAG, Urteil vom 5.12.1985 - 2 AZR 61/85 -, AP Nr. 10 zu § 620 BGB Bedingung.

[746] BAG, Urteil vom 20.12.1984 - 2 AZR 3/84 -, AP Nr. 9 zu § 620 BGB Bedingung ; BAG; Urteil vom 5.12.1985 - 2 AZR 61/85 -, AP Nr. 10 zu § 620 BGB Bedingung ; BAG, Urteil vom 27.10.1988 - 2 AZR 109/88 -, AP Nr. 16 zu § 620 BGB Bedingung.

[747] BAG, Urteil vom 5.12.1985 - 2 AZR 61/85 -, AP Nr. 10 zu § 620 BGB Bedingung m.w.N.; BAG, Urteil vom 15.3.1991 - 2 AZR 516/90 -, n.v.

[748] Eine ausführliche Darstellung zu dem Wandel in der Rechtsprechung des BAG findet sich etwa bei Felix NZA 1994, 1111, 1114 und Ehrich DB 1992, 1186 f.

[749] BAG, Urteil vom 24.9.1997 - 7 AZR 669/96 -, NZA 1998, 419.

[750] Palandt (-Putzo), BGB, Vorbem. § 620 Rn. 4 ; MünchArbR (-Wank), § 113 Rn. 149 ; MüKo (-Schwerdner), BGB, § 620 Rn. 151 ; Schaub, Arbeitsrechtshandbuch, § 39, IV, 3 ; Hueck/Hoyningen-Huene, KSchG, § 1 Rn. 597 ; abweichend und kritisch: Falkenberg DB 1979, 590 ff. ; Füllgraf NJW 1982, 738 f. ; Ehrich DB 1992, 1186, 1188 f. ; KR (-Lipke), § 620 BGB Rn. 53 ff.

[751] Dem Arbeitnehmer fehlt aufgrund des ungewissen Eintritts der Bedingung jede sichere Erwartungsgrundlage für eine Disposition. Er kann sich nicht rechtzeitig auf die Beendigung des Arbeitsverhältnisses einstellen und sich frühzeitig um einen anderen Arbeitsplatz bemühen. Vgl. BAG, Urteil vom 27.10.1988 - 2 AZR 109/88 -, AP Nr. 16 zu § 620 BGB Bedingung ; Felix NZA 1994, 1111, 1113 ; Bauschke BB 1993, 2523, 2526.

[752] Bauschke, a.a.O.

[753] Bauschke, a.a.O.

[754] Zusammenfassend zum Meinungsstand Enderlein RdA 1998, 90, 91 ff.

C) Die Beendigung des drittmittelfinanzierten Arbeitsverhältnisses

Im folgenden sind einzelne arbeitsrechtliche Probleme bei der Beendigung von drittmittelfinanzierten Arbeitsverhältnisses darzustellen.
Zunächst sollen allgemeine Grundsätze dargestellt und entwickelt werden. Anschließen soll sich der Abhandlung der einzelnen Beendigungstatbestände wiederum ein kurzer Blick auf die Besonderheiten im Hochschulbereich sowie bei den Fördermaßnahmen nach dem SGB III.

I) Kündigung im drittmittelfinanzierten Arbeitsverhältnis

Sind eine Befristung oder eine auflösende Bedingung im drittmittelfinanzierten Arbeitsvertrag nicht oder nicht wirksam vereinbart worden, so bedarf es zu seiner Beendigung einer Kündigung. Gleiches gilt, wenn ein befristetes Arbeitsverhältnis über den Befristungszeitraum hinaus fortgesetzt wird. Dies kann vorkommen, wenn eine Entscheidung des Drittmittelgebers über eine Weiterbewilligung der Mittel zum Ablauf des Befristungszeitraums noch aussteht und die drittmittelfinanzierten Arbeitnehmer weiter beschäftigt werden, weil der Arbeitgeber die Arbeiten bis zu der Entscheidung des Drittmittelgebers nicht einstellen will. Nach § 625 BGB kommt es wegen der Fortsetzung der Arbeiten zu einer stillschweigenden Verlängerung des Arbeitsverhältnisses. Es entsteht ein unbefristetes Arbeitsverhältnis, wenn der Arbeitgeber der Fortsetzung des Arbeitsverhältnisses nicht unverzüglich widerspricht.

1) Allgemeine Grundsätze

Streicht oder kürzt der Drittmittelgeber die Drittmittel, so stellt sich die Frage, wann und unter welchen Voraussetzungen der Drittmittelempfänger ein drittmittelfinanziertes Arbeitsverhältnis wirksam durch Kündigung beenden kann. Grundsätzlich wird der Arbeitgeber auch beim drittmittelfinanzierten Arbeitsverhältnis die allgemeinen und besonderen Kündigungsschutznormen zu beachten haben. Im Anwendungsbereich des Kündigungsschutzgesetzes muß ein die Kündigung rechtfertigender Grund im Sinne des § 1 KSchG gegeben sein.
Die vorliegende Arbeit soll sich nur mit der betriebsbedingten Kündigung befassen. Die Grundsätze zur personen- und verhaltensbedingten Kündigung sowie die besonderen Kündigungsvorschriften sind natürlich auch im drittmittelfinanzierten Arbeitsverhältnis vollinhaltlich anwendbar.

a) Wegfall oder Kürzung von Drittmitteln als betriebsbedingter Kündigungsgrund

Beim Wegfall oder der Kürzung von Drittmitteln stellt sich zunächst die Frage, worin der betriebsbedingte Kündigungsgrund liegt.

In Betracht kommt die Streichungs- oder Kürzungsentscheidung des Drittmittelgebers[755] oder die Unternehmerentscheidung des Drittmittelempfängers, ob das drittmittelfinanzierte Arbeitsverhältnis fortgeführt oder eingestellt werden soll .

Bei drittmittelfinanzierten Arbeitsverträgen stellt die Entscheidung des Drittmittelgebers, die Zuwendungen zu kürzen oder völlig zu streichen, für sich allein noch keinen betriebsbedingten Kündigungsgrund dar[756], weil der Arbeitgeber auf die Kürzung oder Streichung der Zuwendungen unterschiedlich reagieren kann. Der Arbeitgeber kann sich einerseits dazu entschließen, die drittmittelfinanzierten Arbeiten einzustellen. Das Beschäftigungsbedürfnis entfällt in diesem Fall. Er kann aber andererseits auch ein Interesse an der Fortführung der zunächst drittmittelfinanzierten Arbeiten haben. Der Wegfall oder die Kürzung der Drittmittel kann von ihm durch den Einsatz von Eigenmitteln, die Aufnahme von Krediten sowie durch Einwerben anderweitiger Drittmittel kompensiert werden.[757] Drittmittel können insoweit gerade den Zweck verfolgen, als Initialzündung zu wirken und den Drittmittelempfänger zur Fortsetzung der zunächst drittmittelfinanzierten Arbeiten mit Eigenmitteln zu veranlassen.[758] Diese Ausführungen verdeutlichen, daß mit einer Streichung oder Kürzung der Drittmittel nicht zwingend eine Kündigung des drittmittelfinanzierten Arbeitsverhältnisses einhergehen muß. Im Hinblick auf den betriebsbedingten Kündigungsgrund kann es folglich nicht auf die Entscheidung des Drittmittelgebers ankommen.

Die Entscheidung des Drittmittelgebers, die Drittmittel zu kürzen oder zu streichen, stellt vielmehr lediglich ein dringendes betriebliches Erfordernis dar, das einer Beschäftigung des Arbeitnehmers bei dem Drittmittelempfänger entgegenstehen kann aber nicht muß. Die Kürzung oder Streichung der Drittmittel stellt somit nur einen außerbetrieblichen Grund für eine Kündigung dar.[759] Wie bei anderen außerbetrieblichen Umständen, die ein dringendes betriebliches Erfordernis für eine Kündigung abgeben können (z.B Auftragsmangel, Umsatzrückgang), stellt auch der Drittmittelwegfall oder die Kürzung der Drittmittel zunächst nur

---

[755] So BAG, Urteil vom 19.4.1979 - 2 AZR 425/77 -, EzA § 1 KSchG Betriebsbedingte Kündigung Nr. 11 ; vgl. auch LAG Nürnberg, Urteil vom 22.10.1985 - 2 Sa 104/84 -, RzK I 5 c Nr. 10 (LS).

[756] BAG, Urteil vom 24.8.1989 - 2 AZR 653/88 -, RzK I 5 c Nr. 32 ; BAG, Urteil vom 20.2.1986 - 2 AZR 212/85 -, SAE 1987, 111, 114 mit zust. Anmerkung Peterek ; Lakies NZA 1995, 296, 299 m.w.N. ; KR (-Etzel), § 1 KSchG Rn. 599 ; Plander DB 1982, 1216, 1218 ; Neyses, Personalfragen in der Drittmittelforschung, S. 70 ; Kittner/Trittin (-Kittner), KSchR, § 1 KSchG Rn. 332 ; Lübbert, Befristete Arbeitsverhältnisse im Hochschulbereich und in außeruniversitären Forschungseinrichtungen, S. 208 f. ; Dorndorf/Weller/Hauck (-Weller/ Dorndorf), KSchG, § 1 Rn. 990.

[757] Plander DB 1982, 1216, 1219.

[758] So Plander DB 1982, 1216, 1219 für Zuwendungen im Bereich der Drittmittelforschung.

[759] BAG, Urteil vom 24.8.1989 - 2 AZR 653/88 -, RzK I 5 c Nr. 32 ; BAG, Urteil vom 7.11.1996 - 2 AZR 811/95 -, NZA 1997, 253, 254 ; BAG, Urteil vom 20.2.1986 - 2 AZR 212/85 -, SAE 1987, 111, 113 ; Plander DB 1982, 1216, 1220 läßt offen, ob in einem derartigen Fall ein außer- oder ein innerbetrieblicher Umstand vorliegt.

einen außerbetrieblichen Umstand dar, der den Arbeitgeber zu unternehmerischen Maßnahmen veranlassen, aber allein eine betriebsbedingte Kündigung noch nicht rechtfertigen kann.

Führt der Arbeitgeber bestimmte Arbeiten, mit deren Bearbeitung die konkret betroffenen Arbeitnehmer betraut waren, nicht weiter fort, so entfällt dieser Arbeitsbereich völlig. Eine betriebsbedingte Kündigung kann dann gerechtfertigt sein. Eine entsprechende Unternehmerentscheidung ist an sich ein Grund für eine betriebsbedingte Kündigung.[760] Ob ein Arbeitgeber einen bestimmten Aufgabenbereich mit Drittmitteln oder mit Eigenmitteln betreibt oder fortführt, ist eine gerichtlich grundsätzlich nicht nachprüfbare Unternehmerentscheidung. Diese unternehmerische Entscheidung unterliegt lediglich einer Mißbrauchs- und Willkürkontrolle.[761]

Neben dem Wegfall oder der Kürzung der Drittmittel ist damit eine Unternehmerentscheidung, wonach die drittmittelfinanzierten Arbeiten nicht mehr oder nicht mehr vollständig fortgeführt werden sollen, Voraussetzung für eine wirksame betriebsbedingte Kündigung. Bei der Berufung auf außerbetriebliche Umstände darf sich der Arbeitgeber nicht auf schlag- oder stichwortartige Umschreibungen beschränken.[762] Dies bedeutet im Hinblick auf die Kürzung oder den Wegfall der Drittmittel, daß der Arbeitgeber diese Tatsachen durch schlüssige und substantiierte Angaben belegen muß. Darüber hinaus ist darzulegen, wie sich diese außerbetrieblichen Umstände unmittelbar oder mittelbar auf den Arbeitsplatz des Arbeitnehmers auswirken und inwiefern durch den Wegfall oder die Kürzung der Drittmittel das Bedürfnis einer Tätigkeit des Arbeitnehmers entfällt.

b) Zeitpunkt der Kündigung

Fraglich ist, wann der Drittmittelempfänger ein drittmittelfinanziertes Arbeitsverhältnis durch Kündigung beenden kann. Hierbei ist von den folgenden Grundsätzen auszugehen:

Die bloße Ungewißheit des Drittmittelempfängers über den Wegfall, die Kürzung oder die Bewilligung weiterer Drittmittel kann allein zur sozialen Rechtfertigung einer betriebsbedingten Kündigung nicht ausreichen.[763] Vielmehr muß bei vernünftiger Betrachtungsweise eine sichere Prognose im Zeitpunkt der Kündigung bestehen, daß mit Ablauf der Kündigungsfrist keine weiteren Drittmittel für

---

760 BAG, Urteil vom 24.8.1989, a.a.O. ; BAG, Urteil vom 7.11.1996, a.a.O. ; Lakies NZA 1995, 296, 299 ; KR (-Etzel), § 1 KSchG Rn. 599 ; Plander DB 1982, 1216, 1220 ; Dorndorf/Weller/Hauck (-Weller/Dorndorf), KSchG, § 1 Rn. 990 ; Salje/Bultmann DB 1993, 1469, 1472 f. für den "Drittforschungsmittelwegfall".

761 BAG, Urteil vom 24.8.1989, a.a.O. ; BAG, Urteil vom 7.11.1996, a.a.O. ; Lakies NZA 1995, 296, 300 ; KR (-Etzel), § 1 KSchG Rn. 599.

762 BAG, Urteil vom 20.2.1986 - 2 AZR 212/85 -, SAE 1987, 111, 113 ; KR (-Etzel), § 1 KSchG Rn. 570 m.w.N.

763 So auch Hueck/v. Hoyningen-Huene, KSchG, § 1 Rn. 423 a ; Lakies NZA 1995, 296, 300.

die Finanzierung des Arbeitsverhältnisses zur Verfügung stehen.[764] Dies ist der Fall, wenn im Zeitpunkt der Kündigung der Wegfall oder die Kürzung der Drittmittel greifbare Formen angenommen hat.[765] Insoweit kann die Rechtsprechung des BAG zu den Voraussetzungen einer betriebsbedingten Kündigung wegen Betriebsstillegung, bei der unter anderem die betrieblichen Umstände greifbare Formen angenommen haben müssen[766], herangezogen werden. Hiernach brauchen betriebliche Gründe grundsätzlich noch nicht eingetreten sein, es genügt vielmehr, wenn im Zeitpunkt des Ausspruchs der Kündigung aufgrund einer vernünftigen, betriebswirtschaftlichen Betrachtung davon auszugehen ist, zum Auslaufen der Kündigungsfrist sei mit einiger Sicherheit der Eintritt eines die Entlassung erforderlich machenden betrieblichen Grundes gegeben.[767] Nichts anderes kann bei dem Wegfall oder der Kürzung von Drittmitteln gelten. Erst wenn hinreichend sicher ist, daß Drittmittel wegfallen oder gekürzt werden, ist es gerechtfertigt, durch Kündigung auf die neu eingetretene Situation zu reagieren.

c) Weiterbeschäftigungsmöglichkeit auf einem anderen Arbeitsplatz

Vor einer durch die Kürzung oder den Wegfall der Drittmittel veranlaßten Kündigung hat der Arbeitgeber stets zu prüfen, ob der betroffene Arbeitnehmer auf einem anderen freien Arbeitsplatz weiterbeschäftigt werden kann.[768] Insoweit bestehen keine Abweichungen von den allgemeinen Grundsätzen. Dies gilt auch, wenn die Weiterbeschäftigung nur zu veränderten Arbeitsbedingungen möglich und der Arbeitnehmer mit einer Änderung der Arbeitsbedingungen einverstanden ist.[769] Letzteres kommt vor allem dann in Betracht, wenn die Drittmittel gekürzt werden und der Arbeitgeber die Arbeiten in einem verringerten Umfang verrichten lassen will. Beschäftigt der Arbeitgeber viele Beschäftigte, ist ihm als unternehmerische Entscheidung freigestellt, ob er mehrere betriebsbedingte Änderungskündigungen anstelle weniger Beendigungskündigungen ausspricht.[770]

Die Prüfung der Weiterbeschäftigungsmöglichkeit durch den Arbeitgeber hat

764 So auch BAG, Urteil vom 24.8.1989 - 2 AZR 653/88 -, RzK I 5 c Nr. 32 ; Hueck/v. Hoyningen-Huene, a.a.O.; Lakies NZA 1995, 296, 300 ; KR (-Etzel), § 1 KSchG Rn. 599.

765 BAG, Urteil vom 24.8.1989, a.a.O. ; Lakies NZA 1995, 296, 300.

766 BAG, Urteil vom 10.10.1996 - 2 AZR 477/95 -, AP Nr. 81 zu § 1 KSchG 1969 Betriebsbedingte Kündigung m.w.N. ; BAG, Urteil vom 27.2.1997 - 2 AZR 160/96 -, NZA 1997, 757, 758 m.w.N. ; st. Rechtspr.

767 BAG, Urteil vom 10.10.1996, a.a.O. ; BAG, Urteil vom 27.2.1997, a.a.O.

768 BAG, Urteil vom 21.6.1990 - 2 AZR 641/89 -, RzK I 5 c Nr. 37 ; Lakies NZA 1995, 296, 300 ; KR (-Etzel), § 1 KSchG Rn. 599 ; Neyses, Personalfragen in der Drittmittelforschung, S. 70.

769 Lakies NZA 1995, 296, 300. Grundsatz des Vorrangs der Änderungskündigung vor einer Beendigungskündigung, vgl. hierzu KR (-Etzel), § 1 KSchG Rn. 256.

770 BAG, Urteil vom 19.5.1993 - 2 AZR 584/92 -, NZA 1993, 1075, 1076 ff. m.w.N. Dem entschiedenen Fall lagen Rationalisierungsmaßnahmen als dringendes betriebliches Erfordernis zugrunde.

sich im übrigen nicht lediglich auf die drittmittelfinanzierten Arbeitsverhältnisse zu beschränken.[771] Es ist also regelmäßig nicht nur zu prüfen, ob ein anderweitiger drittmittelfinanzierter Arbeitsplatz vorhanden ist, sondern ob im gesamten Betrieb ein freier Arbeitsplatz besteht.[772] Denn die Drittmittelbeschäftigten gehören wie die aus Eigenmitteln des Arbeitgebers finanzierten Arbeitnehmer zur Belegschaft.[773] Sie haben die gleichen arbeitsrechtlichen Rechte und Pflichten wie die Stammbelegschaft. Sie sind ebenso wie die Stammbelegschaft vom Arbeitgeber persönlich abhängig. Ferner hat der Arbeitgeber gegenüber den Drittmittelbeschäftigten alle arbeitsrechtlichen Schutzvorschriften zu wahren. Ein unterschiedlicher arbeitsrechtlicher Schutz bei Drittmittelbeschäftigten und der Stammbelegschaft besteht nicht. In (arbeits-) rechtlicher Hinsicht unterscheiden sich Drittmittelarbeitnehmer und Stammbelegschaft nicht. Die Drittmittelbeschäftigten sind keine Arbeitnehmer "2. Wahl", nur weil sie nicht aus Eigenmitteln des Arbeitgebers finanziert werden. Die Drittmittelbeschäftigten und die übrigen Arbeitnehmer des Betriebes bilden insoweit keine kündigungsschutzrechtlich eigenen Gruppen, zwischen denen streng zu unterscheiden wäre.[774] Hierfür spricht bereits, daß die Reichweite des Kündigungsschutzes nicht davon abhängen kann, aus welchen Mitteln die Arbeitnehmer finanziert werden. Die Reichweite des Kündigungsschutzes kann nicht vom Zufall abhängen, ob die Arbeitnehmer aus Drittmitteln oder aus Eigenmitteln des Arbeitgebers finanziert werden. Es sind keine Gründe ersichtlich, warum die Stammbelegschaft beim Kündigungsschutz gegenüber den Drittmittelbeschäftigten bevorzugt werden müßte. Folglich muß der Arbeitgeber vor Ausspruch der Kündigung auch feststellen, ob ein Drittmittelbeschäftigter auf einem mit Eigenmitteln finanzierten Arbeitsplatz beschäftigt werden kann.[775] Auf der anderen Seite muß auch vor der Kündigung eines aus Eigenmitteln finanzierten Arbeitnehmers geprüft werden, ob der betroffene Arbeitnehmer auf einem drittmittelfinanzierten Arbeitsplatz weiterbeschäftigt werden könnte.[776] Maßgebend sind also die Verhältnisse im Gesamtunternehmen.[777] Die Art der Finanzierung der Arbeitnehmer hat keinen Einfluß auf die Möglichkeit einer Weiterbeschäftigung.

d) Sozialauswahl

Der Arbeitgeber hat vor der Kündigung eines drittmittelfinanzierten Arbeitnehmers eine ordnungsgemäße Sozialauswahl vorzunehmen.[778] Diese hat sich ent-

---

771 Zutreffend Lakies NZA 1995, 296, 300.
772 Zutreffend Plander DB 1982, 1216, 1221 ; Lakies NZA 1995, 296, 300.
773 Plander, a.a.O.
774 Plander, a.a.O.
775 Plander, a.a.O.
776 Plander, a.a.O.
777 Vgl. § 1 Abs. 2 Satz 2 ; Lakies NZA 1995, 296, 300.
778 KR (-Etzel), § 1 KSchG Rn. 599 ; Plander DB 1982, 1216, 1222 ; Lakies NZA 1995, 296,

sprechend den vorstehenden Ausführungen zur Möglichkeit einer Weiterbeschäftigung des betroffenen Arbeitnehmers grundsätzlich auf die gesamte Belegschaft des Betriebes zu erstrecken.[779] Es ist also bei der Vornahme der Sozialauswahl nicht zwischen Drittmittelbeschäftigten und aus Eigenmitteln des Arbeitgebers finanzierten Arbeitnehmern zu differenzieren.[780] Bei der Durchführung der Sozialauswahl sind die allgemeinen Grundsätze anzuwenden.[781]

e) Wiedereinstellungsanspruch nach Wirksamwerden der Kündigung?

Es stellt sich die Frage, ob und gegebenenfalls bis zu welchem Zeitpunkt dem von einer Kündigung betroffenen Arbeitnehmer ein Wiedereinstellungsanspruch eingeräumt werden kann. Dies ist einerseits zu erwägen, wenn der Drittmittelgeber nach Ausspruch der Kündigung seine Entscheidung, die Drittmittel zu streichen oder zu kürzen, rückgängig macht. Die Weitergewährung kann etwa auf Intervention des Drittmittelempfängers stattfinden oder bei staatlichen Zuwendungen die Folge der Einlegung von Rechtsmitteln seitens des Drittmittelempfängers gegen die Drittmittelstreichung oder -kürzung sein. Andererseits kann der Drittmittelempfänger nach Wirksamwerden der Kündigung möglicherweise neue Drittmittel einwerben, die ihm die Fortsetzung der drittmittelfinanzierten Tätigkeiten ermöglichen. Der Arbeitgeber ist seinem Arbeitnehmer gegenüber allerdings nicht verpflichtet, sich gegen die Streichung von Drittmitteln zu wehren oder anderweitig Drittmittel einzuwerben.[782] Die Entscheidung des Arbeitgebers, die drittmittelfinanzierten Tätigkeiten mit Eigenmitteln oder mit Drittmitteln fortzuführen oder nicht, ist als gerichtlich nicht nachprüfbare Unternehmerentscheidung hinzunehmen.

Zwar ist die Wirksamkeit einer Kündigung grundsätzlich nur nach den objektiven Verhältnissen zum Zeitpunkt des Kündigungszugangs zu beurteilen.[783] Später eintretende Veränderungen hinsichtlich der Kündigungsgründe berühren die Wirksamkeit der Kündigung nicht.[784] Dem Arbeitgeber kann bei Wegfall des Kündigungsgrundes während der Kündigungsfrist zudem nicht unter dem Gesichtspunkt von Treu und Glauben die Berufung auf die Wirksamkeit der Kündi-

---

300.

[779] Zu den praktischen Schwierigkeiten einer auf den gesamten Betrieb bezogenen Sozialauswahl vgl. Plander DB 1982, 1216, 1222 f.

[780] Ebenso LAG Köln, Urteil vom 7.4.1995 - 13 Sa 1258/94 -, LAGE § 1 KSchG Betriebsbedingte Kündigung Nr. 33 ; Plander, a.a.O.

[781] Vgl. oben, 7. Teil, B, I, 3.

[782] LAG Nürnberg, Urteil vom 22.10.1985 - 2 Sa 104/84 -, RzK I 5 c Nr. 10 (LS) ; Plander DB 1982, 1216, 1220 m.w.N.

[783] BAG, Urteil vom 27.2.1997 - 2 AZR 160/96 -, NZA 1997, 757, 758 m.w.N. ; BAG, Urteil vom 10.10.1996 - 2 AZR 477/95 -, AP Nr. 81 zu § 1 KSchG 1969 Betriebsbedingte Kündigung ; KR (-Etzel), § 1 KSchG Rn. 259 ; Zwanziger BB 1997, 42.

[784] BAG, Urteil vom 27.2.1997, a.a.O. ; BAG, Urteil vom 10.10.1996, a.a.O.

gung versagt werden.[785] Denn dies liefe auf eine bloße Verschiebung des Beurteilungszeitpunktes für die Wirksamkeit einer Kündigung hinaus.[786]

Es ist aber gerechtfertigt, dem Arbeitnehmer einen Wiedereinstellungsanspruch einzuräumen, wenn nach dem Wirksamwerden der Kündigung (Zugang) bis zum Ablauf der Kündigungsfrist etwa der Drittmittelgeber seine Streichungs- oder Kürzungsentscheidung rückgängig macht oder neue Drittmittel vom Arbeitgeber eingeworben werden und daher die drittmittelfinanzierten Arbeiten in vollem Umfang fortgeführt werden können und sollen sowie dem Arbeitgeber die unveränderte Fortsetzung des Arbeitsverhältnisses zumutbar ist.

Das BAG hat im Urteil vom 27.2.1997[787] den Grundsatz herausgearbeitet, daß ein Arbeitnehmer einen Anspruch auf Fortsetzung des Arbeitsverhältnisses hat, wenn eine betriebsbedingte Kündigung auf der Prognose des Arbeitgebers, bei Ablauf der Kündigungsfrist könne er den Arbeitnehmer nicht mehr weiterbeschäftigen, beruht und der Arbeitgeber mit Rücksicht auf die Wirksamkeit der Kündigung noch keine Dispositionen getroffen hat und ihm die unveränderte Fortsetzung des Arbeitsverhältnisses zumutbar ist. Der Wiedereinstellungsanspruch stelle ein notwendiges Korrektiv dafür dar, daß aus Gründen der Rechtssicherheit, Verläßlichkeit und Klarheit bei der Prüfung des Kündigungsgrundes auf den Zeitpunkt des Kündigungszugangs abgestellt und bereits eine Kündigung aufgrund einer Prognoseentscheidung zugelassen werde.[788] Zur Begründung wird angeführt, der Arbeitgeber verhalte sich rechtsmißbräuchlich (§ 242 BGB), wenn er den veränderten Umständen nicht Rechnung trage.[789] Zudem sei der Vertrauensschutz des Arbeitnehmers zu berücksichtigen[790], während dem Arbeitgeber ein schutzwürdiges Interesse daran, es bei der Beendigung des Arbeitsverhältnisses zu belassen, abgesprochen werden müsse.[791]

Dieser Grundsatz sowie die Ausführungen zur Begründung durch das BAG sind ohne weiteres auf eine betriebsbedingte Kündigung wegen Drittmittelwegfalls übertragbar, wenn der Drittmittelempfänger aufgrund bevorstehenden Drittmittelwegfalls kündigt, sich aber noch innerhalb der Kündigungsfrist eine Weitergewährung von Drittmitteln herausstellt.

Dieser Rechtsprechung des BAG ist beizupflichten. Ein schutzwürdiges Interesse eines Arbeitgebers an der Beendigung des Arbeitsverhältnisses besteht regelmäßig nicht, wenn und soweit sich seine Prognoseentscheidung nachträglich

---

[785] Zutreffend BAG, Urteil vom 27.2.1997, a.a.O.

[786] Zutreffend BAG, Urteil vom 27.2.1997, a.a.O.

[787] BAG, Urteil vom 27.2.1997 - 2 AZR 160/96 -, NZA 1997, 757, 758 ff. m.w.N.

[788] BAG, Urteil vom 27.2.1997, a.a.O.

[789] BAG, Urteil vom 27.2.1997, a.a.O. KR (-Etzel), § 1 KSchG Rn. 569 stellt auf die nachwirkende Fürsorgepflicht des Arbeitgebers (§ 242 BGB) ab. Zusammenfassend und kritisch Ricken NZA 1998, 460 ff.

[790] Hueck/v. Hoyningen-Huene, KSchG, § 1 Rn. 156 b sieht den Grundsatz des Vertrauensschutzes als Rechtsgrundlage für den Wiedereinstellungsanspruch an.

[791] BAG, Urteil vom 27.2.1997, a.a.O.

noch innerhalb der Kündigungsfrist, also innerhalb eines überschaubaren Zeitraums, als falsch erweist. Die genannten Grundsätze haben Bedeutung für alle Bereiche einer betriebsbedingten Kündigung, in denen ein Arbeitgeber aufgrund einer Prognoseentscheidung zum Ausspruch einer betriebsbedingten Kündigung berechtigt ist.

Stehen dem Arbeitgeber neue Drittmittel erst nach Ablauf der Kündigungsfrist zur Verfügung, muß ein Wiedereinstellungsanspruch allerdings aus Gründen der Rechtssicherheit und Rechtsklarheit ausscheiden. So muß ein Wiedereinstellungsanspruch auch dann ausscheiden, wenn sich die Prognose des Arbeitgebers erst nach Ablauf der Kündigungsfrist aber noch während eines Kündigungsschutzverfahrens in erster Instanz vor dem Schluß der mündlichen Verhandlung als falsch erweist. Andernfalls bliebe die endgültige Beendigung der arbeitsvertraglichen Rechtsbeziehungen zwischen Arbeitgeber und Arbeitnehmer zu lange in der "Schwebe". Dieser "Schwebezustand" wird durch das Abstellen auf den Ablauf der Kündigungsfrist sachgerecht begrenzt. Diesbezüglich ist zu berücksichtigen, daß ein erstinstanzliches Kündigungsschutzverfahren in Anbetracht der immer länger werdenden Terminstände der Arbeitsgerichte mehrere Monate andauern kann. Von einer sachgerechten Begrenzung des "Schwebezustandes" kann hier nicht mehr die Rede sein.

2) Besonderheiten im Hochschulbereich

a) Das Sonderkündigungsrecht bei Drittmittelfinanzierung nach § 57 d HRG

Ein befristeter Arbeitsvertrag nach § 57 b Abs. 2 Nr. 4 HRG und Abs. 4 in Verbindung mit Abs. 2 Nr. 4 kann, ohne daß es einer vertraglichen Kündigungsregelung bedarf, gekündigt werden, wenn feststeht, daß die Drittmittel wegfallen werden, dies dem Mitarbeiter unverzüglich mitgeteilt wird und die Kündigung unter Einhaltung der Kündigungsfrist frühestens zum Zeitpunkt des Wegfalls der Drittmittel erfolgt (§ 57 d HRG).

§ 57 d HRG normiert ein gesetzliches Kündigungsrecht für befristete drittmittelfinanzierte Arbeitsverhältnisse im Forschungsbereich. Er stellt damit eine Ausnahme von dem Grundsatz dar, daß befristete Arbeitsverhältnisse nicht durch ordentliche Kündigung beendet werden können, es sei denn, dies ist ausdrücklich von den Arbeitsvertragsparteien vereinbart worden.[792] Mit dieser Norm sollen die Risiken der Hochschulen vermieden werden, die sich daraus ergeben, daß bei Abschluß eines befristeten drittmittelfinanzierten Arbeitsvertrages der Zeitraum der Drittmittelbewilligung häufig noch nicht abgeschätzt werden kann.[793] Bei diesem besonderen Kündigungsrecht handelt es sich um ein nur dem Arbeitgeber

---

[792] Vgl. oben, 7. Teil, B, I, 4.

[793] Vgl. die Begründung zum Regierungsentwurf, BT-Drucks. 10/2283, S. 12 ; Weiterführend KR (-Lipke), § 57 d HRG Rn. 1 f.

zustehendes Kündigungsrecht.[794] Dies kann bereits dem Wortlaut des § 57 d HRG entnommen werden. Ferner ergibt es sich aus der Natur des Kündigungsgrundes[795] und aus dem mangelnden Interesse des Arbeitnehmers an einer Kündigung bei Drittmittelwegfall vor dem Befristungsende.[796] Denn der Arbeitgeber bleibt auch nach Wegfall der Drittmittel zur Lohnzahlung verpflichtet.

Die besondere Kündigungsvorschrift setzt zunächst voraus, daß der Arbeitsvertrag nach § 57 b Abs. 2 Nr. 4 HRG oder § 57 b Abs. 4 i.V.m. 57 b Abs. 2 Nr. 4 befristet ist.

Außerdem muß der Drittmittelwegfall feststehen. Hierbei handelt es sich um die Mittel, aus denen der Mitarbeiter entsprechend der Regelung des § 57 b Abs. 2 Nr. 4 HRG überwiegend vergütet wird. Denn bei dem Wegfall der Drittmittel nach § 57 d HRG geht es lediglich um die Zahlungen des Drittmittelgebers für das Forschungsvorhaben.[797] Entscheidend abzustellen ist damit auf den Wegfall des Finanzierungsbeitrags des Drittmittelgebers, nicht auf den Wegfall der möglicherweise zusätzlich zur Verfügung gestellten Mittel des Hochschulträgers.[798] Fallen die Drittmittel weg, so ist es folglich für das Kündigungsrecht unerheblich, wenn Hochschulmittel übrig bleiben.

Gleiches gilt, wenn die Drittmittel gekürzt werden und die Vergütung des Mitarbeiters infolge der Kürzung nicht mehr überwiegend aus Drittmitteln erfolgen kann. Dies ergibt sich aus der Verweisung des § 57 d HRG auf § 57 b Abs. 2 Nr. 4 HRG.[799] Demgemäß kann auch eine Drittmittelkürzung einen Wegfall der Drittmittel nach § 57 d HRG begründen, wenn der Drittmittelanteil an der Vergütung unter oder auf 50 v.H. schrumpft.

Für das Kündigungsrecht genügt die Gewißheit des Drittmittelwegfalls. Ausreichend ist dementsprechend die feststehende Erwartung des Drittmittelwegfalls.[800] Dies folgt bereits daraus, daß eine Kündigung nach § 57 d HRG nach einem tatsächlichen Wegfall der Drittmittel zu spät käme und daher die Ausübung des Kündigungsrechts dem Drittmittelwegfall zeitlich vorgelagert sein muß.[801] Die bloße Ungewißheit über das Weiterlaufen der Drittmittel oder die bloße Wahrscheinlichkeit des Drittmittelwegfalls können indes nicht genügen.[802]

Weiterhin muß der Wegfall der Drittmittel dem Mitarbeiter unverzüglich mitgeteilt werden. Dies ist der Fall, wenn die Mitteilung ohne schuldhaftes Zögern erfolgt.[803] Mitgeteilt werden muß darüber hinaus, warum der Drittmittelwegfall

[794] Es ist streitig, ob es sich bei § 57 d HRG um zweiseitig zwingendes Gesetzesrecht handelt, vgl. KR (-Lipke), § 57 d HRG Rn. 2 m.w.N.

[795] Hailbronner (-Walter), HRG, § 57 d Rn. 2.

[796] Hailbronner (-Walter), HRG, § 57 d Rn. 2 ; Reich, HRG, § 57 d Rn. 1.

[797] Reich, HRG, § 57 d Rn. 4 ; KR (-Lipke), § 57 d HRG Rn. 3.

[798] Reich, a.a.O. ; KR (-Lipke), a.a.O.

[799] Ebenso KR (-Lipke), § 57 d HRG Rn. 3 ; Reich, HRG, § 57 d Rn. 4.

[800] Hailbronner (-Walter), HRG, § 57 d Rn. 4.

[801] Hailbronner (-Walter), a.a.O.

[802] Ebenso KR (-Lipke), § 57 d HRG Rn. 3 b.

[803] KR (-Lipke), § 57 d HRG Rn. 4. Zum Sinn der Mitteilungspflicht, vgl. KR (-Lipke), a.a.O.

feststeht.
Schließlich darf die Kündigung frühestens zum Zeitpunkt des Drittmittelwegfalls unter Einhaltung der einschlägigen Kündigungsfrist erfolgen. Damit wird klargestellt, daß eine außerordentliche Kündigung wegen des Drittmittelwegfalls nicht zulässig ist. Die Kündigungsfrist richtet sich, sofern keine abweichende Regelung besteht, nach § 622 BGB.[804]

Fraglich ist, ob § 57 d HRG als eine spezielle gesetzliche Anerkennung der Betriebsbedingtheit der Kündigung anzusehen ist.
§ 57 d HRG soll als spezielle gesetzliche Regelung im Drittmittelforschungsbereich die vorzeitige Beendigung von befristeten Arbeitsverträgen ermöglichen. Da § 57 d HRG ein besonderes Kündigungsrecht bei Drittmittelwegfall bei Vorliegen der vorstehend erörterten Voraussetzungen regelt, muß hierin ein Sonderfall einer betriebsbedingten ordentlichen Kündigung und damit eine spezielle gesetzliche Anerkennung der Betriebsbedingtheit der Kündigung erblickt werden.[805] Insoweit ist abweichend von den allgemeinen Grundsätzen eine gesonderte Prüfung betriebsbedingter Umstände über die Tatbestandsvoraussetzungen des § 57 d HRG hinaus entbehrlich.

Dies bedeutet aber nicht, daß der Wegfall der Drittmittel oder deren Kürzung stets und unbedingt eine betriebsbedingte Kündigung rechtfertigt.[806] Denn der Arbeitgeber kann auch hier auf den Drittmittelwegfall in verschiedener Weise reagieren. Insoweit gilt nichts anderes als bei den allgemeinen Grundsätzen.[807] D.h., erst die Unternehmerentscheidung des Arbeitgebers, die drittmittelfinanzierten Aufgaben nicht fortzuführen, bedingt die Kündigung.[808]

§ 57 d HRG regelt, wie die vorstehenden Ausführungen gezeigt haben, einen Sonderfall einer betriebsbedingten ordentlichen Kündigung. Nunmehr stellt sich die Frage, ob neben den Tatbestandsvoraussetzungen des § 57 d HRG bei einer Kündigung im Drittmittelforschungsbereich zusätzlich auch die allgemeinen und die besonderen Kündigungsschutznormen anwendbar sind und damit als weitere Wirksamkeitsvoraussetzungen der Kündigung im Regelungsbereich des § 57 d HRG zu beachten sind. Bedeutung erlangt die Beantwortung dieser Frage vor allem im Hinblick auf das Erfordernis der Vornahme einer Sozialauswahl nach § 1 Abs. 3 KSchG, sofern das Kündigungsschutzgesetz anwendbar ist. Denn werden die Drittmittel lediglich gekürzt und beschränkt sich daher die Notwendigkeit einer Kündigung nur auf einen Teil der Beschäftigten, so wird die Anwendung von

---

[804] Weiterführend KR (-Lipke), § 57 d HRG Rn. 5 f. ; Reich, HRG, § 57 d Rn. 8.
[805] Ebenso Buchner RdA 1985, 258, 277 ; KR (-Lipke), § 57 d HRG Rn. 5, 8 ; RGRK (-Dörner), BGB, § 620 Rn. 238 ; Staudinger (-Preis), BGB, § 620 Rn. 217 ; Kittner/Trittin (-Trittin), KSchR, § 57 d HRG Rn. 2 ; Dorndorf/Weller/Hauck (-Weller/Dorndorf), KSchG, § 1 Rn. 992.
[806] Zutreffend Kittner/Trittin (-Trittin), KSchR, § 57 d HRG Rn. 2 ; Rieble WissR 1994, 40, 47f.
[807] Vgl. oben, 7. Teil, C, I, 1, a.
[808] Rieble WissR 1994, 40, 48.

§ 1 Abs. 3 KSchG bedeutsam. Die Frage ist umstritten. Nach einer Ansicht stellt § 57 d HRG eine Spezialregelung dar, so daß weitere Voraussetzungen für die Wirksamkeit einer Kündigung nicht bestehen.[809] Insbesondere sollen nach dieser Ansicht auch eine Beteiligung der Personalvertretung sowie die Anwendung des § 1 Abs. 3 KSchG ausscheiden.[810] Nach wohl herrschender Auffassung müssen indessen auch die übrigen Voraussetzungen einer Kündigung, also auch die Voraussetzungen der allgemeinen und besonderen Kündigungsschutznormen erfüllt sein.[811] Eine weitere Ansicht hält jedenfalls die besonderen Kündigungsschutzvorschriften neben § 57 d HRG für anwendbar.[812]

Die Auseinandersetzung mit den unterschiedlichen Ansichten muß sich vor allem an dem Gesetzeszweck des § 57 d HRG orientieren. Das besondere Kündigungsrecht soll die Risiken des Drittmittelwegfalls für die Hochschulen oder Hochschullehrer vermeiden. Entgegen den allgemeinen Grundsätzen soll für den Arbeitgeber eine ordentliche Kündigungsmöglichkeit im befristeten Arbeitsverhältnis auch ohne eine entsprechende Vereinbarung geschaffen werden. Dies besagt aber noch nicht, daß damit die übrigen Kündigungsschutzbestimmungen in diesem Bereich unanwendbar sind. Vielmehr soll der Ausschluß einer ordentlichen Kündigung in Anbetracht der Befristungsabrede verhindert werden.[813] Die ordentliche Kündigung soll aber nicht von der Einhaltung der übrigen Kündigungsschutzbestimmungen befreit werden.[814] Andernfalls hätte dies eindeutiger in der Regelung des § 57 d HRG zum Ausdruck kommen müssen. Für diese Auffassung läßt sich auch ein Vergleich mit den allgemeinen Grundsätzen anführen. Nach den allgemeinen Grundsätzen zur ordentlichen Kündigung eines befristeten Arbeitsvertrages - bei einer Vereinbarung zwischen den Vertragsparteien - finden alle Kündigungsschutznormen ohne weiteres Anwendung.[815] Es geht hier nur um die Möglichkeit und Zulässigkeit einer ordentlichen Kündigung trotz Abschluß eines Zeitarbeitsvertrages. Es ist kein Grund ersichtlich, warum bei einer Kündigung eines befristeten Arbeitsverhältnisses andere Grundsätze als bei der Kündigung eines unbefristeten Arbeitsverhältnisses gelten sollten. Nichts anderes kann bei § 57 d HRG gelten, der quasi die Anwendung dieser allgemeinen Grundsätze auch ohne Vereinbarung bezweckt. Diese Auffassung wird durch die Begründung

---

[809] Reich, HRG, § 57 d Rn. 2.

[810] Reich, HRG, § 57 d Rn. 2, 6 ; die Anwendbarkeit des § 1 Abs. 3 KSchG verneint auch RGRK (-Dörner), BGB, § 620 Rn. 238.

[811] KR (-Lipke), § 57 d HRG Rn. 7 ff. ; Buchner RdA 1985, 258, 277 ; Staudinger (-Preis), BGB, § 620 Rn. 217 ; Nagel, Fristverträge, § 57 d HRG Rn. 29 ff. ; Rieble WissR 1994, 40, 47 ; Kittner/Trittin (-Trittin), KSchR, § 57 d HRG Rn. 2 ; Dorndorf/Weller/Hauck (-Weller/Dorndorf), KSchG, § 1 Rn. 992.

[812] Otto NJW 1985, 1807, 1810 ; ders., Anmerkung zu BAG, Urteil vom 29.6.1988 - 7 AZR 552/86 -, AP Nr. 1 zu § 25 HRG, Bl. 1018 ; RGRK (-Dörner), BGB, § 620 Rn. 238.

[813] Ebenso Buchner RdA 1985, 258, 277.

[814] Ebenso Buchner, a.a.O.

[815] Buchner, a.a.O.

im Regierungsentwurf[816] untermauert, wonach mit der gesetzlichen Regelung in § 57 d HRG an die nach der Rechtsprechung zum befristeten Arbeitsverhältnis bestehende Möglichkeit zur Kündigung befristeter Arbeitsverträge angeknüpft werden sollte.

Zwar bezweckt § 57 d HRG über die Möglichkeit einer ordentlichen Kündigung im befristeten Arbeitsverhältnis auch bei fehlender Vereinbarung zudem, das Risiko des Drittmittelwegfalls vom Arbeitgeber auf den Arbeitnehmer abzuwälzen.[817] Daher ist das Kündigungsschutzgesetz insoweit nur eingeschränkt anwendbar, als § 57 d HRG einen Sonderfall einer betriebsbedingten Kündigung regelt.

Die Anwendung der besonderen Kündigungsschutznormen bleibt aber unberührt, weil es im Anwendungsbereich der besonderen Kündigungsschutznormen nicht um das Risiko des Drittmittelwegfalls geht. Die Normen des besonderen Kündigungsschutzes, z.B. §§ 9 MuSchG, 15 SchwbG, 15 KSchG, 18 BErzGG, 2 ArbPlSchG, kommen nur bestimmten Arbeitnehmern mit besonderen Eigenschaften oder unter besonderen Voraussetzungen wegen erhöhter Schutzbedürftigkeit oder Schutzwürdigkeit zugute. Diese Normen enthalten somit einen eigenen Regelungs- und Schutzgehalt für Kündigungen gegenüber besonders schutzbedürftigen Arbeitnehmern. Dieser wird im Anwendungsbereich des § 57 d HRG nicht verdrängt, obwohl § 57 d HRG ein Sonderkündigungsrecht bei Drittmittelwegfall normiert. Eine Verdrängung der besonderen arbeitsrechtlichen Kündigungsschutznormen im Anwendungsbereich des § 57 d HRG hätte einer besonderen gesetzlichen Normierung bedurft. Zudem ist der Regelungszweck des § 57 d HRG, den Hochschulen das Risiko der fehlenden Vorhersehbarkeit des Drittmittelbewilligungszeitraums bei Abschluß eines befristeten drittmittelfinanzierten Arbeitsvertrages zu nehmen, nicht als so wesentlich anzusehen, daß dieser den besonderen Kündigungsschutz verdrängt.

Auch das Kündigungsschutzgesetz bleibt, abgesehen von der bereits benannten Einschränkung der Prüfung der Betriebsbedingtheit der Kündigung, anwendbar. Insbesondere der Ausschluß der Sozialauswahl ist nicht gerechtfertigt. Dieser ist nicht mit der Berufung auf das zu vermeidende Risiko des Drittmittelwegfalls der Hochschulen zu rechtfertigen. Denn eine Anpassung der Drittmittelbeschäftigtenzahl an den Umfang der Drittmittel wird durch das Erfordernis der Sozialauswahl nicht berührt. Eine so weitgehende Einschränkung des allgemeinen Kündigungsschutzes kann dem Wortlaut sowie Sinn und Zweck der Norm nicht entnommen werden. § 57 d HRG verdrängt daher nicht als lex specialis auch § 1 Abs. 3 KSchG.

Festzuhalten ist, daß § 57 d HRG als lex specialis zu § 620 BGB, nicht indes zu den allgemeinen und besonderen Kündigungsschutznormen anzusehen ist. Der

---

816 BT-Drucks. 10/2283, S. 12.

817 KR (-Lipke), § 57 d HRG Rn. 1 a, 8.

Drittmittelbeschäftigte kann also mit einer Kündigungsschutzklage neben den Voraussetzungen des § 57 d HRG klären lassen, ob der Arbeitgeber eine ordnungsgemäße Sozialauswahl vorgenommen und besondere Kündigungsschutznormen beachtet hat.

b) Kündigung im Anwendungsbereich des KSchG

Dem Sonderkündigungsrecht des § 57 d HRG, welches nur für befristete Arbeitsverträge gilt, kann nicht der Umkehrschluß entnommen werden, daß unbefristete Arbeitsverträge bei einem Drittmittelwegfall nur bei einer entsprechenden Vereinbarung der Arbeitsvertragsparteien ordentlich gekündigt werden können.[818] Vielmehr sind die allgemeinen Kündigungsregeln im Grundsatz uneingeschränkt anwendbar.[819] Die Kündigungserleichterungen des 57 d HRG gelten nicht für unbefristete Arbeitsverträge.[820] Der Regelungsbereich des § 57 d HRG ist nach seinem ausdrücklichen Wortlaut auf befristete Arbeitsverträge beschränkt. Ein eindeutiger Wortsinn eines Gesetzes ist grundsätzlich bindend, von ihm darf nur in Ausnahmefällen abgewichen werden.[821]

Im folgenden sollen die Anwendbarkeit des Kündigungsschutzgesetzes nach § 23 KSchG (betrieblicher Geltungsbereich) sowie die Besonderheiten bei der Sozialauswahl im Bereich der Drittmittelforschung erörtert werden. Die Bestimmung des betrieblichen Geltungsbereiches des KSchG ist problematisch, wenn zwischen Hochschullehrer und Arbeitnehmer ein Privatdienstvertrag geschlossen wird. Hinsichtlich der Sozialauswahl sind deren Reichweite und etwaige Konflikte mit der Forschungsfreiheit anzusprechen.

Hinsichtlich des betrieblichen Geltungsbereiches des Kündigungsschutzgesetzes nach § 23 KSchG ist danach zu unterscheiden, ob das Arbeitsverhältnis des Arbeitnehmers zur Hochschule oder zu einem Hochschullehrer als Drittmittelempfänger besteht. Die Untersuchung hat bereits gezeigt, daß beides grundsätzlich möglich und zulässig ist.[822] Von der Klärung dieser Frage kann im Einzelfall abhängen, ob das Kündigungsschutzgesetz nach seinem betrieblichen Anwendungsbereich einschlägig ist oder nicht.

Unter einem Betrieb versteht man anerkanntermaßen "die organisatorische Einheit, innerhalb derer ein Arbeitgeber allein oder mit seinen Arbeitnehmern mit Hilfe von technischen und immateriellen Mitteln bestimmte arbeitstechnische Zwecke fortgesetzt verfolgt, die sich nicht in der Befriedigung von Eigenbedarf

---

818 Hailbronner (-Walter), HRG, § 57 d Rn. 7.

819 Vgl. Rieble WissR 1994, 40.

820 KR (-Lipke), § 57 d HRG Rn. 8 b m.w.N. ; Kittner/Trittin (-Trittin), KSchR, § 57 d HRG Rn. 1.

821 Palandt (-Heinrichs), BGB, Einleitung Rn. 35.

822 Vgl. oben, 5. Teil, A, IV.

erschöpfen".[823] Der Betriebsbegriff ist weit auszulegen.[824] Im öffentlichen Dienst entspricht die Dienststelle dem Betrieb in der Privatwirtschaft.[825]

Keine Probleme ergeben sich bei Abschluß des Arbeitsvertrages zwischen dem Arbeitnehmer und einer Hochschule. Denn in diesem Fall ist die Hochschule als Institution Dienststelle des Arbeitnehmers. Die Voraussetzungen des § 23 KSchG sind ohne weiteres erfüllt. Hochschulen beschäftigen stets mehr als fünf Arbeitnehmer. Durch die Zuordnung des Beschäftigten zu bzw. den Einsatz in einem bestimmten Forschungsprojekt wird nicht ein konkretes Institut oder ein konkreter Fachbereich innerhalb der Hochschule zum Arbeitgeber oder zur Dienststelle im Sinne des Kündigungsschutzgesetzes.[826]

Fraglich ist indes, was Betrieb im Sinne von § 23 KSchG bei einem Privatdienstvertrag zwischen einem Hochschullehrer und dem Arbeitnehmer ist. In Betracht kommen das jeweilige Forschungsprojekt oder die Hochschule insgesamt. Dies ist eine Frage der Auslegung. Die Beantwortung dieser Frage wird häufig von Bedeutung sein, weil vom Projektleiter in einzelnen abgegrenzten Forschungsprojekten vielfach nicht mehr als fünf Arbeitnehmer beschäftigt werden. Wäre hier auf das jeweilige Forschungsprojekt abzustellen, würde dies bedeuten, daß die Arbeitsverhältnisse der Mitarbeiter des Projektes oftmals keinen Bestandsschutz genössen.

Die Klärung dieser Problematik hat zudem eine über die Feststellung der Anwendbarkeit des Kündigungsschutzgesetzes hinausgehende Bedeutung. Bedeutsam ist die Frage, wie der Betriebsbegriff auszulegen ist, nämlich auch für die Prüfung einer Weiterbeschäftigungsmöglichkeit und für den Umfang der Sozialauswahl. Wäre das jeweilige Forschungsprojekt ein eigener Betrieb, so könnten sich die arbeitgeberseitige Prüfung der Weiterbeschäftigungsmöglichkeit[827] sowie die Sozialauswahl von vornherein auf dieses konkrete Forschungsprojekt beschränken. Hierdurch würde der Bestandsschutz der Arbeitsverhältnisse erheblich eingeschränkt werden.

Für die Annahme, die Hochschule auch bei Abschluß eines Privatdienstvertrages insgesamt als Dienststelle anzusehen, läßt sich anführen, daß Unstimmigkei-

---

[823] KR (-Etzel), § 1 KSchG Rn. 143 m.w.N. ; Hueck/v. Hoyningen-Huene, KSchG, § 23 Rn. 5 m.w.N. ; Schaub, Arbeitsrechtshandbuch, § 18, I, 1 ; Bader/Bram/Dörner/Wenzel (-Bram), KschG, § 1 Rn. 98 ; BVerfG, Beschluß vom 27.1.1998 - 1 BvL 15/87 -, NZA 1998, 470, 474.

[824] KR (-Etzel), a.a.O. ; Schaub, a.a.O.

[825] Bader/Bram/Dörner/Wenzel (-Bram), KSchG, § 1 Rn. 99.

[826] Vgl. Blum/Rödler WissR 1980, 97, 106 ; Rieble WissR 1994, 40, 50 f.

[827] Ist das Forschungsprojekt der Betrieb, so könnte die Hochschule als Institution nicht als Dienststelle im Sinne des § 1 Abs. 2 Satz 2 Nr. 2 KSchG angesehen werden, so daß die Prüfung einer Weiterbeschäftigungsmöglichkeit hier nicht "unternehmens- bzw. dienststellenbezogen" erfolgen könnte. Denn ist der Hochschullehrer Arbeitgeber des Arbeitnehmers, so ist dieser Unternehmer im Sinne des § 1 Abs. 2 Satz 2 KSchG. Sowohl in der Privatwirtschaft als auch im Bereich des öffentlichen Dienstes ist eine Arbeitgeberidentität erforderlich, vgl. KR (-Etzel), § 1 KSchG Rn. 155. Daher könnte bei Abschluß eines Privatdienstvertrages hinsichtlich einer Weiterbeschäftigungsmöglichkeit nicht auf die Hochschule abgestellt werden.

ten oder Schlechterstellungen von Teilen der Arbeitnehmer allein wegen der Herkunft der Geldmittel sowie der verschiedenen Vertragsarbeitgeberstellung vermieden werden. Denn an einem Forschungsprojekt sind regelmäßig neben den aufgrund Privatdienstvertrages Beschäftigten auch Hochschulangestellte beteiligt. Dies würde bei einer Projektbezogenheit des Betriebsbegriffs dazu führen, daß entweder ein Teil der Mitarbeiter des Forschungsprojekts als Arbeitnehmer des Betriebs "Forschungsprojekt" und ein weiterer Teil als Arbeitnehmer der Hochschule als Institution anzusehen oder daß die Hochschulangestellten ebenfalls als Arbeitnehmer des Betriebs "Forschungsprojekt" anzusehen wären.
Die erste denkbare Möglichkeit - Nebeneinander von Betrieb "Forschungsprojekt" und Betrieb Hochschule - hätte zur Folge, daß Arbeitnehmer desselben Forschungsprojekts unterschiedlichen Betrieben im Sinne des § 23 KSchG zuzuordnen wären. Dies würde dem Definitionsmerkmal eines Betriebes "organisatorische Einheit" widersprechen und zu Unstimmigkeiten führen. Das Definitionsmerkmal der organisatorischen Einheit setzt vor allem voraus, daß ein einheitlicher Leitungsapparat gegeben ist und folglich ein Arbeitgeber in der Einheit sein Weisungsrecht ausübt und die Arbeit organisiert.[828] Hiervon kann in einem Forschungsprojekt nicht die Rede sein, auch wenn der einzelne Projektleiter im Rahmen des Forschungsprojekts die wesentlichen Weisungen gegenüber allen Mitarbeitern des Projekts erteilt sowie die Arbeit organisiert. Denn die wesentlichen Personalentscheidungen (Einstellung, Kündigung) und die Entscheidungen personalvertretungsrechtlicher Art verbleiben bei der Hochschule. Zudem übt der Hochschullehrer das Direktionsrecht gegenüber den Hochschulangestellten nur aufgrund einer Ausübungsermächtigung seitens der Hochschule aus.[829]

Die zweite denkbare Möglichkeit - Hochschulangestellte als Arbeitnehmer des Betriebes "Forschungsprojekt" -, die diesen Widerspruch vermeiden würde, hätte aber zur Folge, daß die Hochschulangestellten dadurch ohne Grund kündigungsschutzrechtlich schlechter gestellt würden. Denn zum einen würde den Arbeitsverhältnissen von Mitarbeitern kleinerer Forschungsprojekte in diesem Fall kein Bestandsschutz zukommen. Zum anderen würde dies arbeitsrechtlichen Schutzgedanken widersprechen. Ist die Hochschule Arbeitgeber des Arbeitnehmers, kommen dieser die wichtigsten Entscheidungen im Personalwesen (Einstellung, Kündigung) sowie in personalvertretungsrechtlichen Angelegenheiten zu. Dann kann der Betriebsbegriff und damit zusammenhängend die Suche nach einer Weiterbeschäftigungsmöglichkeit sowie die Sozialauswahl nicht auf eine Forschungseinheit begrenzt werden. Dies wäre mit dem Schutzgedanken des Kündigungsschutzgesetzes sowie dem Betriebs-/Dienststellenbegriff nicht in Einklang zu bringen.

Otto[830] schlägt dennoch vor, bei einer betriebsbedingten Kündigung für die Fra-

---

[828] Hueck/v. Hoyningen-Huene, KSchG, § 23 Rn. 5 ; KR (-Etzel), § 1 KSchG Rn. 149.
[829] Vgl. oben, 5. Teil, A, IV, 1.
[830] Otto, Anmerkung zu BAG, Urteil vom 29.6.1988 - 7 AZR 552/86 -, AP Nr. 1 zu § 25 HRG, Bl. 1018.

ge der Betriebsbedingtheit auf die Forschungseinheit abzustellen, unabhängig davon, ob das Personal aus Haushaltsmitteln oder aus Drittmitteln bezahlt wird und ob die Universität oder der Hochschullehrer Vertragspartner ist. Bei den Forschungseinheiten handele es sich faktisch häufig um Kleinstbetriebe im Sinne des § 23 Abs. 1 Sätze 2 und 3 KSchG innerhalb des "Unternehmens" Universität.[831] Dieser Ansicht kann in Anbetracht der vorstehenden Ausführungen insoweit nicht gefolgt werden, als von Otto die Vertragsarbeitgeberstellung vollständig in den Hintergrund gerückt und eine lediglich formale Vertragsarbeitgeberstellung der Hochschule angenommen wird. Der Hochschule kommt bei Arbeitsvertragsabschluß mit dem Arbeitnehmer die Vertragsarbeitgeberstellung zu. Diese kann nicht als lediglich formale Vertragsarbeitgeberstellung angesehen werden. Dies wurde bereits oben[832] erörtert. Zudem ist zu berücksichtigen, wie bereits Rieble[833] zutreffend herausgearbeitet hat, daß zentrale betriebsverfassungsrechtliche Angelegenheiten nicht in der Forschungseinheit, mag diese auch weitgehend selbständig arbeiten, sondern von der Hochschulverwaltung oder der Forschungseinrichtung entschieden werden. Mitarbeiter kleinerer Forschungsprojekte würden ihren Kündigungsschutz verlieren und vor allem das nichtwissenschaftliche Personal würde kündigungsschutzrechtlich schlechter gestellt.[834]
Rieble seinerseits läßt hingegen den Aspekt der Möglichkeit von Privatdienstverträgen außen vor.

Die besseren Argumente sprechen im Ergebnis trotz der vorstehenden Ausführungen für eine Projektbezogenheit des Betriebsbegriffs, wobei allerdings der Vertragsarbeitgeberstellung Rechnung zu tragen ist. Es sind folglich andere Konsequenzen als von Otto[835] zu ziehen. Der Hochschullehrer ist bei Abschluß eines Privatdienstvertrages Arbeitgeber im Sinne des Arbeitsrechts mit allen Rechten und Pflichten.[836] Er entscheidet selbständig und eigenverantwortlich, ob er bei Vorhandensein von Drittmitteln ein konkretes Forschungsprojekt durchführt und welche Personen als Arbeitnehmer zur Durchführung des Projekts eingestellt werden. Er ist Nutznießer der Arbeitsleistung der drittmittelfinanzierten Arbeitnehmer und er trägt als Projektleiter die alleinige Verantwortung für das durchzuführende Forschungsprojekt. Er trifft damit die wesentlichen unternehmerischen Entscheidungen. Zudem wird in den einzelnen Forschungsprojekten weitgehend selbständig gearbeitet. Dies rechtfertigt die Annahme, daß hinsichtlich des Betriebsbegriffs auf das einzelne vom Hochschullehrer durchgeführte Forschungsprojekt abzustellen ist. Hierfür spricht darüber hinaus, daß die Hochschule, würde sie auch bei Abschluß eines Privatdienstvertrages insgesamt als Dienststelle angesehen, trotz Fehlens einer Vertragsarbeitgeberstellung in eine abzulehnende

---

[831] Otto, a.a.O.
[832] Vgl. oben, 5. Teil, A, IV, 1.
[833] Rieble WissR 1994, 40, 50 f.
[834] Rieble WissR 1994, 40, 51.
[835] Otto, a.a.O.
[836] Vgl. oben, 5. Teil, A, IV, 2.

faktische Arbeitgeberstellung gedrängt werden könnte. Die Unzulässigkeit von Verträgen zu Lasten Dritter könnte faktisch ausgehebelt werden.
Das einzelne Projekt kann außerdem als eigene organisatorische Einheit betrachtet werden. In diesem wird ein konkreter und spezieller, von der Hochschule als Institution abgegrenzter oder zumindest abgrenzbarer arbeitstechnischer Zweck verfolgt. Wird - wie hier - bei Abschluß eines Privatdienstvertrages eine unmittelbare oder mittelbare Arbeitgeberstellung der Hochschule abgelehnt[837], wäre es inkonsequent und widersprüchlich, bei der Prüfung des Betriebsbegriffs nunmehr auf die Hochschule als Institution abzustellen. Wird die Hochschule oder das Land aus dem Arbeitsverhältnis nicht verpflichtet, kann nicht angenommen werden, daß diese oder dieses in kündigungsrechtlicher Hinsicht Dienststelle des Arbeitnehmers wird. Der Betriebsbegriff würde zu weit ausgedehnt, wenn auch am Arbeitsverhältnis nicht beteiligte Dritte über den Vertragsarbeitgeber hinaus hierunter subsumiert werden würden. Als Vertragsarbeitgeber ist der Hochschullehrer Unternehmer im Sinne des § 1 Abs. 2 KSchG. Wegen des Grundsatzes der Arbeitgeberidentität[838] können somit die aufgrund Privatdienstvertrages Beschäftigten nicht dem Betrieb/der Dienststelle der Hochschule zugeordnet werden.

Daher ist das einzelne Forschungsprojekt als ein eigener Betrieb anzusehen. Folgen ergeben sich hieraus aber in Anbetracht der Ausführungen für eine Dienststelleneigenschaft der Hochschule auch bei Abschluß eines Privatdienstvertrages nur für die aufgrund Privatdienstvertrages angestellten Arbeitnehmer. Die übrigen Arbeitnehmer müssen als Angestellte der Hochschule auch als solche behandelt werden, um deren Schlechterstellung und einen Verstoß gegen Arbeitnehmerschutznormen auszuschließen. Hinsichtlich des Betriebsbegriffs ist bei diesen also auf die Hochschule als Institution abzustellen. Bei der vorliegenden Konstellation muß folglich ein besonderer Betriebsbegriff angenommen werden, der allerdings von dem von Otto[839] vorgeschlagenen besonderen Betriebsbegriff im Forschungsbereich abweicht. Die Hochschulangestellten sind damit quasi in einem Betrieb (ihres Vertragsarbeitgebers Hochschule) im Betrieb (eines einzelnen Hochschullehrers) beschäftigt. Der Betriebsbegriff ist für die aufgrund Privatdienstvertrages Beschäftigten enger zu fassen als für die Hochschulangestellten.

Zusammenfassend heißt das, daß die Anwendbarkeit des Kündigungsschutzgesetzes nach § 23 KSchG, die Weiterbeschäftigungsmöglichkeit sowie die Sozialauswahl bei aufgrund Privatdienstvertrages Beschäftigten beschränkt auf das Forschungsprojekt zu beurteilen sind, während bei den Hochschulangestellten insgesamt auf die Hochschule als Institution ohne Beschränkung auf eine Forschungseinheit abzustellen ist. Dies ist auch ohne weiteres praktikabel, denn bei konsequentem Abstellen auf die Vertragsarbeitgeberstellung können bei der Anwendung des Kündigungsschutzgesetzes keine Rechtsunsicherheiten auftreten.

---

[837] Vgl. oben, 5. Teil, A, IV, 2.
[838] Vgl. oben, Fußnote 827.
[839] Otto, a.a.O.

Die unterschiedliche Behandlung der Mitarbeiter eines Forschungsprojekts muß als Folge der Zulässigkeit des Abschlusses von Privatdienstverträgen hingenommen werden. Dies begegnet auch insofern keinen Bedenken, als der einen Privatdienstvertrag abschließende Arbeitnehmer wissen muß, daß seine Rechtsstellung von der der Hochschulangestellten abweicht. Er schließt eben keinen Arbeitsvertrag mit der Hochschule, sondern mit einer Privatperson. Außerdem ist ihm regelmäßig bekannt, daß er nicht der Stammbelegschaft angehört, sondern aus Drittmitteln vergütet wird.

Die Figur des gemeinsamen Betriebes mehrerer Unternehmen kann für die vorstehend erörterte Frage, was Betrieb bei einem Privatdienstvertrag zwischen Hochschullehrer und Arbeitnehmer ist, nicht fruchtbar gemacht werden. Nach der hier vertretenen Auffassung ist das einzelne Forschungsprojekt als eigener Betrieb des Hochschullehrers (Unternehmer im Sinne des § 1 Abs. 2 KSchG) anzusehen. Der jeweiligen Vertragsarbeitgeberstellung von Hochschule und Hochschullehrer ist Rechnung zu tragen. Ein gemeinsamer Betrieb mehrerer Unternehmen setzt aber voraus, daß mehrere Unternehmensträger Inhaber eines gemeinsamen Betriebes sind. Erforderlich ist hierbei stets, daß die Unternehmer die Betriebsleitung gemeinsam vornehmen und die Betriebsleitung dadurch vereinheitlicht wird.[840] Dies setzt nach h.M. eine ausdrückliche oder wenigstens stillschweigende rechtliche Leitungsvereinbarung voraus, die sich auch aus den näheren tatsächlichen Einzelfallumständen ergeben kann.[841] Liegt ein gemeinsamer Betrieb mehrerer Unternehmen vor, so sind bei einer Kündigung im Anwendungsbereich des KSchG alle vergleichbaren Arbeitnehmer des gemeinsamen Betriebes in die soziale Auswahl einzubeziehen, auch wenn sie bei verschiedenen Unternehmen beschäftigt sind.[842]

Ein einheitlicher Leitungsapparat und eine zumindest konkludente Leitungsvereinbarung zwischen Hochschule und Hochschullehrer sind indessen nicht ersichtlich. Denn die Arbeitgeberfunktionen im personellen Bereich werden nicht einheitlich ausgeübt, sondern nach der jeweiligen Vertragsarbeitgeberstellung entweder von der Hochschule (bei Hochschulangestellten) oder vom Hochschullehrer (bei Angestellten aufgrund Privatdienstvertrages) wahrgenommen. Der Hochschullehrer mag zwar gegenüber allen Arbeitnehmer des Forschungsprojekts ein fachliches Weisungsrecht ausüben. Die Hochschule bleibt aber für die grundlegenden personalrechtlichen Weisungen und für alle sonstigen arbeitsrechtlichen Fragen der Hochschulangestellten zuständig. Organisationsverpflechtungen bestehen nicht. Es kann nicht die Rede davon sein, daß Hochschule und Hochschullehrer einen gemeinsamen Leitungsapparat bilden, dem von vornherein unter Beschränkung der eigenen Kompetenzen die verschiedenen personellen Erfordernisse übertragen werden. Allein dadurch, daß zwei Unternehmer eine betriebliche

[840] Hueck/v. Hoyningen-Huene, KSchG, § 23 Rn. 10.

[841] Hueck/v. Hoyningen-Huene, KSchG, § 23 Rn. 11 ff. m.w.N. ; KR (-Weigand), § 23 KSchG Rn. 48 ff. m.w.N.

[842] Hueck/v. Hoyningen-Huene, KSchG, § 1 Rn. 436 m.w.N.

Tätigkeit in den gleichen Räumen und mit den gleichen sächlichen Mitteln entwickeln, führt noch nicht zur Begründung eines einheitlichen Leitungsapparates.[843] Es genügt dementsprechend vorliegend nicht, daß Hochschulangestellte und aufgrund Privatdienstvertrages Beschäftigte an einem Forschungsprojekt gemeinsam zusammenarbeiten. Folglich sind Hochschule und Hochschullehrer nicht Inhaber eines gemeinsamen Betriebes im kündigungsrechtlichen Sinn.

Fraglich ist, ob es im Bereich der Drittmittelforschnung Besonderheiten bei der Sozialauswahl gibt.
Die Sozialauswahl knüpft an den Betriebsbegriff an.[844] Es ist daher bei der Sozialauswahl im Forschungsbereich der oben entwickelte Betriebsbegriff zugrunde zu legen. Dies bedeutet, daß die Sozialauswahl bei Abschluß eines Arbeitsvertrages zwischen Hochschule und dem Arbeitnehmer bezogen auf die Hochschule als Institution zu erfolgen hat. Ist indessen ein Privatdienstvertrag zwischen einem Hochschullehrer und dem Arbeitnehmer abgeschlossen worden, ist die Sozialauswahl bezogen auf das einzelne Forschungsprojekt vorzunehmen. Diese hat sich allerdings lediglich auf die kraft Privatdienstvertrages Beschäftigten zu erstrecken. Denn mangels Arbeitgeberstellung des Hochschullehrers und der daraus resultierenden fehlenden Kündigungsmöglichkeit gegenüber den Hochschulangestellten können diese nicht in die Sozialauswahl einbezogen werden. Bei den verschiedenen Mitarbeitern eines Forschungsprojekts kann es daher, wenn und soweit im Forschungsprojekt Hochschulangestellten und Angestellte aufgrund Privatdienstvertrages zusammenarbeiten, zu einer unterschiedlichen Reichweite der Sozialauswahl kommen. Zudem haben in diesem Falle verschiedene Arbeitgeber die Sozialauswahl vorzunehmen.

Bei der Sozialauswahl bei betriebsbedingten Kündigungen im Forschungsbereich kann zu berücksichtigen sein, daß hier für den Arbeitgeber ein Konflikt mit der Forschungsfreiheit bestehen könnte. Die Auswahl der Mitarbeiter an einem Forschungsprojekt muß sich auch und vor allem an forschungspolitischen und forschungsspezifischen Gesichtspunkten orientieren. Die besondere Spezialisierung der einzelnen Wissenschaftler kann für ein Forschungsprojekt von erheblicher Bedeutung sein. Ein Konflikt mit den bei einer Sozialauswahl vom Arbeitgeber zwingend zu beachtenden Sozialdaten der betroffenen Arbeitnehmer erscheint vorprogrammiert.
Daher muß dem Arbeitgeber im Forschungsbereich, also der Hochschule oder dem Hochschullehrer, der Arbeitnehmer aufgrund Privatdienstvertrages beschäftigt, bei der Festlegung der Auswahlkriterien hinsichtlich der weiterzubeschäftigenden Arbeitnehmer und für die Sozialauswahl ein weiter Ermessensspielraum

---

[843] Hueck/v. Hoyningen-Huene, KSchG, § 23 Rn. 10 ; KR (-Weigand), § 23 KSchG Rn. 48 m.w.N.
[844] Vgl. oben, 7. Teil, B, I, 3.

zugestanden werden[845], wobei nicht zuletzt auch der Wissenschaftsfreiheit nach Art. 5 Abs. 3 GG Rechnung zu tragen ist. Der weitere Forschungsablauf darf durch das Erfordernis der Sozialauswahl nicht beeinträchtigt werden. Eine Sozialauswahl allein nach den Sozialdaten im Sinne des § 1 Abs. 3 KSchG würde nicht in Einklang mit der Wissenschaftsfreiheit stehen.[846] Denn durch eine Beschränkung der Auswahlentscheidung auf die Sozialdaten im Sinne des § 1 Abs. 3 KSchG würde der Hochschule oder dem einzelnen Hochschullehrer die Entscheidung über die Zusammensetzung der verbleibenden Mitarbeiter des Forschungsvorhabens weitgehend genommen.[847] Nach der Regelung in § 1 Abs. 3 KSchG müßten überwiegend ältere wissenschaftliche Mitarbeiter weiterbeschäftigt und den jüngeren gekündigt werden.[848] Ein Verlust an Innovation wäre die Folge. Dies kann nur in beschränktem Umfang durch die Regelung in § 1 Abs. 3 Satz 2 KSchG verhindert werden, wonach bestimmte Arbeitnehmer, deren Weiterbeschäftigung aus besonderen Gründen im berechtigten betrieblichen Interesse liegt, von der Sozialauswahl ausgenommen werden können. Denn eine Herausnahme aus der Sozialauswahl muß die Ausnahme von der Regel sein.[849] Bei der Sozialauswahl ist darüber hinaus zu berücksichtigen, daß sich zahlreiche Wissenschaftler auf ein bestimmtes Wissenschaftsgebiet spezialisiert haben werden. Sie werden daher in anderen Forschungsbereichen vielfach nicht sinnvoll eingesetzt werden können. Je spezialisierter der Wissenschaftler ist und je länger die Zeit sein wird, die der Wissenschaftler zur Einarbeitung in andere Forschungsbereiche benötigt, desto eingeschränkter wird die Sozialauswahl ausfallen müssen.[850] Dies hat zur Folge, daß die Sozialauswahl oftmals praktisch auf ein konkretes Forschungsvorhaben oder jedenfalls auf ein bestimmtes Forschungsinstitut begrenzt sein wird.[851] Letztendlich ist es eine Frage des Einzelfalles, ob Wissenschaftler von thematisch ähnliche Forschungen verrichtenden Instituten für eine Sozialauswahl in Betracht kommen.

Hinzu kommt, daß die Hochschule oder der einzelne Hochschullehrer viel eher in der Lage sind zu entscheiden, ob verschiedene Wissenschaftler nach arbeitsplatzbezogenen Merkmalen vergleichbar sind.[852] Ein Richter wird wegen der unterschiedlichen Spezialisierung der Wissenschaftler kaum in der Lage sein, sachgerecht zu entscheiden, ob ein Wissenschaftler in einem anderen Forschungsbereich sinnvoll eingesetzt werden kann.[853] Außerdem würde insoweit ein Konflikt mit der Forschungsfreiheit des Art. 5 Abs. 3 GG entstehen, wenn ein Richter über

---

845 Ebenso KR (-Lipke), § 57 d HRG Rn. 3 a ; Rieble WissR 1994, 40, 49 ff.
846 Rieble WissR 1994, 40, 49.
847 Rieble WissR 1994, 40, 49.
848 Rieble, a.a.O.
849 Rieble WissR 1994, 40, 54 ; Weiterführend KR (-Etzel), § 1 KSchG Rn. 641 ff. m.w.N.
850 Ebenso Rieble WissR 1994, 40, 51.
851 Ebenso Rieble WissR 1994, 40, 52.
852 Ebenso Rieble WissR 1994, 40, 52.
853 Ebenso Rieble WissR 1994, 40, 52.

eine arbeitsgerichtliche Entscheidung bestimmen und beeinflussen könnte, welcher Wissenschaftler in welchem Forschungsprojekt eingesetzt wird. Dies spricht dafür, der Hochschule oder dem einzelnen Hochschullehrer als Arbeitgeber einen besonderen Beurteilungsspielraum auch hinsichtlich der Vergleichbarkeit der Wissenschaftler einzuräumen.[854] Nur hierdurch kann sichergestellt werden, daß die Forschungsfreiheit nicht beeinträchtigt wird.

Die vorstehenden Erörterungen gelten allerdings nur, wenn und soweit es sich bei den Mitarbeitern tatsächlich um Wissenschaftler handelt. Hingegen hat die Sozialauswahl nach den allgemeinen Grundsätzen zu erfolgen, wenn es um das Verwaltungspersonal oder das nichtwissenschaftliche Personal geht. Denn das Verwaltungspersonal sowie die nichtwissenschaftlichen Mitarbeiter haben keinen Einfluß auf die wissenschaftlichen Zielsetzungen eines Forschungsprojekts. Ein Konflikt zur Forschungsfreiheit ist bei diesen Mitarbeitern nicht zu befürchten.

3) Besonderheiten bei den Fördermaßnahmen nach dem SGB III

Die allgemeinen Grundsätze der Beendigung eines Arbeitsverhältnisses durch Kündigung sind im Grundsatz auch auf das ABM-Arbeitsverhältnis anwendbar.[855] Es bestehen aber Besonderheiten.

a) Außerordentliche Kündigung nach der Sonderregelung des § 270 SGB III

Den besonderen Umständen des ABM-Arbeitsverhältnisses wird durch die Einräumung eines außerordentlichen Kündigungsrechts Rechnung getragen. § 270 SGB III führt das bisher unter dem AFG[856] geltende Recht fort.[857] Nach § 270 Abs. 1 SGB III kann der Arbeitnehmer das Arbeitsverhältnis fristlos kündigen, wenn er eine Ausbildung oder Arbeit aufnehmen kann (Nr. 1), er an einer Maßnahme der Berufsbildung oder der beruflichen Weiterbildung teilnehmen kann (Nr. 2) oder er aus der Arbeitsbeschaffungsmaßnahme abberufen wird (Nr. 3). Nach § 270 Abs. 2 SGB III steht dem Arbeitgeber seinerseits ein fristloses Kündigungsrecht zu, wenn der Arbeitnehmer abberufen wird.
Im Falle der Abberufung steht somit beiden Vertragsparteien ein außerordentliches Kündigungsrecht zu.[858] Das besondere Kündigungsrecht des Arbeitnehmers ist Ausdruck des Vorrangs von Arbeit und Ausbildung außerhalb von Arbeitsbeschaffungsmaßnahmen.[859] Eine "Arbeit" im Sinne des § 270 Abs. 1 Nr. 1 SGB III muß keine Dauerbeschäftigung in einem Arbeitsverhältnis sein. Da der Wortlaut der Norm keine besonderen Bedingungen an die neue "Arbeit" stellt, genügt da-

---

[854] Ebenso Rieble WissR 1994, 40, 52.
[855] Gagel (-Bieback), AFG, § 93 Rn. 120 ; Blechmann, ABM, S. 93 ff.
[856] Vgl. § 93 Abs. 2 Satz 2 AFG.
[857] GK-SGB III (-Feckler), § 270 Rn.1.
[858] Weiterführend Gagel (-Bieback), AFG, § 93 Rn. 122 ; Niesel (-Düe), SGB III, § 270 Rn. 4.
[859] Niesel (-Düe), SGB III, § 270 Rn. 3.

her auch eine befristete Beschäftigung oder eine Teilzeitarbeit.[860]

b) Die Rückzahlungsverpflichtung des § 268 SGB III als faktische Kündigungsbeschränkung?

Nach § 268 Satz 1 SGB III sind die im Rahmen der Verlängerung einer Förderung[861] erbrachten Zuschüsse zurückzuzahlen, wenn die vom Träger bei Antragsstellung abgegebene Verpflichtung zur Übernahme eines zugewiesenen Arbeitnehmers in ein Dauerarbeitsverhältnis nicht erfüllt wird oder das Arbeitsverhältnis innerhalb von zwölf Monaten nach Ende des Förderzeitraums beendet wird. In § 268 Satz 2 SGB III sind im einzelnen Ausnahmetatbestände aufgeführt, die nicht zu einer Rückforderung führen.

Diese Rückzahlungsverpflichtung[862] führt dazu, daß ein Arbeitgeber, der einem Arbeitnehmer in dem Rückzahlungszeitraum kündigen will, das Risiko erheblicher Geldrückzahlungen eingehen muß, sofern kein Ausnahmetatbestand einschlägig ist. Er steht vor der Wahl der Kündigung gegen eine Rückzahlungspflicht oder dem Abwarten mit der Kündigung bis zum Ablauf von zwölf Monaten nach Ende des Förderzeitraums. Damit kann der Arbeitgeber über den Ausspruch einer Kündigung nicht frei entscheiden. Hierin könnte eine unzulässige, faktische Beschränkung der Kündigungsfreiheit zu erblicken sein.

Der früher einmal geltende Grundsatz der Kündigungsfreiheit kann heute keine Geltung mehr beanspruchen.[863] Die Kündigungsfreiheit ist durch zahlreiche Regelungen des allgemeinen und besonderen Kündigungsschutzes im Interesse der Arbeitnehmer an einem Bestandsschutz der Arbeitsverhältnisse erheblich eingeschränkt. Daher bestehen im Ergebnis auch keine Bedenken gegen die in der Rückzahlungsverpflichtung liegende Kündigungsbeschränkung.

Diese ist als Folge der Durchsetzbarkeit der arbeitsmarkt- und sozialpolitischen Zielsetzungen der verlängerten ABM-Förderung hinzunehmen. Die Rückzahlungsverpflichtung soll verhindern, daß der Förderungszweck seitens des Arbeitgebers durch eine frühzeitige Beendigung des Arbeitsverhältnisses konterkarriert wird. Besondere Härten dieser Regelung werden über die in § 268 Satz 2 SGB III geregelten Ausnahmetatbestände abgemildert.

---

[860] Niesel (-Düe), SGB III, § 270 Rn. 3; Gagel (-Bieback), AFG, § 93 Rn. 123.

[861] Nach § 267 Abs. 3 SGB III darf eine bevorzugt zu fördernde Maßnahme bis zur Gesamtdauer von 36 Monaten verlängert werden, wenn der Träger die Verpflichtung übernimmt, daß die zugewiesenen Arbeitnehmer anschließend in ein Dauerarbeitsverhältnis bei ihm oder dem durchführenden Unternehmen übernommen werden.

[862] Die Rückzahlungsverpflichtung war bisher im Arbeitsförderungsrecht nicht ausdrücklich geregelt. In § 268 SGB III ist diese nunmehr ausdrücklich normiert worden. Vgl. GK-SGB III (-Feckler), § 268 Rn. 1.

[863] Hierzu und zur Entwicklung des Kündigungsschutzes Hueck/v. Hoyningen-Huene, KSchG, Einleitung Rn. 1 ff.

4) Zusammenfassung

Eine betriebsbedingte Kündigung bei Drittmittelwegfall oder Drittmittelkürzung ist grundsätzlich möglich. Die Kürzung oder Streichung der Drittmittel stellt einen außerbetrieblichen Umstand dar, der den Drittmittelempfänger zum Ausspruch einer Kündigung veranlassen kann. Der wirksame Ausspruch einer betriebsbedingten Kündigung wegen Wegfalls oder Kürzung der Drittmittel kommt frühestens dann in Betracht, wenn bei vernünftiger Betrachtungsweise eine sichere Prognose im Zeitpunkt der Kündigung besteht, daß mit Ablauf der Kündigungsfrist keine weiteren Drittmittel für die Finanzierung eines Arbeitsverhältnisses zur Verfügung stehen.
Die Prüfung einer Weiterbeschäftigungsmöglichkeit sowie die ordnungsgemäße Vornahme einer Sozialauswahl hat sich im Grundsatz auf den gesamten Betrieb zu beziehen. Eine Beschränkung nur auf die drittmittelfinanzierten Arbeitsverhältnisse scheidet aus.
Im Hochschulbereich und bei Arbeitsbeschaffungsmaßnahmen sind in den §§ 57 d HRG und 270 SGB III spezielle Kündigungsrechte geregelt. Im Hochschulbereich bestehen darüber hinaus bei der Anwendung des Kündigungsschutzgesetzes, bei der Prüfung der Weiterbeschäftigungsmöglichkeit sowie bei der Sozialauswahl Besonderheiten. Diese ergeben sich zum einen aus der Möglichkeit von arbeitsvertraglichen Beziehungen eines Arbeitnehmers sowohl zur Hochschule als auch zu einem Hochschullehrer (Privatdienstvertrag) und zum anderen daraus, daß bei der Vornahme der Sozialauswahl im Anwendungsbereich des Kündigungsschutzgesetzes der Forschungsfreiheit nach § 5 Abs. 3 GG Rechnung zu tragen ist.

II) Befristung im drittmittelfinanzierten Arbeitsverhältnis

Nach der Darstellung der Grundlagen einer Befristung von Arbeitsverhältnissen[864] stellt sich nunmehr die Frage, wann und unter welchen Voraussetzungen drittmittelfinanzierte Arbeitsverträge wirksam befristet werden können.

1) Die gegenläufigen Interessen von Drittmittelempfänger und Arbeitnehmer

Der Drittmittelempfänger wird regelmäßig daran interessiert sein, ein drittmittelfinanziertes Arbeitsverhältnis bei Wegfall oder Kürzung der Drittmittel sofort und ohne Probleme beenden zu können. Er wird vermeiden wollen, daß der Arbeitnehmer nach Auslaufen der Drittmittel unter Aufwendung von Eigenmitteln weiterbeschäftigt werden muß, sofern nicht ohnehin ein Weiterbeschäftigungsbedarf besteht. Insofern bietet sich für ihn eine Anpassung der Laufzeit des Arbeits-

[864] Vgl. oben, 7. Teil, B, II.

vertrages an den Bewilligungszeitraum der Drittmittel an.

Der aus Drittmitteln finanzierte Arbeitnehmer wird hingegen in einer Vielzahl von Fällen ein Interesse an einer unbefristeten Beschäftigung und damit an einer gesicherten Stellung haben. Der mögliche Bestandsschutz eines unbefristeten Arbeitsverhältnisses sorgt für eine gewisse soziale Absicherung des Arbeitnehmers. Dies ist von besonderer Bedeutung, wenn der Arbeitnehmer bereits längere Zeit bei dem Drittmittelempfänger beschäftigt ist und wegen seines fortschreitenden Alters die Aussichten auf einen neuen Arbeitsplatz auf dem Arbeitsmarkt geringer werden. Der Arbeitnehmer ist damit regelmäßig auf die arbeitsrechtlichen Schutzmechanismen angewiesen.

2) Möglichkeit der Gesetzesumgehung

Eine Befristung drittmittelfinanzierter Arbeitsverhältnisse ist entsprechend den allgemeinen Befristungsgrundsätzen stets wirksam, wenn eine Umgehung des allgemeinen sowie des besonderen Kündigungsschutzes des Arbeitnehmers ausscheidet. Insoweit kann auf die obigen Ausführungen[865] verwiesen werden.

Bei der Klärung der Frage, ob eine Befristung eines drittmittelfinanzierten Arbeitsverhältnisses wirksam ist, ist folglich zunächst festzustellen, ob die Möglichkeit einer Gesetzesumgehung überhaupt besteht. Erst bei Bejahung dieser Frage hat sich die Prüfung anzuschließen, unter welchen Voraussetzungen gegebenenfalls eine Befristung wirksam ist.

3) Befristung nach § 1 Abs. 1 BeschFG

Ohne weiteres wirksam ist die Befristung eines drittmittelfinanzierten Arbeitsverhältnisses bis zur Dauer von zwei Jahren auf der Grundlage des § 1 Abs. 1 BeschFG. Nach § 1 Abs. 1 BeschFG ist die Befristung eines Arbeitsvertrages bis zur Dauer von zwei Jahren zulässig. Eine Einschränkung auf Arbeitsverhältnisse aus einem bestimmten Bereich des Arbeitsrechts wird nicht vorgenommen. Das ist unstrittig. Damit ist diese Norm auch auf drittmittelfinanzierte Arbeitsverträge anwendbar. Allerdings bleibt die Zulässigkeit der Befristung des Arbeitsvertrages aus anderen Gründen nach § 1 Abs. 4 BeschFG unberührt. Eine Befristung ohne Berufung auf die Befristungsmöglichkeit des § 1 BeschFG sowie über die Dauer von zwei Jahren hinaus bleibt somit aus sachlichen Gründen möglich. Eine Befristung bei drittmittelfinanzierten Arbeitsverhältnissen wird regelmäßig nicht oder nicht ausschließlich auf das BeschFG gestützt werden, wenn und soweit die Drittmittelförderung auf längere und zeitlich nicht überschaubare Dauer für bestimmte Tätigkeiten oder Projekte angelegt ist und ein genaues Ende der Drittmittelfinanzierung oder eine Beendigung der geförderten Tätigkeit zu einem genau festgelegten Zeitpunkt nicht absehbar ist.

---

[865] Vgl. oben, 7. Teil, B, I und C, I.

4) Vorliegen eines sachlichen Grundes für eine Befristung - Allgemeine Grundsätze

An dieser Stelle wird nunmehr der Begriff des sachlichen Grundes von Bedeutung. Es ist fraglich, ob allein die Drittmittelfinanzierung eines Arbeitsverhältnisses als solche geeignet ist, einen sachlichen Grund für eine Befristung des Arbeitsverhältnisses zu begründen oder ob gegebenenfalls weitere Voraussetzungen hinzutreten müssen.

Die oben[866] dargestellten gegenläufigen Interessen von Drittmittelempfänger und Arbeitnehmer sind bei der Ermittlung eines sachlichen Befristungsgrundes zu berücksichtigen.

a) Die Drittmittelfinanzierung allein als Befristungsgrund

Zunächst stellt sich die Frage, ob allein der Umstand, daß ein Arbeitgeber Zuwendungen von dritter Seite erhält, für sich geeignet ist, die Befristung eines Arbeitsverhältnisses sachlich zu rechtfertigen. Zu klären ist damit, ob Arbeitgeber und Arbeitnehmer wirksam vereinbaren können, daß der Fortbestand des Arbeitsverhältnisses von der Dauer der Drittmittelfinanzierung abhängig ist und bei deren Auslaufen aufgrund Befristung endet. Diesen zu erwägenden Befristungsgrund kann man unter der Bezeichnung "zeitlich begrenzte Drittmittelfinanzierung" führen. Gegen die Anerkennung dieses Befristungsgrundes spricht bereits, daß die Drittmittelfinanzierung allein unmittelbar noch keinen Einfluß auf die Rechtsstellung des Arbeitnehmers und das Arbeitsverhältnis hat. Mit anderen Worten: Die Drittmittelfinanzierung wirkt sich nicht konkret auf das Arbeitsverhältnis des aus Drittmitteln finanzierten Arbeitnehmers aus, sondern nur auf dessen Finanzierbarkeit. Ob der Arbeitnehmer aus Drittmitteln oder aus Eigenmitteln finanziert wird, hat keine Bedeutung für den Arbeitsvertragsinhalt. Allein die Abhängigkeit von Drittmittel stellt keinen Umstand dar, der so gewichtig ist, daß ein verständig und sozial denkender Arbeitgeber den Arbeitsvertrag nicht auf unbestimmte Zeit geschlossen hätte, soweit nicht weitere, besondere Umstände hinzutreten.

Die Abhängigkeit von Drittmitteln vermag daher die Befristung eines Arbeitsverhältnisses allein nicht zu rechtfertigen.[867]

---

[866] Vgl. oben, 7. Teil, C, II, 1.

[867] So auch BAG, Urteil vom 25.1.1980 - 7 AZR 69/78 -, AP Nr. 52 zu § 620 BGB Befristeter Arbeitsvertrag ; Lakies NZA 1995, 296, 297 ; KR (-Lipke), § 620 BGB Rn. 172 d ; Schaub, Arbeitsrechtshandbuch, § 39, II, 4, b; Plander WissR 1982, 3, 16 f. m.w.N.

b) Die Unsicherheit über das Weiterlaufen der Drittmittel als Befristungsgrund

Ferner ist zu prüfen, ob die allgemeine Unsicherheit über das Weiterlaufen der Drittmittel als sachlicher Grund eine Befristung eines Arbeitsverhältnisses rechtfertigen kann. Dies ist im Ergebnis abzulehnen. Insoweit bietet sich ein Vergleich des Drittmittelgebers mit einem Großkunden eines Unternehmers an. Dem Drittmittelgeber kann für den Drittmittelempfänger, einen Unternehmer, die gleiche Funktion zukommen wie ein Großkunde, der dem Unternehmer in der Vergangenheit zahlreiche lukrative, unter Umständen für den Unternehmer überlebensnotwendige Aufträge erteilte. Auch die künftigen Aufträge des Großkunden richten sich nach seiner Finanzkraft und dem von ihm zu deckenden Bedarf. Das künftige Auftragsvolumen ist - ebenso wie die weitere Drittmittelfinanzierung - ungewiß. Bei Ausbleiben von Folgeaufträgen des Großkunden kann eine existenzielle Gefährdung des Betriebes drohen. Die Lohnzahlung kann gefährdet sein.

Die Ungewißheit über die künftige Auftragslage reicht anerkanntermaßen nicht aus, die Befristung eines Arbeitsverhältnisses zu rechtfertigen. Denn die Unsicherheit der künftigen Entwicklung des Arbeitsanfalls und des Arbeitskräftebedarfs gehören sowohl in der Privatwirtschaft als auch im öffentlichen Dienst zum unternehmerischen Risiko des Arbeitgebers.[868] Bei dem Unternehmerrisiko handelt es sich um das jeder wirtschaftlichen und unternehmerischen Tätigkeit innewohnende Risiko, daß bei Abschluß eines Arbeitsvertrages noch nicht bekannte und in ihren Folgen nicht absehbare Umstände (z.B. Auftragsmangel) zu Veränderungen im Betrieb führen können.[869] Die Berufung des Arbeitgebers auf die Möglichkeit, mit befristeten Arbeitsverträgen leichter und schneller auf Bedarfsschwankungen reagieren zu können, scheidet folglich aus.[870] Eine Befristung darf im Grundsatz nicht dazu dienen, das Unternehmerrisiko auf den Arbeitnehmer abzuwälzen.[871] Ein vernünftiger und verantwortungsbewußter Arbeitgeber schließt bei einer Unsicherheit über die künftige Auslastung eines Arbeitnehmers einen unbefristeten Arbeitsvertrag und kündigt ihn, wenn dies notwendig wird.[872]

Nichts anderes kann aber bei der Drittmittelfinanzierung gelten, bei der das Weiterlaufen der Zahlungen ungewiß ist. Wie beim Auftragsmangel handelt es

---

[868] BAG, Urteil vom 25.11.1992 - 7 AZR 191/92 -, EzA § 620 BGB Nr. 117 ; BAG, Urteil vom 11.12.1991 - 7 AZR 170/91 -, EzA § 620 BGB Nr. 111 ; KR (-Lipke), § 620 BGB Rn. 167 ff. m.w.N. ; Lakies NZA 1995, 296, 298 ; Blechmann, ABM, S. 66.

[869] KR (-Lipke), § 620 BGB Rn. 167.

[870] BAG, Urteil vom 25.11.1992 - 7 AZR 191/92 -, EzA § 620 BGB Nr. 117 ; BAG, Urteil vom 8.4.1992 - 7 AZR 135/91 -, EzA § 620 BGB Nr. 115 ; BAG, Urteil vom 11.12.1991 - 7 AZR 170/91 -, EzA § 620 BGB Nr. 111 ; KR (-Lipke), § 620 BGB Rn. 166 m.w.N.

[871] BAG, Urteil vom 25.11.1992 - 7 AZR 191/92 -, EzA § 620 BGB Nr. 117 ; BAG, Urteil vom 11.12.1991 - 7 AZR 170/91 -, EzA § 620 BGB Nr. 111 ; KR (-Lipke), § 620 BGB Rn. 166 m.w.N. ; Erman (-Hanau), BGB, § 620 Rn. 67 ; Staudinger (-Preis), BGB, § 620 Rn. 149 ; Lakies NZA 1995, 296, 298 ; Blechmann, ABM, S. 66.

[872] BAG, Urteil vom 20.12.1995 - 7 AZR 194/95 -, NZA 1996, 642, 644 m.w.N.

sich bei dem ungewissen Drittmittelwegfall um einen bei Vertragsabschluß noch nicht bekannten und in seinen Folgen nicht absehbaren Umstand. Auch hier geht es um das Risiko des Unternehmers, den künftigen Arbeitsplätzebedarf nicht einschätzen zu können. Außerdem ist es auch bei nicht drittmittelfinanzierten Arbeitsverhältnissen, die aus Eigenmitteln des Arbeitgebers finanziert werden, nicht gesichert, ob Geldmittel für die Finanzierung eines Arbeitnehmers in Zukunft zur Verfügung stehen. Eine unterschiedliche Behandlung von drittmittelfinanzierten und eigenfinanzierten Arbeitsverhältnissen allein wegen der Unsicherheit über das Weiterlaufen der Drittmittel muß daher abgelehnt werden.

Folglich reicht die allgemeine Unsicherheit über das Weiterlaufen der Drittmittel für eine wirksame Befristung des Arbeitsverhältnisses nicht aus.[873]

c) Voraussehbarkeit des Drittmittelwegfalls für den Arbeitnehmer als Befristungsgrund

Ein sachlicher Befristungsgrund könnte in Betracht kommen, wenn das Ende der Drittmittelfinanzierung für den Arbeitnehmer voraussehbar ist und in überschaubarer Zukunft liegt, der Arbeitnehmer also Kenntnis vom künftigen Wegfall der Drittmittel hat.

Von Bedeutung könnte daher eine Differenzierung danach sein, ob die Drittmittelbewilligung für einen bestimmten Zeitraum erfolgt oder nicht. Abzugrenzen wäre vor allem nach der Zuwendungsart. Zu unterscheiden sind regelmäßige oder projektbezogene Zuwendungen und Zuschüsse. Bei projektbezogenen Zuwendungen wäre eher ein sachlicher Grund anzunehmen als bei regelmäßigen Zuwendungen. Bei regelmäßiger Zurverfügungstellung von Drittmitteln liegt deren Auslaufen nicht in überschaubarer Zukunft.

Ein sachlicher Grund kann aber nicht allein darin erblickt werden, daß die Drittmittel zeitlich begrenzt zur Verfügung gestellt werden und das Auslaufen der Drittmittel für den Arbeitnehmer erkennbar ist. Denn die Drittmittel können dem Arbeitgeber vorübergehend für Daueraufgaben zur Verfügung gestellt werden, so daß das Beschäftigungsbedürfnis für den Arbeitgeber nach Auslaufen der Drittmittel nicht entfällt. Werden die zeitweise drittmittelfinanzierten Aufgaben auch nach Auslaufen der Drittmittel fortgeführt, entfällt der Arbeitsplatz des Arbeitnehmers nicht. Eine Koppelung von Drittmittelwegfall und Beendigung des Arbeitsverhältnisses trotz Weiterbeschäftigungsmöglichkeit muß folglich ausscheiden. Ist dem Arbeitgeber die Finanzierung des Arbeitsplatzes nach dem Wegfall der Drittmittel nicht mehr möglich, so mag er eine Kündigung aussprechen.

---

873 So auch BAG, Urteil vom 15.1.1997 - 7 AZR 158/96 -, NZA 1998, 29, 31 ; BAG, Urteil vom 8.4.1992 - 7 AZR 135/91 -, EzA § 620 BGB Nr. 115 m.w.N. ; BAG, Urteil vom 11.12.1991 - 7 AZR 170/91 -, EzA § 620 BGB Nr. 111 ; BAG, Urteil vom 25.1.1980 - 7 AZR 69/78 -, AP Nr. 52 zu § 620 BGB Befristeter Arbeitsvertrag; Lakies NZA 1995, 296, 297 ; Plander WissR 1982, 3, 20 f. ; Krasshöfer, Die Beendigung des Arbeitsverhältnisses aufgrund Befristung oder Aufhebungsvertrag, Rn. 233 ; MünchArbR (-Freitag), § 183 Rn. 14.

Allein die Voraussehbarkeit des Drittmittelwegfalls für den Arbeitnehmer stellt somit ebenfalls keinen sachlichen Befristungsgrund dar.

Anders ist möglicherweise zu entscheiden, wenn sich Arbeitgeber und Drittmittelgeber neben dem Umstand der zeitlich begrenzten Drittmittelfinanzierung konkret mit dem Wegfall des Arbeitsplatzes beschäftigt haben und daher sowohl der Drittmittelwegfall als auch der Wegfall des Arbeitsplatzes konkret voraussehbar sind. Hierauf wird im folgenden Prüfungspunkt eingegangen. Der Befristungsgrund "Voraussehbarkeit des Drittmittelwegfalls für den Arbeitnehmer" stellt ein Minus zu den nachfolgend erörterten Gründen "Drittmittelfinanzierung für einen konkreten Arbeitsplatz" und "sachlich begrenzte Zielsetzung des Drittmittelgebers" dar.

d) Drittmittelfinanzierung für einen konkreten Arbeitsplatz sowie die sachlich begrenzte Zielsetzung des Drittmittelgebers als Befristungsgrund

Weiterhin sind als Befristungsgründe die "Drittmittelfinanzierung eines konkreten Arbeitsplatzes" sowie die "sachlich begrenzte Zielsetzung des Drittmittelgebers" zu erörtern. Im Hinblick auf diese Befristungsgründe sind zahlreiche Entscheidungen des BAG zu verzeichnen, die zu einem ganz überwiegenden Teil Befristungen von Arbeitsverhältnissen wegen ungewisser Haushaltsmittel und Entscheidungen des Haushaltsgesetzgebers im öffentlichen Dienst sowie die Drittmittelfinanzierung von Forschungsprojekten im Hochschulbereich betreffen.

Das BAG erkennt eine "konkrete haushaltsrechtliche Entscheidung" im Hochschulbereich als einen sachlichen Grund für eine Befristung an, wenn sich sowohl der Drittmittelempfänger als auch das für die Drittmittelfinanzierung zuständige haushaltsrechtliche Organ gerade mit den Verhältnissen einer konkreten Haushaltsstelle befaßt und über die Einrichtung und die Dauer eines konkreten Arbeitsplatzes entschieden haben, d.h. die Haushaltsstelle von vornherein nur für eine genau bestimmte Zeitdauer bewilligt ist und sie anschließend fortfällt.[874] Es sei in diesem Fall davon auszugehen, daß der Haushaltsgeber sich selbst mit den Verhältnissen gerade dieser Stelle befaßt und aus sachlichen Erwägungen festgelegt habe, daß dieser konkrete Arbeitsplatz nicht mehr bestehen solle.[875] Nach der Rechtsprechung des BAG gilt für den Bereich der Drittmittelfinanzierung im Hochschulbereich nichts anderes. Wesentlich sei, daß sich sowohl der Drittmittelgeber als auch die Hochschule durch ihren Vorschlag gerade mit den Verhält-

---

[874] BAG, Urteil vom 26.8.1988 - 7 AZR 101/88 -, EzA § 620 BGB Nr. 102 ; BAG, Urteil vom 3.12.1982 - 7 AZR 622/80 -, EzA § 620 BGB Nr. 63 ; BAG, Urteil vom 19.8.1981 - 7 AZR 252/79 -, AP Nr. 60 zu § 620 BGB Befristeter Arbeitsvertrag ; BAG, Urteil vom 7.3.1980 - 7 AZR 177/78 -, AP Nr. 54 zu § 620 BGB Befristeter Arbeitsvertrag ; BAG, Urteil vom 25.1.1980 - 7 AZR 69/78 -, AP Nr. 52 zu § 620 BGB Befristeter Arbeitsvertrag ; KR (-Lipke), § 620 BGB Rn. 172 d.

[875] BAG, Urteil vom 3.12.1982 - 7 AZR 622/80 -, EzA § 620 BGB Nr. 63 ; BAG, Urteil vom 29.8.1979 - 4 AZR 863/77 -, EzA § 620 BGB Nr. 42.

nissen dieser Stelle befaßt und ihre Entscheidung über den späteren Wegfall des konkreten Arbeitsplatzes aus sachlichen Erwägungen getroffen hätten.[876]

Für diesen Fall ist nach der Rechtsprechung des BAG weiterhin anerkannt, daß die begrenzte sachliche Zielsetzung, die ein Drittmittelgeber mit der zeitlich begrenzten Finanzierung eines Arbeitsplatzes in dem von ihm geförderten Forschungsprojekt verfolgt, auch für das Verhältnis zwischen Arbeitnehmer und Arbeitgeber als dem Empfänger der Drittmittel erheblich wird und sich damit als Sachgrund für eine entsprechende Befristung eignet.[877] Maßgebend ist insoweit, daß sich der Drittmittelempfänger wegen der sachlich begrenzten Zielsetzung des Drittmittelgebers dazu entschließt, die drittfinanzierten Aufgaben nur für die Dauer der Drittmittelbewilligung durchführen zu lassen.[878]

Die vorstehenden von der Rechtsprechung entwickelten Grundsätze gelten auch dann, wenn es um Forschungsvorhaben im Hochschulbereich geht, die von privaten Drittmittelgebern gefördert werden und es damit keiner Haushaltsentscheidung bedarf.[879] Denn hinsichtlich der Frage, ob ein sachlicher Grund für eine Befristung vorliegt, kommt es nicht entscheidend auf eine haushaltsrechtliche Entscheidung, sondern auf die organisatorische Entscheidung des Drittmittelempfängers an. Aus diesem Grund können diese Grundsätze des BAG zudem allgemein bei der Prüfung, ob in der Drittmittelfinanzierung ein sachlicher Grund für die Befristung von Arbeitsverhältnissen liegt, herangezogen werden. Denn der Umstand, daß der Drittmittelgeber eine sachlich begrenzte Zielsetzung verfolgt und/oder sich Drittmittelgeber und Drittmittelempfänger gerade mit dem konkreten Arbeitsplatz befaßt und entschieden haben , daß dieser zu einem bestimmten Zeitpunkt fortfällt, wird im Grundsatz bei allen Drittmittelempfängern und deren organisatorischer Entscheidung relevant.

Die zu der Befristung wegen ungewisser Haushaltsmittel und Entscheidungen des Haushaltsgesetzgebers im öffentlichen Dienst sowie zur Drittmittelfinanzierung im Hochschulbereich entwickelten Grundsätze des BAG sind daher verallgemeinerungsfähig.

Die Instanzgerichte sowie die Ansichten in der Literatur erkennen die Begrenztheit der Drittmittelfinanzierung als sachlichen Befristungsgrund teilweise großzügiger an als das BAG. Zum Teil wird eine Befristung des Arbeitsverhältnisses entsprechend dem Bewilligungszeitraum als zulässig angesehen.[880] Andere

---

[876] BAG, Urteil vom 26.8.1988 - 7 AZR 101/88 -, EzA § 620 BGB Nr. 102 ; BAG, Urteil vom 3.12.1982 - 7 AZR 622/80 -, EzA § 620 BGB Nr. 63 ; BAG, Urteil vom 25.1.1980 - 7 AZR 69/78 -, AP Nr. 52 zu § 620 BGB Befristeter Arbeitsvertrag.

[877] BAG, Urteil vom 26.8.1988 - 7 AZR 101/88 -, EzA § 620 BGB Nr. 102 ; BAG, Urteil vom 3.12.1982 - 7 AZR 622/80 -, EzA § 620 BGB Nr. 63 ; Koch NZA 1992, 154, 157.

[878] So auch KR (-Lipke), § 620 BGB Rn. 172 d.

[879] Ebenso KR (-Lipke), § 620 BGB Rn. 172 e.

[880] ArbG Ludwigshafen, Urteil vom 26.10.1976 - 5 Ca 1602/76 -, KMK-HSchR 1982, 298, 300 ff.: "Nur mit der Befristung kann der Beklagte sichergehen, die wirtschaftlichen Konsequenzen der Arbeitgeberposition, die von ihm nicht steuerbar und kaum kalkulierbar sind, von seiner privaten Sphäre fernzuhalten und auf den durch das Forschungsprogramm gekennzeich-

erkennen gar die Aneinanderreihung von befristeten Arbeitsverträgen entsprechend einer jährlichen Mittelbewilligung des Drittmittelgebers an[881], während teilweise die Begrenztheit der Drittmittelfinanzierung als alleiniger Sachgrund völlig ausgeschlossen wird.[882]

Die von der Rechtsprechung des BAG für den Hochschulbereich entwickelten Grundsätze vermögen zu überzeugen und können verallgemeinert werden. Die sachlichen Gründe der Befassung mit einem konkreten Arbeitsplatz sowie die sachlich begrenzte Zielsetzung des Drittmittelgebers sind anzuerkennen. Denn wenn auf einem Arbeitsplatz bestimmte Aufgaben und Tätigkeiten verrichtet werden, die zu einem bestimmten Zeitpunkt endgültig abgeschlossen werden, fällt der Arbeitsplatz des Arbeitnehmers weg, so daß eine Befristung des Arbeitsverhältnisses nicht als unsachlich und lediglich vorgeschoben angesehen werden kann.

Dies bedeutet im Umkehrschluß die Ablehnung der Anerkennung eines sachlichen Grundes bei Drittmittelfinanzierung, wenn und soweit die Drittmittel nicht für bestimmte Arbeitsplätze, sondern vielmehr dem Drittmittelempfänger allgemein zur Aufstockung seines Personalbestandes über seine "Stammbelegschaft" hinaus zur Verfügung gestellt werden. Hier kann sich der Arbeitgeber, der für die Durchführung der geförderten Aufgaben auch unbefristet eingestelltes Personal beschäftigt, nicht erfolgreich darauf berufen, er habe nach Auslaufen der Drittmittelfinanzierung keinen Bedarf mehr für die Beschäftigung des aus Mitteln Dritter finanzierten Arbeitnehmers. Denn Befristungsgrund würde letztendlich die Ungewißheit über das Weiterlaufen oder das weitere Einwerben von Drittmitteln nach Ablauf des Bewilligungszeitraumes sein. Hierfür läßt sich darüberhinaus anführen, daß es in der vorliegenden Konstellation dem Zufall überlassen bliebe, welcher Arbeitnehmer befristet und welcher Arbeitnehmer unbefristet, also als Angehöriger des "Stammpersonals", eingestellt wird. Arbeiten aus Drittmitteln finanzierte Arbeitnehmer und das Stammpersonal bei einem Projekt zusammen,

---

neten und abgrenzbaren Bereich zu beschränken ... . Es handelt sich hier auch nicht um eine unzulässige Überwälzung des Unternehmerrisikos, wenn der Beklagte der aus dem Wegfall der Beschäftigungsmöglichkeit drohenden Gefahr, durch Befristung des Arbeitsvertrages Rechnung zu tragen sucht." ; LAG Berlin, Urteil vom 18.10.1977 - 8 Sa 27/77 -, KMK-HSchR 1982, 305, 306 f. ; ArbG Mainz, Urteil vom 12.6.1978 - 3 Ca 332/78 -, KMK-HSchR 1982, 309, 310 ; ArbG Gießen, Urteil vom 20.2.1980 - 565/79 -, KMK-HSchR 1982, 330, 331 ; ArbG Marburg, 1 Ca 86/78 -, KMK-HSchR 1979, 212, 213 ; Plander/Schmidt AuR 1979, 321, 326 jedenfalls für den Fall, daß es um die Mittelbewilligung für ein kürzeres Forschungsprojekt geht, ohne daß der genaue Endtermin des Projekts von vornherein feststehen muß.

[881] LAG Stuttgart, Urteil vom 21.10.1975 - 7 Sa 80/75 -, KMK-HSchR 1982, 296 ; LAG Schleswig-Holstein, Urteil vom 24.3.1983 - 2 (3) Sa 629/82 -, BB 1984, 277 ; a.A. Heckmann, Drittmittelforschung, Hdb. WissR 1982, 966, 987 f. ; Plander/Schmidt AuR 1979, 321, 328.

[882] LAG München, Urteil vom 4.2.1980 - 8 Sa 809/79 -, KMK-HSchR 1982, 326, 327 ; ArbG Hamburg, Urteil vom 2.3.1978 - 18 Ca 295/77 -, KMK-HSchR 1979, 242, 246 ; Plander WissR 1982, 3, 20 ff.

ist eine Befristung der Arbeitsverträge des Drittmittelpersonals nicht gerechtfertigt. Um eine Befristung aus sachwidrigen Gründen zu verhindern, ist in diesen Fällen die Aufstellung einheitlicher, durchschaubarer Kriterien zu fordern. Es darf in Fällen, wo Arbeitnehmer zu der Erfüllung gleichgelagerter Aufgaben sowohl in befristeten als auch in unbefristeten Arbeitsverhältnissen beschäftigt werden, nicht dem Zufall oder der alleinigen Beurteilung des Arbeitgebers überlassen bleiben, welcher Arbeitnehmer auf Zeit und welcher auf Dauer beschäftigt wird.[883] Einer Befristung eines entsprechenden Arbeitsverhältnisses allein wegen der Drittmittelfinanzierung wäre daher mangels Vorliegens eines sachlichen Grundes die Wirksamkeit abzusprechen.

Gleiches gilt für den Fall, daß die Drittmittelfinanzierung zwar aufgrund der sachlich begrenzten Zielsetzung des Drittmittelgebers zu einem bestimmten Zeitpunkt endet, aber nicht auszuschließen ist, daß der Arbeitgeber erfolgreich bei anderen Geldgebern Drittmittel einwerben kann und dies auch von vornherein beabsichtigt ist. Ist zu dem Beendigungszeitpunkt nicht mit hinreichender Wahrscheinlichkeit der Wegfall der Drittmittelfinanzierung zu erwarten, etwa wenn es dem Drittmittelempfänger in der Vergangenheit bereits mehrfach gelungen ist, für einen bestimmten Arbeitsplatz Drittmittel von verschiedenen Geldgebern einzuwerben und damit den Arbeitsplatz aufrechtzuerhalten, so würde die Einräumung einer Befristungsmöglichkeit letztendlich auf eine Anerkennung des Befristungsgrundes " allgemeine Unsicherheit über das Weiterlaufen der Drittmittel" hinauslaufen. Der hier erörterte Befristungsgrund " sachlich begrenzte Zielsetzung des Drittmittelgebers" erfordert somit stets eine abschließende Entscheidung von Drittmittelgeber und Drittmittelempfänger über den späteren Wegfall des konkreten Arbeitsplatzes. Zum Zeitpunkt des Arbeitsvertragsabschlusses müssen darüberhinaus hinreichend sichere konkrete Anhaltspunkte für ein endgültiges Auslaufen der Drittmittelfinanzierung zum Zeitpunkt der Arbeitsvertragsbeendigung vorgelegen haben.[884]

Maßgebend ist folglich, daß für eine vorübergehende Beschäftigung bei Drittmittelfinanzierung vom Tatsächlichen her ein sachlicher Grund gegeben ist.[885] Die Begrenzung gerade der Beschäftigung muß sachlich begründet werden können. Dies ist der Fall, wenn die vom Arbeitnehmer geschuldete Tätigkeit ihre zeitliche

---

883 BAG, Urteil vom 12.9.1996 - 7 AZR 64/96 -, EzA § 620 BGB Nr. 144 ; BAG, Urteil vom 13.5.1982 - 2 AZR 87/80 -, EzA § 620 BGB Nr. 59 ; st. Rspr. des BAG.

884 So auch BAG, Urteil vom 15.1.1997 - 7 AZR 158/96 -, NZA 1998, 29, 31 ; BAG, Urteil vom 21.1.1987 - 7 AZR 265/85 -, EzA § 620 BGB Nr. 89 in einer Entscheidung wegen der langen Beschäftigungsdauer des Klägers, der bereits nahezu zwölf Jahre mehrfach befristet in den Diensten desselben Instituts ohne einen wirksamen Bestandsschutz seines Arbeitsverhältnisses gestanden hat. Das BAG läßt in diesem Urteil offen, ob dies auch bei dem erstmaligen Abschluß eines Arbeitsvertrages oder bei einer kürzeren Beschäftigungsdauer gilt.

885 BAG, Urteil vom 25.1.1980 - 7 AZR 69/78 -, AP Nr. 52 zu § 620 BGB Befristeter Arbeitsvertrag ; LAG Frankfurt, Urteil vom 25.6.1981 - 12 Sa 38/81 -, KMK-HSchR 1982, 341, 345 ; Lakies NZA 1995, 296, 297 ; Plander WissR 1982, 3, 23 ; Jobs/Bader DB 1981, Beil. Nr. 21, 1, 4.

Begrenzung von vornherein in sich trägt und folglich das Arbeitsverhältnis tätigkeitsbezogen nicht auf Dauer angelegt ist.

Abzulehnen sind somit die teilweise von den Instanzgerichten und in der Literatur vertretenen Auffassungen, wonach eine Befristung des Arbeitsverhältnisses entsprechend dem Bewilligungszeitraum oder gar die Aneinanderreihung von befristeten Arbeitsverträgen entsprechend einer jährlichen Mittelbewilligung des Drittmittelgebers zulässig sind. Sie laufen auf eine Abwälzung des Unternehmerrisikos auf den Arbeitnehmer hinaus. Die Argumentation des Arbeitsgerichts Ludwigshafen[886], der Wegfall der Beschäftigungsmöglichkeit durch das Auslaufen der Drittmittel sei für den Arbeitgeber nicht steuerbar und kaum kalkulierbar, so daß eine unzulässige Abwälzung des Unternehmerrisikos nicht vorliege, verkennt, daß der künftige Arbeitskräftebedarf für einen Arbeitgeber stets nicht steuerbar und kaum kalkulierbar ist. Denn der künftige Arbeitskräftebedarf hängt von zahlreichen Faktoren, z.B. der konjunkturellen Entwicklung sowie der wirtschaftlichen Entwicklung des Betriebes ab, alles Umstände, die nicht voraussehbar sind und zu Schwankungen beim Arbeitskräftebedarf führen können. Warum bei der Drittmittelfinanzierung anderes gelten soll als im übrigen, ist nicht ersichtlich.

Festzuhalten bleibt zunächst, daß ein sachlicher Grund für die Befristung eines Arbeitsverhältnisses gegeben ist, wenn Drittmittel für einen konkreten Arbeitsplatz nur für eine genau bestimmte Zeit zur Verfügung gestellt werden[887] und der Arbeitsplatz nach Auslaufen der Drittmittelförderung fortfällt.

Anzumerken ist jedoch, daß sachlicher Befristungsgrund in diesem Fall weniger der Wegfall der Drittmittel zu einem bestimmten Zeitpunkt, sondern vielmehr die Begrenztheit der von dem Arbeitnehmer verrichteten Aufgabe ist. Nicht nur im Bereich der Drittmittelfinanzierung, sondern auch bei dem Einsatz von Eigenmitteln durch einen Unternehmer kann sich der Arbeitgeber dazu entschließen, bestimmte Tätigkeiten oder Aufgaben nur für eine bestimmte Zeit ausführen zu lassen. Beispielsweise kann ein sich mit Eigenmitteln finanzierender Arbeitgeber neben seinem allgemeinen Tätigkeitsbereich auch Tätigkeiten in einem deutlich abgrenzbaren Teilgebiet verrichten lassen, die von vornherein nur zeitlich begrenzt durchgeführt werden. Solche ausgegliederten Tätigkeiten können also auch bei nicht drittmittelfinanzierten Projekten auftreten. Die Durchführung von Aufgaben von begrenzter Dauer ist damit kein spezifisches Problem im Bereich der Drittmittelfinanzierung.

Das Auslaufen der Drittmittel tritt in den Hintergrund. Entscheidend ist hier auf den Befristungsgrund "begrenzte Aufgabe" abzustellen (Befristungsgrund " Aufgaben von begrenzter Dauer"). Dieser Befristungsgrund ist im Grundsatz anerkannt und tritt nicht nur im Bereich der Drittmittelfinanzierung auf. Die Gründe

---

[886] ArbG Ludwigshafen, Urteil vom 26.10.1976 - 5 Ca 1602/76 -, KMK-HSchR 1982, 298, 300 ff.

[887] So auch Schaub, Arbeitsrechtshandbuch, § 39, II, 4, b.

"Drittmittelfinanzierung eines konkreten Arbeitsplatzes" sowie "sachlich begrenzte Zielsetzung des Drittmittelgebers" sind daher Unterfälle der Fallgruppe "Aufgaben von begrenzter Dauer".

Das Vorliegen von Aufgaben von begrenzter Dauer erfordert regelmäßig eine Prognoseentscheidung des Arbeitgebers. Für die Begrenztheit der Aufgaben müssen daher hinreichend konkrete Anhaltspunkte sprechen.[888] Dies ist auch im Bereich der Drittmittelfinanzierung vom Einzelfall abhängig. Die vorstehenden Ausführungen haben verdeutlicht, daß diesem Erfordernis jedenfalls dann genügt ist, wenn der Drittmittelgeber nur eine zeitlich begrenzte Finanzierung eines Arbeitsplatzes verfolgt und der Arbeitgeber daraufhin die Entscheidung trifft, die drittmittelfinanzierten Aufgaben nur für die Dauer der Drittmittelzuwendung durchführen zu lassen.

Auf der anderen Seite wird dem Prognoseerfordernis nicht genügt, wenn der Arbeitnehmer allgemeine Daueraufgaben verrichtet, die auch nach dem Drittmittelwegfall fortgeführt werden sollen, d.h., wenn die Tätigkeiten oder Aufgaben des Arbeitnehmers nicht von den allgemeinen Aufgaben- oder Tätigkeitsbereichen des Drittmittelempfängers abgegrenzt werden können. Entsprechendes ist anzunehmen, wenn zwar die Beendigung der Aufgaben zu irgendeinem Zeitpunkt feststeht, dies jedoch erst in unabsehbarer Zukunft der Fall sein wird.[889] Die Wahrnehmung einer Daueraufgabe durch den zunächst aus Drittmitteln finanzierten Arbeitnehmer kann ein Indiz für das Fehlen eines sachlichen Grundes darstellen. In diesem Fall ist eine Berufung des Drittmittelempfängers auf eine spezielle, zeitlich begrenzte Aufgabe des Arbeitnehmers ausgeschlossen. Andernfalls käme es letztendlich zu einer Anerkennung eines sachlichen Grundes "zeitlich begrenzte Drittmittelfinanzierung".

Fraglich ist, ob die Berufung des Arbeitgebers auf den Befristungsgrund "Aufgaben von begrenzter Dauer" wegen des Vertrauensschutzes zeitlich zu begrenzen ist.

Teilweise wird die Ansicht vertreten, daß die Berufung auf den Befristungsgrund " Aufgaben von begrenzter Dauer" nur dann zulässig ist, wenn es um verhältnismäßig kurze Zeiten (bis zu zwei Jahren) geht.[890] Erwägen könnte man eine analoge Anwendung von § 1 Abs. 1 Satz 1 BeschFG.

Obiger Ansicht ist im Grundsatz zuzustimmen. Wenn ein Arbeitnehmer über viele Jahre hinweg beschäftigt wird, so liegt es nahe, daß er Daueraufgaben verrichtet. Es ist nicht gerechtfertigt, Arbeitsverhältnisse mit langer Befristungsdauer zu schließen oder zahlreiche Befristungen hintereinander zu schalten und sich stets auf Aufgaben von begrenzter Dauer zu berufen. Allerdings erscheint die vorgeschlagene feste Grenze von zwei Jahren als zu niedrig angesetzt. Denn begrenzte Aufgaben können in allen Wirtschaftsbereichen und im öffentlichen Dienst durch-

---

[888] Ähnlich LAG Niedersachsen, Urteil vom 20.10.1989 - 3 Sa 1610/88 -, LAGE § 620 BGB Nr. 22.

[889] So zu Recht auch Plander/Schmidt AuR 1979, 321, 325.

[890] Plander/Schmidt AuR 1979, 321, 326 ; Wiedemann/Palenberg RdA 1977, 85, 90.

aus einige Jahre in Anspruch nehmen und anschließend fortfallen, ohne stets befürchten zu müssen, daß der Befristungsgrund lediglich vorgeschoben ist. Eine feste Zeitgrenze erweist sich damit als zu unflexibel. Folglich ist auch eine analoge Anwendung der Zwei-Jahres-Grenze des § 1 Abs. 1 Satz 1 BeschFG im Ergebnis abzulehnen.
Das BAG entschied in einem Urteil vom 21.1.1987[891], daß zum Zeitpunkt des Arbeitsvertragsschlusses hinreichend sichere konkrete Anhaltspunkte für ein endgültiges Auslaufen der Drittmittelfinanzierung zum Zeitpunkt der Arbeitsvertragsbeendigung vorgelegen haben müssen. Der Entscheidung lag ein Fall zugrunde, bei dem der Kläger bereits nahezu zwölf Jahre mehrfach befristet in den Diensten desselben Instituts gestanden hatte, ohne einen wirksamen Bestandsschutz seines Arbeitsverhältnisses zu haben. Das BAG hat in dieser Entscheidung aber offengelassen, ob dies auch bei dem erstmaligen Abschluß eines Arbeitsvertrages oder bei einer kürzeren Beschäftigungsdauer gilt.
Diese Rechtsprechung ist jedenfalls bei einer sehr langen Beschäftigungsdauer auch auf den erstmaligen Abschluß eines befristeten Arbeitsvertrages zu übertragen. Sachgerecht ist es insoweit, auf die Rechtsprechung des BAG zur sog. Kettenbefristung abzustellen. Hiernach sind an den sachlichen Befristungsgrund bei dem wiederholten Abschluß befristeter Arbeitsverträge und der steigenden Dauer der Beschäftigung höhere Anforderungen zu stellen als bei der einmaligen Befristung des Arbeitsverhältnisses.[892] Auch für den Fall einer einmaligen Befristung ist es interessengerecht, bei einer erheblichen Dauer des Arbeitsverhältnisses erhöhte Anforderungen an den Sachgrund "Aufgaben von begrenzter Dauer" zu stellen. Dies rechtfertigt sich durch den Vertrauens- und Sozialschutz des Arbeitnehmers, der nach einer über viele Jahre andauernden Beschäftigung auf eine Weiterbeschäftigung vertraut, zumal mit zunehmender Vertragsdauer die Wahrnehmung von Daueraufgaben immer näherliegender erscheint. Es müssen daher auch bei einer einmaligen Befristung des Arbeitsverhältnisses auf mehrere Jahre hohe Anforderungen an die Darlegung des Arbeitgebers gestellt werden, aus welchen Gründen bei Abschluß des Vertrages vorauszusehen war, daß die Beschäftigungsmöglichkeit nach vielen Jahren entfallen wird.

e) Die Fremdbestimmtheit durch Vorgaben des Drittmittelgebers als Befristungsgrund

Weiterhin ist das Kriterium der Fremdbestimmtheit durch Vorgaben des Drittmittelgebers als Befristungsgrund in Erwägung zu ziehen.[893] Die fehlende effektive Planungskompetenz des Arbeitgebers könnte eine Befristung des Arbeitsver-

---

[891] BAG, Urteil vom 21.1.1987 - 7 AZR 265/85 -, EzA § 620 BGB Nr. 89.
[892] BAG, Urteil vom 21.4.1993 - 7 AZR 376/92 -, EzA § 620 BGB Nr. 121 ; BAG, Urteil vom 21.1.1987 - 7 AZR 265/85 -, EzA § 620 BGB Nr. 89 ; LAG Berlin, Urteil vom 6.10.1995 - 6 Sa 71/95 -, LAGE § 620 BGB Nr. 42 ; KR (-Lipke), § 620 BGB Rn. 94 m.w.N.
[893] Vgl. zum Kriterium der Fremdbestimmtheit oben, 4. Teil, C, II, 3, b.

trages rechtfertigen. Nach einer Ansicht reicht eine weitgehende Fremdbestimmtheit durch Vorgaben des Drittmittelgebers als sachlicher Befristungsgrund aus.[894] Hierfür spricht, daß dem Arbeitgeber andernfalls das Arbeitgeberrisiko zugesprochen würde, ohne daß er seine Unternehmensziele autonom verwirklichen kann. Bei einer umfassenden Fremdbestimmtheit des Arbeitgebers durch den Drittmittelgeber würde dies möglicherweise zu weit gehen.
Ist auf der anderen Seite die personelle und inhaltliche Planungskompetenz nicht oder nur unerheblich beschränkt und läßt der Drittmittelgeber dem Drittmittelempfänger einen weiten unternehmerischen Entscheidungsspielraum, so läßt sich eine Befristung keinesfalls allein mit der Fremdbestimmung begründen. Bei einer Drittmittelfinanzierung ohne nähere Vorgaben durch den Drittmittelgeber liefe eine Befristungsmöglichkeit für den Arbeitgeber auf eine Abwälzung des Unternehmerrisikos auf den Arbeitnehmer hinaus.

Die Anerkennung eines Befristungsgrundes "Fremdbestimmtheit durch Vorgaben des Drittmittelgebers" ist aber im Ergebnis insgesamt nicht haltbar, soweit allein auf eine Fremdbestimmung abgestellt wird. Zu berücksichtigen ist, daß die Fremdbestimmung dauerhaft sein und sich über sehr lange Zeiträume erstrecken kann. Eine Beendigung der Fremdbestimmung und damit einer Befristungmöglichkeit kann ungewiß sein. Eine Anerkennung dieses Befristungsgrundes würde zahlreiche Kettenbefristungen rechtfertigen.
Zu beachten ist weiterhin, daß auch der Grund "Fremdbestimmtheit durch Vorgaben des Drittmittelgebers" ein Befristungsgrund ist, der nicht ausschließlich auf den Bereich der Drittmittelfinanzierung zugeschnitten ist.[895]
Die Fremdbestimmtheit allein kann den Abschluß befristeter Arbeitsverhältnisse aber nicht rechtfertigen. Denn sonst wäre dem Ausufern von sachlichen Befristungsgründen Tür und Tor geöffnet. Dies gilt sowohl für den Bereich der Drittmittelfinanzierung, als auch den nicht drittmittelfinanzierten Bereich. Hinzukommen müssen weitere Voraussetzungen, die eine Befristung vom Tatsächlichen her rechtfertigen. Zu denken ist etwa an die zeitlich begrenzte Förderung einer bestimmten Aufgabe, nach deren Durchführung der konkrete Arbeitsplatz fortfällt. Die Abhängigkeit von Vertragspartnern gefährdet zwar die Arbeitsplätze, wenn die vertraglichen Beziehungen zwischen den Unternehmen beendet werden. Allein dieser Umstand kann als sachlicher Befristungsgrund indessen nicht genügen, da andernfalls das Unternehmerrisiko auf die Arbeitnehmer abgewälzt würde. Die Anerkennung eines Befristungsgrundes "Fremdbestimmtheit" würde in diesem Bereich der Anerkennung der Ungewißheit der künftigen Entwicklung des Arbeitsanfalls und des Arbeitskräftebedarfs als Befristungsgrund gleichkommen. Ferner ist der Begriff der Fremdbestimmtheit nur schwer greifbar. Es ist eine Frage der Auslegung, wann im Einzelfall eine weitgehende Fremdbestimmtheit angenommen werden kann. Rechtsunsicherheit wäre in diesem Bereich die Folge. Es

---

[894] KR (-Lipke), § 620 BGB Rn. 172 d.
[895] Vgl. oben, 4. Teil, C, II, 3, b.

würde die Gefahr entstehen, daß der Arbeitgeber das Kriterium der Fremdbestimmtheit für eine Befristung nur vorschiebt. Schon diese kaum zu beherrschende Gefahr des Ausuferns von Befristungsgründen spricht dafür, die bloße Fremdbestimmung nicht als sachlichen Befristungsgrund anzuerkennen. Darüberhinaus ist nicht erkennbar, inwieweit sich gerade eine Fremdbestimmung konkret auf die Arbeitsverhältnisse der befristet eingestellten Arbeitnehmer auswirken könnte. Die Rechtsstellung des Arbeitnehmers ist nicht unmittelbar betroffen.

In Rechtsprechung und Literatur ist die Fremdbestimmtheit als alleiniger Befristungsgrund, soweit ersichtlich, noch nicht erörtert worden.
Das BAG hat zwar bei im Auftrag der Bundesanstalt für Arbeit durchgeführten und von ihr im wesentlichen finanzierten "Maßnahmen zur Berufsvorbereitung und sozialen Eingliederung junger Ausländer" (MBSE) eine Befristung der zwischen den Maßnahmeträgern und den Lehrkräften geschlossenen Arbeitsverträge für die Dauer des Ausbildungsjahres für wirksam erachtet. Als Befristungsgrund wurde hier auf den projektbedingt erhöhten personellen Mehrbedarf wegen der weitgehend durch die Bundesanstalt bestimmten Personalvorgaben und wegen der für den einzelnen Maßnahmeträger bestehenden Unsicherheit über die Durchführung weiterer überbetrieblicher Ausbildungsmaßnahmen im Rahmen des Benachteiligungsprogramms abgestellt.[896] Mit den durch die Bundesanstalt bestimmten Personalvorgaben zieht das BAG auch das Kriterium der Fremdbestimmtheit durch Vorgaben der Bundesanstalt, die insoweit Drittmittelgeber ist, zur sachlichen Rechtfertigung einer Befristung mit heran. Die Fremdbestimmtheit dieser Maßnahmen äußere sich darin, daß die Bundesanstalt in eigener Autonomie darüber entscheiden könne, welche öffentlichen oder privaten Einrichtungen sie mit der Durchführung von MBSE-Maßnahmen jeweils betraue und daß sie die finanziellen Mittel für die projektbedingten Aufwendungen (Personal- und Sachkosten) nur jeweils kursbezogen dem Projektträger zur Verfügung stelle.[897] Die weitgehende Fremdbestimmtheit zeige sich weiterhin darin, daß die Bundesanstalt genaue Richtlinien über die Aufgaben, Ziele, Inhalt und Organisation der MBSE-Maßnahmen aufgestellt habe und die einem Arbeitgeber typischerweise zustehende personelle Planungskompetenz maßgeblich eingeschränkt werde, indem die Personalmittelbewilligung nach einem bestimmten Personalschlüssel erfolge.[898]
In diesen Urteilen stellte das BAG aber vor allem auch darauf ab, daß die Berufsausbildungsmaßnahmen für die Maßnahmeträger jeweils befristet übertragene, ausbildungsbezogene sozialstaatliche Sonderaufgaben von begrenzter Dauer

---

[896] BAG, Urteil vom 28.5.1986 - 7 AZR 581/84 -, AP Nr. 101 zu § 620 BGB Befristeter Arbeitsvertrag m.w.N. ; BAG, Urteil vom 24.9.1986 - 7 AZR 669/84 -, AP Nr. 12 zu § 72 ArbGG 1979 m.w.N. ; BAG, Urteil vom 15.3.1989 - 7 AZR 264/88 -, AP Nr. 126 zu § 620 BGB Befristeter Arbeitsvertrag.
[897] BAG, Urteil vom 28.5.1986 - 7 AZR 581/84 -, AP Nr. 101 zu § 620 BGB Befristeter Arbeitsvertrag ; BAG, Urteil vom 24.9.1986 - 7 AZR 669/84 -, AP Nr. 12 zu § 72 ArbGG 1979.
[898] BAG, Urteil vom 28.5.1986, a.a.O. ; BAG, Urteil vom 24.9.1986, a.a.O.

waren.[899] Die Bindung an einen Personalschlüssel unterstreicht nach dem BAG lediglich den Sonderprogrammcharakter der MBSE-Maßnahmen.[900] Die Rechtsprechung des BAG erkennt somit in den MBSE-Maßnahmen-Entscheidungen das Kriterium der Fremdbestimmtheit durch Vorgaben des Drittmittelgebers allein nicht als sachlichen Grund an. Maßgebend wird beim Befristungsgrund auf die anerkannte Fallgruppe "Aufgaben von begrenzter Dauer" abgestellt.
Da das BAG nicht lediglich auf die Fremdbestimmtheit als Befristungsgrund abstellt und vielmehr klarmacht, daß diese den Sonderprogrammcharakter der Maßnahmen unterstreicht, kann davon ausgegangen werden, daß auch das BAG dem Befristungsgrund "Fremdbestimmung durch Vorgaben des Drittmittelgebers" die Anerkennung versagen würde.

f) Fehlendes Auftreten des Arbeitgebers am Markt als Befristungsgrund

Schließlich könnte das fehlende Auftreten des Drittmittelempfängers am Markt als Befristungsgrund in Betracht kommen. Zu erwägen ist eine Differenzierung danach, ob ein Arbeitgeber mit allen Chancen und Risiken am Markt auftritt und sein Unternehmensziel möglichst zweckmäßig und kostengünstig am Markt verfolgen muß oder nicht. Die sachliche Rechtfertigung einer Befristung von Arbeitsverträgen bei einem Arbeitgeber, der nicht am Markt auftritt, ist möglicherweise nach anderen Kriterien als die Ungewißheit in der Wirtschaft über das Weiterlaufen der Drittmittel und über den zukünftigen Arbeitskräftebedarf zu beurteilen. Denn der künftige Arbeitskräftebedarf eines Arbeitgebers, der nicht am Markt auftritt, hängt nicht von der konjunkturellen Entwicklung, der künftigen Auftragslage und der wirtschaftlichen Entwicklung des Betriebes ab. Insoweit ist die ganz herrschende Auffassung hinsichtlich der Unwirksamkeit einer Befristung wegen der bloßen Ungewißheit über das Weiterlaufen der Drittmittel und über den künftigen Arbeitskräftebedarf bei einem fehlenden Auftreten des Arbeitgebers am Markt nicht ohne weiteres übertragbar.
Fraglich ist aber, ob allein der Umstand, daß ein Arbeitgeber nicht am Markt auftritt, bereits geeignet ist, eine Befristung sachlich zu rechtfertigen. Der Öffentliche Dienst, der Arbeiten im öffentlichen Interesse erbringt, Kirchen und kirchliche Organisationen treten beispielsweise regelmäßig nicht am Markt auf. Allerdings unterliegt auch der Arbeitskräftebedarf von nicht am Markt auftretenden Arbeitgebern Schwankungen. In den verschiedenen Bereichen des öffentlichen Dienstes etwa fällt einmal mehr und einmal weniger Arbeit an. Die öffentlichen Dienstherren haben daher ebenso wie die Unternehmer in der Wirtschaft ein Interesse daran, auf Bedarfsschwankungen leichter und schneller reagieren zu können. Die Interessenlage ist vergleichbar. Auch bei nicht am Markt auftretenden Arbeitgebern ist der künftige Arbeitskräftebedarf nicht absehbar. Würde das fehlende

---

[899] Vgl. BAG, Urteil vom 8.4.1992 - 7 AZR 135/91 -, EzA § 620 BGB Nr. 115.
[900] BAG, Urteil vom 28.5.1986, a.a.O. ; BAG, Urteil vom 24.9.1986, a.a.O.

Auftreten des Arbeitgebers am Markt als sachlicher Befristungsgrund angesehen werden, wäre dem Ausufern von sachlichen Befristungsgründen in diesem Bereich Tür und Tor geöffnet. Daher muß die Ungewißheit über den künftigen Arbeitskräftebedarf bei nicht am Markt auftretenden Arbeitgebern ebenso wie bei Wirtschaftsunternehmen als sachlicher Befristungsgrund ausscheiden.
Daher kann im Ergebnis das fehlende Auftreten des Arbeitgebers am Markt nicht als sachlicher Befristungsgrund anerkannt werden.

g) Zusammenfassung zu den Befristungsgründen und Fazit

Die Ausführungen zum sachlichen Befristungsgrund haben gezeigt, daß hohe Anforderungen an den sachlichen Grund bei einer Drittmittelfinanzierung zu stellen sind. Die Abhängigkeit des Drittmittelempfängers von den Zahlungen Dritter allein (Befristungsgrund "zeitlich begrenzte Drittmittelfinanzierung) genügt nicht und rechtfertigt im Grundsatz keine Befristung eines Arbeitsverhältnisses. Gleiches gilt für die Ungewißheit über die in Zukunft zur Verfügung stehenden Drittmittel (Befristungsgrund "allgemeine Unsicherheit über das Weiterlaufen der Drittmittel"), bei der "Fremdbestimmung durch Vorgaben des Drittmittelgebers" sowie bei einem fehlenden Auftreten des Drittmittelempfängers am Markt.
Im Bereich der Drittmittelfinanzierung sind somit als sachliche Befristungsgründe nur die "Drittmittelfinanzierung für einen konkreten Arbeitsplatz" sowie die "sachlich begrenzte Zielsetzung des Drittmittelgebers" anzuerkennen. Diese können als Unterfälle dem allgemeineren und bereits anerkannten Befristungsgrund der Verrichtung von "Aufgaben von begrenzter Dauer"[901] untergeordnet werden, da der Gesichtspunkt der Drittmittelfinanzierung bei der Annahme eines sachlichen Befristungsgrundes in diesem Zusammenhang ohne wesentliche Bedeutung ist. Dieser Befristungsgrund stellt keine Besonderheit beim drittmittelfinanzierten Arbeitsverhältnis dar. Er kann auch bei jedem anderen Arbeitsverhältnis bei Vorliegen bestimmter Voraussetzungen eine Befristung rechtfertigen.

Als Fazit kann festgehalten werden: Die Problematik von befristeten Arbeitsverhältnissen im Bereich der Drittmittelfinanzierung läßt sich im Grundsatz unter Heranziehung der bereits anerkannten Fallgruppen einer sachlich gerechtfertigten Befristung lösen. Ein drittmittelspezifischer Befristungsgrund "Drittmittelfinanzierung" kann nicht als weitere Fallgruppe einer sachlich gerechtfertigten Befristung festgestellt werden. Vielmehr sind die im Bereich der Drittmittelfinanzierung anzuerkennenden Befristungsgründe als Unterfälle der Fallgruppe "Aufgaben von begrenzter Dauer" zuzuordnen.

---

[901] Der Befristungsgrund "vorübergehende Aufgaben" wird z.B. von Bedeutung bei Aushilfsarbeitsverhältnissen, der Krankheits- und Schwangerschaftsvertretung, Arbeitsverhältnissen im Saisongewerbe, etc.

5) Befristungsgründe und Vorgaben des Drittmittelgebers

Teilweise versuchen Drittmittelgeber, durch Bewilligungsbedingungen oder Verwaltungserlasse auf den Drittmittelempfänger und auf seinen Entschluß hinsichtlich der Arbeitsvertragsgestaltung einzuwirken. Denkbar ist, daß dem Drittmittelempfänger vorgeschrieben wird, daß mit Drittmittelbeschäftigten nur befristete, an der Laufzeit der Drittmittel orientierte Arbeitsverträge abgeschlossen werden sollen. Der Drittmittelempfänger kann damit im Innenverhältnis zum Drittmittelgeber entsprechenden Bindungen ausgesetzt sein.

Solche Vorgaben des Drittmittelgebers können indessen keine sachlichen Gründe schaffen, sofern nicht vom Tatsächlichen her sachliche Befristungsgründe gegeben sind.[902] Sachliche Gründe sind keine Frage der Vereinbarung. Maßgebend ist stets die Tatsachenlage. Andernfalls hätten es Drittmittelgeber und Drittmittelempfänger in der Hand, arbeitsrechtliche Schutzmechanismen auszuschalten.

6) Zuwendungsfremde Tätigkeiten und Befristung

Wird der Arbeitnehmer im befristeten drittmittelfinanzierten Arbeitsverhältnis vorübergehend oder dauerhaft zu zuwendungsfremden Tätigkeiten herangezogen, so wird das Vorliegen eines sachlichen Grundes für die Befristung dadurch nicht berührt, wenn der Drittmittelempfänger dies nicht von vornherein beabsichtigt hat. Zwar mag die Zuweisung zuwendungsfremder Arbeiten den Vereinbarungen zwischen Drittmittelgeber und Drittmittelempfänger widersprechen. Einen Einfluß auf das Arbeitsverhältnis hat dieser Umstand indes nicht. Dies folgt bereits aus dem allgemeinen Grundsatz, daß maßgebender Zeitpunkt für die Beurteilung des sachlichen Grundes der Zeitpunkt der Befristungsvereinbarung ist.[903]

7) Besonderheiten im Hochschulbereich

Es stellt sich die Frage, ob die befristete Gewährung von Drittmitteln einen sachlichen Grund zur Befristung von Arbeitsverhältnissen im Hochschulbereich über die allgemeinen Grundsätze hinaus begründet. Die wesentlichen Grundsätze wurden bereits bei der Entwicklung der allgemeinen Grundsätze der Befristung im Bereich der Drittmittelfinanzierung dargestellt. Hier sollen nunmehr lediglich einige Ergänzungen stattfinden und gesetzliche Abweichungen im Hochschulbereich erörtert werden.

---

[902] Vgl. hierzu auch Plander WissR 1982, 3, 17 f.

[903] Vgl. oben, 7. Teil, B, II, 1.

a) Befristung nach § 620 BGB bei Vorliegen eines sachlichen Grundes

Bei dem Abschluß befristeter Arbeitsverträge im Hochschulbereich spielt die Drittmittelfinanzierung von Forschungsprojekten eine besondere Rolle.

Das BAG hat seine Rechtsprechung zur Wirksamkeit einer Befristung bei der Abhängigkeit von Haushaltsmitteln im öffentlichen Dienst auf den Bereich der Drittmittelfinanzierung im Hochschulbereich übertragen.

Grundsätzlich stellen danach die bloße Begrenzung des Haushalts und das Haushaltsjahr oder allgemeine Einsparungsgesichtspunkte und damit haushaltsrechtliche Erwägungen im allgemeinen keinen sachlichen Grund für die Befristung von Arbeitsverträgen dar, weil das Haushaltsrecht nicht unmittelbar in die Rechte Dritter und damit nicht unmittelbar in das Arbeitsverhältnis eingreifen kann.[904] Wegen der zeitlichen Begrenzung des Haushaltsplans durch das Haushaltsjahr sei zwar ungewiß, ob ein künftiger Haushaltsplan noch Mittel vorsehe. Aber auch in der Privatwirtschaft sei nicht gesichert, daß entsprechende Mittel in der Zukunft zur Verfügung stehen. Die Unsicherheit der finanziellen Entwicklung gebe noch keinen sachlichen Grund für eine Befristung ab. Ein sachlicher Grund für die Befristung des Arbeitsverhältnisses ist jedoch nach Auffassung des BAG anzuerkennen, wenn eine Haushaltsstelle von vornherein nur für eine genau bestimmte Zeit bewilligt ist und sie anschließend fortfallen soll.[905] In diesem Fall sei davon auszugehen, daß sich der Haushaltsgeber selbst mit den Verhältnissen gerade dieser Stelle befaßt und aus sachlichen Erwägungen festgelegt habe, daß sie nicht mehr bestehen soll. Diese Entscheidung sei auch für das Verhältnis zwischen dem Arbeitnehmer und dem von der haushaltsrechtlichen Entscheidung abhängigen Arbeitgeber erheblich und geeignet, eine entsprechende Befristung sachlich zu rechtfertigen.

Nach diesen Grundsätzen ist nach der Rechtsprechung des BAG insbesondere auch die Zurverfügungstellung von Drittmitteln zu beurteilen.[906]

Eine allgemeine Unsicherheit über das Weiterlaufen der Drittmittel reicht demnach ebenso wie die zeitliche Begrenzung der Drittmittel zur Befristung des Ar-

---

[904] BAG, Urteil vom 8.4.1992 - 7 AZR 135/91 -, EzA § 620 BGB Nr. 115 ; BAG, Urteil vom 26.8.1988 - 7 AZR 101/88 -, EzA § 620 BGB Nr. 102 ; BAG, Urteil vom 27.2.1987 - 7 AZR 376/85 -, EzA § 620 BGB Nr. 91 ; BAG, Urteil vom 3.12.1982 - 7 AZR 622/80 -, EzA § 620 BGB Nr. 63 ; BAG, Urteil vom 25.1.1980 - 7 AZR 69/78 -, AP Nr. 52 zu § 620 BGB Befristeter Arbeitsvertrag ; LAG Rheinland-Pfalz, Urteil vom 1.10.1996 - 6 Sa 641/96 -, LAGE § 620 BGB Nr. 45 ; zur Entwicklung der Rechtsprechung des BAG vgl. KR (-Lipke), § 620 BGB Rn. 171 f. m.w.N. ; Wiedemann/Palenberg RdA 1977, 85, 89 f. Zusammenfassend Cesarano PersR 1998, 141, 143 ff.

[905] BAG, Urteil vom 26.8.1988, a.a.O. ; BAG, Urteil vom 3.12.1982, a.a.O. ; BAG, Urteil vom 27.2.1987, a.a.O.; BAG, Urteil vom 25.1.1980, a.a.O.

[906] BAG, Urteil vom 25.1.1980 - 7 AZR 69/78 -, AP Nr. 52 zu § 620 BGB Befristeter Arbeitsvertrag ; BAG, Urteil vom 7.3.1980 - 7 AZR 177/78 -, AP Nr. 54 zu § 620 BGB Befristeter Arbeitsvertrag. So auch die h.L., vgl. nur MünchArbR (-Freitag), § 181 Rn. 132 ; Lakies NZA 1995, 296, 298.

beitsvertrages im Hochschulbereich nicht aus. Haben sich der Drittmittelgeber und der Arbeitgeber aber gerade mit den Verhältnissen der konkreten Stelle befaßt und eine Entscheidung über den späteren Wegfall des konkreten Arbeitsplatzes getroffen, kann dies eine Befristung rechtfertigen. In der Instanzrechtsprechung und in der Literatur werden teilweise abweichende Auffassungen vertreten. Auf diese wurde bereits eingegangen. Es gelten auch im Hochschulbereich die oben[907] dargestellten und entwickelten allgemeinem Grundsätze.

Einen interessanten Standpunkt vertritt Lübbert.[908] Speziell bei der Drittmittelfinanzierung im Forschungsbereich erkennt er den Befristungsgrund "Wegfall der Drittmittelfinanzierung"[909] aufgrund einer umfassenden Interessenbewertung an. Er meint, es dürfe nicht verkannt werden, daß auch durch eine betriebsbedingte Kündigung eine Überwälzung des Unternehmerrisikos auf die Arbeitnehmer zu gewärtigen sei, allerdings gemildert durch die sozialen Auffangtatbestände des KSchG. Eine obigem Befristungsgrund entsprechende Befristung des Arbeitsvertrages oder die Vereinbarung einer auflösenden Bedingung beinhalte eine vorgezogene Unternehmerentscheidung des Arbeitgebers, mit der er sich für den Eintritt eines bestimmten Falles von vornherein auf eine bestimmte Reaktion festlege.[910] Im Drittmittelbereich überzeuge die Ansicht, mit einer Befristung oder auflösenden Bedingung sei eine größere zeitliche und soziale Unsicherheit verbunden, nicht, da dem Drittmittelbediensteten bekannt sei oder es könne ihm zur Kenntnis gebracht werden, daß er nicht zur Stammbelegschaft gehöre, sondern aus Drittmittel vergütet werde. Vor einem Überraschungseffekt werde der Arbeitnehmer auch durch das KSchG nicht bewahrt.[911] Das Ergebnis der Entscheidung des Drittmittelgebers über eine Förderungsverlängerung sei für den Arbeitgeber weder steuerbar noch vorherzusehen. Eine Befristung entspreche daher zwingend den wirtschaftlichen und sozialen Verhältnissen des Arbeitgebers. Da das Drittmittelverfahren die Qualitätssicherung der Forschung unterstütze, bemesse sich die Zukunft der Förderung eines Projektes nach anderen Kriterien als die Ungewißheit in der Wirtschaft über die zukünftige Verfügbarkeit der Mittel.[912] Es komme zu einem Verlust an Flexibilität, der Rückwirkungen auf die Bereitschaft zur Durchführung von Drittmittelprojekten sowie auf das Förder- und Begutachtungsverfahren der Förderorganisationen haben könnte.[913] Schließlich werde die Flexibilität der Hochschulen durch die Einschränkung der Personaldispositionen

---

[907] Vgl. oben, 7. Teil, C, II, 4.

[908] Lübbert, Befristete Arbeitsverhältnisse im Hochschulbereich und in außeruniversitären Forschungseinrichtungen, S. 210 ff.

[909] Dieser Befristungsgrund wird in der vorliegenden Arbeit "zeitlich begrenzte Drittmittelfinanzierung" genannt.

[910] Lübbert, a.a.O., S. 213.

[911] Lübbert, a.a.O., S. 214 f.

[912] Lübbert, a.a.O., S. 216.

[913] Lübbert, a.a.O., S. 217.

in einer die Wissenschaftsfreiheit tangierenden Weise beeinträchtigt.[914]
Auch dieser Begründung kann nicht gefolgt werden. Die Annahme einer vorgezogenen Unternehmerentscheidung überzeugt nicht. Eine solche kann allenfalls dann angenommen werden, wenn eine hinreichend sichere Tatsachengrundlage für eine derartige Unternehmerentscheidung besteht. Ist aber noch nicht hinreichend sicher, daß und wann die Drittmittel wegfallen oder ob gegebenenfalls weitere Drittmittelgeber angeworben werden können, so muß eine entsprechende Unternehmerentscheidung ausscheiden. Es kann auch nicht von vornherein unterstellt werden, daß der Arbeitgeber das Arbeitsverhältnis auf jeden Fall nach dem Auslaufen der Drittmittel beenden will. Ist hingegen bereits bei Abschluß des Arbeitsvertrages sicher, daß die Drittmittel zu einem bestimmten Zeitpunkt entfallen und soll auch der drittmittelfinanzierte Arbeitsplatz aufgrund der Entscheidung des Drittmittelempfängers wegfallen, so ist auch nach der hier und von der Rechtsprechung vertretenen Auffassung ein sachlicher Befristungsgrund ("Drittmittelfinanzierung eines konkreten Arbeitsplatzes" und "sachlich begrenzte Zielsetzung des Drittmittelgebers") gegeben. Außerdem erhält der Arbeitnehmer bei dem Erfordernis einer ordentlichen Kündigung gegebenenfalls einen Bestandsschutz, der ihn gegenüber den anderen Beendigungstatbeständen besserstellt. Auch Lübbert verkennt nicht, daß gegebenenfalls eine Sozialauswahl durch den Arbeitgeber erfolgen muß. Insoweit unterscheiden sich die Situationen bei den unterschiedlichen Beendigungstatbeständen wesentlich. Will der Arbeitgeber den Arbeitnehmer beispielsweise bei Vertragsschluß tatsächlich nur bis zum Auslaufen der Drittmittel beschäftigen und das konkrete Forschungsvorhaben dann nicht weiter fortführen, ändert er seine Auffassung aber später, so endet das Arbeitsverhältnis bei der Vereinbarung einer Befristung oder einer auflösenden Bedingung ohne weiteres. Der Arbeitgeber kann einen neuen Arbeitnehmer einstellen, da es für die sachliche Rechtfertigung der Befristung oder auflösenden Bedingung auf den Zeitpunkt des Vertragsschlusses ankommt. Bei dem Erfordernis einer Kündigung kann der Arbeitnehmer in diesem Fall hingegen nicht ohne weiteres gekündigt werden. Gründe, warum hinsichtlich der Ungewißheit über den künftigen Arbeitskräftebedarf bei der Förderung eines Forschungsprojektes und im übrigen Wirtschaftsbereich Unterschiedliches gelten soll, sind nicht ersichtlich. Die Argumentation Lübbert´s ist wirtschaftlich und forschungspolitisch verständlich, aber in arbeitsrechtlicher Hinsicht abzulehnen. Das Vorhandensein der Finanzierungsgrundlagen für einen eingerichteten Arbeitsplatz ist im Forschungsbereich und in den sonstigen Wirtschaftsbereichen gleichermaßen durch den Arbeitgeber weder steuerbar noch voraussehbar. In der Wirtschaft und im Forschungsbereich ist es gleichermaßen ungewiß, ob Mittel zur Finanzierung von Arbeitsplätzen auch zukünftig zur Verfügung stehen. Zwar mag es auf den ersten Blick für ein Wirtschaftsunternehmen, welches am Markt auftritt, leichter sein, die Finanzierung der Arbeitskräfte sicherzustellen, als für einen Arbeitgeber im Forschungs-

---

[914] Lübbert, a.a.O., S. 219.

bereich. Denn für ein spezielles Forschungsvorhaben, dessen Forschungsergebnisse sich möglicherweise nicht einmal wirtschaftlich - im Sinne einer Gewinnerzielung - verwerten lassen, wird sich möglicherweise nur eine begrenzte Anzahl an förderungsbereiten Drittmittelgebern finden lassen. Allerdings ist zu beachten, daß gerade für die industrielle Forschung durchaus ein Markt vorhanden ist, da diese vom Prinzip der Gewinnerzielung und der praktischen Umsetzbarkeit beherrscht ist. Für diese industriellen Forschungsvorhaben ist das Vorhandensein der Finanzierungsgrundlagen für einen Arbeitsplatz ebenso ungewiß wie in den sonstigen Wirtschaftsbereichen. Aber auch für Forschungsvorhaben, die nicht an der praktischen Anwendbarkeit orientiert sind, sind potentielle Drittmittelgeber vorhanden. Es gibt zahlreiche staatliche und private Institutionen, die Forschungsmittel vergeben. Bei diesen können Drittmittel angeworben werden. Die Chancen im Forschungsbereich, die Finanzierungsgrundlagen sicherzustellen, werden sich darüber hinaus im Vergleich zu den übrigen Bereichen der Wirtschaft nicht wesentlich unterscheiden, da Wirtschaftsunternehmen mit einem zunehmenden Konkurrenzdruck zu kämpfen haben, der die Sicherstellung der Finanzierungsgrundlagen für einen eingerichteten Arbeitsplatz erschwert. Eine Differenzierung zwischen dem Forschungsbereich und den sonstigen Wirtschaftsbereichen ist damit nicht angezeigt.

Auch hinsichtlich des Schutzes der Wissenschaftsfreiheit ist anzumerken, daß diese vor allem die Inhalte der Forschung betrifft, weniger indes die Freiheit vor arbeitsrechtlichen Schutzmechanismen. Eine völlige Freiheit der Personaldisposition im Forschungsbereich widerspräche dem Arbeitnehmerschutzgedanken. Das Bestandsschutzinteresse der Arbeitnehmer wird von Lübbert nicht hinreichend beachtet. Im übrigen sind die überwiegend forschungspolitischen Argumente Lübbert´s weitgehend überholt, da diesen mittlerweile durch die gesetzliche Neuregelung in § 57 b Abs. 2 Nr. 4 HRG Rechnung getragen wurde.

Schließlich wird speziell im Forschungsbereich im Schrifttum teilweise eine Aneinanderreihung von befristeten Arbeitsverträgen für eine Planungs- und eine Hauptphase anerkannt.[915] Dieser Auffassung ist dann zuzustimmen, wenn die Planungs- und die Hauptphase deutlich voneinander abgegrenzt werden können. Dies dürfte dann der Fall sein, wenn bei Beginn der Planungsphase noch nicht sicher ist, daß in die Hauptphase überhaupt eingetreten wird, d.h wenn unklar ist, ob im Anschluß an die Planungsphase das Forschungsvorhaben tatsächlich verwirklicht werden soll. In diesem Fall kann davon ausgegangen werden, daß in der Planungsphase zunächst Aufgaben von begrenzter Dauer anfallen. Erst im Fortgang der Planung zeichnet sich ab, ob weitere Aufgaben und damit Arbeiten zur Verfügung stehen. Nach einer wissenschaftlichen Zwischenbegutachtung wird über den Eintritt in die Forschungsphase entschieden.

---

[915] Buchner MittHV 1981, 125, 129 ; Heckmann, Drittmittelforschung, Hdb. WissR 1982, 966, 988 ; Blum/Rödler WissR 1980, 97, 104 f.

b) Die Befristung nach § 57 b Abs. 2 Nr. 4 HRG

Durch Art. 1 des Gesetzes über befristete Arbeitsverträge mit wissenschaftlichem Personal an Hochschulen und Forschungseinrichtungen vom 14.6.1985 (HFVG[916]) ist für diesen Bereich eine gesetzliche Spezialregelung in den 57 a ff. HRG geschaffen worden.[917] Der Anwendungsbereich ist auf den staatlichen oder den mit öffentlichen Mitteln eingerichteten und unterhaltenen Wissenschaftsbetrieb beschränkt.[918]

Im Gegensatz zum BeschFG verfolgt das HFVG keine arbeitsmarktpolitische, sondern eine wissenschaftspolitische Zielsetzung. Durch die Neuregelung soll die für die Förderung des wissenschaftlichen Nachwuchses und für die Leistungsfähigkeit der Forschung für erforderlich gehaltene Fluktuation im Bereich der wissenschaftlichen Mitarbeiter sichergestellt und von der arbeitsgerichtlichen Rechtsprechung zur Zulässigkeit von Befristungen im Arbeitsverhältnis unabhängig gemacht werden.[919]

Die Neuregelung betrifft nach § 57 a Satz 1 HRG die wissenschaftlichen und künstlerischen Mitarbeiter, das Personal mit ärztlichen Aufgaben, Lehrkräfte mit besonderen Aufgaben sowie wissenschaftliche Hilfskräfte. Zudem werden auch die Privatdienstverträge erfaßt. Nicht erfaßt wird das wissenschaftlich-technische oder das Verwaltungspersonal. Die Spezialregelungen der §§ 57 a ff. HRG sind im übrigen auf den Bereich der Privatwirtschaft nicht übertragbar. Die vorstehend[920] dargestellte allgemeine Befristungsproblematik bleibt damit auch im Hochschulbereich aktuell. Bei Arbeitnehmern, die außerhalb des persönlichen Geltungsbereiches des HRG stehen, kann eine Befristung des Arbeitsverhältnisses nur nach den allgemeinen Grundsätzen erfolgen. Gleiches gilt für Arbeitnehmer, die bei privaten Hochschulen oder Forschungseinrichtungen beschäftigt sind.

In den neuen Bundesländern gelten das HFVG und die §§ 57 a ff. HRG in örtlicher Hinsicht entsprechend der Regelung im Einigungsvertrag erst seit dem 3.10.1993.[921]

Die Drittmittelfinanzierung im Hochschulbereich ist gesetzlich in § 57 b Abs. 2 Nr. 4 HRG geregelt. Dort heißt es:

---

[916] BGBl. I, S. 1065.

[917] Vgl. zur Entstehungsgeschichte des HFVG: KR (-Lipke), § 57 a HRG Rn. 5 ; Buchner RdA 1985, 258, 262 f.; Dallinger NZA 1985, 648 ; Püttner/Mittag, Rechtliche Hemmnisse der Kooperation zwischen Hochschulen und Wirtschaft, S. 48 ff. ; Miller PersV 1986, 11, 18 f. Ausführlich zur Gesetzgebungskompetenz: BAG, Urteil vom 30.3.1994 - 7 AZR 229/93 -, AP Nr. 1 zu § 57 a HRG ; KR (-Lipke), § 57 a HRG Rn. 7 ff. ; Buchner RdA 1985, 258, 278 ; Dallinger NZA 1985, 648, 649.

[918] Dallinger NZA 1985, 648, 649.

[919] Buchner RdA 1985, 258, 259 ; Staudinger (-Preis), BGB, § 620 Rn. 209 ; KR (-Lipke), § 57 a HRG Rn. 1.

[920] Vgl. oben, 7. Teil, C, II, 7, a.

[921] Plander NZA 1993, 1057, 1065 f. ; KR (-Lipke), § 57 f HRG Rn. 2 a.

"Sachliche Gründe, die die Befristung eines Arbeitsvertrages mit einem wissenschaftlichen oder künstlerischen Mitarbeiter ... rechtfertigen, liegen auch vor, wenn

4. der Mitarbeiter überwiegend aus Mitteln Dritter vergütet und der Zweckbestimmung dieser Mittel entsprechend beschäftigt wird."

§ 57 b Abs. 2 Nr. 4 HRG bezweckt eine Erleichterung der Drittmittelforschung. Die arbeitsrechtlichen Risiken, die bisher den Abschluß befristeter Arbeitsverträge auf dem Gebiet der Drittmittelfinanzierung erschwerten, sollten beseitigt und der Drittmittelforschung neue Impulse gegeben werden.[922]

Die Verfassungsmäßigkeit des HFVG sowie der §§ 57 a ff. HRG ist streitig. Bei der Befristung von Arbeitsverträgen im Anwendungsbereich des HRG sind nach § 57 a Satz 2 HRG die arbeitsrechtlichen Vorschriften und Grundsätze über befristete Arbeitsverträge nur insoweit anzuwenden, als sie den Vorschriften des Gesetzes nicht widersprechen. Zu den arbeitsrechtlichen Vorschriften und Grundsätzen in diesem Sinne zählen auch tarifvertragliche Regelungen über befristete Arbeitsverträge einschließlich der dazu niedergelegten Protokollnotizen.[923] Die Tarifsperre gilt für bestehende und künftige Tarifverträge.[924] Durch diese Regelung wird damit den Tarifvertragsparteien die Befugnis zur Beschränkung von befristeten Arbeitsverhältnissen wissenschaftlicher Mitarbeiter im Hochschulbereich dauerhaft entzogen.[925] § 57 b HRG regelt in den Abs. 2-4 sachliche Gründe für die Befristung von Arbeitsverträgen. Zu erwägen sind insbesondere Verstöße des HFVG und der §§ 57 a ff. HRG gegen die Tarifautonomie des Art. 9 Abs. 3 GG wegen der Ausweitung des Begriffs des sachlichen

---

922 BAG, Urteil vom 22.11.1995 - 7 AZR 248/95 -, NZA 1996, 1092, 1094 ; KR (-Lipke), § 57 b HRG Rn. 22. Vor der gesetzlichen Regelung des Befristungsgrundes "Drittmittelforschung" bestand nach der Rechtsprechung des BAG (diese Auffassung findet ihre Grundlage in der von Buchner in RdA 1985, 258, 269 vertretenen Ansicht) die Gefahr, daß die zur Verfügung stehenden Drittmittel oftmals nicht ausgeschöpft werden konnten, da sich die Hochschulverwaltungen weigerten, Mitarbeiter trotz vorhandener Drittmittel einzustellen, weil sie befürchtet haben, die auf die Laufzeit der Drittmittel bezogenen Befristungsabreden seien unwirksam und die Mitarbeiter stünden damit in unbefristeten Arbeitsverhältnissen. Die Hochschulen wären vom Zeitpunkt des Drittmittelwegfalls mit den Personalkosten belastet gewesen. Nach Auffassung des Bundesverfassungsgerichts (BVerfG, Beschluß vom 24.4.1996 - 1 BvR 712/86 -, NJW 1997, 513 , 515) kann schon das Risiko einer Entfristung durch arbeitsgerichtliche Entscheidung die Bereitschaft der Hochschulen und Forschungseinrichtungen mindern, Drittmittelprojekte durchzuführen. Die Hochschulen und Forschungseinrichtungen seien in Schwierigkeiten geraten, wenn drittmittelfinanzierte Stellen nicht wirksam befristet werden konnten und die Mitarbeiter nach dem Auslaufen der Drittmittel weiterbeschäftigt werden mußten. Nach dem Regierungsentwurf für § 57 b Abs. 2 Nr. 4 HRG (BT-Drucks. 10/2283, S. 7) werde das Engagement der Drittmittelgeber ohne Verknüpfung der Dauer der betreffenden Arbeitsverhältnisse mit der Laufzeit der Drittmittelfinanzierung ebenso zurückgehen wie die Bereitschaft zur Einwerbung von Drittmitteln und zur Einstellung von Drittmittelpersonal.

923 KR (-Lipke), § 57 a HRG Rn. 22 m.w.N.

924 KR (-Lipke), § 57 a HRG Rn. 22 m.w.N. ; Nagel, Fristverträge, § 57 a HRG Rn. 9.

925 BVerfG, Beschluß vom 24.4.1996 - 1 BvR 712/86 -, NJW 1997, 513 ; KR (-Lipke), a.a.O.

Grundes, gegen Art. 3 Abs. 1 GG sowie gegen das Sozialstaatsprinzip. Der Verfassungsmäßigkeit der vorstehenden Normen soll hier nicht weiter nachgegangen werden. Hinzuweisen ist nur darauf, daß das HFVG sowie die §§ 57 a ff. HRG nach Auffassung des BAG[926] und der Entscheidung des Bundesverfassungsgerichts vom 24.4.1996[927] verfassungsgemäß und insbesondere mit Art. 9 Abs. 3 GG vereinbar sind.[928]

Ein sachlicher Befristungsgrund liegt nach § 57 b Abs. 2 Nr. 4 HRG vor, wenn zwei Voraussetzungen erfüllt sind.

Zum einen muß der Mitarbeiter überwiegend aus Mitteln Dritter[929] vergütet werden. Eine überwiegende Vergütung aus Drittmitteln liegt vor, wenn der Mitarbeiter zu mehr als 50 % aus Drittmitteln vergütet wird.[930] Unschädlich ist folglich, wenn auch Haushaltsmittel der Hochschule zu einem geringeren Anteil mit einfließen.[931]
Nach Auffassung des BAG wird ein wissenschaftlicher Mitarbeiter bereits dann

[926] BAG, Urteil vom 30.3.1994 - 7 AZR 229/93 -, AP Nr. 1 zu § 57 a HRG ; zu der Vereinbarkeit von § 57 b Abs. 2 Nr. 1 HRG mit dem Grundgesetz vgl. BAG, Urteil vom 14.2.1996 - 7 AZR 613/95 -, EzA § 620 BGB Hochschulen Nr. 4. Das BAG lehnt einen Verstoß der §§ 57 a ff. HRG gegen Art. 9 Abs. 3 GG ab, obwohl es erkennt, daß den Tarifvertragsparteien durch § 57 a Satz 2 HRG die Befugnis zur Regelung von befristeten Arbeitsverhältnissen wissenschaftlicher Mitarbeiter im Hochschulbereich entzogen worden ist.

[927] BVerfG, Beschluß vom 24.4.1996 - 1 BvR 712/86 -, NJW 1997, 513 ff. Das Bundesverfassungsgericht führt in seinem Beschluß aus: Zwar liege ein Eingriff in das Grundrecht der Beschwerdeführer, der Gewerkschaften ÖTV und GEW, aus Art. 9 Abs. 3 GG vor, da Regelungen zur Befristung von Arbeitsverträgen der Tarifautonomie unterfallen. Nach der Neuregelung könnten die Koalitionen abweichende tarifvertragliche Regelungen nicht mehr treffen. Der Eingriff sei indes wegen Art. 5 Abs. 3 GG gerechtfertigt. Dies gelte insbesondere auch für die durch 57 b Abs. 2 Nr. 4 HRG geschaffene Befristungsmöglichkeit bei Drittmittelfinanzierung von Projekten.

[928] In der Literatur besteht im Hinblick auf die Verfassungsmäßigkeit der Neuregelung keine Einigkeit. Ein Teil der Literatur folgt der Rechtsprechung des BAGs oder bejaht die Verfassungsmäßigkeit unabhängig von der Rechtsprechung (KR (-Lipke), § 57 a HRG Rn. 10 ff., 23 ff. ; Buchner RdA 1985, 258, 278 ff. ; Staudinger (-Preis), BGB, § 620 Rn. 209 ; Schwerdtner NZA 1985, 577, 580 f. ; Schaub, Arbeitsrechtshandbuch, § 39, II, 10, a ; Löwisch/Rieble, TVG, Grundl. Rn. 29 ; Hufen, Anmerkung zu BVerfG, Beschluß vom 24.4.1996 - 1 BvR 712/86 -, SAE 1997, 137, 138 f.). Andere nehmen einen unter anderem die Tarifautonomie verletzenden Verfassungsverstoß an (Plander RiA 1985, 54, 58 ff. ; ders. AuR 1986, 65, 68 ff. m.w.N. ; ders. DB 1986, 2180, 2183 ff. ; Nagel, Fristverträge, § 57 a Rn. 9 ff. ; Miller PersV 1986, 11, 19 ; Peiseler NZA 1985, 238, 242 ; Zachert NZA 1994, 529, 534) oder äußern zumindest starke Bedenken an der Verfassungsmäßigkeit (Kittner/Trittin (-Trittin), KSchR, Vorbem. HRG Rn.2 (anders noch in der 2. Auflage: Verfassungswidrigkeit) ; Hammer PersR 1997, 104, 109 ff. ; Otto NJW 1985, 1807, 1810 f.).

[929] Zum Drittmittelbegriff im Hochschulbereich vgl. oben, 1. Teil, A, II.

[930] KR (-Lipke), § 57 b HRG Rn. 25 a ; Dorndorf/Weller/Hauck (-Höland), KSchG, Anh. Rn. 95 ; LAG Berlin, Urteil vom 30.10.1992 - 6 Sa 72/92 -, ZTR 1993, 169 (LS).

[931] KR (-Lipke), § 57 b HRG Rn. 25 a ; Neyses, Personalfragen in der Drittmittelforschung, S. 65 m.w.N.

im Sinne des § 57 b Abs. 2 Nr. 4 HRG überwiegend aus Drittmitteln vergütet, wenn bei Vertragsschluß mit hinreichender Sicherheit davon ausgegangen werden konnte, daß seine Vergütung nur für den geringeren Teil der Vertragsdauer aus laufenden Haushaltsmitteln bestritten werden muß.[932] Eine spätere abweichende Handhabung könne nur indizielle Bedeutung für ein Fehlen der Voraussetzungen einer wirksamen Befristung bei Arbeitsvertragsschluß haben.[933] Diese Auffassung ist konsequent und orientiert sich an der ständigen Rechtsprechung des BAG zum maßgebenden Zeitpunkt für den sachlichen Grund, wonach es darauf ankommt, ob die Befristung des Arbeitsvertrages zur Zeit seines Abschlusses berechtigt war oder nicht.[934] Erfolgte die Befristung wirksam, verbietet es die Rechtssicherheit, daß bei einem späteren Wegfall der sachlichen Befristungsgründe die Befristung von selbst wegfällt und ein unbefristetes Arbeitsverhältnis entsteht.[935]

Zum anderen muß der Mitarbeiter der Zweckbestimmung der Drittmittel entsprechend eingesetzt werden.[936] Voraussetzung hierfür ist, daß die Drittmittel eine spezifische Zweckbestimmung aufweisen.[937] Es schadet aber nicht, wenn eine Zweckbestimmung durch den Drittmittelgeber fehlt, wenn ein Mitarbeiter der Hochschule anstelle des Drittmittelgebers ein Forschungsvorhaben projektiert und den Verwendungszweck der Drittmittel festlegt.[938] Zwar sind nach § 25 Abs. 4 Satz 2 HRG Drittmittel für Forschungsvorhaben für den vom Geldgeber bestimmten Zweck zu verwenden. Für Drittmittel ohne nähere Zweckbestimmung ist jedoch nach § 25 Abs. 4 Satz 3 HRG die Verwendung nach Maßgabe landesrechtlicher Bestimmungen zulässig. Nach dem vom BAG[939] angeführten § 98 Abs. 4 NWWissHG in Verbindung mit den Richtlinien zur Durchführung dieser Vorschrift nach dem Runderlaß des Ministers für Wissenschaft und Forschung vom 20.12.1989 dürfen etwa vom Drittmittelgeber nicht zurückverlangte Restbestände aus abgeschlossenen Drittmittelprojekten unter anderem für Forschungszwecke verwendet werden.

Teilweise wird über den Wortlaut der Norm hinaus als weitere Voraussetzung verlangt, daß die Zweckbestimmung der Drittmittel auf dem Gebiet der Forschung liegen muß.[940] Hierfür spricht die Regelung des § 57 b Abs. 2 Nr. 4 HRG, welche speziell die Drittmittelforschung im Hochschulbereich fördern soll.

Die Norm setzt aber nicht voraus, daß ein Auslaufen der Drittmittel zu befürchten ist. Denn die Befristung ist nach dem Wortlaut der Norm unabhängig

---

[932] BAG, Urteil vom 22.11.1995 - 7 AZR 248/95 -, NZA 1996, 1092, 1094.
[933] BAG, Urteil vom 22.11.1995, a.a.O.
[934] Vgl. nur BAG, Urteil vom 10.6.1992 - 7 AZR 346/91 -, EzA § 620 BGB Nr. 116; str.
[935] KR (-Lipke), § 620 BGB Rn. 153 m.w.N.
[936] Vgl. hierzu näher oben, 5. Teil, A, V.
[937] Neyses, Personalfragen in der Drittmittelforschung, S. 65.
[938] BAG, Urteil vom 15.1.1997 - 7 AZR 158/96 -, NZA 1998, 29, 30.
[939] BAG, Urteil vom 15.1.1997, a.a.O.
[940] KR (- Lipke), § 57 b HRG Rn. 24 m.w.N.; str.

davon zulässig, ob ein Wegfall der Drittmittel droht oder nicht.[941]

Nach § 57 c Abs. 2 HRG kann ein befristeter Arbeitsvertrag nach 57 b Abs. 2 Nr. 1 bis 4 und Abs. 3 HRG bis zur Dauer von fünf Jahren abgeschlossen werden. Mehrere befristete Arbeitsverträge nach den genannten Vorschriften bei derselben Hochschule dürfen diese Höchstgrenze insgesamt nicht überschreiten.[942]

Der Befristungsgrund ist im Arbeitsvertrag anzugeben (§ 57 b Abs. 5 HRG). Erfolgt dies nicht, kann sich der Arbeitgeber nicht auf den gesetzmäßig unterstellten sachlichen Grund berufen.[943] Dem Erfordernis ist bereits genügt, wenn der einschlägige gesetzliche Tatbestand, auf den die Befristung gestützt werden soll, im Arbeitsvertrag bezeichnet wird.[944] Eine nähere Konkretisierung des im Einzelfall maßgeblichen Befristungsgrundes, etwa Angaben zur Art und der genauen Herkunft der Geldmittel, verlangt das Gesetz weder ausdrücklich noch nach seinem Sinn und Zweck. Sinn und Zweck des Gesetzes ist die Schaffung von Klarheit darüber, ob einer der gesetzlich besonders normierten Befristungsgründe nebst der daraus folgenden besonderen Rechtsfolgen einschlägig sein soll oder nicht.[945] Dieser Zweck wird bereits mit der bloßen Benennung des einschlägigen gesetzlichen Tatbestandes erreicht. Ein unnötiger Formalismus wird hierdurch vermieden.

Für einen befristeten Arbeitsvertrag, den ein Mitglied einer Hochschule, das Aufgaben seiner Hochschule selbständig wahrnimmt, zur Unterstützung bei der Erfüllung dieser Aufgaben mit einem aus Mitteln Dritter vergüteten Mitarbeiter abschließt, gelten § 57 a Satz 2 und die §§ 57 b bis 57 d HRG entsprechend (§ 57 e HRG). Auch ein Hochschullehrer kann daher die Befristung eines Privatdienstvertrages unter den Voraussetzungen des § 57 b Abs. 2 Nr. 4 HRG wirksam vornehmen.

Eine Besonderheit besteht beim Abschluß eines Privatdienstvertrages insofern, als ein Hochschullehrer regelmäßig nicht mehr als fünf Arbeitnehmer beschäftigen wird, so daß der allgemeine Kündigungsschutz nach § 1 KSchG nicht umgangen werden kann. Daher wird ein sachlicher Grund häufig entbehrlich sein.[946] Ein sachlicher Grund ist allerdings dann erforderlich, wenn durch die Befristung ein besonderer Kündigungsschutz objektiv umgangen wird.

c) Bedeutung der allgemeinen Befristungsgrundsätze neben der gesetzlichen Regelung in § 57 b Abs. 2 Nr. 4 HRG

Die allgemeinen Grundsätze über die Befristung von drittmittelfinanzierten Ar-

---

[941] So zu Recht Otto NJW 1985, 1807, 1809.

[942] Vgl. im einzelnen § 57 c HRG.

[943] BAG, Urteil vom 31.1.1990 - 7 AZR 125/89 -, AP Nr. 1 zu § 57 b HRG ; MünchArbR (-Freitag), § 183 Rn. 17.

[944] BAG, Urteil vom 31.1.1990, a.a.O.

[945] BAG, Urteil vom 31.1.1990, a.a.O. mit zustimmender Anmerkung Wegener.

[946] KR (-Lipke), § 57 e HRG Rn. 11 m.w.N. ; Heilbronner (-Walter), HRG, § 57 e Rn. 5.

beitsverträgen bleiben neben der gesetzlichen Regelung des § 57 b Abs. 2 Nr. 4 HRG weiterhin subsidiär von Bedeutung. So sind die allgemeinen Grundsätze heranzuziehen, wenn eine Befristung über die gesetzlich zulässige Höchstdauer des § 57 c HRG hinaus beabsichtigt ist, dem Arbeitgeber Formfehler bei der Angabe des Befristungsgrundes unterlaufen sind und bei Befristungen, welche die Voraussetzungen des § 57 b Abs. 2 Nr. 4 HRG nicht erfüllen. Letzteres kann der Fall sein, wenn der Mitarbeiter nur zu 50 % oder weniger aus Drittmitteln vergütet wird.

Außerdem hat der Katalog der Befristungstatbestände nach § 57 b HRG keinen abschließenden und zwingenden Charakter.[947] Dies folgt bereits aus dem Wortlaut des § 57 b Abs. 2 HRG ("Sachliche Gründe ... liegen auch vor, wenn ..."). Vom Arbeitgeber können die allgemeinen Befristungsgründe bei drittmittelfinanzierten Arbeitsverhältnissen folglich auch in Zukunft herangezogen werden.

d) Zusammenfassung

Im Hochschulbereich finden im Grundsatz die allgemeinen Grundsätze Anwendung. Eine Spezialregelung für den Hochschulbereich ist in § 57 b Abs. 2 Nr. 4 HRG normiert. Hiernach ist ein gesetzlicher Befristungsgrund gegeben, wenn ein Mitarbeiter der Hochschule überwiegend aus Drittmitteln vergütet und der Zweckbestimmung der Drittmittel entsprechend eingesetzt wird. Die allgemeinen Grundsätze über die Befristung von drittmittelfinanzierten Arbeitsverhältnissen bleiben neben dieser Spezialregelung weiterhin subsidiär von Bedeutung.

8) Besonderheiten bei den Fördermaßnahmen nach dem SGB III

a) Besonderheiten beim Befristungsgrund bei Arbeitsbeschaffungsmaßnahmen

Arbeitsverträge auf ABM-Basis sind in der Regel befristete Arbeitsverträge.[948] Fraglich ist, ob im Bereich der Arbeitsbeschaffungsmaßnahmen hinsichtlich der sachlichen Befristungsgründe Abweichungen von den allgemeinen Grundsätzen geboten sind.

Die frühere Rechtsprechung des BAG zog im Bereich der Arbeitsbeschaffungsmaßnahmen eine Parallele zu den Befristungen aus Haushaltsgründen und im Bereich der Drittmittelfinanzierung. Im Bereich der Arbeitsbeschaffungsmaß-

---

[947] Dallinger NZA 1985, 648, 652 ; Plander NZA 1993, 1057, 1066 ; KR (-Lipke), § 57 b HRG Rn. 54 .

[948] ArbG Eberswalde, Urteil vom 29.1.1998 - 4 Ca 3232/97 -, n.v. ; Niesel (-Düe), SGB III, § 270 Rn. 10 ; Binkert/Eylert AuR 1983, 108, 114. Zu den gegenläufigen Interessen des ABM-Arbeitgebers und des Arbeitnehmers hinsichtlich einer Befristung des Arbeitsvertrages vgl. Blechmann, ABM, S. 65 f.

nahmen liege eine entsprechende Situation wie im Bereich der Drittmittelfinanzierung im Hochschulbereich vor.[949]

Nach der jüngeren Rechtsprechung des BAG kommt es auf die noch in der Entscheidung vom 3.12.1982[950] zur Begründung aufgeführten Parallelen mit einer Befristung aus Haushaltsgründen und im Bereich der Drittmittelfinanzierung nicht mehr an.[951]

Nach der neueren Rechtsprechung ist die Befristung des Arbeitsvertrages mit einem Arbeitnehmer, der dem Arbeitgeber im Rahmen einer Arbeitsbeschaffungsmaßnahme zugewiesen worden ist, für die Dauer der Zuweisungsdauer rechtswirksam, wobei Befristungsdauer und Zuweisungsdauer allerdings regelmäßig einander entsprechen müssen.[952] Dies beruhe auf der Erwägung, daß der Arbeitgeber die Einstellung des ihm von der Arbeitsverwaltung zugewiesenen Arbeitnehmers im Vertrauen auf die zeitlich begrenzte Förderungszusage vorgenommen habe, ohne die er entweder keinen oder einen leistungsfähigeren Arbeitnehmer eingestellt hätte.[953] Die Befristung des Arbeitsverhältnisses sei deshalb gerechtfertigt, weil der ausschlaggebende Grund der Einstellung, nämlich die Übernahme eines erheblichen Kostenanteils durch die Arbeitsverwaltung, seinerseits nur zeitlich befristet vorläge.[954] Die Gerichte für Arbeitssachen haben hierbei nicht nachzuprüfen, ob die gesetzlichen Voraussetzungen einer Arbeitsbeschaffungsmaßnahme vorgelegen haben.[955]

Diese Rechtsprechung bedeutet, daß ein sachlicher Grund für eine Befristung

---

[949] BAG, Urteil vom 3.12.1982 - 7 AZR 622/80 -, EzA § 620 BGB Nr. 63. In dem entschiedenen Fall hätten sich der Träger der Maßnahme als Drittmittelempfänger wie auch das zuständige Landesarbeitsamt mit der Beschäftigung der betreffenden Arbeitnehmer und der Dauer ihrer Tätigkeit im Rahmen der Maßnahme befaßt und hätten den Einsatz der betreffenden Arbeitnehmer als nur auf Zeit erforderlich angesehen. Entscheidend sei, daß das zuständige Landesarbeitsamt zur Durchsetzung seiner zeitlich und sachlich begrenzten Zielvorstellungen dem Arbeitgeber als Drittmittelempfänger nur auf Zeit finanzielle Mittel zur (überwiegenden) Finanzierung des Arbeitsplatzes zur Verfügung stelle. Gegen die Begründung des BAG: Plander NZA 1984, 337, 339 ; Blechmann, ABM, S. 66.

[950] BAG, Urteil vom 3.12.1982 - 7 AZR 622/80 -, EzA § 620 BGB Nr. 63.

[951] BAG, Urteil vom 26.4.1995 - 7 AZR 936/94 -, NZA 1996, 87, 88 ; BAG, Urteil vom 15.2.1995 - 7 AZR 680/94 -, NZA 1995, 987, 989.

[952] BAG, Urteil vom 26.4.1995 - 7 AZR 936/94 -, NZA 1996, 87, 88 ; BAG, Urteil vom 15.2.1995 - 7 AZR 680/94 -, NZA 1995, 987, 988 ; BAG, Urteil vom 20.12.1995 - 7 AZR 194/95 -, NZA 1996, 642 ; BAG, Urteil vom 12.6.1987 - 7 AZR 389/86 -, EzA § 620 BGB Nr. 95 ; BAG, Urteil vom 13.4.1994 - 7 AZR 651/93 -, NZA 1994, 1099 f. ; LAG Köln, Urteil vom 16.8.1994 - 1 Sa 415/94 -, LAGE § 620 BGB Nr. 35.

[953] BAG, Urteil vom 26.4.1995, a.a.O. ; BAG, Urteil vom 15.2.1995 - 7 AZR 680/94 -, NZA 1995, 987, 989 ; BAG, Urteil vom 20.12.1995, a.a.O. ; BAG, Urteil vom 11.12.1991 - 7 AZR 170/91 -, EzA § 620 BGB Nr. 111 ; LAG Köln, Urteil vom 16.8.1994, a.a.O.

[954] BAG, Urteil vom 12.6.1987 - 7 AZR 389/86 -, EzA § 620 BGB Nr. 95 ; LAG Köln, Urteil vom 16.8.1994 - 1 Sa 415/94 -, LAGE § 620 BGB Nr. 35.

[955] BAG, Urteil vom 13.4.1994 - 7 AZR 651/93 -, NZA 1994, 1099, 1100 ; BAG, Urteil vom 12.6.1987 - 7 AZR 389/86 -, EzA § 620 BGB Nr. 95 ; LAG Köln, Urteil vom 16.8.1994 - 1 Sa 415/94 -, LAGE § 620 BGB Nr. 35.

des Arbeitsverhältnisses auch bei der Verrichtung von Daueraufgaben gegeben ist, wenn und soweit der Arbeitgeber die Daueraufgabe ohne die Zuweisung nicht oder nicht sofort hätte verrichten lassen, wenn er sie auf seine übrigen Arbeitnehmer verteilt oder wenn er zu ihrer Verrichtung einen leistungsfähigeren Arbeitnehmer eingestellt hätte.[956]

Ansichten in der Literatur rügen teilweise den Verzicht der Rechtsprechung auf die Prüfung eines aufgabenbezogenen Befristungsgrundes.[957]

Bieback[958] kritisiert, daß das BAG hinsichtlich des Befristungsgrundes nicht mehr den Zusammenhang von befristeter Finanzierung und sachlicher Befristung der Arbeitsaufgabe für notwendig hält. Die materielle Bindung und Zielsetzung von Arbeitsbeschaffungsmaßnahmen werde vernachlässigt, wenn allein auf den formalen Akt befristeter Gewährung von Fördermitteln an den Träger abgestellt werde. Nach seiner Ansicht könne ein sachlicher Befristungsgrund nur dann vorliegen, wenn neben der zeitlich befristeten Mittelzuweisung auch eine sachlich-inhaltlich legitimierte zeitliche Befristung der Aufgabenerledigung gegeben sei.
Auch Wollenschläger/Kreßel [959] kritisieren die Rechtsprechung des BAG, welches den Befristungsgrund allein formell bestimme, nämlich durch die zeitliche und sachlich begrenzte Zuweisung von Hilfsmitteln. Dies werde dem Schutzzweck nicht gerecht, der mit dem Erfordernis eines sachlichen Grundes verfolgt werde. Entscheidend sei vielmehr auf das Kriterium der Zusätzlichkeit der Arbeit abzustellen.
Bieback und Wollenschläger/Kreßel wollen also den Befristungsgrund "Aufgaben von begrenzter Dauer" auch im Bereich der Arbeitsbeschaffungsmaßnahmen wie in den anderen Bereichen der Drittmittelfinanzierung entsprechend angewendet wissen. Maßgebend soll zwischen zusätzlichen Aufgaben und Daueraufgaben unterschieden werden.[960]
Kröger[961] will bei der Ermittlung des sachlichen Grundes für die Befristung des Arbeitsvertrages auf die mit der Bereitstellung von Mitteln zur Arbeitsbeschaffung verfolgten arbeitsmarktpolitischen Zielsetzungen selbst abstellen. Diese Zielsetzung liege darin, zusätzliche Arbeitsplätze zu schaffen und zugleich eine Verdrängung von Dauerarbeitsplätzen zu vermeiden.
Nach Plander[962], Lipke[963] und Blechmann[964] hingegen dürfen mit Arbeitsbe-

---

[956] BAG, Urteil vom 20.12.1995 - 7 AZR 194/95 -, NZA 1996, 642, 643 ; BAG, Urteil vom 12.6.1987, a.a.O. ; LAG Köln, Urteil vom 16.8.1994, a.a.O.
[957] Peiseler, Anmerkung zu BAG, Urteil vom 12.6.1987 - 7 AZR 389/86 -, AiB 1988, 116 ; Schmalz PersR 1987, 51 ff.
[958] Gagel (-Bieback), AFG, § 93 Rn. 80 ff. ; hiergegen BAG, Urteil vom 15.2.1995 - 7 AZR 680/94 -, NZA 1995, 987, 989.
[959] Wollenschläger/Kreßel, Anmerkung zu BAG, Urteil vom 12.6.1987 - 7 AZR 389/86 -, AuR 1989, 63 f.
[960] Ähnlich Blechmann NZA 1987, 191, 194.
[961] Kröger PersR 1988, 126, 127.
[962] Plander NZA 1984, 337, 339 f.
[963] KR (-Lipke), § 620 BGB Rn. 150 ff.

schaffungsmitteln bezuschußte Arbeitsverträge grundsätzlich befristet werden, wobei sie vor allem auf den mit der Bereitstellung der Arbeitsbeschaffungsmittel verfolgten arbeitsmarktpolitischen Zweck selbst abstellen. Plander und Lipke interpretieren den arbeitsmarktpolitischen Zweck allerdings etwas anders als Kröger. Mit den Arbeitsbeschaffungsmitteln sollen nach deren Ansicht insbesondere die Voraussetzungen für die Beschäftigung von Arbeitslosen in Dauerarbeit geschaffen, nicht hingegen unmittelbar Dauerarbeitsplätze eingerichtet werden. Sie stimmen daher im Ergebnis dem BAG zu, daß die Befristungskontrolle darauf zu beschränken ist, ob der Arbeitgeber die Laufzeit des Arbeitsvertrages an der jeweiligen Förderungsdauer orientiert hat.[965]

Es stellt sich die Frage, ob die Rechtsprechung des BAG zu einer ungerechtfertigten Entlastung des Arbeitgebers führt.

Die von der Rechtsprechung angeführten Gründe, mit denen die Befristung im Bereich der Arbeitsbeschaffungsmaßnahmen selbst bei der Wahrnehmung von Daueraufgaben gerechtfertigt wird, sind finanzieller oder an der Leistung des Arbeitnehmers orientierter Art. Entweder will oder kann der Arbeitgeber ohne die Förderung seitens der Bundesanstalt für Arbeit keine Eigenmittel einsetzen oder er würde ohne den Zuschuß der Bundesanstalt einen leistungsschwächeren Arbeitnehmer nicht einstellen. Maßgebendes Kriterium nach der Rechtsprechung des BAG ist folglich die zeitlich begrenzte Zuweisung des Arbeitnehmers durch die Arbeitsverwaltung.

Entscheidend ist hier in Abgrenzung zu den übrigen Bereichen drittmittelfinanzierter Arbeitsverhältnisse, daß trotz etwaiger Verrichtung von Daueraufgaben mit dem ABM- Arbeitsverhältnis erhebliche Interessen des Arbeitnehmers verfolgt werden. Dies spricht im Ergebnis dafür, der Ansicht der Rechtsprechung zu folgen. Die Förderung der Bundesanstalt für Arbeit ist nämlich sozial motiviert. Es wird ein sozialer Überbrückungszweck verfolgt. Die Schaffung von Arbeitsplätzen soll gefördert werden. Der Zweck von Arbeitsverhältnissen in Arbeitsbeschaffungsmaßnahmen erschöpft sich daher nicht im Austausch von Arbeitsleistung gegen Entgelt.[966] Die Begründung des Arbeitsverhältnisses wird vorrangig im Interesse des Arbeitnehmers und des Arbeitsmarktes gefördert.[967] Betriebliche oder dienstliche Zwecke des Arbeitgebers treten in den Hintergrund. Das Ver-

---

[964] Blechmann, ABM, S. 67 ff. Nach Blechmann´s Ansicht muß das Bestandsschutzinteresse des Arbeitnehmers hinter dem Interesse des Arbeitgebers an einer möglichst einfachen Lösungsmöglichkeit zurücktreten, wenn bei der Einstellung nicht vorrangig eigene betriebliche Interessen oder dienstliche Zwecke des Arbeitgebers, sondern die sozialen Belange des Arbeitnehmers maßgeblich waren. Ließe sich eine derartige Zielsetzung des Arbeitgebers nicht feststellen, so sei auf die Zielrichtung der Bundesanstalt für Arbeit, die sozial motivierte Förderung, zurückzugreifen.

[965] So auch Berger-Delhey NZA 1990, 47, 51 ; Knigge/Ketelsen/Marschall/Wissing (-Ketelsen), AFG, § 93 Rn.18.

[966] So zu Recht BAG, Urteil vom 18.6.1997 - 5 AZR 259/96 -, BB 1997, 2378, 2379.

[967] BAG, Urteil vom 18.6.1997 - 5 AZR 259/96 -, BB 1997, 2378, 2379.

hältnis zwischen Arbeitgeber und Arbeitnehmer ist ganz wesentlich von dem Förderungszweck geprägt. Der Förderungszweck hat konkrete Auswirkungen auf das Verhältnis zwischen den Arbeitsvertragsparteien.[968] Denn der Arbeitssuchende wird dem Arbeitgeber zugewiesen. Er hat, anders als ein Arbeitgeber in den anderen Bereichen der Drittmittelfinanzierung, keine Wahlfreiheit hinsichtlich des einzustellenden Arbeitnehmers. Bei den Zugewiesenen handelt es sich häufig um Langzeitarbeitslose, die regelmäßig nicht zu dem von Arbeitgebern bevorzugten Bewerberkreis gehören.[969] Zahlreiche Arbeitgeber befürchten, die Arbeitsleistung eines Langzeitarbeitslosen sei dauerhaft ihren Preis nicht wert. Der Arbeitgeber, bei dem ein Arbeitskräftebedarf vorhanden ist, wird durch die Förderung veranlaßt, einen bestimmten Arbeitnehmer einzustellen. Die Einstellungsmotivation wird durch die Förderung beeinflußt.
Darüberhinaus dürfen Arbeitnehmer in Arbeitsbeschaffungsmaßnahmen nur zweckgebunden eingesetzt werden. Das Direktionsrecht des Arbeitgebers ist insoweit eingeschränkt. Ohne die Förderung der Bundesanstalt für Arbeit wäre weder ein befristetes noch ein unbefristetes Arbeitsverhältnis mit dem Arbeitssuchenden zustandegekommen.
In diesen Tatsachen liegt der große Unterschied zu den anderen Bereichen der Drittmittelfinanzierung. Dies alles rechtfertigt die Annahme eines sachlichen Befristungsgrundes auch bei Erfüllung von Daueraufgaben, also solchen Aufgaben, die nicht von vornherein auf einen bestimmten Zeitraum begrenzt sind, bei Übereinstimmung von Befristungsdauer und Zuweisungsdauer. Insoweit ist es nicht angebracht, hinsichtlich der Befristungsmöglichkeit bei Arbeitsverhältnissen in Arbeitsbeschaffungsmaßnahmen eine enge Betrachtungsweise unter Fixierung auf die Erbringung von zusätzlichen Aufgaben oder Daueraufgaben zu vertreten. Eine Abweichung von den allgemeinen Grundsätzen hinsichtlich der Befristung von drittmittelfinanzierten Arbeitsverhältnissen ist geboten.

Die abweichenden Ansichten in der Literatur würdigen den Aspekt der sozialen Motivation der Förderung sowie den Umstand, daß der Arbeitgeber ohne die Förderung kaum Langzeitarbeitslose eingestellt hätten, nicht hinreichend. Ohne die Förderung und ohne die Zuweisung hätte der Arbeitgeber nämlich von der Erfüllung der Daueraufgaben abgesehen oder diese durch andere Arbeitnehmer des Betriebes oder zu einem späteren Zeitpunkt verrichten lassen.[970] Es ist die freie Entscheidung des Arbeitgebers, nicht auf einen bestimmten Zeitraum begrenzte Daueraufgaben, die einem abgrenzbaren Teilgebiet zugeordnet werden können, überhaupt nicht oder später durchführen zu lassen. Oder der Arbeitgeber hätte ohne Förderung einen leistungsfähigeren Arbeitnehmer eingestellt. Hiervon kann jedenfalls in Anbetracht der derzeitigen Arbeitsmarktsituation ausgegangen werden.

---

[968] BAG, Urteil vom 18.6.1997 - 5 AZR 259/96 -, BB 1997, 2378, 2379.
[969] BAG, Urteil vom 18.6.1997 - 5 AZR 259/96 -, BB 1997, 2378, 2379.
[970] So zu Recht BAG, Urteil vom 15.2.1995 - 7 AZR 680/94 -, NZA 1995, 987, 989.

Insbesondere gegen die Ansicht von Bieback läßt sich zudem anführen, daß die von ihm zur Begründung seiner Ansicht angeführte Zielsetzung von Arbeitsbeschaffungsmaßnahmen durch die Forderung einer "sachlich-inhaltlich legitimierten zeitlichen Befristung der Aufgabenerledigung" gefährdet werden würde. Denn wäre eine Befristung hiervon abhängig und wäre daher im Ergebnis zahlreichen Befristungen die Anerkennung zu versagen, so würden sich viele Arbeitgeber in der Zukunft scheuen, Arbeitsverhältnisse in Arbeitsbeschaffungsmaßnahmen einzugehen. Sie müßten befürchten, gegen ihren Willen auf "Entfristungsklagen" hin in unbefristete Arbeitsverhältnisse gedrängt zu werden.[971] Wenige Arbeitgeber dürften über Mittel verfügen, die ihnen im Anschluß an die Maßnahme den Abschluß unter Umständen mehrerer Dauerarbeitsverhältnisse ermöglichen könnten.[972] Auch an einem entsprechenden Willen dürfte es mangeln.
Außerdem geht ein wichtiger sozialpolitischer Zweck der Arbeitsbeschaffungsmaßnahmen auch dahin, möglichst vielen Arbeitssuchenden zu helfen.[973] Dieser Zweck würde bei engen Befristungsgrenzen in diesem Bereich verfehlt.
Diese Argumente können gleichermaßen auch der Ansicht von Kröger entgegengesetzt werden, die die Schaffung von Dauerarbeitsplätzen als arbeitsmarktpolitische Zielsetzung bei der Anerkennung eines sachlichen Befristungsgrundes in den Vordergrund stellt, ohne etwaige Reaktionen der Arbeitgeber zu berücksichtigen. Ferner übersieht Kröger, daß die arbeitsmarktpolitische Zielsetzung von Arbeitsbeschaffungsmaßnahmen primär die zumindest zeitweise Schaffung von zusätzlichen Arbeitsplätzen ist, nicht jedoch die Schaffung von Dauerarbeitsplätzen. Hierauf hat bereits Plander überzeugend hingewiesen. Durch die Arbeitsbeschaffungsmaßnahmen sollen zunächst die Voraussetzungen für die Einrichtung von Dauerarbeitsplätzen geschaffen werden, nicht bereits Dauerarbeitsplätze selbst.

Wird der ABM-Arbeitnehmer allerdings zur Erledigung unaufschiebbarer Daueraufgaben eingesetzt, die andere Arbeitnehmer des Betriebes nicht übernehmen konnten, so können die vorstehenden Ausführungen als Rechtfertigung eines sachlichen Befristungsgrundes nicht herangezogen werden. Hierbei sind unter unaufschiebbaren Daueraufgaben solche Aufgaben zu verstehen, die nicht einem abgrenzbaren Teilgebiet des Tätigkeitsbereiches des Arbeitgebers zugeordnet werden können und damit zum allgemeinen Tätigkeitsbereich des Arbeitgebers gehören, und die darüber hinaus umgehend durchgeführt werden müssen sowie nicht von anderen Arbeitnehmern wahrgenommen werden können. Es ist bei diesen unaufschiebbaren Daueraufgaben eine abweichende Beurteilung geboten.[974] Grund für den Abschluß des Arbeitsvertrages ist in diesem Fall nämlich ein tatsächlicher und dringender Arbeitskräftebedarf, den der Arbeitgeber zwingend abdecken muß, nicht indes die Förderung des Arbeitsverhältnisses durch die

[971] So auch Plander NZA 1984, 337, 340 ; Blechmann, ABM, S. 70.
[972] So auch Niesel (-Düe), SGB III, § 270 Rn. 12.
[973] Vgl. KR (-Lipke), § 620 BGB Rn. 150 a.
[974] So auch BAG, Urteil vom 20.12.1995 - 7 AZR 194/95 -, NZA 1996, 642, 643.

Bundesanstalt für Arbeit.[975] Sinn und Zweck von Arbeitsbeschaffungsmaßnahmen ist, wie bereits gesagt, die zumindest zeitweise Schaffung zusätzlicher Arbeitsplätze. Diese Zielsetzung kann jedoch nicht verwirklicht werden, wenn es um einen Einsatz des Arbeitssuchenden zur Erledigung unaufschiebbarer Daueraufgaben geht. Kann die Arbeitsleistung nicht von anderen Arbeitnehmern des Betriebes erbracht werden, weil diese beispielsweise die persönlichen und fachlichen Anforderungen an den Arbeitsplatz nicht erfüllen, so kann nicht die Rede davon sein, daß durch die Beschäftigung des geförderten Arbeitnehmers ein zusätzlicher Arbeitsplatz geschaffen wird. Vielmehr ist in diesem Fall ein Arbeitsplatz bereits vorhanden, der besetzt werden muß. Grund für die Besetzung des Arbeitsplatzes sind dann nicht eine soziale Motivation sowie ein zusätzlicher Arbeitskräftebedarf, sondern der betriebliche oder dienstliche Zweck des Arbeitgebers. Auf arbeitsmarktpolitische Gründe kann sich der Arbeitgeber nicht berufen. Hier sind vielmehr die allgemeinen Grundsätze einer Befristung im drittmittelfinanzierten Arbeitsverhältnis heranzuziehen.

Die vorstehenden Erwägungen gelten allerdings nicht, wenn der befristet beschäftigte ABM-Arbeitnehmer nur vorübergehend zur Erledigung unaufschiebbarer Daueraufgaben, etwa zur Vertretung eines erkrankten Arbeitnehmers, herangezogen wird, im übrigen aber zusätzliche Arbeiten erbringt. In diesem Fall sollten dem aufgrund eines befristeten Arbeitsvertrages beschäftigten ABM-Arbeitnehmer im Zeitpunkt des Vertragsabschlusses zusätzliche (Dauer-) Aufgaben zugewiesen werden. Der sachliche Befristungsgrund liegt in der sozial motivierten Förderung. Stellt sich erst nach dem Vertragsabschluß heraus, daß der ABM-Arbeitnehmer vorübergehend zur Erledigung von Daueraufgaben eingesetzt werden muß, stellt dies nicht die sachliche Rechtfertigung der Befristung in Frage. Denn für die Beurteilung, ob eine Befristung gerechtfertigt ist, kommt es ausschließlich auf den Zeitpunkt der Befristungsvereinbarung an.[976] Später eintretende Umstände haben im Hinblick auf die ansonsten eintretende Rechtsunsicherheit unberücksichtigt zu bleiben.[977]

Festzuhalten bleibt, daß ein sachlicher Befristungsgrund im Bereich der Arbeitsbeschaffungsmaßnahmen im Grundsatz nicht nur dann vorliegt, wenn "Aufgaben von begrenzter Dauer" verrichtet werden, sondern in Abweichung von den allgemeinen Grundsätzen auch dann, wenn und soweit Daueraufgaben zu verrichten sind und der Arbeitgeber diese ohne die Zuweisung nicht oder nicht sofort hätte verrichten lassen, er sie auf die übrigen bereits beschäftigten Arbeitnehmer verteilt oder er zu ihrer Verrichtung einen leistungsfähigeren Arbeitnehmer eingestellt hätte. Der sachliche Befristungsgrund beruht hier auch und vor allem auf arbeitsmarktpolitischen Gründen.

[975] So auch BAG, Urteil vom 20.12.1995 - 7 AZR 194/95 -, NZA 1996, 642, 644.
[976] Vgl. oben, 7. Teil, B, II, 1.
[977] BAG, Urteil vom 10.6.1992 - 7 AZR 346/91 -, EzA § 620 BGB Nr. 116 m.w.N.

Fraglich ist, ob eine erneut vorgenommene Befristung des Arbeitsverhältnisses bei Verlängerung der Zuweisungsdauer zulässig ist.
Nach § 267 Abs. 2 SGB III kann die Förderungsdauer unter bestimmten Voraussetzungen verlängert werden. Es stellt sich die Frage, ob bei einer Verlängerung der Zuweisungsdauer ohne weiteres auch ein sachlicher Grund für den wiederholten Abschluß eines befristeten Arbeitsvertrages gegeben ist. Dies wird überwiegend bejaht.[978] Nach Feckler[979] handelt es sich hierbei nicht um ein unzulässiges Kettenarbeitsverhältnis. Dieser Ansicht ist zuzustimmen. Denn die arbeitsmarktpolitischen Gründe der Förderung sowie die Motivation des Arbeitgebers für eine erneute Beschäftigung von Arbeitslosen lassen sich hier ebenfalls und gleichermaßen für die sachliche Rechtfertigung einer erneuten Befristung eines Arbeitsvertrages heranziehen. § 267 Abs. 2 SGB III bezweckt die Beschäftigung schwer vermittelbarer Arbeitsloser auch über die Regelförderungsdauer hinaus, ohne daß eine zeitliche Unterbrechung der Beschäftigung eintritt.[980] Arbeitsbeschaffungsmaßnahmen, die mehrfach hintereinander ohne zeitliche Unterbrechung gefördert werden, verbessern die Eingliederungsaussichten der schwer vermittelbaren Arbeitslosen, da durch die sich über einen längeren Zeitraum erstreckende Förderung bewährte Arbeitsstrukturen geschaffen und erhalten werden.[981] Da die Arbeitsämter allerdings auch die Förderung einer bevorzugt zu fördernden Maßnahme im Interesse einer möglichst hohen Arbeitseffizienz zunächst nur für die Dauer von bis zu 12 Monaten aussprechen sollen[982], wird, wenn der Arbeitgeber lediglich ein auf den Zuweisungszeitraum befristetes Arbeitsverhältnis mit dem Arbeitslosen abgeschlossen hat, der Abschluß eines erneuten Arbeitsvertrages erforderlich. Als Befristungsgrund kann beim erneuten Abschluß eines Arbeitsvertrages wiederum der Aspekt der sozialen Motivation der Förderung herangezogen werden. Wäre seitens des Arbeitsamtes sofort eine Förderung für einen längeren Zeitraum bewilligt worden, hätte der Arbeitsvertrag mit dem Arbeitslosen ohne weiteres für die Dauer der Zuweisung befristet abgeschlossen werden können. Nichts anderes kann gelten, wenn eine Verlängerung der Förderung bewilligt wird und ein neuer Arbeitsvertrag geschlossen werden muß. In diesem Fall ist die Verlängerung der Zuweisungsdauer für den Arbeitgeber darüber hinaus nicht steuerbar, so daß eine Befristung des Arbeitsverhältnisses nicht als unsachlich und lediglich vorgeschoben angesehen werden kann.

Fraglich ist das Vorliegen eines sachlichen Befristungsgrundes, wenn sich der Befristungszeitraum mit dem Zuweisungszeitraum nicht deckt.[983]

---

[978] GK-SGB III (-Feckler), § 269 Rn.19 ; Knigge/Ketelsen/Marschall/Wissing (-Ketelsen), AFG, § 93 Rn.18 ; GK-AFG (- Feckler), § 93 Rn. 35.
[979] GK-SGB III (-Feckler), § 269 Rn.19.
[980] Vgl. GK-SGB III (-Feckler), § 267 Rn. 4.
[981] Vgl. GK-SGB III (-Feckler), a.a.O.
[982] Vgl. GK-SGB III (-Feckler), a.a.O.
[983] Zur fehlenden Korrespondierung von Befristungs- und Zuweisungszeitraum, wenn sich die

Nach neuerer Rechtsprechung des BAG bedarf es im Allgemeinen zur wirksamen Befristung eines Arbeitsvertrages außer einem sachlichen Befristungsgrund nicht noch zusätzlich einer eigenen sachlichen Rechtfertigung der Befristungsdauer.[984] Die Befristungsdauer habe nur Bedeutung im Rahmen der Prüfung des sachlichen Befristungsgrundes selbst.[985] Die Befristungsdauer müsse sich aber am Befristungsgrund orientieren und mit diesem derart in Einklang stehen, daß sie nicht gegen das Vorliegen eines sachlichen Grundes spricht.[986]

Unter Berücksichtigung dieser Rechtsprechung muß hier im Ergebnis davon ausgegangen werden, daß bei fehlender Deckung von Befristungszeitraum und Zuweisungszeitraum im ABM-Arbeitsverhältnis ein sachlicher Befristungsgrund allein wegen der sozial motivierten Förderung der Bundesanstalt für Arbeit nicht gegeben ist.

Die fehlende Übereinstimmung von Vertrags- und Zuweisungsdauer schließt damit einen sachlichen Befristungsgrund aus, wenn ein Arbeitgeber in Kenntnis des Zuweisungszeitraums mit dem Arbeitnehmer einen den Zuweisungszeitraum überschreitenden befristeten Arbeitsvertrag schließt. Es bedarf vielmehr eines besonderen sachlichen Grundes für eine entsprechende Befristung.[987] Denn entsprechend der obigen Rechtsprechung muß sich die Befristungsdauer hier an dem Befristungsgrund "sozial motivierte Förderung der Bundesanstalt für Arbeit" orientieren. Dies ist nicht der Fall, wenn die Dauer des Arbeitsvertrages den Zuweisungszeitraum überschreitet. Die vereinbarte Befristungsdauer läßt sich in diesem Fall nicht mit dem Befristungsgrund "sozial motivierte Förderung" erklären. Befristungsgrund und Befristungsdauer stehen hier nicht mehr miteinander in Einklang. Die Arbeitsvertragsparteien bringen durch die Überschreitung der Zuweisungsdauer vielmehr zum Ausdruck, daß die Zuweisung des Arbeitssuchenden durch die Bundesanstalt für Arbeit und das Arbeitsverhältnis entkoppelt sein sollen.[988]

Gleiches gilt, wenn die Befristung des Arbeitsverhältnisses die Befristung der Zuweisung unterschreitet.[989] Hierfür spricht über die obigen Argumente hinaus, daß die sozial motivierte Zielsetzung der Bundesanstalt für Arbeit nicht vollständig verwirklicht wird. Auch hier bedarf es für eine wirksame Befristung eines zusätzlichen besonderen sachlichen Grundes. Ein solcher besonderer Befristungsgrund kann gegeben sein, wenn es die betrieblichen Erfordernisse im Einzelfall

---

Beschäftigungszeit und die Zuweisungsdauer insgesamt decken, vgl. KR (-Lipke), § 620 BGB Rn. 150 b m.w.N.

[984] BAG, Urteil vom 26.8.1988 - 7 AZR 101/88 -, EzA § 620 BGB Nr. 102 m.w.N. ; BAG, Urteil vom 31.8.1994 - 7 AZR 983/93 -, EzA § 620 BGB Nr. 127 m.w.N.

[985] BAG, Urteil vom 26.8.1988, a.a.O.

[986] BAG, Urteil vom 31.8.1994, a.a.O.

[987] Ebenso KR (-Lipke), § 620 BGB 150 c ; Gagel (-Bieback), AFG, § 93 Rn. 97 f. ; Blechmann, ABM, S. 70.

[988] Ebenso Gagel (-Bieback), a.a.O.

[989] Gagel (-Bieback), a.a.O. ; Blechmann, a.a.O.

erfordern, daß das Arbeitsverhältnis vor Ablauf der Zuweisungsdauer endet. Dem Arbeitgeber ist es demgemäß nur verwehrt, sich hinsichtlich der sachlichen Rechtfertigung der Befristung auf eine sozial motivierte Förderung der Bundesanstalt für Arbeit zu berufen.

Ferner stellt sich die Frage, ob der Grund für eine Befristung des Arbeitsverhältnisses entfällt, wenn der Bescheid der Arbeitsverwaltung die Zuweisung des Arbeitnehmers von einer späteren Dauerbeschäftigung des Arbeitnehmers durch den Maßnahmeträger abhängig macht.

Das LAG Köln[990] vertritt die Ansicht, eine Befristung eines ABM-Vertrages sei sachlich nicht gerechtfertigt, wenn der Bescheid des Arbeitsamtes die Zuweisung davon abhängig mache, daß der Arbeitnehmer im Anschluß an die Maßnahme in einem Dauerarbeitsverhältnis beschäftigt wird und im Falle der Nichtbeachtung der Bedingung eine Rückerstattung des Förderungsbetrages geregelt ist. Durch die Regelung einer Rückerstattungspflicht werde dem Adressaten des Bescheides keine Wahlmöglichkeit zwischen zwei Handlungsalternativen eröffnet. Primäre Intention des Arbeitsamtes bleibe die Schaffung eines Dauerarbeitsplatzes.

Das angeführte Urteil des LAG Köln wurde indessen vom BAG in einer Entscheidung vom 26.4.1995[991] aufgehoben. Das BAG begründet seine Auffassung mit dem Zweck der §§ 91 ff. AFG[992], der in der zumindest zeitweisen Schaffung zusätzlicher Arbeitsplätze und der Eröffnung wenigstens vorübergehender Beschäftigungsmöglichkeiten für zumeist leistungsschwächere Arbeitnehmer liege. Der Zuweisungsbescheid begründe im Verhältnis zum Arbeitnehmer kein subjektiv öffentliches Recht auf den Abschluß eines Arbeitsvertrages mit dem Maßnahmeträger.

Die Auffassung des BAG überzeugt (nur) insoweit, als kein subjektiv öffentliches Recht des Arbeitnehmers aus dem Zuweisungsbescheid abgeleitet werden kann. Die Zuweisung allein begründet nämlich kein Rechtsverhältnis zwischen dem zugewiesenen Arbeitnehmer und dem Maßnahmeträger oder dem beauftragten Unternehmer.[993] Deren Rechtsbeziehungen richten sich allein nach den Vorschriften des Arbeitsrechts. Das öffentlich-rechtlich ausgeprägte Rechtsverhältnis zwischen dem Arbeitgeber und der Bundesanstalt für Arbeit hat für das Arbeitsverhältnis keine unmittelbare Bedeutung. Nebenbestimmungen im Förderungsbescheid in Form von Auflagen oder Bedingungen begründen Pflichten des Maßnahmeträgers oder des beauftragten Unternehmers nur gegenüber der Bundesanstalt, nicht gegenüber dem zugewiesenen Arbeitnehmer.[994] Die Verpflichtung des Arbeitgebers im Förderungsbescheid zur Übernahme des Arbeitnehmers in ein Dauerarbeitsverhältnis im Anschluß an die Arbeitsbeschaffungsmaßnahme kann folglich kei-

---

[990] LAG Köln, Urteil vom 16.8.1994 - 1 Sa 415/94 -, LAGE § 620 BGB Nr. 35.

[991] BAG, Urteil vom 26.4.1995 - 7 AZR 936/94 -, NZA 1996, 87.

[992] Nunmehr §§ 260 ff. SGB III.

[993] Vgl. oben, 5. Teil, B, II.

[994] So auch KR (-Lipke), § 620 BGB Rn. 150.

nen entsprechenden Anspruch des Arbeitnehmers begründen.[995] Demgemäß ist der Arbeitgeber aufgrund des Förderungsbescheides nicht verpflichtet, den Arbeitnehmer in ein unbefristetes Arbeitsverhältnis zu übernehmen.
Diese Ausführungen beantworten allerdings noch nicht die Frage, ob für eine Befristung des Arbeitsvertrages eine sachliche Rechtfertigung besteht. Zwar hat der Arbeitnehmer aufgrund des Förderungsbescheides keinen Anspruch auf einen Dauerarbeitsplatz. Ein Anspruch auf ein unbefristetes Arbeitsverhältnis besteht nicht. Schließen Arbeitgeber und Arbeitnehmer aber ein befristetes Arbeitsverhältnis, dann muß die Befristung einer Überprüfung anhand der arbeitsrechtlichen Befristungskontrolle standhalten. Es stellt sich daher die Frage, ob trotz der Verpflichtung des Arbeitgebers gegenüber der Arbeitsverwaltung zu einer späteren Dauerbeschäftigung des Arbeitnehmers aus arbeitsrechtlicher Sicht noch ein sachlicher Grund für die Befristung des Arbeitsvertrages besteht.
Zwar kann der Begründung des LAG Köln, die im Förderbescheid enthaltenen Bedingung, den Arbeitnehmer in ein Dauerarbeitsverhältnis zu übernehmen, könne nur dahin verstanden werden, daß diese Auflage auch erfüllt werde, nicht gefolgt werden. Dieser Ansatzpunkt wurde vom BAG zu Recht verworfen. Ansatzpunkt muß vielmehr die bereits gestellte Frage sein, ob sich der Arbeitgeber trotz der Verpflichtung zu einer späteren Dauerbeschäftigung des Arbeitnehmers noch auf einen sachlichen Befristungsgrund berufen kann. Diesem Ansatzpunkt ist das BAG nicht nachgegangen. Das BAG hat es in dem dem Urteil zugrundeliegenden Sachverhalt nur nicht als ausgeschlossen angesehen, daß der Arbeitgeber bei dem Arbeitnehmer einen Vertrauenstatbestand dahingehend gesetzt hat, der Arbeitgeber werde das Arbeitsverhältnis nach Abschluß der Arbeitsbeschaffungsmaßnahme unbefristet fortsetzen.[996] Mit anderen Worten, das BAG sieht es als möglich an, daß der Arbeitgeber den Arbeitnehmer nach Abschluß der Maßnahme unter dem Gesichtspunkt des Vertrauensschutzes unbefristet weiterbeschäftigen muß. Dieser Ansatzpunkt setzt jedoch zu spät an. Zunächst ist festzustellen, ob der Arbeitsvertrag überhaupt wirksam befristet wurde. Ist dies nicht der Fall, gilt der Arbeitsvertrag auf unbestimmte Zeit geschlossen.[997] Auf den Gesichtspunkt des Vertrauensschutzes würde es dann nicht mehr ankommen.
Zu prüfen ist daher, ob der Sachgrund für eine Befristung entfällt oder von vornherein ausscheiden muß, wenn sich der Arbeitgeber zu einer späteren Dauerbeschäftigung des Arbeitnehmers verpflichtet.
Eine Befristung könnte entsprechend den allgemeinen Grundsätzen zulässig sein, wenn sich Förderungsdauer und Befristungszeitraum decken, da der Arbeitgeber den Arbeitnehmer nur im Hinblick auf die Förderung eingestellt hat. Aspekte, die die Leistungsfähigkeit des Arbeitnehmers betreffen, vermögen jedoch die Befristung des Arbeitsvertrages nicht sachlich zu rechtfertigen. Der Arbeitgeber kann

[995] So auch KR (-Lipke), § 620 BGB Rn. 150.
[996] BAG, a.a.O., S. 89.
[997] Vgl. oben, 7. Teil, B, II, 1.

sich nicht darauf berufen, er hätte einen leistungsschwächeren Arbeitnehmer im Vertrauen auf die zeitlich begrenzte Förderungszusage eingestellt, den er ohne die Förderung nicht eingestellt hätte. Er würde sich zu seinem eigenen vorherigen Verhalten in Widerspruch setzen, wenn er sich aufgrund seiner freien Entscheidung zur Übernahme des Arbeitnehmers in ein Dauerarbeitsverhältnis verpflichtet, um die Förderung in Anspruch nehmen zu können, den Arbeitnehmer dann aber nur befristet einstellt. Zwar kann der Arbeitgeber frei entscheiden, ob er den Arbeitnehmer einstellt oder nicht. Entscheidet er sich aber für die Einstellung eines Arbeitnehmers und nimmt er hierfür eine Förderung seitens des Arbeitsamtes in Anspruch, ist er an die Förderungsvoraussetzungen gebunden. Der Arbeitgeber hat sich gegenüber dem Arbeitsamt zu einer späteren Dauerbeschäftigung des Arbeitnehmers verpflichtet. Er hat aus der Förderung finanzielle Vorteile gezogen, wobei ihm die Förderungsbedingungen bekannt waren. Die zeitlich begrenzte Förderung kann daher hier keinen sachlichen Befristungsgrund abgeben. Andernfalls würde das Risiko von Mitnahmeeffekten entstehen. Dem stehen die Ausführungen des BAG zum Zweck der Arbeitsbeschaffungsmaßnahmen, die zumindest zeitweise Schaffung zusätzlicher Arbeitsplätze, nicht entgegen. Eine Einschränkung der Befristungskontrolle kann hier mit diesem Zweck der Arbeitsbeschaffungsmaßnahmen nicht gerechtfertigt werden, da die Förderungsvoraussetzungen, die der Arbeitgeber mit der Inanspruchnahme der Förderung anerkennt, bei der Prüfung der sachlichen Rechtfertigung der Befristung nicht unberücksichtigt bleiben können. Der Hinweis des BAG auf den Zweck der Arbeitsbeschaffungsmaßnahmen sowie der Umstand, daß es Sache der Bundesanstalt für Arbeit ist, ihre arbeitsmarktpolitischen Ziele durchzusetzen, sprechen nicht dagegen, bei der Beurteilung der Wirksamkeit einer Befristung auch die Voraussetzungen der Förderung im Verhältnis zwischen dem Arbeitgeber und der Bundesanstalt für Arbeit und damit die Förderintention mit einzubeziehen.

b) Andere Fördermaßnahmen nach dem SGB III

Die bei den Arbeitsbeschaffungsmaßnahmen dargestellten Grundsätze gelten gleichermaßen bei der Förderung von Strukturanpassungsmaßnahmen nach den §§ 272 ff. SGB III.[998] Auch diese werden regelmäßig entsprechend der Zuweisungsdauer befristet abgeschlossen.[999] Auch durch sie sollen Arbeiten gefördert werden, die regelmäßig sonst nicht, nicht in diesem Umfang oder nicht zu diesem Zeitpunkt angefallen wären.[1000] Die arbeitsmarktpolitischen Zielsetzungen bei

[998] Die förderungsfähigen Maßnahmebereiche bei Strukturanpassungsmaßnahmen entsprechen der vormaligen Regelung des § 249 h und der Aufzählung in § 242 s AFG, vgl. GK-SGB III (-Feckler), § 273 Rn. 2. Es war bei Geltung des AFG bereits anerkannt, daß die Rechtsprechung des BAG zu den Arbeitsbeschaffungsmaßnahmen entsprechend im Rahmen der §§ 242 s und 249 h AFG gilt, vgl. KR (-Lipke), § 620 BGB Rn. 150 b ; Lakies NZA 1995, 296, 297.

[999] GK-SGB III (-Feckler), § 277 Rn. 15.

[1000] GK-SGB III (-Feckler), § 273 Rn. 1.

Strukturanpassungsmaßnahmen entsprechen im wesentlichen denen der Arbeitsbeschaffungsmaßnahmen.

Die Gewährung eines Einarbeitungszuschusses nach § 49 AFG war kein sachlicher Grund für die Befristung eines Arbeitsverhältnisses. Denn § 49 AFG diente im Gegensatz zu den Arbeitsbeschaffungsmaßnahmen weder der Schaffung zusätzlicher Arbeitsplätze und Beschäftigungsmöglichkeiten, noch der Finanzierung von Arbeitsplätzen. Der Einarbeitungszuschuß sollte vielmehr den Nachteil ausgleichen, den der Arbeitgeber dadurch erlitt, daß der Arbeitnehmer während der Einarbeitungsphase nur eine Minderleistung erbrachte.[1001] Damit ließ es sich nicht vereinbaren, bereits aus der Gewährung eines Einarbeitungszuschusses einen sachlichen Grund für eine Befristung des Arbeitsverhältnisses abzuleiten.[1002] Eine Befristung im Bereich der Einarbeitungszuschüsse setzte damit eine arbeitsrechtlich wirksame Befristung voraus. Diese Grundsätze können auf die mittlerweile in den §§ 217 ff. SGB III geregelten Eingliederungszuschüsse übertragen werden. Die Eingliederungszuschüsse sollen wie der Einarbeitungszuschuß des § 49 AFG[1003] Minderleistungen des Arbeitnehmers ausgleichen. Dies folgt aus § 219 SGB III, wonach sich Höhe und Dauer der Förderung nach dem Umfang einer Minderleistung des Arbeitnehmers und den jeweiligen Eingliederungserfordernissen richten.

Träger von Maßnahmen der beruflichen Ausbildung[1004] können die Arbeitsverträge mit dem drittmittelfinanzierten Personal nur unter Berücksichtigung der dargestellten allgemeinen Grundsätze einer Befristung im drittmittelfinanzierten Arbeitsverhältnis befristen. Insoweit bestehen hier keine Besonderheiten. Insbesondere die Ungewißheit des Maßnahmeträgers, ob in Zukunft ein Bedürfnis für die Beschäftigung des Ausbildungs- und Betreuungspersonals besteht und ob die Bundesanstalt für Arbeit ihn auch zukünftig mit der Durchführung von Lehrgängen beauftragt, rechtfertigt entsprechend den allgemeinen Grundsätzen keine Befristung von Arbeitsverträgen.[1005]

c) Zusammenfassung

Bei der Befristung von ABM-Arbeitsverhältnissen besteht in Abweichung von den allgemeinen Grundsätzen die Besonderheit, daß ein sachlicher Befristungsgrund wegen der sozial motivierten Förderung seitens der Bundesanstalt für Arbeit auch bei der Verrichtung von Daueraufgaben gegeben ist. Eine Befristung auch bei Daueraufgaben ist wirksam, wenn und soweit der Arbeitgeber die Dau-

---

1001 BAG, Urteil vom 11.12.1991 - 7 AZR 170/91 -, EzA § 620 BGB Nr. 111 ; KR (-Lipke), § 620 BGB Rn. 150.

1002 BAG, Urteil vom 11.12.1991, a.a.O.

1003 Der Einarbeitungszuschuß des § 49 AFG ist mittlerweile in § 218 Abs. 1 Nr. 1 SGB III geregelt.

1004 Vgl. § 240 SGB III.

1005 Vgl. BAG, Urteil vom 28.10.1992 - 7 AZR 464/91, n.v.

eraufgaben ohne die Zuweisung nicht oder nicht sofort hätte verrichten lassen, er sie auf die übrigen Arbeitnehmer verteilt oder er zu ihrer Erledigung einen leistungsfähigeren Arbeitnehmer eingestellt hätte. Dies gilt allerdings nur, wenn Befristungs- und Zuweisungsdauer korrespondieren und es sich bei den Aufgaben nicht um unaufschiebbare Daueraufgaben handelt. Ein sachlicher Grund für eine Befristung ist auch bei einer Verlängerung der Zuweisungsdauer gegeben. Bei einer Verpflichtung des Arbeitgebers zur Dauerbeschäftigung des Arbeitnehmers durch den Zuweisungsbescheid liegt indes in der zeitlich begrenzten Förderung kein sachlicher Befristungsgrund.
Gleiches gilt bei den Strukturanpassungsmaßnahmen, während die Gewährung von Eingliederungszuschüssen kein sachlicher Befristungsgrund ist. Bei der Förderung von Einrichtungen der Berufsbildung gelten die allgemeinen Grundsätze.

III) Auflösende Bedingung im drittmittelfinanzierten Arbeitsverhältnis

1) Die gegenläufigen Interessen von Drittmittelempfänger und Arbeitnehmer

Neben der Vereinbarung einer Befristung des Arbeitsvertrages kann der Drittmittelempfänger zudem ein Interesse an der Vereinbarung einer auflösenden Bedingung für den Fall des Drittmittelwegfalls haben. Bei der Befristung des Arbeitsvertrages im Bereich der Drittmittelfinanzierung kann einerseits das Problem auftreten, daß der Drittmittelempfänger ein zu frühes Vertragsende vereinbart. Der Arbeitnehmer könnte eine Verlängerung des Arbeitsvertrages nach Ablauf des Befristungszeitraums verweigern, etwa weil er bereits einen neuen Arbeitsplatz gefunden oder er das Vertragsende mangels vorzeitiger ordentlicher Kündigungsmöglichkeit abgewartet hat. Hier wäre die Kontinuität der drittmittelfinanzierten Arbeiten gefährdet. Insbesondere dann, wenn die Tätigkeiten Spezialkenntnisse erfordern, könnte die Fortführung dieser Tätigkeiten durch andere Arbeitnehmer einen erheblich erhöhten Zeitaufwand und damit einen finanziellen Mehraufwand bedeuten. Dies würde die drittmittelfinanzierte Arbeit beeinträchtigen. Andererseits vereinbart der Drittmittelempfänger möglicherweise ein die Dauer der drittmittelfinanzierten Tätigkeit übersteigendes Vertragsende. Hier würde sich der Drittmittelempfänger der Gefahr aussetzen, bis zum Vertragsende ohne Gegenleistung den Lohn fortzahlen zu müssen. Denn eine ordentliche, betriebsbedingte Kündigung scheidet im befristeten Arbeitsverhältnis im Regelfall aus.[1006] Eine außerordentliche Kündigung kann allenfalls in ganz besonderen Ausnahmefällen in Betracht kommen.
Damit kann der Drittmittelgeber ein nachvollziehbares Interesse an einer automatischen Beendigung des Arbeitsverhältnisses zum Zeitpunkt des Drittmittelwegfalls haben.

[1006] Vgl. oben, 7. Teil, B, I, 4.

Dem stehen natürlich die Interessen des Arbeitnehmers gegenüber. Dieser ist nicht nur daran interessiert, daß sein Arbeitsverhältnis nach einer gewissen Vertragsdauer gegebenenfalls Bestandsschutz genießt, sondern auch daran, sein künftiges Arbeitsleben zumindest hinreichend sicher planen zu können. Bei der Vereinbarung einer auflösenden Bedingung trägt der Arbeitnehmer aber das Risiko der fehlenden Überschaubarkeit und Voraussehbarkeit der Vertragsbeendigung. Es ist ungewiß, ob das Arbeitsverhältnis überhaupt irgendwann seine Beendigung findet. Er kann sich auf das Vertragsende nicht einstellen und sich rechtzeitig um einen neuen Arbeitsplatz kümmern. Die automatische Beendigung des Arbeitsverhältnisses nach Auslaufen der Drittmittel wird ihn überraschend treffen und seine soziale Sicherheit beeinträchtigen.

2) Allgemeine Grundsätze

In Anbetracht der vorstehenden Ausführungen ist es zweifelhaft, ob eine auflösende Bedingung für den Fall des Drittmittelwegfalls rechtswirksam ist.

Nach Felix[1007] bestehen gegen eine auflösende Bedingung keine Bedenken, wenn ein Arbeitgeber eine Stelle nur einrichten kann, wenn und soweit die Finanzierung durch Dritte erfolgt, die vertraglichen Beziehungen bei Einstellung der Finanzierung durch den Dritten enden sollen und bei Vertragsschluß noch nicht absehbar ist, wie lange die Finanzierung laufen wird, andererseits aber klar ist, daß sie unter Umständen sehr kurzfristig eingestellt wird. In diesem Fall sei der Arbeitgeber auf die Vertragsgestaltung mit auflösender Bedingung angewiesen, d.h. er mißbrauche sie nicht zur Umgehung arbeitsrechtlicher Kündigungsschutzvorschriften. Es stehe nicht im "Belieben des Arbeitgebers", den Arbeitnehmer zu beschäftigen, sondern er selber sei in einer Weise von Dritten abhängig, die es rechtfertige, das Arbeitsverhältnis ohne Einhaltung von Kündigungsfristen enden zu lassen. Es sei zwar richtig, daß auflösende Bedingungen nicht dazu dienen dürften, das Unternehmerrisiko einseitig auf die Arbeitnehmer abzuwälzen, da der Arbeitgeber grundsätzlich das Risiko der weiteren wirtschaftlichen und rechtlichen Entwicklung tragen müsse. Dies gelte jedoch nur insoweit , als die Ungewißkeit von ihm zu steuern sei.[1008]

Die Auffassung von Felix vermag nicht zu überzeugen. Gegen sie lassen sich sämtliche schon bei der Darstellung der sachlichen Befristungsgründe im drittmittelfinanzierten Arbeitsverhältnis angeführten Argumente heranziehen. Diese sind Begründung genug. Auf sie kann verwiesen werden.[1009]

[1007] Felix NZA 1994, 1111, 1117.

[1008] Das Kriterium der fehlenden Steuerbarkeit des Risikos führt auch das ArbG Ludwigshafen, Urteil vom 26.10.1976 - 5 Ca 1602/76 -, KMK-HSchR 1982, 298, 301 f. als Rechtfertigung eines sachlichen Grundes für eine Befristung eines Arbeitsvertrages an.

[1009] Vgl. oben, 7. Teil, C, II.

Hinzuweisen ist nochmals darauf, daß allein die Unsicherheit über die in Zukunft zur Verfügung stehenden Drittmittel auch eine auflösende Bedingung nicht rechtfertigen kann.[1010] Insbesondere darf auch eine auflösende Bedingung das Beschäftigungsrisiko nicht einseitig auf den Arbeitnehmer abwälzen oder den Kündigungsschutz umgehen.[1011] Dies wäre aber bei Zugrundelegung von Felix' Auffassung der Fall. Das von Felix zur Begründung ihrer Ansicht angeführte vom Arbeitgeber nicht steuerbare Finanzierungsrisiko sowie die Abhängigkeit des Drittmittelempfängers von dem Drittmittelgeber sind keine Besonderheit drittmittelfinanzierter Arbeitsverhältnisse.[1012] Diese Probleme können gleichermaßen in jedem Wirtschaftsbereich sowie im Bereich des öffentlichen Dienstes auftreten.
Ein Arbeitnehmer darf nicht wegen mangelnder wirtschaftlicher Leistungsfähigkeit des Arbeitgebers seinen Arbeitsplatz automatisch verlieren. Hierfür spricht insbesondere auch das den Arbeitnehmer treffende Risiko der fehlenden Überschaubarkeit und Voraussehbarkeit der Vertragsbeendigung. Gerade eine sehr kurzfristige Einstellung der Drittmittel und eine dadurch herbeigeführte Beendigung des Arbeitsverhältnisses trifft den Arbeitnehmer besonders schwer in seiner Planung und berücksichtigt dessen Interessen nicht hinreichend. Dies ist mit dem Arbeitnehmerschutzrecht nicht vereinbar. Von Felix hingegen werden die Arbeitgeberinteressen übermäßig in den Vordergrund gerückt.
Darüberhinaus besteht für den Arbeitgeber die Möglichkeit einer betriebsbedingten Kündigung. Die Kündigungsmöglichkeit mindert das Planungsrisiko des Arbeitgebers. Die auflösende Bedingung ist damit nicht das einzige Mittel des Arbeitgebers, auf den Mittelwegfall zu reagieren. Mag der Drittmittelempfänger dem Arbeitnehmer bei Auslaufen der Drittmittel betriebsbedingt kündigen.[1013]
Die Ausführungen zur Befristungskontrolle sind im Ergebnis auf die Vereinbarung von auflösenden Bedingungen bei Drittmittelwegfall übertragbar. Denn - wie erörtert[1014] - bedarf auch die Vereinbarung einer auflösenden Bedingung im Arbeitsvertrag eines sachlichen Grundes, um eine Umgehung von Arbeitnehmerschutzvorschriften zu verhindern.

Festzuhalten ist folglich, daß eine auflösende Bedingung nicht deshalb gerechtfertigt ist, weil die Vergütung des Arbeitnehmers aus Drittmitteln erfolgt, auf deren Bereitstellung oder Kürzung der Arbeitgeber keinen Einfluß hat.[1015]

[1010] So auch LAG Frankfurt a.M., Urteil vom 28.11.1980 - 13/12 Sa 389/80 -, BB 1981, 1465, 1466.
[1011] Palandt (-Putzo), BGB, Vorbem. § 620 Rn.4.
[1012] So auch LAG Frankfurt a.M., Urteil vom 28.11.1980, a.a.O.
[1013] So auch LAG Frankfurt a.M., Urteil vom 28.11.1980, a.a.O.
[1014] Vgl. oben, 7. Teil, B, III.
[1015] So richtigerweise LAG Frankfurt a.M., Urteil vom 28.11.1980 - 13/12 Sa 389/80 -, BB 1981, 1465.

3) Besonderheiten im Hochschulbereich und bei den Fördermaßnahmen nach dem SGB III

Im Hochschulbereich und bei den Fördermaßnahmen nach dem SGB III bestehen keine von den allgemeinen Grundsätzen abweichenden Besonderheiten. Auch hier sind die entsprechenden Ausführungen zur sachlichen Rechtfertigung einer Befristung des Arbeitsvertrages auf die sachliche Rechtfertigung einer auflösenden Bedingung übertragbar.

Abzulehnen ist damit die Auffassung von Lübbert[1016], der die Vereinbarung einer auflösenden Bedingung mit sozialer Auslauffrist auf der Grundlage des sachlichen Grundes "Wegfall der Drittmittelfinanzierung" vorschlägt. Hierauf wurde bereits eingegangen.[1017]

Der besondere gesetzliche Befristungsgrund der Drittmittelfinanzierung nach § 57 b Abs. 2 Nr. 4 HRG kann auf die Vereinbarung einer auflösenden Bedingung nicht übertragen werden. Dem steht schon der ausdrückliche Wortlaut der Vorschrift entgegen.

4) Zusammenfassung

Die wirksame Vereinbarung einer auflösenden Bedingung im Arbeitsvertrag, die das Arbeitsverhältnis bei Wegfall der Drittmittel automatisch beendet, bedarf eines sachlichen Grundes. Die Ausführungen zur Anerkennung eines sachlichen Grundes zur Rechtfertigung einer Befristung gelten entsprechend. Das heißt, in der Regel ist die Vereinbarung einer auflösenden Bedingung nur dann wirksam, wenn die Drittmittelfinanzierung für einen konkreten Arbeitsplatz erfolgt sowie der Drittmittelgeber eine sachlich begrenzte Zielsetzung verfolgt und damit Aufgaben von begrenzter Dauer zu verrichten sind.

8. Teil
Zusammenfassung

Drittmittel sind Mittel, die von dritter Seite durch einen Zuwendungsgeber (Drittmittelgeber) einem personenverschiedenen Zuwendungsnehmer (Drittmittelempfänger) zur Förderung bestimmter Aufgaben und eines bestimmten Zwecks gegebenenfalls zusätzlich zu eigenen Mitteln des Zuwendungsempfängers von öffentlichen oder privaten Stellen zur Verfügung gestellt werden. Drittmittelfinanzierte Arbeitsverträge liegen daher vor, wenn ein Drittmittelgeber als Kostenträger anderen Personen die Eingehung von Arbeitsverträgen ermöglicht. Auch das ABM-Arbeitsverhältnis kann den drittmittelfinanzierten Arbeitsverhältnissen zu-

---

[1016] Lübbert, Befristete Arbeitsverhältnisse im Hochschulbereich und in außeruniversitären Forschungseinrichtungen, S. 212 ff.

[1017] Vgl. oben, 7. Teil, C, II, 7, a.

geordnet werden, da die an die ABM-Beschäftigten gezahlten Löhne überwiegend aus Mitteln finanziert werden, die dem Arbeitgeber aus arbeitsmarktpolitischen Zwecken von der Arbeitsverwaltung ausgezahlt werden.

Die öffentliche Hand und Privatpersonen ermöglichen durch Subventionen und Zuwendungen Privatpersonen unter anderem die Beschäftigung von Arbeitnehmern. Drittmittelfinanzierte Arbeitsverhältnisse sind häufig die Konsequenz einer Politik staatlichen Förderns oder sonstigen Subventionierens, die zum Zweck hat, im öffentlichen Interesse liegende Aufgaben und Aktivitäten des Zuwendungsempfängers zu unterstützen und zu fördern. Überwiegend werden die Drittmittel nicht anders als Eigenmittel verwaltet. Besondere Formen der Drittmittelverwaltung bestehen im Grundsatz nicht. Besonderheiten bestehen im Hochschulbereich. Die Drittmittelverwaltung ist hier in § 25 HRG ausdrücklich geregelt. Das HRG bietet die Verwaltung der Drittmittel durch die Hochschule oder durch den Hochschullehrer über ein privates Konto als Alternativen an.

Bei der Drittmittelfinanzierung sind mehrere Personen beteiligt. Neben dem Drittmittelgeber, dem Drittmittelempfänger und dem aus Drittmitteln finanzierten Arbeitnehmer ist möglicherweise noch eine weitere Person, nämlich ein Bediensteter einer natürlichen oder juristischen Person als Drittmittelempfänger eingeschaltet. Daher hat sich in der vorliegenden Untersuchung ein Vergleich der Drittmittelfinanzierung mit der Gestaltungsform des mittelbaren Arbeitsverhältnisses und mit der Arbeitnehmerüberlassung angeboten, bei denen es sich anerkanntermaßen um arbeitsrechtliche Dreiecksbeziehungen handelt. Arbeitsrechtliche Drittbeziehungen bezeichnen eine (Auf-) Spaltung oder Teilung der Arbeitgeberstellung.

Bei dem mittelbaren Arbeitsverhältnis ist es unbestritten, daß, obwohl der Mittelsmann eine umfassende Arbeitgeberstellung gegenüber dem (mittelbaren) Arbeitnehmer einnimmt und ihm die wesentlichen Rechte und Pflichten aus einem Arbeitsverhältnis zufallen, sich die arbeitsrechtlichen Beziehungen nicht lediglich im Rahmen der jeweiligen Arbeitsverträge abspielen. Es werden auch arbeitsrechtliche Beziehungen zwischen (mittelbarem) Arbeitnehmer und dem Hauptarbeitgeber begründet. Im einzelnen besteht Streit. Unter verschiedenen Gesichtspunkten wird ein arbeitsrechtlicher Durchgriff auf den Hauptarbeitgeber diskutiert. Das BAG fordert etwa für die rechtliche Anerkennung der Gestaltungsform des mittelbaren Arbeitsverhältnisses wegen der darin liegenden Gefahr eines Rechtsformmißbrauchs und der Umgehung zwingender arbeitsrechtlicher Grundsätze einen sachlich rechtfertigenden Grund. Ist ein Mißbrauch der Gestaltungsform gegeben, sind nach der Rechtsprechung des BAG unmittelbare Vertragsbeziehungen zwischen Arbeitnehmer und Hauptarbeitgeber anzunehmen (Grundsatz des arbeitsrechtlichen Durchgriffs). Nach der hier vertretenen Auffassung ist an einer grundsätzlichen Aufspaltung der Arbeitgeberfunktionen festzuhalten und lediglich im Einzelfall ein partieller Durchgriff von arbeitsrechtlichen Pflichten auf den Hauptarbeitgeber zu erwägen. Hierdurch wird verhindert, daß der Arbeitnehmer eines Arbeitgebers einen weiteren Arbeitgeber erhält und es damit gege-

benenfalls zu einer Verdoppelung der Arbeitgeberstellung kommt.
Zwischen Entleiher und Leiharbeitnehmer besteht kein Arbeitsverhältnis. Da der Leiharbeitnehmer jedoch seine Arbeitsleistung im Betrieb des Entleihers erbringt, ist es erforderlich, daß dem Entleiher ein Weisungsrecht hinsichtlich der Art und Weise der Arbeitsleistung zusteht. Der Entleiher wird vom Verleiher zur Ausübung des Direktionsrechts ermächtigt. Zwischen Verleiher und Leiharbeitnehmer besteht ein Arbeitsverhältnis, welches den Leiharbeitnehmer zur Arbeitsleistung einem Dritten gegenüber verpflichtet. Bei dem Leiharbeitsverhältnisses kommt es zu einer Aufspaltung der Arbeitgeberfunktionen auf Verleiher und Entleiher.
Dem mittelbaren Arbeitsverhältnis und der Arbeitnehmerüberlassung sind damit eine Aufspaltung von Arbeitgeberfunktionen wesenseigen. Der Dritte wird trotz der Aufspaltung von Arbeitgeberfunktionen nicht selbst Vertragspartner und Arbeitgeber des Arbeitnehmers.

Hinsichtlich der rechtlichen Grundlage der Beziehungen zwischen Drittmittelgeber und Drittmittelempfänger ist danach zu unterscheiden, wer Drittmittelgeber ist und wie das Zuwendungsverhältnis ausgestaltet ist. In Betracht kommen ein privatrechtliches (Drittmittelgewährung auf der Grundlage eines zivilrechtlichen Vertrages) und ein öffentlich-rechtliches Leistungsverhältnis (Drittmittelgewährung durch begünstigenden Förderungsbescheid). Der Drittmittelgeber kann bei der Auswahl seines Vertragspartners grundsätzlich nach Belieben verfahren.

Der Drittmittelempfänger und der Arbeitnehmer begründen rechtliche Beziehungen durch den Abschluß eines Arbeitsvertrages. Die Rechte und Pflichten zwischen beiden aus dem Arbeitsverhältnis richten sich nach den allgemeinen Vorschriften des Arbeitsrechts.

Zunächst ist zwischen dem Verhältnis zwischen Drittmittelgeber und Drittmittelempfänger sowie zwischen Drittmittelempfänger und Arbeitnehmer zu differenzieren. Diese Rechtsbeziehungen stellen zwei selbständige Rechtsverhältnisse dar. Zu erwägen ist aber auch das Vorliegen von Rechtsbeziehungen zwischen Drittmittelgeber und Arbeitnehmer. Die vorliegende Untersuchung kommt zu dem Ergebnis, daß im Grundsatz Rechtsbeziehungen zwischen Drittmittelgeber und Arbeitnehmer nicht bestehen.
Unmittelbare arbeitsvertragliche Beziehungen zwischen Drittmittelgeber und Arbeitnehmer kommen nur dann in Betracht, wenn der Drittmittelempfänger bei Abschluß des Arbeitvertrages mit dem Arbeitnehmer als bevollmächtigter Stellvertreter des Drittmittelgebers nach § 164 Abs. 1 BGB handelt. Ansonsten können unmittelbare arbeitsvertragliche Beziehungen zwischen Drittmittelgeber und dem Arbeitnehmer und damit eine unmittelbare Arbeitgeberstellung des Drittmittelgebers dogmatisch nicht begründet werden. Eine das Arbeitsverhältnis kennzeichnende persönliche Abhängigkeit des Arbeitnehmers vom Drittmittelgeber im Bereich der Drittmittelfinanzierung liegt regelmäßig nicht vor. Das arbeitsvertragliche Weisungsrecht verbleibt stets beim Drittmittelempfänger. Eine gegebenenfalls vorliegende mittelbare wirtschaftliche Abhängigkeit des aus Drittmitteln finanzierten Arbeitnehmers gegenüber dem Drittmittelgeber ist zur Begründung

eines Arbeitsverhältnisses weder erforderlich noch ausreichend.

Nach der hier vertretenen Auffassung kommt auch ein arbeitsrechtlicher Durchgriff auf den Drittmittelgeber in der Regel nicht in Betracht. Ein mittelbares Arbeitsverhältnisses liegt zwischen dem Drittmittelgeber und dem Arbeitnehmer nicht vor. Die Annahme eines mittelbaren Arbeitsverhältnisses scheitert bereits daran, daß der Drittmittelempfänger nicht als Arbeitnehmer oder Mittelsmann für den Drittmittelgeber tätig wird.
Eine rechtliche Grundlage für arbeitsrechtliche Pflichten des Drittmittelgebers gegenüber dem Arbeitnehmer besteht nicht. Vertragliche Beziehungen zwischen Drittmittelgeber und Arbeitnehmer liegen regelmäßig nicht vor. Es fehlt zudem an einer Schutzbedürftigkeit des Arbeitnehmers. Dem Arbeitnehmer kommen gegenüber seinem Vertragspartner alle arbeitsvertraglichen Schutznormen und Schutzvorschriften zu Gute.
Die beim mittelbaren Arbeitsverhältnis vertretenen Grundsätze des arbeitsrechtlichen Durchgriffs sind auf das drittmittelfinanzierte Arbeitsverhältnis nicht übertragbar. Ein Mißbrauch der Gestaltungsform des drittmittelfinanzierten Arbeitsverhältnisses läßt sich im Grundsatz nicht feststellen. Auch die Gefahr einer Verkürzung des Arbeitnehmerschutzes besteht bei drittmittelfinanzierten Arbeitverhältnissen grundsätzlich nicht, da der Zweck von Rechtsnormen bei der Drittmittelfinanzierung grundsätzlich nicht objektiv vereitelt wird. Auch ein partieller Durchgriff durch eine Analogie zu einzelnen arbeitsrechtlichen Schutznormen auf den Drittmittelgeber ist im allgemeinen abzulehnen. Denn der Drittmittelgeber übernimmt grundsätzlich keine wesentlichen Arbeitgeberfunktionen und er tritt nicht faktisch in die Rolle des Arbeitgebers ein. Auch die Kriterien wirtschaftliche Abhängigkeit, umfassende Fremdbestimmtheit des Drittmittelempfängers durch Vorgaben des Drittmittelgebers und Verfolgung von eigenen wirtschaftlichen Interessen durch den Drittmittelgeber sind nicht geeignet, einen arbeitsrechtlichen Durchgriff auf den Drittmittelgeber zu begründen. Diese Kriterien beeinflussen das Rechtsverhältnis zwischen Drittmittelgeber und Drittmittelempfänger, nicht jedoch das Arbeitsrechtsverhältnis zwischen Drittmittelempfänger und Arbeitnehmer. Ein arbeitsrechtlicher Durchgriff ist indessen dann anzunehmen, wenn der Drittmittelgeber den Abschluß eines Arbeitsvertrages durch einen Dritten gezielt finanziert, der Arbeitnehmer aber tatsächlich allein im wirtschaftlichen Interesse des Drittmittelgebers in seinem Betrieb aufgrund vertraglicher Vereinbarung mit dem Vertragsarbeitgeber tätig wird und dem Drittmittelgeber das Arbeitsergebnis zusteht. Hier liegt eine unzulässige Rechtsausübung vor, da der Drittmittelgeber faktisch die Arbeitgeberstellung einnimmt.

Konsequenz der hier vertretenen Auffassung ist, daß eine Aufspaltung von Arbeitgeberfunktionen im drittmittelfinanzierten Arbeitsverhältnis im Grundsatz nicht vorliegt.

Schließlich ist auch keine Vertrauenshaftung des Drittmittelgebers gegenüber dem Arbeitnehmer anzunehmen. Ein dem Drittmittelgeber zurechenbarer Vertrauenstatbestand, der berechtigte Erwartungen des Arbeitnehmers auch ohne rechtsgeschäftlichen Anspruch begründen könnte, ist regelmäßig nicht ersichtlich.

Ein Sonderfall der Drittmittelfinanzierung liegt vor, wenn eine weitere Person in dem Rechtsbeziehungsgeflecht auftritt. Dies ist der Fall, wenn ein Drittmittelgeber die Geldmittel einem Bediensteten einer juristischen oder natürlichen Person zur Verfügung stellt, welchem es betriebsintern obliegen soll, seine Aufgaben im Betrieb unter Hinzuziehung zusätzlichen aus Drittmitteln finanzierten Personals zu erledigen. Bei den Beziehungen zwischen Drittmittelgeber, Drittmittelempfänger und Arbeitnehmer bestehen bei dieser Konstellation keine Abweichungen gegenüber den allgemeinen Grundsätzen. Allerdings liegen hier die Voraussetzungen der Gestaltungsform des mittelbaren Arbeitsverhältnisses vor. Die juristische oder natürliche Person wird mittelbare Arbeitgeberin des von ihrem Bediensteten mit Drittmitteln eingestellten Arbeitnehmers. Es kommt damit zu einer Überschneidung eines drittmittelfinanzierten Arbeitsverhältnisses mit der Gestaltungsform des mittelbaren Arbeitsverhältnisses. Die Grundsätze des mittelbaren Arbeitsverhältnisses finden hier Anwendung. Da hier eine mittelbare Arbeitgeberstellung der natürlichen oder juristischen Person gegeben ist, kommt es zwischen dieser und ihrem Bediensteten zu einer Aufspaltung von Arbeitgeberfunktionen, welche vor allem das Direktionsrecht und die Fürsorgepflicht betrifft. Auch die Grundsätze zum arbeitsrechtlichen Durchgriff im mittelbaren Arbeitsverhältnis finden hier ohne weiteres Anwendung. Dieser Sonderfall stellt die allgemeinen Grundsätze der Rechtsbeziehungen beim drittmittelfinanzierten Arbeitsverhältnis nicht in Frage. Denn in dem Sonderfall konnten keine Abweichungen von den allgemeinen Grundsätzen bei den Rechtsbeziehungen zwischen Drittmittelgeber, Drittmittelempfänger und Arbeitnehmer festgestellt werden. In dem Sonderfall gelten neben den Grundsätzen des drittmittelfinanzierten Arbeitsverhältnisses auch die Grundsätze des mittelbaren Arbeitsverhältnisses.

Besonderheiten bestehen im Hochschulbereich. Dies liegt an der besonderen Rechtsstellung des Hochschullehrers sowie an den unterschiedlichen Möglichkeiten der Drittmittelverwaltung.

Die Tätigkeit der Professoren vollzieht sich im Bereich der Wissenschaftsfreiheit (Art. 5 Abs. 3 GG).

Das Verhältnis zwischen Hochschule oder Hochschullehrer zum Drittmittelgeber ist regelmäßig vertraglich geregelt. In den zivilrechtlichen Verträgen werden Leistung und Gegenleistung sowie verschiedene Bedingungen geregelt. Bei einem Abschluß eines Drittmittelvertrages zwischen Hochschule und Drittmittelgeber wird der Hochschullehrer grundsätzlich als Erfüllungsgehilfe der Hochschule im Sinne des § 278 Satz 1 BGB tätig.

Nach der hier vertretenen Auffassung besteht zwischen Drittmittelgeber und dem Arbeitnehmer auch im Hochschulbereich regelmäßig kein Arbeitsverhältnis.

Ein Arbeitsverhältnis wird hier regelmäßig zwischen dem Drittmittelempfänger und dem Arbeitnehmer begründet. Die Arbeitgeberstellung beurteilt sich danach, wer unmittelbarer Vertragspartner des Arbeitnehmers geworden ist.

Wird das Forschungsvorhaben von der Hochschule angenommen und schließt diese mit dem Arbeitnehmer einen Arbeitsvertrag, so wird diese Arbeitgeber des Arbeitnehmers im Sinne des Arbeitsrechts mit allen Rechten und Pflichten. Hierbei kann sie sich hinsichtlich der Ausführung des Forschungsvorhabens eines Hochschullehrers als Erfüllungsgehilfen bedienen, welcher an inhaltliche Weisungen nicht gebunden ist. Zu Recht wird in Rechtsprechung und Literatur ganz überwiegend davon ausgegangen, daß bei Abschluß eines aus Drittmitteln finanzierten Arbeitsvertrages zwischen der Hochschule als Institution und dem Arbeitnehmer die Hochschule als Vertragspartner auch Arbeitgeber im Sinne des Arbeitsrechts wird. Dem Hochschullehrer steht gegenüber seinen Mitarbeitern ein auf das konkrete Forschungsvorhaben bezogenes fachliches Weisungsrecht zu. Das Direktionsrecht wird aufgrund einer Ausübungsermächtigung seitens der Hochschule vom Hochschullehrer ausgeübt. Eine unmittelbare oder faktische Arbeitgeberstellung des Hochschullehrers bei Abschluß des Arbeitsvertrages zwischen Hochschule und Arbeitnehmer ist nicht gegeben. Eine Ableitung aus dem Weisungsrecht gegenüber dem Arbeitnehmer scheidet aus, weil die Ausübung von Weisungsrechten noch nichts über eine Arbeitgeberstellung aussagt. Weiterhin kann eine unmittelbare oder faktische Arbeitgeberstellung des Hochschullehrers hier nicht aus der Weisungsfreiheit des Hochschullehrers gegenüber der Hochschule abgeleitet werden. Allerdings ist hier eine Aufspaltung von Arbeitgeberfunktionen vergleichbar der Aufspaltung der Arbeitgeberfunktionen bei dem Leiharbeitsverhältnis anzunehmen. Dies folgt vor allem aus der umfassenden fachlichen Weisungsbefugnis des Hochschullehrers. Eine Arbeitgeberstellung kann hieraus indes nicht abgeleitet werden.

Bei Abschluß eines Privatdienstvertrages durch den Hochschullehrer im eigenen Namen für ein von ihm betriebenes Forschungsvorhaben ist nach der hier vertretenen Auffassung im Grundsatz davon auszugehen, daß er als Vertragspartner des Arbeitnehmers auch dessen Arbeitgeber im Sinne des Arbeitsrechts wird. Die überwiegenden Ansichten in Rechtsprechung und Literatur lehnen daher zu Recht eine unmittelbare und eine mittelbare Arbeitgeberstellung der Hochschule ab. Verwaltet der Hochschullehrer die Drittmittel selbst im Rahmen eines Sonderkontenverfahrens und schließt er einen Privatarbeitsvertrag, so wird er Arbeitgeber im Sinne des Arbeitsrechts. Denn ihn treffen sämtliche Arbeitgeberpflichten, ihm kommen auf der anderen Seite aber auch alle Arbeitgeberrechte zu. Die Hochschule ist am Arbeitsverhältnis nicht beteiligt. Werden die Drittmittel bei Abschluß eines Privatdienstvertrages über das Verwahrkontenverfahren verwaltet, so besteht keine Einigkeit. Eine Arbeitgeberstellung der Hochschule oder eine nicht ins Gewicht fallende bloße formelle Arbeitgeberstellung des Hochschullehrers ist im Ergebnis abzulehnen. Denn auch im Verwahrkontenverfahren nimmt der Hochschullehrer als Vertragspartner des Arbeitnehmers die Arbeitgeberstellung ein. Eine unmittelbare Arbeitgeberstellung der Hochschule kann nicht überzeugend begründet werden. Gleiches gilt im Hinblick auf eine mittelbare Arbeitgeberstellung der Hochschule. Denn der Hochschullehrer ist gegenüber der Hochschule jedenfalls nicht weisungsgebunden. Insoweit besteht hier bei Abschluß eines Privatdienstvertrages eine hochschulspezifische Besonderheit. Eine Aufspaltung von Arbeitgeberfunktionen kann hingegen auch bei Abschluß eines Privatdienstvertrages angenommen werden. Diese Wahrnehmung von Arbeitgeberfunktionen seitens der Hochschule ist allerdings für die Arbeitgeberstellung ohne Bedeutung. Zwar übernimmt die Hochschule im Verwahrkontenverfahren die Drittmittelverwaltung. Ihr kommt auch eine Fürsorgepflicht gegenüber dem in der Hochschule tätigen Arbeitnehmer zu. Weitere Arbeitgeberpflichten sowie Arbeitgeberrechte sind hingegen nicht zu verzeichnen. Auch die Grundsätze des arbeitsrechtlichen Durchgriffs kommen hier nicht zum Tragen. Denn zum einen kommt dem Arbeitnehmer bei dem Abschluß eines Privatarbeitsvertrages der volle Schutz des Arbeitsrechts zu, zum anderen ist die Möglichkeit des Abschlusses eines Privatdienstvertrages durch den Hochschullehrer gesetzlich unter besonderen Voraussetzungen in § 25 Abs. 5 Satz 3 HRG vorgesehen. Macht der Hochschullehrer hiervon berechtigterweise Gebrauch, so ist ihm die Umgehung von Arbeitnehmerschutzrechten oder eine Verkürzung des Arbeitnehmerschutzes nicht vorwerfbar.

Wie die meisten Förderverhältnisse im Bereich der Bundesanstalt für Arbeit werden auch die Arbeitsbeschaffungsmaßnahmen über ein Dreiecksverhältnis abgewickelt, so daß hier arbeitsrechtliche Drittbeziehungen zu verzeichnen sind. Beteiligt sind bei dem Rechtsverhältnis im Bereich der Arbeitsbeschaffungsmaßnahmen die Bundesanstalt für Arbeit, der Arbeitnehmer und der Maßnahmeträger oder der Unternehmer als Arbeitgeber.

Zuwendungsempfänger ist bei den Arbeitsbeschaffungsmaßnahmen der Maßnahmeträger. Durch den Förderbescheid kommt zwischen dem Maßnahmeträger und der Bundesanstalt für Arbeit ein sozialrechtliches Leistungsverhältnis zustande, welches durch den Zuweisungsbescheid konkretisiert wird. Das sozialrechtliche Leistungsverhältnis wird durch die öffentlich-rechtliche Funktion der Bundesanstalt für Arbeit geprägt und richtet sich in seiner weiteren Ausgestaltung nach öffentlichem Recht.

Rechtbeziehungen zwischen Zuwendungsempfänger und Arbeitnehmer werden durch den Abschluß eines (privatrechtlichen) Arbeitsvertrages begründet. Deren Rechtsbeziehungen richten sich abgesehen von den Sonderregeln in §§ 269 Abs. 2, 270 SGB III allein nach den Vorschriften des Arbeitsrechts. Die Zuweisung durch die Bundesanstalt für Arbeit allein begründet kein Rechtsverhältnis zwischen dem zugewiesenen Arbeitnehmer und dem Maßnahmeträger oder dem beauftragten Unternehmer.

Auch der Arbeitnehmer wird durch die Förderung seitens der Bundesanstalt für Arbeit begünstigt. Mit der Zuweisung entsteht ein sozialrechtliches Leistungsverhältnis, welches dem öffentlichen Recht zuzuordnen ist. Arbeitsrechtliche Beziehungen zur Bundesanstalt für Arbeit entstehen durch die Zuweisung nicht. Zwischen der Bundesanstalt für Arbeit und dem Arbeitnehmer kommt weder ausdrücklich noch konkludent ein Arbeitsverhältnis zustande. Eine mittelbare Arbeitgeberstellung scheitert schon daran, daß die Bundesanstalt nicht Arbeitgeberin des Maßnahmeträgers oder des beauftragten Unternehmers ist. Auch eine aufgespaltene Arbeitgeberstellung scheidet aus.

Als Ergebnis der Darstellung der Rechtsbeziehungen der Beteiligten im Hochschulbereich und bei Arbeitsbeschaffungsmaßnahmen konnte festgehalten werden, daß die entwickelten allgemeinen Grundsätze vielfach in den Spezialbereichen Anwendung finden und übertragbar sind. Allerdings mußten auch Abweichungen festgestellt werden. Die Abweichungen im Hochschulbereich haben hierbei ihren Grund in der besonderen Rechtsstellung des Hochschullehrers. Auch im Bereich der Arbeitsbeschaffungsmaßnahmen sowie der übrigen Fördermaßnahmen nach dem SGB III liegen durch zahlreiche gesetzliche Regelungen sowie durch die Anwendung von öffentlichem Recht im Rechtsverhältnis zwischen Bundesanstalt und Maßnahmeträger sowie Bundesanstalt und dem Arbeitssuchenden bedingte Besonderheiten vor.

Bei dem drittmittelfinanzierten Arbeitsverhältnis, dem mittelbaren Arbeitsverhältnis sowie der Arbeitnehmerüberlassung handelt es sich um Rechtsbeziehungen, an denen mehr als zwei Personen beteiligt sind. Auf der Basis der entwickelten Grundstrukturen ergibt sich die Schlußfolgerung, daß das drittmittelfinanzierte Arbeitsverhältnis grundsätzlich keinen Anwendungsfall oder Sonderfall der Gestaltungsform des mittelbaren Arbeitsverhältnisses oder der Leiharbeit und damit keinen Anwendungsfall einer anerkannten arbeitsrechtlichen Drittbeziehung darstellt. Im Bereich des drittmittelfinanzierten Arbeitsverhältnisses kann es jedoch teilweise zu Überschneidungen mit der Gestaltungsform des mittelbaren Arbeitsverhältnisses sowie der Leiharbeit kommen. Trotz der möglichen Überschneidungen ist das drittmittelfinanzierte Arbeitsverhältnis grundsätzlich kein Anwendungsfall der Aufspaltung von Arbeitgeberfunktionen. Hierin liegt ein wesentlicher Unterschied zu der Gestaltungsform des mittelbaren Arbeitsverhältnisses sowie der Arbeitnehmerüberlassung.

In der vorliegenden Untersuchung stellte sich schließlich die Frage, wann und unter welchen Voraussetzungen drittmittelfinanzierte Arbeitsverträge wirksam beendet werden können.

Zunächst wurde die Kündigung angesprochen.

Bei drittmittelfinanzierten Arbeitsverträgen stellt die Entscheidung des Drittmittelgebers, die Zuwendungen zu kürzen oder völlig zu streichen, für sich allein noch keinen betriebsbedingten Kündigungsgrund dar, weil der Arbeitgeber auf die Kürzung oder Streichung der Zuwendungen unterschiedlich reagieren kann. Mit einer Streichung oder Kürzung der Drittmittel muß daher nicht zwingend eine Kündigung des drittmittelfinanzierten Arbeitsverhältnisses einhergehen. Die Entscheidung des Drittmittelgebers, die Drittmittel zu kürzen oder zu streichen, stellt vielmehr lediglich ein dringendes betriebliches Erfordernis - einen außerbetrieblichen Grund für eine Kündigung - dar, das einer Beschäftigung des Arbeitnehmers bei dem Drittmittelempfänger entgegenstehen kann aber nicht muß. Der Drittmittelwegfall oder die Kürzung der Drittmittel stellt daher zunächst nur einen außerbetrieblichen Umstand dar, der den Arbeitgeber zu unternehmerischen Maßnahmen veranlassen, aber allein eine betriebsbedingte Kündigung noch nicht rechtfertigen kann. Führt der Arbeitgeber bestimmte Arbeiten, mit deren Bearbeitung die konkret betroffenen Arbeitnehmer betraut waren, nicht weiter fort, so entfällt dieser Arbeitsbereich völlig. Eine betriebsbedingte Kündigung kann dann gerechtfertigt sein.

Die bloße Ungewißheit des Drittmittelempfängers über den Wegfall, die Kürzung oder die Bewilligung weiterer Drittmittel kann allein zur sozialen Rechtfertigung einer betriebsbedingten Kündigung nicht ausreichen. Vielmehr muß bei vernünftiger Betrachtungsweise eine sichere Prognose im Zeitpunkt der Kündigung bestehen, daß mit Ablauf der Kündigungsfrist keine weiteren Drittmittel für die Finanzierung des Arbeitsverhältnisses zur Verfügung stehen. Dies ist der Fall, wenn im Zeitpunkt der Kündigung der Wegfall oder die Kürzung der Drittmittel greifbare Formen angenommen hat.

Vor einer durch die Kürzung oder den Wegfall der Drittmittel veranlaßten Kündigung hat der Arbeitgeber stets zu prüfen, ob der betroffene Arbeitnehmer auf einem anderen freien Arbeitsplatz weiterbeschäftigt werden kann. Hierbei hat sich die Prüfung der Weiterbeschäftigungsmöglichkeit durch den Arbeitgeber nicht lediglich auf die drittmittelfinanzierten Arbeitsverhältnisse zu beschränken. Es ist also regelmäßig nicht nur zu prüfen, ob ein anderweitiger drittmittelfinanzierter Arbeitsplatz vorhanden ist, sondern ob im gesamten Betrieb ein freier Arbeitsplatz besteht. Denn die Drittmittelbeschäftigten gehören wie die aus Eigenmitteln des Arbeitgebers finanzierten Arbeitnehmer zur Belegschaft. Folglich muß der Arbeitgeber vor Ausspruch der Kündigung auch feststellen, ob ein Drittmittelbeschäftigter auf einem mit Eigenmitteln finanzierten Arbeitsplatz beschäftigt werden kann.

Der Arbeitgeber hat vor der Kündigung eines drittmittelfinanzierten Arbeitnehmers eine ordnungsgemäße Sozialauswahl vorzunehmen. Diese hat sich ebenfalls grundsätzlich auf die gesamte Belegschaft des Betriebes zu erstrecken. Es ist also bei der Vornahme der Sozialauswahl nicht zwischen Drittmittelbeschäftigten und der Stammbelegschaft zu differenzieren.

Im Hochschulbereich normiert § 57 d HRG ein gesetzliches Kündigungsrecht für befristete drittmittelfinanzierte Arbeitsverhältnisse im Forschungsbereich. Er stellt damit eine Ausnahme von dem Grundsatz dar, daß befristete Arbeitsverhältnisse nicht durch ordentliche Kündigung beendet werden können, es sei denn, dies ist ausdrücklich von den Arbeitsvertragsparteien vereinbart worden. § 57 d HRG regelt einen Sonderfall einer betriebsbedingten ordentlichen Kündigung und damit eine spezielle gesetzliche Anerkennung der Betriebsbedingtheit der Kündigung. Allerdings sind auch im Regelungsbereich des § 57 d HRG die allgemeinen und besonderen Kündigungsschutznormen Wirksamkeitsvoraussetzungen einer Kündigung.

Die Kündigungserleichterungen des 57 d HRG gelten nicht für unbefristete Arbeitsverträge. Die Kündigung im Anwendungsbereich des KSchG bleibt somit

auch im Hochschulbereich bedeutsam.
Hier stellt sich zunächst die Frage, wann das KSchG nach § 23 KSchG (betrieblicher Geltungsbereich) anwendbar ist. Hinsichtlich des betrieblichen Geltungsbereiches des KSchG ist danach zu unterscheiden, ob das Arbeitsverhältnis des Arbeitnehmers zur Hochschule oder zu einem Hochschullehrer als Drittmittelempfänger besteht. Untersucht wurde, was Betrieb im Sinne von § 23 KSchG bei einem Privatdienstvertrag zwischen einem Hochschullehrer und Arbeitnehmer ist. In Betracht kommen das jeweilige Forschungsprojekt oder die Hochschule insgesamt. Ergebnis der vorliegenden Untersuchung ist, daß hier ein besonderer projektbezogener Betriebsbegriff anzunehmen ist. Das einzelne Forschungsprojekt ist als ein eigener Betrieb anzusehen. Die besseren Argumente sprechen für eine Projektbezogenheit des Betriebsbegriffs, weil der jeweiligen Vertragsarbeitgeberstellung Rechnung getragen wird. Zwar hat dies zur Folge, daß Arbeitnehmer desselben Forschungsprojekts unterschiedlichen Betrieben im Sinne des § 23 KSchG, nämlich dem Betrieb "Hochschule" oder dem Betrieb "Forschungsprojekt", zuzuordnen sind. Aber der Hochschullehrer ist bei Abschluß eines Privatdienstvertrages Arbeitgeber im Sinne des Arbeitsrechts mit allen Rechten und Pflichten. Das einzelne Projekt kann als eigene organisatorische Einheit betrachtet werden. Wird die Hochschule oder das Land aus dem Arbeitsverhältnis nicht verpflichtet, wird diese oder dieses in kündigungsrechtlicher Hinsicht auch nicht Dienststelle des Arbeitnehmers. Als Vertragsarbeitgeber ist der Hochschullehrer Unternehmer im Sinne des § 1 Abs. 2 KSchG. Wegen des Grundsatzes der Arbeitgeberidentität können somit die aufgrund Privatdienstvertrages Beschäftigten nicht dem Betrieb oder der Dienststelle der Hochschule zugeordnet werden.

Da die Sozialauswahl an den Betriebsbegriff anknüpft, ist bei dieser im Forschungsbereich der besondere Betriebsbegriff zugrunde zu legen. Dies bedeutet, daß die Sozialauswahl bei Abschluß eines Arbeitsvertrages zwischen Hochschule und dem Arbeitnehmer bezogen auf die Hochschule als Institution zu erfolgen hat. Ist indessen ein Privatdienstvertrag zwischen einem Hochschullehrer und dem Arbeitnehmer abgeschlossen worden, ist die Sozialauswahl bezogen auf das einzelne Forschungsprojekt vorzunehmen, wobei sich diese lediglich auf die aufgrund Privatdienstvertrages Beschäftigten zu erstrecken hat.

Um einen Konflikt mit der Forschungsfreiheit zu vermeiden, muß dem Arbeitgeber im Forschungsbereich nach der hier vertretenen Ansicht bei der Festlegung der Auswahlkriterien hinsichtlich der weiterzubeschäftigenden Arbeitnehmer und für die Sozialauswahl ein weiter Ermessensspielraum zugestanden werden, wobei nicht zuletzt auch der Wissenschaftsfreiheit nach Art. 5 Abs. 3 GG Rechnung zu tragen ist. Die Besonderheiten bei der Sozialauswahl gelten allerdings nur, wenn und soweit es sich bei den Mitarbeitern um Wissenschaftler handelt.

Die allgemeinen Grundsätze der Beendigung eines Arbeitsverhältnisses durch Kündigung sind im Grundsatz auch auf das ABM-Arbeitsverhältnis anwendbar. Es bestehen aber Besonderheiten. Den besonderen Umständen des ABM-Arbeitsverhältnisses wird durch die Einräumung eines außerordentlichen Kündigungsrechts in § 270 SGB III Rechnung getragen. Gegen die in der Rückzahlungsverpflichtung des § 268 SGB III liegende faktische Kündigungsbeschränkung bestehen im Ergebnis keine Bedenken.

Weiterhin wurde die Befristung eines drittmittelfinanzierten Arbeitsverhältnisses erörtert. Diese ist ohne weiteres zulässig, wenn durch eine Befristung keine zwingenden Kündigungsschutzbestimmungen umgangen werden können. Ansonsten ist eine Befristung, sofern keine gesetzlichen Sonderregelungen bestehen, nur bei Vorliegen eines sachlichen Grundes wirksam. Untersucht wurde, ob allein die Drittmittelfinanzierung eines Arbeitsverhältnisses als solche geeignet ist, einen sachlichen Grund für eine Befristung des Arbeitsverhältnisses zu begründen oder ob gegebenenfalls weitere Voraussetzungen hinzutreten müssen. Die Untersuchung ergab folgendes: Allein der Umstand, daß ein Arbeitgeber Zuwendungen von dritter Seite erhält, ist für sich nicht geeignet ist, die Befristung eines Arbeitsverhältnisses sachlich zu rechtfertigen (Befristungsgrund "zeitlich begrenzte Drittmittelfinanzierung"). Auch die allgemeine Unsicherheit über das Weiterlaufen der Drittmittel rechtfertigt als sachlicher Grund keine Befristung eines Arbeitsverhältnisses. Ein sachlicher Grund kann weiterhin nicht allein darin erblickt werden, daß die Drittmittel zeitlich begrenzt zur Verfügung gestellt werden und das Auslaufen der Drittmittel für den Arbeitnehmer erkennbar ist (Befristungsgrund "Voraussehbarkeit des Drittmittelwegfalls für den Arbeitnehmer"). Der Befristungsgrund "Fremdbestimmtheit durch Vorgaben des Drittmittelgebers" ist ebenfalls nicht anzuerkennen.

Die Drittmittelfinanzierung für einen konkreten Arbeitsplatz (Befristungsgrund "Drittmittelfinanzierung eines konkreten Arbeitsplatzes") sowie die sachlich begrenzte Zielsetzung des Drittmittelgebers (Befristungsgrund "sachlich begrenzte Zielsetzung des Drittmittelgebers") stellen im Ergebnis nach der hier vertretenen Ansicht sachliche Befristungsgründe dar. Das BAG wendet diese vorgenannten Befristungsgründe bei der Drittmittelfinanzierung im Hochschulbereich an. Diese Grundsätze können allgemein bei der Prüfung, ob in der Drittmittelfinanzierung ein sachlicher Grund für die Befristung von Arbeitsverhältnissen liegt, herangezogen werden. Maßgebend ist, daß für eine vorübergehende Beschäftigung bei Drittmittelfinanzierung vom Tatsächlichen her ein sachlicher Grund gegeben ist. Die Begrenzung gerade der Beschäftigung muß sachlich begründet werden können. Die Befristungsgründe "Drittmittelfinanzierung eines konkreten Arbeitsplatzes" sowie "sachlich begrenzte Zielsetzung des Drittmittelgebers" sind Unterfälle des im Grundsatz anerkannten und nicht nur im Bereich der Drittmittelfinanzierung auftretenden Befristungsgrundes "Aufgaben von begrenzter Dauer".

Im Hochschulbereich sind die allgemeinen Grundsätze der Befristung im Bereich der Drittmittelfinanzierung grundsätzlich anwendbar. Die Befristung bei Drittmittelfinanzierung ist im Hochschulbereich allerdings spezialgesetzlich in § 57 b Abs. 2 Nr. 4 HRG geregelt. Die Spezialregelungen der §§ 57 a ff. HRG sind auf den Bereich der Privatwirtschaft nicht übertragbar. Auch auf technische Assistenten und andere nichtwissenschaftliche Mitarbeiter sind diese Regelungen nicht anwendbar. Die allgemeine Befristungsproblematik bleibt damit auch im Hochschulbereich aktuell. Ferner bleiben die allgemeinen Grundsätze über die Befristung von drittmittelfinanzierten Arbeitsverträgen neben der gesetzlichen Regelung des § 57 b Abs. 2 Nr. 4 HRG weiterhin subsidiär von Bedeutung.

Im Bereich der Arbeitsbeschaffungsmaßnahmen bestehen hinsichtlich der sachlichen Befristungsgründe Abweichungen von den allgemeinen Grundsätzen. Ein sachlicher Befristungsgrund liegt hier im Grundsatz nicht nur dann vor, wenn "Aufgaben von begrenzter Dauer" verrichtet werden, sondern auch dann, wenn und soweit Daueraufgaben zu verrichten sind und der Arbeitgeber diese ohne die Zuweisung nicht oder nicht sofort hätte verrichten lassen, er sie auf die übrigen bereits beschäftigten Arbeitnehmer verteilt oder er zu ihrer Verrichtung einen leistungsfähigeren Arbeitnehmer eingestellt hätte. Der sachliche Befristungsgrund beruht hier auch und vor allem auf arbeitsmarktpolitischen Gründen. Eine ungerechtfertigte Entlastung des Arbeitgebers ist hierin nicht zu erblicken. Wird der ABM-Arbeitnehmer allerdings zur Erledigung unaufschiebbarer Daueraufgaben eingesetzt, die andere Arbeitnehmer des Betriebes nicht übernehmen konnten, so können die vorstehenden Ausführungen als Rechtfertigung eines sachlichen Befristungsgrundes nicht herangezogen werden. Grund für den Abschluß des Arbeitsvertrages ist in diesem Fall nämlich ein tatsächlicher und dringender Arbeitskräftebedarf, den der Arbeitgeber zwingend abdecken muß, nicht indes die Förderung des Arbeitsverhältnisses durch die Bundesanstalt für Arbeit. Die bei den Arbeitsbeschaffungsmaßnahmen dargestellten Grundsätze gelten gleichermaßen bei der Förderung von Strukturanpassungsmaßnahmen nach den §§ 272 ff. SGB III, während die Gewährung von Eingliederungszuschüssen nach §§ 217 ff. SGB III kein sachlicher Befristungsgrund ist. Bei der Förderung von Einrichtungen der Berufsbildung gelten die allgemeinen Grundsätze.

Schließlich wurde darauf eingegangen, ob und unter welchen Voraussetzungen eine auflösende Bedingung im drittmittelfinanzierten Arbeitsverhältnis wirksam vereinbart werden kann. Im Ergebnis sind die Grundsätze zur Befristungskontrolle auf die Vereinbarung von auflösenden Bedingungen bei Drittmittelwegfall übertragbar.

Literaturverzeichnis

Albach, Renate: Der Einfluß des Beamtenrechts auf die Rechtsstellung des Privatdozenten, Diss., Bad Godesberg, 1967

Ascheid, Rainer: Kündigungsschutzrecht - Die Kündigung des Arbeitsverhältnisses -, Stuttgart ; Berlin; Köln, 1993

Avenarius, Hermann: Hochschulen und Reformgesetzgebung, Zur Anpassung der Länderhochschulgesetze an das Hochschulrahmengesetz, Berlin, 1979

Bader, Peter/Bram, Rainer/Dörner, Hans-Jürgen/Wenzel, Leonhard: Kommentar zum Kündigungsschutzgesetz und zu den §§ 620-628 BGB, Neuwied, Loseblatt-Sammlung, Stand Dezember 1997 (zitiert: Bader/Bram/Dörner/Wenzel-Bearbeiter)

Battis, Ulrich: Bundesbeamtengesetz, 2. Aufl., München, 1997

Baur, Ulrich: Rechtsänderungen zum 1.4.1997 durch das Arbeitsförderungs-Reformgesetz (AFRG), DB 1997, 726 ff.

Bauschke, Hans-Joachim: Die Beendigung des Arbeitsverhältnisses durch auflösende Bedingung oder Zweckbefristung, BB 1993, 2523 ff.

Becker, Friedrich: Leitfaden zur gewerbsmäßigen Arbeitnehmerüberlassung (Zeit-Arbeit), 4. Aufl., Köln, 1985 (zitiert: Becker, Zeit-Arbeit)

ders.: Der arbeits- und sozialrechtliche Status der Leiharbeitnehmer, ZIP 1984, 782 ff.

ders.: Betriebsverfassungsrechtliche Aspekte beim drittbezogenen Personaleinsatz, AuR 1982, 369 ff.

ders.: Die Rechtsbeziehungen bei der Zeitarbeit, NJW 1971, 691 f.

Becker, Friedrich/Kreikebaum, Hartmut: Zeitarbeit - gewerbsmäßige Arbeitnehmerüberlassung - , Arbeitsrechtliche, betriebswirtschaftliche gewerberechtliche, privatrechtliche, sozialversicherungsrechtliche, steuerrechtliche und vermittlungsrechtliche Aspekte, 2. Aufl., Wiesbaden; Stuttgart, 1982

Becker, Friedrich/Wulfgramm, Jörg: Kommentar zum Arbeitnehmerüberlassungsgesetz, 3. Aufl., Neuwied; Darmstadt, 1985

Becker, Hellmut/Kluge, Alexander: Kulturpolitik und Ausgabenkontrolle, Zur Theorie und Praxis der Rechnungsprüfung, Frankfurt am Main, 1961

Behrens, Thomas: Globalisierung der Hochschulhaushalte, Grundlagen, Ziele, Erscheinungsformen und Rahmenbedingungen, Neuwied; Kriftel; Berlin, 1996, zugl. Diss.

Berkowsky, Wilfried: Aktuelle Probleme im Recht der betriebsbedingten Kündigung, NJW 1983, 1292 ff.

Berger-Delhey, Ulf: Anmerkung zu BAG, Urteil vom 12.6.1987-7 AZR 389/86, in: EzBAT Nr. 2 zu SR 2 y BAT ABM-Kräfte

Bettermann, Karl August: Juristische Personen des öffentlichen Rechts als Grundrechtsträger, NJW 1969, 1321 ff.

Bickel, Dietrich: Anmerkung zu BAG, Urteil vom 13.12.1984 - 2 AZR 294/83 -, AP Nr. 8 zu § 620 BGB Bedingung, Bl. 909 ff.

Binkert, Gerhard/Eylert, Mario: Arbeitsbeschaffungsmaßnahmen im sozial- und arbeitsrechtlichen Gefüge, AuR 1983, 108 ff.

Birk, Rolf: Die arbeitsrechtliche Leitungsmacht, Köln; Berlin; Bonn; München, 1973

Bitter, Walter/Kiel, Heinrich: 40 Jahre Rechtsprechung des Bundesarbeitsgerichts zur Sozialwidrigkeit von Kündigungen, RdA 1994, 333 ff.

Blechmann, Wolfgang: Arbeitsbeschaffungsmaßnahmen, Sozialrechtliche Voraussetzungen und arbeitsrechtliche Folgen, Neuwied, 1987, zugl. Bielefeld, Univ., Diss., 1986/87

ders.: Der Abschluß befristeter Arbeitsverträge zur übergangsweisen Beschäftigung von Berufsanfängern, NZA 1987, 191 ff.

Bley, Helmar/Kreikebohm, Ralf: Sozialrecht, 7. Aufl., Neuwied; Kriftel; Berlin, 1993

Blum, Jürgen: Hochschulmanagement, Organisation der Forschungskooperation mit der Wirtschaft, 1. Aufl., Baden-Baden, 1988

Blum, Jürgen/Kaufmann, Dieter: Ziele, Grenzen und praktische Wege einer technologischen Zusammenarbeit zwischen Hochschule und Industrie, WissR 1985, S. 1 ff.

Blum, Jürgen/Rödler, Elgar: Die Problematik befristeter Arbeitsverträge im Hochschulbereich, WissR 1980, 97 ff.

Böckels, Lothar: Vertragsforschung im Forschungsverbund-Die Funktionen und Bedingungen bei der Vertragsforschung, in: Wolfgang Mitter (Hrsg.), Transfer-Wissenschaft, Vermittlung, Praxis, 1. Aufl., Baden-Baden, 1986, S. 212 ff.

Böker, Alexander: Das Weisungsrecht des Arbeitgebers, Frankfurt am Main, 1971

Bonner Kommentar zum Grundgesetz, hrsg. von Rudolf Dolzer und Klaus Vogel, Heidelberg, Loseblatt-Sammlung, Stand September 1997 (zitiert: Bonner Kommentar-Bearbeiter, GG)

Brühl, Albrecht: Drogenrecht, Informationen für Betroffene und Helfer, München, 1992

Bubeck, Thomas/Schneider, Philipp: Arbeitsförderungsrecht, Systematische Darstellung für Ausbildung und Praxis, 2. Aufl., Freiburg im Breisgau, 1994

Buchner, Herbert: Befristete Arbeitsverhältnisse mit wissenschaftlichem Personal an Hochschulen und Forschungseinrichtungen, RdA 1985, 258 ff.

ders.: Der Zeitvertrag - Chancen oder Gefahren für die Hochschulen?, MittHV 1981, 125 ff.

ders.: Scheinselbständige und arbeitnehmerähnliche Selbständige in der Sozialversicherung - Gesetz zu "Korrekturen in der Sozialversicherung", DB 1999, 146 ff.

Bundesanstalt für Arbeit (Hrsg.): Berufliche Weiterbildung, Förderung beruflicher Fortbildung, Umschulung und Einarbeitung im Jahr 1996, Nürnberg, 1997

Bydlinski, Franz: Erklärungsbewußtsein und Rechtsgeschäft, JZ 1975, 1 ff.

ders.: Juristische Methodenlehre und Rechtsbegriff, Wien; New York, 1982

Bydlinski, Peter: Die Übertragung von Gestaltungsrechten, Wien, 1986

Canaris, Claus-Wilhelm: Die Vertrauenshaftung im Deutschen Privatrecht, München, 1971

Cassens, Johann Tönjes: Effizienzmessung im Hochschulbereich, in: Bernhard Keller, Hermann Linke, Gerda Schiffer (Hrsg.), Hochschule-Wirtschaft, Beiträge zur Zusammenarbeit und zur Leistungsfähigkeit der Hochschulen, Herford; Bonn, 1987, S. 67 ff.

Cesarano, Gerd: Die haushaltsrechtlich begründeten Befristungen im öffentlichen Dienst, PersR 1998, 141 ff.

Coen, Martin: Der Kündigungsschutz im Konzern, RdA 1983, 348 ff.

Dalichau, Gerhard/Grüner, Hans: Gesundheitsstrukturgesetz, Kommentar zur Weiterentwicklung der gesetzlichen Krankenversicherung, Starnberg-Percha, Loseblatt-Sammlung, Stand September 1998

Dallinger, Peter/Bode, Christian/Dellian, Fritz: Hochschulrahmengesetz, Kommentar, Tübingen, 1978

Dallinger, Peter: Neue Möglichkeiten für Zeitverträge mit wissenschaftlichen Angestellten, NZA 1985, 648 ff.

Damkowski, Wulf: Hochschulverwaltung unter dem Hochschulrahmengesetz, Eine Untersuchung zur Organisation, Planung und Entscheidung in der Hochschulverwaltung unter besonderer Berücksichtigung der Probleme von Partizipation und Innovation, 1. Aufl., Baden-Baden, 1981

Dammann, Klaus: Zur rechtlichen Zulässigkeit befristeter Arbeitsverträge, AuR 1978, 65 ff.

Deiseroth, Dieter: Berufsethische Verantwortung in der Forschung, Möglichkeiten und Grenzen des Rechts, Münster, 1997

Denninger, Erhard: Hochschulrahmengesetz- Kommentar, München, 1984

Der Senator für Wissenschaft und Forschung (Hrsg.): Hochschulen und Forschung in Berlin, Daten, Tendenzen, Projekte, Berlin, 1987
Deutsche Forschungsgemeinschaft: Tätigkeitsbericht, 1990

Deutsche Forschungsgemeinschaft: Jahresbericht, 1994, Bd. 1, Aufgaben und Ergebnisse

Dickert, Thomas: Naturwissenschaften und Forschungsfreiheit, Berlin, 1991, zugl. Regensburg, Diss., 1990

Dieterich, Hartwig: Das Nebentätigkeitsrecht für das wissenschaftliche und künstlerische Hochschulpersonal in Baden-Württemberg, Bonn-Bad Godesberg, 1984

Dorn, Lutz: Was erwartet die Wirtschaft von der Ausbildung und Forschung der Berliner Universitäten?, MittHV 1993, 54 ff.

Dorndorf, Eberhard/Weller, Bernhard/Hauck, Friedrich: Heidelberger Kommentar zum Kündigungsschutzgesetz, 2. Aufl., Heidelberg, 1998 (zitiert: Dorndorf/Weller/Hauck-Bearbeiter)

Ehrich, Christian: Die Zulässigkeit von auflösenden Bedingungen in Arbeitsverträgen, DB 1992, 1186 ff.

Enderlein, Wolfgang: Die Reichweite des Arbeitnehmerschutzes im Fall des auflösend bedingten Arbeitsvertrages, RdA 1998, 90 ff.

Erdlenbruch, Michael: Die betriebsverfassungsrechtliche Stellung gewerbsmäßig überlassener Arbeitnehmer, Frankfurt a.M.; Berlin; Bern; New York; Paris; Wien, 1992

Erman, Walter: Handkommentar zum Bürgerlichen Gesetzbuch, 1. Bd, 9. Aufl., Münster, 1993 (zitiert: Erman-Bearbeiter, BGB)

Eyermann, Erich: Verwaltungsgerichtsordnung, 10. Aufl., München, 1998

Fabricius, Fritz/Kraft, Alfons/Wiese, Günther/Kreutz, Peter: Betriebsverfassungsgesetz, Bd. I: §§ 1-73 mit Wahlordnungen, Gemeinschaftskommentar, 5. Aufl., Neuwied; Kriftel; Berlin, 1993 (zitiert: Fabricius/Kraft/Wiese/Kreutz-Bearbeiter)

Falkenberg, Rolf-Dieter: Zulässigkeit und Grenzen auflösender Bedingungen in Arbeitsverträgen, DB 1979, 590 ff.

Färber, Peter: Die horizontale und vertikale Vergleichbarkeit von Arbeitnehmern im Rahmen der Sozialauswahl, NZA 1985, 175 ff.

Fastrich, Lorenz: Richterliche Inhaltskontrolle im Privatrecht, München, 1992

Felix, Dagmar: Zulässigkeit und Besonderheiten auflösend bedingter Arbeitsverträge, NZA 1994, 1111 ff.

Fitting, Karl/Kaiser, Heinrich/Heither, Friedrich/Engels, Gerd: Betriebsverfassungsgesetz, Handkommentar, 18. Aufl., München, 1996

Flume , Werner: Allgemeiner Teil des Bürgerlichen Rechts, 2. Bd., Das Rechtsgeschäft, 4. Aufl., Berlin; Heidelberg; New York ; London ; Paris ; Tokyo ; Hong Kong ; Barcelona ; Budapest, 1992

Freie Universität Berlin (Hrsg.): Forschung 1993/94

Friauf, Karl Heinrich: Probleme des Drittmitteleinsatzes in der Hochschule, in: Arbeitsgruppe Fortbildung im Sprecherkreis der Hochschulkanzler (Hrsg.), Haushalts- und Wirtschaftsführung im Bereich der Wissenschaftsverwaltung, Essen, 1983, S. 63 ff.

Friedhofen, Peter/Weber, Ulrich: Rechtsprobleme des befristeten Arbeitsvertrages nach Art. 1 § 1 des Beschäftigungsförderungsgesetzes 1985, NZA 1985, 337 ff.

Frischmann, Georg: Aufgaben, Möglichkeiten und Grenzen der Innenrevision in Forschungseinrichtungen, WissR 1990, 25 ff.

Frohner, Siegfried/Pieper, Rainer: Befristete Arbeitsverhältnisse, AuR 1992, 97 ff.

Füllgraf, Lutz: Die auflösende Bedingung im Arbeitsvertrag, NJW 1982, 738 f.

Gagel, Alexander: Arbeitsförderungsgesetz, Kommentar, Bd. 1, Lose-Blatt-Sammlung, München, Stand Januar 1998 (zitiert: Gagel-Bearbeiter)

Gelder, Alfons van: Anmerkung zu BAG, Urteil vom 27.3.1969 - 2 AZR 302/68, SAE 1970, 122 ff.

Gemeinschaftskommentar zum Arbeitsförderungsgesetz (GK-AFG), Neuwied; Kriftel; Berlin; Loseblatt-Sammlung, Stand Oktober 1994 (zitiert: GK-AFG-Bearbeiter)

Gemeinschaftskommentar zum Arbeitsförderungsrecht (GK-SGB III), Neuwied; Kriftel; Berlin; 2. Ordner, Loseblatt-Sammlung, Grundwerk 1997 (zitiert: GK-SGB III-Bearbeiter)

Gemeinschaftskommentar zum Kündigungsschutzgesetz und zu sonstigen kündigungsschutzrechtlichen Vorschriften: 5. Aufl., Neuwied; Kriftel; Berlin, 1998 ; 3. Aufl., 1989 (zitiert: KR-Bearbeiter)

Gemeinschaftskommentar zum Sozialgesetzbuch-Gesetzliche Krankenversicherung, GK-SGB V, Neuwied; Kriftel; Berlin, Loseblatt-Sammlung, Stand Juni 1994 (zitiert: GK-SGB V-Bearbeiter)

Gick, Dietmar: Gewerbsmäßige Arbeitnehmerüberlassung zwischen Verbot und Neugestaltung, Berlin, 1984

Grellert, Volker: Möglichkeit und Grenzen der Zusammenarbeit zwischen Großforschungseinrichtungen und Industrie, WissR 1988, 112 ff.

ders.: Industrielle Forschung, in: Christian Flämig u.a. (Hrsg.), Handbuch des Wissenschaftsrechts, Bd. 2, Berlin; Heidelberg; New York, 1982, S. 1235 ff.

Gumpert, Jobst: Kündigungsvorschriften für befristete Arbeitsverhältnisse, Aushilfs- und Probearbeitsverhältnisse nach neuem Recht, BB 1969, 1278 ff.

Hailbronner, Kay: Kommentar zum Hochschulrahmengesetz (HRG), Heidelberg, Lose-Blatt-Sammlung, Stand Juni 1997 (zitiert: Hailbronner-Bearbeiter)

Hammer, Ulrich: Tarifautonomie zwischen Dogmatik und Beliebigkeit, PersR 1997, 104 ff.

Hanau, Peter: Entwicklungslinien im Arbeitsrecht, DB 1998, 69 ff.

ders.: Der Eingliederungsvertrag-Ein neues Instrument der Arbeitsförderung, DB 1997, 1278 ff.

Hanau, Peter, Adomeit, Klaus: Arbeitsrecht, 11. Aufl., Neuwied; Kriftel; Berlin, 1994

Handbuch des Staatsrechts der Bundesrepublik Deutschland: Bd. III, Das Handeln des Staates, hrsg. von Josef Isensee und Paul Kirchhof, 2. Aufl., Heidelberg, 1996

Hauck, Karl/Haines, Hartmut: SGB III, Kinder- und Jugendhilfe, Kommentar, Berlin, Loseblatt-Sammlung, Stand Juli 1998 (zitiert: Hauck/Haines-Bearbeiter)

Haug, Ulrich: Allgemeine Maßnahmen zur Arbeitsbeschaffung - Kein arbeitsrechtlicher Freiraum, AuR 1981, 74 ff.

Heckmann, Lothar: Drittmittelforschung, in: Christian Flämig u.a. (Hrsg.), Handbuch des Wissenschaftsrechts, Bd. 2, Berlin; Heidelberg; New York, 1982, S. 966 ff.

ders.: Verwaltung der Drittmittel aus der Sicht der DFG, in: Organisation der Forschung und Forschungverwaltung, Universität Konstanz, 1978, S. 68 ff.

Heinze, Meinhard: Rechtsprobleme des sog. echten Leiharbeitsverhältnisses, ZfA 1976, 183 ff.

ders.: Zum Arbeitsrecht der Musiker, NJW 1985, 2112 ff.

Hennig, Werner/Kühl, Horst/Heuer, Ernst/Henke, Norbert: Arbeitsförderungsgesetz, Kommentar, Bd.1 §§ 1-99, Neuwied; Kriftel; Berlin; Loseblatt-Sammlung, Stand Juli 1997 (zitiert: Hennig/Kühl/Heuer/Henke-Bearbeiter)

Hennig, Werner/Henke, Norbert/Schlegel, Rainer/Theuerkauf, Walter: Sozialgesetzbuch Drittes Buch (SGB III) - Arbeitsförderung -, Neuwied; Kriftel/Ts; Berlin, Loseblatt-Sammlung, Stand November 1997 (zitiert: Hennig/Henke/Schlegel/Theuerkauf-Bearbeiter)

Heppe, Hans von: Die Finanzierung der Hochschulen, DUZ 1956, Heft XI/22, 6 ff.

Herrmann, Elke: Die Abschlußfreiheit - ein gefährdetes Prinzip, ZfA 1996, 19 ff.

Herschel, Wilhelm: Anmerkung zu BAG, Urteil vom 9.4.1957 - 3 AZR 435/54 , AuR 1957, 382

ders.: Anmerkung zu BAG, Urteil vom 19.4.1979 - 2 AZR 425/77 -, EzA Nr. 11 zu § 1 KSchG Betriebsbedingte Kündigung, Bl. 84 ff.
ders.: Anmerkung zu BAG, Urteil vom 7.3.1980 - 7 AZR 177/78 -, EzA Nr. 17 zu § 4 KSchG n.F., Bl. 113 f.

ders.: Anmerkung zu BAG, Urteil vom 9.7.1981 - 2 AZR 788/78 -, AP Nr. 4 zu § 620 BGB Bedingung, Bl. 246 f.

Hess, Harald/Schlochauer, Ursula/Glaubitz, Werner: Kommentar zum Betriebsverfassungsgesetz, 4. Aufl., Neuwied; Berlin; Kriftel, 1993 (zitiert: Hess/Schlochauer/Glaubitz-Bearbeiter)

Hochschulrektorenkonferenz: Arbeitsbericht 1993, Zur Forschung in den Hochschulen, Stellungnahme des 170. Plenums vom 12. Juli 1993, Bonn, 1994, S. 77 ff. (zitiert: HRK, Zur Forschung in den Hochschulen)

Hofrichter, Paul: Das mittelbare Arbeitsverhältnis, Zwischenpersonen und Gruppen im Arbeitsrecht, Berlin; Leipzig; Wien, 1939

Hromadka, Wolfgang: Zukunft des Arbeitsrechts, NZA 1998, 1 ff.

ders.: Arbeitnehmerbegriff und Arbeitsrecht, Zur Diskussion über die "neue Selbständigkeit", NZA 1997, 569 ff.

ders.: Zur Begriffsbestimmung des Arbeitnehmers - Unter besonderer Berücksichtigung der neuen Gesetzentwürfe, DB 1998, 195 ff.

ders.: Das Leistungsbestimmungsrecht des Arbeitgebers, DB 1995, 1609 ff.

Hueck, Alfred: Kettenverträge, RdA 1953, 85 ff.

Hueck, Alfred/Nipperdey, Hans Carl: Lehrbuch des Arbeitsrechts, Bd. 1, 7. Aufl., Berlin; Frankfurt a.M., 1963

Hueck, Alfred/v. Hoyningen-Huene, Gerrick: Kündigungsschutzgesetz, Kommentar, 12. Aufl., München, 1997

Hufen, Friedhelm: Haupt- und Nebentätigkeit von Professoren im Bereich der Drittmittelforschung, WissR 1989, 17 ff.

ders.: Anmerkung zu BVerfG, Beschluß vom 24.4.1996 - 1 BvR 712/86 -, SAE 1997, 137 ff.

Igl, Gerhard: Leistungen bei Pflegebedürftigkeit, Sozialleistungen, beamtenrechtliche Leistungen, Privatversicherung, Steuerrecht, Ländervorschriften; Gesetzestexte mit Erläuterungen, München, 1992

ders.: Das neue Pflegeversicherungsrecht, München, 1995

Janson, Bernd: Langfristige Kooperationsverträge zwischen Hochschule und Wirtschaft, in: Arbeitsgruppe Fortbildung im Sprecherkreis der Hochschulkanzler (Hrsg.), Drittmittel und An-Institute, Essen, 1992, S. 167 ff.

Jarass, Hans D.: Das Recht der Wirtschaftssubventionen, JuS 1980, 115 ff.

Jarass, Hans D./Pieroth, Bodo: Grundgesetz für die Bundesrepublik Deutschland, 4. Aufl., München, 1997 (zitiert: Jarass/Pieroth -Bearbeiter)

Jauernig, Othmar/Schlechtriem, Peter/Stürner, Rolf/Teichmann, Arndt/Vollkommer, Max: Bürgerliches Gesetzbuch mit Gesetz zur Regelung des Rechts der Allgemeinen Geschäftsbedingungen, 8. Aufl., München, 1997 (zitiert: Jauernig-Bearbeiter, BGB)

Jobs, Friedhelm/Bader, Peter: Der befristete Arbeitsvertrag, DB 1981, Beilage Nr. 21/81, 1 ff.

Karasch, Jürgen: Von "Notstandsarbeiten" über "Wertschaffende Arbeitslosenhilfe" zu "Arbeitsbeschaffungsmaßnahmen", ZfS 1995, 225 ff.

Karpen, Ulrich: Wissenschaftsfreiheit und Hochschulfinanzierung, Überlegungen zu einem effektiveren Mitteleinsatz, Berlin, 1983

ders.: Die Finanzverfassung der Hochschulen angesichts der gegenwärtigen Haushaltslage, Verw.Archiv 1982, 405 ff.

ders.: Das Spannungsverhältnis zwischen Wissenschaftsfreiheit und Wissenschaftsverwertung, in: Karol Sobczak und Ulrich Karpen (Hrsg.),Probleme der Leistungsverwaltung, besonders im Bereich von Wissenschaft und Technologie, Hamburg, 1994, S. 73 ff.

ders.: Zum Entwurf eines Dritten Gesetzes zur Änderung des Hochschulrahmengesetzes, ZRP 1985, 177 ff.

Kater, Horst/Leube, Konrad: Gesetzliche Unfallversicherung, SGB VII, München, 1997

Kempff, Gilbert: Befristetes Arbeitsverhältnis und zwingender Kündigungsschutz, DB 1976, 1576 f.

Kindereit, Lothar: Probleme der Leiharbeitsverhältnisse, AuR 1971, 327 ff.

Kittner, Michael/Trittin, Wolfgang: Kündigungsschutzrecht-Kommentar für die Praxis zum Kündigungsschutzgesetz und zu den anderen Kündigungsvorschriften, 3. Aufl., Köln, 1997 und 2. Aufl., Köln 1995 (zitiert:Kittner/Trittin-Bearbeiter)

Kleveman, Joachim/Ziemann, Werner: Die Reichweite der Befristungskontrolle bei mehrfach befristeten Arbeitsverhältnissen, DB 1989, 2608 ff.

Knemeyer, Franz-Ludwig: Freiheit von Forschung und Lehre-Hochschulautonomie, BayVBl. 1982, 513 ff.

Knigge, Arnold/Ketelsen, Jörg-Volker/Marschall, Dieter/Wissing, Gerhard: Kommentar zum Arbeitsförderungsgesetz, Bd. 1, Baden-Baden, Loseblatt-Sammlung, Stand Juni 1994 (zitiert: Knigge/Ketelsen/Marschall/Wissing-Bearbeiter)

Koch, Franz-Michael: Probleme bei drittmittelfinanzierten Arbeitsverhältnissen, AuA 1994, 317 ff.

Koch, Hartmut: Die Rechtsprechung des BAG zur Zulässigkeit befristeter Arbeitsverhältnisse, NZA 1985, 345 ff.

ders.: Die Rechtsprechung des BAG zur Zulässigkeit befristeter Arbeitsverhältnisse, NZA 1992, 154 ff.

Koller, Ingo: Anmerkung zu BAG Urteil vom 20.7.1982 - 3 AZR 446/80 -, AP Nr. 5 zu § 611 BGB Mittelbares Arbeitsverhältnis, Bl. 327 ff.

Köhler, Helmut: BGB, Allgemeiner Teil, 24. Aufl., München, 1998

König, Bernhard: Der Bestandsschutz befristeter Arbeitsverhältnisse mit wissenschaftlichen Mitarbeitern im Hochschulbereich, Berlin, 1985

Konzen, Horst: Arbeitsrechtliche Drittbeziehungen - Gedanken über Grundlagen und Wirkungen der gespaltenen Arbeitgeberstellung - , ZfA 1982, 259 ff.

ders.: Arbeitnehmerschutz im Konzern, RdA 1984, 65 ff.

Kopp, Ferdinand O.: Verwaltungsverfahrensgesetz, 6. Aufl., München, 1996

Kopp, Joachim: Reform der Arbeitsförderung, NZS 1997, 456 ff.

Kraft, Alfons: Anmerkung zu BAG, Urteil vom 29.8.1979 - 4 AZR 863/77 -, AP Nr. 50 zu § 620 BGB Befristeter Arbeitsvertrag, Bl. 394 ff.

Krämer, Erwin/Schmidt, Jürgen: Zuwendungsrecht Zuwendungspraxis, Kommentar, Bd. 2,3, Heidelberg, Lose-Blatt-Sammlung, Stand Juli 1996

Krasshöfer, Horst-Dieter: Die Beendigung des Arbeitsverhältnisses aufgrund Befristung oder Auflösungsvertrag, Ein Leitfaden für die betriebliche Praxis, Berlin, 1997

Krebs, Walter: Grundrechtsschutz und staatliche Inpflichtnahme von Forschung und Lehre, in: Karol Sobczak und Ulrich Karpen (Hrsg.), Probleme der Leistungsverwaltung, besonders im Bereich von Wissenschaft und Technologie, Hamburg, 1994, S. 69 ff.

Krebs: Anmerkung zu BAG, Urteil vom 30.5.1969 - 5 AZR 256/68 -, AP Nr. 4 zu § 35 AVAVG, Bl. 906 f.

Kreuzer, Arthur/Wille, Rolf: Drogen - Kriminologie und Therapie, Mit einer ausführlichen Darstellung aktueller Drogenprobleme einschließlich Aids, Heidelberg, 1988

Kröger, Dorle: Mißbrauch von Arbeitsbeschaffungsmaßnahmen, PersR 1988, 126 f.

Krüger, Hartmut: Forschung, in: Chr.Flämig, O.Kimminich, H.Krüger, E.-J.Meusel, H.H.Rupp, D.Scheven, H.J.Schuster, F.Graf Stenbock-Fermor (Hrsg.), Handbuch des Wissenschaftsrechts, Bd. 1, 2. Aufl., Berlin; Heidelberg; New York; Barcelona; Budapest; Hongkong; London; Mailand; Paris; Santa Clara; Singapur; Tokio, 1996, S. 161 ff.

ders.: Die Förderung des wissenschaftlich-technischen Fortschritts durch die Institutionalisierung von Forschungseinrichtungen "An der Hochschule", in: Karol Sobczak und Ulrich Karpen (Hrsg.), Probleme der Leistungsverwaltung, besonders im Bereich von Wissenschaft und Technologie, Hamburg, 1994, S. 63 ff.

Küttner, Wolfdieter: Personalhandbuch 1996, Arbeitsrecht, Lohnsteuerrecht, Sozialversicherungsrecht, 3. Aufl., München, 1996 (zitiert: Küttner-Bearbeiter)

Lakies, Thomas: Drittfinanzierte Arbeitsverhältnisse in der Privatwirtschaft und deren Beendigung, NZA 1995, 296 ff.

Larenz, Karl: Methodenlehre der Rechtswissenschaft, 6. Aufl., Berlin; Heidelberg; New York; London; Paris; Tokyo; Hong Kong; Barcelona; Budapest, 1991

Larenz, Karl/Wolf, Manfred: Allgemeiner Teil des Bürgerlichen Rechts, 8. Aufl., München, 1997

Laubinger: Beamten- und korporationsrechtlicher Status der Professoren, in: Christian Flämig u.a. (Hrsg.), Handbuch des Wissenschaftsrechts, Bd. 1, Berlin; Heidelberg; New York, 1982, S. 401 ff.

Lecheler, Helmut: Die Selbstbestimmung der Dienstleistung eines Professors, PersV 1990, 299 ff.

Leinemann, Wolfgang (Hrsg.): Kasseler Handbuch zum Arbeitsrecht, Bd. 1, Arbeitsverhältnis und Inhalt des Arbeitsverhältnisses, Neuwied; Kriftel; Berlin, 1997 (zitiert: Kasseler Hdb. ArbR-Bearbeiter)

Lenel, Hans Otto: Die Rolle des Staates bei der Auswahl und Finanzierung von Forschungsprojekten der Industrie, in: Hardy Bouillon/Gerard Radnitzky (Hrsg.), Die ungewisse Zukunft der Universität, Folgen und Auswege aus der Bildungskatastrophe, Berlin, 1991, S. 189 ff.

Letzelter, Franz: Die Deutsche Forschungsgemeinschaft, in: Chr.Flämig u.a. (Hrsg.), Handbuch des Wissenschaftsrechts, Bd. 2, 2. Aufl., Berlin u.a., 1996, S. 1381 ff.

Lieb, Manfred: Arbeitsrecht, 6. Aufl., Heidelberg, 1997

ders.: Beschäftigung auf Produktionsdauer-selbständige oder unselbständige Tätigkeit?, RdA 1977, 210 ff.

Linder, Georg-Wulf: Probleme der rechtlichen Zulässigkeit von befristeten Arbeitsverträgen, DB 1975, 2082 ff.

Lohfeld, Gerhard: Die Befristung von Arbeitsverträgen mit wissenschaftlichem Personal an Hochschulen und Forschungseinrichtungen, Frankfurt am Main; Bern; New York; Paris, 1991, zugl. Bremen, Univ., Diss., 1990

Löwisch, Manfred/Rieble, Volker: Tarifvertragsgesetz, Kommentar, München, 1992

Lübbert, Joachim: Befristete Arbeitsverhältnisse im Hochschulbereich und in außeruniversitären Forschungseinrichtungen, Eine Untersuchung sachlicher Gründe für ihre Befristung, Frankfurt am Main; Bern; New York, 1985

ders.: Befristete Arbeitsverträge mit wissenschaftlichen Personal an Hochschulen und Forschungseinrichtungen, WissR 1985, 141 ff.

Lüthje, Jürgen: Neue Grundsätze und Probleme des Hochschulrechts, NVwZ 1986, 343 ff.

Marschner, Andreas (Hrsg.): Kommentar zum Pflege- und Versicherungsgesetz (SGB XI), Neuwied; Kriftel; Berlin, Loseblatt-Sammlung, Stand August 1998

Martens, Klaus-Peter: Grundlagen des Konzernarbeitsrechts, ZGR 1984, 417 ff.

Matthiessen-Kreuder, Ursula: Zur Finanzierung der Hochschulen-Aktuelle Probleme der Drittmittelverwaltung, in: WissR 1991, 221 ff.

dies.: Haushaltsrechtliche Veranschlagung von Drittmitteln, in: Arbeitsgruppe Fortbildung im Sprecherkreis der Hochschulkanzler (Hrsg.), Drittmittel und An-Institute, Fortbildungsprogramm für die Wissenschaftsverwaltung, Materialen Nr. 50, Essen, 1992, S. 41 ff.

Maunz, Theodor/ Dürig, Günter (Hrsg.): Grundgesetz, Kommentar, Bd. 1 und 4, München, Lose-Blatt-Sammlung, jeweils Stand Oktober 1996 (zitiert: Maunz/Dürig-Bearbeiter)

Maurer, Hartmut: Allgemeines Verwaltungsrecht, 11. Aufl., München, 1997

Mayer-Maly, Theo: Das Leiharbeitsverhältnis, ZfA 1972, 1 ff.

Medicus, Dieter: Allgemeiner Teil des BGB, 7. Aufl., Heidelberg, 1997

Menzemer, Bernhard: Die Finanzierung der ambulanten Behandlung aus der Sicht des Trägers, in: Deutsche Hauptstelle gegen die Suchtgefahren (Hrsg.), Rechtsfragen in der Suchtkrankenhilfe, Beratung, Behandlung, Nachsorge, Hamm, 1987

Meusel, Ernst-Joachim: Außeruniversitäre Forschung im Wissenschaftsrecht, Köln; Berlin; Bonn; München, 1992

ders.: Staat und Forschung, Die Förderung der Wissenschaft als öffentliche Aufgabe, in: Ernst-Joachim Meusel, In Sachen außeruniversitäre Forschung: gesammelte Schriften, Bonn, 1996, S. 9 ff.

ders.: Die Grundrechtsfähigkeit von Forschungsförderungsorganisationen, in: Ernst-Joachim Meusel, In Sachen außeruniversitäre Forschung: gesammelte Schriften, Bonn, 1996, S. 97 ff.

ders.: Forschungsfreiheit und Arbeitszeit, WissR 1985, 107 ff.

Miller, Manfred: Zur Neuregelung der Zulässigkeit befristeter Arbeitsverträge im Hochschulbereich, PersV 1986, 11 ff.

Moellering, Jürgen: Schutz für den Forscher und sein Objekt, ZRP 1977, 7 ff.

Mohr, Wolfgang: Der Arbeitnehmerbegriff im Arbeits- und Steuerrecht, Frankfurt a.M.; Berlin; Bern; New York; Paris; Wien, 1994, zugl. Köln, Diss., 1992

Müllner, Wolfgang: Aufgespaltene Arbeitgeberstellung und Betriebsverfassungsrecht, Berlin, 1978

Münch, Ingo von/Kunig, Philip (Hrsg.): Grundgesetz-Kommentar, Bd. 1, 4. Aufl., München, 1992 (zitiert: von Münch/Kunig-Bearbeiter)

Münchener Handbuch zum Arbeitsrecht, Bd. 1, Individualarbeitsrecht I, hrsg. von Reinhard Richardi; Otfried Wlotzke, München, 1992; Bd. 2, Individualarbeitsrecht II, , München, 1993; Bd. 3, Kollektives Arbeitsrecht, München, 1993 (zitiert: MünchArbR-Bearbeiter)

Münchener Kommentar zum Bürgerliches Gesetzbuch, Bd. 1, Allgemeiner Teil (§§ 1-240), AGB-Gesetz, 3. Aufl., München, 1993 ; Bd. 2, Schuldrecht AT (§§ 241-432), 3. Aufl., München, 1994; Bd. 3, Schuldrecht Besonderer Teil, 1. Halbband (§§ 433-651k), 2. Aufl., München, 1988, Bd. 4, Schuldrecht Besonderer Teil II (§§ 607-704), 3. Aufl., München, 1997, jeweils hrsg. von Kurt Rebmann; Franz Jürgen Säcker, (zitiert: MüKo-Bearbeiter)

Mußgnug, Reinhard: Der Professor im Recht, in: Hein Hoebink (Hrsg.), Perspektiven für die Universität 2000, Reformbestrebungen der Hochschulen um mehr Effizienz, Neuwied, Kriftel; Berlin, 1997, S. 125 ff.

Nagel, Bernhard: Fristverträge an Hochschulen und Forschungseinrichtungen, Kommentar zum Gesetz über befristete Arbeitsverträge mit wissenschaftlichem Personal an Hochschulen und Forschungseinrichtungen, München, 1986 (zitiert: Nagel, Fristverträge)

Natzel, Ivo: Das Eingliederungsverhältnis als Übergang zum Arbeitsverhältnis, NZA 1997, 806 ff.

Nettelbeck, Joachim: Forschung an Hochschulen, in: Ulrich Teichler (Hrsg.), Das Hochschulwesen in der Bundesrepublik Deutschland, Weinheim, 1990, S. 211 ff.

Neumann, Volker: Möglichkeiten und Grenzen der Einflußnahme des Sozialhilfeträgers auf den Einrichtungsträger, in: Verband evangelischer Einrichtungen für geistig und seelisch Behinderte e.V. (Hrsg.), Das sogenannte Dreiecksverhältnis zwischen Sozialhilfeträger, Sozialhilfeempfänger, Einrichtungsträger, Stuttgart, 1987

Neuweiler, Gerhard: Masse und Elite-zur Rolle der Universitäten, in: Hein Hoebink (Hrsg.), Perspektiven für die Universität 2000, Reformbestrebungen der Hochschulen um mehr Effizienz, Neuwied; Kriftel; Berlin, 1997, S. 33 ff.

Neyses, Johannes: Personalfragen in der Drittmittelforschung, Zur gegenwärtigen Rechtssituation und möglichen Perspektiven, in: Arbeitsgruppe Fortbildung im Sprecherkreis der Hochschulkanzler (Hrsg.), Drittmittel und An-Institute, Essen, 1992, S. 61 ff.

ders.: Personalfragen in der Drittmittelforschung, Zur gegenwärtigen Rechtssituation und möglichen Perspektiven, DÖD 1993, 225 ff.

Niebler, Michael/Biebl, Josef/Ulrich, Annette: Arbeitnehmerüberlassungsgesetz, Ein Leitfaden für die betriebliche Praxis, Berlin, 1996

Niesel, Klaus: Sozialgesetzbuch, Arbeitsförderung-SGB III-, Kommentar, München, 1998 (zitiert: Niesel-Bearbeiter)

ders.: Arbeitsförderungsgesetz, Kommentar, 2. Aufl., München, 1997 (zitiert: Niesel-Bearbeiter)

ders.: Die wichtigsten Änderungen des Arbeitsförderungsrechts durch das Arbeitsförderungs-Reformgesetz (AFRG), NZA 1997, 580 ff.

Nikisch, Arthur: Arbeitsrecht, I.Bd. Allgemeine Lehren und Arbeitsvertragsrecht, 3. Aufl., Tübingen, 1961

ders.: Anmerkung zu BAG, Urteil vom 8.8.1958 - 4 AZR 173/55 -, SAE 1959, 152 f.

Oberloskamp, Helga/Adams, Ursula: Jugendhilferechtliche Fälle für Studium und Praxis, 9. Aufl., Neuwied; Kriftel; Berlin, 1996

Oppermann, Thomas: Zur Finanzkontrolle der Stiftung Volkswagenwerk, Folgerungen aus der Wahrnehmung öffentlich bedeutsamer Aufgaben in privatrechtlicher Form, Frankfurt am Main; Berlin, 1972

Ossenbühl, Fritz: Die verfassungsrechtliche Problematik der befristeten Arbeitsverhältnisse im Wissenschaftsbereich, in: Arbeitsgruppe Fortbildung im Sprecherkreis der Hochschulkanzler (Hrsg.), Wissenschaftsrecht im Wandel?, Essen, 1983

Otto, Hansjörg: Erleichterte Zulassung befristeter Arbeitsverträge, NJW 1985, 1807 ff.

ders.: Anmerkung zu BAG, Urteil vom 29.6.1988 - 7 AZR 552/86 -, AP Nr. 1 zu § 25 HRG, Bl. 1016

Palandt, Otto: Bürgerliches Gesetzbuch, 57. Aufl., München, 1998 (zitiert: Palandt-Bearbeiter)

Peiseler, Manfred: Probleme des befristeten Arbeitsverhältnisses, NZA 1985, 238 ff.

ders.: Anmerkung zu BAG, Urteil vom 12.6.1987 - 7 AZR 389/86 -, AiB 1988, 116

Peterek, Rainer: Anmerkung zu BAG, Urteil vom 20.2.1986 - 2 AZR 212/85, in: SAE 1987, 111, 115 ff.

Pieroth, Bodo/Schlink, Bernhard: Grundrechte, Staatsrecht II, 13. Aufl., Heidelberg, 1997

Plander, Harro: Befristung von Anstellungsverhältnissen im Bereich der Drittmittelforschung, in: WissR 1982, 3 ff.

ders.: Drittfinanzierte Arbeitsverträge und deren betriebsbedingte Kündigung, DB 1982, 1216 ff.

ders.: Änderungskündigungen zwecks Umwandlung unbefristeter in befristete Arbeitsverhältnisse, NZA 1993, 1057 ff.

ders.: Der Staat als Hoheitsträger und Tarifvertragspartei im Rollenkonflikt, ArbuR 1986, 65 ff.

ders.: Gesetzliche Fixierung oder Beeinflussung des Inhalts von Tarifverträgen?, DB 1986, 2180 ff.

ders.: Gesetzliche Eingriffe öffentlicher Arbeitgeber in Tarifverträge und Tarifabschlußfreiheit als verfassungswidriger Angriff auf die Tarifautonomie, RiA 1985, 54 ff.

ders.: Befristungsabreden in durch Beschäftigungsprogramme geförderten Arbeitsverträgen, NZA 1984, 337 ff.

Plander, Harro/Schmidt, Volker: Grenzen der Befristung von Anstellungsverhältnissen wissenschaftlicher Mitarbeiter, AuR 1979, 321 ff.

Preis, Ulrich: Prinzipien des Kündigungsrechts bei Arbeitsverhältnissen, München, 1987

ders.: Grundfragen der Vertragsgestaltung im Arbeitsrecht, Neuwied; Kriftel; Berlin, 1993, zugl. Köln, Univ., Habil.-Schr., 1992

Puck, Alfred: Kriterien der Zusammenarbeit zwischen Wissenschaft und Industrie, in: Peter Kayser (Hrsg.), Technologietransfer Forschung-Industrie, Dokumentation eines Expertengespräches, Berlin, 1987, S. 41 ff.

Püttjer, Hanna: Sind Privatdienstverträge im Bereich der Drittmittelforschung verfassungswidrig?, WissR 1990, 154 ff.

Püttner, Günter/Mittag, Ulrich: Rechtliche Hemmnisse der Kooperation zwischen Hochschulen und Wirtschaft: Untersuchung im Auftrag des Bundesministers für Bildung und Wissenschaft, 1. Aufl., Baden-Baden, 1989

Püttner, Günter: Grundsatzfragen zur Drittmittelforschung, in: Arbeitsgruppe Fortbildung im Sprecherkreis der Hochschulkanzler (Hrsg.), Drittmittel und An-Institute, Essen, 1992, S. 121 ff.

Raiser, Ludwig: Die Universität im Staat, Heidelberg, 1958

Ramm, Thilo: Die Aufspaltung der Arbeitgeberfunktionen (Leiharbeitsverhältnis, mittelbares Arbeitsverhältnis, Arbeitnehmerüberlassung und Gesamthafenarbeitsverhältnis), ZfA 1973, 263 ff.

Rebhahn, Robert: Weisungen im Universitätsbereich, Eine verwaltungsrechtliche Untersuchung, Wien, 1982

Rehbinder, Eckhard: Konzernaußenrecht und allgemeines Privatrecht, Bad Homburg v.d.H.; Berlin; Zürich, 1969

Reich, Andreas: Hochschulrahmengesetz-Kommentar, 5. Aufl., Bad Honnef, 1996

ders.: Das Amt des Hochschullehrers als Vertrauensstellung, Bad Honnef, 1996

RGRK: Das Bürgerliche Gesetzbuch unter besonderer Berücksichtigung der Rechtsprechung des Reichsgerichts und des Bundesgerichtshofs, Kommentar, hrsg. von Mitgliedern des Bundesgerichshofs, Bd. II, Teil 3/1, §§ 611-620, 12. Aufl., Berlin; New York, 1997 (zitiert RGRK-Bearbeiter, BGB)

Richardi, Reinhard: Anmerkung zu BAG, Urteil vom 17.2.1983 - 2 AZR 208/81 -, AP Nr. 74 zu § 620 BGB Befristeter Arbeitsvertrag, Bl. 703 ff.

Richardi, Reinhard/Wlotzke, Otfried (Hrsg.): Münchener Handbuch zum Arbeitsrecht, Individualarbeitsrecht, Bd. 1, München, 1992 (zitiert: MüHdb. ArbR-Bearbeiter, Bd.1)

Ricken, Oliver: Grundlagen und Grenzen des Wiedereinstellungsanspruchs, NZA 1998, 460 ff.

Rieble, Volker: Personalabbau in Forschungseinrichtungen - Kündigungsschutz und Sozialplan, WissR 1994, 40 ff.

Rollmann, Christian: Die Universität als Wirtschaftsunternehmen: Hochschulfinanzierung und Wissenschaftsfreiheit, in: Schriften zum Öffentlichen Recht, Bd. 514, Berlin, 1987

Rüthers, Bernd/Bakker, Rainer: Arbeitnehmerentsendung und Betriebsinhaberwechsel im Konzern, ZfA 1990, 245 ff.

Säcker, Franz Jürgen: Die vorzeitige Beendigung der Arbeitsverträge mit leitenden Angestellten, RdA 1976, 91 ff.

Salje, Peter/Bultmann, Stephan J.: Der unbefristete befristete Arbeitsvertrag, DB 1993, 1469 ff.

Sandberger, Georg: Drittmittelverwaltung, in: Chr.Flämig u.a., Handbuch des Wissenschaftsrechts, Bd. 1, 2. Aufl., Berlin u.a., 1996, S. 1089 ff.

ders.: Drittmittelbewilligungsbedingungen und Haushaltsrecht, in: Arbeitsgruppe Fortbildung im Sprecherkreis der Hochschulkanzler (Hrsg.), Drittmittel und An-Institute, Essen, 1992, S. 79 ff. (zitiert: Sandberger, Drittmittelbewilligungsbedingungen)

ders.: Rechtliche Hemmnisse und Schranken für den Technologietransfer in Deutschland, in: Adolf Theis; Walther Graumann; Thomas Oppermann (Hrsg.), Wissenstransfer zwischen Universität und Wirtschaft, Neue Formen der Kooperation in Westeuropa, Verhandlungen und Ergebnisse des Internationalen Workshops "Personalaustausch Hochschule/Wirtschaft und Existenzgründungen" an der Universität Tübingen 1.-3. Mai 1985 in Verbindung mit International Association of Consultants in Higher Education Institutions (IACHEI), 1. Aufl., Baden-Baden, 1986, S. 143 ff.

Sandmann, Georg/Marschall, Dieter: Arbeitnehmerüberlassungsgesetz, Kommentar, Neuwied; Kriftel/Ts. ; Berlin; Loseblatt-Sammlung, Stand Juni 1997

Sauer, Wilhelm: Juristische Methodenlehre, Stuttgart, 1940

Sauer, Herbert/Blasius, Hans: Wissenschaftsfreiheit und Finanzkontrolle, Verwaltungsrundschau 1988, 153 ff.

Schatzschneider, Wolfgang: Die Lehrfreiheit im Professorenamt-Einige Anmerkungen zur fachlichen Disponibilität eines Hochschullehrers, RiA 1989, 1 ff.

Schaub, Günter: Arbeitsrechtshandbuch, Systematische Darstellung und Nachschlagewerk für die Praxis, 8.Aufl., München, 1996

ders.: Die Abgrenzung der gewerbsmäßigen Arbeitnehmerüberlassung von Dienst- und Werkverträgen sowie sonstigen Verträgen der Arbeitsleistung an Dritte, NZA 1985, Beilage Nr.3 zu Heft 21/85, 1 ff.

Schellhorn, Walter/Jirasek, Hans/Seipp, Paul: Kommentar zum Bundessozialhilfegesetz, 15. Aufl., Neuwied; Kiftel; Berlin, 1997

Scherle, Klaus/Arians, Karl-Heinz: Die Reform der Arbeitsförderung, NZS 1997, 212 ff.

Scheven, Dieter: Professoren und andere Hochschullehrer, in: Christian Flämig u.a. (Hrsg.), Handbuch des Wissenschaftsrechts, Bd. 1, Berlin; Heidelberg; New York; Barcelona; Budapest; Hongkong; London; Mailand; Paris; Santa Clara; Singapur; Tokio, 1996, S. 325 ff.

Schieckel, H.: Arbeitsförderungsgesetz mit Europäischen Recht, Kommentar, fortgeführt von H. Grüner, Gerhard Dalichau und Bernd Becker, Starnberg, Loseblatt-Sammlung, Stand Oktober 1994

Schiffer, Gerda/Linke, Hermann: Die Zusammenarbeit Hochschule/Wirtschaft: Analyse und Ausblick, in: Bernhard Keller, Hermann Linke, Gerda Schiffer (Hrsg.), Hochschule-Wirtschaft, Beiträge zur Zusammenarbeit und zur Leistungsfähigkeit der Hochschulen, Herford; Bonn, 1987, S. 7 ff.

Schirdewahn, Gerhard: Leiharbeit nicht ohne Risiken, AuA 1998, 15 ff.

Schliemann, Harald: Flucht aus dem Arbeitsverhältnis - falsche oder echte Selbständigkeit?, RdA 1997, 322 ff.

Schmalz, Hubert: Zeitverträge bei Maßnahmen der Arbeitsbeschaffung, PersR 1987, 51 ff.

Schmitt, Jochem: SGB VII, Gesetzliche Unfallversicherung, München, 1998

Schneider, Hans-Ludwig: Der befristete Arbeitsvertrag im Bereich der Hochschulen, in: Evangelische Akademie Hofgeismar 221/ 1985, Der befristete Arbeitsvertrag, S. 93 ff.

Schnorr, Gerhard: Die gewerbsmäßige Arbeitnehmerüberlassung, RdA 1972, 193 ff.

Scholz, Rupert: Die Berufsfreiheit als Grundlage und Grenze arbeitsrechtlicher Regelungssysteme, ZfA 1981, 265 ff.

Schubel, Hans-Dietrich/Engelbrecht, Georg: Kommentar zum Arbeitnehmerüberlassungsgesetz, Heidelberg, 1973

Schüren, Peter: Arbeitnehmerüberlassungsgesetz, Kommentar, München, 1994

Schuster, Hermann Josef: Finanzen, Haushalt und Rechnungskontrolle, in: Chr.Flämig u.a., Handbuch des Wissenschaftsrechts, Bd. 1, 2. Aufl., Berlin u.a., 1996, S. 1061 ff.

Schütz, Erwin: Beamtenrecht des Bundes und der Länder, Kommentar, hrsg. von Joachim Maiwald, Bd. 1, 5. Aufl., Heidelberg, Loseblatt-Sammlung, Stand November 1997

Schwalb, Harm: Neuregelung des Arbeitsförderungsrechts im Sozialgesetzbuch III, NZA 1998, 412 ff.

Schwerdtner, Peter: Beschäftigungsförderungsgesetz, Tarifautonomie und Betriebsverfassung, NZA 1985, 577 ff.

Seckel, Emil: Die Gestaltungsrechte des Bürgerlichen Rechts, in: Festgabe für R. Koch, 1903, S. 205 ff.

Seiter, Hugo: Sozialversicherungsrechtliches Beschäftigungsverhältnis und Arbeitsverhältnis, VSSR 1976, 179 ff.

Sekretariat der ständigen Konferenz der Kultusminister der Länder in der Bundesrepublik Deutschland (Hrsg.): Veröffentlichungen der Kultusministerkonferenz, Informationen zum Hochschulrecht, Sonderheft 1, Zeitverträge im Hochschulbereich, 1979 (zitiert KMK-HSchR 1979)

Sekretariat der ständigen Konferenz der Kultusminister der Länder in der Bundesrepublik Deutschland (Hrsg.): Veröffentlichungen der Kultusministerkonferenz, Informationen zum Hochschulrecht, Sonderheft 1, Zeitverträge im Hochschulbereich, 2. Aufl., 1982 (zitiert: KMK-HSchR 1982)

Shils, Edward: Die doppelte Last der Universitäten, in: Hardy Bouillon/Gerard Radnitzky (Hrsg.), Die ungewisse Zukunft der Universität, Folgen und Auswege aus der Bildungskatastrophe, Berlin, 1991, S. 75 ff.

Soergel, Hs. Th.: Bürgerliches Gesetzbuch mit Einführungsgesetzen und Nebengesetzen, Bd. 1, Allgemeiner Teil (§§ 1-240), neu hrsg. von W. Siebert; Jürgen F. Baur, Stuttgart; Berlin; Köln; Mainz, 1987 (zitiert: Soergel-Bearbeiter, BGB)

Söllner, Alfred: Grundriß des Arbeitsrechts, 11. Aufl., München, 1994 (zitiert: Söllner, Arbeitsrecht)

ders.: Einseitige Leistungsbestimmung im Arbeitsverhältnis, Wiesbaden, 1966

ders.: Anmerkung zu BAG, Urteil vom 15.3.1966 - 2 AZR 211/65 -, SAE 1966, 255 f.

Sowka, Hans-Harald: Befristete Arbeitsverhältnisse, DB 1988, 2457 ff.

Stahlhacke, Eugen/Preis, Ulrich: Kündigung und Kündigungsschutz im Arbeitsverhältnis, 6. Aufl., München, 1995

Staudinger, Julius von: Kommentar zum Bürgerlichen Gesetzbuch mit Einführungsgesetz und Nebengesetzen, 2. Buch, Recht der Schuldverhältnisse Einleitung zu §§ 241 ff.; §§ 241-243, §§ 293-327 und §§ 620-630, jeweils 13. Aufl., Berlin, 1995 (zitiert: Staudinger-Bearbeiter)

ders.: Kommentar zum Bürgerlichen Gesetzbuch, 2. Buch, Recht der Schuldverhältnisse §§ 611-619, 12. Aufl., Berlin, 1993 (zitiert: Staudinger-Bearbeiter)

Steinbeck, Anja Verena : Die Übertragbarkeit von Gestaltungsrechten, Berlin, 1994, zugl. Mainz, Univ., Diss., 1992

Stege, Dieter/Weinspach, F.K.: Betriebsverfassungsgesetz, Handkommentar für die betriebliche Praxis, 7. Aufl., Köln, 1994

Steinke, Rudolf: Die Reform des Arbeitsförderungsgesetzes, SozSich 1996, 161 ff.

Streicher, Hans-Jürgen: Rechtsformzwang und mittelbares Arbeitsverhältnis, Frankfurt am Main; Berlin; Bern; New York; Paris; Wien, 1995, zugl. Berlin, Freie Universität, Diss., 1994

Sturn, Helmuth: Kritische Fragen zum Leiharbeitsverhältnis, BB 1969, 1436 ff.

Teichmann, Arndt: Die Gesetzesumgehung, Göttingen, 1962

Tettinger, Peter J.: Forschungseinrichtungen an der Hochschule, in: Chr.Flämig u.a., Handbuch des Wissenschaftsrechts, Bd. 1, 2. Aufl., Berlin u.a., 1996, S. 991 ff.

ders.: Das Forschungsinstitut an der Universität, WissR 1993, 1 ff.

ders.: Das Forschungsinstitut an der Universität, Eine effiziente Organisationseinheit zur Förderung des Technologietransfers im Geiste der "Public private partnership", in: Arbeitsgruppe Fortbildung im Sprecherkreis der Hochschulkanzler (Hrsg.), Drittmittel und An-Institute, Fortbildungsprogramm für die Wissenschaftsverwaltung, Materialien Nr. 50, Essen, 1992, S. 21 ff. (zitiert: Das Forschungsinstitut an der Universität, Organisationseinheit)

ders.: Zur Rechtsstellung von "Instituten an der Universität"- dargestellt am Beispiel der Institute an der Universität Köln, Bonn, 1980

Thieme, Werner: Verwaltungsrechtslehre, 4. Aufl., Köln; Berlin; Bonn; München, 1984

ders.: Deutsches Hochschulrecht, Das Recht der wissenschaftlichen, künstlerischen, Gesamt- und Fachhochschulen in der Bundesrepublik Deutschland, 2. Aufl., Köln; Berlin; Bonn; München, 1986

ders.: Hochschule und Verwaltung, WissR 1989, S.1 ff.

ders.: Staatliche Einwirkung auf Wissenschaft und technischen Fortschritt, in: Karol Sobczak und Ulrich Karpen (Hrsg.), Probleme der Leistungsverwaltung, besonders im Bereich von Wissenschaft und Technologie, Hamburg, 1994, S. 39 ff.

Tiefenbacher, Erhard: Anmerkung zu BGH, Urteil vom 5.2.1968 -II ZR 85/67-, BB 1968, 608

Tiemann, Susanne: Die staatsrechtliche Stellung der Finanzkontrolle des Bundes, Berlin, 1974

Trieschmann, Günther: Anmerkung zu BAG, Urteil vom 8.8.1958 - 4 AZR 173/55, AuR 1960, 125 ff.

Udsching, Peter: SGB XI, Soziale Pflegeversicherung, Kommentar, München, 1995

Ulber, Jürgen: AÜG, Arbeitnehmerüberlassungsgesetz und Arbeitnehmer-Entsendegesetz, Frankfurt am Main, 1998

Vogel, Johann Peter/Knudsen, Holger (Hrsg.): Bildung und Erziehung in freier Trägerschaft (BEFT), Das Recht der Privatschulen, Kindergärten und Heime, Bd. 1, Zweiter Teil: Das Recht der Bildung und Erziehung in freier Trägerschaft (Grundriß), Neuwied; Darmstadt, Loseblatt-Sammlung, Stand März 1996

Vogel, Klaus: Verfassungsrechtliche Grenzen der öffentlichen Finanzkontrolle, DVBl. 1970, 193 ff.

Wank, Rolf: Arbeitnehmer und Selbständige, München, 1988

ders.: Die "neue Selbständigkeit", DB 1992, 90 ff.

Waas, Bernd: Das sogenannte "mittelbare Arbeitsverhältnis", RdA 1993, 153 ff.

Wahlers, Wilhelm: Drittmittelbedienstete und Personalvertretungsrecht, RdA 1982, 214 ff.

ders.: Die personalvertretungsrechtliche Zugehörigkeit von DFG-Mitarbeitern zur Dienststelle, PersV 1981, 177 ff.

ders.: Dieser Beschluß ist nicht der Weisheit letzter Schluß, Anm. zu BVerwG, Beschluß vom 30.6.1980 - 6 P 9.80, DUZ/HD 1980, 634 f.

Weber, Christoph: Das aufgespaltene Arbeitsverhältnis, Berlin, 1992, zugl. Mainz, Universität, Diss., 1992

Weber, Rolf: Arbeitsförderung - Geldleistungen für Arbeitgeber - für berufliche Bildung, behinderte Arbeitnehmer, Förderung der Arbeitsaufnahme, ältere Arbeitnehmer, Arbeitsbeschaffungsmaßnahmen, Altersteilzeitarbeit, Bergisch Gladbach, 1989

Wegener, Reinhard: Anmerkung zu BAG, Urteil vom 31.1.1990 - 7 AZR 125/89 -, in: AP Nr. 1 zu § 57 b HRG, Bl. 320 ff.

Weiland, Martin J.: Die Förderung von Arbeitsbeschaffungs- und Strukturanpassungsmaßnahmen nach dem ArbeitsförderungsReformgesetz, BB 1997, 938 ff.

Westdeutsche Rektorenkonferenz: Zur haushaltsrechtlichen Abwicklung der Zuwendungen Dritter zur Forschungsförderung, Empfehlungen des 313. Präsidiums der Westdeutschen Rektorenkonferenz, Bonn-Bad Godesberg, 2. Februar 1981, in: Westdeutsche Rektorenkonferenz (Hrsg.), Stellungnahmen, Empfehlungen, Beschlüsse 1960-1989, Bd. 2, Bonn, 1990, S. 273 f.

Wiedemann, Herbert: Das Arbeitsverhältnis als Austausch- und Gemeinschaftsverhältnis, Karlsruhe, 1966

Wiedemann, Herbert/Palenberg, Hubertus: Die Zulässigkeit von Zeitarbeitsverträgen im öffentlichen Dienst, insbes. im Hochschulbereich, RdA 1977, 85 ff.

Wierlemann, Frank: Zeitarbeit in der Bundesrepublik Deutschland und den Niederlanden, Eine vergleichende Untersuchung über Zeitunternehmen, Entleihunternehmen und Zeitpersonal, Frankfurt a.M.; Berlin; Bern; New York; Paris; Wien, 1995

Windbichler, Christine: Arbeitsrechtliche Vertragsgestaltung im Konzern, Köln, 1990

dies.: Arbeitsrecht im Konzern, München, 1989

Wissenschaftsrat (Hrsg.): Empfehlungen zur Forschung und zum Mitteleinsatz in den Hochschulen, Tübingen, 1979

ders.: Empfehlungen zu Organisation, Planung und Förderung der Forschung, Tübingen, 1975

ders.: Drittmittel der Hochschulen 1970 bis 1990, Köln, 1993

ders.: Empfehlungen des Wissenschaftsrats zu den Perspektiven der Hochschulen in den 90er Jahren, Köln, 1988

ders.: Eckdaten und Kennzahlen zur Lage der Hochschulen, Köln, 1992

Wissing, Gerhard/Pitschas, Rainer/Eicher, Wolfgang: SGB III - Arbeitsförderung -, Baden-Baden, Loseblatt-Sammlung, Grundwerk 1998

Wisskirchen, Gerlind: Erleichterte Zulassung befristeter Arbeitsverträge nach dem Beschäftigungsförderungsgesetz 1996, DB 1998, 722 ff.

Wolf, Manfred: Anmerkung II zu BAG, Urteil vom 4.2.1971 - 2 AZR 144/70 -, AP Nr. 35 zu § 620 BGB Befristeter Arbeitsvertrag, Bl. 874 ff.

Wolff, Hans J./Bachof, Otto/Stober, Rolf: Verwaltungsrecht I, 10. Aufl., München 1994

Wollenschläger, Michael/Kreßel, Eckhard: Anmerkung zu BAG, Urteil vom 12.6.1987 - 7 AZR 389/86 -, AuR 1989, 63 f.

Wulfhorst: Der mittelbare Arbeitgeber im Sozialversicherungsrecht - Ein Beitrag zur Lehre vom Beschäftigungsverhältnis -, ZSR 1964, 549 ff., 600ff., 661 ff., 708 ff.

Zacher, Hans F.: Forschung, Gesellschaft und Gemeinwesen, Heidelberg, 1993

Zeh, Wolfgang: Finanzverfassung und Autonomie der Hochschule, Hochschulfinanzierung im Spannungsfeld von Wissenschaft, Gesellschaft und Staat, in: Schriften zum Öffentlichen Recht Bd. 220, Berlin, 1973

Zeiss, Walter: Anmerkung zu BAG, Urteil vom 20.7.1982 - 3 AZR 446/80 -, SAE 1983, 49

Ziemann, Werner: Anmerkung zu BAG, Beschluß vom 18.1.1989 - 7 ABR 21/88 -, AuR 1990, 58 ff.

Zöllner, Wolfgang/Loritz, Karl-Georg: Arbeitsrecht: ein Studienbuch, 5.Aufl., München, 1998

Zuleeg, Manfred: Querverbindungen des Sozialrechts zum öffentlichen Wirtschaftsrecht, GewArch. 1986, 313 ff.

Zwanziger, Bertram: Neue Tatsachen nach Zugang einer Kündigung, BB 1997, 42 ff.

Peter Lang · Europäischer Verlag der Wissenschaften

Annette Grotkamp

Die Bedeutung des Gesamtbetriebsrats und die Abgrenzung seiner Zuständigkeit zu den Einzelbetriebsräten im Rahmen des Strukturwandels in der deutschen Wirtschaft

Frankfurt/M., Berlin, Bern, New York, Paris, Wien, 1999. XLIV, 204 S.
Zivilrechtliche Schriften. Beiträge zum Wirtschafts-, Bank- und Arbeitsrecht.
Herausgegeben von Peter Kreutz und Dieter Reuter. Bd. 19
ISBN 3-631-34490-2 · br. DM 79.–*

Die Arbeit behandelt die gesteigerte Bedeutung des Gesamtbetriebsrats und schwerpunktmäßig die Abgrenzung seiner Zuständigkeit zu den Einzelbetriebsräten. Die Strukturänderungen in der deutschen Wirtschaft infolge Internationalisierung und Globalisierung haben für die Unternehmen zu einem immer härter werdenden Wettbewerb geführt. Damit sie sich dieser veränderten wirtschaftlichen Situation möglichst schnell und effizient anpassen können, ist eine Ausweitung der Kompetenzen des Gesamtbetriebsrats notwendig geworden. Die Zuständigkeitsregelung des § 50 Abs. 1 Satz 1 BetrVG 1972 hat aufgrund ihrer unklaren Formulierung zu erheblichen Auslegungsschwierigkeiten sowie zu Rechtsunsicherheit in der Theorie und Praxis geführt und wird den heutigen Anforderungen nicht mehr gerecht. Deshalb verfolgt die Verfasserin nicht nur das Ziel, der Praxis eine Orientierungshilfe für die Auslegung der jetzigen gesetzlichen Regelung zu geben, sondern auch den Gesetzgeber zu einer klareren Neuregelung des § 50 BetrVG zu veranlassen. Zu diesem Zweck hat sie einen neuen Gesetzesvorschlag gemacht.

Aus dem Inhalt: Gesteigerte Bedeutung des Gesamtbetriebsrats durch den Strukturwandel in der deutschen Wirtschaft · Geschichtliche Entwicklung und Rechtsstellung des Gesamtbetriebsrats · Zuständigkeitsabgrenzung zu den Einzelbetriebsräten · Aufgabenverteilung · Verfahrensfragen · Kritik an der jetzigen gesetzlichen Regelung des § 50 Abs. 1 Satz 1 BetrVG 1972 und neuer Gesetzesvorschlag

Frankfurt/M · Berlin · Bern · New York · Paris · Wien
Auslieferung: Verlag Peter Lang AG
Jupiterstr. 15, CH-3000 Bern 15
Telefax (004131) 9402131
*inklusive Mehrwertsteuer
Preisänderungen vorbehalten